麦读
MyRead

高杉 Legal

民商法实务技能手册（第二版）

高杉 Legal

PRACTICAL

民商法实务技能手册

『第二版』

HANDBOOK

CIVIL AND COMMERCIAL LEGAL SKILLS

高杉峻 主编

撰稿人名单

熊定中	方向东	崔　琦	姚明斌	陈　淦	冯　兢
赵紫鹰	言　霆	苏　艳	杨名飞	徐海谋	孟恩海
高杉峻	邱　静	陈　汉	娄曹军	赵晓波	马夏冰
田增杰	杨宇曦	卢　鹏	王　忻	陈晓峰	曹会杰
林　盛	张　健	林伟江	田朗亮	谭　波	高　扬
黄琳娜	陈红振	吕继雷	刘远莎	胡钰寒	施汉博
王炎冰	周　姣	邓业军	高　勇	王亚新	王业坤
许建添	杨永东	高　全	林　丰	葛黄斌	袁培皓
李立坤	翟雪明	周政宇	陈来喜	张吉淑	柏钦涛

中国民主法制出版社
全国百佳图书出版单位

高杉 Legal

自　序

2014年1月19日,「高杉LEGAL」微信公众号发表了第1篇文章《民商法实务书单》,至今已持续发布1000余篇民商法实务原创文章。这1000余篇文章,系从各地法务、律师、法官投稿的1万多篇文章之中,由「高杉LEGAL」评审团根据双向匿名的评审机制,甄选而出,全面覆盖了合同、公司、担保、诉讼、仲裁、非诉、合规等常见的各个民商法实务领域。

民商法实务技能领域的稿件,一直是「高杉LEGAL」文章评审与发布的重中之重。原因有三:一是尽职调查、合同审查、商业谈判、法律检索、文书写作等实务技能,既是法律行业入门刚需,也需要法律人终身修炼;二是国内只有极个别法学院开设了完整体系的民商法实务技能课程;三是国内大部分律所、公司法务部关于上述实务技能的入职培训体系并不完善。

《民商法实务技能手册(第二版)》的纸质出版,正是从「高杉LEGAL」已经发布的200余篇涉及实务技能主题的稿件中,精选68篇而成,并分类为"执业思维与知识管理""尽职调查""合同审查与起草""商业谈判与合同签署""法律检索""文书写作""诉讼指引""仲裁指引""法务指引"共9个板块,以便读者体系研习。对行业资深人士而言,本书所选文章,读后亦必有"温故而知新"之感。

此次修订出版,在本手册于2019年首次出版时收入的47篇文章中,保留了31篇,同时新增了37篇,而且收入的全部68篇文章都已根据《民法典》及最新司法解释做了全面更新。

在此,还要特别感谢高杉LEGAL评审团的全体成员,你们出于行业公心,为评审工作义务投入了大量宝贵时间,正是你们的认真评审和辛勤付出,塑造了「高杉LEGAL」、《民商法实务精要》和《民商法实务技能手册》的文章品质。

如读者对「高杉LEGAL」有任何建议,或发现本书的错漏之处,请添加我的个人微信号:gaoshanlawyer,即可交流讨论。

最后,谨援引王泽鉴老师在民法研究系列丛书总序中的结尾之语,与各位法律同仁共勉,“愿民法所体现的自由、平等、人格尊严的价值理念得获更大的实践与发展”。

高杉峻

2021年8月

目　录

诉讼指引

执业思维与知识管理

法律人的商业价值

熊定中*

一、前言

严格来说，本文更像是面向法务人员的内容。作为律师，笔者之所以来分享这方面的经验、心得及想法，主要是因为自身同时也担任一些公司的外部法务主管，实质上承担了许多公司内部法务主管的职责，如制定和把控公司内部风险控制流程等。所以，日常考虑的问题与公司法务人员非常接近。

不久前，威科集团在北京举办了一场国内的互联网法务大会。笔者受邀参加了此次会议，感觉受益匪浅。阿里巴巴集团的法务总监慎凯先生做了一个很精彩的发言，甚至还将阿里内部的法务组织宏观架构图展示出来，并结合这张可以拿去卖钱的图，对其法务部门的工作范围和战略规划介绍了一番。

听完他的发言，笔者感触很深。我们现在经常提及的法律人，应当是自20世纪80年代开始重新组建的一个群体。可以说，在20世纪80年代和90年代，法律界是法学家的天下，大家都在听学界大师如江平教授解读当时的法律。而后近20年间，律师界的人物则各领风骚——不仅在许多具有社会影响力的案件中，而且在很多商业模式的架构创新中，涌现出了一大批顶尖的律师。但接下来的新时代，结合慎凯先生的介绍和自身近年来的感受与思考，笔者认为可能属于法务人员，法律人的世界会变成法务人员的天下。

为什么这么说？因为商业和法律的结合是大势所趋，是时代潮

* 清律律师事务所首席合伙人，清华大学互联网法律与政策研究中心秘书长，邮箱 xiongdingzhong@ tsinglaw. com。

流，对此，位于商业一线的顶尖公司的法务人员比学者、律师更有发言权。这也正是本文要讲的主题——法律人的商业价值。

二、法律人如何理解商业逻辑

如果提到商业，则先需要澄清一下，本文的内容与大家在机场书店看到的成功学“鸡汤”是有本质区别的，笔者不是在普及成功学。虽然本文写的是商业问题，但实际上，这是一个美学的问题。

在校读书时，我们曾把王泽鉴教授的《民法学说与判例研究》奉为圣经。该书所阐述的请求权基础理论为我们展现了一种至美的思辨逻辑。看到这种思辨逻辑，我们一定会产生一种对法律专业的美感的向往，所以笔者经常开玩笑说，美即正义。至少在学校的时候，我们都觉得法律就代表正义。而在工作之后，我们接触到的是这样的法律关系：

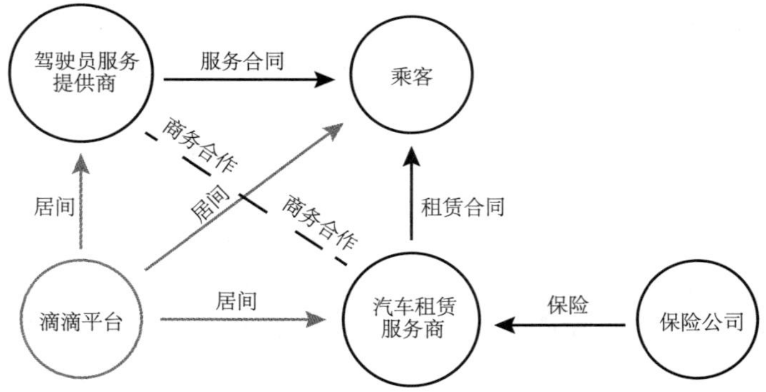

图 1　滴滴法律关系结构图

上图是笔者根据现有的公开协议和规则所归纳的滴滴法律关系结构图（以下提到的很多其他公司的商业产品，都是根据公开文件倒推出来法律关系，不涉及任何公司的商业秘密）。如上图所示，滴滴和驾驶员服务提供商是居间关系，乘客和驾驶员之间有服务合同，他们之间有各自的法律关系。这是一个典型的商业产品的法律关系结构图。这样的关系结构应该不是滴滴的董事长或者 CEO 有意设计的，对他们来说，只想解决一个痛点——大家打不到车却有很多车在路上空跑。如何去解决这个痛点，是产品经理的事情。而在有了商业解决方案后，如何去搭建配套的法律关系结构，就是公司法务人员需要解决的问题了。

滴滴的法律关系其实很简单，没有太多的复杂结构（在实践中，汽车租赁服务商和驾驶员服务提供商通常是两个不同的主体，如果通过查看他们之间的合同，或者去市场监督管理机关查阅档案，发现对他们控股的企业是同一个，那就是另外一个话题了）。上图遵循了设计商业产品法律关系结构的基本原则，即我们通常所说的奥卡姆剃刀定律——简洁。

我们在为商业产品设计法律关系结构时，核心目的之一是增加交易的安全性。无论是为公司审查合同，还是出具法律意见、提供法律咨询，都需要提高风险控制水平——降低交易的风险，提高交易的安全性。这是法务人员和律师共同面临的问题。交易的安全性分为两类：一是交易本身的安全性，即合法性；二是交易结果的安全性，即除了交易本身合法之外，最后还要能安全地获得交易的结果。如何增加交易的安全性？治标的方法是使展现每个法律风险的文件更周密，如使合同的条款表述更精确、结构更严谨，以增强法律风险的可控性。那么治本的办法呢？我们先要有一个常识：只要有法律关系，就有风险。因此，治本的办法就是减少法律关系。一个复杂交易将涉及一整套法律文件，如果内容差不多的话，签五个合同一定比签两个合同的风险高。虽然上图中滴滴还可以加入租赁、劳务等法律关系，但法律关系加得越多，出问题的可能性就越大。

对此，大家可以理解为，美＝效率＋安全。一个更有效率、更加安全的交易才是漂亮的交易。这一美学概念在法律关系上的具体实现就是简洁而有效的法律设计。

三、法律人为什么要理解商业逻辑

如果说前些年这个问题还是个问题的话，那么近两年，至少在顶级的公司，尤其是互联网公司里，这已经不是一个问题，而是一个基本要求了。慎凯先生在会上说了一句有趣的话：“我们不和你们律师比专业，不比对法律条文的熟悉程度，但是在商业一线上，没有人比得过我们。”这是公司法务人员独特的优势，他们在商业上更有发言权，但这也是法务人员不得不为的事。

(一)法务人员面临的痛点

1. 在传统意义上,法务部门是一个后台部门。法务部门不产生利润,公司法务人员经常吐槽自己在公司里是边缘人物。

2. 法务部门是一个资源消耗部门,同人力、财务等部门一样,是公司的支援部门,需要公司付出成本。既然需要支出成本,则天然受到想挣钱的公司老总们的抵触——不是每个企业家都会想到要法律走在前面。

3. 法律人有天然回避风险的本性。公司日常经营中,对于商业项目,业务部门关注的是公司能有多少利润、个人能有多少绩效,而法务部门则考虑是否合法、风险多少。因此,法务部门可能会否决某个合同或项目,而与业务部门发生冲突。

(二)转机的时代

现状如此,在互联网迅猛发展的背景下,有没有法律人的转机?有没有法律人的春天?

1. 新产品的合规。

这是一个新兴的重点领域。需要说明的是,这里的“产品”是广义的,是一种商业模式,不是特定的实物产品。

在此,以360和百度的不正当竞争案件为例。360安全卫士某天突然上线了一个新功能,即360用户在电脑上用百度进行搜索时,360会在搜索页面给百度的广告插标,提示用户这是推广,并有“可能存在虚假链接”等表述。当时《互联网广告管理暂行办法》尚未实施,无须标注付费搜索广告,因此百度以此及其他一些理由诉360不正当竞争,案件最终一直诉到最高人民法院。

本文不讨论这个案例的法律争议本身,而关注其反映的三个有趣的要点:流程、权限、工作。

第一,日常流程中,360软件新增这个功能的时候业务人员是否提前通知了法务人员?第二,如果业务人员告知了法务人员,法务人员是否有权驳回这样一个看上去是技术改进的申请?第三,如果最后公司负责人决定不管是不是违法、是否有风险都要做,法务人员要不要配合、如何配合?

从公开信息来看,360在做此产品时法务人员似乎是不知道的,可能即使知道也无权驳回,但最终法务部门却需花费极大的人力物力去处理这个案件。如果法务人员事先知晓并充分准备,结果是不是就可能不一样了?毕竟被动应战与主动出击是有很大区别的。

上述所说第三点涉及商业决定的概念,如果最后是公司负责人决定要做,那么律师和法务人员能做什么?假如一个合同可给公司带来5000万元的预期利润,但合同有很多风险,面对2000万元的风险和1亿元的风险,公司负责人的商业决策是否会不同?法律人在此应提示公司负责人风险是什么以及发生风险的大致概率,其职能是提供充分的信息、展现全部的操作路径以及相应的结果,从而让公司负责人的商业决定更加客观、理性,至少是对信息进行充分评估后才作出权衡(而不是拍脑袋)。此即法律人的商业价值所在。

这里提示一下:除非某个商业决定违反刑事法律,否则法律人不要轻易下结论说这件事违法、不能做,要打开思路,充分考虑各种可能的路径,思考有没有在合法框架内实现的方法。

2. 营销方式的合规。

2015年《广告法》修订实施后,推广方式的合法性成为广告企业和快消企业的重要问题,也是这些公司的法务人员经常需处理的咨询问题。

如iPhone6s的一个广告语"唯一的不同,是处处都不同",曾引起了极大争议,在全国各地都有职业索赔人向市场监督管理部门投诉。这句话读起来有点怪,因为至少iPhone6与iPhone6s在大小上就是一样的。从公开途径听闻苹果公司内部对此广告语是存在异议的,但最后还是采用了。公司的商业决策点可能是:如果这句话那么深入人心,可能使销量提升,而预估处罚是可以承受的,那么就认罚吧。

再如,广州恒大队曾在足球比赛时临时换了球衣上的广告,大家都知道这是违约的,但是如果法务人员或律师给出了风险评估,认定违约责任在可承受范围内,商业决定可能就是去做。

(三)法律人的新战场

以前的法务人员更多是在审合同,现在则出现了很多的项目和产品的开发需求,有更大的发挥空间。

1. 高频次需求。

笔者刚入行时给三星(中国)的首席法律顾问做助理,当时三星要在中国建一个船厂,这个事情很可能几十年都不会发生一次,需要律师提供专项法律服务,法务人员的价值不突出。但如一个广告文案明天就要上线,或者明天公司要做商业产品上的技术改进,来不及聘请律师,只能求助于内部法务人员:第一,这事情能不能做?第二,如果不能做,怎么改?第三,如果无法改,风险是什么?对于这种高频次的需求,法务人员可以有很高的参与度。

2. 多产品线领域。

目前中国的新兴行业发展十分迅猛,出现各种新型商业产品,涉及社会方方面面,而立法未及时跟进,导致法律的模糊地带很多,如网约车业务已经非常成熟,滴滴已经估值几百亿美元,如此大体量的市场仍在争论合法性问题,在互联网时代之前难以想象。对于这些新兴行业的、多产品线的公司如 BAT[即百度公司(Baidu)、阿里巴巴集团(Alibaba)、腾讯公司(Tencent)],非常需要熟悉商业规则的法务人员为新产品出谋划策。

3. 违法责任问题。

在两个领域特别明显:一个是高风险领域,如互联网金融,这个大家都了解;另一个是监管升级的领域,典型的如广告领域。在 2015 年修订的《广告法》出台时,有许多公司请笔者去做培训,因为以前没有出现花几百块钱做了一个广告最后被罚几十万元的情形。对广告合法性的判断,极具技术含量,是最让人头疼的问题。业务人员是无法预判的,这是对法务人员的挑战,也是机遇。

4. 开拓市场。

盈利 = 营收 - 成本,这是很简单的公式。在传统意义上,营收的事情是业务部门做的事情,法务部门能做到的就是降低成本:一是保证营收模式合法。如果新的营收模式违法导致公司被吊销营业执照,根本就不用谈盈利了。二是降低违约风险。

在新时代的背景下,部分走在前沿的公司如一些大型互联网公司的法务人员已公开承认,现在他们的法务部门不仅仅是成本部门,实际上也在创造广义上的盈利,为公司开拓市场提供了有力帮助,甚至通过参与立法来争取公司的行业地位。

四、商业价值背后的逻辑是什么

（一）商业逻辑是什么

商业逻辑是为实现某种商业目的，基于特定逻辑构建的体系。商业逻辑的发展阶段如下表：

不同时期商业逻辑表

互联网时代的商业逻辑	4.0	招财宝……
高阶的商业逻辑	3.0	期货交易为代表的非即时交易
复杂的商业逻辑	2.0	一般等价物为中介的商品交换
简单明快的商业逻辑	1.0	原始社会以物易物

原始社会的商业目的无须赘言。一般等价物的商业目的是什么？A有衣服B有食物，A想要B的食物但B并不想要A的衣服，此时A需要有中间物（货币）去换取B的食物。后来发展出了期货交易，它的商业目的是让企业锁定原材料价格，使未来支出可控，如钢材的价格会产生波动，但就特定订单来说是以固定价格进行交割，从而控制了成本。虽然后来期货成为一种金融产品，但这跟初始商业目的无关。

本文重点探讨互联网时代的商业逻辑，将以支付宝曾经的一个理财产品招财宝为例。如果不认真阅读招财宝的用户规则，会认为它和一般的银行理财产品没有任何区别，但笔者认为这是一个非常值得研究的案例。

在此之前，我们先通过伊索寓言《太阳和北风》明确什么是一个成功的商业模式。北风和太阳的目的都是让人把衣服脱掉：北风是想通过大风把人的衣服吹掉，结果它的目的没有达到；而太阳的手段是晒，人一热就自己脱了衣服，达到了目的。太阳不是像北风那样直接想把人的衣服脱了，而是引导人的行为让他自己脱了衣服，这才是一个成功的商业模式。商业目的的实现必须通过引导用户的行为。所以，商业模式的搭建是引导用户行为,使用户按照预设的行为模式去行动,从而实现商业目的。

(二)商业逻辑举例分析

下面我们来分析招财宝的商业逻辑。

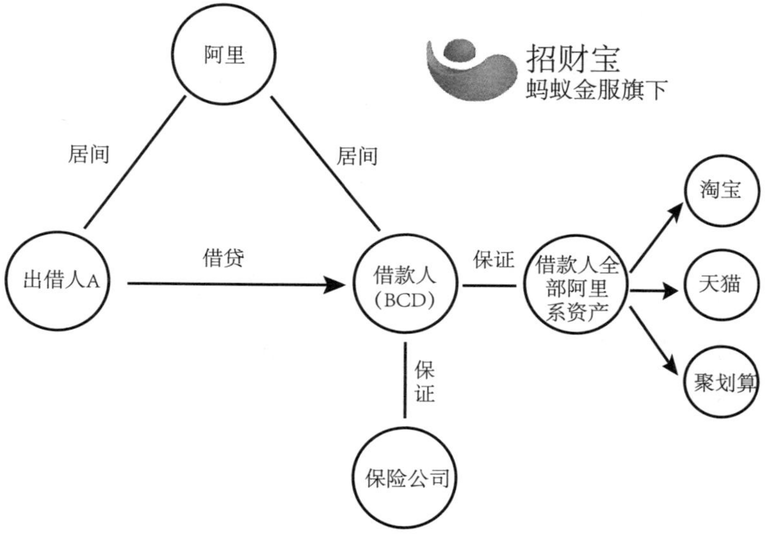

图 2 招财宝法律关系结构图

1. 本质法律关系。

可见,这个理财产品实际上是借贷法律关系。由出借人(购买招财宝的用户)借钱给不特定的借款人,阿里作为居间服务人确定借款人,用户在招财宝里购买的每5000元,阿里有可能将其借给了1个人,也有可能借给了10个人,借款人需要用自己所有阿里系的资产做保证,同时保险公司给予还款担保,这就是产品的结构。在商业目的上,产品所针对的借款人是淘宝店主,由于一般淘宝交易的货款在第三方支付平台被监管1天至7天后才支付给店家,这就意味着在资金的监管期里,店主的资金需求可能无法满足,而招财宝可以使网店有足够的现金流去支撑其正常运作和扩张。

实现这个商业目的一定要通过这样的模式吗?如果我们使用最

简单的模式，即阿里借钱给淘宝店主，表面上来看这种法律结构才最符合奥卡姆剃刀原则。但是，如果这样设计，首先阿里需要银行资质，其次这将会影响阿里自己的资金链，这无疑背离了这个产品的商业目的。所以，阿里采用了动用社会资金、只提供居间服务的模式。

2. 法律结构。

这个结构如何正常运转？核心是需有足够多的出借人和足够多的资金。出借人的理想是：高回报、有保障、随时可以清偿。高回报是业务人员需要解决的需求，而后两个商业需求则实际上由法务人员解决。对债权的保障最简单的是担保，用保险公司提供还款保证，这一点一般法律人都可以想到。随时可以清偿才是这个产品最精妙之处，下面我们来仔细研究。

如果要实现这个目的，法律人最先想到的是在合同中约定出借人有随时要求还款的权利，但网店店主借钱是为了进货或运营，如果出借人随时要求还钱，店主可能无钱归还，这不符合招财宝的商业目的。那么，阿里能否用自己的资金给店主借款？这又回到之前的问题，会影响阿里的资金链，且如果招财宝发展迅猛，阿里的资金可能也无法满足需求。这就是为什么银行的理财产品多有 6 个月或 1 年的锁定期，但如果招财宝能够满足出借人随时清偿的要求，将能吸引更多用户购买。

阿里想出了一个规则来满足这一商业目的——变现。下图是分析用户协议得出的变现结构图：

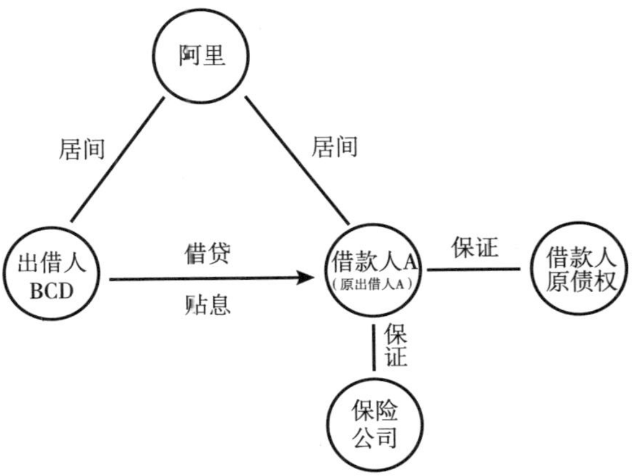

图 3　招财宝变现结构图

此前借贷关系中的出借人 A 在此图中变成了借款人 A，当 A 点击“变现”的时候，并非解除原来的债权债务关系，而是发起了一笔等额的新借款，A 用原债权作为这次新借款的保证，同时还有保险公司担保。如果不仔细阅读用户协议，A 可能不会认为这是一笔新借款，但对于 A 来说，所拿到的这笔钱是借款还是赎回款有区别吗？原债权到期后系统会直接将钱给新出借人，A 不用还新借款。而原债权的债务人淘宝店主，到期后归还借款即可，不影响资金使用。

招财宝通过两组借款法律关系满足了出借人可随时清偿的用户需求，也实现了商业目的：足够多的人借款，足够多的人变现。就此来说，暂时可能没有更好的法律结构设计了。

因此，我们常说法律人要不忘初心。初心是什么？是商业目的。我们需要始终记住一定要完成客户的商业目的，围绕这个需求来搭建商业结构。

3. 反向工程和现实顺序。

上述是从招财宝的用户规则中倒推出法律结构，对法律人来说，通过现有的法律文本，倒推出其法律规则，再进一步倒推商业规则和商业目的，这种反向工程是很好的学习过程。从这个倒推过程我们也能感受到设计这个法律结构的难度，体会到作为设计者的法律人的不易，而实际工作中法律人所面临的恰恰是这种从无到有的过程：公司负责人需要解决某个用户痛点，业务部门据此设计商业产品后，才要求法务部门通过法律结构设计和文本来实现商业目的。

五、如何在商业产品中搭建法律结构

（一）合作所涉及的问题

开发一个商业产品不是公司单个部门的事情，而是需要公司内部各部门合作，因此在为商业产品搭建法律结构前，法务人员需要想清楚以下几个问题：

1. 合作对象。

和谁合作？设计商业产品的产品经理。这是广义的产品经理，它有三个层级：调研人员、具体项目负责人、公司CEO。在业务界，狭义上的产品经理是第二层级，但是对于法律人来说，以上都是合作对象。

2. 合作目的。

一起合作干什么？合作的目的不是防范风险，公司的根本属性是盈利，法务人员需要做的是要降低违法成本，降低实现商业目的所需成本。

3. 合作领域。

哪些产品是法律人可以介入的领域？大致有三种：前台产品，即直接面向付费方、增加营收的产品，如美团、滴滴；后台产品，即内部风控、降低成本的产品，这是传统的法律人的领域，如提高效率的ERP之类的软件；营销产品，如线上线下广告、推广活动、促销活动等，涉及许多法律模糊地带。

4. 合作内容。

具体合规要做什么？如果把一个具体项目看作一个产品，如电视台的新产品《奔跑吧兄弟》综艺节目，涉及多个环节的合规：从商业立项到具体商业计划和决策再到执行。

在此需提示的是，法律人不是产品经理，法律人理解产品商业逻辑，是为了基于这一商业逻辑来搭建法律逻辑，辅助产品经理更好地实现商业目的，而不能基于法律人固有的法律逻辑去设计商业结构。例如，从韩国引进《奔跑吧兄弟》综艺节目，产品经理需要考虑获得授权、执行场地租赁、艺人聘用、节目制作、产品推广、售卖广告等各环节，这是产品经理的逻辑线；法律人需要根据这个商业逻辑来考虑各环节涉及的法律问题，如版权转让、租赁合约、聘用合约等，并根据所面临的问题综合使用各种部门法，而非单独基于法律体系如行政法、民法、公司法等去设计法律文本。

（二）不同产品经理的配合方式

广义的产品经理分为三个层次，有相对应的不同合作方式。这里借用一个产品经理交流网站上的描绘图来具体说明。

第一，调研人员。

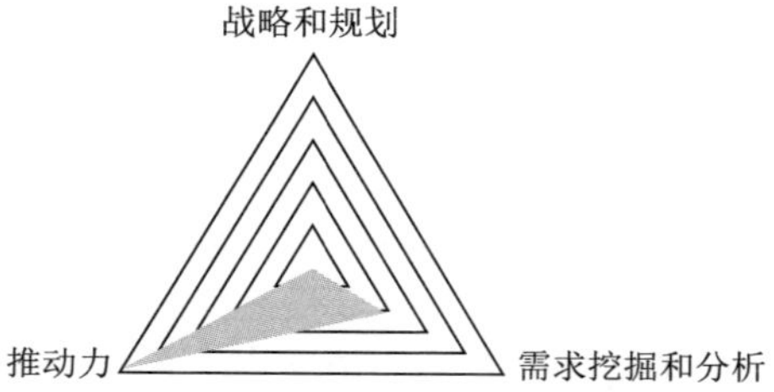

图4 调研人员配合方式描绘图

调研人员主要负责推动执行落实商业计划，在此层面上，法务人员无须从零设计法律结构图，只需根据已经成型的商业结构选择适用合适的法律文本，如起草、审核交易相关合同、公开文件等。这是法律人的传统领域。

第二，具体项目负责人。

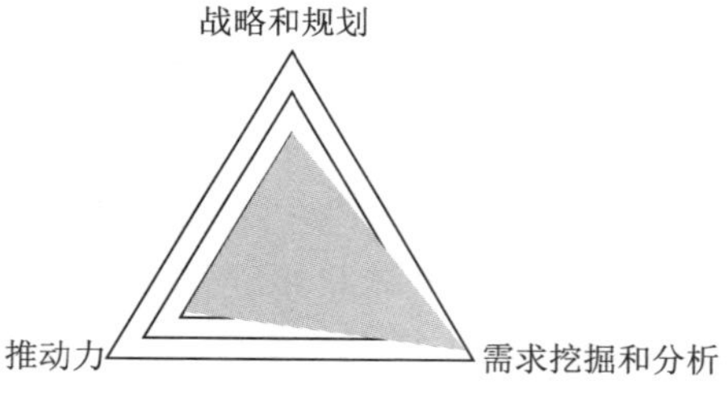

图5 具体项目负责人配合方式描绘图

具体项目负责人将商业目的肢解成商业需求，在这个层次以前较少有法律人参与，但现在正逐渐改变。这是本文讨论的重点，也是三个层次合作方式中新时代法务最有价值、最不可取代的领域。

作为清华大学教育基金会的法律顾问，笔者遇到过一个产品设计的需求：基金会做了一个仅面向清华校友的微信募捐平台，这种针对特定人的募捐是合法的，但这个募捐在互联网上是公开的，如何解决对募集公开性的限制？在整个设计过程中笔者与产品经理一起梳理平台的每一个页面，包括需求文档、目的。比如，在某一页，笔者建议加一栏，用户需填写清华大学入学年份及曾就读院系，以保证募捐的对象只针对清华校友。这些法律人从合规角度出发的设计思路，产品经理不会考虑。如果法律人没有从设计阶段开始参与，那么产品设计结束可能就直接投放使月了。如果投放前发现不合规，还需要重新修改产品的设计架构，成本很高。

再如，前述360与百度的案件，如果360的法务人员从产品设计阶段即开始参与，设计免除或者减轻责任的方案，可能就能避免或减轻公司的败诉成本。

法律人需意识到，在产品的设计阶段如果业务人员不主动告知，法律人如何知道有这个产品，又何谈合规呢？一个问题是不是法律问题，这本身就是一个法律问题，需要法律人来判断。但现实中通常都是由业务人员自己判断是否需要法务人员的帮助，从而使许多法律问题并未进入法务人员的审核流程，而由业务人员无意中自行处理了。因此，法律人应该把法律意识灌输到业务层次，促使业务人员养成主动在产品初始阶段即寻求法务人员帮助、向法务人员提需求的习惯。

第三，公司CEO。

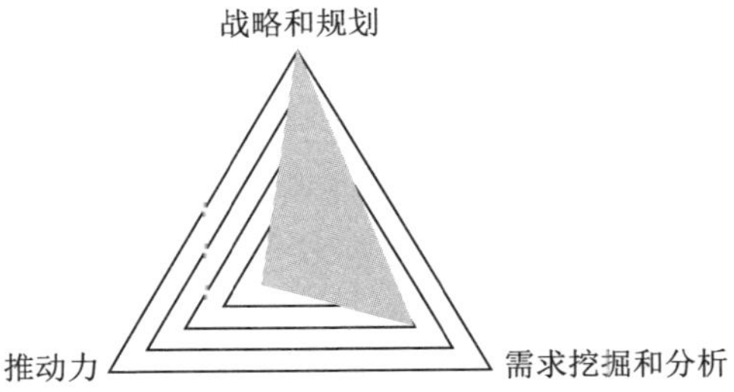

图6　公司CEO配合方式描绘图

到公司CEO这一层面，法律人主要是进行重大战略规划中的合规性审查，如前述三星建船厂需要尽职调查，跨国公司需要如何规避美国对中国产品禁运的法律意见。这种专项的需求低频次且需要大量人力物力投入，现阶段这个业务形态已经很成熟了，也有很多优秀的法律人，本文不在此展开讨论了。

六、法务人员的明天会怎样

有一本书叫《法律人的明天会怎样》，内容虽然稍显偏激但提出了有意义的问题。我们正在见证互联网和人工智能的高速发展，如果一个律师助理耗费半天时间进行的复杂法律检索，可以依靠程序仅用十秒解决，那么律师助理的岗位可能被裁撤；人工智能进一步发展，许多资深律师的工作可能也会被取代。我们法律人的价值何在？法律人还能从事什么样的工作呢？

在笔者看来，至少在可以预想的将来，我们上面所讨论的理解商业逻辑，并搭建与之配套的法律结构以实现商业目的，是程序无法取代的。多年前会计用算盘来算账的时候，可能并不会想到拨一天算盘才能完成的工作量，现在用 Excel 等软件可一秒完成。但是会计这个行业就消失了吗？没有，只不过评判优秀会计的标准从原来的拨算盘是否快变成了是否能熟练使用软件，更进一步，是否能设计好财务架构。

法律人同理，如前述判断一个问题是不是法律问题，法律人可以主动发掘业务的法律需求，而机器则很难使人意识到所面临的是一个法律问题。最近笔者为某公司代理应对一批职业打假人起诉的案件，诉讼中发现职业打假人在起诉前即有许多迹象，如拨打公司客服电话投诉套话并录音取证。据此，笔者对公司的流程提出建议，如客服部门需频繁处理某个问题时，应及时反映到法务部门，由法务人员作出统一的解释，而非客服自己发挥，以免日后成为对公司不利的证据。这就是法律人可以通过设计流程机制来体现其商业价值之处。当然，可能某一天也会出现关于流程机制的自动程序，即设定某些事情在触发到某种特定情况时即进入法律流程，如能有这种程序，也必然是法律人参与创造的。因此，如果法律人能尽量发掘自身的商业价值，紧随甚至开创时代潮流，就不会被这个时代所抛弃。

幸而，许多业界一流的法务人员提到他们已在向此方向努力，法务部门正在加强与公司调研人员、具体项目负责人的合作，更多地参与到项目中，也有越来越多的法律人投身于开发法律产品的商业一线，将法律逻辑直接应用到商业产品中。这些，都让人觉得法律人的明天仍是光明的。

律师助理成长的十条要诀

方向东[*]

在行外人看来，律师是一个不错的职业。但多数人都不大会注意律师身边的助理，更不大会关心一个律师助理是如何成长为律师的，这个过程需要怎样的努力和付出，以及有着什么样的迷茫。2004 年，本人研究生毕业即进入了律所，一直工作到现在，当过助理，也带过助理。笔者把自己对律师助理的经验体会和观察思考写出来，给律师助理朋友们（包括新律师和准律师助理）看看，希望有点帮助。

一、工作是为自己干的

不论在哪家律所，刚入行的律师助理总是处于最低层级，事情不少，收入不高（少数律所除外），前途还不明。一句话，压力不小。但如何面对压力，则每个人就不一样了。有人心生抱怨，受不了压力跳槽走人；有人磨洋工少出力，感觉混过去自己就赚到了；也有人化解压力，努力前行。

人的本性都是利己的。人只有是在为自己做事的时候，动力才是最足的，也是最愿意努力和付出的，这才能真正把事情做好。律师助理化解压力的具体方法有很多，但最好、最根本的方法是，你必须树立这样的观念：今天承受压力都是锻炼自己的过程，一切努力和付出终是为了自己，不是为了别人。说得再直白点，表面上你为律所干活，为老板干活，经济收入不多，但你做得越多，积累的经验就越多，而经验在将来是可以“变现”的。懂了吧，你努力工作赚了经验，其实就是在为自己赚钱。如果不能明白这一点，那么在压力之下，通常就会觉得

* 北京盈科（上海）律师事务所高级合伙人、律师，复旦大学民商法学硕士，微信 dfx207。

工作都是为了老板、为了律所，然后怨气横生，事情也不可能做得很好，最终阻碍了自己的成长。

二、外在是助理，内心是大律师

在正规的律所，律师助理的工作成果通常是不能直接面对客户的，需要律师或者合伙人的审查把关才行。正是因为这样，律师助理往往容易犯两种毛病：一种是认为自己只是助理，经验少，犯错很正常，再说最后反正有人把关，即使有错也会被人发现纠正，所以就不严格要求自己；另一种则是因为事事都有人审查把关，慢慢就形成了依赖症，不能判断自己做的是对还是错，需要依赖别人的审查才能放心，到最后失去了独立的判断能力。

刚开始工作的时候，因为业务能力和经验还不够，律师助理的工作成果达不到直接面对客户的水准，所以需要更高层级的人来把关。但律师助理必须要清楚的是，不能因为有了别人的把关，你提交的工作成果就是一个半成品；不能因为最后有人审查，你就可以降低对自己工作成果的要求而错漏百出。相反，你提交的工作成果必须是成品，深信你的上级挑不出毛病，可以直接交给客户了。虽然只是一个助理，但内心里却是以大律师的标准来要求自己，这是律师助理必须要有的精神态度。

“这件事情我负责！”结果，他成了领导人。“这件事情我顶着！”结果，他是团队的顶梁柱。“这件事情我来做！”结果，他是领导最信任的人。“这件事情我不会。”结果，他是最基层的员工。“这件事情怪我吗？”结果，他成了淘汰者。这是在微博、微信上经常看到的段子，对律师助理也是很适用的。若你做事的标准处处向合伙人律师看齐，以高标准要求自己，成长并非难事。

三、我办事，你放心

跟大多数服务行业一样，律师服务本身缺乏有形的客观标准。客户委托律师的基础就是信任，相信律师会全力办好他的事情。为了对得起这份信任，就要求律师在办理业务时，做到全力以赴，让客户可以放心。律师助理虽然通常还不能直接面对客户，但这个要求对律师助理同样是适用的。律师助理在为律师、合伙人办事的时候，就是要做到自己做事，其他人可以放心。要做到别人可以对你的工作成果放心，那么你就不能仅仅把工作当成“任务”来完成，而是要对自己的工作倾注足够的心血。也只有这样，你才可能有更多的机会。

要达到这样的目标，那么你在办诉讼案件时，就应该把“赢”当作自己的目标贯彻在工作中，而不仅仅是走走诉讼流程；你在做法律研究（Legal Research）时，就应该是穷尽相关法律法规，而不是随便找个结果糊弄一下你的上级。要知道，你的上级不是那么容易糊弄的。就笔者自己而言，对于刚配合本人工作的助理，在还没有对他放心之前，对他的工作成果必定是要全面检查的。如果知道助理是在糊弄的话，便不会对他这个人放心，也不敢把重要的事情交给他去办。道理其实很简单，找助理帮忙做事本来是分担自己的工作，也想让助理得到锻炼的机会，但如果助理老是做得一塌糊涂，必须要自己重做的话，简直就是在浪费时间。

四、人品高于业务

在当今社会，诚信、人品都是一些稀缺的东西，人品不好、不讲诚信的人比比皆是，也包括我们一些同行。但笔者还是想说，做律师，人品是第一位的（当然也有很多人不同意这个看法），这是行业之根。律师的业务都是受别人之委托而来，委托在英文中是 Entrust，其词根就是 trust，信任。可以说，没有信任就没有委托。

信任是广泛的，客户委托律师，不仅是相信律师的业务能力，同时还是相信律师的人品。比如，客户委托律师，通常都会跟律师交个实底，包括告知不为外人所知的个人隐私、商业秘密。如果律师接受了客户的委托，反过来把客户给卖了，这是多么可怕的事情。虽然社会上这种人不少见，但将来一定为社会、行业所不容。另外，从律所内部来看，目前的律师助理很可能是将来的合伙人，合伙人之间要承担连带责任，合伙的基础也是信任，没人愿意跟人品不好的人做合伙人。

五、养成一生受用的良好工作习惯

对于医生和律师这类职业，社会上普遍的看法是越老越吃香。那是因为人们认为，执业年限长的人经验更丰富，更能处理好他们的事情。但笔者要说的是，经验这类东西并非完全与年纪相匹配。在工作中，遇到过不少执业年限比自己长很多的同行，但有一些同行让人实在不敢恭维。

为什么会这样？经过观察和思考，笔者的看法是这样的：每个人在入行之初，基本上都是白纸一张，如果在律师助理阶段能够得到严格、良好的职业训练，往往都会养成良好的工作习惯。反过来，如果在律师助理阶段没有受到这方面的指导训练，久而久之往往就会养成一些坏习惯。习惯这个东西平时看不见，但是很强大，一旦养成，一辈子都难改。不少老律师从业之初，整个行业基本是处于粗放发展阶段，根本没有得到好的培训，所以执业多年依然有很多坏习惯。相反，那些成功的律师，往往是在执业之初便获得良好的培训，养成了良好的工作习惯。

好习惯的养成很困难吗？其实也不是，大多数良好工作习惯基本上都是靠培训和自我约束养成的。在这方面，管理正规的律所普遍要比“放羊型”的律所强一些。比如，目前国内一流大所律师做的文件样式基本都会很好看，而一些小所律师的文件就有些惨不忍睹了。律所能否有良好的培训，也应该是律师助理看重的一个方面。如果你所在的律所完全没有人带教和培训，那么你还是趁早换地方吧。

六、事实是工作的基础

律师工作与学生时代最大的不同之一，就是课堂上接触的案例事实都是被整理过的，砍去了枝枝蔓蔓，完全是假定的法律事实。而实际工作中，事实经常是一个复杂甚至说不清的事情，有当事人认知的事实、客观事实和法律事实之分。但是，对律师工作真正有意义的事实是法律事实。如何把当事人认知的事实、客观事实证明认定成法律事实，是律师的基本功之一，也是律师工作的重要内容。不论是诉讼业务，还是非诉讼业务，都离不开对各种事实的查明认定。

我们都有过这样的遭遇：客户在电话中把“事实情况”吧啦吧啦快说一通，就要求律师立即处理某某事情。很多时候，律师助理听了这样的电话就开始工作了，但等客户把他的证据材料传过来的时候，才发现证据材料跟客户电话中说的不完全是一回事。发生这种情况很正常，一方面客户不是专业人士，他不知道哪些是你要的事实；另一方面他是当事人，往往都是说对他有利的情况而有意无意忽略不利的内容。在笔者刚开始做律师助理的时候,我们的合伙人律师就要求我,遇到这类情况一定要求客户把书面材料传过来。直到现在,笔者都还保持着这个习惯,并要求助理也这样做。

七、法律是律师最重要的武器

大家都知道,律师本质上是靠法律吃饭的(当然也有人靠勾兑、拉皮条谋生)。再直接地说,律师是靠提供法律意见吃饭的,提供"法律意见"(而不是其他意见)是律师区别于其他行业最显著的特征。可以说,法律是律师最重要的武器(不是之一)。尽管法律这把剑有些时候还很软、很钝,但我们还是要明白,就像剑客离开了剑便不再是剑客一样,律师离开了法律便不再是律师了。

法律面前人人平等,用在律师业的一种解释就是,不论你是刚入行的律师助理,还是执业经年的资深律师,人人都可以平等地拿起法律武器,可以平等地阐释自己对法律的理解。只要你准确把握了法律,你依法所出具的法律意见就可以面对其他任何人,包括你的上级、客户、法官,而不用惧怕。

当然,要使用法律,你得先知道在哪里可以找得到你想要的法律。法律研究(Legal Research)是每个从业人员都不陌生的话题。法律研究水平的高低,是衡量律师专业能力的一个重要指标。律所应该给新进的律师助理做法律研究(检索)方面的培训,如果你所在的律所没有这方面的培训,你也可以留意社会上这方面的培训。

不过,需要说明的是,法律研究培训往往只能教给你一些技巧或者方法,最核心的能力——对法律的敏感,往往是教不了的,需要自己去体悟。要提升对法律的敏感度,最关键的是你要从内心里喜欢这个职业,而不仅仅是把职业当作谋生手段。喜欢并专注于这个职业,会敏感到不论你是在读书看报,还是在刷微博、阅微信,都不会错过相关专业信息。

八、细节成就专业

细节决定成败,这句话都成心灵鸡汤了。但即便如此,笔者还是要对律师助理们说,细节成就专业。虽然现在律师业务的范围大为扩展,但除了极少数领域的小众业务外,对于大部分业务,律师们或多或少都知道一些，甚至也都可以办理。比如，一般的民商事业务和一般的诉讼业务，基本上多数律师都可以说自己“会”。但随着业务越来越细分，律师业比拼专业水准的，靠的已不再是一般的大路货，而是细节。

说这些可能让律师助理们觉得有点远，那就说点律师助理们常遇到的问题吧，看看你是否注意细节。比如，你写的文件里面是否有明显的错别字呢？你发邮件的时候，邮件是否有明确的主题、附件是否有准确名称呢？你在填写重要通知的EMS快递单时，是否把“内件品名”那一栏给漏了呢？你在为律师准备证据材料时，是否会少复印一份文件呢？如果你经常犯这一类毛病，那你需要好好反思改正了。

九、问题死磕到底，成果勿忘整理

律师是帮助人家解决问题的，自然会遇到很多平时想不到的问题，其中有不少问题可能一时弄不明白，搞不清楚。这个时候，你是选择跳过问题，绕开走，还是选择死磕到底，非把问题弄明白不可呢？不同的选择决定你不同的成长速度。

在工作中笔者发现，很多助理都有这个毛病，遇到问题不是打破砂锅问到底，把问题彻底搞明白，而是只管完成领导交给的任务就好。任务可能刚好变通完成了，那个未知的问题便被丢在一边了。如此，工作时间再久，长进终究不大。

笔者常跟助理说，我们业务领域内的确有很多问题，可能有几百上千个，我们每次做事的时候，不仅要完成律师安排的工作任务，而且也要把工作中遇到的难题弄明白。比如，在审查合同时，必须要对合同所涉的未知问题进行研究，这样既是对客户负责，也是对自己负责。如此几年下来，你必然成为专业人士。还是那句话，完成任务主要是为了别人，但把问题弄明白，最大的收获者却是自己。这个道理，你应该懂的。

当然，问题弄明白了，还要学会归纳整理。我们常说，好记性不如烂笔头。工作繁多，如果你不对问题的研究成果进行整理，往往不到两个月你可能就忘了。下次遇到同样的问题，可能又要重新研究，严重影响效率。不归纳整理，你就是猴子掰玉米，掰了很多，最终也没有多少积累。

十、注意保护自己

前面都是说律师助理应该怎样，现在要说一下，执业过程中将伴随着各种风险，律师助理还是要注意保护自己。

只要你进了这一行，你就要知道这一行的规矩和边界。所以，行业部门所制定的执业规范和职业纪律必须要熟悉。哪些事情可做，哪些事情绝对不做，心中一定要有数。比如，办理刑事案件会见当事人时，就要严格遵守监所部门的规定，不要违规为当事人传递物品。又如，办理一般诉讼案件，记得不要收取客户的证据原件，以免承担丢失原件之责。再如，对于重要的提醒事项，应该发邮件、微信而不是仅仅电话说说。

要防范风险除了注意一般的执业规范和纪律之外，根本上还有一点，那就是要正确处理与客户的关系。我们要全力为客户服务，但我们还是要保持自己的独立性，保持自己的判断。你要知道，投诉律师最多的往往都是律师曾经的客户。

律师如何自我营销

熊定中*

一、律师营销的类别

我们需要先建立一个共识：所有律师都需要营销。在既往和一些同行的沟通过程中，笔者很惊讶有不同声音出现，如说自己从不营销。笔者仔细总结后发现，这种律师一般以两类居多：要么是业界比较知名律所的律师，要么是有其他非从律师行业获得的社会人脉资源（如自带二代光环或者从其他行业如公检法、法务等转行为律师）。这两类律师获得交易机会的渠道通常并不是来源于公开市场，而是小范围内的熟人推荐。因此，这两类律师确实并不需要刻意关注如何制定自己的市场营销策略。

但是，"不营销"这个说法是错误的。

对于上文所讲两类律师中的前者而言，并不是不营销，而是律所从律师的个人营收中扣除较高份额的费用（公司制律所以绩点等方式多重分红，但实际效果依然是将"羊"身上的"羊毛"留下部分作为公共发展基金）用来购买了"营销服务"。知名律所一般配置专门的人员甚至是部门、使用专门的经费来开展市场营销工作：高端间接一点的如赞助各类学术研究会议或者在自媒体上发软文；简单直接一点的如积极参与各类律所律师排名（请注意本处并未意指买榜行为，而是强调此类活动需要安排人力进行排名申报和资料准备等，该行为本身也是对律所资源的消耗）；普惠接地气一点的如在居民小区投电梯广告；等等。至于说做大盘子来争抢亚太第一大所之类的唬人头衔，那更是

* 清律律师事务所首席合伙人，清华大学互联网法律与政策研究中心秘书长，邮箱 xiongdingzhong@ tsinglaw. com。

战略级别的营销策略了。而这些“羊毛出自羊身上”的营销,效果必然会直接或间接地反馈在这些律所平台的律师身上,增加他们的交易机会或者交易成功率。因此,请记住第一点:“自己不采取营销行动并不意味着没有营销——采购营销服务也是营销手段。”

对于两类律师中的后者而言,也并不是不营销,而是通过一个比较传统的方式进行营销,即口口相传——此处完全没有贬低这种到达率很高的营销方式的意思,事实上这反而是律师行业最为主流且“正统”的营销方式。很多知名律师在执业达到一定层次、有了稳定交易机会来源后,都会转为这种投入小但投资回报率高的营销方式。因此,请记住第二点:“营销并不一定要面向公开市场——小范围的精准营销也是营销手段。”

二、律师营销的困境

很多同行或多或少都觉得,营销是个让人摸不着头脑的领域。问题出在哪里? 这要从律师服务的本质来看。

律师服务本质上是提供一个有特定知识门槛的个人化服务。尽管已有越来越多的律师在倡导和尝试将自己的服务标准化、产品化,但这个过程依然很漫长。如果我们深入理解律师服务的商品本质的话,请记住,律师本人就是这个商品的生产者。问题在于,商品经济发展到今天,绝大多数行业都已经进入了现代企业模式,企业内的商品生产部门和销售部门是完全两个独立的部门,大型企业甚至会将品牌塑造这个部门单列为市场部门,和生产部门、销售部门并列。而反观律师行业,律师作为商品生产者,竟然还同时兼任了市场部门和销售部门的职责——而可能很多同行甚至完全没有有意识地区分什么叫作市场,什么叫作销售。

由此,问题到底为什么产生就显而易见了:律师唯一都通过的考评标准只有专业方向上的即司法考试对应的商品生产标准,而对于市场和销售标准,学校里没有人能教,工作后也没有考评以及参考教材,因此导致了整个行业在营销上的乱象。

如果一个新人,刚入行就看到带自己的老板、认识的律界前辈甚至是自己所在律所的营销方式是尽可能地夸大其词开展宣传,真实价值观(而不是对外宣称的)是营收至上,同时他/她自己又没有形成稳定的人生观和价值观（并不是成年就会自然有）或者原有的人生观和价值观并不与这种现状相抵触，那么采用同样的方法来自我营销就成为唯一选择。如果这种人因为拙劣的表达方式、愚蠢的生活理念导致引发更大的舆论危机，这其实不是个闹剧，而是个悲剧。

所以，其实前面第一点所说的两类人是相对幸福的：要么通过花钱采购了相对专业的营销服务，要么通过原来身份所累积的人脉资源得以实现一定范围的品牌推广效果。问题是，这个行业绝大多数的律师，尤其是律界新人们，并不具备这两种背景，而是在两眼一抹黑的状况下一脚踏入了这个陌生领域。而往往在自我营销这个领域，谁都觉得自己采用的方式是对的，因为但凡已经被自己采用的营销方式，一定是符合自己价值观的——谁会轻易推翻自己的价值观呢？

三、律师营销的方式

其实营销的方法论是相通的，律师行业也没有什么特殊之处。主流的营销方式可以分为两类：流量和品牌。我们以最为接近律师服务本质的演艺明星的营销来举例，方便读者理解——艺人营销的专业程度基本可以甩律师营销一条街，这个不服气不行。

如果把艺人的营销手法简单粗暴地分为两类，那么可以说一类是品牌艺人，一类是流量艺人。演艺界在早年间都是采用前者的营销方式，即塑造这个艺人某个区别于其他艺人的优秀特质，从而获取更多的交易机会（对于艺人来说就是片约、代言和出唱片等）。例如，早期某个电影投资方和导演要拍文艺片，剧本中男主角是优雅帅气的文艺男，那么不考虑成本的话首选肯定是梁朝伟而不是周星驰；如果耐克就某款新品需要寻找代言，那么市场部门优选的肯定是周杰伦而不是张学友。这都是艺人营销过程中通过不断地推出商品（即艺人）的经典款（即我们常说的成名作、代表作等），来塑造这个商品的品牌形象的结果。而后者即流量艺人，则是这几年比较盛行的一种商品推广形式，即通过尽可能多地占据流量，也就是更多地曝光在媒体或者网络社区上，以吸引社会公众注意力的方式来获取交易机会。与品牌艺人相比，这种曝光本身通常并不带有任何对商品价值观属性的附加，纯粹是对事实的简单记录，如街拍的美图、社交媒体（如微博）的一些俏皮段子等，单纯为保证热度以及和粉丝进行互动。这种流量艺人最为典型的特点就是，对于一个可能天天在你眼前晃来晃去的艺人，突然让你想一下他/她到底有什么代表作时，你会根本想不起来——当然，因为代表作是“品牌”而不是“流量”。

如果聪明的话，读者看到这里其实就可以推论，律师行业同样也有这两类营销手法的雏形。当然，有一些前进得比较远的同行其实已经在熟练使用了。建议：如果想做流量律师，则在尺度内（具体见下文）更关注你的曝光度，而不要过多在意自己的营销文案是否经得起严格推敲；如果想做品牌律师，则应更多从事附有自己价值观的行为，而且必须保证严谨、准确。举例来说，当你想做流量律师时，用自己前老板或者同事的案子来公开营销给自己贴金，或者以尺度内的方式制造一些热点事件如宣布收助理学费（实际上可能并不这么执行）等来获取关注度，或者在社会热点事件中故意唱反调（哪怕这并不符合你一贯的人设）等，都是符合你的营销策略的，即所谓的“手段优先于价值”。对于笔者来说，如果想博流量，本文应该叫作《律师营销，你看这一篇就够了》。而当你想做品牌律师时，你需要拿出更值得业内认可的作品（案件或者文章），并且要经得起推敲。对于自己或者作品的自我评述需要严谨而准确，并且严格符合你所需要塑造的品牌形象所对应的价值取向。

特别需要提示的是：本文到此均无价值判断，并未有任何贬低或者赞誉任何方式的意思。

四、律师营销的尺度

笔者本人的价值观里有一个词排序很高，叫“敞亮”，因此也明确说，本文从这里往下，都是自己价值观的体现。本人没有收费阅读，各位读者也不是我的助理。笔者无意让所有人都接受这种带有个人价值观的具体操作方式。读者往下看得欢喜，欢迎采纳；看得不喜，建议随时打住。本部分不讨论，不辩论。

作为律师，第一个行为尺度显然是合法。很有趣的是，很多同行可能都没有完整读过《律师法》或者读过也并不记得了。虽然律师的本职工作有一大部分是努力分辨合法和非法的边界，但同样应该有共识：刚性的规定是不可以突破的。具体到营销问题上，如不得以非律师身份（如实习律师）自称为律师，不得以非合伙人身份（所谓的内部合伙人）宣称为合伙人，等等。这不仅仅是《律师法》的问题，同样还牵涉《反不正当竞争法》以及《广告法》的虚假营销问题。

作为专业人士，第二个尺度也是最重要的尺度其实应该是不违反一般人认知的道德观。即使想成为“流量律师”，靠获取骂名来吸引眼球毕竟不符合社会公众对律师这个职业的一般认知。笔者经常在给广告界的朋友们培训时半开玩笑半当真地说，广告营销从业人员在文案上的道德底线其实是远低于社会公众的（正如大家看到的每一步都极准地踩到边缘的杜蕾斯微博文案，只是因为有更多更黄更暴力的文案被法务部门驳回了而已）。而律师由于职业特性，其实也同样存在行业平均道德认知低于社会公众的情况。这本身不是问题，因为律师的职业道德客观上需要回避公众道德对自己工作的影响，否则如“怎么给坏人辩护”这个坎就没法迈过去了。但笔者认为，当律师在营销自己时，身份其实是一个普通人，而不是一个律师在从事专业工作，此时担任的是“市场部门”或者说“销售部门”的角色，而不再是相对“道德中立”的“生产部门”，理当摆脱执业习惯对自己行为的影响，即便想做“流量”而不是“品牌”，不能以较高的专业标准来要求自己，那至少也要以一个正常的社会公众的普遍道德认知来行事，而不是陷入“有法律明确规定我不能炫富吗？如果没有那就是法无禁止即可为”这样的法律人视角来采取行动。

第三个可能有争议的尺度，那就是客观真实。坦率说，由于行业特殊性，其实较少有广告营销方面的监管机构来关注律师营销的合法性问题，几乎没有听闻过有查处先例。而律师又是个充分竞争的行业，在很多领域已经形成惨烈的价格战态势，能多获得交易机会简直是第一生产力，这也导致在此方面律师自我合规意识不强烈。在这种状况下的流量营销，确实是需要一定的语不惊人死不休的效果。笔者本人主业是争议解决，深刻了解出庭时优秀而有格调的律师往往采取的一个策略是：保证说的每一句陈述都是真的，但如果有些陈述对自己客户不利，只要审判人员不问，那就不说（中国没有证据开示制度）。在笔者看来，这也是营销的道德底线了。

笔者本人从来没有在任何知名大所待过，毕业后就直接入行做律师，也没有任何其他人脉资源的转换，一步步走到今天自己都觉得堪称不易，其实非常理解和我一样没有附加营销背景的年轻同行苦恼于明天的饭碗、下个月的房租从哪里来。写这篇文章并不是要熬鸡汤，只是希望至少前三部分对行业营销本质的剖析，或多或少能够帮到一些尚迷惘的同行找准自己的营销定位。

诸君所行，未见得可为所求，但愿为自己本心所欲。

法律职业知识储备与管理

崔　琦*

一、知识储备与管理的必要性

（一）与时俱进

近年来，无论在诉讼还是非诉领域，法律法规、司法解释、案例、规章、行政机关和司法机关的意见、各地规范性文件、协会自治规则、以保代培训为代表的各种窗口意见，海量、密集颁布并不断更新。我国法律法规的更新周期已经从传统的八年至十年缩短为三年至五年甚至更短。例如，证监会于2014年10月颁布《上市公司重大资产重组管理办法》，后于2016年6月就该办法的修改出台了征求意见稿，2016年9月8日正式公布了修正版本，之后又于2019年10月18日、2020年3月20日再次修正。由此可见，一部部门规章的有效期限可能已不足两年，甚至不到一年即行修正。这就要求从业人员在知识和专业上要能够与时俱进。过去那种法学院毕业以后通过司法考试即可高枕无忧、靠经验办事、吃一辈子老本的观念已经不能适应法律行业现阶段的发展。

虽然最高人民法院、最高人民检察院三令五申地方法院、检察院不得制定司法解释性质文件，但事实上各地司法机关甚至它们的内设机构颁布了各种会议纪要、意见、指南、疑难解答等文件。这些文件数量庞大，在实践中往往比法律法规和司法解释对诉讼起到更为直接、重要的指导作用。另外，会计师协会、律师协会、银行业协会、证券业协会、基金业协会、银行间交易商协会等行业自治组织发布的自治规则，以及中国证券登记结算有限责任公司（以下简称中证登）、全国中

* 高杉Legal评审团成员，微信cuiqi5080。

小企业股份转让系统有限责任公司(以下简称股转公司)等企业发布的内部业务规则、问题解答、指引,也同样在实践中发挥了重要的“类监管”和指挥作用。“政出多门,九龙治水”是目前法律行业客观存在的事实,是否合理、能否改变是另外一个话题,但这样的实际情况使得实践对知识储备和管理的要求越来越高。

(二)提高工作效率

法律工作具有层次性。如果我们能做好储备,并管理好之前的工作成果,在日后处理相同或类似业务时,能够极大地提升效率、节省时间。

(三)优化客户体验

律师日常注意知识储备和管理,在会议中或者即时答复客户问题时,不需要翻查资料,能够脱口而出,可以极大地提升客户对自己的好感和信任度。

“脱口而出”的内容,是一名律师在对相关行业、纠纷细节、交易架构充分了解和熟悉的基础上,根据客户需求整理提炼出的精华,而不是照本宣科、法条和案例的简单堆叠。有人说,学法律的人不过是记性好、会死记硬背而已。甚至有人误以为律师就应该对所有法条滚瓜烂熟,背得越熟练说明水平越高,反之则是不称职。适当的识记当然必不可少,但律师毕竟不是数据库、复读机,除常用和关键性法条之外,没有必要以追求背诵法条为荣,否则北大法宝、威科先行等数据库岂不成了中国最大的律所?(此处仅作举例,没有对上述两家公司的不敬之意。)

二、知识储备

知识储备是管理的前提,没有充足的储备也就谈不上管理。以下是个人在知识储备方面的几点经验。

(一)“一条道走到黑”

该标题和后续出现的标题在本文中都没有任何贬义。律师在处理现有法律问题时,不能仅仅满足于解决当前问题,还要秉承“一条道走到黑”的精神,将该问题的来龙去脉、上下游知识点及相关领域全部厘清理顺,并且持续保持高度关注、随时更新。

以下以涉及对赌协议的诉讼纠纷为例，对知识储备进行说明，同时印证知识储备和管理的必要性。

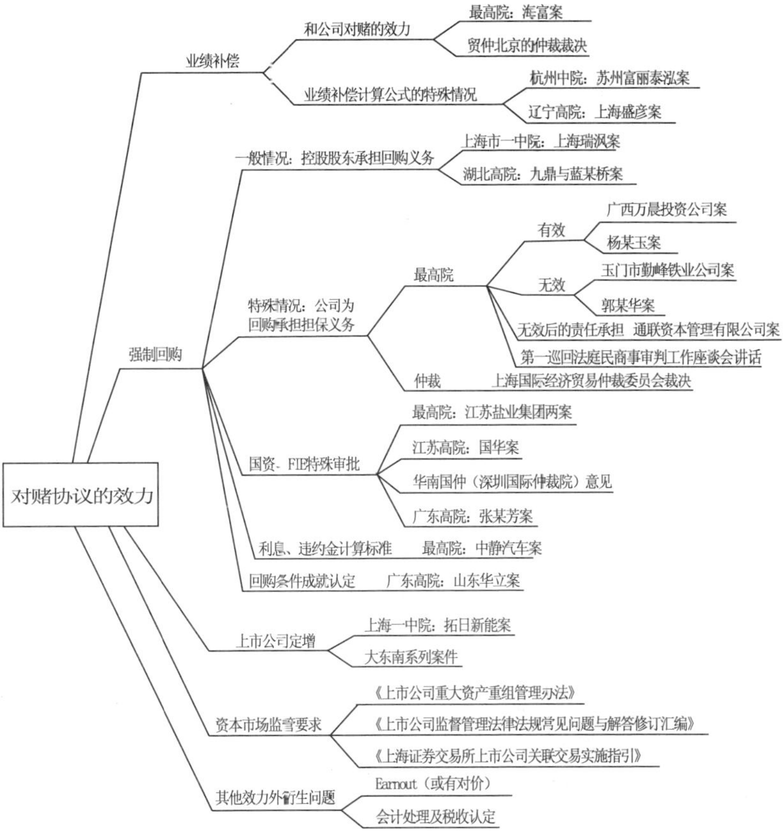

图1 对赌协议纠纷知识储备示例图〔1〕

"对赌协议"的英文表述为 Valuation Adjustment Mechanism(VAM)，翻译为"对赌协议"则充分体现了中文的玄妙，一个"赌"字让人怀疑

〔1〕 限于图示空间，相关机关及案例名称使用简称。本文同。

它是人人唯恐避之不及的洪水猛兽、封建社会的残留、资本主义社会的糟粕、企图毒害社会主义花朵的毒瘤。实际上，VAM 直译为“价格调整机制”，语义中性、没有感情色彩，在境外市场也是很常见的操作，主要目的是弥补投资人与公司创始人之间信息不对称的风险。

当律师与客户谈及对赌协议时，一般律师都会提到海富案[最高人民法院(2012)民提字第 11 号]，也都能给出此案的简单结论——“与股东赌可以，与公司赌无效”。但如果律师只能谈到这些，对客户而言是不及格的表现。这是因为，一方面，海富案审判层级之高、影响力之大使其公开程度极高，即便不是法律行业从业人员也可以轻松获取信息，客户在提问之前很可能已经看过海富案的相关资料乃至判决全文、专家评析等；另一方面，海富案的终审判决由最高人民法院在 2012 年 11 月作出，关于对赌协议纠纷的司法实践在海富案之后又有很多新发展。2019 年 11 月最高人民法院发布的《全国法院民商事审判工作会议纪要》(以下简称《九民纪要》)对对赌协议的司法认定有了较为明确的规定。

而与之相反，一个知识储备和管理出色的律师，会以海富案为起点，与客户继续沟通，单就对赌协议中的业绩补偿纠纷，就至少有以下三点可以补充：

(1)海富案的判决结论在仲裁领域已经被突破。中国国际经济贸易仲裁委员会于 2014 年审理了由通商律师事务所代理的仲裁案件[(2014)中国贸仲京裁字第 0056 号仲裁裁决]，参照《证券法》关于公司公开发行债券时“最近三年平均可分配利润足以支付公司债券一年利息”的标准，考虑到公司在投资人根据对赌协议投资前是一人公司、业绩补偿计算标准相对合理等特殊情况，裁决控股股东与公司就业绩补偿承担连带责任，谨慎地认可了出资人和公司对赌的效力。

(2)依据对赌协议中的业绩补偿计算公式，如果接受投资的公司利润为负，则法院可能在计算业绩补偿时将利润调整为零，以免出现业绩补偿额过度超过投资额的情况。杭州市中级人民法院作出的(2014)浙杭商终字第 2488 号判决(苏州富丽泰泓投资企业与杭州中宙科技有限公司、浙江中宙光电股份有限公司合同纠纷案)可作参考。

(3)如果按照股权投资协议中的补偿条款计算出的股权补偿款为负，依据意思自治原则，则法院可能无法支持原告就业绩补偿款的诉讼请求。辽宁省高级人民法院作出的(2015)辽民二初字第00029号判决[上海盛彦投资合伙企业(有限合伙)与宋某新公司增资纠纷案]可作参考。

在业绩补偿问题之外,还能够延伸出以下问题:

(1)关于上市时间对赌、溢价强制回购的纠纷,法院倾向于支持原告根据协议约定,要求公司控股股东或实际控制人在条件成就之时,按照约定的年化收益率(常见为8%—12%),加上本金,扣除公司已支付分红,回购投资人的股份的请求。上海市第一中级人民法院作出的(2014)沪一中民四(商)终字第730号判决(上海瑞沨股权投资合伙企业与连云港鼎发投资有限公司等股权转让合同纠纷案)、湖北省高级人民法院作出的(2013)鄂民二初字第00012号判决[苏州周原九鼎投资中心(有限合伙)与蓝某桥、宜都天峡特种渔业有限公司、湖北天峡鲟业有限公司其他合同纠纷案]可作参考。

(2)特殊情况下,就目标公司能否为投资人和控股股东之间的股权回购提供担保的问题,涉及《公司法》第16条第2款公司为股东担保的程序问题,以及系股东之间股权转让还是对第三人的股权转让的区分,包括最高人民法院在内的各级法院的态度差异较大。持否定态度的有玉门市勤峰铁业有限公司、汪某峰、应某吾与李某平、王某刚、董某股权转让纠纷案[最高人民法院(2012)民二终字第39号],郭某华、山西邦奥房地产开发有限公司股权转让纠纷案[最高人民法院(2017)最高法民申3671号]。持肯定态度的有广西万晨投资有限公司、陈某官股权转让纠纷案[最高人民法院(2016)最高法民申2970号],陈某梅与杨某玉、赤峰双源矿业有限公司股权转让纠纷案[最高人民法院(2014)民申字第1141号]。最高人民法院在2018年9月28日公布的强某延、曹某波股权转让纠纷再审民事判决[最高人民法院(2016)最高法民再128号]中认可了被投资公司为其实际控制人与投资人签署的"对赌协议"提供连带担保责任的有效性。最高人民法院再审后认为,案涉协议所约定由瀚霖公司为曹某波的回购提供连带责任担保的担保条款合法有效,瀚霖公司应当依法承担担保责任,理由如下:强某延已对瀚霖公司提供担保经过股东会决议尽到审慎注意和形式审查义务;强某延投资全部用于公司经营发展,瀚霖公司全体股东因而受益。瀚霖公司提供担保有利于自身经营发展需要,并不损害公司及公司中小股东权益，应当认定案涉担保条款合法有效，瀚霖公司应当对曹某波支付股权转让款及违约金承担连带清偿责任。

就无效后的责任分担，在通联资本管理有限公司、成都新方向科技发展有限公司与公司有关的纠纷案［最高人民法院(2017)最高法民再258号］中，最高人民法院认为，投资方未能尽到要求目标公司提交股东会决议的合理注意义务，导致担保条款无效，对协议中约定的担保条款无效自身存在过错。而目标公司在公司章程中未规定公司对外担保及对公司股东、实际控制人提供担保的议事规则，导致公司法定代表人使用公章的权限不明，法定代表人未经股东会决议授权，越权代表公司承认对原股东的股权回购义务承担履约连带责任，其对该担保条款无效也应承担相应的过错责任。投资方、目标公司对《增资扩股协议》中约定的“连带责任”条款无效，双方均存在过错，因此目标公司对原股东承担的股权回购款及利息，就不能清偿部分承担1/2的赔偿责任。

2017年2月，上海国际经济贸易仲裁委员会对一起案件作出的裁决中进一步认可了在目标企业股东或其指定方需要向投资机构回购目标企业股权并支付股权转让款时，目标企业就上述股东的付款义务承担连带担保责任，该类条款约定有效。

张勇健(时任最高人民法院第一巡回法庭副庭长)在2018年4月18日《贯彻落实党的十九大精神 开创巡回区民商事审判工作新局面——在第一巡回法庭民商事审判工作座谈会上的讲话》中提及：“在有限责任公司股权转让过程中，目标公司以其自有资产对股权转让款承担支付义务或担保责任，其他股东表示同意或经股东会决议的，可以认定为有效。股权受让方在此过程中滥用股东权利给公司、其他股东造成损失，或损害公司债权人利益的，应当按照公司法等有关法律的规定承担相应法律责任。”

(3)涉及外商投资企业、国有企业的纠纷，如果尚未经过相关审批，法院可能认定对赌协议尚未生效，无法支持原告要求履行合同的诉讼请求。最高人民法院作出的(2016)最高法民申410、474号两份裁定，分别维持了(2015)苏商终字第0010号判决(南京诚行创富投资企业与江苏省盐业集团有限责任公司合伙协议纠纷、股权转让纠纷案)、(2015)苏商终字第00163号判决(上海阳亨实业投资有限公司与江苏省盐业集团有限责任公司、李某股权转让纠纷案），认为国有资产重大交易，应经国有资产管理部门批准，合同才生效。两案中的江苏省盐业集团有限责任公司系江苏省国资委独资的国有企业，其因对外重大投资而签订的案涉股权买卖合同需经国资管理部门审批后，合同才能生效。

江苏省高级人民法院作出的（2013）苏商外终字第0034号判决（国华实业有限公司与西安向阳航天工业总公司股权转让纠纷案）认为，私募股权投资（Private Equity，PE）以股权受让方式投资并约定回购条款时，股权受让与股权回购是两个股权转让行为，如投资时外商投资主管部门在批文中仅阐明同意股权转让，未明示同意回购条款，则要求回购时尚需就回购事项签署股权转让协议并再次报外商投资主管部门审批。未获审批通过，回购条款不生效。

特别需要注意的是，华南国际经济贸易仲裁委员会（现深圳国际仲裁院）就上述问题与江苏省高级人民法院持有相反意见。华南国际经济贸易仲裁委员会认为，外资审批仅与对赌协议中的股权转让条款的效力有关，与对赌协议中的其他条款（如业绩补偿条款、溢价回购条款）无关，因此不能因对赌协议尚未经过外资审批而认定协议整体未生效。广东省高级人民法院作出的（2014）粤高法民四终字第12号判决（张某芳、深圳一电实业有限公司与旺达纸品集团有限公司、林某师民间借贷纠纷案）亦持类似观点。

需要明确的是，在2016年年底开始全面推进的外商投资备案制改革，将负面清单以外的原本需要事先审批的外商投资企业股权变更事项改为了事后备案制。最高人民法院在2019年12月发布了《最高人民法院关于适用〈中华人民共和国外商投资法〉若干问题的解释》（法释〔2019〕20号），第2条第1款明确："对外商投资法第四条所指的外商投资准入负面清单之外的领域形成的投资合同，当事人以合同未经有关行政主管部门批准、登记为由主张合同无效或者未生效的，人民法院不予支持。"因此，实质性地修改了2010年《最高人民法院关于审理外商投资企业纠纷案件若干问题的规定（一）》中的相关规定。

（4）在涉及股权回购支付的利息和违约金计算标准方面，最高人民法院在中静汽车投资有限公司与上海铭源实业集团有限公司股权转让纠纷案［最高人民法院（2015）民二终字第204号］的判决中对此作出了回应:第一,回购实质上是在双赢目标不能达成之后对投资方权益的一种补足,而非获利,故其回购条件亦应遵循公平原则,在合理的股权市场价值及资金损失范围之内,不能因此鼓励投资方促成融资方违约从而获取高额赔偿;第二,非金融机构原则不能适用罚息;第三,在已有回购利息条款补偿投资方的前提下,同时主张违约金且标准过高,法院可以依法予以调整。

(5)在回购条件成就的认定方面,广东省高级人民法院作出的(2015)粤高法民四终字第224号判决(山东华立投资有限公司与新加坡LAURITZKNUDSEN ELECTRIC CO. PTE. LTD.股权转让合同纠纷案,最高人民法院第二批“一带一路”建设典型案例)认为,《股权转让协议》的内容是附事实条件的股权转让,即只有在目标公司改制成为股份有限公司后,股权回购的条件方能成就。同时进一步认为,《股权转让协议》将股改作为协议生效的先决条件,且没有约定无法完成股改时目标公司原股东的回购责任,和一般股权投资估值调整协议(也即一般的对赌协议)中将股改作为双方预设的经营目标有所不同。

(6)在上市公司定增时,由公司、控股股东、实际控制人或第三人承诺保底收益也属于广义上的对赌。就此产生的纠纷,法院视承诺主体的不同,裁判结果上亦有明显的尺度差异。在拓日新能(SZ002218)定增纠纷案中,上海市第一中级人民法院作出的(2013)沪一中民四(商)终字第574号判决(浙江省宁波正业控股集团有限公司与上海嘉悦投资发展有限公司与公司有关的纠纷上诉案)认可了控股股东和实际控制人承诺效力。在大东南(SZ002263)相关定增纠纷案中,经过发回重审的绍兴市中级人民法院作出的(2015)浙绍商重字第1号判决(李某与浙江大东南集团有限公司合同纠纷案)和杭州市中级人民法院作出的(2014)浙杭商初字第46号判决(浙江大东南集团有限公司与沈某祥合同纠纷案)否定了控股股东作出的承诺效力,理由是后者承诺保底收益可能违反《证券法》第77条之规定,构成操纵市场。浙江省高级人民法院作出的(2015)浙商终字第144号判决(李某娟等诉大东南集团有限公司合同纠纷案)则推翻了前述(2015)浙绍商重字第1号判决,认定保底条款并不违反法律、行政法规的强制性规定,且承担补偿责任的系股东而非上市公司本身,并不损害上市公司及其他人利益,这也在另一个层面反映了司法领域对于该类疑难问题裁判尺度的不统一。浙江省高级人民法院作出的

(2013)浙商外终字第 115 号判决(华某芳与杨某新委托理财合同纠纷案)则认可了第三人作出的承诺效力。

值得注意的是,2020 年 2 月 14 日,证监会相继发布《关于修改〈上市公司证券发行管理办法〉的决定》《关于修改〈创业板上市公司证券发行管理暂行办法〉的决定》《关于修改〈上市公司非公开发行股票实施细则〉的决定》(以下统称融资新规),并在 3 月 20 日发布《发行监管问答——关于上市公司非公开发行股票引入战略投资者有关事项的监管要求》。其中,《上市公司非公开发行股票实施细则》(证监会公告〔2020〕11 号)第 29 条进一步明确:"上市公司及其控股股东、实际控制人、主要股东不得向发行对象作出保底保收益或变相保底保收益承诺,且不得直接或通过利益相关方向发行对象提供财务资助或者补偿。"

根据《九民纪要》第 31 条的规定,"违反规章一般情况下不影响合同效力,但该规章的内容涉及金融安全、市场秩序、国家宏观政策等公序良俗的,应当认定合同无效。人民法院在认定规章是否涉及公序良俗时,要在考察规范对象基础上,兼顾监管强度、交易安全保护以及社会影响等方面进行慎重考量,并在裁判文书中进行充分说理"。

最高人民法院审判委员会专职委员刘贵祥在《在全国法院民商事审判工作会议上的讲话》中亦提及:"三是要辩证处理民商事审判与行政监管的关系。既要使市场在资源配置中起决定性作用,又要更好地发挥政府作用。这就要深入研究市场准入资格、行政审批等各种行政监管规范对民商事合同效力及履行的影响,依法确定当事人之间的权利义务关系。要充分尊重监管规定和交易规则,依法支持监管机构有效行使监管职能。要有效应对监管政策变化给民商事审判带来的挑战,加强与监管部门的协调配合,协力化解重大风险。"

作为本话题的延伸扩展内容,实际上,即便在境内资本市场,早在海富案之前,业绩补偿也已是常见的操作方式,且已经成为监管鼓励乃至要求的必备内容。除首次公开募股(Initial Public Offerings,IPO)阶段监管仍然要求清理对赌之外,前述提及的《上市公司重大资产重组管理办法》第 35 条明确要求,在上市公司重大资产重组过程中,采取收益现值法、假设开发法等基于未来收益预期的方法对拟购买资产进行评估或者估值并作为定价参考依据的,交易对方应当与上市公司就相关资产实际盈利数不足利润预测数的情况签订明确可行的补偿

协议。监管部门甚至连上述情况下补偿计算的方式都已经给出:[1]

当期补偿金额=(截至当期期末累积承诺净利润数-截至当期期末累积实现净利润数)÷补偿期限内各年的预测净利润数总和×拟购买资产交易作价-累积已补偿金额;

当期应当补偿股份数量=当期补偿金额/本次股份的发行价格;

当期股份不足补偿的部分,应现金补偿。

与之类似的,《上海证券交易所上市公司关联交易实施指引》(上证公字〔2011〕5号)第八章亦明确规定,对于上市公司拟购买关联人资产的价格超过账面值100%的重大关联交易,上市公司应提供拟购买资产的盈利预测报告,以现金流量折现法、假设开发法等基于未来收益预期的估值方法对拟购买资产进行评估并作为定价依据的,上市公司应当与关联人就相关资产实际盈利数不足利润预测数的情况签订明确可行的补偿协议。

以上介绍了诉讼领域知识储备"一条道走到黑"的思路。非诉领域情况类似,需特别注意法律法规的修改与前后衔接。

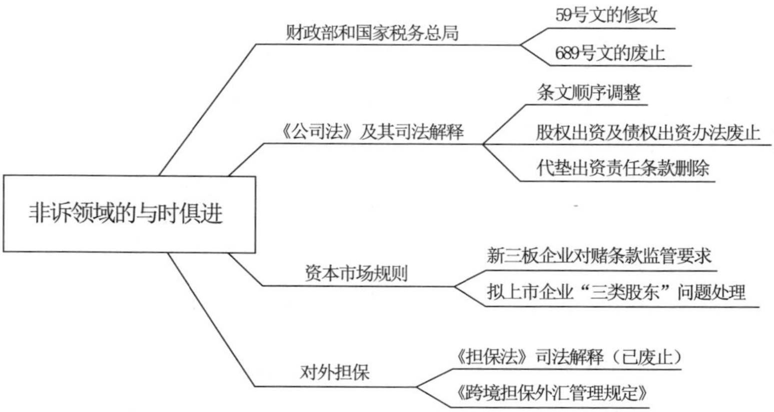

图2 非诉领域纠纷知识储备示例图

---

〔1〕《上市公司监督管理法律法规常见问题与解答修订汇编》,载中国证监会网,http://www.csrc.gov.cn/pub/newsite/ssgsjgb/ssbssgsjgfgzcywzx201509/t20150918_284146.html,有删节,最后访问日期:2018年5月6日。

例如，财政部和国家税务总局于2009年颁布了关于特殊税务处理的59号文，后继2014年的109号文已经将股权收购或资产收购占标的的75%下调到了50%，而59号文其他条款并无变动。如果缺乏后继关注和不断的学习，就很容易出现不应出现的低级错误。类似的，还有国家税务总局7号公告对其698号文的修改等。当然更进一步的，国家税务总局公告〔2017〕37号已经全文废止了698号文并对7号公告作出了修改。

又如，《公司法》于2013年作出重要修正，随后最高人民法院出台专门司法解释修正之前发布的三部司法解释，上述法律和司法解释的部分条款有删减，如2011年《最高人民法院关于适用〈中华人民共和国公司法〉若干问题的规定（三）》第15条代垫出资人连带责任的条款被删除；条文顺序也发生变化，常见的如有限公司股权转让条款（2005年《公司法》第72条，后为第71条）、股权回购条款（2005年《公司法》第75条，后为第74条）等。但此后三年来，很多学者、律师在文章中援引常见条款时，仍使用修正前的条文序号。另外，《公司法》修正后，工商管理部门新出台的注册资本管理办法已经原则吸收并废止了原股权出资和债转股登记办法两部规章，但被废止的两部规章仍然在之后的几年时间内作为依据被不断援引。上述疏忽虽然不影响对所涉问题的实体处理，但对于以严谨细致立业的法律人来说，属于不应出现的错误和瑕疵。反之，如果我们对于知识的储备和更新能够保持没有止境，时刻关心、跟踪进展的态度，基本就能避免上述情况发生。

需要指出的是，知识储备过程中，我们需要对行业发展有较高的敏感度。具体来说，需要重点关注各机关、部委、协会官网，官方微信及热门公号等信息渠道，对于任何官方的信息发布保持高度重视，对重点政策法规、案例要及时收集储备。既然走上法律这条职业道路，就需要将自己培养成具备即时自动升级功能的机器人，终年无休。例如，就对赌问题，在非诉领域，按照2016年7月27日北京证监局的窗口意见，有关监管部门不接受新三板做市企业定向增发中的股权对赌条款。而该窗口意见很快在2016年8月8日股转公司发布的《挂牌公司股票发行常见问题解答（三）——募集资金管理、认购协议中特殊条款、特殊类型挂牌公司融资》中被明确吸收，这也从另一个角度印证了“一条道走到黑”的必要性。

再如,对IPO"三类股东"这一热门问题,从2017年开始,证监会不断以新闻发布会、对人大代表提案答复及个案审核通过等形式予以模糊化回应。直到2018年1月25日的证监会新闻发布会上,其新闻发言人才明确了四项监管要求:(1)控股股东、实际控制人、第一大股东不得为"三类股东";(2)"三类股东"已经纳入金融监管部门有效监管;(3)对"三类股东"做穿透式披露,同时要求中介机构对发行人及其利益相关人是否直接或间接在"三类股东"中持有权益进行核查;(4)要求"三类股东"对其存续期作出合理安排。2019年3月25日,证监会发行监管部发布了《首发业务若干问题解答》,随即在2020年6月10日,证监会发行监管部再次对前述问答进行了修订,即三类股东需满足:

(1)中介机构应核查确认公司控股股东、实际控制人、第一大股东不属于"三类股东"。

(2)中介机构应核查确认发行人的"三类股东"依法设立并有效存续,已纳入国家金融监管部门有效监管,并已按照规定履行审批、备案或报告程序,其管理人也已依法注册登记。

(3)发行人应当按照首发信息披露准则的要求对"三类股东"进行信息披露。通过协议转让、特定事项协议转让和大宗交易方式形成的"三类股东",中介机构应对控股股东、实际控制人、董事、监事、高级管理人员及其近亲属,本次发行的中介机构及其负责人、高级管理人员、经办人员是否直接或间接在该等"三类股东"中持有权益进行核查并发表明确意见。

(4)中介机构应核查确认"三类股东"已作出合理安排,可确保符合现行锁定期和减持规则要求。

额外需要提及的是非诉和诉讼业务的交集地带,以跨境担保为例。《最高人民法院关于适用〈中华人民共和国担保法〉若干问题的解释》(法释〔2000〕44号,已废止)明确规定,未经国家有关主管部门批准或者登记对外担保的以及未经国家有关主管部门批准或者登记,为境外机构向境内债权人提供担保的,对外担保合同无效。且2014年第6期的《中华人民共和国最高人民法院公报》案例栏目还刊载了一篇持此态度的案例:香港上海汇丰银行有限公司上海分行与景轩大酒店(深圳)有限公司、万轩置业有限公司金融借款合同纠纷案[最高人民法院(2010)民四终字第12号]。但就在2014年同年,国家外汇管理局出台了《跨境担保外汇管理规定》(汇发〔2014〕29号),其中第29条明确规定:外汇局对跨境担保合同的核准、登记或备案情况以及本规定明确的其他管理事项与管理要求,不构成跨境担保合同的生效要件。同年,前述公报案例中作为裁判说理依据的《境内机构对外担保管理办法》(银发〔1996〕302号文印发、中国人民银行令1996年3号)和《境内机构对外担保管理办法实施细则》(〔97〕汇政发字第10号)均已被废止。在这种情况下,对外担保的生效要件是否仍然为有权主管部门即国家外汇管理局的批准或者登记?恐怕诉讼和非诉律师的看法会截然相反。在最高人民法院和中国人民银行、国家外汇管理局尚未就此发表一致意见的时候,如何区分场景适用就成为需要我们谨慎处理的问题。

(二)"吃着碗里的,望着锅里的,想着地里的"

我们可能经常在工作中不经意地接触到很多与工作没有直接关联、自己也不熟悉的法律知识点,大多数人随手放过,有心人则会留意,即时检索研究,或者暂时记录下来,日后仔细发掘。差距往往就在日积月累中产生,量变成为质变。

例如,年轻律师去当事人处走访了解诉讼案情,无意中发现一张当事人提供的与诉讼案件本身无关的项目立项备案通知书。随手放在一边不会影响手头案子的进展,但如果工作结束后抽空学习和检索,就会初步了解发改项目立项中审批、核准和备案的区别,进而关注到国务院和各级政府关于政府核准投资项目目录的最新版本。随后不同的人依据不同的兴趣领域,会继续追踪。例如,从事外经贸和资本业务的年轻律师可能会进一步发现,就上述目录中境外投资一项,国家发改委和商务部在2014年先后大幅修改了部门规章,取消了除敏感国家和地区、行业以外的核准限制;甚至可以发现国家发改委的规定曾经有过乌龙、与国务院意见相左,规定了10亿元美金以上的项目仍然需要核准。这种状况持续半年后,国家发改委于2014年12月再次修改自己的规章,删除了10亿美元以上需核准的规定。延续前述"一条道走到黑"的精神,我们可以进一步发现,2017年12月,国家发改委进一步修改规章,取消了境外投资"小路条"的制度;2018年1

月，国家发改委制定了《境外投资敏感行业目录(2018年版)》。

兴趣是最好的老师。探索关联的法律知识点，需要对法律行业有持续的热情，也需要自身有较强的自律性，否则很难坚持下来。

(三)好记性不如烂笔头

人的记忆是有限的，绝大多数人无法做到过目不忘，如果不能及时、妥善地保存已经获得的法律知识，在日后需要调用时也是一筹莫展。关于知识保存，印象笔记等类似软件是很好的保管工具，方便分类储存和管理，可依据个人喜好和习惯选择。

三、知识管理

储备是基础和内功，管理则是运用方式，二者相辅相成。

(一)知识网络链接

很多人往往过于依赖检索，接触、储备知识之后不进行有效管理，再次使用时无法迅速回忆起，甚至临时抱佛脚再去检索也并不顺利。检索能力当然很重要，但是高效检索的前提往往是心中要有全局观念和一张广泛链接的知识网络。关于检索的具体方法，本书其他作者已有精彩的论述和经验分享，本文不再展开。从本质上来说，知识储备管理和检索技能相辅相成，优秀的管理能力能够极大提升检索效率，高效的检索技能也能大大加快知识储备的速度和效率。就知识网络链接而言，指的是处理一个之前研究过或者接触处理过的法律问题时，脑中要有一张以核心问题为中心的网络，对相关和衍生扩展可能涉及的信息有大致整体概念和宏观印象。链接的形成不是一朝一夕能够成就的事情，需要长时间的积累，但是物有所值，值得拥有。

以下以国有资产转让为例，说明知识网络链接在检索时的重要性。

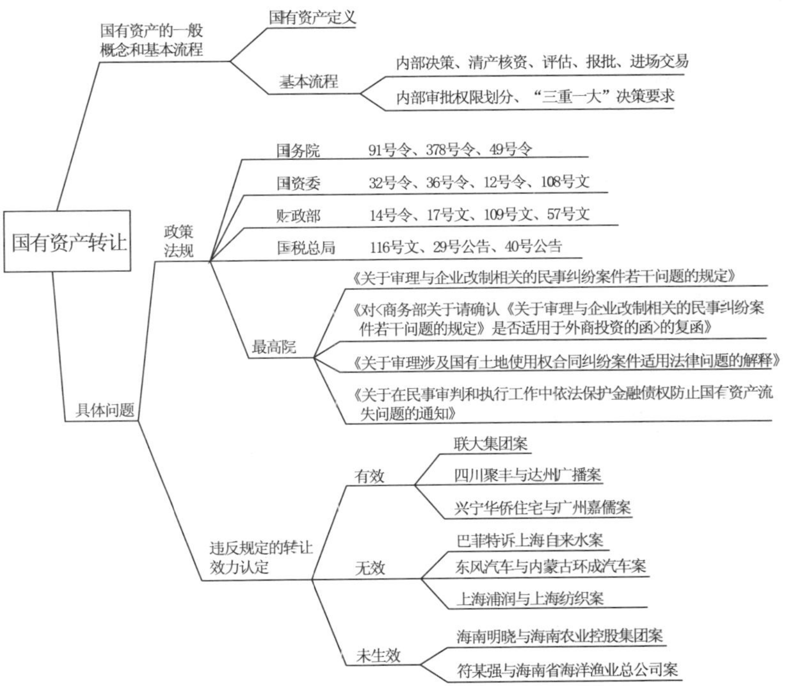

图 3　国有资产转让知识网络链接示例图

遇到涉及国有资产转让的问题时，进行检索之前，脑中应该先浮现一张知识网络，围绕“国有资产转让”这个关键词，大致包括：

1. 国有资产的一般概念

关于国有资产，广义包括了金融国有资产，机关、事业单位国有资产，上市公司国有资产，以及其他特殊行业如引起红塔集团和陈某树纠纷的关键因素之一的烟草行业的国有资产，等等。不同的国有资产类型，所适用的规则和监管部门也有所不同。为方便理解，此处主要指的是狭义的国有资产及主要由各级政府国资委（或履行国资监管职责的部门）所监管的一般国有资产。

国有资产的定义原则上应以国资委、财政部 2016 年 6 月 24 日发布的第 32 号令《企业国有资产交易监督管理办法》为准。特殊问题还包括集体企业中存在的国有资产界定。涉及上市国有股权转让的，还应当关注2018年5月16日最新发布的《上市公司国有股权监督管理办法》（国资委、财政部、证监会令第36号）。

与定义相关的重要问题是适用国有资产转让限制的情形。例如，某些项目中，可能出现国有股合计不超过49%，持股比例最大的股东不止一个，在上市公司+PE结构下通过先出表、体外循环后再回购并表实现退出的模式规避控股等情形。这些模式是否能够规避国有资产转让限制需要逐一研究。

2. 国有资产转让的基本流程

常见流程如内部决策、清产核资、评估、报批、进场交易（新规要求增资进场）。其他与流程有关的知识点包括各级国有出资企业内部审批权限划分、国有企业"三重一大"决策要求等。

3. 国有资产转让的具体问题

未按流程进行国有资产转让是否属于违反效力性规定导致合同无效，国有股社保划转及其豁免条件和相关案例，这些都是常见的具体问题。

政策法规、相关案例是研究具体法律问题的必要资料。

关于国有资产转让，除前述已经提及的规定之外，其他现有常用法规包括：《国有资产评估管理办法》（国务院令第91号），《企业国有资产监督管理暂行条例》（国务院令第378号，2011年修订），《企业国有资产评估管理暂行办法》（国资委令第12号），《国有资产评估管理若干问题的规定》（财政部令第14号），《上市公司国有股东标识管理暂行规定》（国资发产权〔2007〕108号，部分内容已被第32号令采纳），《国务院关于印发划转部分国有资本充实社保基金实施方案的通知》（国发〔2017〕49号）。另外，更为具体的规定还包括：涉及国企改制重组的契税（17号文，延续37号文）、企业所得税（116号文、109号文、29号公告、40号公告等）、土地增值税（57号文，延续5号公告）等的优惠政策；最高人民法院关于国有土地使用权和企业改制的相关司法解释及批复；针对某一特定问题出台的法规，如《集体企业国有资产产权界定暂行办法》（国资局令第2号）。

值得特别注意的是，延续前述"一条道走到黑的"思路，我们应当关注到，《企业国有产权转让管理暂行办法》（国资委、财政部令第3

号)、《企业国有产权向管理层转让暂行规定》(国资发产权〔2005〕78号)、《关于企业国有产权转让有关事项的通知》(国资发产权〔2006〕306号)等之前常用法规目前均已作废。

针对每一个具体问题,还需要关注典型案例。例如,未按法定要求和流程进行国资转让是否属于违反效力性规定导致合同无效的问题,司法裁判尺度存在较大差异。根据《民法典》的相关规定,法院倾向认为只有法律、行政法规的效力性强制性规定才能影响合同效力。据此认为涉及国有产权转让的相关规定或不属于法律及行政法规,或虽然属于法律或行政法规但系管理性强制性规定,因此持有效态度的典型案例包括:联大集团有限公司与安徽省高速公路控股集团有限公司股权转让纠纷案[最高人民法院(2013)民二终字第33号],四川省聚丰房地产开发有限责任公司与达州广播电视大学合资、合作开发房地产合同纠纷案[最高人民法院(2013)民一终字第18号],兴宁市华侨住宅建设有限公司与广州嘉儒华房地产开发有限公司、广州方凯集团有限公司等代位权纠纷案[最高人民法院(2012)民提字第29号]等。与之相反,认为前述相关规定构成效力性强制性规定,或部门规章等系依据法律、法规授权制定等,因而合同无效的典型案例则包括:巴菲特投资有限公司诉上海自来水投资建设有限公司等股权转让纠纷案[上海市第二中级人民法院(2007)沪二中民三(商)初字第81号,《中华人民共和国最高人民法院公报》刊载案例],东风汽车贸易公司、内蒙古汽车修造厂与内蒙古环成汽车技术有限公司、内蒙古物资集团有限责任公司、赫某新、梁某玲及第三人内蒙古东风汽车销售技术服务联合公司侵权纠纷再审案[最高人民法院(2008)民申字第461号],上海浦润装潢有限公司与上海市纺织原料公司、上海纺织控股(集团)公司、利格有限公司承租人优先购买权纠纷案[最高人民法院(2013)民申字第1301号]等。另外,还有法院认为合同未生效的,包括:海南明晓旅业有限公司与琼山六合农产品批发市场清算组、海南农业控股集团有限公司等建设用地使用权转让合同纠纷申请再审案[最高人民法院(2015)民申字第1466号],符某强与海南省海洋渔业总公司、海南省南海现代渔业集团有限公司等第三人撤销之诉案[最高人民法院(2015)民一终字第326号]等。研究案例后我们发现,在报批、评估、进场交易三个不同阶段违反程序要求,对国有资产转让效力认定的影响可能会有区别。

进一步研究我们可以发现，对比国资委、财政部旧的第3号令，新的第32号令删除了饱受争议的、被相当多裁判文书作为合同无效的说理或裁判依据的第32条，即在企业国有产权转让过程中，转让方、转让标的企业和受让方有违反法定程序和流程等情形，国有资产监督管理机构或者企业国有产权转让相关批准机构应当要求转让方终止产权转让活动，必要时应当依法向人民法院提起诉讼，确认转让行为无效。新的第32号令改为了相对缓和的规定，如第56条规定：国资监管机构发现转让方或增资企业未执行或违反相关规定、侵害国有权益的，应当责成其停止交易活动；第58条规定：企业国有资产交易过程中交易双方发生争议时，当事方可以向产权交易机构申请调解，调解无效时可以按照约定向仲裁机构申请仲裁或向人民法院提起诉讼。这在某种意义上是否可以视为监管部门对于不属于行政权力范围内的合同效力问题的一种态度谦让，从而进一步影响第3号令废止之后的相关司法裁判尺度，还有待我们进一步观察和研究。

可以说，涉及国资转让的内容，大多数情况下都会落在这样一张知识网络中。在掌握知识网络的基础上再去检索具体的知识点，效率则会很高。

（二）"反复炒冷饭"

研究称，彻底记住一个英文单词需要在不同场合重复使用7次。同样，绝大多数人无法对仅仅接触过一两次的法律知识点烂熟于心、运用自如。在知识储备、更新的基础上，还需要将收集整理过的重要和常见知识点在适当时机下变换角度多次运用，这样才能尽快形成完善的知识网络链接。这个过程可以形象地称为"反复炒冷饭"。

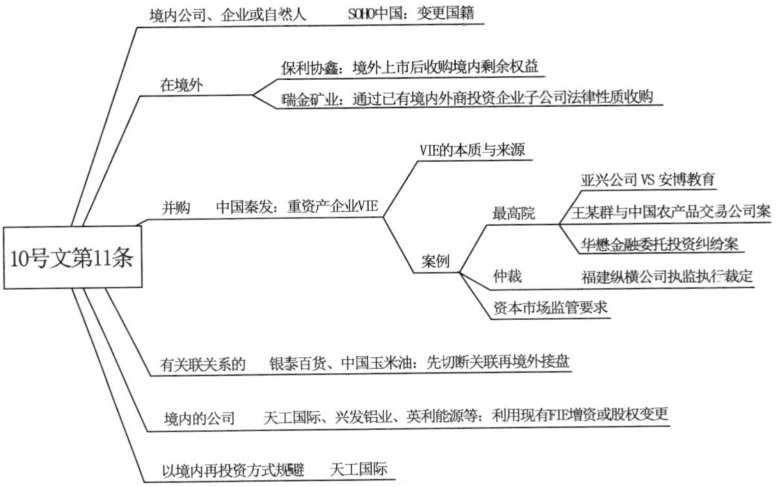

图 4　10 号文第 11 条的运用示例图

例如，外经贸和资本市场业务的常见关键条款——10 号文第 11 条规定："境内公司、企业或自然人以其在境外合法设立或控制的公司名义并购与其有关联关系的境内的公司，应报商务部审批。当事人不得以外商投资企业境内投资或其他方式规避前述要求。"（补充说明：10 号文是业内俗称，指商务部等六部委令 2006 年第 10 号《关于外国投资者并购境内企业的规定》。实际上商务部在 2009 年为保证 10 号文与《反垄断法》和《国务院关于经营者集中申报标准的规定》相一致，对其修改后重新发布，新的文号是商务部令 2009 年第 6 号。此处可以再次印证知识储备升级永无止境，正所谓"一条道走到黑"。）

关于这一条款的解析，可另作专题详细讲解，本文中仅作为"反复炒冷饭"的例证简要说明。第一遍阅读该条款，我们可能无法参透玄机，但了解相关案例后再反复咀嚼，就能发现条款中几乎每个关键字词都能衍生出一类红筹架构。例如，"境内自然人"衍生出 SOHO 中国一类通过变更国籍规避的方式；"境外"衍生出保利协鑫一类通过境外上市后收购境内剩余权益的方式，以及瑞金矿业通过已有境内外商投资企业子公司法律性质收购的方式；"并购"衍生出中国秦发一类突破常规互联网企业范畴的重资产企业 VIE 的方式等。

VIE 又是一个可以讲上几天的问题。与对赌类似，VIE 对应的英文表述是 Variable Interest Entities，国内一般翻译为“协议控制”，直译应该是“可变利益实体”。从本质和最初来源上看，VIE 是“安然事件”所导致美国通用会计准则合并财务报表的一个改变，并非法律概念。中国律师为了应对跨境资本运作的政策限制和监管要求[包括《外商投资产业指导目录》(2015 年版)，已于 2012 年被废除的证监会关于企业境外上市的“456”要求即 4 亿净资产、5000 万美元融资额、6000 万人民币净利润的标准，于 2014 年被国家外汇管理局 37 号文取代的涉及返程投资登记的 75 号文，于 2015 年被国家外汇管理局 19 号文废止的涉及 FIE 注册资本金结汇不得用于股权投资的 142 号文，以及前述 10 号文等]，歪打正着，创造性地将本属会计概念的 VIE 应用到了中国企业资本运作和境外上市的法律实践中。

而我们在研究 VIE 相关资本案例的时候，还可以进一步与诉讼及仲裁的司法裁判相结合，“反复炒冷饭”且延续前述“一条道走到黑”的标准。例如，最高人民法院作出的 VIE 第一案“亚兴公司 VS 安博教育”的判决[最高人民法院(2015)民二终字第 117 号]，维护了 VIE 结构的稳定性。对此，体现在三个方面的分析：(1)安博公司的股东均为中国公民，安博公司无外资股东，其在工商登记机关登记的企业性质为中国国内的有限责任公司。(2)亚兴公司主张以安博公司注册资本金的现金来源为由，确定安博公司的企业性质，无法律依据。(3)安博公司虽以合同方式将其相关股东权利委托给安博在线公司行使，但安博在线公司并不具备公司法上安博公司的股东身份。最高人民法院明确了境内内资企业的性质，随后进一步明确了《外商投资产业指导目录》及《商务部实施外国投资者并购境内企业安全审查制度的规定》系部门规章，不能作为认定合同效力的依据。但是最高人民法院也并非完全肯定 VIE 结构，其以教育部政策法规司的回复认定外资通过与内资企业的股东签订合同的方式控制民办学校，并非直接参与学校办学与管理，相关活动不属于《中外合作办学条例》的调整范围为由，回避了对《中外合作办学条例》第 6 条的认定和适用，更进一步将 VIE 是否违反社会公众利益交由行政主管部门判断和规范。最高人民法院在之前曾审理过和 VIE 有一定关联性的案件，如王某群、武汉天九工贸发展有限公司与中国农产品交易有限公司股权转让纠纷案[最高人民法院(2014)民四终字第 33 号]。法院认为，当事人串通签订协议，目的是规避必要的较为严格的行政审批要求，破坏了国家对外商投资、对外投资的监管秩序和外汇管理秩序，属于双方恶意串通，损害国家利益；也属于以合法形式掩盖规避更严格审批要求的非法目的，应依照《合同法》第52条第2项、第3项的规定，认定该协议无效。又如，华懋金融服务有限公司与中国中小企业投资有限公司委托投资纠纷案[最高人民法院(2002)民四终字第30号]。法院认为，对于外资以委托投资方式投资于境内受限制的银行业的行为，属于《民法通则》和《合同法》中"以合法形式掩盖非法目的"的行为，因而否定相关协议的效力。

在仲裁方面，在福建纵横高速信息技术有限公司、福建分众传媒有限公司等与史带开曼投资公司申请不予执行案[福州市中级人民法院(2014)榕执监字第51号]的执行裁定中，对于被执行人主张涉案VIE结构违反了国务院《外商投资电信企业管理规定》和《信息产业部关于加强外商投资经营增值电信业务管理的通知》及《商务部实施外国投资者并购境内企业安全审查制度的规定》，故应裁定不予执行的主张，福州市中级人民法院认为，根据《最高人民法院关于对海口中院不予承认和执行瑞典斯德哥尔摩商会仲裁院仲裁裁决请示的复函》中"对于行政法规和部门规章中强制性规定的违反，并不当然构成对我国公共政策的违反"的精神，本案是否涉及VIE结构安排和对赌协议、是否违反国务院、商务部等的规定并不当然构成违反我国公共利益，故对被执行人的主张不予支持。

继续从VIE非诉讼角度来看，从搭建VIE，到还原VIE，再到IPO或并购重组，可能涉及的规定和要求包括：商务部10号文，国家外汇管理局37号文、19号文，国税总局7号公告、67号公告及FIE经营期限不满10年补缴企业所得税款的问题，中国证监会"关于重大资产重组中标的资产曾拆除VIE协议控制架构的信息披露要求的相关问题与解答"的内容，历次保代培训记录中对VIE结构的要求，等等。香港联交所在其《上市决策》(HKEX－LD43－3)和《指引信》(HKEX－GL77－14)中也特别提及了对于VIE结构的进一步要求。而这些要求进一步细化产生了常见VIE相关协议如独家服务协议、委托协议、独家认购权协议、借款协议、股权质押协议等的具体条款。具体到相关案例，如暴风科技(300431)IPO、二六三(002467)IPO、宋城演艺收购六间房、天涯社区(833359)新三板挂牌等。

延续前述10号文第11条的内容,“有关联关系”衍生出银泰百货、中国玉米油一类先切断关联再境外接盘的方式;“境内的公司”衍生出天工国际、兴发铝业、英利能源等利用现有FIE增资或股权变更不需要按10号文审批的方式等。另外,还可以发现天工国际等的操作方式实际可能构成以FIE境内投资的方式规避前述要求的做法,但并未被商务部深究的情况。

总之,只有通过对同一知识点不断反复深入研究,才能真正深刻理解和熟练运用。

四、时间管理

如果说当下社会还有什么对所有人都不分贵贱、一视同仁,那大概就是时间。每个人每天都只有24小时,如何最大限度利用时间、提高效率,是做好知识储备和管理的保障。关于如何做时间管理本身已经有很多研究和文章,笔者在这里仅仅分享一点个人经验。

(一)集腋成裘

大多数人每天都会有很多零散时间,如通勤时间、卫生间时间等。在零散时间内,完整阅读书籍的效率并不高,但非常适合收集储备以微信公众号专业文章为代表的短小知识。需要重点注意的是:(1)在零散时间内收集的短小零散信息,存在碎片化的问题,需要事后再统一汇总完善。(2)在零散时间内收集信息,不要影响正常工作的开展。例如,与客户当面交流沟通时,拿出手机检索阅读就很不合适,可以留待事后合适时机再做。

(二)黄金5小时

每天晚上7点到12点,是多数人可以拿出来的相对比较完整的时间,应当充分发挥其作用。建议尽可能对晚间的黄金时段提前做好任务安排和规划,如汇总集腋成裘的成果,完整阅读专业书籍、各种报告、招股书,案例研究,考试复习等。“搬砖”本身是苦活,为早日磨炼出冰天雪地360度后空翻花式“搬砖”技能,提高单位时间的“搬砖”性价比和附加值,法律从业人员在入行之初只有足额投入时间、积累学习成果,才能量变达到质变。

律师个人知识管理经验谈

方向东*

从前些年开始，在律师界有一个词比较火，那就是律师事务所的知识管理（Knowledge Management）。有关知识管理的文章在微信上也流传甚广，如《金杜律师事务所知识管理系统建设》《律所知识管理难题的破解与创新》。如果律师事务所的知识管理真正做好了，可以让律师“不是一个人在战斗”。但现实是，律师事务所的知识管理是一个听起来很诱人、实施起来却很困难的事情。可以说，国内大多数律师事务所的知识管理都做不好。这既有对知识管理认识不足的原因，也有事务所管理体制的问题。

事务所层面的知识管理不好做，也不是普通律师所能解决的问题，因此本文不讨论事务所层面的知识管理，只谈律师“个人”层面的知识管理。对于律师个人而言，事务所层面的知识管理做不好，并不等于个人的知识管理做不好；事务所层面的知识管理你可以不关注，但个人的知识管理却不能不关注。

每个律师都有属于自己的知识管理方式和方法，虽然不一定用“知识管理”这一概念。关于律师个人的知识管理，笔者自己摸索了好些年。总的体会是，律师（尤其是新律师们）如果能够重视并尽力做好个人知识管理，对于自己的成长是大有帮助的。下面就结合自己的经验和体会，来具体谈谈律师个人知识管理。

一、律师为什么要做个人的知识管理

从大的方面说，律师是靠提供法律服务吃饭的，而提供法律服务

* 北京盈科（上海）律师事务所高级合伙人、律师，复旦大学民商法学硕士，微信 dfx207。

就离不开专业知识。可以说,律师从事的是一个知识密集型职业。相信不少同行都有这样的感受,这些年随着社会的快速发展,法律法规的不断修改更新,我们需要关注的各种知识越来越多。面对海量知识,缺乏有效的知识管理方法,难免有“跟不上”之感。

从小的方面说,可能不少同行都有这样的遭遇:明明记得以前做过了某类业务,处理过某个问题,但自己就是找不到原来的资料和研究成果了,第二次遇到同样或类似的业务,还需要重新研究,费时费力。如果你做好了个人知识管理,上面的问题基本上就不会发生。

律师做好个人的知识管理,可以带来不少好处。简单地说,最直接的两点:一是可以增加个人的知识和经验积累;二是将来可以大幅提升个人的工作效率。

二、个人知识管理是什么

按照笔者的理解,所谓个人知识管理,就是指律师将个人拥有及获取的各种资料信息、经验变成有形的知识成果,并分类保存起来,在工作需要时,自己能够准确快速地找到并使用。律师绝对不能为了知识管理而做知识管理,知识管理的根本目的就是便于做好业务。

个人知识管理通常包括以下内容:明确自己的知识需求;有自己的信息获取方法;消化信息、经验并转化为有用、有形的知识成果;对知识成果进行准确的分类;为需要归档和保存的知识成果建立规范,便于将来检索;建立自己的知识成果数据库。下面,笔者就针对律师个人知识管理中的几个重要方面做一个简单阐述。

三、对知识进行分类是管理的前提

知识有显性知识和隐性知识之分。所谓显性知识,就是那些能以书面文字、图表等加以表述的知识;那些我们难以表述但在行动中却自觉使用的知识经验,就是隐性知识。举例来说,笔者写了“合同审查经验谈”,把对合同审查的经验表达给其他人看,文章的内容可以说是显性知识,但在文章中无法准确表达出来而工作中却不断用到的知识经验(如感觉和判断),就是隐性知识。再如,就“知识管理”本身而言,本文可以算是显性知识,但有些笔者无法准确写出来的体会就是隐性知识。前面说到事务所层面的知识管理很难,其中一个难点就是如何把不同律师的隐性知识显性化。相比而言,律师个人知识管理不存在这个难题,涉及的基本上是显性知识。

知识管理的对象自然是知识,对于律师个人而言,需要管理的主要是各种专业知识。要做好知识管理,将知识进行分类是一个前提。这个问题其实不复杂,下面以笔者的做法进行举例说明。笔者的主要业务是房地产和建设工程,因此在自己的数据库中,将各种法规、案例、文章等知识载体按照工作关联性分成如下大类:房地产类、建设工程类、公司投资类、物权类、合同债权类、侵权类、金融类、民事诉讼类、税收税务类、劳动类、婚姻家庭类、刑事类。在每个大类别中又继续细分小的类别。比如,在房地产类中继续细分土地管理、规划、征地拆迁、房地产开发、房地产登记、房地产买卖、房地产租赁、物业管理等子类,以此类推。每个人可以根据自己的业务需要对各种知识进行分类。

关于做好知识分类,笔者有两点体会可供参考:一是从宏观上应该对自己希望构建的知识体系有个整体认知和把握,知道某一知识信息应该归入哪一类别;二是知识分类也不是凭空想象的事情,可以根据关联性原则进行处理,相关或相近的知识都可以作为一个类别。比如,施工单位对建设单位提供的保修,与建设单位(开发商)向购房人提供的商品房保修,作为相近的知识点,应该是列入同一类别。

四、收集资料是一个基础性工作

既然是知识管理,前提必然是要有"知识",有知识才有管理。知识都是有载体的,律师业务中的专业知识载体主要是法律法规、判例、专业文章。知识管理的一个基础性工作就是收集资料。

工作中,笔者的态度是我们既要办好业务,帮助客户解决问题,还要尽力做到办理每一个业务都要让自己在知识经验上有所收获。所以,笔者的习惯是,每当笔者遇到一个业务问题,都尽量把问题弄明白(不停留于仅解决问题),然后把工作中的研究成果收集整理起来,形成自己的知识点。如果工作忙,来不及整理知识点时,通常是把相关问题记下来,待空闲之时,再来研究整理。比如,几年前为了写好民间借贷合同中具有强制执行效力的债权文书公证条款,笔者就研究了包括《关于公证机关赋予强制执行效力的债权文书执行有关问题的联合通知》在内的法规、司法意见、业务指引、法院判决等几十份资料。收集研究这些资料，为自己的工作提供了有力的支持，同时，这些研究资料又作为一个专题资料，被整理收入笔者的数据库中。

收集资料，其实随时随地都可以进行，不受时间、地点限制。除了工作中，在平时生活中笔者也会注意收集各种业务资料。现在不论是在微博还是微信上，每天都会看到很多的资料。看到有用的资料，笔者都会收藏保存起来。其实，只要你足够用心，有用的知识随时都在你身边。比如，以前笔者在星巴克买咖啡，排队时注意到店堂墙面上挂了营业执照等一堆证照，但有一个"公众聚集场所投入使用、营业前消防安全检查合格证"，以前没有注意过，也不清楚其所依据的法律法规和具体要求。当时笔者就用手机把这个合格证拍下来，等有空的时候，仔细研究了一下。经过研究，发现这个证照的法律依据在于《消防法》第 15 条，"公众聚集场所在投入使用、营业前，建设单位或者使用单位应当向场所所在地的县级以上地方人民政府公安机关消防机构申请消防安全检查"，同时把相关的具体要求也了解清楚了。然后，笔者把收集研究过的相关法律规定、办事指南等资料，作为一个新的知识点整理起来，存入自己的数据库之中。

对于收集资料，有人常有这样的疑问：你收集的很多资料都是法律法规，而大多数法律法规在专业法规数据库中都可以找到，是否有必要花费精力去收集整理？笔者自己的体会是很有必要。虽然大多数的知识（包括法规），你都可以通过网络检索的方式检索到，但好记性不如烂笔头，如果不收集整理，下次遇到同样的问题，必然还会重新进行检索，耗时费力不说，个人的积累也很有限。其实，收集资料的过程本身就包含了个人的研究经验，把这些研究成果有序保存下来，等于个人知识经验的积累。下次遇到类似问题，在这个基础上继续研究，而不是每次都从头再来，长此以往，对各种问题的研究必然更加细致、深入。

五、知识管理的重要步骤就是要消化知识

随着网络和检索工具的发达，现在各种资料都容易在互联网上找到，如果你是一个有心人，收集资料本身并不是特别难的事情。但笔者要说的是，收集资料仅是一个基础性工作，并不是个人知识管理的

核心。个人知识管理的核心,是要对信息资料进行消化,只有经过消化并且转化为自己理解掌握的知识,这样才能形成有效的知识。

很多人往往不重视知识消化工作,如在微信上天天转发各种文章资料,看似资料很多,但真正去看、去研究吸收的可能并不多。这有点像猴子掰玉米,资料再多也没用。笔者的做法是,在微信上看到不错的文章,如果来不及马上阅读,基本上都会将其列入收藏夹,等到周末或空闲的时候再进行阅读消化;对于有价值的内容,会将其存入自己电脑中的数据库,放入某个具体专题之下。比如,前段时间看到的《浙江省高级人民法院关于执行程序中执行"一处住房"相关问题的解答》,笔者就将其作为参考资料列入"房地产执行"专题之下。

六、有用的知识要形成专题,并建立自己的数据库

在你的执业领域内,你可能会有很多不解的问题。但即使你的业务领域再复杂,真正的问题最多不过几百个。你只要把这些问题弄明白,自然就会成为这个领域内的专业人士。为了实现这一目标,在工作中,自己就要在知识分类的基础之上,有意识把相关的知识形成一个个专题。只有形成专题,相关的知识点集中在一起,才会帮助你真正理解消化一个个问题。下面简单举两个例子。

第一,在建设工程领域,建设工程价款优先受偿权是一个大的专题,你可以把有关建设工程价款优先受偿权的知识全部汇集到这个专题之下。在这个大的专题之下,随着工作和研究的深入,你又可以分为很多小的知识点(或者说是小专题)。比如,建设工程价款债权转让,受让人是否享有优先受偿权呢。又如,建设工程合同无效,承包人是否可以主张工程价款优先受偿权呢,等等。

第二,房地产买卖交易中双方各自应承担的税收、交易手续费和其他费用,也可以作为一个专题。相应地,非买卖交易(如继承、赠与、夫妻之间财产分割)的情况下,又存在哪些税费,同样也可以作为一个专题来做。

知识管理的目标之一就是要建立自己的数据库。不论是信息资料,还是研究成果,你拥有的知识都应该按照自己的分类,保存进自己的数据库。只有建立了自己的数据库,知识才能发挥出应有的效用。个人的数据库也不用很复杂,用一般的文件夹进行管理足够了,但最

关键的是有序,能方便自己随时查阅。

七、可快速检索,是知识管理的重要指标

律师做知识管理,并非仅仅是为了积累知识,更重要的是在我们需要某方面知识时,可以迅速地找到并加以运用。如果整理的知识无法被快速简便地检索到,可以说,这样的知识管理是不成功的。

那如何才可以让自己的知识被快速检索呢?笔者的体会是,在所有方法之中,最方便的还是文件名检索。所以,为了方便检索,我们在整理每一份文档时,都需要有严格的文件命名。命名是一个很细节的问题,但却又是个人知识管理中一个很重要的问题,所谓"细节决定成败"。很多人电脑中明明都有相关资料,但却难以找到,可能原因就在于文档命名很糟糕。比如,在命名一份协议或者合同的时候,"协议书"或者"合同书"这样的命名缺乏主旨特征,将来很难被检索。如果根据协议的主旨特征将其命名为"××股权转让协议",或者"××租赁合同",将来检索起来就容易很多。

对于收集的法律法规、案例、专业文章、合同范本等一切资料,在命名的时候,都应该考虑将来被检索的可能性。一个重要的规则是,一切命名都应该体现文件的主旨特征。下面简要说说笔者的文档命名规则,供参考。

对于保存的法律法规,一般遵循这样的命名规则——"颁布单位+法规名称+施行时间"。对于所有的颁布单位,在自己的数据库里面都有统一的简称,如最高人民法院,简称是"最高院",而不是"最高法";上海市高级人民法院的简称是"上海高院",住房和城乡建设部简称为"建设部",上海市人民政府简称"上海市府"。之所以要在文件名中明确列明生效施行日期,这也是为了将来检索方便,因为一旦法律法规有修改,你马上可以知道自己保存的是哪一个版本。按照这样的命名规则,《公司法司法解释(二)》的名称是这样的——"最高院:《关于适用〈中华人民共和国公司法〉若干问题的规定(二)》2020 修正(关于解散、清算)"。

对于合同文件,一般遵循这样的命名规则——"客户简称+对方当事人简称+合同主旨+修改人+合同修改日期"。随便举个例子,如果万科和万达之间有一个房地产项目公司的股权转让合同,笔者的命名是——

“××项目股权转让合同－万科－万达(方律师 20150101 修改)”。

八、两款好用的知识检索软件

前面提到,知识管理必须做到需要时就能够快速检索到需要的知识。现在大多数办公电脑用的应该都是 Windows 系统,微软系统虽然很强大,但系统自带的检索却不怎么好用,很难快速准确检索到自己电脑中的资料(尤其是你的电脑中有数万个文件时)。根据笔者自己的经验,在这里推荐大家使用两款强大的电脑数据库检索工具。

一个是 Everything,这是笔者用过的比较好用的检索软件,十分推荐。Everything 提供的是文件名检索,并可以使用各种表达式语法,结果非常准确,且速度非常快,一秒都不到就可以搜索出结果。这款软件可以在网上免费下载。

另一个是 Filelocator,这款软件的特点是可以检索全文,结果可靠,速度也比较快,网上可以下载免费试用版。如果需要购买正式版,可以在网上购买。

九、备份,永远是知识管理不可或缺的一环

现在的电子文档虽然很方便,但也是非常脆弱的,随时都有丢失毁损的危险。一旦发生毁损或丢失,不啻一场灾难。以前看新闻,有一个设计师电脑被盗,所有过往的设计资料都在电脑里面。一台电脑才几千元,但他愿意花 10 万元从小偷那里“赎回”电脑,原因就在于电脑中那些资料的价值。

笔者之所以极力倡导文档备份,原因之一是自己也吃过资料丢失的苦头。好多年前的某个晚上,我们事务所办公室楼上茶水间的水管爆裂(甲级办公楼出现这样的状况,也是想不到的事情),导致我们事务所的办公室进水,然后笔者的电脑硬盘就阵亡了,而且无法恢复。当时笔者工作仅大半年,丢掉大半年的工作资料,就已经让自己痛苦了好一阵子。从那以后,笔者就很重视电脑资料备份的问题。

作为知识管理的一个重要环节,强烈建议大家经常对自己的电脑数据资料进行备份。现在备份的方式也有很多,可以是硬盘备份,也可以是网络上云备份。就笔者自己而言,除了有多个硬盘备份,还用“坚果云”进行了云备份。

十、知识管理是一个没有终点的过程

社会在不断发展,法律在不断修改更新,律师这个职业,必然是工作到老学到老,否则跟不上时代的发展。知识管理是律师工作的助推器,律师的知识要随着时代的发展而更新,知识管理工作也需要不断跟进。很多问题在你几年前办理某个业务时研究过了,但现在因为法律变化了,再办理类似的业务,如果仅停留在过去的认知,那肯定是不行的。可以说,律师个人的知识管理是一个没有终点的过程。

大案读术：判例研读三阶段论[1]

姚明斌*

研读判例，是法律人的基本功。正如医生研究病例不在于认识具体的患者而在于辨识检验医理，对于意在精进能力的法律人而言，某一个案件及裁判是否具有“例”的意义，是否构成“大案”，关键不在于标的额，而在于其中所蕴含的一般性问题的典型性。本文尝试从判例研读的功能、判例研读的立场、判例研读的流程三个方面，谈一点个人研习经历所积累的浅见。

一、从规范体系角度看判例的地位

民商法的显性体系，当然是借助国家的立法行动，以实定的成文法为形式的规范体系，尤其是作为民商法规范“大本营”的《民法典》。但在此之外，民商法的规范体系其实还有另外两方面的内容，包括规范背后的基本原理和规范适用的裁判实践。

就规范背后的基本原理而言，每一个实定法规则，其实都需要以一定的道理作为支撑，这种背后的原理不见得会反映为法条的字面内容，但却是法条得以成立的正当性基础之所在。比如《民法典》新增的第 549 条第 2 项规定：“有下列情形之一的，债务人可以向受让人主张抵销：……（二）债务人的债权与转让的债权是基于同一合同产生。”其涉及的是在债权让与场合，如果债务人对原债权人享有债权，债务人可以该债权向新债权人主张抵销。但是，如果在债权让与前，债务人就已经凭借自己对原债权人的债权处于可以主张抵销的地位，在债权让与后，通过类推第 548 条（已废止的《合同法》第 82 条）“债务人接到

---

* 华东政法大学副教授，法学博士。

〔1〕 本文系在 2020 年 5 月 26 日麦读公共课“大案读术——法律人如何研读判例”讲座基础上结合《民法典》规范更新修订而成。

债权转让通知后，债务人对让与人的抗辩，可以向受让人主张”的规定，即可实现对债务人的保护，似乎没有必要另设第 549 条第 2 项的规定。此时，我们需要回到债权让与场合法定抵销制度的基本原理，尤其是其着重解决的利益关系。

具体而言，债务人若在债权让与通知到达前已经享有对原债权人的债权，原则上不应因为原债权人转让债权，就剥夺债务人可能的抵销机会。此情形又可分为两种子情形：其一，债权让与通知到达前，债务人不仅享有对原债权人的债权，而且已经满足了可抵销的要件（即“抵销适状”，《民法典》第 568 条第 1 款），若债权没有被转让，债务人本可以一己之意思表示行使抵销权，消灭自己的债务进而拒绝原债权人的履行请求，该地位可促发权利消灭抗辩，所以此种情形应依前述类推第 548 条处理；其二，债权让与通知到达前，债务人享有对原债权人的债权，但尚未满足可抵销的要件（比如债务人的该债权尚未届期），此种情形根据《民法典》第 549 条第 1 项（已废止的《合同法》第 83 条）“债务人接到债权转让通知时，债务人对让与人享有债权，且债务人的债权先于转让的债权到期或者同时到期”的规定，以该既有债权不晚于被转让债权届期为限，债务人也可以向新债权人主张抵销权。

但是，如果债务人在债权让与通知后才取得对原债权人的债权，若继续无限制地允许其以该债权向新债权人主张抵销，则有损新债权人受让债权的预期。《民法典》第 549 条第 2 项涉及的正是此种情形，即结合第 548 条、第 549 条第 1 项的适用范围，第 549 条第 2 项适用于债权让与通知到达后债务人才取得对原债权人之债权的情形。为了兼顾新债权人的预期，此情形下债务人可以用来抵销的主动债权，只能是和被转让债权处于同一合同关系的债权。故甲出售设备予乙的场合，若甲先将买卖价款债权转让予丙并通知了乙，后乙因设备的配件瑕疵而受有损害，虽然乙对甲的违约损害赔偿请求权是在债权让与通知到达后才取得，但和被转让的买卖价款债权处于同一合同关系，根据第 549 条第 2 项乙可以该违约损害赔偿请求权向丙主张抵销。但若甲先将买卖价款债权转让予丙并通知了乙，后乙因出租厂房予甲而取得对甲的租金债权，则不可以该租金债权向丙主张抵销。

由此，《民法典》第 548 条和第 549 条第 1 项、第 2 项都涉及债权让与场合债务人主张抵销的问题,但须借助其基本原理和利益关系,方能较为清楚地把握三个规则所处理的三种情形,以及三种情形彼此的关系(即以债权让与通知到达时为界,债务人已取得债权且已抵销适状、已取得债权但未抵销适状、未取得债权而后取得债权)。

就规范适用的裁判实践而言,在法条未尽明确的地带,典型裁判实践所形成的见解,有时会构成我们进一步充实、理解抽象规范的资源。比如《民法典》第568条第1款规定:"当事人互负债务,该债务的标的物种类、品质相同的,任何一方可以将自己的债务与对方的到期债务抵销;但是,根据债务性质、按照当事人约定或者依照法律规定不得抵销的除外。"第2款进一步规定:"当事人主张抵销的,应当通知对方。通知自到达对方时生效。抵销不得附条件或者附期限。"但若一方行使了抵销权,抵销导致债务消灭的效果是从抵销表示到达时发生,还是溯及至抵销适状时发生,并不明确。对此,裁判实践进一步认为,"法定抵销制度作为债的消灭制度之一,其最主要的作用是简化债务履行程序、节约成本、提高社会整体经济效益,因此,抵销权行使的效力具有溯及力,即溯及至抵销适状时。一旦主张法定抵销,自抵销适状时起便发生双方债务消灭的法律后果,当然也就无须再承担违约责任"。〔1〕 最高人民法院的裁判实践亦认为,"抵销的意思表示一经到达对方,其效力就溯及自抵销条件成就之日,即主动债权履行期限届满之日2017年7月20日,故应当认定本案中双方互负的债务于该日起抵销"。〔2〕

可见,对于我国民商法的规范体系,仅关注成文法的法条,不足以

---

〔1〕 参见江苏省苏州市中级人民法院(2016)苏05民终6795号民事判决书。

〔2〕 参见最高人民法院(2019)最高法民再12号民事判决书。另可参见《全国法院民商事审判工作会议纪要》(法〔2019〕254号)第43条:"……抵销的意思表示自到达对方时生效,抵销一经生效,其效力溯及自抵销条件成就之时,双方互负的债务在同等数额内消灭。双方互负的债务数额,是截至抵销条件成就之时各自负有的包括主债务、利息、违约金、赔偿金等在内的全部债务数额。……"对抵销溯及力的这一肯定立场,还影响到对主动债权超过诉讼时效之可抵销性问题的处理。参见最高人民法院(2018)最高法民再51号民事判决书。原理层面的进一步检讨,参见张保华:《抵销溯及力质疑》,载《环球法律评论》2019年第2期;夏昊晗:《〈民法典〉中抵销权与时效抗辩权的冲突及其化解》,载《暨南学报(哲学社会科学版)》2021年第5期。

识得规范体系的全貌。毕竟立法再怎么完善,也不可能囊括所有的可能性。所以,应从动态的视角来理解和观察民商法规范的体系——它是以立法规范为核心,多种原理学说为支撑,协同司法判例的发展,所形成的三位一体的动态的体系。判例作为裁判实践的核心成果,属于该规范体系的一个组成部分。而研读判例,不仅在于了解裁判的实况,更具有发现法律、发现规范的作用。

二、判例研读重在研而读,读而研

过去几年,案例数据库的普及使大样本、大数据分析变得更加方便。我们在处理个案的时候,也习惯于通过检索类案裁判来观察实践现况,预测裁判趋势。这对于制定个案的诉讼策略而言当然是非常重要的一环。但过分迷信大数据和裁判现况的整理,对专业能力的提升并无益处。我们需要通过个案而超脱个案,需要借助具象而进入抽象,需要经由个别而提取一般,这样才能真正地聚焦判例所反映的典型疑难问题。

所以,更妥当的方式应该是"研而读,读而研",判例之研读重点不在于对裁判现况的事实描述,而应以评价、批评、借鉴的眼光,借原理审视实践,以实践补充原理,涵养一种对现行法规范更全面的体系理解。

"研而读","借原理审视实践",是指涉及某个一般性的法律适用问题时,在扎进案例之前,需要借助教科书、论文等理论素材对基本的规范、原理有一个大体的把握,从而获得一个审视、检验裁判素材的标准,并带着这个标准开展判例的研读。"读而研","以实践补充原理",是在研读之后整理出能够反映相关规范、原理实践情况的具体问题要点,甚至可以从实践中发现教科书、论文等理论素材不太会关注到的案型,从而充实自己对相关规范、原理的理解。将这两个阶段统合起来,就可以形成"判例研读的抽象具象三阶段"。

三、判例研读的抽象具象三阶段论

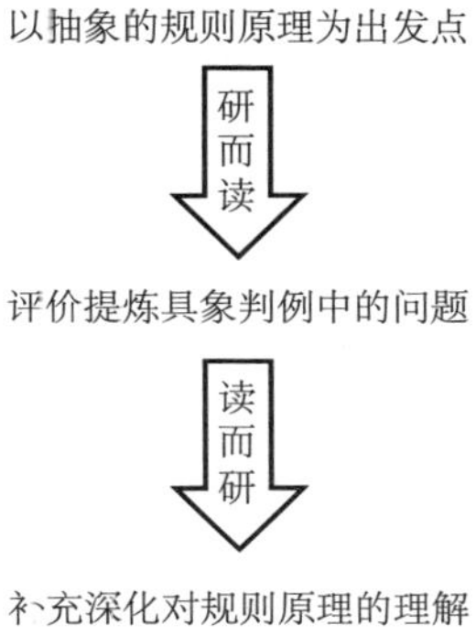

判例研读三阶段论示意图

判例研读的三个阶段,包括“以抽象的规则原理为出发点”研习对应的规范适用问题,再进入典型判例,通过研读“评价提炼具象判例中的问题”,再回归一般层面“补充深化对规则原理的理解”。

比如,针对违约损害赔偿,个案中法院会认定:[1]

鉴证报告所确定的各项损失中,恒兴公司的半成品之所以腐烂正是因为城区供电所的断电行为使得生产不能继续,故正安供电局关于恒兴公司腐烂半成品与是否停电之间没有必然联系的上诉理由,本院不予采纳;关于恒兴公司在停电期间支付的贷款利息、管理费和厂房折旧摊销,根据鉴定,该部分损失虽然客观存在,但该几笔费用的发生并非城区供电所的停电行为所造成,即使没有城区供电所的停电行为,恒兴公司也需要支付该几笔费用,故对一审法院将该三笔费用认定为城区供电所停电行为所造成的直接损失,属于适用法律错误,本院予以纠正。

此涉及违约损害赔偿范围的认定,首先须回归基本规则,即《民法典》第584条“当事人一方不履行合同义务或者履行合同义务不符合

〔1〕 参见最高人民法院(2017)最高法民申1872号民事判决书。

约定,造成对方损失的,损失赔偿额应当相当于因违约所造成的损失,包括合同履行后可以获得的利益;但是,不得超过违约一方订立合同时预见到或者应当预见到的因违约可能造成的损失”的规定。依之,违约损害赔偿旨在通过赔偿与违约具有因果关系的损失,使守约方得以处于假设合同被正常履行的状态。[1] 就因果关系而言,在基本原理层面会涉及事实因果关系和法律因果关系的区分,其中事实因果关系涉及的是“若无则不”判断法则的运用(若无该违约,即不会有该损害,则该损害与该违约之间存在事实因果关系)。此乃第一阶段,确定一个抽象规则原理作为出发点。

基于该出发点,评估前述说理,则不无疑问。一方面,法院认为即使没有违约方停电的违约行为,守约方也会支出“贷款利息、管理费和厂房折旧摊销”等费用,进而认定该费用与违约行为之间无因果关系,但另一方面,其又肯认了半成品腐烂损失与违约行为存在因果关系,从而对两项损失的赔偿分别作出否定和肯定的不同处理。然而借助基本原理衡量之,假设违约方未违约停电,半成品也会经由生产加工转化为产品而消灭,在“若无违约,亦会支出”这一点上,与贷款利息等项目并无不同。那么,在可赔偿性问题上,对半成品的支出和贷款利息等的支出作不同处理的真正理由又是什么呢?

借助这一具体的疑点,可以进入第二阶段,提炼出一个一般性的问题:违约损害赔偿若涵盖费用支出,所赔偿的究竟是费用的实际支出损失,还是以该支出推定最低的履行利益损失(亦即费用支出的目的落空损失)?

继续研读相关的判例,经由对比,可以实现聚焦。比如,同样关于迟延交付土地的违约损害赔偿是否包括守约方公司日常经营支出,有的判决认为:[2]

武宁县国土局应否赔偿迟延交地期间鹤群公司的日常经营支出损失。其一,对于鹤群公司所举证的企业正常生产经营日常支出,是其企业正常经营所必须的支出,该部分费用无论武宁县国土局是否迟

[1] 参见姚明斌:《〈合同法〉第113条第1款(违约损害的赔偿范围)评注》,载《法学家》2020年第3期。

[2] 参见最高人民法院(2016)最高法民终59号民事判决书。

延交地,鹤群公司均需要发生,同武宁县国土局的违约行为并无因果关系。……

有的判决则认为:[1]

本案中,根据皇姑区城建局与南华置地公司签订的《投资协议》约定,……南华置地公司承诺在竞拍土地使用权之前在辽宁省沈阳市皇姑区注册一个独资房地产开发公司。南华置地公司专门设立的沈阳南华公司,经营范围即为案涉地块的开发及商品房销售,沈阳南华公司设立后,并未开展其他业务,因此,沈阳南华公司正常的运营费用属于为履行案涉合同而支出的费用,属于直接损失的范围,沈阳市土地交易中心作为违约方应当承担赔偿责任。

这一区分在结果上是值得赞同的。理由在于,违约行为固然影响了守约方取得特定的履行利益,但其公司的日常运营成本并非建立在信赖某一特定合同会顺利履行的基础上,所以和涉及违约之特定合同的履行利益没有对应关系;例外情况下,为特定的合同而特设项目公司且业务上"心无旁骛",那么"该公司"的运营成本支出与"该合同"的顺利履行之间存在可确证的信赖关系,进而可对应于该合同的履行利益。只是在原理层面需要辨明的是,这一例外支持赔偿的损害,并非运营成本支出本身,而是与该合同的履行有信赖联系的运营成本支出的"期待目的"落空,或者说,守约方通过合同顺利履行获得履行利益来"填平"成本支出的可能性,因为违约方的违约而丧失了。

因此,回到停电违约的案件,在损失的认定上不以费用支出为准,而是以费用支出获得履行利益弥补的可能性为准,就可以比较圆满地解释半成品支出和贷款利息等支出为何应该区别对待:为了生产而投入半成品与营业用电合同的顺利履行之间存在可确证的信赖联系,也就属于直接因违约而落空的支出项目;相比之下,贷款利息等项目的信赖联系较弱,赔偿上即应受限制甚至排除。

在此基础上,进入第三阶段,我们可以将上述认识回填于《民法典》第584条之基本规则,并在原理层面获得两个方面的深化理解:其一,违约损害赔偿中的损失,若涉及费用支出,重心应在于费用支出的

〔1〕 参见最高人民法院(2016)最高法民终550号民事判决书。

目的是否落空，而非费用支出本身；其二，即使因费用支出目的落空进而予以赔偿，赔偿的也是推定的最低履行利益损失，即该赔偿责任仍然维持了，而非突破了违约损害赔偿规则的基本目的。

以抽象的规则原理为出发点，评价提炼判例中的典型问题，进而补充和深化对于规则和原理的理解，我们对原来抽象的规则和原理的认识可能更为丰满，裁判实践还可能为我们提供新的问题意识，促使我们去补充、调整对于抽象规则原理的解释和适用方案。中国民法的发展，不仅仅是理论研究的发展，还应该是理论界和实务界相互协力又各有分工的发展——法官负责产出高质量的裁判，律师负责导引交易实践的经济逻辑转化为法律语言，理论研究者则以之为素材发展一般性的解释方案和论证依据。准此以言，判例研读工作也具有法律共同体层面的意味和意义。

尽职调查

尽职调查实用网站及 APP 最新汇总

陈　淦*

随着互联网的发展，人类社会迈入了信息时代，互联网技术已经实现了信息交换的便捷与快速。在互联网时代之前，很多难以实现的信息收集、整理和查询，现在只需要在电脑、手机 APP 上点点敲敲就能完成。信息的透明化、公开化，是法治社会的必然要求，越来越多的法律、法规、信息、资信都被互联网化，作为公开的信息都已经可供公众无条件进行查询。本文自 2014 年发表以来，几经更新，亦被诸多同行重新汇编扩充，内容更加充实全面，同时第三方的互联网软件亦不断出现整合功能，新的检索工具、APP 已经实现了文章所涉及检索内容的部分汇总功能，大大节省了检索者的时间。

本人作为专业的法律从业者，结合自身实务经验，汇总这些年来其他同行推荐的新网站、APP，向大家分享有关尽职调查的实用网站和 APP。

一、主体信息查询

（一）国内主体

1. 国家企业信用信息公示系统

网址：http://www.gsxt.gov.cn/

该系统于 2014 年 3 月正式运行，目前已经能查询全国企业、农民专业合作社、个体工商户等市场主体的工商登记基本信息。依据国务院《企业信息公示暂行条例》规定，工商行政管理部门应当通过企业信用信息公示系统，公示其在履行职责中产生的下列企业信息：（1）注册

* 浙江六和律师事务所律师、高级合伙人，法律硕士，主要业务领域：公司治理及并购、影视传媒、互联网法律，微信 visonchengan。

登记、备案信息，具体包括公司统一社会信用代码（注册号）、法定代表人、类型、注册资本、成立日期、住所地、营业期限、经营范围、登记机关、经营状态、投资人信息、公司主要备案的高管人员名单、分支机构、清算信息等；（2）动产抵押登记信息；（3）股权出质登记信息；（4）行政处罚信息；（5）其他依法应当公示的信息。这些信息都应当自产生之日起20个工作日内予以公示。该系统还提供经营异常名录、严重违法失信企业名单等查询。

企业年度报告也通过该系统予以公示，年度报告内容包括：（1）企业通信地址、邮政编码、联系电话、电子邮箱等信息；（2）企业开业、歇业、清算等存续状态信息；（3）企业投资设立企业、购买股权信息；（4）企业为有限责任公司或者股份有限公司的，其股东或者发起人认缴和实缴的出资额、出资时间、出资方式等信息；（5）有限责任公司股东股权转让等股权变更信息；（6）企业网站以及从事网络经营的网店的名称、网址等信息；（7）企业从业人数、资产总额、负债总额、对外提供保证担保、所有者权益合计、营业总收入、主营业务收入、利润总额、净利润、纳税总额信息。第（1）项至第（6）项信息应当向社会公示，第（7）项信息由企业选择是否向社会公示。

企业的下列信息亦自形成之日起20个工作日通过系统公示：（1）有限责任公司股东或者股份有限公司发起人认缴和实缴的出资额、出资时间、出资方式等信息；（2）有限责任公司股东股权转让等股权变更信息；（3）行政许可取得、变更、延续信息；（4）知识产权出质登记信息；（5）受到行政处罚的信息；（6）其他依法应当公示的信息。

该网站目前可以提供注册，对相关企业信息进行关注和订阅，可以保存历史浏览记录、提供企业信息对比等服务。

＊技巧一：有些信息在正式的查询项中不能找到，但会在企业年报中披露，如出资的实缴情况等。

＊技巧二：第三方公司，如APP客户端“启信宝”“天眼查”“企查宝”“企查查”等已经可以实现，通过查询法定代表人或股东的名字查询所有关联企业。

2. 小微企业名录

网址：http://xwqy.gsxt.gov.cn/

《国务院关于扶持小型微型企业健康发展的意见》（国发〔2014〕

52 号)第 9 条要求:依托工商行政管理部门的企业信用信息公示系统,在企业自愿申报的基础上建立小型微型企业名录,集中公开各类扶持政策及企业享受扶持政策的信息,建立支持小型微型企业发展的信息互联互通机制。通过将企业年报信息与小微企业划型标准进行比对,对于符合条件的企业,系统自动列入小微企业库。

3. 机关赋码和事业单位登记管理网

网址:http://www.gjsy.gov.cn/

根据《事业单位登记管理暂行条例》和《事业单位法人年度报告公示办法(试行)》有关规定,结合中央关于深化事业单位改革试点有关精神,对事业单位进行管理,以法人年度报告为依据,进行设立、变更等登记公示。目前该网可以查询全国已登记的事业单位法人信息,有关信息来源于全国各级事业单位登记管理机关。该网目前需输入统一社会信用代码或事业单位名称,不支持模糊查询。

4. 全国企业破产重整案件信息网

网址:http://pccz.court.gov.cn/pcajxxw/index/xxwsy

该网为最高人民法院的子网站,目前可以查询破产重整案件的案件公告、拍卖公告、债务人信息、债权人会议预告等信息,通过该网站可以了解到相关破产案件的进程,对查询债务人的涉破产信息非常权威。

5. 其他地方类专门服务平台

除全国性的官方网站外,其他各地方也推出了专门的地方性平台,可以进行线上的自助查档,如:

(1)上海企业登记档案查询平台

网址:http://fw.scjgj.sh.gov.cn/achieve_outer/apply/notice

以律师事务所或律师身份进入,查阅上海市企业档案。

(2)深圳企业登记档案查询平台

网址:https://amr.sz.gov.cn/ARCMIS.WebUI/Userlogin.aspx

进入企业登记档案查询系统,可以查询深圳企业所有相关档案信息,还可下载文件。

（二）我国香港、台湾地区及国外主体

1. 香港地区

公司注册处综合信息系统（ICRIS）

网址：http://www.icris.cr.gov.hk/csci/

公司注册处综合信息系统（ICRIS）的网上查册中心可以英文或中文进行连线查册，客户可查阅由公司注册处处长登记和备存的公司现况数据以及文件的影像记录。香港公司注册处官方网站可以查到公司编号、名字及年报申报情况。但是股东和持股比例在网上是查不到的。该网站逢星期日早上 7 时至 8 时（香港时间）进行例行系统维修工作。网上查询 23 元港币；加盖公章版本 160 元港币。

2. 台湾地区

“经济部商业司”

网址：http://gcis.nat.gov.tw/

可以查询中国台湾地区相关公司及公司的基本资料。可以查询名称或统一编号或工厂登记编号、地址、公司代表人、公司董事或监察人或经理人、组织形式、注册代理人、目前状态等信息，资料种类包括公司、分公司、商业、工厂、有限合伙等。中国大陆难以连上，有时会出现登录障碍。

3. 美国（US）

Wysk B2B Hub

网址：http://www.wysk.com/index/

可以查询到基本的公司介绍（Company Profiles）。

税务相关信息：http://www.irs.gov

专利商标查询：http://www.uspto.gov

美国公司部分注册信息是公开的，50 个州都设有公司企业登记注册部门，可以通过各州政府网站查询。本系统链接美国各州公司信息查询官网以提供公司注册信息查询服务。

NEW YORK 美国纽约州政府公司注册登记部门

网址：https://www.state.gov/business/

TENNESSEE 美国田纳西州政府公司注册登记部门

网址：https://www.state.tn.us/

CALIFORNIA 美国加利福尼亚州政府公司注册登记部门
网址：https://www.ca.gov
TEXAS 美国得克萨斯州政府公司注册登记部门
网址：https://www.sos.state.tx.us/
FLORIDA 美国佛罗里达州政府公司注册登记部门
网址：https://dos.myflorida.com/
MICHIGAN 美国密歇根州政府公司注册登记部门
网址：https://www.michigan.gov/
MARYLAND 美国马里兰州政府公司注册登记部门
网址：https://dat.maryland.gov/Pages/default.aspx
MASSACHUSETTS 美国马萨诸塞州政府公司注册登记部门
网址：https://www.mass.gov/portal/
DELAWARE 美国特拉华州政府公司注册登记部门
网址：https://delaware.gov/
NEW JERSEY 美国新泽西州政府公司注册登记部门
网址：https://www.state.nj.us/
WASHINGTON 美国华盛顿州政府公司注册登记部门
网址：https://www.secstate.wa.gov/
CONNECTICUT 美国康涅狄格州政府公司注册登记部门
网址：https://portal.ct.gov/
HAWAII 美国夏威夷州政府公司注册登记部门
网址：https:https://portal.ehawaii.gov/
ARIZONA 美国亚利桑那州政府公司注册登记部门
网址：https://www.cc.state.az.us/
WISCONSIN 美国威斯康星州政府公司注册登记部门
网址：https://www.wdfi.org/
OREGON 美国俄勒冈州政府公司注册登记部门
网址：https://www.sos.state.or.us/
ILLINOIS 美国伊利诺伊州政府公司注册登记部门
网址：https://www.sos.state.il.us/
NEVADA 美国内华达州政府公司注册登记部门
网址：https://www.state.nv.us/

MINNESOTA 美国明尼苏达州政府公司注册登记部门

网址：https://www.sos.state.mn/

PENNSYLVANIA 美国宾夕法尼亚州政府公司注册登记部门

网址：https://www.dced.state.pa.us/systems - and - websites/

MISSOURI 美国密苏里州政府公司注册登记部门

网址：https://mosl.sos.state.mo.us/

4. 新加坡(Singapore)

新加坡会计与企业管制局(ACRA)

网址：https://www.acra.gov.sg/home/

因新加坡公司受益人信息无须向公众公开，可查询信息有限。

5. 澳大利亚(Australia)

Australian Bussiness Register

网址：http://abr.business.gov.au/

可以查询澳大利业企业的相关信息。

6. 印度(India)

Ministry of corporate Affairs

网址：http://www.mca.gov.in/

可以查询印度相关企业的信息。

7. 德国(Germany)

Firmenwissen

网址：http://www.firmenwissen.de/index.html/

可以查询德国企业的相关信息。

8. 英国

网址：http://wck2.companieshouse.gov.uk

该查询数据库只在英国时间周一到周六早上 7 点至凌晨 12 点间对公众开放，可以查询公司名字和注册地址、公司的注册号码、公司状态、成立时间、公司类型、公司营业性质、报税日期、年审日期等。一般通过以下顺序查询：登录网站→选择无账户使用者→在 Company Name 后的空格内输入您要查找的公司名→点击 SEARCH→用黄色突出显示的内容便是要查的公司注册号和名称→点击注册号码，可以看到公司的详细信息。

9. 英属维尔京群岛(BVI)

英属维尔京群岛金融委员会(BVI Financial services Commission)

网址:http://www.bvifsc.vg/en-gb/regulatedentities.aspx/

BVI 公司注册信息只在注册代理人和政府部门备案,是不公开公众查询的,但不意味着无法查询,只是查询的信息范围和方式有限。若公司未备案股东、董事信息,则须被查询公司联系公司秘书调取。

10. 开曼群岛

General Registry Department

网址:http://www.ciregistry.gov.ky/portal/page/portal/reghome

开曼群岛公司注册信息只在注册代理人和政府部门备案,是不公开公众查询的,但不意味着无法查询,只是查询的信息范围和方式有限,并且查询须注册并缴费。查询范围包括公司名字、公司编号、注册时间、注册办公地址、组织形式、注册代理人、目前状态等。

二、主体资质及信用信息查询

(一)全国组织机构统一社会信用代码查询

全国组织机构统一社会信用代码数据服务中心

网址:http://www.cods.org.cn/

APP:统一代码查询

统一社会信用代码公示平台,是对法人和其他组织统一社会信用代码相关情况予以公示的平台。该平台公示来自登记管理部门的经校核后的法人和其他组织基本信息、重错码及关联关系和统一社会信用代码数据库总体情况。

1. 发布统一社会信用代码公示信息

每日最新发布的统一社会信用代码公示信息以滚屏的方式向社会大众展示。

需要了解往期公示信息的组织或个人,可以通过输入机构名称、统一社会信用代码或组织机构代码进行检索。平台支持按机构名称的关键词模糊检索,一次最多显示 100 条记录。对于无效的检索条件,将不会显示检索结果。

在公示信息中:(1)"合格数据"表示各机构批准部门回传的组织

机构代码符合《GB 32100 - 2015》国家标准的要求，且不存在“一码多赋”或“重复赋码”等问题；(2)“错码”表示机构批准部门发放的统一社会信用代码不符合统一信用代码或主体标识码的编码规则；(3)“一码多赋”表示机构批准部门将同一个统一社会信用代码或主体标识码赋予多个机构；(4)“重复赋码”表示机构批准部门对同一个机构赋予多个统一社会信用代码或主体标识码。

2. 展示统一社会信用代码数据库情况

统一社会信用代码数据库的总体情况也会在统一社会信用代码公示平台上对公众展示。包括：(1)实时更新的统一社会信用代码总量；(2)按《民法典》规定划分的各类法人组织占比；(3)各登记管理部门每月数据回传情况；(4)各登记管理部门回传各类机构数量占比；(5)全国各地区法人组织的分布情况。

(二)信用信息查询

1. 信用中国

网址：http://www.creditchina.gov.cn/

信用中国为官方信用查询系统，实务中如中国基金业协会要求私募基金管理人登记法律意见书对申请机构是否在该网站存在负面信息发表明确意见。该系统可以查询到失信被执行人信息、企业经营异常信息、重大税收违法案件当事人名单、政府采购失信名单等。亦开通有统一社会信用代码查询、行政许可和行政处罚查询、守信红名单查询、失信黑名单查询等诸多查询入口。

2. 各省、市级信用网

这些网站是地方主导的，一般以企业信用体系建设推进办公室为主，如北京市企业信用信息网(http://qyxy.scjgj.beijing.gov.cn/)、信用浙江(http://www.zjcredit.gov.cn/)等，基本信息都有，但如需要更全面的如年检、对外投资、商标、变更、人力社保、纳税信用等级、贷款卡年审等信息，则可能需注册会员资格等。本人在实务中，发现基本上各个地方都有类似的网站，优点在于有些网站可以通过法定代表人姓名查询到各企业，这是与“国家企业信用信息公示系统”不同的查询方式。

实务中建议大家到各地的信用网看看，还是会有不小的收获的，如信用浙江(http://www.zjcredit.gov.cn/)除上面提到的企业信息外,还汇总了除了工商之外的其他 20 多家部门的公示信息、纳税信息、企业资质信息等各种信息。还提供个人、事业单位、社会组织的相关信息或信用的查询和公示。

3. 中国人民银行征信中心

网址:http://www.pbccrc.org.cn/

该网站可以提供自然人和企业的个人或企业信用报告。但是查询企业信用报告的,需要提供一定的申请资料,必须经过实名验证才能获取,一般情况下第三方无权进行查询。

4. 政府采购严重违法失信行为信息记录

网址:http://www.ccgp.gov.cn/search/cr/

依据《关于报送政府采购严重违法失信行为信息记录的通知》的规定,"供应商、采购代理机构在三年内受到财政部门作出下列情形之一的行政处罚,列入政府采购严重违法失信行为记录名单:(一)三万元以上罚款;(二)在一至三年内禁止参加政府采购活动(处罚期限届满的除外);(三)在一至三年内禁止代理政府采购业务(处罚期限届满的除外);(四)撤销政府采购代理机构资格……"该网提供了政府采购严重违法失信行为的信息记录,对于此方面有严格要求的,可以通过此网站进行查询了解。

5. 绿盾企业征信系统

网址:https://www.11315.com/

政府各职能部门的监管信息、银行信贷信用信息、企业管理信息等汇集到企业信用档案。

6. 阿里巴巴企业诚信体系

网址:https://cheng.xin/

可以查询工商基础信息、服务能力、经营实力、企业动向、其他人员信息等企业线上线下信息。

(三)基金业相关查询

中国证券投资基金业协会

网址:http://gs.amac.org.cn/

该网站为中国证券投资基金业协会的信息公示官方网站,可以查询公私募基金管理人资格、基金从业人员资格、基金产品、集合资管产品、证券公司直投基金、证券公司私募投资基金、资金支持专项计划、期货公司集合资管产品等诸多信息。

（四）建筑业资质查询

全国建筑市场监管公共服务平台

网址：http://jzsc. mohurd. gov. cn/asite/jsbpp/index

包括设计企业、勘察企业、造价咨询企业、监理企业、建筑业企业、设计与施工一体化企业等资质信息的查询。对于查看主体有特殊要求的可以登记查询使用。可以查询到房地产开发企业、建筑业企业等资质证书情况、发证日期及业务范围，以及目标公司是否有正在参与开发建设的项目。可以查询相关主体的注册人员情况、项目工程情况、不良行为、良好行为、黑名单记录、失信联合惩戒记录、变更记录等。同时建设工程施工许可证的电子证照也可以查询，目前大部分省份都已经接入。

（五）特种设备信息查询

全国特种设备公示信息查询平台

网址：http://cnse. e - cqs. cn/info - pub/pub

该网站可以查询特种从业人员资格、特种设备使用信息、设备型式试验报告、生产单位和检验检测机构等诸多信息。

（六）药品、化妆品、医疗器械查询

国家药品监督管理局

网址：https://www. nmpa. gov. cn/

可以查询相关企业的药品、化妆品、医疗器械等注册信息，还包括药品的抽检、境内生产药品备案信息、境外生产药品备案信息等药品诸多信息，以及药品、化妆品、医疗器械相关广告的信息。

（七）高新技术企业查询

高新技术企业认定管理工作网

网址：http://www. innocom. gov. cn/

该网站可以查询相关主体是否具备高新技术企业资格及认定情况，载明了认定机构、有效期限等信息。

(八)纳税人资格查询及涉税事项查询

国家税务总局

网址:http://www.chinatax.gov.cn/

因涉及国家机构改革,目前需要通过登录国家税务总局网站之后,再登录各地方税务局网站涉税事项栏目中进行核查,同时也可以查询到其他涉税事项(如重大税收违法案件信息等)。通过此项查询可以确定相关主体的纳税人资格,同时进入部分省市国家税务局网站可以查询更多信息,如进入国家税务总局浙江税务局网站(http://www.zjtax.gov.cn/)可以查询发票真伪、纳税人状态、一般纳税人资格、纳税信用 A 级纳税人查询、全国增值税发票查验等。

国家税务总局已经推出 APP:国家税务总局。

(九)中国电子口岸查询系统

中国电子口岸网

网址:http://www.chinaport.gov.cn/

中国电子口岸是一个公众数据中心和数据交换平台,依托国家电信公网,实现工商、税务、海关、外汇、外贸、质检、银行等部门以及进出口企业、加工贸易企业、外贸中介服务企业、外贸货主单位的联网,将进出口管理流信息、资金流信息、货物流信息集中存放在一个集中式的数据库中,随时为国家各行政管理部门进行跨部门、跨行业、跨地区的数据交换和联网核查提供支持,并向企业提供应用互联网办理报关、结付汇核销、出口退税、网上支付等实时在线服务。

(十)其他查询

国家近几年来,一直在推国家政务服务平台,因此国家政务服务平台是一个集大成的网站,通过该网站可以查询到主体的诸多资质事项:

国家政务服务平台

网址:http://gjzwfw.www.gov.cn/

1. 国家发展改革委

包括全国投资项目在线审批监管平台(固定资产投资项目核准)、全国公共资源交易平台、全国信用信息共享平台,通过该入口可以查询到重大项目、企业信用等情况。

2. 教育部

提供了学历查询、学籍查询、国(境)外学历学位在线查询等信息。

3. 科学技术部

提供了高等级病原微生物实验室、国家级高新技术产业开发区(高新区)、国家级科技企业孵化器、高新技术企业备案、国家科学技术奖、众创空间等信息的查询。

4. 民政部

提供了全国社会团体、全国基金会、外国商会、慈善组织等信息的查询。

5. 司法部

提供了律师事务所、律师、公证处、公证员、法律援助机构、人民调解组织、人民调解员、司法鉴定机构、仲裁机构、仲裁人员的查询服务。

6. 财政部

提供了证券资格律师事务所、会计师事务所、注册会计师、代理记账机构等查询。

7. 自然资源部

提供了国务院批准农用地转用与征收查询、甲级测绘资质单位查询等信息。

8. 生态环境部

提供了全国排污许可证的查询服务。

9. 住房和城乡建设部

提供了企业资质、人员资格的查询服务。

10. 交通运输部

提供了公路企业经营资质、航运企业经营资质、道路运政从业人员、道路运政经营业户、试验检测人员职业资格、船舶经营资质、海员证书、道路运政营运车辆等方面的查询服务。

11. 水利部

提供了水利工程建设监理单位资质、水利工程质量检测单位资质、取水许可审批信息等信息查询。

12. 商务部

提供了商业特许经营企业、全国拍卖行业等相关资质信息的查询。

13. 文化和旅游部

提供了社会艺术水平考级机构、社会组织活动备案、5A 景区、经营出境旅游业务旅行社名单、境外接待社名单、文化市场经营单位、涉外演出活动等信息的查询。

14. 国家卫生健康委员会

提供了医卫机构的查询,包括器官移植机构、爱婴医院、辅助生殖机构、产前诊断技术医疗机构等;提供执业医师、执业护士、基本药物目录,也可以进行查询。

15. 应急管理部

提供了消防产品强制性产品认证信息、消防产品技术鉴定产品认证信息、特种作业操作证、企业安全生产信用信息等查询。

16. 中国人民银行

提供了 LEI 编码查询服务,输入机构名称即可以查询。LEI 编码法人机构识别编码是按照国际标准化组织的《金融服务法人机构识别编码》(ISO 17442:2012)标准为法人机构分配的由 20 位数字和字母组成的唯一编码,可以用于标志与国际金融交易相关联的法人机构,英文全称是 Legal Entity Identifier,简称 LEI 编码。

17. 海关总署

提供了通关流转状态、重点商品查询、企业信息公示等信息查询。

18. 国家税务总局

提供了纳税信用 A 级纳税人名单、涉税专业服务机构等信息查询。

19. 国家体育总局

提供了体育竞赛信息、运动员技术等级、国家职业资格证书等信息查询。

20. 中国银行保险监督管理委员会

提供了银行业金融机构许可证、保险中介机构、保险销售从业人员等信息查询。

21. 中国证券监督管理委员会

提供了基金公司、从事证券期货业务资产评估机构、证券资信评级机构、证券期货业务会计师事务所、期货公司、证券公司、证券投资咨询机构等信息查询。

22. 国家烟草专卖局

提供了零售许可证办公地址信息、烟草专卖零售许可证等信息查询。

23. 中国民用航空局

提供了民航专业工程建设项目招投标企业基本信息的查询。

24. 国家邮政局

提供了快递企业资质的查询。

25. 国家药品监督管理局

提供了药品注册进度、国产特殊用途化妆品、一次性使用医疗器械产品、执业药师注册人员、国产器械等信息查询。

26. 国家知识产权局

提供了专利代理、专利代理机构、全国知识产权公共服务机构等信息查询。

三、资产类信息查询

（一）不动产

1. 中国土地市场网

网址：http://www.landchina.com/

由自然资源部不动产登记中心主办，除可以查询全国范围内土地抵押、转让、招拍挂等信息外，可于中国土地市场网查询全国范围内的供地计划、出让公告、大企业购地情况等信息。该网站无须注册。

2. 各地住房保障和房产管理局网站

可以查询房地产开发企业的预售许可证、楼盘在售情况、总面积、可售总面积、预定面积、已售套数、成交毛坯均价等开发楼盘的信息情况。

（二）知识产权类信息

1. 专利、商标、地理标志、集成电路布图设计查询

国家知识产权局商标局

网址：https://www.cnipa.gov.cn/

（1）商标

根据查询提示可确定拟查询商标的商品分类。具体可查注册商

标信息及申请商标信息。“商标注册信息查询”又分为商标相同或近似信息查询、商标综合信息查询和商标审查状态信息查询三类。

(2)专利

①国家知识产权局“中国及多国专利审查信息查询”入口

多国发明专利审查信息查询服务可以查询中国国家知识产权局、欧洲专利局、日本特许厅、韩国特许厅、美国专利商标局受理的发明专利审查信息。用户登录该系统并进入多国发明专利审查信息查询界面,可以通过输入申请号、公开号、优先权号查询该申请的同族(由欧洲专利局提供)相关信息,并可以查询中、欧、日、韩、美五国的申请及审查信息。

②中国专利检索及分析

可提供专利的常规检索、高级检索、药物检索等服务,同时提供多种语言支持。

(3)地理标志

可提供地理标志产品检索,专用标志使用企业检索,以集体商标、证明商标注册的地理标志检索等系列检索服务。

(4)集成电路布图设计

目前主要提供的是集成电路的公告服务,对于涉及此类的可以查询一下。

当然除国家知识产权局统一的系统接入和提供的查询服务之外,第三方也提供了知识产权方面的检索服务,如 soopat 专利搜索引擎(http://www2.soopat.com/Home/IIndex)、佰腾专利检索(https://www.baiten.cn/)等亲测效果较好的第三方专利查询平台,建议作为前项的复查及验证之用。

2. 著作权

(1)中国版权保护中心

网址:http://www.ccopyright.com.cn/

用户在该网站注册之后,可以查询计算机软件著作权的登记情况、著作权人、撤销情况、质押情况等信息。

(2)全国作品登记信息数据库管理平台

网址:http://qgzpdj.ccopyright.com.cn/

该网站提供登记号、著作权人或权利人、作品名称等方式的查询,可以显示创作完成时间及登记时间。

3. 国外主要知识产权网站

网址:https://www.cnipa.gov.cn/col/col944/index.html

通过该链接可以直达国际组织如世界知识产权组织、欧盟知识产权局、诸多国家知识产权局的网站。

(三)域名、微信公众号、微博

1. 域名

(1)ICP/IP地址/域名信息备案管理系统

网址:https://beian.miit.gov.cn/

可以通过网站名称、域名、网站首页网址、备案/许可号、网站IP地址、主办单位等查询已经备案的网站或域名的所有人信息等情况。

(2)其他一些域名注册的网站也可查询到域名持有人的信息情况,如中国万网(http://www.net.cn/),输入域名即可看到域名持有人信息及到期时间等信息。

2. 微信公众号、微博

对微信公众号和微博,只需要在相应的微信、微博手机APP上进行查询即可核查,进入相关公众号或微博页面,都有平台提供的认证信息子页面,点击打开后即可以看到经认证的相关信息,包括账号主体信息等。

(四)网店经营主体

对于此类经营主体,国家法律没有要求统一注册登记,但从淘宝、天猫、京东等各平台的页面来看,均有相应的主体信息公示要求,可以在相关页面点击进入之后进行查验。

(五)数字货币或网络支付账号

对于数字货币或网络支付账号,貌似现在没有统一的网站可供查询。如区块链技术中热门的比特币、莱特币等数字货币,虽然在国外许多国家得到认可,但在中国仍仅是作为网络虚拟货币对待,同时因其分布式记账、去中心化、隐匿性等特点,并没有可以查询的平台或查询可能性。

对于支付类账号,这类账号现在也没有统一可以进行查询的平台,但可以试采用向拟调查或获知的对象进行小额转账的方式,进行试错性查检。

（六）其他财产如涉诉财产等

1. 人民法院诉讼资产网

网址：http://www.rmfysszc.gov.cn/

2. 金马甲资产与权益在线交易平台

网址：http://www.jinmajia.com/

可以查询产权转让信息，包括股权、房产、车辆等，可以排查企业是否转移资产。

四、投融资信息查询

（一）应收账款质押

中国人民银行征信中心中征应收账款融资服务平台

网址：https://www.crcrfsp.com/

可查询企业应收账款质押和转让登记信息，具体包括质权人名称、登记到期日、担保金额及期限等。还可查询租赁登记、所有权保留登记、保证金质押登记、存货/仓单登记、农业设施登记、林木所有权抵押登记等信息情况。

（二）动产融资

动产融资统一登记公示系统

网址：https://www.zhongdengwang.org.cn/

根据《国务院关于实施动产和权利担保统一登记的决定》（国发〔2020〕18 号）的要求，自 2021 年 1 月 1 日起，中国人民银行征信中心动产融资统一登记公示系统开始承接全国动产和权利担保统一登记服务。

另外需要补充说明一下，人民银行、市场监管总局对动产和权利担保统一登记改革设置 2 年过渡期，自 2021 年 1 月 1 日起至 2022 年 12 月 31 日止。过渡期内，市场监管部门继续向公众提供已登记的动产抵押信息公示服务。

2018 年 12 月 28 日（含 28 日）以后在全国市场监管动产抵押登记业务系统办理的，动产抵押登记（变更、注销）信息由全国市场监管动产抵押登记业务系统公示。

2018 年 12 月 28 日前在广东省市场监管局动产抵押登记系统办理的，登记（变更、注销）信息由国家企业信用信息公示系统进行公示。

2018 年 12 月 28 日前在广州、深圳市局动产抵押登记系统办理的，登记（变更、注销）信息由广州、深圳市局根据情况自行制定公示方式。

2018 年 12 月 28 日前办理但未录入任何动产抵押登记系统的纸质登记（变更、注销）信息，按照之前的《动产抵押登记办法》规定，可由当事人持合法身份证明文件，到登记机关查阅、抄录动产抵押登记档案。

2023 年 1 月 1 日起，市场监管部门不再提供动产抵押登记（变更、注销）信息的查询服务。

（三）上市等其他融资类信息

1. 巨潮资讯网（中国证监会指定信息披露网站）

网址：http://www.cninfo.com.cn/

主要提供沪深股票（主板、创业板、科创板）、基金、债券、港股、新三板等方面的公告信息。

2. 和讯网

网址：http://www.hexun.com/

虽非官方性质的网站，但全方位提供财经资讯及全球金融市场行情，覆盖股票、基金、期货、股指期货、外汇、债券、保险、银行、黄金、理财等，诸多信息资料也值得参考。

3. 中国外汇交易中心（全国银行间同业拆借中心）

网址：http://www.chinamoney.com.cn/

除外汇相关信息，还有中期票据、短期融资券、新债、评级报告等信息披露。

4. 部分地方股权交易中心或产权交易所网站

如浙江产权交易所（http://www.zjpse.com/）。

企业上市的毕竟不多，但为了融资，除了证券市场，还可能寻求其他的方式如发行债券、短期融资券、中期票据、集合票据等非金融企业债务融资工具进行融资，因此也可披露一些企业经营状况、融资方式、融资规模等方面的信息。

五、涉诉信息查询

(一)判决、开庭信息

中国裁判文书网

网址:http://wenshu. court. gov. cn/

根据《最高人民法院关于人民法院在互联网公布裁判文书的规定》,自 2014 年 1 月 1 日起,除涉及国家秘密、个人隐私、未成年人犯罪、调解结案等情形的判决文书外,各法院判决文书均应在该网站上公布。因该网站为“裁判文书网”,故仅适用于已届判决阶段的案件。目前该网站文书总量已经在 1 亿篇以上,访问总量高达近 700 亿次,可见该网站的权威性。

经过多次改版之后,查询更为便捷。(1)快捷检索:通过在快捷检索文本框输入关键词即可实现;支持关键词联想推荐。在快捷检索框中输入关键词后,联想推荐案由、关键词、审理法院、当事人、审理人员、律师、律所、法律依据 8 个类型的信息。(2)高级检索:可以实现多个信息项组合检索。中国裁判文书网的高级检索中提供全文、案由、案件名称、案号、法院名称、法院层级、案件类型、审判程序、文书类型、裁判日期、审判人员、当事人、律所、律师、法律依据等共计 15 个信息项的检索,从而实现多信息项组合检索功能。

因为中国裁判文书网仅限于已判决文书的查询,且 2014 年 1 月 1 日之后才试行,而且数据来源于地方上报,而地方法院上网公布裁判文书已经很多年了,部分法院的法律文书早就上网,因此该网查不到的,地方法院或许可以查到。

* 技巧:开庭公告、执行信息等信息,或许正是我们调查所需要的涉诉信息,我们也可以查询或旁听庭审,那样会了解得更清楚。

(二)执行信息

中国执行信息公开网

网址:http://zxgk. court. gov. cn/

为推进社会信用体系建设,切实解决执行难问题,促进被执行人自动履行生效法律文书确定的义务,保障公民、法人和其他组织依法获取执行案件信息,充分发挥执行案件信息对人民群众生产生活和社会经济活动的服务作用,参照《政府信息公开条例》,最高人民法院从2009 年 3 月 30 日起向社会开通“全国法院被执行人信息查询”平台。社会各界通过该平台可查询全国法院(不包括军事法院)2007 年 1 月 1 日以后新收及此前未结的执行实施案件的被执行人信息。

通过该网站目前可以查询到失信被执行人、限制消费人员、被执行人信息、终结本次执行案件、执行法律文书、执行公告等。

(三)法院公告信息

人民法院公告网

网址:https://rmfygg.court.gov.cn/

按目前我国法院管辖的现状和公告要求,需要公告送达的,如果被告不属于本省的,一般要求在全国性的报纸上公告,而一般都是《人民法院报》。在该报的网站可以查询到大量公告信息,了解调查对象的涉诉情况。

同时对于被告是省内的,则可以到地方的法制报之类的网站查询公告,也可以了解到一些调查对象在地方法院的涉诉情况。

(四)涉诉资产信息

1. 人民法院诉讼资产网

网址:http://www.rmfysszc.gov.cn/

在该网站可以查询全国范围内法院正在执行拍卖的资产情况,侧面了解涉诉当事人的一些信息。

2. 淘宝司法拍卖

网址:http://sf.taobao.com/

3. 京东司法拍卖

网址:https://auction.jd.com/sifa.html

4. 中拍平台

网址:https://paimai.caa123.org.cn/

5. 公拍网

网址:http://www.gpai.net/sf/

6. 融 E 购司法拍卖

网址:https://gf.trade.icbc.com.cn/

网上拍卖减少了拍卖费用,竞价方便,越来越多的法院把没有争议、比较干净的资产通过淘宝、京东等平台进行拍卖。目前全国绝大部分法院已经通过淘宝网进行司法拍卖。当然现亦有京东司法拍卖等网站陆续上线。

(五)第三方网站

支付宝、微信。侵权企业或者自然人的微信和支付宝能获取的信息也很多,律师去相应的部门调取账户信息和财产信息,这些账户里的资金,可以申请强制执行。

另外,如北大法宝、威科先行、律商、无讼、OpenLaw 这些网站都有案例信息的收录,有些甚至比官方网站更新更快,因此值得一搜。

六、资本市场类信息查询

(一)境内

1. 中国证监会

网址:http://www.csrc.gov.cn/

中国证监会为国务院直属正部级事业单位,依照法律、法规和国务院授权,统一监督管理全国证券期货市场,维护证券期货市场秩序,保障其合法运行。

2. 巨潮资讯网(中国证监会指定信息披露网站)

网址:http://www.cninfo.com.cn/

仅适用于上交所、深交所上市的公众公司,即所谓的主板、中小板、创业板的上市企业。

该网站无须注册,可查询内容十分丰富,包括公司就各重大事项发布的公告、分红情况、财务指标、公司年报、半年报、季度报告、企业诚信信息、处罚信息等。同时还可查询监督机构公示和披露的信息,基金相关的发售公告、招募说明书、托管信息,沪、深两市的债券信息等。

3. 上海证券交易所(上交所)

网址:http://www.sse.com.cn/

该网站与巨潮资讯网信息有所交叉,但侧重点略有不同。上海证券交易所主要职能包括:提供证券交易的场所和设施;制定证券交易所的业务规则;接受上市申请,安排证券上市;组织、监督证券交易;对会员、上市公司进行监管；管理和公布市场信息。

4. 深圳证券交易所（深交所）

网址：http://www.szse.cn/

该网站与巨潮资讯网信息有所交叉，但侧重点略有不同。深圳证券交易所主要职能包括：提供证券交易的场所和设施；制定业务规则；审核证券上市申请，安排证券上市；组织、监督证券交易；对会员、上市公司进行监管；管理和公布市场信息；中国证监会许可的其他职能。

5. 全国中小企业股份转让系统（新三板）

网址：http://www.neeq.com.cn/

该网站可查询挂牌企业的公告以及预披露待审核公司的信息，新三板企业的重大事项公告、转让信息、财务信息等，类似于上市前的披露信息。该网站还提供挂牌公司、退市公司等查询。

6. 中国银行间市场交易商协会

网址：http://www.nafmii.org.cn/

中国银行间市场交易商协会是由市场参与者自愿组成的，包括银行间债券市场、同业拆借市场、外汇市场、票据市场和黄金市场在内的银行间市场的自律组织。

7. 中国债券信息网

网址：http://www.chinabond.com.cn/

该网站系披露各种债券信息的网站。

8. 北京金融资产交易所

网址：http://www.cfae.cn/

北京金融资产交易所为市场提供债券发行与交易，债权融资计划，委托债权投资计划，企业股权、债权和抵债资产交易等服务，为各类金融资产提供从备案、挂牌、信息披露、信息记载、交易到结算的一站直通式服务。

9. 私募基金管理人综合查询

网址：https://gs.amac.org.cn/amac-infodisc/res/pof/manager/index.html

可查询私募基金备案信息。

10. 见微数据

网址：https://www.jianweidata.com/Index

主要提供国内外主要证券交易市场的公告信息检索以及其他数据检索。

(二)我国香港地区及国外

1. 香港披露易

网址:http://www.hkexnews.hk/

上市公司公告可搜寻自 1999 年 4 月 1 日起由主板及创业板上市发行人根据上市条例披露要求而发出的公司公告、股东通函及其他公司信息(如年报及上市招股书)。

2. 新加坡交易所

网址:http://www.sgx.com/

新加坡交易所(Singapore Exchange,SGX)是亚太地区首家集证券及金融衍生产品交易于一体的企业股份制化交易所。

3. 美国证券交易委员会

网址:http://www.sec.gov/

美国证券交易委员会(US Securities and Exchange Commission,SEC)是隶属于美国联邦政府一个独立的金融管理机构,直接对国会负责,具有一定的立法和司法权。1934 年根据证券交易法令而成立。对全国和各州的证券发行、证券交易所、证券商、投资公司等拥有根据法律行使管理和监督的权力。

4. 英国 AIM

网址:http://www.londonstockexchange.com/

英国的创业板即 AIM,英文全称 Alternative Investment Market,是伦敦证券交易所专为中小型成长企业提供融资支持的全球性资本市场。AIM 是专为中小企业量身定作,相对于英国主板而言其入市标准非常宽松:由伦敦证券交易所而非上市监管局监管,监管环境更加灵活;没有公众持股最低数量要求;没有业绩记录要求;没有最低市值要求;对公司股票的转让没有限制;上市文件由保荐人而非交易所或上市监管局事先审查;上市公司任何时候都需要保荐人(上市前后)。

5. 香港公司注册处综合资讯系统

网址:https://www.icris.cr.gov.hk/csci/

七、违规、处罚类信息查询

除之前提到的如信用中国(http://www.creditchina.gov.cn/)、中国执行信息公开网(http://zxgk.court.gov.cn/)、国家企业信用信息公示系统(http://www.gsxt.gov.cn/)等官方平台,可以查询企业及个人的失信情况、经营异常、重大税收违法及行政处罚情况外,还有其他一些权威性的违规、处罚类信息查询平台,如:

1. 中国证监会下设的证券期货市场失信记录查询平台

网址:http://neris.csrc.gov.cn/shixinchaxun/

目前可查询的违法违规失信信息主要包括:中国证监会及派出机构作出的行政处罚、市场禁入决定,证券期货交易所及行业自律组织实施的纪律处分措施和法律、行政法规、规章规定的管理措施。查询对象姓名/名称、查询对象身份号码(组织机构代码/身份证号码/统一社会信用代码)两个查询项。查询对象姓名/名称是必填项,机构支持四个字以上(含)的模糊查询,个人支持两个字以上的模糊查询。

2. 中国检察网行贿犯罪档案查询平台

网址:http://www.jcrb.com/jcwz/fwpt/dacx/

在该平台可以查询单位或个人是否有行贿犯罪记录,视省份地区情况可支持直接打印查询页或须现场领取查询结果。

3. 人民检察院案件信息公开网

网址:https://www.12309.gov.cn/

在该网可以查询一些重要案件的进展情况,如逮捕、公诉的情况等,对于一些可能涉及刑事犯罪的当事人的情况,可以适当作为参考。

4. 中国证券投资基金业协会官网

网址:https://www.amac.org.cn/selfdisciplinemeasures/cyry/hyjg/

在该网站可以查询因违反法律法规和自律规则,被基金业协会加入黑名单的纪律处分情况。

5. 生态环境部环保违法行为查询

网址:http://www.mee.gov.cn/ywdt/bgt/

可查询环境保护的违法违规处罚行为。

6. 中国市场监督行政处罚文书网

网址:http://cfws.samr.gov.cn/

提供市场监管方面的行政处罚文书,可以查询到相关主体在市场行为方面的处罚情况,包括市场准入、食品、广告、产品质量、知识产权、价格、药品、特种设备等不同分类。

7. 其他

央行的企业征信报告中也会提到企业的失信及行政处罚情况,可作为佐证和索引。地方性的政府网站,亦有行政处罚类公示信息可以进行查询。

八、我国香港地区及国外其他一些实用查询网址

1. 美国税务信息查询

网址:http://www.irs.gov/

2. 美国专利商标查询

网址:http://www.uspto.gov/

3. 欧盟商标查询

网址:http://oami.europa.eu/ohimportal/en/

4. 韩国商标查询

网址:http://www.kipo.go.kr/

5. 香港商标查询

网址:http://ipsearch.ipd.gov.hk/tmlr/jsp/main_schi.jsp/

6. 马德里商标查询

网址:http://www.wipo.int/romarin/

7. 日本商标查询

网址:http://www.jpo.go.jp/

8. 英国

网址:https://beta.companieshouse.gov.uk/

9. 英属维尔京群岛

网址:https://www.bvifsc.vg/

10. 德国

网址:http://www.firmenwissen.de/index.html

11. 瑞士

网址:https://www.uid.admin.ch/search.aspx?lang=en

12. 加拿大

网址：https://www.ic.gc.ca/app/scr/cc/CorporationsCanada/fdrlCrpSrch.html? locale = en_CA

13. 澳大利亚

网址：https://abr.business.gov.au/

14. 俄罗斯

网址：http://www.ved.gov.ru/eng/companies/business/

15. 日本

网址：https://www1.touki.or.jp/

16. 新加坡

网址：https://www.acra.gov.sg/home/

九、其他一些商业性网站的推荐

1. 信用视界

网址：http://www.x315.com/

2014 年 3 月 15 日上线，一站式汇总了工商登记、组织机构代码证、关联公司、涉诉信息、商标专利和新闻招聘等企业信息。特色是增值服务中涵盖了精准的企业关联和高管名下企业信息，还有企业财务数据、法院开庭公告和判决文书等；值得推荐的是其信用监控服务，其每天自动推送企业动态，省掉了大量人工网搜工作；该网站还可以查国外企业，目前支持 11 个海外国家实时查询企业信息，其他国家的需要离线查询。

2. 天眼查、启信宝、企查查软件等

天眼查（https://www.tianyancha.com/）、启信宝（http://www.qixin.com/）、企查查（https://www.qichacha.com/）、见微数据（https://www.soupilu.com/）、荣大二郎神（http://doc.rongdasoft.com/）等第三方查询系统，对企业基本信息大数据体系整合度高，查询结果只可作为参考，需要核实。汇总信息有企业工商登记、涉诉、知识产权、执行等诸多信息。值得一提的是，已经注销的企业在上面也可以查询到基本信息。

以上为个人整理汇集，各位同行或使用者可以在使用过程中再进行补充和更新。

房地产法律尽职调查经验谈

方向东[*]

现在“尽职调查”已是普通常规业务了,你即使未做过尽职调查,但也一定经常听说。20 年前笔者在法学院读书的时候,在课堂上连“法律尽职调查”这个概念都没听过,进了律师事务所以后,才开始接触什么是法律尽职调查。但“尽职调查”明显是个外来概念,不论是我们的法律规定,还是我们的行业培训,相对少涉及如何做好尽职调查。笔者虽然做了不少法律尽职调查业务,但也主要是靠着自己的摸索和总结。在长期实践和观察过程中,笔者发现,由于缺乏系统的培训和统一的标准,律师在尽职调查过程中,不论是调查手段和调查程序,还是调查范围、调查深度和调查结果,都存在很多差异。

法律尽职调查有很多分类,并购尽职调查、IPO 尽职调查,还有融资担保尽职调查等,每种调查各有侧重,本文主要讨论的是并购类房地产项目的法律尽职调查。笔者无意去写全面的业务指引(这些东西市面上有不少),只写自己认为最重要、最有价值的东西。笔者把自己的相关经验体会写出来与大家分享,希望共同促进整个行业业务水平的提升。当然,既然是个人经验,也难免带有个人的偏见和错误,敬请谅解。

一、发现法律风险,是尽调之根本目的

客户之所以要聘请各方面专业人士(律师、注册会计师等)进行调查,最根本的原因在于现在的交易金额越来越大,交易内容越来越复杂,客户凭借自身的能力已经不足以去发现交易中的风险。就一般的

---

* 北京盈科(上海)律师事务所高级合伙人、律师,复旦大学民商法学硕士,微信 dfx207。

房地产项目收购而言,客户聘请律师去对目标公司及项目进行法律尽职调查,目的就是要让律师查清楚目标公司各方面的情况,以确定收购交易是否存在相关法律风险。客户根据律师的尽调结果再进行投资测算和进一步决策。如果尽调没有发现重大风险,则通常会继续交易;如果发现了重大问题,客户要么去跟交易对方重新谈条件,要么可能就否决掉收购。

由于时间和成本等方面原因,现在不少律所承担尽调工作的多数是低年级律师和律师助理。根据笔者的观察和了解,不少人对于尽调是帮助客户发现法律风险这一目的缺乏清晰的认知。在他们的概念中,尽调不就是调调工商档案,查查房产登记,摘抄摘录一些合同资料,最终再写个尽调报告嘛。应该说,为了写尽调报告,的确需要调查、摘录一些资料,但笔者要说的是,这些其实只是基础工作,也只是表象,不是目的。严格地说,律师在整个尽调过程中,时时刻刻都要绷着一根弦儿,那就是所有的工作都是为了帮助客户发现隐藏的、可能的法律风险。若对这个目的缺乏清楚认识,则很多工作做起来是盲目的。

二、组建老中青分工的团队

房地产法律尽调项目,短期内的工作量往往会很大,算得上时间紧任务重,如果不是组建团队,单个律师很难顺利完成这项工作。另外,尽调工作中有许多基础性的工作,比如收集整理资料、调查登记信息之类,但还有许多专业性要求很高的工作。这样的特点决定了,团队中不能都是经验不足的新人,否则工作的品质无法保证。同样,团队中也不能都是资深律师,否则成本会非常高。

所谓老中青分工的团队,就是团队中要有团队负责人、有资深律师,还要有年轻律师。比如,在笔者的团队中,笔者是负责人,全程把关。进场前,笔者会跟委托人直接沟通,了解尽调的目标和意图。每个项目,笔者都会跟目标公司的人员见面沟通,并查看项目现场。根据初步了解的情况,笔者会列出该项目中的重点问题,提醒团队成员关注或者落实。最后,笔者还会负责审核尽调报告。团队中的资深律师,主要负责项目资料和问题的具体落实,材料审阅和分析,然后负责尽调报告的撰写和统合。年轻律师,更多是负责资料的收集、信息查询、材料整理,以及尽调报告部分内容的撰写。

三、尽调进场前应做好相关准备

现在的房地产并购竞争激烈,并购机会稍纵即逝,客户对于尽调的时间要求越来越高。十几年前做一个房地产项目尽调可能会给1个月期限,现在可能就是1个星期甚至更短。时间紧,要求我们必须提高工作效率。为了提高效率,我们应在进场前尽量做好准备。

第一,准备尽职调查问卷。做过尽调的人都知道,尽调工作有赖于目标公司的配合。为了让目标公司有效配合,以便律师进场后能马上开始工作,律师在尽调开始前都要准备一份“尽调问卷”,列明目标公司需要准备回答的问题及需要提供的资料。尽管不少内容都相似,但每次尽调前都应该根据实际项目情况,做一份有针对性而不是“走过场”的问卷。要做到有针对性,就需要律师对目标公司有所了解。律师对目标公司了解越多,则“尽调问卷”做的必然更有针对性。

第二,了解目标公司的公开信息。通常,客户都会事先告知目标公司和房地产项目的一些基本情况。但我们不能仅仅满足于此,为了进场后更加快速、有效地开展工作,我们一般都会做以下工作:(1)通过互联网查询目标公司、股东、实际控制人、房地产项目的一般信息。(2)通过“全国企业信用信息公示系统”、信用中国和启信宝之类的APP,查询目标公司的股权结构、出资、股权质押与冻结等各方面信息。(3)通过当地的国土、规划、建设、房管部门的网站,查询项目土地规划、开发建设、房产开发销售的基本状况。(4)通过最高人民法院网站、地方高院网站和相关手机APP查询目标公司、股东、实际控制人的已决诉讼、未决诉讼、执行案件情况。

第三,了解目标公司当地的地方法规、地方政策。除了目标公司信息之外,在进场之前,通常都要对目标公司所在行业、经营业务的相关法规进行研究。虽然笔者一直做房地产业务,对于全国性的法律法规都比较了解,但对于外省市的地方性规定就不一定了解。法律尽调的目的就是要发现、判断法律风险,对于目标公司所适用的法律法规,尤其是地方性法规、地方规章,甚至是规范性文件(包括地方政策),都应该尽量了解。比如,调查上海市以外的房地产项目,对于当地的土地出让、项目开发、产权登记等地方法规,笔者都会尽量梳理一遍。举个例子说，一般我们都知道商品房防水的保修期限是5年，但《浙江省实施〈中华人民共和国消费者权益保护法〉办法》规定的却是8年。如果不了解当地规定，尽调结果难免出错。再如，调查房地产项目时，了解目标公司适用的契税税率是很有必要的，我国《契税法》规定的契税税率是3%—5%，但各地具体执行什么税率，由各省自行决定。

第四，了解当地政府机构的要求。在调查的时候，你会发现中国实在是大，对法律法规的理解以及操作执行的差别更大。就向相关政府机构调查资料而言，各个地方的做法实在是五花八门，别说查阅房地产登记资料和其他事项了，就连查询工商档案，各个地方的做法都千差万别，让人头痛。因此，如果目标公司在外省市的，除了研究当地法规之外，还有一个要做的准备工作，就是尽量了解当地相关政府机构对于资料查询的条件和要求，律师凭介绍信是否可以查询，是否需要预约等。一般而言，先看相关机构的网站，然后电话联系确认。这样做，避免相关机关要求一些特殊手续，影响调查进度。

四、尽职的核心是坚持重要性原则

理论上，既然是尽职调查，当然目标公司的所有事项都得调查，尽职调查工作做得尽量细致。笔者曾遇到这样的情况，客户要对外出售一家房地产项目公司，交易价格好几个亿，外资背景的买方聘请一家律师事务所花费了将近两个月还没有完成调查。后来笔者才知道，这家律所对涉及一两千元的费用事项都要一一查证。

笔者不是说这样做不好，尽职调查当然是要做到"尽职"，但尽职不等于事无巨细，不等于不考虑调查深度、时间和成本。实际上，在多数项目中，客户给我们的时间会非常紧，客户愿意支付的费用也有限，要求对一个房地产项目的所有事项进行事无巨细的调查，往往是不现实的，甚至也是不必要的。

笔者的看法是，法律尽职调查固然是要做到"尽职""全面"，但绝非是平均用力。会计上常用的"重要性原则"，可以作为法律尽职调查工作的参考。对于重要性事项，必须要全面细致地调查，不放过任何疑问。当然，不同的调查项目，都有不同的调查重点，调查重点也会随着项目情况、客户要求不断发生变化。

判断尽调重点，我们的一条原则是，客户收购的目标、主要利益在哪里,我们调查的重点就在哪里。举例来说,做房地产项目尽调,客户最关心的就是项目土地和房屋,这就是律师调查的重点所在,所以对于土地和房屋事项要调查得非常仔细。但对绝大多数房地产项目而言,知识产权和劳动事务往往就不是重点问题了。相反,如果你调查的目标公司是一家高科技类企业,团队和知识产权必然是核心问题。如果你调查的是劳动密集型企业,劳动事务又成为核心问题了。

按照重要性原则,对于项目中的核心问题,一定要调查得非常仔细。比如,同样是房屋和土地,如果仅仅是一般性企业的资产,通常查验产权证就可以算是尽职了;但对于房地产企业取得的土地,就不能仅仅是看土地证了,而必须从土地"招拍挂"就开始进行调查。比如,上海市有些土地挂牌出让须知中要求,"独立竞买人,所注册成立的项目公司,必须100%独立出资,竞得后股权不得调整",但是在土地出让合同中却没有限制股权转让的条款。尽管笔者认为土地部门这样做的合法性值得讨论,但对尽调律师而言,遇到这样的情况,如果仅仅从土地出让合同开始审查,那就无法发现可能的风险。再如,如果房地产项目尽调中有一项商标的调查,一般查验注册商标的真实性即可。但如果当年苹果公司在收购 iPad 商标之前,委托你进行尽职调查的话,应该是对于该商标的各个方面做彻底的调查。

那如何确定调查重点呢?笔者认为可以从以下两个方面来着手:一个是按照自己对相关行业和业务的经验来判断,调查律师的经验越丰富,越知道调查的重点所在。比如,对于一直做房地产业务的律师而言,房地产项目尽调的重点往往是很清楚的。另一个就是了解客户的需求和目的,只有针对客户的需求和目的,才能有的放矢。举例而言,同是房地产项目尽调,是以收购为目的,还是以提供担保为目的,调查的重点就完全不一样了。

五、法律尽职调查从看一表、一图开始

一表,指的就是项目公司的资产负债表。一图,指的就是房地产项目的平面图。也许,大家看到这个标题会觉得奇怪。其实,但凡有一点会计知识的人都知道,资产负债表就反映了整个企业的资产、负债和所有者权益情况。看了资产负债表,就基本对一家企业有了一个提纲挈领的了解(当然,前提是这些报表信息基本是真的)。项目的平

面图,可以反映项目开发情况,看了平面图可以对现场情况有一个直观了解。

举例来说,看到房地产企业资产负债表中的"存货"科目,你就基本能知道这个项目的土地出让金和建设成本大概有多少;看到其他应收款、其他应付款科目,就大体知道企业之间往来款(债权债务)情况;看到预收账款,就大概知道有多少未结转收入的销售额;看到长期负债科目,就大抵知道银行贷款情况;看到应付工资基本就能知道员工情况。如果再深入地看相关科目的明细,则更能了解目标公司的状况了。对目标公司有了整体的认知,然后再一一去做细致的调查,往往就能做到有的放矢,收获不错的效果。

说句题外话,要做好并购、尽调等非诉业务,律师必须要学习一定的财务和税收知识。调查律师有了这些方面的专业知识,并能从不同方面对调查事项进行验证,这样既保证调查的准确性,也有助于大大减少律师的执业风险。

六、看与问,是重要的调查手段

现在有一种不好的倾向,认为去现场尽调就是去收集文件资料,不用管其他问题。应该说,收集、审阅客户提供的文件资料,是调查工作重要的一环,也是花费时间比较多的。但我们也不能忽视了其他两种调查手段,那就是:看与问。为了减少风险,应该使用各种手段,并把通过各种手段得到的结果进行相互验证。

现在不诚信的情况还是比较多的,目标公司有时候说的可能不是真话,甚至有时候提供的文件也是假的。比如几年前笔者就遇到这样的情况,目标公司向我提供了项目的"施工许可证",按照《建筑工程施工许可管理办法》,房地产企业在办理"施工许可证"时,前提条件之一就是"施工场地已经基本具备施工条件,需要征收房屋的,其进度符合施工要求"。但我们看了现场才知道,这家企业的项目现场根本没有拆迁,实际上不具备办理"施工许可证"的条件。后来进一步了解才知道,这家企业为了尽快办理开发贷款,在实际还不具备施工条件的情况下,找"关系"办了"施工许可证"。

企业盘点目的是要做到"账账相符"与"账实相符"。套用盘点中的这些概念,调查律师审查文件好比是做"账账相符"工作,而看现场好比是做“账实相符”的工作,比较书面文件反映的情况与现场实际情况是否一致。那么,哪些方面需要去看现场呢?笔者没法说得很具体,但有一条原则,看现场就是要看那些文件中看不到的东西。对于有现场、有实物的资产,除了审验相关证照文件之外,还应该看到实物、看到现场。比如,看到房地产项目是用来出租的,除了看租赁合同,还有必要实地看一下租赁场所,看看租赁合同是否实际在履行。

除了看,我们还需要问。在尽调的时候,笔者经常跟目标公司的对接人员聊天(不一定是非常正式的访谈),表面上问得有点东拉西扯,其实是在从侧面去了解、验证自己需要的相关信息。向目标公司提问题,在问之前就必须掌握一定的情况。比如,一个项目尽调开始时,笔者问这家项目公司是否有员工,对方说没有。后来笔者看了会计报表上有“应付工资”,就再去问,没有员工怎么报表上会有应付工资呢?对方解释说,原来是这些人还没有签订劳动合同。好嘛,问题就问出来了,不但有员工,而且还存在不签订劳动合同的法律责任。

“问”这种事情,往往只有当面“问”才会有效果。但要做到当面“问”,则要求调查律师必须及时消化、掌握资料。为此,我们在外地调查时,基本上都是白天调查、收集资料,晚上在宾馆里消化材料,找出疑问。第二天,再针对这些疑问进行提问。

当然,不论是要资料还是提问题,律师的尽职调查很大程度上均要依靠目标公司的配合。但很多时候目标公司的配合存在问题,给我们的工作开展带来不小的麻烦。尽调往往是我们的客户与目标公司上层直接沟通安排的,目标公司实际经办人往往不是很配合。一方面的原因是,律师尽调后续的并购交易可能让这些人的工作发生变动,这些人心生不满。另一方面的原因是,配合尽调律师意味着要去翻找很多资料,增加自身工作量。所以,我们在尽调时应尽量消减这些人的抵触情绪,在有疑问或者需要补充资料时,整个尽调团队应协调好,把意见集中起来一并提出,与人方便与己方便。当然,也有很多时候,不见得是人家不配合,而往往是对接人员不专业。很多时候配合律师尽调的要么是财务,要么是行政人员,他们往往不是很明白律师的需求。

七、尽职审慎，既是对客户负责，也是对自己负责

律师进行法律尽职调查，目的是帮助客户防范风险，但律师在做这些业务时，也要注意防范自身的风险。10 多年前，北京某律师事务所因为法律尽职调查严重失误，给客户造成重大损失，被判赔偿 800 万元，直接导致该事务所关门。现在不论是法律法规还是交易架构等方方面面，比 10 年前更复杂了，稍有不慎就可能产生失误。

律师要防范自身风险就是要坚持审慎原则，做到尽职。怎么才能算尽职、审慎呢？可能实体上不好列一个明确的标准，但在程序上就比较容易确定了。具体而言，就是该有的程序、该有的流程都不应该缺省，该去政府部门查询的就必须去查询，该审阅原件的就要看到原件。顺便说一下，现对于各种资质、证照、财产，网络上基本都有查询渠道，能查验的都要查验一下。

举个例子，在调查时，我们发现目标公司签订了一份应收账款质押的合同，但在我们询问应收账款质押是否办理了登记时，目标公司的财务人员一口咬定，双方只签订了质押合同，没有办理质押登记。我们都知道，应收账款质押登记是可以在网上查询的。根据审慎原则，可以查询的，我们必须要去查询。结果，经我们查询，发现所涉应收账款质押已经办理了登记手续。如果我们听信目标公司人员的话而没有履行必要的查询程序，就是没有做到审慎原则，没有尽职。

八、尽职调查与知识管理相互促进

尽职调查最大的难点，在于调查者不懂被调查对象本身的行业，也就是笔者常说的不懂业务。如果懂业务，则尽调业务开展起来也就比较容易。反过来，尽职调查又是律师快速学习业务、做知识管理的一个好途径。比如，做完一个房地产开发项目的尽调，对于房地产项目开发必然有直观的了解。尽职调查与知识管理可以相互促进，也应该相互促进。当然这不是一个简单的过程，需要花费不少工作量，但笔者相信，如果按照我的方法去做，一定会有很大的收获。

比如，在房地产项目尽调时，我们都要看目标公司的营业执照、房地产开发企业资质证书、开户许可证等证照。很多人往往就是审核一下原件与复印件是否一致，最多去相关网站查验这些证照情况。但很

多人对于这些证照背后的规定不了解，不知道这些企业为什么要有这些证照，如果没有这些证照会有什么后果。可以说，如果是这样去做尽调，你可能做了好几年下来都不会有很大的长进。笔者的建议是，每次尽调遇到不知道来龙去脉的东西，都要尽力去弄明白，不要以为这是小事而放过。

比如，在前文的例子中，发现了目标公司有应收账款质押合同，并在指导助理去“中国人民银行征信中心网站”查询了具体的登记信息之后，笔者还让助理去一次性了解清楚“应收账款质押”的相关规定，包括《民法典》《应收账款质押登记办法》《中国人民银行征信中心中征动产融资统一登记平台操作规则》等。如果助理足够用心的话，通过了解征信中心的登记平台，又可以了解到其他业务信息。

关于如何在尽调过程中学习了解相关业务，大家还可以在网络上查找金杜律师事务所律师几年前写的一篇文章——《集装箱货运港口项目尽职调查中的经营资质剖析》，看看金杜律师是怎么把港口项目涉及的复杂资质问题梳理清楚的。如果律师掌握了这个学习方法，对其他新行业尽调也就变得不那么困难了。同时，个人的业务技能也会得到大幅提升。

房地产项目尽职调查清单实务分析

冯　兢*

随着我国房地产行业的蓬勃发展，房地产项目并购因其交易量多和交易金额大已成为律师业务的重要组成部分。而近年来，与房地产相关的金融业务异军突起，券商资管计划、信托公司的信托计划乃至资产支持证券等业务均大量涉及房地产领域的项目并购。熟悉和掌握房地产项目的尽职调查也已成为律师日常工作中的一项重要技能。

从交易模式上看，无论是股权并购还是资产并购，抑或单纯的债权关系，均不可避免地需要对房地产项目本身进行尽职调查。一般尽职调查分为三个部分，包括财务调查、法律调查和工程调查。这三项内容互相分离又相互影响。尽职调查的结果很大程度上会对后续的谈判、交易对价及付款方式等问题产生影响。而若尽职调查不慎，甚至可能导致律师承担赔偿责任的严重后果。

对于房地产项目的尽职调查的启动，一般均会从尽职调查清单开始。清单的完备性以及准确性，实际上也反映了律师对于项目的准备和重视程度，甚至可以反映出律师对房地产行业的熟悉程度。

为此，笔者拟通过对尽职调查清单内容的逐项分析，引申出相关法律问题的讨论，结合诉讼实务，以作实务参考。因篇幅限制，本文仅讨论对房地产项目资产的尽职调查清单，而对项目公司股权的尽职调查不在其中。房地产项目部分分为土地使用权相关内容和建设工程相关内容两部分。因仓促起草，故难免挂一漏万。若有不足之处，欢迎批评探讨，以采各家之长。

* 上海邦信阳中建中汇律师事务所合伙人。

一、土地使用权相关材料

(一)土地使用权的取得

通常而言,律师在查询房地产项目的所有权权属时应当取得下列文件。

1. 土地使用权出让合同

如项目公司直接从政府取得土地使用权,那么收购方的律师,必须核验土地使用权出让合同。在核查出让合同的过程中需要注意以下要点。

(1)出让主体

根据《城镇国有土地使用权出让和转让暂行条例》(以下简称《出让和转让条例》)的规定,土地使用权出让合同应当由市、县人民政府土地管理部门与土地使用者签订。因此,出让合同中出让方应当是市、县级政府的土地管理部门。

实践中,因各地如雨后春笋般冒出各种开发区等行政设置,曾经出现过以开发区或者新区管委会名义与受让人签订的出让合同。针对此类行为,《最高人民法院关于审理涉及国有土地使用权合同纠纷案件适用法律问题的解释》第 2 条规定:“开发区管理委员会作为出让方与受让方订立的土地使用权出让合同,应当认定无效。本解释实施前,开发区管理委员会作为出让方与受让方订立的土地使用权出让合同,起诉前经市、县人民政府土地管理部门追认的,可以认定合同有效。”

《最高人民法院关于审理房地产管理法施行前房地产开发经营案件若干问题的解答》(已废止)也规定,国有土地使用权出让合同的出让方,应当是市、县人民政府土地管理部门。出让合同应由市、县人民政府土地管理部门与土地使用者签订,其他部门、组织和个人为出让方与他人签订的出让合同,应当认定为无效。

从最高人民法院的上述两个文件可见,除市、县级土地管理部门以外的主体签订的出让合同,均应当认定为无效。在尽职调查中,如发现开发区管委会等非法定的主体签订的出让合同,应予以重视并要求提供土地管理部门对出让合同予以追认的相关证明材料。

（2）未依法招拍挂的出让行为效力

《出让和转让条例》明确了土地使用权出让可以采取协议、招标、拍卖的方式进行。依照前述方式出让土地使用权的具体程序和步骤，由省、自治区、直辖市人民政府规定。而《招标拍卖挂牌出让国有建设用地使用权规定》（以下简称《招拍挂规定》）进一步明确了工业、商业、旅游、娱乐和商品住宅等经营性用地以及同一宗地有两个以上意向用地者的，应当以招标、拍卖或者挂牌方式出让。《物权法》[1]实施后，更是将上述规定上升到了法律层面。

在尽职调查过程中，如发现出让合同已经签订，但未进行公开招标或拍卖的应如何认定？对此，有观点认为，土地出让中的招拍挂活动不同于一般民事主体之间进行的拍卖、招标投标等活动。其是以政府机关作为招拍挂活动的组织实施者，故不适用《拍卖法》《招标投标法》等规定。例如，《拍卖法》规定，本法适用于中华人民共和国境内拍卖企业进行的拍卖活动。因此，《拍卖法》不应当适用于政府机关组织的拍卖活动。《招拍挂规定》中明确，招标出让国有建设用地使用权，是指市、县人民政府国土资源行政主管部门发布招标公告，邀请特定或者不特定的自然人、法人和其他组织参加国有建设用地使用权投标，根据投标结果确定国有建设用地使用权人的行为。

对于该问题，并无明确的法律规定。笔者认为，应当招拍挂而以协议方式出让土地使用权的，土地使用权出让合同存在极大的无效风险。理由如下：首先，招拍挂的规定已经通过《物权法》上升至法律高度，通过民事基本法的规定来明确经营性土地的招拍挂要求，虽然《物权法》的条文并未明确规定无效的法律后果，难以判断其是否属于效力性强制性规范。其次，法院存在以违反公序良俗为理由作出无效认定的可能。原本应当通过公开渠道进行出让的土地使用权被出让人和受让人私下协议转让，损害了其他潜在受让人的利益，违背了土地利用的政策。此外也可能导致土地出让金约定过低，从而违背公序良俗。

因此，依法应进行招拍挂但通过协议出让方式取得土地使用权

---

〔1〕 本文论述遵循历史发展脉络，虽该法已废止，但相关规定被《民法典》吸收，亦有参考价值。类似情形本文同。

的，认定该行为无效的可能性较大。故应当在尽职调查中对经营性土地是否通过招拍挂方式取得予以充分重视。

2. 土地出让金和土地契税纳税

(1)出让金缴费凭证

土地出让金付款凭证的核查重点主要是对比出让金支付时间与出让合同约定的付款期限是否一致，是否缴纳了迟延支付的滞纳金以及土地契税是否缴纳并取得发票。

实践中，存在政府部门以开具各种形式收据的方式作为土地出让金支付凭证的情形。对此问题，在尽职调查过程中应当予以充分的重视。

土地出让金由地方与中央进行分账核算。依照财政部《国有土地使用权出让收支管理办法》的规定，土地出让收入征收部门为市、县国土资源管理部门，其应开具缴款通知书，并按照财政部统一规定的政府收支分类科目填写"一般缴款书"，由受让人缴纳。土地使用权受让人应在规定的时间内缴纳应缴地方国库的土地出让收入。

实际操作中应核查由国土资源管理部门作为征收单位的《非税收入一般缴款书(收据)》并加盖收费专用章作为依法缴纳土地出让金的凭证。此外，还应核查该笔出让金的契税《税收缴款书》。

因此，如出现其他部门开具的收据或直接将出让金用于动迁安置补偿等做法均存在合规上的问题。需注意的是，取得前述有效的出让金缴款凭证是申领国有土地使用权证的前提。

(2)出让金支付期限

《出让和转让条例》第 14 条规定："土地使用者应当在签订土地使用权出让合同后六十日内，支付全部土地使用权出让金。逾期未全部支付的，出让方有权解除合同，并可请求违约赔偿。"因该规定的层级较高，属于行政法规，不少律师在核查项目公司签订的使用权出让合同以及核查出让金支付期限过程中产生了相当大的困惑。

《出让和转让条例》颁布实施于 1990 年，而 1995 年起实施的《城市房地产管理法》第 16 条已将该规定调整为："土地使用者必须按照出让合同约定，支付土地使用权出让金；未按照出让合同约定支付土地使用权出让金的，土地管理部门有权解除合同，并可以请求违约赔偿。"此条在该法 2007 年、2009 年和 2019 年修正时也得到了保留。

笔者认为,无论从法律效力层级还是制定时间的先后来看,《出让和转让条例》中有关60日内付清出让金的规定应不再继续适用。

值得注意的是,财政部、国土资源部、中国人民银行、监察部、审计署于2009年发文《关于进一步加强土地出让收支管理的通知》(财综〔2009〕74号),其中规定:“市县国土资源管理部门与土地受让人在土地出让合同中依法约定的分期缴纳全部土地出让价款的期限原则上不超过一年。经当地土地出让协调决策机构集体认定,特殊项目可以约定在两年内全部缴清。首次缴纳比例不得低于全部土地出让价款的50%。”该规定可作为尽职调查的参考之用。但因此规定的层级较低,如土地使用权出让合同中的付款约定与上述规定不一致的,并不能否认出让合同中付款条款的效力。

3. 土地使用权证(不动产权证书)

国有建设用地使用权属于《物权法》规定的用益物权的一种,其设立需以办理不动产登记为要件。因此,核查项目公司取得其所开发项目的土地使用权证就成为尽职调查中至关重要的一环。

国土资源部于2015年3月1日起全面启用统一的不动产登记簿证样式。原土地使用权证已更改为不动产权证书,对于原土地使用权证,按照“不变不换”的原则,在依法办理变更登记、转移登记等登记时,逐步更换为新的不动产登记簿证。本文因区分土地使用权登记和房屋所有权登记的需要,仍然沿用土地使用权证的称谓。

通过招拍挂方式取得国有土地使用权的流程主要为:(1)制订出让方案;(2)编制招标拍卖挂牌出让文件;(3)发布出让公告;(4)评标、竞价、挂牌;(5)中标、竞得;(6)签订出让合同;(7)公告结果;(8)核发《建设用地批准书》,交付土地;(9)支付出让金;(10)领取土地使用权证。

前述多项法律规定均规定了土地的受让人在签订土地使用权出让合同并且依法缴纳了土地出让金后方可申领土地使用权证。然而,实践中亦不乏未缴足出让金而实际取得了土地使用权证的案例。

因此,律师在尽职调查中,不应当仅凭借项目公司取得了土地使用权证的事实来推定土地出让金已经缴足,而仍然应当核查土地出让金的缴纳凭证,否则将存在收购完成后被要求支付土地出让金的风险。

4. 土地交付确认书

另一个值得关注但也容易被忽视的环节是土地交付。土地使用权出让合同中一般均会约定土地的交付标准。而反映是否达到交付标准的一项指标便是土地交付确认书。故尽职调查过程中应当在有条件的情况下核查土地交付确认书中所列的交付状况与土地使用权出让合同中约定的交付标准是否一致。

而在土地使用权转让领域,土地交付的相关文件便更加重要了。《最高人民法院关于审理涉及国有土地使用权合同纠纷案件适用法律问题的解释》明确规定了一地数卖情况下各受让方的权利先后问题。土地交付与否作为仅次于土地使用权登记的认定标准,就显得十分重要。笔者在尽职调查过程中也发现过一地数卖的案例,法院最终就是引用了上述司法解释的这条规定(第10条)来认定各受让人的权利先后顺序。

5. 特殊约定

随着我国各地房地产调控的不断深入,各地政府也出台了各类措施对房地产开发企业提出了诸多的要求和限制。而这些限制除了可以在当地政府颁布的规定中查阅之外,一个主要的途径便是通过核查土地出让合同中的约定以及不动产登记簿的相关约定来实现。

举例而言,上海市出台的《关于加强本市经营性用地出让管理的若干规定》就规定要通过出让合同约定的方式限制酒店式公寓建设、商办物业的持有比例和持有年限等,还规定了未达到房屋建设工程转让条件的,土地使用权及地上建筑物等不得整体或分割转让,受让人的出资比例、股权结构、实际控制人等均不得改变等硬性规定。

尽职调查过程中应当注意对这类地方性规定的核查并相应设计交易模式,以免触碰当地的限制性规定而导致交易无法进行。

(二)土地使用权的抵押

《物权法》第180条规定:"债务人或者第三人有权处分的下列财产可以抵押:(一)建筑物和其他土地附着物;(二)建设用地使用权……(五)正在建造的建筑物……"土地使用权可以作为抵押财产应无争议。实践中,绝大部分的房地产项目公司也会将土地抵押给银行或其他非银行金融机构等用于融资开发的担保。

有关抵押权的设立行使等一般性规定因内容过于纷繁，且相关论述已汗牛充栋，故不在本文中过多论述。尽职调查过程中可能会发现的比较有意思的问题有下列几个。

1. 土地使用权与房屋所有权被分别抵押

《物权法》中有一条关于房地一体化的规定："以建筑物抵押的，该建筑物占用范围内的建设用地使用权一并抵押。以建设用地使用权抵押的，该土地上的建筑物一并抵押。抵押人未依照前款规定一并抵押的，未抵押的财产视为一并抵押。"粗看下来，该规定并无难以理解之处。但因各地实践的不同就普遍产生了一个争议较大的问题。

实践中，有些地区存在土地使用权抵押登记和房屋及在建工程抵押登记分别属于两个不同部门管理的情况。那么便可能产生土地使用权抵押登记在先，房屋或在建工程抵押登记在后，但两个抵押权分别属于不同主体时如何行使抵押权的问题。

由于前述房地一体化条文的存在，有很大一部分人认为设立在先的土地使用权抵押虽然未对房屋或在建工程进行登记，但应视为一并抵押。故该债权人对土地和房屋均享有优先受偿权。笔者认为，该观点实际上只是从静态的角度看待问题而忽略了房地产开发的动态流程。在开发的过程中，土地使用权办理抵押登记时项目可能还未开始建设，也即房屋或在建工程尚不存在。此时认为房地一并抵押似乎与上述规定的理解不符。

此外，对此问题，王闯和曹士兵均专门著文阐述，两位虽然说理路径不一，但殊途同归，均认为此种抵押物应当统一处置后按照房屋和土地的不同评估价值，由抵押权人在各自的范围内优先受偿。未免班门弄斧，笔者在此直接列出两人的观点出处。[1]

而在2019年颁布的《全国法院民商事审判工作会议纪要》（以下简称《九民纪要》）中，则采取了不同的认定标准。其第61条规定："【房地分别抵押】根据《物权法》第182条之规定，仅以建筑物设定抵押的，抵押权的效力及于占用范围内的土地；仅以建设用地使用权抵

〔1〕 曹士兵：《中国担保制度与担保方法》，中国法制出版社2015年版，第225页以下；王闯：《规则冲突与制度创新——以物权法与担保法及其解释的比较为中心而展开》一文中的第六大点。

押的，抵押权的效力亦及于其上的建筑物。在房地分别抵押，即建设用地使用权抵押给一个债权人，而其上的建筑物又抵押给另一个人的情况下，可能产生两个抵押权的冲突问题。基于'房地一体'规则，此时应当将建筑物和建设用地使用权视为同一财产，从而依照《物权法》第199条的规定确定清偿顺序：登记在先的先清偿；同时登记的，按照债权比例清偿。同一天登记的，视为同时登记。应予注意的是，根据《物权法》第200条的规定，建设用地使用权抵押后，该土地上新增的建筑物不属于抵押财产。"

简言之，最高人民法院将房地分别抵押的处理规则直接按照登记时间的先后来确认优先权的先后顺序。

言归正传，笔者认为若尽职调查的项目公司所在地仍然采用分别登记管理方式的，应当分别在国土资源部门和房屋建设管理部门进行抵押登记核查，以免遗漏。如代表项目公司的债权人进行尽职调查的，更应明确将来抵押权行使的受偿顺位问题。

2. 土地使用权抵押的限制

土地使用权抵押作为一项常见的担保制度在实务中较为盛行。但实际操作中，因土地使用权抵押主要被开发商用于项目的融资开发，故地方政府也通常将土地使用权抵押作为一项调控措施予以规制。

还是以上海为例，前述的《关于加强本市经营性用地出让管理的若干规定》中便规定："经营性用地使用权抵押时所担保的主债权，仅限于开发建设该出让地块的贷款，且不得超过合同约定的土地出让价款总额。以房屋在建工程、新建房屋连同土地抵押等情形，应按照《上海市房地产抵押办法》的有关规定办理。按照土地出让合同约定的自持部分物业，应整体抵押，不得分割抵押。抵押权实现时，受让人应执行原出让合同中约定的权利和义务。"

该规定不仅对经营性用地的抵押权人（仅限发放开发贷的金融机构）作出了限制，也对抵押金额作出了限制（不得超过出让金）。另需说明的是，该条援引的《上海市房地产抵押办法》还将在建工程抵押作为抵押的预告登记处理。

此外，就工业用地而言，上海市发布的《关于加强本市工业用地出让管理的若干规定》在经营性用地的基础上甚至规定："工业用地抵押权实现时，抵押物竞买人资格必须经过规划国土资源管理部门、产业管理部门和园区管理机构综合认定，符合产业导向和园区规划要求。也可按照出让合同约定，由出让人或园区管理机构优先收购土地使用权。工业用地抵押权实现时，涉及经批准按照规划提高建筑容积率未补缴地价款的，抵押物竞得人应当按照抵押权实现时点的市场评估价补缴地价款。”

另值得注意的是，国务院办公厅于 2019 年 7 月 6 日颁布的《关于完善建设用地使用权转让、出租、抵押二级市场的指导意见》(国办发〔2019〕34 号)中，曾明确要求放宽对抵押权人的限制，“自然人、企业均可作为抵押权人申请以建设用地使用权及其地上建筑物、其他附着物所有权办理不动产抵押相关手续，涉及企业之间债权债务合同的须符合有关法律法规的规定”。然而，笔者在该文件颁布后咨询了多地的不动产登记机关，得到的答复是操作实践中并未直接按照该意见的精神来办理。

此类规定无疑会对抵押权设立以及抵押权的实现产生诸多不利影响。无论收购人还是债权人，均需对此种限制予以评估。因此，尽职调查过程中尽早披露上述限制，也有利于及早认清并分析交易模式。

3. 债权转让后的抵押权变更登记问题

对于主债权转让后抵押权是否必须办理变更登记才能随主债权一并转让，笔者始终认为这是一个理论上并无争议但在实践中却存在诸多麻烦的问题。

根据《物权法》第 192 条的规定，“债权转让的，担保该债权的抵押权一并转让，但法律另有规定或者当事人另有约定的除外”。从该规定文义看，抵押权的转让并不以办理变更登记为要件。

此外，《最高人民法院关于审理涉及金融资产管理公司收购、管理、处置国有银行不良贷款形成的资产的案件适用法律若干问题的规定》(已废止)第 9 条也规定：“金融资产管理公司受让有抵押担保的债权后，可以依法取得对债权的抵押权，原抵押权登记继续有效。”

一般认为，上述规定无论在法律层面还是司法实践层面均确立了主债权转让抵押权随之转让而无须以办理变更登记为抵押权转让生效要件的原则。

然而遗憾的是，前述最高人民法院的规定是专为金融资产管理公司而设，并不具有普遍适用性。实践中还是有法院以抵押权未办理变更登记、不符合《物权法》关于不动产物权经登记生效的规定为由不支持债权受让人行使抵押权的请求。

除司法层面外，不动产登记机关在登记操作中也对抵押权人变更的条件采取了较高标准。《不动产登记暂行条例实施细则》第 69 条规定："因主债权转让导致抵押权转让的，当事人可以持不动产权属证书、不动产登记证明、被担保主债权的转让协议、债权人已经通知债务人的材料等相关材料，申请抵押权的转移登记。"而在规定更为细致的《不动产登记操作规范（试行）》中规定的抵押权转让变更登记申请主体为抵押权人和债权受让人。申请材料中有关抵押权转移的材料包括：(1)申请一般抵押权转移登记的，还应当提交被担保主债权的转让协议；(2)申请最高额抵押权转移登记的，还应当提交部分债权转移的材料、当事人约定最高额抵押权随同部分债权的转让而转移的材料；(3)债权人已经通知债务人的材料。

如单纯从上述规定来看，抵押权转移的变更登记并不需要抵押人前往登记机关办理手续。但实际操作中，许多地方的登记机关还是依照当地的登记规定办理相关手续，其中还有要求抵押人需到场签字同意的，由此造成了事实上无法办理的情况。

笔者认为，尽职调查中应充分注意主债权能否办理转移这一实际操作问题。如当地无法办理转移登记的，也应披露将来实现抵押权时可能遇到的障碍。但笔者相信该问题既然在规则层面已经无争议，在不久的将来应能得到较好的解决。

上述问题显然已经引起重视，虽然《民法典》第 407 条中规定的"债权转让的，担保该债权的抵押权一并转让，但是法律另有规定或者当事人另有约定的除外"相关内容与《物权法》的表述并无实质区别，但在之前最高人民法院发布的《九民纪要》第 62 条已经明确"受让人向抵押人主张行使抵押权，抵押人以受让人不是抵押合同的当事人、未办理变更登记等为由提出抗辩的，人民法院不予支持"。

4. 最高额抵押的优劣

最高额抵押是为担保债务的履行，债务人或者第三人对一定期间内将要连续发生的债权提供担保财产的行为，属于抵押权中的一种特殊形式。如对将来一定期间内的债权进行担保的,最高额抵押无疑是一种非常合适的担保措施。然而,实践中却常常出现针对一笔确定的债权签订最高额抵押合同的情况。

实际上,对于确定金额的债权而言,办理最高额抵押可能并不符合债权人的利益。

(1)债权确定

债权确定是最高额抵押中的一项特殊制度,根据《民法典》第423条的规定,抵押权人知道或者应当知道抵押财产被查封、扣押的,债权确定。

在以一笔借款作为债权的情形下,如采用一般抵押,那么债权人根据抵押合同约定可以就主债权合同项下的本金、利息、实现债权费用等优先受偿。该优先受偿权利与抵押财产是否被查封并无关联。而在最高额抵押下,如抵押财产被查封的,产生的第一个问题便是查封之后产生的利息等是否属于抵押债权的范围。而《最高人民法院关于适用〈中华人民共和国担保法〉若干问题的解释》(已废止)第81条规定:"最高额抵押权所担保的债权范围,不包括抵押物因财产保全或者执行程序被查封后或债务人、抵押人破产后发生的债权。"

笔者认为,在司法解释予以明确以前,采用最高额抵押来担保某一单一债权无形中给债权人增加了不必要的风险。尤其是在交易后续履行环节中还需不定期对抵押财产是否被查封进行查证,增加了交易成本(虽然最高人民法院规定查封抵押财产应当通知抵押权人,但实践中真正通知的较为少见)。

(2)最高额金额登记

最高额抵押在实践中的另一个具有不确定性的问题便是最高额数额的登记。根据规定,超过登记的最高额的债权将不享有优先受偿的权利。

实践中,抵押权人因各种原因往往只能将债权本金作为最高额在不动产登记机关进行登记。由此引发了对于利息、实现债权费用是否可以优先受偿的争议。

就笔者原先的执业经验而言,审判庭在判决中存在模糊处理的情形,即在判决主文中只写债权人有权就本金、利息、实现债权费用在最高额范围内优先受偿。至于最高额范围,并不具体写明。而判决到了执行庭后，随意性可能更大。

该问题目前已在《最高人民法院关于适用〈中华人民共和国民法典〉有关担保制度的解释》（法释〔2020〕28 号）第 15 条中予以明确："登记的最高债权额与当事人约定的最高债权额不一致的，人民法院应当依据登记的最高债权额确定债权人优先受偿的范围。"

笔者认为，在尽职调查以及此后的交易模式设计中，应对此问题予以注意，当最高额抵押合同与登记的最高额不一致时，应注意披露风险，避免给当事人造成不必要的损失。

（三）土地用途的创新改革

我国对于土地的用途进行了严格的分类，从大的分类来看，可分为居住用地，工业用地，教育、科技、文化、卫生、体育用地，商业、旅游、娱乐用地，综合或者其他用地。不同的土地用途所对应的最高使用权出让年限也各不相同。土地用途已在各地的总体规划和城市控制性详细规划中予以确定。具体的用途还可以根据《城市用地分类与规划建设用地标准》的规定进行进一步的细分。由于土地用途的相关法律问题，尤其是土地的实际使用与土地用途不一致的情况时有发生，本文因受篇幅所限，着重讨论尽职调查时如何在适应各地的土地用途创新制度的同时提出相应的法律意见。

土地用途制度改革的成因是我国原有的按用途进行分类的土地管理方式与新经济环境中的市场对于土地使用的需要出现了脱节。最为典型的就是，我国对工业用地用途的设计主要是作为工业厂房、仓储来使用，而随着科技创新的深入，工业性企业早已不再局限于生产。有些高科技工业企业绝大部分产值是通过工业研发产出的，而企业研发所占的比例越高，对于标准厂房的需求就相对越少，其在用地过程中需要大量的实验室和办公场所。这样一来，原本的工业用地在容积率控制等方面就无法满足这些企业的需求，而商业办公用地一方面无法满足企业仍然存有厂房的要求，另一方面又因为价格过高而使企业难以承受。

由此，各地开始着眼于在现行的框架下对土地用途进行一定的调整。还是以上海为例，其在 2011 年颁布了《关于在张江国家自主创新示范区试点进一步开展产业用地节约集约利用的若干意见》，其中就允许区内企业可将工业土地用途调整为“科研用地(产业园区类)”。而此后在2013年出台的《关于增设研发总部类用地相关工作的试点意见》又增加了土地分类编号为C65的“研发总部用地”。2014年3月28日,上海市政府又出台了《关于加强本市工业用地出让管理的若干规定(试行)》,明确了四类工业用地:工业用地产业项目类、工业用地标准厂房类、研发总部产业类、研发总部通用类,该分类使用至今。这样的区分实际上是在原有三类工业用地的基础上将科研用地纳入后进一步发展而成的。长三角地区包括南京等城市也有类似的规定和做法。对这些细化的规定这里不作具体阐述,在尽职调查过程中,可通过核查对比相关的规定与出让合同等方式来判断是否合规。

需要说明的是,类似科研用地这类创新的土地用途管理方式因价格便宜,边界模糊,存在着被违规利用的问题。此类尽职调查中需要特别注意房屋的实际用途与土地用途的一致性。例如,项目公司将来拟建设办公楼使用的,那么项目公司在房屋建成后能否对外出租,出租比例是否有限制则将成为关键问题。一般而言,科研用地虽然地价便宜,但在出租、转让、抵押等方面均受到一定的限制,这些限制值得注意。

二、建设工程相关资料

工程项目的建设流程,粗略列举可分为设计、施工、竣工、交付、保修五个阶段。而整个阶段所涉及的证照主要包括环评登记备案材料(依环境影响程度不同分为报告书、报告表、登记表)、建设用地规划许可证、设计方案批复、审图证、建设工程规划许可证(一般分为地上和地下两部分)、建设工程施工许可证(一般分为地上和地下两部分)、竣工验收备案证明(环境评价验收、消防验收、土地规划验收、民防工程验收、工程竣工验收报告、竣工工程资料验收等)、商品房预售许可证、住宅交付许可证等。

仅从证照数量之多、涉及部门之广便可看出,对于建设工程的尽职调查工作实际上是相当复杂的。而就法律尽职调查角度而言,更多应当关注各类证照是否齐备,总承包商的资质以及总承包合同的签订及履行情况等。

（一）工程招投标

工程是否必须进行招投标是工程尽职调查环节的一项重要内容。《招标投标法》第3条第1款规定："在中华人民共和国境内进行下列工程建设项目包括项目的勘察、设计、施工、监理以及与工程建设有关的重要设备、材料等的采购，必须进行招标：（一）大型基础设施、公用事业等关系社会公共利益、公众安全的项目；（二）全部或者部分使用国有资金投资或者国家融资的项目；（三）使用国际组织或者外国政府贷款、援助资金的项目。"

具体工程项目是否应当进行招投标，适用《工程建设项目招标范围和规模标准规定》[1]。该规定对《招标投标法》里的上述工程类型进行了明确，并且从价格上进行了细化："（一）施工单项合同估算价在200万元人民币以上的；（二）重要设备、材料等货物的采购，单项合同估算价在100万元人民币以上的；（三）勘察、设计、监理等服务的采购，单项合同估算价在50万元人民币以上的；（四）单项合同估算价低于第（一）、（二）、（三）项规定的标准，但项目总投资额在3000万元人民币以上的。"

值得注意的是，《工程建设项目招标范围和规模标准规定》中将商品住宅列为关系社会公共利益、公众安全的公用事业项目，只要工程估算价款符合前述要求的，应进行招标投标。

如按照该条理解，基本上所有的商品房开发均需要进行招标投标，否则依照《最高人民法院关于审理建设工程施工合同纠纷案件适用法律问题的解释》（已废止）的规定，建设工程必须进行招标而未招标的建设工程施工合同无效。但事实上，商品房开发项目的开发过程中不进行招投标的现象并不罕见。这种做法的主要依据是《住房和城乡建设部关于推进建筑业发展和改革的若干意见》（以下简称建市〔2014〕92号文），其中要求调整非国有资金投资项目发包方式，试行非国有资金投资项目建设单位自主决定是否进行招标发包，是否进入有形市场开展工程交易活动，并由建设单位对选择的设计、施工等单

---

〔1〕该规定已被《国务院关于〈必须招标的工程项目规定〉的批复》（国函〔2018〕56号）废止。应按新的规定确定具体工程项目是否应当进行招投标。

位承担相应的责任。

需要注意的是,《工程建设项目招标范围和规模标准规定》和建市〔2014〕92 号文的发文机关虽属于同级,但《工程建设项目招标范围和规模标准规定》是由国务院批准的,效力层级上属于行政法规(参见《国务院办公厅关于印发国务院 2016 年立法工作计划的通知》),高于建市〔2014〕92 号文,这就为效力认定带来了难度。幸而国家发改委于 2018 年 3 月 27 日公布的《必须招标的工程项目规定》最终将商品住宅从必须招标的工程范围中删除。

(二)转包及违法分包

转包、违法分包、肢解分包等多年来一直是我国建筑业市场上的乱象,主管部门也多次禁止并且出台明确的认定办法,但时至今日仍难以根治。在尽职调查过程中也经常会遇到拟收购的项目存在转包、违法分包等情形。转包、违法分包问题的发生跟我国推行的建设工程企业资质管理制度是密切相关的。我国将建筑施工企业分为三类,即工程施工总承包企业、建筑施工承包企业、建筑专项分包企业,每类施工企业均在其专业领域进行资质分级。根据《建筑法》第 26 条的规定,承包建筑工程的单位应当持有依法取得的资质证书,并在其资质等级许可的业务范围内承揽工程。实践中便出现了各种无资质或资质等级不够的企业为了承揽建设项目,变相地通过挂靠、内部承包等形式来获得建设工程的施工合同,从而分享工程款的利益。此外,各类地方保护主义的存在,也无形中导致外地施工企业不得不采用与本地施工企业"合作"的形式来取得工程。

事实上,建筑施工企业的资质问题应当属于政府的行政管理问题,似乎与合同效力并无逻辑上的必然联系。最高人民法院在就《最高人民法院关于审理建设工程施工合同纠纷案件适用法律问题的解释》(已废止)征求意见时也曾经持相似的看法,即不以是否具有相应的施工资质作为判断合同效力的依据。然而,由于住建部的强烈要求,最终该司法解释规定了"建设工程施工合同具有下列情形之一的,应当根据合同法第五十二条第(五)项的规定,认定无效:(一)承包人未取得建筑施工企业资质或者超越资质等级的;(二)没有资质的实际施工人借用有资质的建筑施工企业名义的……"这也可视作一种协调妥协的结果。

在表现形式上，转包、违法分包一般会采用内部承包、挂靠等方式。对此，《建筑工程施工转包违法分包等违法行为认定查处管理办法（试行）》（已废止）中的规定值得在尽职调查中借鉴。对于转包行为，该办法第7条列举了以下几种情形："（一）施工单位将其承包的全部工程转给其他单位或个人施工的；（二）施工总承包单位或专业承包单位将其承包的全部工程肢解以后，以分包的名义分别转给其他单位或个人施工的；（三）施工总承包单位或专业承包单位未在施工现场设立项目管理机构或未派驻项目负责人、技术负责人、质量管理负责人、安全管理负责人等主要管理人员，不履行管理义务，未对该工程的施工活动进行组织管理的；（四）施工总承包单位或专业承包单位不履行管理义务，只向实际施工单位收取费用，主要建筑材料、构配件及工程设备的采购由其他单位或个人实施的；（五）劳务分包单位承包的范围是施工总承包单位或专业承包单位承包的全部工程，劳务分包单位计取的是除上缴给施工总承包单位或专业承包单位'管理费'之外的全部工程价款的；（六）施工总承包单位或专业承包单位通过采取合作、联营、个人承包等形式或名义，直接或变相的将其承包的全部工程转给其他单位或个人施工的；（七）法律法规规定的其他转包行为。"〔1〕

对于挂靠，第11条则列举了以下情形："（一）没有资质的单位或个人借用其他施工单位的资质承揽工程的；（二）有资质的施工单位相互借用资质承揽工程的，包括资质等级低的借用资质等级高的，资质等级高的借用资质等级低的，相同资质等级相互借用的；（三）专业分包的发包单位不是该工程的施工总承包或专业承包单位的，但建设单位依约作为发包单位的除外；（四）劳务分包的发包单位不是该工程的施工总承包、专业承包单位或专业分包单位的；（五）施工单位在施工现场派驻的项目负责人、技术负责人、质量管理负责人、安全管理负责人中一人以上与施工单位没有订立劳动合同，或没有建立劳动工资或社会养老保险关系的；（六）实际施工总承包单位或专业承包单位与建设单位之间没有工程款收付关系，或者工程款支付凭证上载明的单位

〔1〕 应按现行有效的《建筑工程施工发包与承包违法行为认定查处管理办法》（建市规〔2019〕1号）第8条认定转包行为。

与施工合同中载明的承包单位不一致,又不能进行合理解释并提供材料证明的;(七)合同约定由施工总承包单位或专业承包单位负责采购或租赁的主要建筑材料、构配件及工程设备或租赁的施工机械设备,由其他单位或个人采购、租赁,或者施工单位不能提供有关采购、租赁合同及发票等证明,又不能进行合理解释并提供材料证明的;(八)法律法规规定的其他挂靠行为。"〔1〕

在尽职调查过程中,如果发现上述情形的,可作出工程项目存在转包、挂靠等认定。然而,较为有趣的是,虽然转包、挂靠等行为被严格认定为无效,但对于无效合同的后果,最高人民法院却用了一种"无效作为有效"的方式来处理。

具体而言,即以建设工程是否验收合格作为支付工程价款的标志。如验收合格的,可参照施工合同约定支付工程价款。如建设工程经竣工验收不合格的,按照以下情形分别处理:(1)修复后的建设工程经竣工验收合格,由承包人承担修复费用;(2)经修复后仍不合格的,则不支持承包人的价款支付请求。该规则实际上与有效的施工合同后果并无太大的区别。

因此,如尽职调查中发现存在转包、违法分包等情形的,除正常披露外,还可对建设工程是否竣工验收合格进行关注。如是在建工程的,则可对验收合格与否对于工程价款支付的影响进行披露。

(三)发包人收到竣工文件后未回复的处理

一般而言,施工企业在完成工程施工并通过竣工验收后都会通过决算书的形式提供给项目公司作为确定工程价款的要约,如项目公司予以确认的,则表明双方对于结算达成了合意。实践中则相对更为复杂,若施工企业寄送了决算书而项目公司迟迟不予回复的,如何处理更是充满争议。依法理,默示不能作为意思表示的方式,但符合法律规定、有约定或者符合交易习惯的除外。

另外,《最高人民法院关于审理建设工程施工合同纠纷案件适用法律问题的解释(一)》(法释〔2020〕25 号)第 21 条规定:"当事人约

〔1〕 应按现行有效的《建筑工程施工发包与承包违法行为认定查处管理办法》(建市规〔2019〕1 号)第 10 条认定挂靠。

定，发包人收到竣工结算文件后，在约定期限内不予答复，视为认可竣工结算文件的，按照约定处理。承包人请求按照竣工结算文件结算工程价款的，人民法院应予支持。”该条确定了默示视为认可结算文件的前提是双方之间有相关约定。

除上述最高人民法院的规定之外，财政部、建设部于 2004 年发布的《建设工程价款结算暂行办法》第 16 条第 1 款规定：“发包人收到竣工结算报告及完整的结算资料后，在本办法规定或合同约定期限内，对结算报告及资料没有提出意见，则视同认可。”有观点认为该规定可作为确定工程价款结算的依据。但在司法实践中，因该规定效力层级过低，难以仅凭借该规定来认定发包方默示认可了施工企业的结算文件。然而，如果施工人采用一定的变通办法，在施工合同中明确约定价款结算审核适用上述规定，以便使其变为双方约定的形式来使最高人民法院司法解释的规定发挥作用。

在尽职调查中，如果审阅施工合同时发现诸如援引《建设工程价款结算暂行办法》或直接在合同中约定承包人提交结算文件后发包人未回复视为认可等内容条款的，应予以注意并充分披露风险。

（四）工程质量保修

在我国，建设工程领域实施质量保修制度。其主要规范是国务院《建设工程质量管理条例》中的第六章以及与之相对应的建设部《房屋建筑工程质量保修办法》的相关规定。应该说，建设工程质量是一个难以绕开的话题，尤其是在收购已经部分交付的项目时更难免碰到建设工程质量的问题。

建设工程质量保修，是施工单位在房屋竣工验收后的保修期内对于工程质量缺陷而向发包人承担的修复义务。有关质量保修期的起算问题，根据上述条例和办法，建设工程保修应自竣工验收之日起算。如果仔细观察就会发现，商品住宅的保修有一个特别规定，建设部发布的《商品住宅实行住宅质量保证书和住宅使用说明书制度的规定》中将住宅保修期的起算规定为开发企业将竣工验收的住宅交付用户使用之日。

从上述规定来看应当明确：首先，建设工程的保修是施工单位向发包单位承担的保修责任，而商品住宅保修则是开发商向购房人所承担的责任。其次,建设工程的保修是自竣工验收之日起算,而商品住宅的保修自交付之日起算。因此,虽然实践中开发商通常会让施工单位来实际承担保修工作,但两者之间存在着一定的时间差。

如果在收购项目的尽职调查中发现项目存在较为明显的质量问题的,可以在转让合同中约定由出让方承担该质量瑕疵的保修责任。

三、结语

房地产项目的尽职调查纷繁复杂,绝非本文的三言两语可以覆盖。然而这也是房地产项目业务乃至律师业务的魅力所在。本文所涉及的问题对整个房地产项目而言,也只是沧海一粟。笔者此文权当抛砖引玉,以期引起对于房地产项目尽调中各种问题的应对及汇总讨论,交流心得,丰富视野,在自我提升的同时,为客户提供更好的服务。

房地产收并购法律尽职调查实务要点

赵紫鹰*

收并购业务是非诉法律服务中的一个重要业务板块,在知识储备和工作方法方面对律师有一定的进阶要求。尽职调查一般是律师参与收并购业务的起点,大量的书籍和文章对尽职调查的内容和方法作了详细介绍。基于多年的房地产企业法务工作经验,笔者拟以房地产收并购业务为细分领域,从房地产企业的内部需求视角对房地产收并购法律尽职调查相关工作进行实务总结,以与各位同行进行探讨。本文主要从律师受收购方委托开展业务的视角进行阐述。

一、尽职调查的目的

从不同主体的视角,尽职调查的目的可能有所不同,至少偏重上有所差异。

(一)从房地产企业的视角来看,实现其商业目的是交易的最终诉求,尽职调查工作的开展也应当与企业的该项诉求保持一致

1. 获得利润是所有企业法人的共同目的,房地产企业也不能例外。因此,房地产收并购尽职调查所着眼的重点首先需是对盈利有重大影响的信息。比如在股权收购的场合,即使收购的标的是目标公司股权,但直接与盈利相关的是土地使用权,因此应首要关注土地相关的信息。

2. 房地产开发资金需求量大,对现金流的要求高,IRR(内部收益率)是很多房地产企业判断是否获取项目的核心标准之一。因此,对于目标项目相关的、可能对现金流产生影响的信息也需要重点关注。比如一家房地产企业拟在新城市收购房地产项目,该城市的预售许可

---

* 地产集团法务总监,房地产拓展法律业务,微信 zeno_zzy。

办理条件、限购/限贷/限售等政策将直接影响企业投入资金峰值和回款速度，开展尽职调查时对此需予以关注并进行特别提示。

上述判断不是对其他信息重要性的否定。对企业来说，与商业目的间接相关的信息及其他风险信息，大部分可以通过风险识别、风险评估、风险规避、风险分担等方式进行化解，最终通过交易方案的安排予以解决，而与商业目的直接相关的信息决定着交易是否继续，是企业关注的核心。

（二）从律师的角度出发，尽职调查要体现从业者的价值，要“调查”且要“尽职”

1. 应通过尽职调查全面地发现和提示风险。尽职调查不是将所得信息简单罗列于尽职调查报告之中，而是基于法律工作的逻辑对目标项目相关信息（尤其是风险信息）的分拣、提炼、总结、汇编，使得报告使用人能够全面、清晰、准确地将相关信息用于自身商业决策，这是律师免责的底线要求。

2. 律师可以以尽职调查为基础为房地产开发企业提供进阶和延伸服务，包括评估风险、提供风险解决方案（交易架构设计）、交易文件起草审核等。从长远发展角度来说，通过尽职调查工作体现专业性和商业判断能力，也是律师参与房地产收并购全程法律服务的敲门砖。

二、尽职调查的内容

讨论尽职调查的具体内容之前，简单阐述一下法律尽职调查与财务等其他尽职调查的边界关系。本人认为，尽职调查的专业分工不是对工作内容的准确切割，各专业尽职调查之间客观上存在着交叉和重复，是从不同的角度对同一信息或风险的分析整理，通过汇总可以展示某一信息或风险的全貌。对财务等信息的调查有时也是对律师“尽职”的要求，证监会因财务风险信息的提示不到位而对多家律所及律师进行了处罚，因此，从免责的角度出发，法律尽职调查的内容也应当全面、细致，而非拘泥于狭义的法律相关信息之内。同时，掌握财务、会计等知识也是律师进阶的方向之一，在尽职调查过程中将掌握的财务知识与实践工作结合，有利于快速提升律师的自身价值。

在房地产收并购项目中，尽职调查主要围绕以下内容开展：

(一)目标地块及其开发信息

1. 目标地块信息中最主要的是土地基本信息。这其中又包括以下几个方面:

(1)土地使用权获取、权利负担和持有合法性的相关信息。前述信息的载体一般包括目标地块的出让公告、出让须知、成交确认书、出让合同、政府交地协议、土地出让金缴纳凭证、契税缴纳凭证、国有土地使用证/不动产权证书、不动产权登记簿,其中出让公告可通过网络公开查询,出让须知也可至出让部门查询,不动产权登记簿由国土部门(自然资源部门)管理,其他文件由目标公司掌握。在土地使用权获取方面,律师需首先了解"国有土地"与"集体土地","建设用地"与"非建设用地","出让"与"划拨","协议出让"与"公开出让","招标"、"拍卖"与"挂牌"等几组相互对应/关联的概念及与其相关联的法律、法规和政策性规定,并了解各概念之间的联系与区别,更可进一步地了解土地出让制度的历史沿革。对前述信息的准确掌握,可以帮助律师迅速判断目标地块获取和持有是否合法、合规,是否能够进行商品房开发经营。例如,可供商品房开发的土地使用权一般是通过出让方式获得的,2004 年 8 月 31 日后"招拍挂"等公开出让方式更是成为商品房开发用地获取的主流方式,目标公司项下的划拨用地一般不存在直接进行商品房开发的可能。当然,收购方的商业目的如果是通过对目标地块进行工改/旧改或特殊政策下的协议出让再进行商品房开发,则需要根据该商业目的确定土地权属现状是否符合收购方要求。关于土地的负担,要关注其是否存在抵押、出租及用益物权负担。关于持有合法性,要关注是否已经依法缴纳土地出让金,是否已依法、依约开发。

(2)目标地块的规划指标信息,包括土地用途、使用期限、容积率、限高、建筑密度、绿地率等。前述信息的载体一般包括控制性详细规划、出让合同、规划设计条件通知书(一般作为出让合同的附件),其中控制性详细规划大部分可从规划部门网站公开查询,其他文件由目标公司掌握。目标地块的规划指标直接影响收购方的利润测算,是收购方最关注的信息,但因收购方对此具有专业知识,一般不需要律师进行特别分析,律师仅需了解上述信息的含义并在尽职调查报告中准确表述即可。需要特别关注的是，规划指标中可能隐含其他风险信息，例如出让合同中约定配建安置房，可能代表着目标地块系转让方/目标公司通过城中村改造或类似方式获取的，转让方/目标公司可能因此负担一定义务，也可能因政策或协议约定而不能处分目标地块，甚至目标公司股权因此不能转让。

（3）目标地块物理状态信息，包括市政配套情况、地上物情况及周边不利因素信息。前述信息一般需要通过现场踏勘及向主管部门了解获得。道路是否通达、市政配套是否铺设至目标地块红线，直接影响目标地块的开工、销售甚至交付；目标地块上如有地上物，则可能存在权属争议、拆迁争议，导致影响目标地块开发建设；周边不利因素一般会对项目销售产生影响。市政配套关注内容包括道路、电力、给水、排水（污水）、燃气、暖气（南方地区不涉及）、通讯；地上物需重点关注坟茔、庙宇、祠堂、林木、农作物等；周边不利因素包括空气污染、水污染、辐射污染、噪音污染、不利安全环境等影响生活的因素，重点关注工业企业、铁路/地铁/轻轨线路、垃圾站、变电站、高压线、治理不善的城乡接合部等，前述信息不仅要关注现状，也要关注政府部门发布的规划。

2. 目标地块的开发信息。

如果目标地块已经开展开发建设工作，需要对相关信息进行调查，这些信息的载体一般包括开发相关证件（建设用地规划许可证、建设工程规划许可证、建筑工程施工许可证、竣工备案文件等）、工程施工资料、开发进度现状材料和工程质量检验资料等。从有利的方面来讲，目标项目建设完成度越高，越有利于收购方尽早实现现金回流和利润分配，已取得预售许可但尚未预售的项目对收购方的现金流来说最优，因为收购后无须新的建设投入即可开展预售；从不利的方面来讲，目标项目建设完成度越高，收购方对目标项目进行规划调整、品质提升等的可能性就越小、难度就越大，目标项目自身可能产生的风险就越大，常见风险包括工程质量问题（尤其是隐性质量问题）、施工与交工标准不符等。因此，需要根据收购方的商业目的就前述信息进行特别风险提示。

3. 目标地块相关其他风险信息。

除上述信息外，与土地相关的风险信息还包括以下几种情况：

(1)土地闲置引起的风险。土地闲置“一年缴费、两年收回”的规定由来已久,如果目标地块存在闲置情况应当进行风险提示。实务中需要额外注意两个问题:一是许多地方的国土部门(自然资源部门)对于土地闲置的容忍度比较高,收取土地闲置费的情形较少,收回土地的情况更少。因此虽然土地闲置的法律风险大,但现实风险不一定大,在尽职调查过程中如果能结合当地政府对土地闲置的态度提出风险评估方面的建议(做好免责是前提),会给委托方留下更好的印象。二是要关注土地闲置的原因,如因为土地权属、地上物、政府规划调整或其他非目标公司原因导致土地无法开工建设,需要做特别风险提示。

(2)无证施工风险。一些房地产企业为了尽快取得预售许可,会在未取得施工许可证的情况下开工建设,此时目标公司即面临着建设主管部门的行政处罚风险,且此类风险一般是不可避免的。有的项目甚至在未取得建设工程规划许可证的情况下开工建设,此时目标公司面临着双重风险:一是规划主管部门针对未经规划审批而开工项目的行政处罚;二是施工内容与最终取得的建设工程规划许可文件不一致,此时违法行为难以补正,可能导致已施工工程需部分拆除甚至全部拆除。

(3)施工内容与规划不符的风险。建设工程规划先行,如实际施工工程与经审批通过的规划方案不一致,将难以通过竣工备案前的规划验收,且一般难以补正,属于项目重大风险。

(二)目标公司相关信息

在交易模式为股权收购时,目标公司股权是收购的标的,此时目标公司的存在状态也是收购方关注的重点信息,需要在尽职调查时着力关注,具体包括以下方面:

1. 目标公司基本信息。其中主要是工商登记信息,包括:设立时间、股东及持股比例、注册资本、经营范围、存续合法性等内容,也要同时查询企业的信用信息。前述内容可以通过工商档案查询和征信查询获得,简要信息可以通过国家企业信用信息公示系统(http://www.gsxt.gov.cn/)及天眼查、企查查等APP查询获得。

实务中需要注意的几个事项是:

(1)需要特别注意目标公司股东变化情况。从股东变化情况可以了解目标项目的控制权变化,也是确定转让方是否享有目标股权处分权的重要依据。如果目标公司股权曾在非关联方之间转移,需要由转让方提供相应的股权转让文件,以了解其交易背景和交易条件,如转让方不愿收购方了解原有商务条件,所提供的资料中可以隐去商务条件部分。如转让方称目标股权系从关联方处受让,对于转让方所称的"关联方"也需要以客观资料进行认定,不能仅凭转让方的口述。

(2)转让方的主体类型。如果转让方是自然人,交易中会涉及个人所得税的代扣代缴,而转让方一般会要求获得净收入,将客观导致收购方交易价款的增加,因此可以要求转让方提前进行股权重组,将目标股权的持有人变更为公司等不需要代扣代缴税款的法律实体。如果转让方是非居民企业而收购方是境内主体,收购方需要扣缴预提所得税,因此具备条件时可以考虑境外交易(境外交易也需要在境内申报纳税)。

(3)需要关注目标公司股权特殊安排。主要包括:股权代持等特殊持股安排;不按持股比例行使表决权、分配利润安排;未经全体股东一致同意,不得对外转让股权安排。前述信息可以在目标公司章程、转让方与目标公司其他股东之间的投资协议/合作协议等资料中获得,主要依赖于转让方的披露。

(4)需要关注工商登记信息中相同当事人签字、盖章是否相符。我国部分地方存在工商登记的代办、代签现象,如果在股权转让、增资等重要事项中签字、盖章不真实,可能导致目标股权的权利瑕疵,就此,可以向历史转让方进行询证。

目标公司的房地产开发资质情况也属于目标公司的基础信息,但实务中申请房地产开发暂定资质并不复杂,因此是否具有开发资质一般不构成收购的实质障碍。

2. 目标公司经营信息。这其中包含了常规收并购业务中的大部分内容,包括目标公司的财务/税务、负债/担保/或有负债、销售、重要合同及履约情况、人力资源、固定资产等。前述内容大部分依赖于转让方提供相关资料,部分资料(如预售许可文件)可以从公开途径获得。

实务中需要注意的几个事项是:

(1)销售方面需要重点关注是否存在无证预售、账外收款、销售虚假承诺。无证预售重点关注当地房管部门政策,如收购时仍未取得商品房预售许可证,需要确认是否会因此导致目标项目网签被限制。账外收款属于重大资金管理不合规行为,一方面存在资金无法收回风险,另一方面影响已网签合同的备案手续,可能引起客户投诉。销售虚假承诺可能被政府主管部门行政处罚,更严重的是引发客户投诉甚至诉讼。

(2)财务/税务方面需要重点关注目标公司的资金往来、有票成本、预缴税款是否合规。通过资金往来能够查知目标公司的销售回款是否入账、股东投入情况、负债情况,或有负债等信息。有票成本直接决定了收购方的交易目的能否实现,房地产开发所涉及的一个重要税种是土地增值税,目标公司支出需取得合法票据才能在土地增值税清算时计入土地成本、开发成本并进行加计扣除,因此需要重点核查目标公司支出是否已取得有效票据(包括土地出让金专用票据、各类增值税专用发票等)。房地产项目一般竣工验收合格后才确认营业收入,在此之前各地都会要求房地产企业预缴土地增值税和增值税,因此需要关注目标公司是否按当地规定预缴税款,如预缴比例与当地规定不符,需关注是否取得当地税务部门同意或豁免滞纳金的书面文件。前述信息主要是财务尽职调查内容,法律尽职调查团队可以从财务尽职调查团队获得相关信息。

(3)需要关注目标公司或有负债情况。或有负债既可能来源于担保,也可能来源于转让方未披露信息所可能引起的支付义务,一般依赖于转让方的诚信,从律师的角度,主要是从尽职调查资料的细节中发现或有负债的可能,比如通过某些合同发现所引用的、转让方未披露的其他合同,从合同台账、印鉴使用记录中发现未披露的合同,从资金往来中发现可能存在的负债。

3. 目标公司其他风险信息。

主要包括目标公司的诉讼/仲裁信息、被执行/失信信息、行政处罚信息、股权负担(如质押、冻结)信息等。前述信息可以从国家企业信用信息公示系统、全国法院被执行人信息查询网站(http://zxgk.court.gov.cn/zhixing)及当地行政主管部门网站查询获得。此类信息是法律尽职调查的常规信息,不再详述。

（三）转让方相关信息

尽职调查过程中，转让方一般仅作为目标公司股东或目标资产所有人的身份出现，通常不是尽职调查的重要信息。但从交易安全角度来看，转让方的履约能力和信用状况，往往也决定着收购交易的成败，尤其是在部分收购的场合。虽然对转让方的尽职调查一般属于商业尽职调查的内容，但律师也应适当关注。

在资产收购和100%股权收购项目中，因交易风险主要来源于交易标的本身瑕疵和交易标的是否能依约转让，因此主要关注转让方的信用状况。如转让方信用状况较差，则需要在交易文件中做适当安排，如交易价款共管、设置瑕疵担保期并预留尾款、设置特定违约责任等。

在部分股权收购项目中，除关注转让方的信用状况外，还要关注转让方的履约能力（如出资能力、履行特定义务的能力）。如转让方履约能力较差，则需要在交易文件中设置股权稀释、强制收购/回购、特定违约责任等安排。

三、尽职调查的方法与注意事项

（一）尽职调查的方法简介

尽职调查方法可以分为不需要转让方配合的方法和需要转让方配合的方法。

1. 不需要转让方配合的方法。主要包括：网络查询、部分现场查询、现场踏勘、业内了解。

网络查询有诸多的方法，“高杉 LEGAL”历史文章中有诸多的尽职调查常用网站的介绍，读者可以自行搜索了解。部分市场监督管理部门接受律师持律所介绍信查询企业档案信息，具体情况需要向当地市场监督管理部门咨询。目标地块的规划信息、配套情况一般可以从规划部门和相关政府主管部门进行现场查询。

现场踏勘则是至目标地块现场了解土地状态信息，包括是否达到场地平整标准，是否存在未拆迁物、周边不利信息等，上已详述。

业内信息有不同的渠道了解，包括土地中介人员、房地产行业人员、目标地块所在地的政府主管部门等，通过这些途径获取的信息具有间接性，需要进行仔细甄别，一般仅能作为辅助性信息获取渠道。

2. 需要转让方配合的方法。其中包括：转让方提供纸质或电子资料，人员访谈，根据转让方授权向相关主管部门调查、询证等。对于转让方提供的文件，要注意核对原件，核对原件后，应当留存由转让方加盖公章的复印件。

之所以进行上述区分，是因为房地产收并购有时非常讲求时效，甚至存在先签正式协议后正式尽职调查的情况。此时，律师应当建议收购方进行初步尽职调查，采取上文中无须转让方配合的方法，并在交易文件中设计价款调整条款和退出条款。

关于尽职调查的具体方法，可以从讲解尽职调查的书籍中系统学习。

(二)尽职调查过程中的“粗”“细”选择

尽职调查不是无遗漏地发现目标项目所有风险的过程，事实上也很难通过尽职调查发现目标项目的所有风险，律师在工作中必须有所选择和侧重。

1. 影响选择的因素。

(1)时间限制。尽职调查的时间可能是根据收购方的整体交易节奏安排的，也可能是根据转让方限定的时间安排的，因此必须在有限的时间内发现最重要的风险。

(2)金钱成本。目标项目的价值是可以预估的，收购方对尽职调查的支出是有预算的，律师的收费也是提前确定的，因此实际采取的尽职调查方法也需要与前述价值、预算和收费相适应。

(3)风险的大小和变为现实的可能性。前述因素需要根据个案进行判断，也要结合尽职调查过程中发现的信息进行动态的评估和调整。

2. 需要“细”的核心事项。

(1)有关目标地块的全部信息。已如上述，不再重复。

(2)目标公司重点风险事项，包括公司基本信息和重要经营信息。一般情况下，人力资源、行政类固定资产不构成房地产企业的重要风险事项，做一般了解即可，但如涉及特殊情况(比如目标公司子公司为物业公司而聘用较多人员，且该子公司也属于交易标的)，则需根据个案调整其重要性。

(3)转让方信息。该信息属于亮点信息,律师根据尽职调查了解到的转让方履约能力和信用状况为收购方设计合理的交易方案,是促成与收购方形成长期稳定合作关系的不错途径。

四、结语

以上就房地产收并购法律尽职调查作了一些简单梳理,并不完善,也不成体系,仅从实务角度做一些总结,期待与同行继续深入探讨。

合同审查与起草

合同审查的十条准则

方向东*

不论是律师还是法务，合同审查几乎都是最基本的工作。如何提高合同审查水准，是律师和法务共同的追求。合同审查也是法律实务界中一个热门话题，在微信上搜索“合同审查”，相关文章可以说不计其数。但不得不说的是，合同审查的文章大多是“合同审查指引”的路数，有经验的人不需要，没有经验的人（年轻律师或法务）却很难用得上。谈合同审查不能简单从合同文本本身入手，而是要真正解决其中的难点和痛点。根据自身的经验，笔者来谈谈合同审查应注意的要点和准则。

一、要深刻理解市场地位决定合同地位

读法律的人都知道，合同是平等主体之间的协议，但这种法律地位的平等，与市场地位（经济地位）的平等并不是一回事。实力决定一切，市场地位也必然决定合同地位。作为律师，我们会为各种类型的客户提供服务。有的客户市场地位非常强势，别人都有求于他；也有的客户市场地位非常弱，经常签订“城下之盟”。

比如说，像供电、供水这类处于自然垄断地位的机构，连开发商这类“土豪”都得有求于他们，其合同地位自然是十分强势的。垄断机构的合同基本上都是格式合同，相对方几乎没有讨价还价的空间。开发商在垄断机构面前处于弱势，但面对工程承包人、普通消费者基本都是强势的。房地产市场行情好的时候，消费者基本都是在“抢购”商品房，跟开发商基本没有讨价还价的余地。如果市场疲软了，双方的合

* 北京盈科（上海）律师事务所高级合伙人、律师，复旦大学民商法学硕士，微信dfx207。

同地位也就会发生一些变化,消费者提出一些合理要求,开发商还是可以同意修改合同的。

在面对不同类型的客户时,律师所要考虑的事情就会有些差别。如果客户处于市场强势地位,那么就尽可能要用好这种市场强势,把合同条款设定得更加严密,以减少可能的风险。但是合同地位也会发生翻转,比较典型的就是建筑市场。在建设工程合同签署之前,建设单位(甲方)处于强势,承包方基本处于弱势,但合同签订以后,情况就会发生变化。建设单位在签约前约定严密的合同条款,对日后解决与承包方的纠纷总体是有利的。当然,所有的约定也必须合理,要考虑到条款最终实际可履行性。比如,那种利用合同优势约定畸高违约金的做法,对客户并非都是有利的。

如果客户处于市场弱势地位时,除尽可能为客户争取公平条件外,律师还是要明白,很多事情并非律师的能力所能决定。当客户必须去签订一份不平等合约时,分析其中的各项风险并使客户明了,应该就是律师最重要的工作。

笔者注意到一个现象,客户市场地位太强或太弱,律师的作用都不会被客户所看重,因为在这种情况下,真正的博弈往往是在合同条款之外。但如果合同双方市场地位相当,合同条款的修改谈判往往是重要的博弈环节,律师的作用也容易在此时体现出来。

二、审查合同必须弄清背景和客户的目的

合同只不过是交易的载体,只要是交易,都会有其特定背景和目的。合同审查的目标是帮助客户实现交易目的,防范可能的交易风险。要实现这一目标,就必须了解背景和交易目的,这样才能做到有的放矢。多数情况(尤其是日常业务合同),律师一看合同就能基本判断出合同的背景和目的。但我们也要记住,在现实社会之中,客户的交易目的是会不断变化的,并非可以想当然。在背景和目的都不清楚的情况下进行合同审查,其效果和风险是可想而知的。毋庸讳言,现实中有很多人就是在对合同“背景和目的”不甚明了的情况下就审查起来了。发生这种状况通常有两种可能性:

其一,多数情况下,客户不主动说明交易背景和目的,不是因为故意不告知,而往往是因为大部分客户是非专业人士,他们不知道律师

需要了解一些什么信息。以笔者遇到的情况为例,经常有客户打电话或发邮件说,“方律师,我有一个合同,请帮忙审查一下”,然后就没有其他信息了。更有甚者,发邮件者连自己是谁都不披露,还要笔者去“猜”。遇到这种状况,如果律师不管三七二十一就埋头审查修改起来,不论对律师自己还是对客户,都是不负责任的表现。笔者的习惯做法是,在初步阅读了合同文本之后,主动打电话或发邮件询问背景和交易目的,然后根据所了解的情况再做正式的审查修改。也只有这样,笔者才会对自己的工作感到放心。

其二,当然,也有一些时候根本找不到人问清楚背景和目的(主要是那些内部管理混乱的客户),或者是客户有意不说清楚(这种情况很少),但合同又不得不审。遇到这样的情况,只能按照通常的理解去审查。为了防范可能的风险,律师必须提醒客户,“由于我们不清楚合同背景和目的,我们仅是按照我们的理解、经验和通常做法对合同进行审查、修改,如果贵方有特殊要求的,请及时联系我们”。这样做既是对客户负责,也是对自己负责。

三、懂业务是审查合同的最核心技能

不论是律师还是法务,审查合同的痛点都不是不熟悉《民法典》等基本法律法规,而是缺乏对合同所涉业务的了解和把握。熟悉合同结构的人都知道,懂业务,合同条款的草拟与审核就不是难题。不了解业务,必然难以把握合同的风险点,合同也必然审查不好。举个例子说,大家对房屋租赁业务都不陌生,所以租赁合同的审查往往不是难题;但多数人不大会熟悉飞机租赁业务,所以一下子要审查飞机租赁合同,恐怕就难以把握。

不论合同背后的业务是什么,合同的根本用途就是业务实施的指引:业务如何实施,合同双方需要做什么,如何做?这些换成法言法语,就是合同权利义务了。所以说,懂业务,了解合同双方需要做什么,了解过程之中可能会产生什么意外,自然也就会懂得如何对合同条款进行把握设计了。

懂业务,自然就会审查合同,相信大多数人都不会反对这个观点。但问题在于,律师需要懂哪些业务?如何才能懂业务?懂业务需要懂到什么程度?

(一)懂哪些业务

有必要首先谈谈如何看待合同中的“商务条款”和“法律条款”的问题。不少律师有这样的错误观念,认为只要涉及具体交易事项的条款,都属于商务条款,进而认为那是客户的事情,不是律师的事情。但对于客户而言,合同就是一个整体,并不会去区分“商务条款”和“法律条款”。实际上,大多时候也难以区分何为“商务条款”,何为“法律条款”。举个例子,在股权转让合同中,股权转让的价格定价多少,那的确是客户的事情,但这个价格是如何构成、如何变动的,以及付款的制约条件等,律师必须是要清楚的。只会审查所谓的“法律条款”,而不懂“商务条款”,是不懂业务的典型表现。

律师应该懂自己客户的业务。如果连客户从事何种业务都不清楚,谈不上是合格的律师。任何一家客户的业务可能涉及方方面面,全部业务细节都要掌握吗？不需要,也不现实。就律师而言,主要是了解与权利义务、法律风险有关的事项,包括业务中适用哪些法律法规,有哪些主管部门,有哪些行政许可,有哪些内外办事流程,有哪些合同类型,有哪些法律关系,常见的纠纷又是什么,如此等等。

下面简单举例说明:如果你为房地产企业提供服务,你就应该了解房地产企业如何拿地(土地出让方式和流程),如何开发,如何销售,如何进行管理。比如,经常讲的四证齐全是指什么,工程规划许可证是在什么阶段办理,房屋交付使用许可又是什么,物业管理服务中的包干制和酬金制分别又是指什么。

除了法律之外,税收也是必须学习的业务之一。不少律师认为像税收和财务的事项,都应该是由财务人员去掌握的,自己不了解也没关系。这样的认识是不符合社会发展趋势的。律师一定要了解税收,不了解税收绝对不能称得上是专业的律师。税收体系应该说是很繁杂的,但了解客户有哪些涉税业务,都是些什么税,税率又是多少,这些并不太难。比如,通过一定的学习,就会容易知道,房地产行业会涉及如下税收:房屋销售会涉及增值税(以前的营业税)、土地增值税、企业所得税、契税、印花税,房屋租赁会涉及增值税、房产税、企业所得税,房产税又存在从价计征和从租计征两种方式。

(二)如何懂业务

对于完全不熟悉的事务,可以通过互联网做一个基本的了解。但对于律师而言,要了解业务,一定离不开法律法规。为什么呢?道理很简单,法律法规是权利义务的基本依据,甚至可以说没有法律法规就没有权利义务。并且,法律条款的规定本身是最严谨的,比任何人的转述都重要。年轻律师一定要改掉在法学院读书时只注重理论、不研读法条的习惯,一定要去研读相关业务所涉及的法律法规。

笔者一直主张的"读法规、知业务",就是通过研读法规来学习业务。对于某个具体业务,我们可从上位法的法律、行政法规,到部门规章和地方性法规、地方规章,包括规范性文件中检索出来,然后进行研读(有通读也有精读)。举个简单的例子,在审查建筑工程设计合同的时候,经常都会遇到方案设计、初步设计、施工图设计等概念,如果不了解的,研读《建设工程勘察设计管理条例》就会知道这些概念的法律意义了。

再如,多年前笔者在审查"建设项目地震安全性评价服务合同"时,发现虽然合同主要框架跟其他技术性服务合同没有大的差别,但当时对"地震安全性评价"这一业务事项原本并不了解。为了确保合同审查的准确性,就做了一个简单的法律研究,从《防震减灾法》《地震安全性评价管理条例》《地震安全性评价资质管理办法》《地震安全性评价收费管理办法》[1]到《××省防震减灾条例》等,笔者基本都研读了一遍。通过这个学习研究过程,对于"地震安全性评价"就有了基本的了解,审查合同自然也就心中有了底气。

社会事务有应然的层面和实然的层面,法律法规本身属于应然的层面。如果仅了解法律是如何规定的,那还是远远不够的。律师还要充分了解实然的层面(实然层面懂得越多,就越专业)。比如,施工企业没有资质会导致施工合同无效,如果只到这个层面,恐怕不能解决实践当中的问题。你至少得知道,合同虽然无效,但如果工程质量合格,双方还是要参照无效合同的约定来结算工程价款的。

对于律师而言,了解实然层面的途径,除办案经历外,更多的就是

〔1〕 上述两个管理办法目前已失效,但为说明研究方法,笔者仍予列举。

研究判例。通过研究判例可以了解法律实际执行中的问题和尺度。比如,租赁合同中经常约定逾期占用费为正常租金的两倍或三倍,这样的约定是否合法有效?我们只要检索阅读法院的判例,就能得到较为靠谱的判断。自从中国裁判文书网上线之后,实务判例的研究是法律实务界的热门话题,相关的研究方法也日益深入,这也有助于大家学习业务。

(三)懂业务到什么程度

律师对一个领域内业务的熟悉程度,通常也是衡量其在这个领域内专业程度高低的标准。一个专业律师通常是这个行业的半个专家,如做房地产业务,就应该熟悉房地产领域内的各种具体事务;如涉及财务税收业务,也应该是半个财税专家。再简单点说,律师专业与否,就看律师是否能与这个领域内的专业人员进行顺畅沟通:律师问的,专业人员能够听懂;专业人员回答的,律师也能理解。

当然,人的精力和能力是有限的,律师不可能熟悉所有的业务领域,也不可能要求做全能型的律师(更何况律师专业化是现在的趋势)。比如,不能要求一个房地产律师去高标准审查一个海商业务合同。同时,即使是在我们所从事的业务领域范围内,也并非一下子就能熟悉所有的业务,因为总是存在我们不熟悉的业务。一旦遇到不熟悉的业务合同,态度就很重要,律师不能因为自己不熟悉这方面的业务,就只审查一下法律条款应付了事,相反应该通过上述方法来学习业务。

审查合同时发现不熟悉的业务问题,通过研读法规、判例等来了解熟悉业务,反过来再来进一步审查合同,这样的方法虽然耗时比较多,客户也不大知道律师所做的努力,但这样做的效果是,一方面保证审查合同的结果不出现重大问题,另一方面也是律师提升自身业务水平的最佳途径。

四、跳出现有条款的框框,学会补合同

面对别人提供的合同,只会在现有条条框框之内看看内容是否合理,是否有矛盾,然后针锋相对地修改文字表达,但不能从宏观大局角度来把握合同,这是一个常见问题。除了不懂业务的原因之外,还有

审查合同的方法问题。审查合同不仅要注意现有内容的审查,更重要的是要跳出现有框架,从更全面的角度来审查现有内容是否存在漏洞。能够发现漏洞,才能把漏洞补起来,发现不了漏洞,修补完善就无从谈起。

审查合同一定要牢记合同的本质:合同系签约双方之间的立法,也是双方的交易安排和行动指引,合同应包括两个方面,一是正常交易应有的安排(双方各自所需要完成的事务),二是防止交易发生意外的预防安排(防止意外发生,以及意外无法避免时的补救措施)。换成法律的语言,正常交易安排实际上就是双方的权利义务,防止发生意外的安排就是违约责任、合同解除终止等。

了解了合同的本质,再去审查合同,则时刻都会有正反两根“弦”。从这两根“弦”出发,把双方各自权利义务、违约责任进行一个列表对比,就容易发现合同现有条款是否遗漏、缺失了重要或必要内容。在具体查漏补缺时,可以运用时间顺序法(交易时间顺序安排)、办事流程法(双方各自办事流程)、权利义务对等法(一方的权利就是另一方的义务)、假设法(任何正常安排都可能存在违反可能)。运用这样的方法,把现有的合同修补完善起来,基本可以保证合同不会出现重大缺失,也不容易落入对方的陷阱。

五、审查合同也要讲究重要性原则

法律人审查合同通常都会追求全面,力求面面俱到,这是严谨的表现。但严谨、全面不等于没有轻重之分,不等于眉毛胡子一把抓。审查合同的重心应放在防范重大的法律风险,能抓住重点才能体现律师的价值。

比如,在审查二手房买卖合同时,我们都会注意何时付款、何时过户、何时交房等事项。但如果出售人财务状况不佳,债权人很多,在这种时候,买受人面临的最大风险就是,首付款支付了,产权尚未过户,房屋被其他债权人查封,交易无法继续,付出去的房款也难以收回。面对这种情况,排除“钱房两空”的风险就是重中之重。其实,如果能够判断出最大风险是“钱房两空”,解决倒不是太难了。如果有诉讼经验的话,就会容易防范这种风险。按照现行司法解释,如果首付款已经支付、房屋也已经交付,购房人可以对司法查封提出异议。在审查合同时,就可向买受人提出建议,应在合同中约定在首付款支付当日就办理交房,万一交房后过户前被查封,购房人可以依法提出异议、排除查封。

再如,一家设计院拟在外地聘请非专职人员作为现场代表,帮助设计院在必要时处理相关事务。设计院的本意是不要签订劳动合同,但自拟的合同中却表述成了非全日制用工。这种合同的内容本身也很简单(双方为费用之类的事项发生争议的可能性很小),但却隐藏着较大的一个风险。根据劳动合同法,非全日制用工也是劳动关系的一种,单位应该为非全日制人员购买工伤保险。如果没有购买工伤保险(实践中为非全日制用工购买工伤保险也不易操作),万一发生工伤,则企业的责任重大,所以防范工伤法律风险就是审核这个简单协议的重要内容。为此,我们就建议将相关合同更改为顾问性质的劳务协议,化解可能的重大风险。

在重大业务之中,合同双方往往要求订立复杂严密的合同。但大量的日常业务之中,却不可能订立那种复杂严密的合同(这里面有各种因素,包括缔约成本方面)。在这样的情况下,我们该如何审查合同?笔者的一个观点是,在没法做到完美合同的情况下,审查的重点应该是合同的商务条款。理由很简单:法律条款的缺失,至少可以引用相关法律规定进行一定的弥补。比如,没有约定诉讼管辖,完全可以根据法律规定在被告所在地、合同履行地起诉。但如果商务条款缺失,则很难通过援引法律规定进行弥补。比如,双方对于价款或计价方式约定不明,即使可以援引法律规定进行处理,但最终结果可能与双方原先的预期均有很大差距。

六、深刻理解"合同只有在发生纠纷时才有用"

合同审查通常都会涉及主体合格性、内容合法性、条款实用性、表达严谨性和精确性的审查,这些都可以参考全国律协组织编写的《律师办理合同审查业务操作指引》,但这不是笔者想谈的内容。笔者想说的是,合同审查人员头脑中必须有一根弦:现实中大多数情况下,在合同签署之后,客户人员并不关注合同文本内容,甚至可以说在正常交易时,合同文本通常没人去看。只有发生纠纷了,客户才会关注,才会想到去抠合同条款、咬文嚼字。在这种意义上可以说,"合同只有在发生纠纷时才有用”。

正是因为这样，律师在审查合同时，必须考虑在交易不顺情况下合同的可执行性，通常最主要的就是考虑违约责任的可执行性。举例来说，很多合同的违约条款往往只写“一方违约给对方造成损失的，违约方应该赔偿对方的损失”。这样的条款基本是废话，发生纠纷时因为没有可执行性，毫无用处。也正是基于这个原因，要求审查合同的律师都要有一定的诉讼经验，这样才能精准把握修改要点。完全没有诉讼经验的律师审查合同，通常就是套用合同模板，虽然看起来也洋洋洒洒，但难以经得起诉讼的终极检验。

七、风险可控，业务做成

律师审查合同时经常遇到的一种情形是，相关业务在法律上没有明确法律依据，有些游走在灰色地带，有些明显属于违法。面对这种情形，律师容易产生纠结：说不行吧，客户的业务部门会不高兴；说行吧，法律上又难保万全。其实，相关业务存在风险，客户自己往往比其他人更清楚。客户之所以聘请律师或法务人员，目的就是希望专业人员帮助把控风险，提出预防方案，最终把业务做成。如果业务做不成，大多数情况下客户是不愿意花钱聘请律师的。但我们很多同行，尤其是年轻的律师，往往不能清楚地明白自己的使命，不会从全局来考虑问题，还以为客户请你来都是来提意见的，“这样做不行，那样做也不行”。

多年前，我们的客户要将一个房地产项目转让给他人，买卖双方谈了很多轮，基本谈妥了，但未曾料到双方的谈判因一个定金条款耽误了将近半个月，差点谈崩。这个定金条款其实很简单，大意是“若买方违约拒绝受让的，则定金被没收；若卖方（也即我们的客户）违约不转让项目的，则卖方应双倍返还定金”。这本是最常见的违约条款，结果我们客户的法务经理竟然死活不同意。他的理由是，老板在以前的项目中说过“定金条款有风险”，所以不同意写入卖方违约条款内容。表面上看，这个条款看起来双方都是有风险的，但他忘了，公司董事会已经通过决议，明确要尽快完成项目转让，实际上这个条款对卖方而言并没有风险。再说了，如果卖方都不能作出这样的承诺，买方能不怀疑你的动机？

律师工作的职责之一就是尽量防范法律风险，但也不能死板和僵化，不能总是以否定的心态来面对业务。面对灰色或违法问题，律师既要在法律性质上作出判断，也要尽量在法律后果上作出量的判断（这很难，但有必要）。比如，以前的企业之间借贷合同是绝对无效的，现在企业之间的借贷合同属于有条件的有效了。即使是在以前，借贷合同无效并不等于借款人不用支付任何成本，在实践当中，法院多数是会判决借款人按照银行贷款利率向出借人支付资金使用费。有了这个判断，即使合同无效，在很多情况下对双方其实并没有太大影响。

社会是在发展的，法律本身总有些滞后性。表面上看，突破现行法规是违法的，但从另一方面去看，突破不合理的过时法规也是在推动社会进步。所以，在没有重大法律风险的情况下，律师应该帮助客户在风险可控的情况下做成业务。

八、合同初稿起草权很重要

在一些较大的项目中，所用的合同往往都是要根据项目情况专门拟定。但不少客户对于合同初稿起草权的重要性是认识不足的，认为反正只是初稿，我还有机会修改，就让对方去起草吧。既然客户这么想，不少律师或法务人员为了偷懒，也就顺水推舟，放弃了合同初稿起草权。其实，这种想法对大项目而言是不利的。

起草合同第一稿的确是会比较辛苦，但也要知道，合同架构是合同草拟方思路的体现，草拟方往往会在初稿中设计对自己有利的架构。从笔者的经验来看，很多初稿出来之后，审查方想要全部修改往往是挺难的。另外，合同初稿由自己草拟，还有一个优点是，可以避免遇上对手那些不顺手的思路，而且在后续的修改过程中也相对会轻松很多。

当然，也有时候，双方律师都会各自起草初稿，然后由双方当事人决定选用一方的版本作为谈判基础，这是考验律师起草合同本领的时刻，一定要注意把握。

九、合同修改后还要注意与客户沟通

在合同审查过程中，还经常发现这么一个现象：在我们将合同审查修改意见发给客户以后，客户往往再也没有回音，不说好，也不说不好。事后才了解，原来很多客户都想当然认为，只要是律师审查修改过的，就一切都没有问题了。这其实是一个误解，很多合同审查修改意见往往仅是律师提出的一种方案，是否满足实际需要，往往需要跟客户一一沟通确认，有时需要往来沟通好几次。为了避免发生前面的这种情况，律师在审查修改合同时，对于需要客户注意的事项都要以书面方式予以提醒注意。这样做，一方面是对客户负责，另一方面也是减少律师的执业风险。

十、合同谈判要有搭档，不要孤军作战

合同谈判是合同审查的关键阶段，其实也是双方博弈的最后时刻，可能会用上各种手段，威逼利诱，打感情牌，经常还要有人唱白脸，有人唱红脸，虚虚实实相互配合。由一个团队参加谈判，一个人谈的过程中有遗漏，其他人可以补充，如果有说错，其他人也可以纠正过来。如果一方谈判代表只有一人，有的时候缺乏转圜的余地。

比如，在上面说到的那个房地产转让项目之中，双方谈判代表因为情绪问题，在会议室吵了起来，十分激烈。如果双方各自都只有一个人参加谈判，这样的会谈就完全进行不下去了，最终可能就会谈崩（Game Over）。但如果双方都有几名人员参加，在这种时候"劝和派"就发挥作用了，最终能把双方重新拉回谈判桌，甚至可能最终成交。

参加合同谈判的人都知道，合同谈判往往涉及很多利益的博弈，在对方条件满足自己目标之前，一般都不会轻易表态。在这种情况下，没有决定权的人"捣糨糊""打太极"还是很容易的，但如果参加谈判的人是一方的老板（有最终决定权的人），其此时表态与否都有点难。所以，很多时候，一方觉得对方价码还未到位的，所派出的谈判人员往往不是有最终决定权的人，因为不管谈得怎样，这一方都有转圜的余地，想继续很容易，想不继续也容易，一句"我们老板不同意"就可以搞定。

所以，在面对不同情况的时候，要注意安排不同人员参加谈判。如果希望谈判尽快成功的话，就尽可能让双方有决定权的人都参加；如果不想立即谈成的话，就让己方有决定权的人暂不到场。

合同序言、定义条款的法律审查[1]

雷　霆*

除标的、数量、价款、履行期间、履行方式等实质性权利义务条款外,合同文本中还存在大量的制式化、格式化、语言标准化的条款,通常包括序言、定义、法律效力、不可抗力、变更、解除和终止、争议解决、适用法律、通知、语言以及生效和有效期条款等。掌握这些条款的制式、格式与标准化语言,对于律师或法律顾问草拟或审查合同尤有必要。限于篇幅,在此仅以合同序言、定义条款来予以展开。

一、序言条款

合同的序言部分或序言条款通常由首部(Preamble)和前言(Preliminary Statements)组成。首部一般由三部分组成:合同签订日期、合同签订地点和合同当事人。前言部分主要用于对合同内容、当事方的背景及真正意图进行说明。前言一般以"鉴于""基于"等起头。一般而言,合同中有无前言条款,并不会影响其法律效力,它也并非合同的必备条款,如果交易本身并无独特的背景,就没有必要在合同中加入鉴于条款。但是,在投资并购、工程建设以及类似 PPP 项目合同等重大合同中一般都会考虑加入该条款。在使用它时,需要注意以下两点:其一,合同正文条款内容不够明确时,前言条款的内容将被视为明确合同内容、把握当事人真正意图、解释合同目的的重要依据(《民法典》第 466 条);其二,在前言中写入事实的当事人不能主张与此相反的阐述["禁止反言"(Estoppel)]。因此,在审查前言条款时也不应

* 华润雪花啤酒控股有限公司四川/贵州区域法务总监,微信 caishuitiger。

[1] 雷霆:《合同审查精要与实务指南》,法律出版社 2018 年版,第 9 专题"合同文本通用条款的法律审查"第 148 ~ 162 页。本次在原文的基础上,作有适当的汇编、删减与补充。

草率。

(一)合同首部

合同首部相对比较简单,参见下例:

本产品经销合同(以下简称本合同)于[ ]年[ ]月[ ]日由下列双方在[ ]签订。

[×××有限责任公司](以下简称甲方)

统一社会信用代码:[ ]

注册地址:[ ]

法定代表人:[ ]

联系电话:[ ]

[×××](以下简称乙方)

统一社会信用代码:[ ]

注册地址:[ ]

法定代表人:[ ]

联系电话:[ ]

首部条款明确合同当事方时,通常会同时明确合同当事方的简称或代称,在“三证合一”后,需要采用新的统一社会信用代码,还需要明确法人注册地址、法定代表人和联系方式。若属自然人的,则需要明确身份证号和住所。对于合同签订时间,可以用于正文条款确定合同的成立和生效;对于签订地点,则对明确合同发生争议时诉讼管辖具有意义。

1. 合同当事方

确认合同当事方的合法身份是拟定或审查合同的首要问题。依据《民法典》总则编的相关规定,合同的当事方可以是自然人、法人和非法人组织。合同当事方条款的内容包括当事方名称或姓名、国籍(涉外性质时考虑)和注册地址(主营业地址)/住所地,这些要素是确定合同当事方身份的重要依据,缺一不可。实务中,在审查首部条款的合同当事方时,需要注意如下事项:

(1)当事方的身份要素

如果合同当事方是自然人,则需要写明自然人姓名、身份证号、家庭住址以及联系电话等信息。需要索取身份证明的复印件以便查证,必要时应索取居民户口簿,居民户口簿的第一页都有住址栏,结合其后面的常住人口登记卡上面的信息可以作为初步判断其住所的依据,这也是今后发生诉讼确定管辖地的重要依据。如果合同当事方是法人或非法人组织,则需要写明其名称、统一社会信用代码、注册地址(或主营业地址)、法定代表人或主要负责人以及联系电话等信息。对于公司的注册信息,还需要到"全国企业信用信息公示系统"进行查询核对。审查合同当事方身份是非常重要的事项,因为这可能会影响合同的效力。

在司法实践中,因为合同签订方不重视合同当事方条款,引发了不少的争议,法院首先要确定的就是合同真实的缔结方是谁。例如,在最高人民法院(2005)民二终字第 217 号泰阳证券有限责任公司与海南洋蒲华洋科技发展有限公司等单位资产管理委托合同纠纷上诉案中,最高人民法院认为,当事人使用其更名前的名称及公章签订合同,若其更名前后属同一主体,且更名后对该合同予以认可,则不应因此否定合同的效力。再如,在河南省郑州市中级人民法院(2021)豫 01 民终 594 号河南省大成建设工程有限公司、河南建华建筑设备租赁有限公司建筑设备租赁合同纠纷二审民事判决书中,郑州市中级人民法院认为,尽管涉案合同尾部签章部分是一个自然人,但合同首部记载的却是一个"改扩建项目部",结合合同首部的记载以及其他事实,认定合同的真正当事方是改扩建项目的承办方大成公司。

(2)当事方简称的设定

首先,为简便合同表达和阅读,一般会对合同当事方设定一个简称或别称。例如,将某当事方称为"甲方",另一方则称为"乙方";在英文合同中,则用"Party A"和"Party B"来代称。一般情况下,拟定合同方习惯将自己一方拟定为"甲方"或"Party A"。在确定简称时,应在合同中第一次出现该当事人名称或姓名时设定,这样可以保证在后文需要使用该当事人名称时,可以以该简称替代,保证简称的作用和合同的严谨性。设定简称的格式一般是括号内用双引号突出显示。例如,上例中的(以下简称甲方)。

其次,根据合同(交易)的性质以及当事方的身份,并不需要一概设定为"甲方"和"乙方"。例如,在产品买卖合同中,可以设定为"卖方"和"买方";租赁合同的双方可以设定为"出租方"和"承租方";股权转让合同的双方可以设定为“出让方”和“受让方”;商标许可使用合同的双方可以设定为“许可方”和“被许可方”等。但一旦选定,应在整个合同中统一使用,切忌前后不一致,不能某些条款使用“甲方”和“乙方”,而在另外一些条款则使用“卖方”和“买方”。

最后,在合同表述中还可能对任何一方或所有的合同当事方规定权利和义务,此时,可以在首部条款中增加如下的表述:上述签约方单独称为“一方”或统称为“各方”。

(3)存在涉外当事方时,增加国籍要素

如果合同有涉外当事方,则需要明确当事方的国籍。若是外国自然人,则增加该人的护照号码。根据准备签订合同的要求,还需要确定该外国自然人是否已经取得在中国就业许可、居留许可等,才能判断是否能够与中国公司或自然人签订劳动合同、租房合同等。若是外国法人或其他组织,则需要在公司名称后紧随该签约方根据哪国或地区法律注册成立,这涉及国际私法中对当事方国籍的认定问题。有的国家确定签约方国籍以注册地为准,有的以营业地为准,有的以实际管理地为准,还有的以多数董事的国籍为准,实务中应该根据各国法律为依据来作出相应的修订。增加国籍因素不光与确定当事方合法身份有关,还与合同正文条款中的价款及价款支付、外汇和税务安排等合同条款的拟定,以及法律适用相关。这样的首部条款一般在重大的投资并购重组合同、涉外工程合同等可以见到。参见下例:

本合同由以下各方于[　　]年[　]月[　]日在[地点]签署(订立):

[　　　　　　]有限公司,一家依据[某国或地区]法律设立并存续,其注册地址(主营业地)在[地名]的公司(以下简称甲方);和

[　　　　　　]有限公司,一家依据[某国或地区]法律设立并存续,其注册地址(主营业地)在[地名]的公司(以下简称乙方);和

[　　　　　　]有限公司,一家依据[某国或地区]法律设立并存续,其注册地址(主营业地)在[地名]的公司(以下简称丙方)。

上述签约方单独称为“一方”或统称为“各方”。

(4)住所地要素

在描述合同当事方的相关信息时,还应当载明住所地。自然人一般以户籍登记记载的所在地或者身份证记载的住址为其住所(《民法

典》第 25 条),但仍需考虑是否有居住证记载的经常居所;法人一般载明其登记地址,通常也是其主要办事机构所在地或主营业地(《民法典》第 63 条)。应该讲,住所地要素除了可以帮助我们确定当事方身份外,在法院诉讼管辖、合同是否具有涉外因素、确定债务履行处所以及联系地址(法律文书的送达)方面都具有重要的作用和意义。例如,若在合同中没有专门的"通知条款"时,而在合同履行中又需要向对方发出通知时,那么通知一般都应该发送到这个住所地。如果以后发生争议,仲裁或法院的通知也需要发送到这个地址。

2. 合同签署时间

合同的签署时间属于合同的必备条款,非常重要。依据《民法典》第 490 条第 1 款的规定,"当事人采用合同书形式订立合同的,自当事人均签名、盖章或者按指印时合同成立"。第 502 条还规定,"依法成立的合同,自成立时生效,但是法律另有规定或者当事人另有约定的除外。依照法律、行政法规的规定,合同应当办理批准等手续的,依照其规定"。因此,如果合同没有另行规定合同生效时间,而且法律也没有要求必须经审批才生效的话,则合同的签署时间即是合同成立生效的时间。因此,在实务中,若双方当事人在现场签署合同的,则合同首部打印的签署时间(包括合同尾部签署部分的时间)就是该日,不会存在实际签署时间与打印的签署时间不一致的情形。但若并非现场签署(如邮寄签署)的,则后签署合同的一方可能实际签署的时间在打印的签署时间之后,那么合同到底在什么时间生效呢?在司法实践中,如何进行认定,尚未形成统一的规则。实务中,一种做法是在签署格式部分直接打印的签署时间与合同首部的时间保持一致,合同签署人仅需要签署姓名或直接用印即可。

需要注意的是,某些法律法规规定合同的生效要经过特别程序后才产生法律效力,这是合同生效的特别要件。如《探矿权采矿权转让管理办法》第 10 条第 3 款规定:"批准转让的,转让合同自批准之日起生效。"再如,依据《最高人民法院关于适用〈中华人民共和国外商投资法〉若干问题的解释》(法释〔2019〕20 号)第 4 条的规定,外商投资准入负面清单规定的限制投资的领域,当事人需要满足准入特别管理措施的要求,否则相关投资合同无效。

当然在实践中,合同首部条款中也可不包含合同签署的时间,而是放在合同最后的“合同签署”部分各方的名称下面，在各方签署时写明时间。对于合同当事人签署时在同一地点的，签署时间不会有时间差的问题，但需注意的是，由于现在电子邮件、传真、数据电文等作为签署合同的方式出现，就会出现签署双方的时间差问题，此时，作为首先签署的一方，往往将合同生效的时间留给最后签署方填写。

3. 合同签署地点

合同签署地点同样是合同的一个重要条款。如果当事人之间就合同的准据法或裁判管辖没有特别的约定，则合同签订地是决定准据法及裁判管辖的要素。在实践中，经常会出现双方在不同时间、地点签字，然后互换合同文本的情况，这样就很难确定合同签订地，所以最好的办法是在合同中对此项内容有所约定。

依据《民法典》第 492 条、第 493 条的规定，一般地，承诺生效合同成立的，承诺生效的地点为合同成立的地点。而法律规定或者当事人约定采用特定形式成立合同的，特定形式完成地点为合同成立的地点。如当事人在合同成立前要求采用确认书、合同书等书面形式的，确认书从签订生效时起合同成立，签订时的地点为合同成立的地点。合同书从签名、盖章或者按指印时起成立，签名、盖章或者按指印的地点为合同成立的地点。法律、行政法规规定或者当事人约定必须经过公证合同才成立的，公证的地点为合同成立的地点。合同成立的地点也可以由双方当事人自行约定。

(二)合同前言条款(“鉴于条款”)

合同前言条款，因采用“鉴于”开头，亦被称为“鉴于条款”。尤以在投资并购重组合同及重大的工程建设合同中出现，几乎就是必备条款。该条款主要是对当事人双方的主体资格、经营范围、资质、订约目的、订约背景等事实的共同认识或特定认可的陈述。

1. 前言条款的作用与意义

前言条款在实务中看似“略显鸡肋”，对于签约背景，很多签约方并不十分重视，而合同草拟人员也认为这仅仅是一个合同形式，但事实往往并非如此。其具有如下几个方面的重要作用和意义：

(1)便于后来者搞清前因后果

在实务中，从项目的前期准备、初步接洽到最后签署正式合同间隔的时间一般都较长，中间可能会发生人员的更替。此时，前言条款的背景介绍就显得尤为重要。任何后来者只要一看前言条款就会知道该合同的来龙去脉，而且知道有哪些前期的重要法律文件可供参考。如果当事人只是草草地按照通常的写法撰写“甲、乙和丙方经友好协商，同意按照本协议条件和条款转让[目标公司]之股权”，则拿到此合同的人也许永远都不知道各方以前还曾就同一事项签署过其他的法律文件了。

(2)前言条款通常表达了各方签约的真实目的和意图

前言条款有时会将整个合同的签约目的放在这里，合同各方履行合同时应当满足该目的，否则有可能构成根本违约。但需要注意的是，前言条款应当是在与合同正文条款没有冲突的前提下才会起作用，并且在国际司法实践中，法院通常不会参考前言条款；而在国内司法实践中，法院在判决时通常亦不会直接认定前言条款的效力，多有以此探寻合同的真实目的与意图。〔1〕 尽管如此，亦有法院未予否定其效力，且不少案例直接引用该条款作为裁判的依据。〔2〕 因此，在国内司法实践中对“鉴于条款”的法律效力尚未形成统一意见，存在一定的不确定性。故，对于那些非常重要的事实、前提条件/先决条件或合同目的等，最好在正文条款中进行详细约定。例如，在“陈述和保证”(Representation and Warranty)条款中，要求合同各方对既定事实和合

〔1〕 参见广东省高级人民法院(2015)粤高法民一终字第74号惠州市钜发实业发展有限公司、中信地产汕头投资有限公司合资、合作开发房地产合同纠纷二审民事判决书。

〔2〕 参见山东省高级人民法院(2011)鲁民三终字第158号三联商社股份有限公司诉山东三联集团有限责任公司商标许可使用合同纠纷二审民事判决书。在该案中，三联商社在二审中提出，“鉴于条款”是对合同当事人身份、权利状况的客观性陈述，类似于前言、引言，是合同等应用文书写作的常用手法，并不是合同的附条件，对合同双方不构成实质性约束。但山东省高级人民法院则将“鉴于条款”中的“三联集团是郑百文的第一大股东”视为合同履行的附加条件，更符合合同字面含义以及合同目的、背景，处理结果更符合诚实信用、公平原则。还可参见广西壮族自治区高级人民法院(2015)桂民四终字第14号中国地质物资供销北京储运有限公司与广西海通投资集团有限公司合同纠纷二审民事判决书、辽宁省高级人民法院(2017)辽民终219号深业集团有限公司诉大连深业大厦有限公司等借款合同纠纷一案民事判决书、青海省高级人民法院(2017)青民终33号青海森鑫房地产开发有限公司与韩某玥、韩某兰房屋租赁合同纠纷二审民事判决书。

同目的予以陈述和保证。

(3)通常将首部条款未予介绍的其他当事方或相关的既定事实等背景资料予以介绍

事实上,首部条款介绍的都是合同的当事方,但是合同的相关利益方并非仅是这些。例如,在并购总体协议或框架协议中,往往还涉及被收购方的真正标的公司(子并购公司)及其关联公司等,有关这些公司的背景以及资料可以放在这里进行介绍。还存在一些情况是,标的资产是公司和资产的组合,或者这些公司从事的主营业务等介绍等也可放在这里。

(4)可以作为解释合同的依据

尽管前文提及前言条款地位略显尴尬,但其对合同目的和既定事实、并购背景的描述仍然有可能在合同发生争议时为合同的解释提供依据。《民法典》第 466 条规定:“当事人对合同条款的理解有争议的,应当依据本法第一百四十二条第一款的规定,确定争议条款的含义。合同文本采用两种以上文字订立并约定具有同等效力的,对各文本使用的词句推定具有相同含义。各文本使用的词句不一致的,应当根据合同的相关条款、性质、目的以及诚信原则等予以解释。”第 142 条第 1 款规定:“有相对人的意思表示的解释,应当按照所使用的词句,结合相关条款、行为的性质和目的、习惯以及诚信原则,确定意思表示的含义。”本条是关于合同条款发生争议或者词句不一致的解释规定。

合同的条款应当是双方当事人意思表示一致达成的协议,但在实践中由于种种原因对某些条款的含义发生争议。对发生争议的条款应当本着什么原则进行解释才能符合当事人真实的意思表示,《民法典》对这个问题专门作了规定。除了应从合同条款词句的含义(文义解释)以及与相关条款联系起来(体系解释)分析外,当事人签订合同都是为达成一定的目的,合同中的各条款都是为达成合同目的而制定。合同目的包括了整个合同的真实意图。因此,对条款的解释还应当从符合合同目的、合同性质原则分析(目的和性质解释)。依合同目的和性质原则解释要求,当条款表达意见含混不清或相互矛盾时,作出与合同目的和性质协调一致的解释。习惯解释是指在意思表示发生争议以后或者对合同条款的理解发生歧义时,应当根据当事人所熟悉的生活和交易习惯对意思表示或者合同条款进行解释。最后,诚信原则作为一项基本的民法原则，素有“帝王条款”之称，其在合同解释上具有两方面的功能：兜底功能和价值尺度功能。如若依据其他解释方法所得出的结论有违一般公平正义之理念，则应根据诚信原则对其进行矫正，以保证合同解释结论的合理性和公正性（诚信解释）。

2. 前言条款的审查要点

由于各交易对应的具体情形不同，鉴于条款的内容也不尽一致，但在审查时一般需注意如下几点：

第一，鉴于条款应当相对简洁、精炼，避免烦琐冗长，但应将整个交易历程中前因后果中的重大节点事实背景包含进来。例如，在股权收购交易中，《谅解备忘录》《股权收购意向协议》等节点。

第二，如果在首部条款中，采用了简化的合同当事方格式，则在鉴于条款中可以增加有关合同当事方的详细的描述。例如，尤其是在收购中需要设立新的收购子公司来进行收购时，更需要对此拟设立主体进行描述。

第三，各方表明交易的目的、意图，以及交易的标的等。特别是对交易的性质、目的（意图）应当详细写明，以备解释合同性质和目的使用。若合同的目的（或标的使用场景、要求）有其特殊性，则应在合同正文条款中设置专门的条款予以说明。

第四，鉴于条款不应将合同专用术语的定义以及释义条款包含进来，因为这些术语和释义与合同各方具体权利义务紧密相关，通常作为合同正文条款的第一条来处理（或者，若定义和释义太长，作为附件处理）。

第五，鉴于条款的主要目的是介绍合同的背景情况，不应涉及有关合同各方具体权利义务的实质性条款。其原因在于，根据一般的国际惯例，鉴于条款对合同各方没有约束力。但在中国法下，鉴于条款是否具有约束力尚无定论。因此，最好还是将具体的权利义务条款放到合同正文中进行约定为好，以消除不确定性，避免不必要的风险。下面是一个简单的股权收购协议的合同前言（“鉴于条款”）：

鉴于：

1. 甲、乙和丙方于[ ]年[ ]月[ ]日签署[《谅解备忘录》]，各方同意就[目标公司]股权转让事宜进行友好协商。

2. 甲、乙和丙方已就[目标公司]股权转让事宜初步达成意向，并于[ ]年[ ]月[ ]日签署了[《股权收购意向协议》]。

甲、乙和丙方同意按照本协议的条件和条款转让[目标公司]之股权。

二、定义条款

定义条款一般出现在合同正文的第一条，条款标题通常为“定义和用语”或“定义和术语”或“定义和释义”等。其主要的作用在于对合同中出现的名词、术语等统一称谓、明确含义。在实务中，由于合同各方往往因所处国家不同、文化教育背景不同等，对相同的法律或技术用语的理解也不尽相同，而定义条款可以使合同各方对某些关键用语在理解上达成共识，减少争议发生的概率。当然，对于一些标的额比较小，履行合同发生争议的可能性较低的合同，如果其所使用的用语或术语既比较标准和通用，又没有与法律或惯例通常所使用的表述不一致，则可以省略定义条款。但为谨慎起见，一般建议保留对合同中比较关键的词语所进行的定义，从而更好地保证合同的顺利履行。

（一）定义条款的作用

在合同正文条款中，定义条款的主要作用有如下两点：

第一，对合同中多次出现的重要的或复杂的名词或术语进行定义。例如，合同中出现的当事各方、法律主体（包括标的公司及其关联公司等）、标的物（标的股权、标的资产）、重要法律事实、法律文件等名词或术语进行定义，其目的在于统一并简化称谓，便于以后援引使用，同时避免歧义。

第二，对合同中出现的与通常的名词或术语理解不一致的名词或术语的含义进行特别定义。例如，“中国”通常具有包括中国香港、澳门和我国台湾地区在内的含义，但是在某些并购合同中，出于该合同之目的，“中国”可能会排除中国香港、澳门和我国台湾地区；再如，“固定资产”通常具有会计法规所定义的含义，但是在某些并购合同中，出于交易资产的影响，“固定资产”可能具有包含特定资产的含义，可能具有比通常的“固定资产”更窄或更广的含义。

（二）定义条款拟定和审查的基本原则

在实务中，拟定和审查定义条款一般应遵循如下原则和思路：

1. 应当力求定义自身简洁、明确，并使用业界惯常所使用的名词或术语。以建设工程施工合同为例，例如，“发包人”“承包人”“××建设工程”“综合单价”“预算价格”“决算价格”“总日历天数”等；再以股权收购协议为例，例如，“标的公司”“标的股权”或“待售股权”“初始对价”“最终对价”“先决条件”“基准日”“交割日”等。

2. 各个定义排列的总体先后顺序一般应当遵循如下规则：

(1)定义本合同涉及的主体（包括合同各当事方及其关联方、相关合作单位、分包商）。例如，在建设工程施工合同中，定义条款首先定义了“发包人”和“承包人”。如果交易中还存在“发包人”和“承包人”的关联方、相关合作单位或分包商时，可以紧接着对它们进行定义，如“设计单位”和“监理单位”。

(2)定义本合同涉及的客体（交易标的）。例如，在建设工程施工合同中，在合同涉及的主体之后，就紧随定义了“[××建设]工程”等。

(3)定义本合同的与具体实质性权利义务有关的术语（但通常采用援引合同正文条款的方式进行定义）。例如，在建设工程施工合同中，就援引定义了与实质性权利义务有关的“合同价款”“税费”“工期”“总日历天数”“综合单价”等术语。

(4)再对本合同涉及的有关事实、事项、行为或者涉及的其他法律文件、非惯常用语等进行定义。

3. 原则上遵循阅读者的习惯，按照定义在合同文本中出现的先后顺序进行排列。例如，在建设工程施工合同中，在定义“工期”时，我们会用到“总日历天数”，而这一定义原则上应当先定义。

4. 如果定义之间存在嵌套、援引关系的，应当先定义最基本、最小的定义，然后依次进行定义。例如，在建设工程施工合同中，在定义“工期”时，我们会援引“总日历天数”，处理的原则是先从最基本、最小的定义“总日历天数”开始定义，再定义“工期”。

(三)定义条款拟定和审查的实务要点

除上述基本原则外，在实务中还应注意如下要点：

1. 尽量避免“多层”及“嵌套”定义

在实务中，有时候对某用语进行定义时不可避免地要援引其他定义或合同正文条款，原因在于可能无法直接在定义条款中进行简洁定义，此时需要注意的是，如果一个定义需要援引其他定义或者合同正文条款时，援引的其他定义或合同正文条款应当尽量避免再援引其他定义或其他合同正文条款，其目的在于避免定义显得复杂而不易阅读和理解。例如，在建设工程施工合同中，在定义“合同价款”时就援引了正文条款“合同价款”，为什么要这样来定义呢？这是因为定义条款一般还需要遵循的另外一个重要原则是，不要将合同的具体权利义务写入定义条款，因为定义条款的目的是解释术语的含义，而不是具体实质性的合同条款。可以发现，在“合同价款”中合同约定了建设工程合同价款为多少以及对该价款的调整机制。在这一条款中，要遵循的原则是尽量不再援引其他定义或正文条款来进行定义，否则将使得定义层次嵌套很多，不便于阅读和理解。

2. 注意区分惯常用语和合同专门用语的定义和使用

在实务中，有的用语本身具有某种为人们所熟知或理解的惯用含义，但如果在合同中对其加以定义，其在具体交易中就将具有特定的含义，一定要避免将该用语的普遍含义和经定义后的特定含义相混淆。特别需要注意的是，一个用语在合同中既可能被用来表达其通常的含义，也可能通过定义而被赋予特定的含义，应把握将其区分开来的方法。例如，建设工程施工合同中的术语“工程”就是这样的例子。通常的做法是加定语，如“××工程”或“××建设工程”。

3. 避免将合同具体实质性权利义务写入定义条款

将合同具体实质性权利义务写入定义条款也是初涉合同审查业务的公司律师或法律顾问容易犯的一个错误。应该说，这是一个有关定义条款的基本原则——不应当在对术语进行定义时将具体的实质性的权利义务条款写入定义条款，因为定义条款的目的是解释术语的含义，而不是具体操作性的合同条款。例如，建设工程施工合同中的“综合单价”。

4. 避免循环定义

在实务中，诸如投资并购合同、建设工程施工合同一般都比较复杂，有时需要定义很多术语，而各术语之间有时还不可避免地需要进行援引，这是很正常的情形。但是，需要注意避免的一个错误做法是循环定义，即在两个或多个术语的定义中相互援引。

5. 避免不必要的定义

在实务中，也不乏为了定义而定义的情形出现。有的合同起草者将一些不必要定义的用语也写入了定义条款。我们讲，这是初涉者尤其需要避免的误区。因为，如果一个用语的通常含义就足以表达其意思的话，就没有必要在合同中进行定义。起草合同定义条款的指导原则是在所有合同条款中应确保每一术语、每一条款都有其特定的、与本合同相关的意思，没有意义的术语则无须包括在定义条款中。例如，合同中经常使用的“书面形式”“条”“款”“项”就是这样的例子。

（四）定义条款中的合同解释规则条款

除上述注意事项外，某些合同还将定义条款分为两个部分：一是对各个关键术语或用语进行定义；二是约定对合同的解释规则。其中解释规则部分参见下例：

本协议适用下列解释规则：

本协议所指的“人”包括一个、两个或两个以上的任何人、公司、企业、政府、政府代理机构或任何协会、信托或合伙（不论是否具备独立法人地位）。

本协议中，单数应包括复数，反之亦然；指代某个性别应包括其他任何性别；对时间的提及，除文义另有所指外，指北京时间。

如果协议条款和附件的意思发生冲突，各方应首先尽力将整个协议作为一个整体来阅读理解，对协议主题最为明确的条款应优先考虑；如果各方本着诚实信用的原则努力按照前句规定解决冲突，但冲突依然存在，则协议条款应优先适用。

协议中“包括”应解释为“包括但不限于”。

本协议所有的标题、题目、索引、副标题、小标题仅为方便阅读而加入，概不限制、改变或影响本协议的诠释和执行。

上例中的这些解释规则，大多已经形成了惯例，如果在合同中不予约定的话，一般也不至于产生争议。需要关注的是最后一个条款，该条款是对合同的标题（Title）、条款标题（Headings）以及其他索引（Index）、副标题（Subheading）、小标题（Subtitle）的解释。在实践中，若其他解释规则在合同中已经被省略，对合同标题、条款标题等的解释一般都和定义放在一起，在定义部分的结尾写上即可。还需要提请注意的是，如上例将“包括”解释为“包括但不限于”，则在合同正文条款中使用“包括”时就应非常小心，避免还在使用“包括但不限于”。基于习惯，我们一般不建议在“释义”中做这样的解释，推荐的做法是在正文条款中采用“包括……，但……除外”的句式来对需要排除的事项进行排除。

综上所述，草拟和审查合同定义条款的工作并非是一个简单的法律事务，应分配有一定撰写和审查经验的律师或法律顾问进行，以确保所有经过定义的术语在整个合同中含义一致。

“约定解除权”的约定及行使

——从最高人民法院判决中学习合同解除条款写作

苏 艳*

商业活动中，我们不能奢望所有合同都能“完美履行”，有些交易过程中就存在提前解除合同的需要。如何防范需要提前解除合同时的风险，或者如何利用解除合同的方式防范风险，是我们在合同写作中要重点思考的问题。在合同中约定解除权是解决前述问题的重要途径之一。如能提前对未来可能的合同解除事项进行预测，并将解除权约定在合同中，则可以在合同履行过程中掌握提前终止交易的主动权，也可以避免在合同僵局中遭受损失。

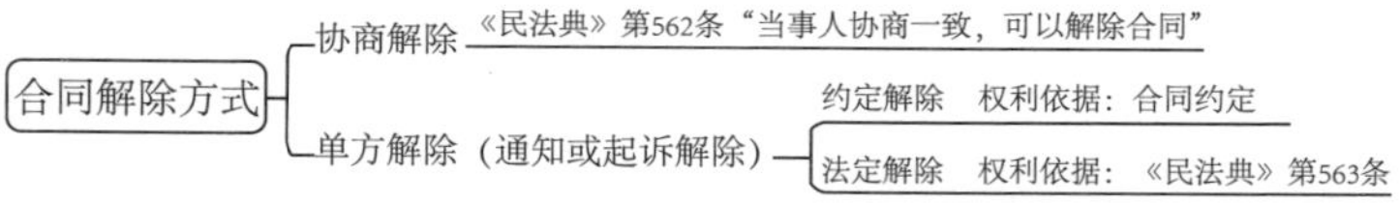

合同解除方式示意图

在探讨具体写作及行权方法之前，我们需要先对合同的解除方式、解除权利类型谙熟于心。简单概括起来，合同的解除方式有两种：协商解除和单方解除。协商解除的依据是《民法典》第 562 条第 1 款“当事人协商一致，可以解除合同”。单方解除是一方以通知或起诉等方式解除合同，单方解除是一种权利，根据权利依据不同可以分为约定解除和法定解除，法定解除的权利依据为《民法典》第 563 条，约定解除的权利依据是合同约定，《全国法院民商事审判工作会议纪要》（以下简称《九民纪要》）规定了约定解除条件等法院审判规则。

* 北京盈科律师事务所律师，业务领域：投融资诉讼与非诉业务，微信 suyanlawyer1，邮箱 suyanxyz@ 163. com。

本文结合《民法典》《九民纪要》及最高人民法院(2018)最高法民终94号、(2016)最高法民申3544号、(2015)民二终字第61号、(2014)民二终字第270号、(2014)民一终字第69号、(2013)民二终字第29号等案例,从怎样约定合同解除条款、怎样行使约定解除权、特殊合同中约定解除条款的注意事项、合同解除的后果等四个方面学习合同解除权的约定及行使。

一、怎样约定解除权条款

(一)约定解除的意义

约定解除,是当事人通过意思自治的方式在合同中约定一方或双方在特定情形下享有解除权的法律行为。约定解除条款的意义就在于当合同约定情形出现时,当事人有权解除合同,避免损失扩大或掌握“合同僵局”中的主动权。

最高人民法院对合同解除的一般裁判态度为“发生法律效力的合同,当事人应当全面履行。除非出现合同约定或者法定解除合同的条件,才能解除双方的合同关系”[1],因此,要充分发挥这一“意思自治”的作用,我们要对约定解除的相关内容予以充分重视。

(二)具体约定事项

一般约定解除条款由三部分构成,第一部分为合同当事人共同决定的合同解除的条件,第二部分为非违约方有解除权,第三部分为解除后的后果。对于解除条件,可以仅针对某一事项约定解除权,也可以在约定解除条件条款中同时约定多个事项,还可以直接引用合同其他部分的条款(如违约条款)。对于未明确约定解除条件的,法院一般对约定解除权的行使不予支持。

【具体合同写作举例——正面举例】

例1:“若甲方逾期30天仍未付款的,乙方有权解除本协议并且不退还甲方已支付的款项,并要求甲方赔偿因其违约给乙方造成的损失。”

例2:“甲方出现下列情形的,视为甲方恶意违约:

〔1〕 最高人民法院(2009)民二终字第13号青海省京宁水务有限责任公司与本溪北台铸管股份有限公司买卖合同纠纷上诉案民事判决书。

(1)在本协议及补充协议约定的条件成就后,迟延支付目标地块土地出让金超过有关主管部门签发的书面缴款通知规定的期限的;(2)……(3)……

发生上述任一恶意违约情形,乙方有权解除本协议。

乙方解除本协议后,只需偿还甲方已实际支付的首付款、追加拆迁款以及甲方代付款项,甲方应将已取得的目标项目权益立即归还乙方,并办理归还的过户或更名手续,期间产生的损失、费用和税项由甲方承担。同时,甲方应向乙方支付违约金人民币N万元。"

【具体合同写作举例——反面举例】

例3:"任何一方违约,对方即可解除合同。"

例3的约定方式就属于模糊约定,未明确约定解除的条件,法院一般会视为不存在约定解除权。

(三)是否约定解除权的行使期限

《民法典》第564条规定,"当事人约定解除权的行使期限,期限届满当事人不行使的,该权利消灭。法律没有规定或者当事人没有约定解除权行使期限,自解除权人知道或者应当知道解除权之日起一年内不行使,或者经过对方催告后在合理期限内不行使的,该权利消灭"。

是否约定解除权的行使期限会影响权利的存续时间,因此,建议根据交易具体情况决定是否约定行使期限。例如,买卖合同中将逾期付款约定为解除条件,这个解除条件中是否加上解除权行使期限呢?作为卖方,为防止约定解除权的行权期间限制,当然不希望约定行权期限,而作为买方则最好加上行权期限,一方面这是对卖方解除权的限制,另一方面也可以让己方踏实地履行。

当然,无论合同解除权是否因行权期限届满消灭,并不会影响违约方承担逾期付款的违约责任。

(四)注意约定解除条款与"协商解除条款"的不同

协商解除与约定解除是解除合同的不同方式,行权路径不同,前者行权是双方行为,后者权利可由一方直接行使。因此,在合同写作时要特别注意,不能混淆二者,或者大意地认为"可以解除合同"的约定就是约定解除条款了,两种解除方式会直接影响合同解除方式是否有效、合同是否解除及解除时间的认定。

【具体合同写作举例】

例4:"发包人、承包人协商一致,可以解除合同"——这是双方当事人对于协议解除合同事宜所做的安排。

"因不可抗力或者因一方违约致使合同无法履行,发包人、承包人可以解除合同"——"这是双方当事人对于约定解除权行使事宜所做的安排"[1]。

(五)注意约定解除条款与"附解除条件条款"的不同

《民法典》第158条规定,"附解除条件的民事法律行为,自条件成就时失效",附解除条件是当事人对合同的效力约定的条件,是当事人对合同效力消灭进行的意思自治表示,使合同的未来效力取决于未来的不确定性事实发生与否。

"附解除条件条款"与约定解除条款是不同的,在合同解除方式上有巨大的差别,最主要的区别在于合同条件满足时的后果,前者自条件生效时合同即失效,后者约定条件成就时须经过有解除权的一方行使解除权合同方可解除,即合同的解除是否以当事人意思表示为必要条件。合同条款的性质会直接影响法院对合同是否已经解除、解除行为是否满足了合同解除程序的认定。

最高人民法院对附解除条件的合同与合同约定的解除条件的认定态度为,"附解除条件的合同,自条件成就时失效。一般认为,合同所附解除条件是对合同所加的附款,通常与合同自身的内容以及合同的履行行为本身无关。合同约定的解除条件则是指当事人在合同中约定了解除合同的条件,合同的解除条件成就时,解除权人可以依照法律规定的程序和方式解除合同"[2]。

另外,经研究最高人民法院众多判例发现,在案涉条款到底属于"附解除条件条款"还是属于"约定解除条款"存在争议时,法院更倾向于将其认定为"约定解除条款"。

---

〔1〕 最高人民法院(2014)民一终字第69号青海方升建筑安装工程有限责任公司与青海隆豪置业有限公司建设工程施工合同纠纷二审民事判决书。

〔2〕 最高人民法院(2012)民申字第1542号天圣制药集团股份有限公司与海南国栋药物研究所有限公司、海南欣安生物制药有限公司技术转让合同纠纷再审审查民事裁定书。

由此我们获得两点启示：

1. 在写作约定解除条款时，要注意避免将约定解除权条款写成附条件解除条款；

2. 在不能确定合同条款能否自动解除时，一定要按照约定解除权条款的规定，及时发出解除通知，而不能想当然地认为是附条件解除的条件已成就而自动失效的情形。

【具体合同写作举例】

例5："双方确定，按以下约定承担各自的违约责任：……5. 若甲方不支付约定款项，乙方有权停止向甲方进行新药技术转让，并且不退还甲方已支付款项。"

上述条款即对合同解除条件的约定，而非合同所附解除条件。也即当上述条款约定条件"甲方不支付约定款项"成就时，乙方若要以此为依据解除合同的则需要向甲方送达通知解除，如主张在条件成就时合同已自动失效将不会获得支持。

（2012）民申字第1542号判例中，最高人民法院认为对上述条款性质的认定应结合该约定的内容、约定的目的、与整个合同之间的关系等因素进行，"从约定的内容看，该项约定在天圣公司（甲方）不支付约定款项的情况下，赋予了国栋公司（乙方）停止向天圣公司（甲方）进行技术转让的权利，并且不退还天圣公司（甲方）已支付款项。这实际上是约定了在天圣公司（甲方）出现违约的情况下，国栋公司（乙方）享有的权利以及所产生的相应法律后果。从该约定与整个技术转让合同的关系看，该约定被规定在本案技术转让合同的第十三条即违约责任条款中。显然，合同双方当事人约定该项的目的在于防范一方的违约行为，而不是简单地通过附款限制本案技术转让合同的效力。由上可见，本案技术转让合同第十三条第5项实际上约定了合同解除的条件以及合同解除后双方当事人之间的权利义务关系处理，该项约定应该属于《合同法》第九十三条规定的合同约定的解除条件，而不是对本案技术转让合同的效力附条件"〔1〕。

〔1〕 最高人民法院（2012）民申字第1542号天圣制药集团股份有限公司与海南国栋药物研究所有限公司、海南欣安生物制药有限公司技术转让合同纠纷再审审查民事裁定书。

【最高人民法院判例举例】

判例1:(2016)最高法民申3544号判例中,虽然协议中约定了“自动作废”的字眼,但最高人民法院仍综合合同义务、履约顺序的约定、条款目的等因素将该条款认定为约定解除条件的条款。

该案中合同条款约定,“华建公司付给金盛公司4611万元,支付方式及时间为:华建公司向金盛公司以还石材款方式支付1800万元。办完工商更名手续后三个工作日内,支付500万元,在办完土地证及前期手续后五个工作日内,支付1300万元。如华建公司不能按期支付1800万元,则《重组协议》自动作废”。

对于上述条款,最高人民法院认为,“《备忘录》中约定的协议作废的事由是华建公司未按约定付款,且在办完工商更名手续后支付500万元,也即华建公司付款系在王某碰将75%股权过户给华建公司之后,因此,双方在《备忘录》第四条意欲规制的明显是履行过程中华建公司出现违约情形时所产生的法律后果,且王某碰及华建公司在一审中均认可《备忘录》第六条系双方约定的解除条件,而该第六条亦明确约定如华建公司不能按期全额支付4611.06万元,则《重组协议》及《备忘录》自动作废”〔1〕。

二、怎样行使约定解除权

合同约定解除条件成就后,行权的关键在于解除权人是否向对方当事人传达了解除合同的意思表示。无论采用何种通知方式,解除通知是行使约定解除权的必备条件。关于行使约定解除权,有通知发送主体、通知方式、通知发出时间、通知的写作、约定解除的条件等五个关键节点。

(一)通知发送主体

关于通知发送主体,有两点需要注意:

1. 违约方无权通过发送解除通知的方式解除合同,只能通过诉讼方式解除合同;

---

〔1〕 最高人民法院(2016)最高法民申3544号王某碰与长春华建房地产开发有限公司、吉林省金盛房地产开发有限公司股权转让纠纷民事裁定书。

2. 必须是合同主体才有权发送解除合同通知，合同主体的主管单位、股东等发送的解除合同通知无效。

除了《民法典》对约定解除进行了规定外，《九民纪要》第46条至49条也针对合同解除进行了规定，其中第46条规定了通知解除的条件，总体而言，发出合同解除通知的主体只能是根据合同约定有约定解除权的一方，违约方发出的解除通知即便已经过了三个月异议期限，该通知仍无效。违约方只能在符合一定条件情况下通过起诉的方式解除合同。

【最高人民法院判例举例】

判例2：通知发送主体非合同当事人的，不产生解除合同的效果。

（2016）最高法民终802号判例中，合同当事人是鞍山财政局、标榜公司等，解除通知由鞍山××委发出，因鞍山××委不是合同当事人，且鞍山财政局也没有证据证明鞍山××委的意思表示可以视为鞍山财政局的意思表示，因此鞍山××委发出的解除通知不产生解除合同的效果。

（二）通知方式

解除通知的方式是多种多样的，常见的有：通知书方式解除、起诉解除、应诉中的解除主张等。无论何种方式，核心在于明确解除合同的意思表示。前述三种解除方式是否达到解除合同的目的需要结合合同约定、合同履行情况及通知时点等具体案情判断。

关于通知的方式，最高人民法院的裁判态度是，“解除合同通知的目的在于解除权人将其行使合同解除权的意思表示告知对方当事人，以期对方当事人知晓其解除合同的意思表示。只要能够实现上述效果，通知的方式可以多种多样。专门的解除合同的通知当然符合通知的要求；通过起诉的方式要求解除合同也可以看作是一种通知；对方起诉后一方在应诉过程中表示解除合同的意思亦可视为一种通知”，“应当说明的是，尽管解除合同的通知有多种方式，但是为保障交易安全、尽快明确双方之间法律关系，解除权人应该及时向对方当事人发出解除合同的通知。解除权人怠于发出解除合同的通知，致使对方当事人产生合同未解除的信赖并因此遭受损失的，应当承担相应的违约责任”[1]。

(三)通知发出时间

根据《民法典》第565条的规定,合同解除权有除斥期间,除特殊合同的特殊规定外,合同解除权的除斥期间没有法律规定,由当事人自行约定,当事人没有约定的,则以“自解除权人知道或者应当知道解除事由之日起一年”或者“对方催告后的合理期限”为行权期限。

结合本文第一部分关于解除权期限约定的建议,如果合同中约定了行权期限,则需在解除期限内发出通知。另外,还需要注意的是,在除斥期间内发出解除通知的,也不一定意味着合同即刻解除,一般而言,对方还有三个月提出异议的时间。

【最高人民法院判例举例】

判例3:诉讼过程中,以反诉提出解除合同,该约定解除权的行使未获支持。

(2013)民二终字第29号判例中,股权转让纠纷中,股权受让人起诉要求出让人继续履行合同,股权出让人提出反诉主张合同已解除,并在一审期间向受让人发出“解除通知函”,最高人民法院对该解除权的行使未予认可。

案件中,受让人虽未按时付清转让价款,但出让人并未提出解除合同行使约定解除权,并接受了受让人逾期支付的转让款,并将标的股权转让给第三人。最高人民法院认为,出让人的行为有违诚信原则,结合案件情况,对出让人依约定解除合同的主张不予支持。最高人民法院认为,“根据……协议规定,在京龙公司(受让人)违约的情况下,三岔湖公司、刘某良(出让人)有权根据合同约定随时行使合同的解除权。但在进入诉讼阶段后,对诉讼发生前、已经确定的合同效力及履行情况,应当由人民法院依法作出认定”[2]。

---

[1] 最高人民法院(2012)民申字第1542号天圣制药集团股份有限公司与海南国栋药物研究所有限公司、海南欣安生物制药有限公司技术转让合同纠纷再审审查民事裁定书。

[2] 最高人民法院(2013)民二终字第29号四川京龙建设集团有限公司与简阳三岔湖旅游快速通道投资有限公司等及深圳市合众万家房地产投资顾问有限公司等股权确认纠纷二审民事判决书。

（四）通知的写作

合同解除通知写作的核心是明确解除合同的意思表示，最高人民法院判例中在对合同解除通知的认定上并不要求必须有“解除合同”的字眼，也不要求解除合同的理由必须正确。但是，没有明确“解除合同”的表述或者引用理由错误的解除通知很容易引起争议，我们可以从下面两个判例中获得启发：

1. 面对已经发生纠纷的案件，如果通知已经发出，而通知并未写明“解除合同”，先不要放弃对已经行使约定解除权的主张，应着力于分析是否可以通过总结各方面的内容认定通知函有“解除合同”的意思表示。

2. 起草解除合同通知时，要考虑全面也要书写规范，考虑全面是指综合考量约定解除权行使的依据、解除的后果等，书写规范是指从名称到内容上尽量直接体现“解除合同”的字眼，如不能直接使用该字眼，则通过其他方式明确解除的意思表示。

【最高人民法院判例举例】

判例 4：虽无“解除合同”字样，解除通知仍产生效力。

（2014）民二终字第 270 号判例中，创维集团发出的通知函中虽没有直接要求解除合同的内容，但该函所要求的内容（对项目进行清算）是以解除合同为前提的。结合其他行为（合同各方对清算事项早已开始磋商，合同相对方有同意清算的复函），最高人民法院认定，双方已就合同解除及后续工作进行了协商，判定创维集团发出的通知函已产生解除合同的效力。

判例 5：“解除函件”中关于解除原因的内容错误，但并不影响函件解除通知作用的认定。

（2012）民二终字第 45 号判例中，享有解除权的一方（高科风投公司）向另一方（中静四海公司）发函，表示：“我公司根据与贵公司签署的《股份转让协议》及时将有关股份转让文件报送徽商银行董事会，徽商银行董事会于 2006 年 6 月、8 月两次否决了我们的转让申请。鉴于发生了不可归责于双方的原因导致协议无法继续履行，依照《股份转让协议》第八条第四款的约定，我公司决定将贵公司汇来的定金 100 万元及相应的利息 14375 元退还给贵公司。如此，实非我方所愿，望理解。"

该函依据的《股权转让协议》第八条第四款的具体内容为,"4. 如因不可抗力或非甲、乙方的原因,导致本协议不能生效,或交割股份迟延,或者乙方支付股份转让价款迟延,双方均不为此承担违约责任"。该条款并非约定解除的条款,只是"违约与免责"的约定。

最高人民法院认为,"虽然高科风投公司在上述函件中表示退还定金和利息的依据是《股份转让协议》第八条第四款,该款有关违约与免责的约定,不是解除条件,但合同解除通知中的合同解除意思表示明确即可,并不要求解除原因必须正确,故应认定该函为高科风投发出的《股份转让协议》的解除通知"[1]。

(五)约定解除的条件——约定解除条件成就,通知送达,合同就一定能解除吗

结论是:不一定。即便已经满足了前述四点的要求,在合同相对方提出异议时,法院仍可能对解除合同的请求不予支持,《九民纪要》规定了对已成就的约定解除条件的"影响度"的要求,不是达到约定解除的条件并完成通知就可以直接判定合同解除的,法院还要审查"影响度"如何。

《九民纪要》第 47 条规定,法院应当审查违约方的违约程度是否显著轻微,是否影响守约方合同目的的实现,根据诚实信用原则,确定合同应否解除。违约方的违约程度显著轻微,不影响守约方合同目的的实现,守约方请求解除合同的,人民法院不予支持;反之,则依法予以支持。

三、特殊合同中约定解除条款的争议事项

(一)预约合同中约定解除条款的运用

《民法典》对预约合同作出了明确规定,预约合同也是合同,对当事人要求继续履行的主张不予排除。预约合同未来是否"履行到底"的不可预测性比一般合同更大,因此在预约合同中写入约定解除条款

---

〔1〕 最高人民法院(2012)民二终字第 45 号高科中静四海实业有限公司与合肥市高科技风险投资有限公司股权转让合同纠纷上诉案。

有更为重要的作用。

【具体合同写作举例】

例6:“任何一方致使本协议无法履行或履行不必要时,应按本意向书第×条执行,另一方有权解除本意向书。”

(二)委托合同限制解除条款

根据《民法典》第933条的规定,委托合同当事人有任意解除权,因此在委托合同写作中不能限制当事人的解除权,否则违反法律规定为无效条款,但可以约定无故解除合同一方如何补偿另一方的损失,以达到限制一方恶意任意解除合同的目的。

四、合同解除的后果

《民法典》第566条规定了合同解除的后果,“合同解除后,尚未履行的,终止履行;已经履行的,根据履行情况和合同性质,当事人可以请求恢复原状或者采取其他补救措施,并有权要求赔偿损失”。《民法典》中还有针对不同类型合同解除后果的具体规定,如第634条规定,“出卖人解除合同的,可以向买受人请求支付该标的物的使用费”。合同解除导致合同消灭,合同权利义务关系终止,但合同解除是否具有溯及力,是否影响损害赔偿常发生争议。

《九民纪要》第48条阐明,“人民法院判决解除合同的,违约方本应承担的违约责任不能因解除合同而减少或者免除”;第49条阐明,“合同解除时,一方依据合同有关违约金、约定损害赔偿的计算方法、定金责任等违约责任条款的约定,请求另一方承担违约责任的,人民法院依法予以支持”。

根据《民法典》,《九民纪要》第48条、第49条及最高人民法院判例,我们可知,合同解除是否具有溯及力由案件具体情况决定,合同解除不影响违约责任的承担。

价款支付条款的风险分析及设计
——以债权转让重组交易为例

杨名飞*

一、问题的提出

资产收购交易中的各方,可能因其资金头寸安排、交易风险分担以及后续不同运作思路的影响,而对交易的构建存在不同诉求。其中,由于价款支付条款将直接影响风险分担和商业目的,因此是资产收购安排中最为重要的条款之一,合理的价款支付条款设计是交易结构成功的内在要求。

本文拟以债权转让重组交易为例,通过运用风险分析的方法,提出价款支付条款的设计思路。

二、交易结构及基本风险分配

(一)交易结构

债权转让重组交易具体系指"附重组安排的债权转让交易",是受让人(或称新债权人)受让原债权人对债务人的债权,并就该债权与债务人进行重组的一揽子交易安排。一般而言,其基本的交易结构如图1:

* 某金融资产管理公司法律人员,微信 young11941573,邮箱 ymf8328@163.com。

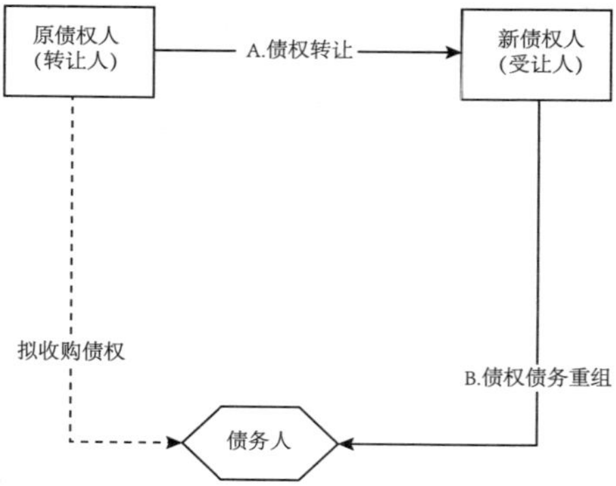

附重组安排的债权转让交易结构图

其中:"拟收购债权"系指交易开始前原债权人对债务人享有的债权,也是作为标的转移给新债权人的债权;"债权转让"系指原债权人与新债权人就"拟收购债权"达成的债权转让交易;"债权债务重组"系指受让人基于其取得的债权与债务人就该债权进行的重组安排。

所谓"重组安排"本质系债权债务的变更,这种变更往往包含以下内容:

第一,利息的调整和支付安排。包括利率的变化以及付息方式的变化。

第二,本金偿还的安排。包括重组后的清偿期(即期限)、偿还的进度。

第三,其他变更。包括违约责任,债权人对债务人的监管条款、债务人应遵循的陈述与保证事项变更、抵押等担保措施的变更等。

(二)各方基本诉求和风险分配分析

1. 对于受让人而言,上述交易的意义在于可以使受让人作为投资者对债务人的存量债务进行投资,从而使自身持有某项以债务人为主体的信用风险资产。受让人的主要利益诉求为取得预期的债权、按计划重组并取得重组后约定的现金流;其主要承担的风险则为其付出的债权转让对价面临的损失。

2. 对于转让方而言,该交易使其通过取得债权转让对价的方式退出债权债务关系，因此其主要诉求为在债权转让交易过程中按预期取得价款；而其主要风险则为债权转让后价款无法按预期取得。

3. 对于债务人而言，转让交易本身并不直接增加或减少其风险承担；重组交易则直接牵涉债务人对变更后债务结构预期的实现。此外，在交易失败时还可能会对债务人之前的行为以及权利义务发生影响（如已经作出的清偿行为，已经完成的担保行为等）。

三、价款支付条款的风险因素分析

一般而言，价款支付条款会涉及支付的时间、条件以及方式三方面因素（三因素）。基于前述分析，在"附重组安排的债权转让交易"中，各方不同的利益诉求和承担的基本风险不同，因此在价款支付条款中，这种不同也会导致各方的倾向发生冲突。但由于此类交易并非单一交易，而是一揽子交易（包括两个交易步骤的结合），而价款支付在不同步骤中影响又有不同，因此需要分别考虑。

（一）债权转让交易中的风险因素

债权转让交易中转让方和受让方之间的诉求和利益相互排斥，而具有不同倾向性。

1. 时间因素：一般而言，转让方越早收到价款则风险越小；相反受让方则倾向于更晚地支付价款，这样一方面可以控制风险，另一方面也给自身的资金运作提供更大空间。

2. 条件因素：一般而言，所附付款条件越多，则转让方承担的交易风险越大，因此转让方倾向于更少地设置价款支付条件，以增加收到款项的确定性。而受让方则相反，其更倾向于将交易中更多风险因素通过增加付款条件（包括交割条件条款或陈述和保证条款）的方式转移给出让方。

3. 方式因素：与时间因素相类似，转让方倾向于一次性付款安排，以最大化地完成交易并增强自身资金的使用效率；而受让方则倾向于分期付款安排，以减少自身的风险暴露。

基于上述分析，价款支付安排对转让交易的风险影响整理如下表：

债权转让交易中价款支付的风险影响因素表

交易方 因素	转让方	受让方
时间因素	越早风险越小	越晚风险越小
条件因素	越少风险越小	越多风险越少
方式因素	倾向于一次性付款	倾向于分期付款

(二)重组交易中的风险因素

在转让后的债权债务重组交易中,虽然形式上并不直接涉及价款,但由于价款支付往往影响债权的取得,进而影响受让方债权人地位的取得以及其与债务人对债权债务重组安排的生效。故对于受让方而言,在价款支付影响债权取得时,则其并不单纯追求"越晚风险越小"的设计。

因此,在"附重组安排的债权转让交易"中,价款支付条款的设计应妥善处理转让中的风险分配以及重组交易中的利益诉求。

四、时间因素及条件因素对支付条款设计的风险影响

(一)时间因素

债权转让中,一般会约定债权转让日。基于债权的性质,债权转让并不以交付某有形物为必要,因此权利的移转日可以和债权资料交付日、债权转让价款支付日、通知债务人之日等通过约定予以分离。对于转让方而言,如转让日早于付款日,则在此期间受让方尚未付款但有权处置债权,从而给转让方带来风险。反之,对于受让方而言,这将降低其面临的对方不按约定给付的风险。

在重组交易中,更早地取得债权将使受让人更早享有债权人的地位,也享有在转让日后收息的权利,并有利于其尽早开展后续的重组安排。但是,这种安排并非绝对妥当。因为转让方在转让日后无权凭借其债权人地位向债务人进行相关主张(如对债务人运营的监督),而受让方虽然可以行使相关权利(前提是完成转让通知),也具有行使权利的合理性,但由于是后附重组安排,因此在重组安排生效前,原协议

（代表重组前的标的债权）可能被受让方忽视监督履行，从而也不必然利于受让方。

基于上述分析，可提出应对如下：

1. 在设计付款日时应特别注意其和转让日及通知日之间的关联。如无特别利益诉求，将转让日、通知日、付款日和资料交付日合并处理是较为公允的安排，各方权利义务在此安排下均较简单明晰。

2. 如根据交易需要将转让日约定在付款日之前，则对于受让方而言，应当特别注意取得债权与重组之间的衔接，防止虽然取得债权但管控不足的风险。比如，通过提前与债务人就重组达成一致，并使重组在转让日后即时生效，确保债权人管控的连续。

3. 如根据交易需要将转让日约定在付款日之后，则对于受让方而言，应当主要防范转让方的履约风险，并对过渡期间转让方的行为进行约束，如约定限制转让方处分债权、明确要求转让方积极并以善良管理人的注意标准行使原债权债务协议下的权利并执行原监管安排等，以确保不因此影响债权价值。

（二）条件因素

在资产收购中，付款条件的安排主要是为了控制交易中的风险。前文已述，在交易中，受让方承担较大风险，因此付款条件是受让方可以重点控制的条款。在交易中受让方面临的风险主要包括：其一，取得预期债权的风险；其二，顺利完成重组的风险。因此，支付条款应当针对这两个层面进行设计：

1. 针对“取得预期的债权的风险”包括两个方面：

（1）交易过程控制方面。主要包括资料文件的交割、通知义务，陈述和保证条款的遵守等。

（2）债权本身状况固定方面。主要包括转让方相关行为的约束（如对债权的处分、不当管理等），以及针对债务人和担保人的主体信用变化情况的处理约定等（尤其在交易过程较长的情况下，相关主体信用水平的剧烈变化特别值得关注）。

通过这两个方面防控，主要是为了最大化地保护受让方的商业预期，确保受让方能够取得与其通过尽职调查之后的预期相符的债权。

2. 针对“顺利完成重组的风险”，主要包括后续重组文件均已完成签署、相关抵质押等措施的成就等。此安排主要是为了确保受让方在债权收购后能够按照其之前的商业目的完成重组。

除此之外,如受让方自身的行为存在不确定性(如资金头寸不一定及时到位,监管以及内部政策变动),那么这种不确定性带来的交易风险也需要通过本条款进行分配,如约定受让方内部审批或资金募集是否作为价款支付条件等。

需要说明的是,复杂付款条件的安排下可能导致交易的推进节奏进入无法控制的状态,从而影响交易各方诉求的实现。因此,在付款条件的安排下,往往应配合使用"分手条款",即如果在一段时间内条件未成就(即交易失败),则可以赋予各方合同解除权,以确保当事人能脱身,避免让各方陷入有交易约束但又无法推进的状态。

五、方式因素对支付条款设计的风险影响——分期付款问题

实践中绝大多数的交易是一次性付款。这种付款方式不仅往往满足转让方的诉求和偏好,而且简单明晰。但交易双方基于各种考虑也可能倾向于选择分期支付款项。这种分期支付可能仅仅是转让价款按照不同时间支付的约定,也可能是对不同笔转让价款的支付条件进行不同的约定。这显然主要是为了更多地保障受让方的利益。然而,分期支付本身可能影响债权转让交易、后续重组交易以及交易失败的处理,因此涉及问题较为复杂。分述如下:

(一)标的债权为多笔或可拆分

如收购的标的债权本身为多笔债权或可以被拆分成多笔债权,可以直接就该多笔债权(或拆分后的多笔债权)进行分别处理以达到分期支付的目的。

在这种模式下,交易各方对标的债权的拆分可以隔离各笔交易之间的影响,后续交易如因条件不成就造成无法受让的,其在原则上并不影响已交割完毕的交易(当然也可以作出相反的约定安排),因此转让环节关系简单。

就后续重组而言,可以通过对每笔债权分别重组的方式进行安排,如分别约定还款计划和利息;就抵押等担保措施而言,可以通过最高额抵押等方式进行囊括,也可设立多顺位的一般抵押权;就监管等

措施而言，也可以进行明确约定，将各笔债权均纳入监管范围。

(二)标的债权无法拆分

这种无法拆分可能基于当事人的其他考虑，也可能基于抵质押等登记的考虑。如无法拆分成多笔债权的，则分期付款会导致各方在交易中停留较长时间，给交易按照预期完成增加了很大不确定性；而且如交易部分失败，则可能面临较为复杂的各方关系。因此，在本案型中，应当特别考虑以下因素：

1. 债权转让时点的问题

应当明确的是，在这种情况下债权无法部分发生转让，因此关于债权转让时点，可以选择约定全部款项支付完毕前转让和全部款项支付完毕后转让两种模式。这两种模式的选择对各方利弊影响如前所述。

需要说明的是，作为受让方，分期付款固然可以降低其交易中的风险，但是如在全部款项支付前其无法取得债权，则分期付款本身对其并无价值(因为其也可以选择将所有条件均设置为一次性付款的条件)。因此，在此交易中，一般应当设计债权在全部款项支付前即发生转移的安排，以允许受让方在款项支付完毕前即进行重组。这需要对重组协议生效日进行明确。

例如，在重组协议中明确约定："本协议自《债权转让协议》项下债权发生转移之日即生效。"

2. 转让后的利息计算

从经济角度而言，受让人取得债权可能占用其资金，进而有要求债务人补偿其资金占用成本的诉求。从法律角度而言，受让人取得债权后即享有依据该债权向债务人主张利息的权利。由于在分期付款下，资金占用金额往往小于债权本金金额，因此这两种视角下所得结果并非一致。不同交易背景下，各方对此的诉求也不相同。在依据合同债权主张权利的安排下自无疑问，但如果欲仅对资金占用成本进行补偿的，则应针对合同权利与经济利益之间的背离作出安排：

(1)约定调整计息基础。在取得全额债权但尚未支付全额款项的情况下，各方可以约定小于全额债权金额的计息基础，并将该计息基础的调整与价款支付行为进行关联。这种安排下，计息基础将呈现

“前少后多”的变化，但最多不超过债权本金金额。需要注意的是，此处仅调整计息基础，而不调整本金。

例如，在重组协议中利息条款明确约定以“计息基础”作为利息计算依据。同时对“计息基础”的确定进行约定：“在《债权转让协议》项下的债权转让价款支付完毕前，本协议项下的计息基础等于债权人于《债权转让协议》项下实际支付的债权转让价款；在《债权转让协议》项下的债权转让价款支付完毕之日起，本协议项下的计息基础等于债权本金。”

（2）约定调整利率标准。当事人也可以在重组协议中对利率标准进行调整。这种调整也可以与价款支付行为进行关联。这种安排下利率将呈现“前低后高”的变化，因此，在最终利率不高于法定界限的情况下，这种安排本身不会存在利率设定的法律风险。

3. 本金偿还

在债权转让价款支付完毕前，债务人即可能已经开始履行本金偿还义务。由于债权在法律上已经转让给受让方，因此，这种对受让方进行的本金偿还发生债的清偿的效力。分期付款安排对此影响不大。

4. 交易失败的处理

在交易期变长的情况下，交易失败的风险也将增加。所谓交易失败，是指转让方、受让方甚至债务人等由于主观或客观、可归责或不可归责的原因导致的无法完成债权转让和后续重组的情形。交易失败的处理基本包括以下各方面：

（1）违约责任。由于这种失败可能来自当事人或外部各种原因，因此，当事人可以对该失败的各种情形约定归责以及相应的违约责任。需要注意的是，除了最常见的转让方与受让方的违约情形外，还可以将债务人或担保人纳入，使其对其应当承担的抵质押登记办理等进行陈述和保证，并约定相应的违约责任。违约责任条款的设计本质上也是一种风险分担和补偿的机制。

（2）合同效力存续与返还安排。当交易失败时，当事方往往需要消除合同效力，以从失败的交易中脱身，因此转让合同可能应予解除；进而，债权需要根据《民法典》第566条第1款的规定予以返还。因此，各方应当在协议中约定返还的执行（如资料交还、价款交还、通知的安排等）。

此外,已生效的重组协议也需要解除,故受让方与债务人对债权的重组安排均将丧失法律效力。为避免争议,此时的解除处理应当在重组协议中约定。因为在重组协议被履行的情况下,涉及履行部分的返还问题:如已支付的利息、清偿的本金构成受让方的不当得利,应予以返还。因此,对于这部分资金性质是否需要重新确定的问题需要合同明确约定。

(3)风险重构。受让方承担的风险将在交易失败时发生变化。前文已述,受让方原通过本交易获得的是基于债务人信用风险的资产;在交易失败时,受让方将持有向转让方主张返还的权利,进而实质上取得的是基于转让方信用风险的资产,风险来源已经发生改变。此外,基于重组的债权与基于返还的债权在金额、计息方面也不相同。因此,为最大限度减少这种风险变化影响,可以作出如下设计:

第一,在转让协议中约定合同无效或解除时返还义务迟延履行的利息或违约金计算方法,以构建出与受让方原拟取得的重组债权相等值的现金流收取权利。如约定在此情况下的违约金支付标准类同于原利息支付标准,这样可以保证在此情况下债权人仍有收取等额现金流的权利。

这涉及《债权转让协议》中的"无效/解除条款",例如:"本协议解除或丧失法律效力的,转让方应向受让方返还债权转让价款,并按如下公式向受让方支付资金占用费:资金占用费 = 债权转让价款 × r ÷ 360 × 自受让方支付价款之日至本协议解除日之间的天数。"其中 r 等于《债务重组协议》中约定的利息。

第二,在转让以及重组协议中特别约定已经支付的利息以及已经受领的本金清偿均不返还。如此安排是为了防止受让方在因交易失败导致返还的情况下造成整体风险敞口增大。

这涉及转让方、受让方、债务人三方的约定。例如:"《债务重组协议》被解除或丧失法律效力的,则发生以下全部法律后果:(1)债务人已向受让方偿还的本金视为发生相应金额债务清偿的效力,受让方无须返还;转让方接受受让方返还而取得的对债务人之间的债权数额应进行相应扣减。(2)债务人已向受让方支付的利息,受让方无须返还;债务人对转让方的债务利息应从债权转让日起算,并扣除已经支付给受让方的部分。(3)受让方已受领的债权本金的清偿金额应从转让方向受让方返还的债权转让价款中扣除。”

第三,约定由债务人对价款承担返还义务或承担连带责任,并明确债务人履行该返还义务的,可以抵减其对原债权人的还款义务。即独立地要求债务人对此情况下原债权人的返还义务承担连带清偿责任,这样在信用风险上仍可以以债务人为标准判断。

这涉及受让方、债务人两方的约定(可在《债务重组协议》中增加条款处理)。例如:“如因《债权转让协议》丧失法律效力而需由转让方向受让方返还债权转让价款的,债务人承诺对转让方的上述返还义务承担连带清偿责任。”

第四,在重组的相关担保合同中约定其担保主债权也包括上述债务人对受让方承担的返还义务连带责任。这涉及相关担保协议中“担保范围条款”的表述。

通过上述约定和安排,可以最大限度地构造出与重组后债权近乎一致的信用风险资产,从而将交易失败的法律后果对受让方的影响降至最低。

六、结语

综上所述,价款支付条款在“附重组安排的债权转让交易”的构造中牵涉广泛,是整个交易风险分配的核心条款。对于其条款设计应当全面涉及本文提出的“三因素”,并在债权转让以及债务重组两个层面上分别进行分析和衔接。对于支付条款设计复杂而引致交易完成风险过大的项目,则应进一步进行交易失败的构造,并构建出等效的现金流权利,以最大限度保障当事人的预期。

“不可抗力条款”应如何约定

苏　艳*

虽不能一线战“疫”,但法律人从未停下以自己的专业为社会服务的脚步,共克时艰。很多企业因新冠疫情面临困境,其中因疫情导致的合同履行障碍给当事人带来诸多麻烦,已经有很多文章从不同角度对疫情造成的合同履行障碍进行了法律分析、实务总结,本文不再赘述。

前事不忘后事之师,从本次疫情对合同履行的影响中,总结出不可抗力条款的运用及写作经验,能够帮助当事人再遇到不可预见事件时更好地掌握主动权,减免损失。

本文在梳理各级法院以往裁判观点的基础上,结合本次疫情中不可抗力条款的实践情况,从不可抗力与情势变更、合同僵局的解除、公平原则的适用,不可抗力条款的意义,不可抗力条款的具体写作,其他条款与不可抗力条款的配合等四个方面学习不可抗力条款的写作。

一、不可抗力与情势变更、合同僵局的解除、公平原则的适用

因发生无法预见的客观事件造成合同履行障碍时,合同一方可以采取的常见救济或抗辩途径有:不可抗力(《民法典》第 180 条、第 563 条、第 590 条)、情势变更(《民法典》第 533 条)、合同僵局的违约方解除[《全国法院民商事审判工作会议纪要》(以下简称《九民纪要》)第 48 条]、公平原则等。

合同履行障碍发生时,适用以上哪种救济或抗辩途径需要根据个案具体分析。但以上四种途径最为主要的区别我们应该熟稔在胸。

---

* 北京盈科律师事务所律师,业务领域:投融资诉讼与非诉业务,微信 suyanlawyer1,邮箱 suyanxyz@163.com。

为方便运用及记忆,结合以往裁判案例的主流观点,笔者将这四种救济或抗辩途径的主要区别总结了一个流程图。

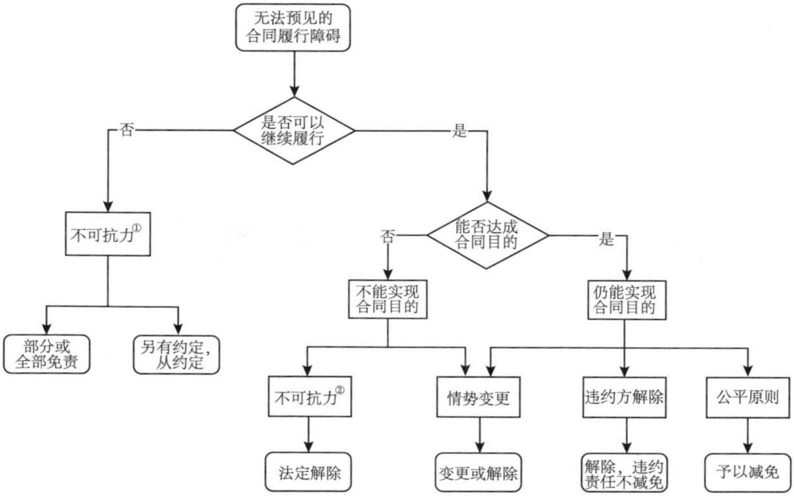

合同履行障碍救济或抗辩途径流程图

本流程图虽不绝对精确,四者之间还有很多细节区别,如金钱之债是否适用等,但非常实用,在面对因无法预见的客观事件导致的合同履行障碍时,可以快速进行一个初步的判断。

关于此图需要特别说明的是:第一,流程图中将不可抗力分成①和②两种情况,是因为二者虽都是不可抗力,但二者性质不同,前者是法定免责规定,后者是法定解除规定;第二,图中的"公平原则"是指狭义的单独使用公平原则的情形,实践中在主张其他三种情形时一般也会并用公平原则。

二、不可抗力条款的意义——有约定的从约定

实践中,为防范不可预见的客观事件带来的风险,一般还会运用免责条款等。为表达方便,本文所指"不可抗力条款"涵盖了约定客观事件免责的条款。

不可抗力是法定免责条件和合同法定解除条件,因此即便合同中

未对不可抗力作出约定，只要确有证据证明发生的客观事件属于不可抗力且与合同不能履行之间存在因果关系，仍可主张不可抗力抗辩。

但如未约定，在实际运用不可抗力规定时，在不可抗力的范围、免责范围、法律后果、责任分担、对合同目的影响等方面产生争议的概率会增加。因此，我们有必要在合同中对不可抗力进行专门的约定，提高合同履行的可预测性，防控风险。具体原因主要有以下两个方面：

1. 意思自治原则之下，有约定的从约定

从合同关系自身讲，合同及其法律所保护的是当事人之间的信赖与期待，实现意思自治的理念。[1] 在不违反法律法规强制性规定的前提下，当事人间的合同约定是纠纷解决的首要依据。造成合同履行障碍的事件在个案中是否属于不可抗力范围、是否具有免责或解除合同的功能，合同有约定的首先按照合同约定处理。

另外，某些类型合同对不可抗力发生后的责任虽有法律规定，但也特别强调了“除合同另有约定外”，对于这种类型合同我们更应该注重约定不可抗力条款。如《海商法》第 91 条规定，“因不可抗力或者其他不能归责于承运人和托运人的原因致使船舶不能在合同约定的目的港卸货的，除合同另有约定外，船长有权将货物在目的港邻近的安全港口或者地点卸载，视为已经履行合同”。

【判例举例】

(2007)鄂民四终字第 47 号案例中，案涉合同中仅约定了发生不可抗力时承租人有权暂停租用或要求减免租金，未约定发生不可抗力时的单方解除权；又因为法院认为未达到合同目的不能实现的程度，因此湖北省高级人民法院未支持承租人解除合同的诉讼请求。湖北省高级人民法院认为，“当发生导致旅游市场发生重大变化、合同当事人不能履约的不可抗力事件时，作为租方的东江公司有权暂停租用游船或要求作为船东的长江海外酌情减免租金，但如果解除合同，仍需双方协商同意”[2]。

---

〔1〕 王泽鉴：《民法债编总论 · 基本理论 · 债之发生》（总第 1 册），台湾地区三民书局 1993 年版，第 2 页。

〔2〕 湖北省高级人民法院（2007）鄂民四终字第 47 号美国东江旅游集团公司与长江轮船海外旅游总公司租赁合同纠纷上诉案。

2. 通过详细约定,可以减轻证明不可抗力的难度

《民法典》第590条第1款规定:“当事人一方因不可抗力不能履行合同的……应当及时通知对方,以减轻可能给对方造成的损失,并应当在合理期限内提供证明。”发生新型冠状病毒重大疫情这样不可抗力特征显著的事件时,当事人要找到相关部门的公告、命令或者获得中国国际贸易促进委员会的不可抗力证明等难度都不是很大,但如果对当事人来说确实是不可预见、不可避免且无法克服的事件,并对非当事人外的一般社会主体而言该事件不可抗力特征并不明显时,当事人想要证明不可抗力难度就会很大。

通过协议约定清楚不可抗力的范围或者某些特殊情形下的处理方式,举证发生不可抗力时只要证明发生了合同约定情形即可。这样利于当事人实现特定情形下变更合同、解除合同或延期合同履行的目的,避免损失或合同僵局。

例如,当事人在合同中将“异常恶劣天气”约定为不可抗力,并约定异常恶劣天气为合同履行地7级以上台风,则不能履约当事人在主张不可抗力时提交合同履行地在合同履行时的天气报告即可。

三、不可抗力条款的具体写作

不可抗力条款从功能上看属于问题处理条款,具有很强的综合性。动手写不可抗力条款前要先综合合同目的、行业、地域、履约期间和交易本身等具体情况,对可能造成合同履行障碍的事项进行评估和预判,从而框定不可抗力条款的范围、责任分担、处理方式等,再通过约定合同条款进行锁定。

鉴于不可抗力综合性特点,除专门的不可抗力条款外,还需要与合同其他条款相互配合,如合同目的、责任免除、价格调整条款等。其他条款与不可抗力条款的配合,将在本文第四部分进行详细阐述。

(一)不可抗力条款的主要内容

完备的不可抗力条款应该包含不可抗力的确认、处理程序、后果承担、合同终止或解除等四个方面的内容。

1. 不可抗力的确认,包含对不可抗力的含义、范围的约定。一般会采用概括加列举的约定方式。

【具体合同写作举例】

“不可抗力是指合同当事人在签订本合同时不可预见，在合同履行过程中不可避免且不能克服的自然灾害和社会性突发事件，如地震、海啸、瘟疫、骚乱、戒严、暴动、战争等情形。”

提醒注意：

(1)上述约定中“签订合同时”的时间界定不可省略。例如台风引起的合同履行障碍，在台风发生前可能已经有台风预警，纠纷发生时是否构成“不可预见”会存在争议，因此在协议中应明确是“签订合同时”不可预见的。

(2)具体列举的范围应根据具体交易特点及当事人的需要，周密考虑进行增删。其他事件如：由于交通管制导致的不能履行，由于国家法律、法规、行政规章或命令的原因而导致的不能履行等。

2. 不可抗力发生后的处理程序，包含通知、证据提交等程序的约定。

【具体合同写作举例】

“声称受到不可抗力影响的一方应在发生不可抗力或知道发生不可抗力之后及时书面通知另一方并详细描述不可抗力的发生情况和可能导致的后果，包括该不可抗力发生的时间和预计停止的时间，以及对该方履行在本协议项下义务的影响，并在另一方合理要求时提供证明。”

3. 不可抗力后果的承担，一般包括损失承担的分配、是否延期、免责范围等安排。

【具体合同写作举例】

“除本协议或双方另有约定外，发生不可抗力时，双方应各自承担由于不可抗力对其造成的损失。”

上述约定方式只是一种各自承担各自损失的安排，还可以具体约定哪些损失具体由哪一方承担。

4. 不可抗力造成的终止或解除，包含不能履行时有/无解除权、解除条款，解除后的处理等。

因不可抗力导致合同目的不能实现时可直接采用“法定解除”，对于未达到“合同目的不能实现程度”的不可抗力是否可以解除，需要根据合同约定解除条款判断。因此，在合同中应约定不可抗力发生时，具有解除权的主体以及行使解除权的条件。关于约定解除权的写作方法已在前文具体论述,本文不再赘述。

(二)不可抗力条款写作时的注意事项

1. 把握住不可抗力条款是“问题处理条款”的原则,写作的核心是要预判可能出现的造成合同履行障碍的情形及问题处理过程。

2. 在约定不可抗力范围时,对于特殊行业或特殊主体等特殊事项需要多方面考虑。

例如,“项目所在地政策变化”是否加入不可抗力范围?这需要结合我方立场和交易目的等因素综合考虑,如果该合同是我方与政府城投公司签订的,实施方为城投公司时,我们就要考虑到城投公司对当地政策变化的实际影响力,我们要预防当地政府为该地城投公司“专门”出台的“新政策”,此时“项目所在地政策变化”就不宜约定为不可抗力范围之内。

3. 将不可抗力范围约定小于法定不可抗力范围的,该约定存在被认定为无效的风险。

尽管根据意思自治原则,不可抗力有约定的从约定。如合同中将特征显著不可抗力事件排除不可抗力范围,目前实务审判中的主流裁判意见是该条款无效。另外,当重大不可抗力事件发生时,法院从共担风险、公平原则的导向出发也会支持该小于法定不可抗力范围的条款无效。例如本次新型冠状病毒疫情防控期间中,最高人民法院就在《关于做好防控新型冠状病毒感染肺炎疫情期间执行工作相关事项的通知》中强调,“积极引导当事人调解协商、互谅互让、共担风险、共渡难关,有效化解矛盾纠纷”。

【判例举例】

(2008)民一抗字第20号案例中,最高人民法院未支持限缩不可抗力范围的条款,具体说理为,“暴雨和台风是不可抗力,是人类力量所不能够避免的自然现象,不可抗力是法定免责事由,它不因当事人的例外规定而免除”。

4. 与其他条款相互配合,如免责条款、合同解除条款、合同目的条款等,共同组成一个问题解决系统,可以有效解决阻碍合同履行客观事件发生后的争议。条款间互相配合的详细内容见本文第四部分。

（三）写作方式举例

合同的目的是促成交易，合同应根据交易需要设计和写作，实践中既有长达几十页庞大而复杂的合同，也有只几页的简短合同，不可抗力条款也应根据实际需要选择详细写作方式或简略写作方式。写作较为复杂、不可抗力事件影响较大的合同时，可参考一些行业示范文本中不可抗力条款；一般合同则可采用简略式约定方式。

1. 参考行业示范文本

可重点参考某些不可抗力对合同履行影响较大行业的示范文本中关于不可抗力的条款，这些示范文本一般由国家主管部门或行业协会组织制定或编写，内容相对全面。如《建设工程施工合同（示范文本）》（GF－2017－0201）、《政府和社会资本合作（PPP）项目合作协议示范文本》分别由住房城乡建设部和国家工商行政管理总局、中国招投标协会制定，其中不可抗力约定相对详细，可以作为参考。

2. 简略写作方式举例

【具体合同写作举例】

“第 n 条 ‘不可抗力’指本合同签订时不能预见的、其发生与后果无法避免或克服的、妨碍任何一方全部或部分履约的所有事件。上述事件包括地震、台风、水灾、火灾、战争、交通管制、流行病、民乱、罢工，以及由于国家法律、法规、行政规章或命令的原因而导致的延误。

第 n＋1 条 如果发生不可抗力事件，影响一方履行其在本协议项下的义务，则在不可抗力造成的延误期内中止履行，而不视为违约。宣称发生不可抗力的一方应迅速书面通知另一方，并在其后的十五天内提供证明不可抗力发生及其持续的充分证据。”

四、其他条款与不可抗力条款的配合

（一）合同目的约定对不可抗力条款的支持

《民法典》第 563 条规定，因不可抗力致使不能实现合同目的时，合同才能法定解除；《九民纪要》第 47 条阐明，“合同约定的解除条件成就时，守约方以此为由请求解除合同的，人民法院应当审查违约方的违约程度是否显著轻微，是否影响守约方合同目的的实现，根据诚实信用原则，确定合同应否解除”。由此可知，造成合同履行障碍的客观事件是否能以不可抗力为由主张合同法定解除以及是否可以适用约定解除情形,合同目的举足轻重。实践中,法院对合同目的不能实现的审查严格,因此详细约定合同目的能够更好发挥不可抗力条款的作用。

在合同中应根据实际交易目的或经营目标等详细约定合同目的。例如,在租赁合同中写明合同目的是租赁场地用于养猪,则当猪瘟发生,该租赁场地被划为疫区不能继续养猪时,承租人即可主张因不可抗力导致合同目的不能实现进而要求解除合同。

【判例举例】

(2018)最高法民申1327号案例中,争议焦点之一为:合同目的是否因政府收回项目土地事件而不能实现,中驰公司主张法定解除是否可以得到支持。最高人民法院根据合同双方在合同中约定的合同目的条款认定获得项目开发权系合同主要目的,因政府收地事件导致项目开发无法实现,合同目的不能实现,因此支持了中驰公司解除合同的主张。

最高人民法院具体说理为,"《股权转让协议书》第一条第二款约定:'乙方(中驰公司)受让甲方(翔宇达公司)股权同时,取得该项目(案涉合作开发的房地产项目)的开发建设权利'可认定转让项目开发建设权系双方订立股权转让协议的主要目的,因案涉太原市国土资源局发出收地通知后已全面停工,中驰公司取得项目建设权的基础已不存在,因双方对以股权方式转让项目开发建设权的事实明知,故中驰公司以合同目的无法实现为由解除合同有事实和法律依据"〔1〕。

(二)其他条款与不可抗力条款的配合

如前所述,不可抗力条款是问题解除条款,约定不可抗力条款的目的是在意外事件发生时能够有效地解决问题,因此合同写作时要充分重视其他条款与不可抗力条款的配合,否则不可抗力条款的约定只能事倍功半。配合条款需要根据实际交易进行有针对性的设计,比较常见的是责任免除或排除条款、价格调整条款、合同延期履行条款等。

---

〔1〕 最高人民法院(2018)最高法民申1327号山西翔宇达房地产开发有限公司、山西中驰房地产开发有限公司股权转让纠纷再审审查与审判监督民事裁定书。

【具体合同写作举例】——责任免除条款

"因下列原因导致甲方无法正常提供服务的,甲方免于承担任何责任:(1)因台风、地震、洪水、雷电等不可抗力原因;(2)因 7 级(含)以上台风发生无法提供服务;(3)……"

合同示范条款:送达条款

徐海谋[*]　孟恩海[**]

合同履行中负有交付资料、通知义务或者享有约定解除权时,有效送达就格外重要,司法实践中法律文书送达难也是一个重要问题。北京市第四中级人民法院曾在 2016 年 6 月发出《约定送达地址 解决"送达难"》的司法建议,9 月 12 日,最高人民法院发布《关于进一步推进案件繁简分流优化司法资源配置的若干意见》(法发〔2016〕21 号),进一步规范了诉讼法律文件约定送达的效力,也为合同签署时通知和送达条款的约定提供了指引。为保障合同当事人的利益,我们结合法律实践和裁判惯例,制作了合同送达示范条款,以为当事人借鉴。

【复杂合同送达示范条款】

1. 本合同项下任何一方向对方发出的通知、信件、数据电文等,应当发送至本合同(首部/附件/下列)约定的地址、联系人和通信终端。一方当事人变更名称、地址、联系人或通信终端的,应当在变更后 3 日内及时书面通知对方当事人,否则原送达地址仍有效,电子送达与书面送达具有同等法律效力。

甲方联系人:×××,联系电话:×××-×××××××,联系地址:××省××市××区/县××路××号,邮编:××××××。(合同当事人已经在首部列明前述信息的,简写为"同首部联系信息"或"同工商登记公示信息"。)甲方(□接受　□不接受)电子文件送达,电子终端信息如下:移动电话:1××××××××××,传真:×××-×××××××,微信号:×××,电子邮箱:×××@×××.×××。

* 陕西永嘉信律师事务所高级合伙人,西北大学法律硕士,微信 xuhaimoulawyer,邮箱 xhm8403@163.com。

** 陕西永嘉信律师事务所合伙人,微信 mengenhailawyer,邮箱 mengenhai@163.com。

(合同每款当事人均参照上述方式列明,每个当事人单列一款。)

2. 任何一方当事人向对/他方所发出的信件,自信件(尽量约定为邮政特快专递)交邮后的第7日视为送达;发出的短信/传真/微信/电子邮件,自前述电子文件内容在发送方正确填写地址且未被系统退回的情况下,视为进入对方数据电文接收系统即送达。若送达日为非工作日,则视为在下一工作日送达。

3. 本合同(首部/附件/第1条)约定的地址、联系人及电子通信终端亦为双方工作联系往来、法律文书及争议解决时人民法院和/或仲裁机构的法律文书送达地址,人民法院和/或仲裁机构的诉讼文书(含裁判文书)向任何合同任何一方当事人的上述地址和/或工商登记公示地址(居民身份证登记地址)送达的,视为有效送达。当事人对电子通信终端的联系送达适用于争议解决时的送达。

4. 合同送达条款与争议解决条款均为独立条款,不受合同整体或其他条款的效力的影响。

【简单合同送达示范条款】

第×条　本合同首部当事人联系方式和联系信息(首部无联系信息的,可写为"当事人工商登记公示信息/公民身份证登记信息")适用于双方往来联系、书面文件送达及争议解决时法律文书送达。因首部联系方式和联系信息错误而无法直接送达的自交邮后第7日视为送达。

【送达条款约定注意事项】

1. 送达条款的设置目的在于确保合同履行便捷、高效;发生纠纷时能够说服裁判者已经尽到通知义务。简单合同应当在首部列明当事人的名称、地址、授权代表、联系方式或约定工商登记公示信息/居民身份证登记信息为送达信息;复杂合同中应当专项列明当事人的联系信息和文书的送达地址及方式。

2. 合同中的当事人应当明确约定关于电子送达的方式和方法,并明确约定电子送达产生与书面送达同等效力。电子送达形成后,送达人员应当及时保留相应的备份材料并保存截图,必要时应当公证送达或者进行送达行为公证。

3. 无法送达时的“视为送达”条款：因当事人约定的送达地址不准确、送达地址变更后未及时依程序告知对方和司法机关/仲裁机构、当事人或指定的接收人拒绝签收等原因，导致法律文书未能被当事人实际接收时，邮寄送达的，以文书退回之日或交邮后第7日视为送达；数据电文的送达遵循正确填写的主动方面与未被系统检索退回的被动方面相结合的方式确定。视为送达的判断标准应当尽量明确。

4. 对于数据电文的送达，尤其是在“互联网+”的大背景下，关于数据电文的送达，需要当事人结合《电子签名法》第11条、《联合国国际贸易法委员会电子商务示范法》第15条、《联合国国际合同使用电子通信公约》的有关规定，示范条款中对此并未进行全面阐述，但是基于正确填写、未被系统检索退回的合理义务，将其确定为视为送达。

5. 建议约定不低于两种的送达方式。尤其在适用电子送达时建议配合其他送达方式。但是在EDI（电子数据交换）等电子商务类合同中，对于数据电文送达约定应当更加准确。

6. 对于送达变更亦应当进行约定：如果当事人经合同确认的地址变更时，应在3日内及时通知他方当事人，对方当事人实际收到变更通知前作出的送达仍有效。为保证合同履行的效果，建议收到变更送达通知后，在变更方变更之日至对方收到变更通知之日期间发生的送达应当再次向新地址送达或与变更方确认是否收到。并且对于送达信息变更的送达不应适用“视为送达”条款。

7. 无论书面送达或者电子送达均应当说明适用于诉讼/仲裁程序法律文书送达。需特别注意的是，判决书、裁定书、调解书不应当电子送达。

8. 常用“工商登记信息”表述为“工商/企业信用信息登记公示信息”是因市场监督管理机关的工商登记办理与全国企业信用信息登记系统登记之间具有滞后性，精确为工商登记公示地址可免权利人的潜在风险和频繁调档之忧。

9. 合同存在多方当事人或者担保人、其他利害关系人的，送达条款的约定、签署应当适用于全部当事人。

10. 应当约定送达条款与争议解决条款效力独立于合同其他条款效力。

11. 在某一些具体合同义务中，建议明确排斥邮寄送达和电子送达,如建设工程合同中结算资料、委托设计中的设计图纸等,适用邮寄送达或电子送达,即便签收往往也不能实现合同目的。

12. 示范条款未列明实际送达,盖因法律已有明确法律规定,无须赘述。

【送达·法律规定】

1.《最高人民法院关于进一步推进案件繁简分流优化司法资源配置的若干意见》(法发〔2016〕21 号)第 3 条

2.《民事诉讼法》第 87 条

3.《最高人民法院关于适用〈中华人民共和国民事诉讼法〉的解释》第 135 条、第 136 条

4.《电子签名法》第 11 条

5.《联合国国际贸易法委员会电子商务示范法》〔1〕第 15 条(The United Nations Commission on International Trade Law Model Law on Electronic Commerce) Article 15

6.《联合国国际合同使用电子通信公约》〔2〕(United Nations Convention on the Use of Electronic Communications in International Contracts)

【致谢】

本文参考了"北京四中院"微信公众号发布的《北京四中院在全市率先发出司法建议 约定送达地址 解决"送达难"》一文,在此致谢。本文未尽内容,当事人可参照该司法建议。

---

〔1〕 该示范法不是国际条约,也不是国际惯例,一般情况下对当事方不具有普遍约束力,联合国国际贸易法委员会指定该规则的目的是向各国提供一套国际公认的标准,以供各国法律部门在制定本国电子商务法律规范时参考,促进使用现代通信和手段,诸如电子数据互换、电子邮件和传真。

〔2〕 时任中国商务部条约法律司副司长吴振国受权代表中国政府于 2006 年 7 月 6 日在美国纽约联合国总部召开的联合国贸易法委员会第三十九届年会上签署。

借条范本及借条书写注意事项

高杉峻 *

【按语】 在微信公众号兴起之前,该借条范本就已发布于笔者的个人微博之上,这些年来,该范本及书写注意事项广为流传(绝大部分转载或改编均未获得本人授权)并被参考使用,采用该借条中不同于传统借条的特殊表述作为关键词在中国裁判文书网中检索即可发现大量判决。但此点发现也说明,再好的借条范本本身也不足以阻止借贷双方发生纠纷,至多是能减少双方发生纠纷时的争议点。本次修订,根据《民法典》的最新表述和最高人民法院对借贷司法解释的最新修正,对相关用语做了调整。

亲戚朋友之间,金钱借贷在所难免。如采用条款详细、一式多份的借款合同,则更能全面防范法律风险;但日常生活中,由借款人向出借人出具简短的借条更为常见,因此,如何书写借条就非常重要。

根据《民法典》《民事诉讼法》《最高人民法院关于适用〈中华人民共和国民事诉讼法〉的解释》《最高人民法院关于审理民间借贷案件适用法律若干问题的规定》《最高人民法院、最高人民检察院、公安部、司法部关于办理非法放贷刑事案件若干问题的意见》等法律、司法解释、司法文件规定及法院案例,下面提供"借条"范本,并通过逐个字词详细注释的方式提示相关的法律风险点。

* 北京法律学者,「高杉 LEGAL」主编,微信 gaoshanlawyer。

【借条范本】

借　条[1]

为购买房屋[2],今收到[3]韩梅梅[4](身份证号:234……808)[5]以现金[6]出借的人民币捌万元整(¥80000.00)[7],借期陆个月[8],月利率佰分之壹(1%)[9],贰零贰壹年捌月拾日到期时本息一并还清。如到期未还清,愿按月利率佰分之壹点贰(1.2%)[10]计付逾期利息。立此为据。[11]

借款人:李雷[12]
(身份证号:765……117)
贰零贰壹年贰月拾日[13]

【注意事项】

[1]标题表明了该条据的性质,既防止借条持有者在借条正文上方添加内容,也防止借条持有者将借条篡改为数页合同的最后一页。标题应书写在纸张顶部,标题和借条正文间不留空行,理由同前。另外,由于发生过恶意借款人用褪色笔书写借条的案例,因此书写借条时由出借人提供黑色签字笔更为妥当。

根据《最高人民法院、最高人民检察院、公安部、司法部关于办理非法放贷刑事案件若干问题的意见》第1条的规定,出借人2年内出借10次以上,即有构成非法经营罪的初步刑事风险。

[2]"为……"表明借款的目的,以免一旦发生诉讼后借款人提出该笔借款系赌债、分手费等抗辩。另外,书写借条正文时应注意左右尽量靠近纸张边缘,不要留出太多空白,以防借条持有人添加内容。

[3]在民间借贷中,通常借条中写明"今借到某某多少元","到"字即表示所借款项已经实际交付,但一旦发生纠纷,借款人主张虽出具借条但未实际收到款项仍极为常见,为进一步避免此种诉讼风险,本范本采取了"今收到某某出借的多少元"此种较不常见的表述,以更加强调款项已经实际交付。

[4]此处写出借人姓名的全名。名字中的字有同音的多种写法的,应与身份证上记载的名字一致。客观上,中国有大量生意人名片上所印姓名与身份证记载姓名存在同音不同字的情况。

[5]出借人的姓名后应附身份证号(严格来说,身份证上相应表述为“公民身份号码”,但“身份证号”的表述更加常见且无歧义),因为同名同姓的人不在少数,而身份证号是唯一的,以避免之后就出借人是谁发生争议。

[6]“现金”表明出借的方式,如果并非现金而系银行转账,则应将此处的“现金”替换表述为“银行转账”,同时应保留银行转账凭据,且在转账时应在附言中注明“出借”二字。金额较大的借款,建议采用银行转账方式,以免之后发生诉讼时就是否实际交付款项发生争议。

[7]金额应既写汉字大写数字,也写阿拉伯数字,以避免之后就是否存在篡改发生争议;同时币种也要写明,且需特别核对汉字大写数字与阿拉伯数字的一致性。

[8]借期必须明确,以免因何时还款发生争议;借期也要大写。

[9]利率应写清是年利率或月利率,同样也要附大写,理由同前。同时,应注意按照最新修改的《最高人民法院关于审理民间借贷案件适用法律若干问题的规定》,法院支持的利率上限为合同订立时一年期贷款市场报价利率(LPR)的四倍(目前为年化上限利率为3.85%×4=15.4%,相应月利率为1.28%)。超出四倍的利率约定无效,出借人向法院请求支付超出部分的,法院不予支持。更重要的是,根据《最高人民法院、最高人民检察院、公安部、司法部关于办理非法放贷刑事案件若干问题的意见》第2条的规定,如约定超过36%的年利率,将存在构成刑事犯罪的初步法律风险。

另外,民间也常将利率表述为不规范的“月息几分”,如“月息一分”,一般指“月利率1%”(民间各地几分几厘方式的利息表达习惯并不一致),为避免不必要的争议,利率应采用“年利率×%、月利率×%、月利率×‰”等方式予以准确表述。

如果是无须利息的借款,则上述借条范本的正文部分可简化为:

“为购买房屋,今收到韩梅梅(身份证号:234567……0808)以现金出借的人民币捌万元整(¥80000.00),借期陆个月,贰零贰壹年捌月拾日到期还清。立此为据。”

[10]应在借条中写明高于借期利率的逾期利率(但逾期利率超过四倍LPR的,法院亦不予支持),此种表述亦能敦促借款人尽快还款;附大写的理由同前。

[11]“立此为据”作为借条正文的收尾，以免借条持有者在借条正文末尾添加内容，同时借条正文和借款人签字之间不留空行，理由同前。由于借条行文必须简短，因此借款合同中常见的管辖、纠纷解决方式等条款在本范本中均不作表述。

[12]在法律术语中，借款人仅指借入款项的人。借款人的姓名应写全名并与身份证记载姓名一致且附身份证号，理由同前，且出借人起诉立案时法院经常要求提供被告身份证号。同时应由借款人在手写的名字上按指印，否则一旦发生诉讼，就借条是否是借款人书写发生争议时，字迹鉴定的费用不菲，而且也不是每张借条上的字迹都具备可鉴定条件。如条件允许，借条最好书写在借款人身份证正反面复印件的上方。

另外，需要特别注意的是《最高人民法院关于审理涉及夫妻债务纠纷案件适用法律有关问题的解释》自 2018 年 1 月起施行，该解释确立了“共债共签”的原则，也就是说，夫妻一方举债，另一方未签字或未认可的，法院一般不认定为夫妻共同债务。该司法解释的内容亦为后续《民法典》第 1064 条所吸收。具体到借条出具的场合，如果债权人希望借款人的配偶一并承担还款责任的话，则需要求借款人的配偶在借条上借款人处一并签名并按指印。

[13]该日期应为所借款项实际支付的日期，并应大写，理由同前。借条末尾日期（或身份证复印件）以下的空白纸张最好裁掉，理由同前。另外，借条书写中如有涂改，应要求借款人在涂改处按指印，但要求借款人重新书写清洁无涂改的借条则更为妥当（借款人此时应特别注意作废借条是否已经彻底撕毁）。如条件允许，借款人应要求将借条原件复印一份留存（借款人至少做到手机拍照留存），并要求出借人在复印件上手写“以上复印件内容与借条原件一致”并签名确认，以防保存借条原件的出借人涂改借条。

【问题说明】

1. 问：为什么借条范本中不写管辖条款？

答：如果是借款合同，那么付款方式、管辖条款、地址确认条款、纠纷解决方式条款等必然一应俱全，但此范本的定位是借条，简短的借条，所以这些内容都从略了。另外，《最高人民法院关于适用〈中华人民共和国民事诉讼法〉的解释》于 2015 年 2 月施行后，大多数法院在实践中均支持出借人所在地法院对民间借贷纠纷具有管辖权。

2. 问：为什么要明确借期？不明确借期的话，可以随时主张，不会时效失权。

答：第一，诉讼时效的问题永远存在，不能避免，即便不明确借期，出借人首次主张还款后亦起算诉讼时效，一旦发生诉讼，则何时曾首次主张，仍然会是争议焦点，所以不如把借期写明确；第二，广泛查阅案例就会了解，实践中，法院单纯因时效问题而不支持出借人的，可谓罕见；第三，不约定借期，就无法约定比借期利率更高的逾期利率，而且高于借期利率的逾期利率也能督促借款人尽早还款；第四，不约定借期也与实际交易习惯不符，大多数民间借贷在出借时都会明确还款期限；第五，2017 年施行的《民法总则》和现行有效的《民法典》，将诉讼时效从原先《民法通则》规定的 2 年延长为 3 年，由此时效争议也会相对减少。

3. 问：现金或银行转账，何种还款方式更为妥当？

答：从有利于借款人的角度来说，银行转账一般更为妥当，毕竟汇款附言、单据、银行记录结合起来能充分证明已经还款。但从出借人的角度而言，如之前系现金出借但之后借款人用银行转账方式还款，则增加了出借人潜在的诉讼风险，比如有的恶意借款人可能主张早已现金还款、转账款项系其另行反向出借。

4. 问：借款本息一并还清之后，借条应如何处理？

答：用黑色笔画一个方框将借条全文框住并连接对角线打一个大叉，在借条方框下方手写“以上借条所涉全部本息已于 × 年 × 月 × 日还清”，出借人和借款人双方签字确认，并由其中一方保留该原件，另一方应将上述处理过的借条原件复印一份后留存并要求留存原件的一方在复印件上手写“以上复印件内容与借条原件一致”并签名确认（另一方至少应做到手机拍照留存）。传统上，有所谓还清借款后当场销毁借条的做法，但后续如发生纠纷，此种传统做法将导致无法向法院举示借条这一最重要的书证。

婚前协议范本及使用注意事项

邱　静*

【特别说明】

1. 本协议范本仅约定婚前、婚后财产的归属及简单的债务分担。

2. 本协议范本不对婚后双方如何分配家庭开支进行约定。

3. 本协议范本不对子女抚养权问题进行约定:关于身份关系的处理不适用与合同相关的法律法规,须考察解决纠纷当时哪一方更有利于子女健康成长,由双方协商决定或由法院处理,即便双方提前约定也鲜有法院完全依照婚前协议的约定来处理子女抚养问题。

4. 本协议范本主要考虑普适性的需求,内容设定相对简单,因此更适用于财产结构不太复杂的家庭,如双方财产类型多、价值大,则本协议并不适用,还请务必通过专业律师根据您的实际情况为您制定更为详尽、妥当的财产处置方案及婚前财产协议。

5. 本协议范本既不是针对任何人的法律咨询,笔者也不对直接使用本协议范本的行为承担任何责任。

6. 如您对本协议范本的条款有疑问、拿不准是否能直接使用,或者本协议范本不能帮助您解决具体问题,请付费寻求专业律师量身定作。

* 北京清律律师事务所合伙人律师。

【婚前协议范本】

婚前协议[1]

男方:【 】[2]

证件类型及号码[3]:【身份证】,【 】

女方:【 】

证件类型及号码:【身份证】,【 】

男、女双方系自由恋爱,并打算办理结婚登记[4]。现男、女双方经友好协商,自愿就结婚前及婚姻关系存续期间的财产相关事宜进行约定并签署本协议,以资共同遵守。

1 财产约定[5]

【可选择类型一:财产全部为个人所有、无婚后共同财产型】

男、女双方确认:双方结婚前及婚姻存续期间的财产,无论是何时以何种方式获得的,无论谁出资,无论婚姻关系存续期间是否有共同还贷、是否存在共同生产/经营/投资等任何情形,且无论另一方是否知悉该等财产的存在,各自名下登记的或者各自保管或掌握的一切财产,该等财产或者因该等财产产生的任何收益(包括但不限于孳息、自然增值、生产/经营/投资收益、交易所得对价),均为各方的个人财产,归各方单独所有,在任何时候都不属于夫妻共同财产。双方确认,除非另有书面约定或直接将财产登记在双方名下,否则双方在婚姻关系存续期间没有夫妻共同财产,双方对各自名下的财产均有完全自由、独立的处置权,对各自财产的处置无须征得对方同意,对方亦无权干涉[6]。

双方对财产的具体约定如下:

1.1 房产[7]

登记在【男方】名下的,位于【 】市【 】区【 】的房产(房产证号为:【 】),始终为【男方】个人单独所有,双方在婚姻关系存续期间偿还的购房贷款、在该房产上的任何投入及房产的增值、收益亦全部为【男方】个人单独所有,不属于夫妻共同财产。

1.2 车辆[8]

登记在【男方】名下的一辆【 】牌【轿车】(车牌号为:【 】,发动机号为:【 】),始终为【男方】个人单独所有,双方在婚姻关系存续期间偿还的购车贷款亦全部为【男方】个人单独所有,不属于夫妻共同财产。

1.3 基金/股票/理财产品[9]

【男方】在【 】开立的【 】账户及该账户中的全部资产,无论男方及女方对其进行何种操作、是否增加投资,结婚前及婚姻关系存续期间该账户内全部资产及任何收益均始终为【男方】个人单独所有,不属于夫妻共同财产。

1.4 股权[10]

【男方】持有的【公司名称】的全部股权,无论【女方】是否在婚姻关系存续期间参与经营管理,该股权及因该股权产生的分红、增值或其他任何收益均始终为【男方】个人单独所有,不属于夫妻共同财产。

1.5 本协议签署后产生的其他财产[11]

1.5.1 本协议签署后新产生的财产,如登记在男、女双方名下的,则按照登记的比例由男、女双方按份共有,未登记比例的为共同共有。

1.5.2 除本协议及将来双方以书面方式明确列明的归夫妻共同所有的财产以外,对于在本协议签署后在双方婚姻关系存续期间新产生的其他财产及其任何增值、收益等,无论另一方对该等财产是否有资金或者其他贡献,均全部为登记/保管/持有一方的个人财产,不属于夫妻共同财产。

1.5.3 双方尤其确认,在婚姻关系存续期间一方接受赠与或继承所得的财产,无论赠与协议或遗嘱中是否写明为赠与/遗留给一方所有,该等财产均为接受赠与/继承一方的个人财产,不属于夫妻共同财产。

【可选择类型二:财产部分为个人所有、部分夫妻共有型】[12]

男、女双方确认:除本协议中列明为双方夫妻共有的财产或者直接登记为双方共有的财产以外,双方结婚前及婚姻存续期间的其他财产,无论是何时以何种方式获得的,无论谁出资,无论婚姻关系存续期间是否有共同还贷、是否存在共同生产/经营/投资等任何情形,且无论另一方是否知悉该等财产的存在,各自名下登记的或者各自保管或掌握的一切财产,该等财产或者因该等财产产生的任何收益(包括但不限于孳息、自然增值、生产/经营/投资收益、交易所得对价),均为各方的个人财产，归各方单独所有，在任何时候都不属于夫妻共同财产。双方经约定同意，双方对约定为夫妻共有或者登记为共有的财产具有共同、平等的处置权，除此以外，双方对各自名下的其他财产均有完全自由、独立的处置权，对该等财产的处置无须征得对方同意，对方亦无权干涉。

双方对财产的具体约定如下：

1.1 房产[13]

登记在【男方】名下的，位于【 】市【 】区【 】的房产（房产证号为：【 】），无论出资情况如何，自双方领取结婚证之日起，该房产及所涉全部出资、增值、收益等均为夫妻共同财产。【男方】应当在领取结婚证之日起【 】日内办理完毕该房产的所有权人变更登记手续，将女方列为共同共有人。且无论【男方】是否已经按照约定完成所有权人变更登记手续，本条关于房产共有的约定不得因任何原因撤销，即双方均明确放弃任意撤销权。

1.2 基金/股票/理财产品

【男方】在【 】开立的【 】账户及该账户中全部的资产、收益，自双方领取结婚证之日起均为夫妻共同财产。

1.3 股权[14]

【男方】持有的【有限公司名称】的全部股权（包括已有的及将来可能增持的）对应的现金价值及因该股权产生的分红、增值或其他任何收益，自双方领取结婚证之日起均为夫妻共同财产。但【女方】特别同意：【女方】仅对股权对应的现金价值享有权益，任何时候不就上述股权主张股东身份及相应的身份权利，如【男方】将来依照各适用法律及公司章程的相关规定以任何方式处置其持有的全部或部分股权（包括但不限于质押、转让等），无须征得【女方】的同意；【男方】与其他方就该等股权签署的任何交易文件均不因【女方】的不同意见而归于无效，但【男方】因此所得的全部收益均为夫妻共同财产。

1.4 本协议签署后产生的其他财产[15]

1.4.1 本协议签署后新产生的财产，如登记在男、女双方名下的，则按照登记的比例由男、女双方按份共有，未登记比例的为共同共有。

1.4.2 除本协议及将来双方以书面方式明确列明的归夫妻共同

所有的财产以外，对于在本协议签署后在双方婚姻关系存续期间新产生的其他财产及其任何增值、收益等，无论另一方对该等财产是否有资金或者其他贡献，均全部为登记/保管/持有一方的个人财产，不属于夫妻共同财产。

1.4.3　双方尤其确认，在婚姻关系存续期间一方接受赠与或继承所得的财产，无论赠与协议或遗嘱中是否写明为赠与/遗留给一方所有，该等财产均为接受赠与/继承一方的个人财产，不属于夫妻共同财产。

2　债务约定[16]

2.1　双方共同确认，对于一方所负的债务，无论是婚前或婚后产生，在谁的名下则由谁全额承担，与另一方无关。

2.2　在婚姻关系存续期间，双方如因家庭共同生活或共同生产经营需要而发生的债务，必须有双方共同签字、确认愿意共担债务的书面文件方可视为夫妻共同债务，无双方共担债务的明确表示及共同签字的书面文件则视为个人债务，均由举债一方个人承担全部责任。

2.3　在婚姻关系存续期间，一方对外举债时必须向债权人明示本财产约定，告知债权人该债务系其一方个人债务，另一方不承担还款义务，因此产生的一切后果均由举债一方自行承担。

2.4　如经法院判决或调解等司法途径确认一方确需对外共同承担另一方的债务的，则该方在偿还债务后有权就己方承担的全部债务或者超过己方承担份额的部分向另一方追偿，另一方应在收到通知后的【拾】日内一次性支付完毕。另一方未能按期支付的，应按照本协议生效时中国人民银行授权全国银行间同业拆借中心发布的一年期贷款市场报价利率的肆倍计付预期付款违约金，并赔偿实际偿债一方因此遭受的一切损失（包括但不限于诉讼费、律师费、公证费、鉴定费、评估费、差旅费、保全费、保全保险费等）。[17]

3　其他

3.1　男、女双方共同确认，本协议的签署确系双方自愿，不存在任何欺诈、胁迫、重大误解等情形，双方均明确签署本协议的全部法律后果。各方签订本协议时已经明确全部的权利义务内容，并明确本协议是对哪些财产归一方个人所有、哪些财产归夫妻共同所有作出的夫妻财产约定。

3.2 如本协议生效后在执行中发生争议的，双方应协商解决，协商不成，任何一方均可向人民法院起诉。

3.3 本协议一式两份，男女各执一份，均具有同等法律效力。

3.4 本协议自双方办理完毕结婚登记之日起生效。

（以下无正文，为签字页）

男方（签字）[18]： 女方（签字）：

贰零贰壹年陆月壹日 贰零贰壹年陆月壹日

【注意事项】

[1]：①文中所有“【 】”内的内容，在实际使用时根据不同的具体情况准确填写相应信息。

②财产复杂、协议内容较多的，为便于阅读、避免内容被篡改，建议使用打印版的协议而非手写版。

③如果是手写协议，标题应书写在首页的纸张顶部，协议标题、正文间不留空行，且每一行左右都应尽量靠近纸张边缘，不要留出太多空白，以防止一方篡改协议内容。协议应确保字迹清晰、内容表述准确、意思表达完整、无歧义。

④协议无论是打印版本还是手写版本，都应在每页下方注明页码，格式为“第 x 页/共 y 页”；如协议内容超过一页的，双方均应在每一页的下面分别签字按手印，以防止一方恶意在中间加页。

⑤婚前协议中仅应对特定财产在夫妻关系存续期间是个人财产还是共同财产做陈述性表述，切忌使用诸如“离婚时财产归谁所有”之类的表述，避免被错误解读为是对离婚时财产如何分割作出的约定，否则依照《最高人民法院关于适用〈中华人民共和国民法典〉婚姻家庭编的解释（一）》第 69 条的规定，“当事人达成的以协议离婚或者到人民法院调解离婚为条件的财产以及债务处理协议，如果双方离婚未成，一方在离婚诉讼中反悔的，人民法院应当认定该财产以及债务处理协议没有生效，并根据实际情况依照民法典第一千零八十七条和第一千零八十九条的规定判决”。

[2]：协议中涉及的所有人名都应当是与其本人身份证、护照等有

效身份证件上所载名字一致的全名。

[3]:如果是中国公民,应附上本人的身份证号码,如果是非中国公民的,则应附上其他有效身份证件的名称及准确号码。

[4]:如双方已明确领取结婚证的时间及地点的,可在此写明具体信息,如尚未明确可不写。

[5]:一般对于婚姻财产的约定有3种类型:(1)财产全部为个人所有、无婚后共同财产;(2)财产部分为个人所有,部分为夫妻共同所有;(3)婚前、婚后财产全部为夫妻共有。考虑目前较为多见的使用场景,本协议范本选取了前2种约定财产类型提供参考。实际使用时请选择符合自己需求的类型即可。如约定婚前、婚后的财产一律为夫妻共有的,则根据本协议范本第1条中【可选择类型二】部分关于共有财产的相关表述进行调整即可。

[6]:本条款为针对婚前、婚后财产均为个人财产的概括性约定,即婚前、婚后一方名下的财产无论如何被处置、转化,无论另一方是否对该财产作出贡献(出资、共同管理经营等),该等财产在任何时候都不属于夫妻共有。签署此类协议时应谨慎确认文字表述、财产信息的准确性,结婚后也应注意自己资产与对方资产的隔离,避免混同(尤其货币资产)。

[7]:一方或双方有房产的,应写明房产是登记在谁的名下,准确填写具体坐落位置(以房产证记载的位置为准进行表述)、房产证号;尚未取得房产证的,应写明购房合同签署时间,并以购房合同上所列地址为准进行表述。有多套房产的,应分别列明。不存在购房贷款的,可将条款中的无关表述删除。如是借名买房,必须明确写明是借对方名义买房,登记一方不是实际产权人,同时建议最好另行签订书面的借名买房协议。

[8]:一方或双方有车辆的,应写明车辆是登记在谁的名下、车辆品牌、车牌号码、发动机号码。有多辆车的,应分别列明。不存在购车贷款的,可将条款中的无关表述删除。如是借名买车,应明确写明是借对方或借第三人名义买车,登记一方不是实际产权人,无论是借对方名义还是借第三人名义买车,建议都最好签订书面的借名买车协议。

[9]:一方或双方名下开立有基金/股票/理财产品账户的,应写明

基金/股票/理财产品的基本信息，并明确权属情况。

[10]：一方或双方为有限责任公司股东的，应写明标的公司的名称，由于是概括式对婚前、婚后的股权进行约定，因此可无须写明具体的股权比例。

[11]：对于协议签署时已存在或者已明确可取得的财产，可在婚前协议中列明财产基本信息及约定的归属，对于婚前协议签署后新产生的财产，可以做兜底约定。

[12]：本条款为约定部分财产为个人所有、部分财产为夫妻共有的类型，仅简要列举几种常见的、容易出现纠纷的财产种类。根据《民法典》第1065条的规定，“男女双方可以约定婚姻关系存续期间所得的财产以及婚前财产归各自所有、共同所有或者部分各自所有、部分共同所有。约定应当采用书面形式。没有约定或者约定不明确的，适用本法第一千零六十二条、第一千零六十三条的规定”，因此，在婚前协议中约定哪些财产为个人所有，其他财产为夫妻共有的类型相对简单，仅需依照本协议范本的相关表述，将约定为个人所有的财产一一列明即可，本协议范本对此不再作出示例。本协议范本仅约定列明的财产为夫妻共有、其他财产均为个人所有的情形。

[13]：适用于结婚前房产登记在一方名下、双方约定房产在婚后变为夫妻共同财产的情况。须提请注意的是，对于约定房产为夫妻共有，但结婚后原登记一方始终没有在房产证上加上另一方名字，离婚时该房产到底是个人财产还是夫妻共同财产的处理，目前各地法院存在大量同案异判的情形，因此该条款对于未登记为房产共有人的一方存在风险，签署该等协议后务必督促对方及时办理产权变更登记，同时建议可将婚前协议进行公证，或者在政策允许的情况下，结婚前即要求先行办理变更登记。

[14]：对于股权，可约定股权对应的现金利益为夫妻共同财产，一定程度限制另一方通过夫妻关系及夫妻财产分割制度对另一方经营公司产生影响。

[15]：请注意本协议范本的设定，是仅列明属于夫妻共有的部分财产，未列明财产的均为个人所有。如约定列明的财产为个人所有，那么未列明的财产将按照《民法典》第1062条、第1063条等规定来判断到底是夫妻共同财产还是一方个人财产。

[16]:本协议范本仅设定无共同债务的一种情形。为保障未举债一方的利益,本协议范本对夫妻共同债务的约定以是否共同签字为标准,在实际执行过程中,如发生需要配偶配合签署债权债务文件的,务必要仔细看清文件内容再签字。如需要将某些债务约定为共同债务的,应写明发生债务的原因、发生时间、债权人信息(应附上身份证号,如债权人是公司的,则应写明公司的准确名称、统一社会信用代码号)、债务总额、利率、还款时间、已偿还金额、剩余未偿还金额、甚至各自负担债务的比例、追偿条款等。

[17]:在本条款中应保障一方在实际为另一方承担了债务后有追偿的权利,以及负债一方的准确还款时间,以便计算逾期付款违约金,督促其按时付款。根据《最高人民法院关于审理民间借贷案件适用法律若干问题的规定》(2020 年第二次修正)第 25 条的规定及审判实践中法院的一般认定标准,逾期利率超过四倍 LPR 的法院不予支持,因此此处将付款方的逾期付款利率约定为四倍 LPR,双方也可直接确定一个逾期利率标准(如年利率 15%),但如超过婚前协议成立时的四倍 LPR 的,超过部分很可能不会得到法院支持。

[18]:双方应以正楷签字,同时按上手印,落款处的日期应以汉字的大写书写,写明签字当天的日期。

离婚协议范本及使用注意事项

邱　静*

【特别说明】

1. 本协议范本仅以一次性解决离婚财产分割为原则、以分割结果为导向。因此，笔者在财产分割的设定上并不考虑财产是婚前个人所有还是婚后共同所有，不考虑购买财产的具体出资情况，只要双方同意分割的财产，都可以写进本协议。另外，本协议范本不考虑一方对对方是否有隐匿财产的顾虑以及后续是否拟继续追诉的情况。

2. 本协议范本平衡了双方的权益，不偏袒某一方，尤其是子女抚养部分，更是从充分保障子女的权益出发而设定。因此，本协议范本仅供参考，完全不经思考地直接照抄全部条款有风险，使用需谨慎！

3. 本协议范本既不是针对任何人的法律咨询，笔者也不对直接使用本协议范本的行为承担任何责任。本协议范本仅是基于一套最简单、最利于执行的方案来设定的，因此，更适用于双方能够和平理性对待离婚、对抚养权及财产分割争议小、离婚后不考虑再互相追诉的情况，不适用于抚养权、财产分割争议大，尤其是离婚后还可能继续追索财产的情况。

4. 如您对本协议范本的条款有疑问、拿不准是否能直接使用，或者本协议范本不能帮助您解决具体问题，请付费寻求专业律师量身定制离婚协议。

---

* 北京清律律师事务所合伙人律师。

【离婚协议范本】

离婚协议[1]

男方:【 】[2]

证件类型及号码[3]:【身份证】,【 】

女方:【 】

证件类型及号码:【身份证】,【 】

男、女双方于【 】年【 】月【 】日在【 】市【 】民政局[4]办理结婚登记,现因夫妻感情确已破裂,已无和好可能,经双方协商自愿离婚,并就此达成一致意见订立本离婚协议,以资共同遵守。

1 子女抚养

1.1 直接抚养权

1.1.1 男、女双方育有一【子/女】,姓名为:【 】,身份证号为:【 】。[5]

1.1.2 男方同意女儿的直接抚养权归女方所有。[6]如男方主张直接抚养权变更的,应与女方协商一致并办理直接抚养权变更的公证,或者向有管辖权的法院提起抚养权变更诉讼,在双方就变更直接抚养权进行公证或者法院作出变更抚养权的生效裁判文书之前,女儿应与女方共同生活。[7]

1.1.3 男方应在双方领取离婚证之日起【 】[8]日内,配合女方将女儿户口迁移至女方名下,并将女儿的全部证件(包括但不限于出生证、身份证、护照、防疫登记证、保险合同等)交由女方保管。[9]

1.1.4 男、女双方确认,以下银行账户内现有资金共计人民币【 】元(￥【 】)[10],该等资金全部为女儿个人所有;另有归女儿个人所有的【生肖羊纯金吊坠壹个、纯金手镯贰副】。自双方办理完毕离婚登记之日起,该等资金、账户及前述物品均由女方代为保管及支配,男方应在领取离婚证之日起【 】日内将有关银行卡、存折等账户凭证及物品全部交给女方:[11]

账户名称:【 】

银行账号:【 】

开户银行:【 】

1.2 抚养费

1.2.1 男方自【办理完毕离婚登记当月】起，每月支付女儿固定抚养费（包括基础的医疗费、教育费）人民币【 】元（¥【 】），于每月的【 】日前支付完毕【当月/下月】抚养费，[12]直至女儿完成全日制学历为止[13]。男方在此特别同意，自双方领取离婚证之日起，每满【 】年，男方应当在前一年抚养费的基础上上调【 】%。[14]

1.2.2 如遇以下情形，男方自愿在1.2.1条约定的固定抚养费之外另行承担女儿因生活、学习等发生的大额支出，于费用发生后支付下一月固定抚养费时一并支付：[15]

（1）女儿报名参加兴趣班、辅导班、旅游及其他因女儿生活、学习所需一次性支出超过当时每月固定抚养费标准【3】倍的，超过部分由男、女双方各承担50%；

（2）女儿发生的医疗费用在通过社会医疗保险报销或商业保险理赔范围后，仍超过当时每月固定抚养费标准【2】倍的，超过部分由男、女双方各承担50%。

1.3 探望权[16]

1.3.1 男方每个月可以在不影响女儿学习、生活的情况下，探望女儿【 】次。男方应当提前【 】日通知女方，双方协商接送女儿的具体时间及方式。

1.3.2 如男方需要临时或春节探望的，可提前【 】日与女方协商，由女方依据女儿的学习、生活安排以及女儿的意愿确认是否同意。

1.3.3 在女儿愿意的前提下，女儿寒暑假期间，男方的探望次数和时间都可适当增加和延长，但最长应不超过【 】天，具体由女方依据女儿的学习、生活安排以及女儿的意愿另行协商确认。

2 财产分割

男、女双方在此共同确认：除本协议约定外，未在本协议中列明的财产，无论是婚前还是婚后以何种方式获得的，无论另一方是否知悉该等财产的存在，各自名下登记的或者各自保管或掌握的一切财产在离婚后均归各自一方单独所有，双方均放弃对对方名下登记的、保管的或掌握的其他财产要求分割或补偿的权利，并承诺在各方依照本协议的约定分割完毕财产或者履行完毕相应义务后，不会再就该等财产主张任何权利（包括但不限于所有权、居住权、使用权以及任何其他对财产进行处分、支配或者要求对财产或对应的财产价值进行分割、补偿的权利等)。[17]

2.1 房产[18]

2.1.1 登记在【男方】名下的,位于【 】市【 】区【 】的房产(房产证号为:【 】),离婚后该房产及房内全部家电、家具等均归【男方】单独所有,自双方办理完毕离婚登记之日起的剩余购房贷款全部由【男方】自行承担;【男方】就此房产向【女方】支付现金人民币【 】元(¥【 】)的折价补偿款,于双方办理完毕离婚登记之日起【 】日内一次性支付完毕。[19]

2.1.2 登记在【男方】名下的,位于【 】市【 】区【 】的房产(房产证号为:【 】),离婚后该房产及房内全部家电、家具等归【女方】单独所有,【女方】就此房产向【男方】支付现金人民币【 】元(¥【 】)的折价补偿款。【男方】应于办理完毕离婚登记之日起【 】日内配合【女方】办理完毕该房产的产权变更登记手续,将房产登记至女方名下,因办理产权变更手续所应支付的一切税费由【男女双方平均承担】,【女方】应于取得登记于本人单方名下的不动产所有权证之日起【 】日内一次性向【男方】支付该房产的折价补偿款。[20]

2.1.3 登记在【男方、女方】名下的,位于【 】市【 】区【 】的房产(房产证号为:【 】),双方同意于办理完毕离婚登记之日起【 】日内共同出售该房产,并就售房所得全部款项在扣除银行贷款、各项税费(如有)之后的剩余金额进行【平均分配】,于收款方每收到一笔售房款后的【 】日内支付给对方当次收款金额的50%。[21]

2.2 车辆[22]

2.2.1 登记在【男方】名下的一辆【 】牌【轿车】(车牌号为:【 】,发动机号为:【 】),离婚后归【男方】单独所有,自双方办理完毕离婚登记之日起的剩余购车贷款全部由【男方】自行承担;【男方】就此车辆向【女方】支付现金人民币【 】元(¥【 】)的折价补偿款,于双方办理完毕离婚登记之日起【 】日内一次性支付完毕。[23]

2.2.2 登记在【男方】名下的一辆【 】牌【轿车】(车牌号为:【 】,发动机号为:【 】),离婚后归【女方】单独所有,【女方】就此向【男方】支付现金人民币【 】元(¥【 】)的折价补偿款。【男方】应于办理完毕离婚登记之日起【 】日内办理完毕该车辆的所有权变更登记手续,将车辆登记至女方名下,因办理所有权变更登记手续所应支付的一切税费(如有)由【男女双方平均承担】,【女方】应于取得登记于本人单方名下的车辆登记证书之日起【 】日内一次性向【男方】支付该车辆的折价补偿款。[24]

2.3 现金及存款

2.3.1 双方共同确认:截至本协议签署时,男方名下现金及存款(含银行卡、未提取的住房公积金、医保账户等,下同)共计人民币【 】元(¥【 】);女方名下现金及存款共计人民币【 】元(¥【 】),双方同意在离婚后对前述现金及存款总额按照男方【 】%、女方【 】%的比例进行分割,由【男方】于双方办理完毕离婚登记之日起【 】日内向【女方】一次性支付人民币【 】元(¥【 】)。[25]

2.3.2 双方共同确认:各自名下的现金及存款(包括但不限于各银行卡、未提取的住房公积金、医保账户等)余额保持不变,归各自所有,除本协议另有约定外,任何一方不就对方名下的任何现金、存款、住房公积金、医保账户余额等主张任何权利。[26]

2.4 基金/理财产品

【男方】在【 】开立的【 】账户及该账户中对应的财产在离婚后归【男方】单独所有,【男方】就此向【女方】支付人民币【 】元(¥【 】)的折价补偿款,于双方办理完毕离婚登记之日起【 】日内一次性支付完毕。

2.5 股票

【男方】在【 】开立的股票账户中所持有的股票及对应的财产在离婚后归【男方】单独所有,【男方】就此向【女方】支付人民币【 】元(¥【 】)折价补偿款,于双方办理完毕离婚登记之日起【 】日内一次性支付完毕。[27]

2.6 股权

【男方】持有的【有限公司名称】的【 】%股权,在离婚后仍由【男方】单独持有并全部归【男方】单独所有,【男方】就此向【女方】支付人民币【 】元(¥【 】)的折价补偿款,于双方办理完毕离婚登记之日起【 】日内一次性支付完毕。[28]

2.7 股权期权

【男方】被授予了【公司名称】的【 】个股权单位/【 】%股权的期权,截至本协议签署之日,【男方】已获得前述授予期权总额/股权单位总额【】% 的归属，并将于【】年【】月获得另外【】% 的归属。就该等已归属和即将归属的股权期权，由【男方】向女方支付折价补偿款人民币【】元（￥【】），于双方办理完毕离婚登记之日起【】日内一次性支付完毕。【女方】在收到该等补偿款项后，放弃对男方被授予的全部股权期权主张其他任何权利，【男方】亦不得因之后未实际获得期权归属或未能成功行权等任何原因要求【女方】返还任何款项。[29]

2.8 其他财产约定[30]

2.8.1 男、女双方各自名下的其他财产、私人生活用品（包括但不限于衣物、化妆品、箱包等）及手表、首饰等归各自所有，在任何时候均互不要求分割。

2.8.2 鉴于【女方】在双方婚姻关系存续期间抚育子女、照料老人较多，因此双方经协商确认，由男方在前述财产分割之外，另行向女方支付补偿款人民币【】元（￥【】），于双方办理完毕离婚登记后【】日内一次性付清。[31]

3 债务分割

3.1 除本协议另有约定外，男、女双方确认在婚姻关系存续期间无任何共同债务。对于一方所负的债务，无论是婚前或婚后产生，在谁的名下则由谁全额承担，与另一方无关。如经法院判决或调解等司法途径确认一方确需对外共同承担另一方的债务的，则在偿还债务后有权就己方承担的全部债务向另一方追偿，另一方应在收到通知后的【】日内一次性支付完毕。[32]

3.2 男、女双方确认：因【购房】（房产坐落位置：【】，房产证号：【】）所需，以【男方】的名义于【贰零壹叁年陆月捌日】向【李三】（身份证号：【】）借款人民币【捌万元】（￥【80000.00】元），年利率为【10】%。截至本协议签订时，男女双方还有剩余【本金人民币伍万元（￥50000.00 元）及全部利息】未偿还，还款时间为【贰零壹捌年捌月捌日】。针对未偿还完毕的剩余本金及全部利息，男、女双方承诺在离婚后仍按照【50】% 的比例共同负担债务，任何一方实际向【李三】偿还的债务金额超出各自应负担的金额的，就超出部分，实际还款方可在偿还债务后向另一方追偿，另一方应在收到通知后【】日内一次性支付完毕。[33]

4 离婚后续事项[34]

鉴于目前男、女双方的户口共同登记于同一户口簿,【男方】为户主,【女方】同意在双方办理完毕离婚登记之日起【 】日内将户口迁出,否则应当按照本协议 5.3 条的约定向【男方】支付违约金。

5 其他

5.1 与本协议有关的各笔款项的支付,双方均同意以【银行转账】的形式进行。各方指定的收款银行账户信息为:[35]

男方:	女方:
账户名称:【 】	账户名称:【 】
银行账号:【 】	银行账号:【 】
开户银行:【 】	开户银行:【 】

如一方的银行账户信息有变动的,应当及时通知对方,否则付款方向对方的上述账户付款后,视为其履行完毕了相应的付款义务,一切后果由收款方自行承担。

5.2 针对本协议项下各笔应付款项,如付款方未能依约按时全额付款的,应当按照本协议生效时中国人民银行授权全国银行间同业拆借中心发布的一年期贷款市场报价利率的肆倍(以下简称肆倍 LPR)向收款方支付逾期付款违约金;在约定分期付款的情况下,付款方任何一期款项延期支付达【拾】日的,收款方有权要求付款方一次性支付完毕全部剩余款项,并自该期付款逾期第【拾壹】日起以剩余全部未付款项为基数、按照肆倍 LPR 的标准计收逾期付款违约金。[36]

5.3 一方迟延履行本协议项下除金钱给付以外的其他义务的,每迟延一日,应当向对方支付违约金人民币【 】元(¥【 】)[37],并赔偿对方因此遭受的其他损失(包括但不限于诉讼费、律师费、公证费、鉴定费、评估费、差旅费、保全费、保全保险费等)。

5.4 除非一方事先将信息变更事项书面通知另一方,否则以下约定的双方地址及电子通信终端为双方联系往来及争议解决时人民法院的法律文书送达地址,电子送达与书面送达具有同等法律效力。人民法院的诉讼文书(含裁判文书)向任何一方的以下地址或电子通

信终端送达的,视为有效送达:[38]

男方:	女方:
手机号码:【】	手机号码:【】
联系地址:【】	联系地址:【】
电子邮箱:【】	电子邮箱:【】
微信号码:【】	微信号码:【】

一方或人民法院根据上述方式所发出的信件,自信件交邮后的第7日视为送达;发出的短信/传真/微信/电子邮件,自前述电子文件内容在发送方正确填写地址且未被系统退回的情况下,视为进入对方数据电文接收系统即视为送达。

5.5 男、女双方共同确认,本协议书的签署确系双方自愿,不存在任何欺诈、胁迫、重大误解等情形。

5.6 如本协议生效后在执行中发生争议的,双方应协商解决,协商不成,任何一方均可向人民法院起诉。[39]

5.7 本协议自双方签字,并在婚姻登记机关办理完毕离婚登记之日起生效。

5.8 本协议一式叁份,婚姻登记机关存档壹份,双方各执壹份,均具有同等法律效力。

(以下无正文,为签字页。)

男方(签字)[40]:　　　　女方(签字):

贰零贰壹年陆月壹日　　　　贰零贰壹年陆月壹日

【注意事项】

[1]:①文中所有“【】”内的内容,在实际使用时根据不同的具体情况准确填写相应信息。

②由于离婚协议需交由婚姻登记机关备案,一式三份,一般内容也较多,因此为便于阅读、避免内容被篡改,建议都使用打印版的协议

而非手写版。

③根据《民法典》及《民政部关于贯彻落实〈中华人民共和国民法典〉中有关婚姻登记规定的通知》的相关规定，现行的自愿离婚的流程为：双方共同到婚姻登记机关提出离婚申请——30 天离婚冷静期——双方再次共同到婚姻登记机关申请发给离婚证，据此，离婚协议一般在申请发给离婚证的阶段提交婚姻登记机关（部分民政局可能要求在提出离婚申请阶段就提交离婚协议，但办理离婚证时还可修改并提交新版本的离婚协议），在婚姻登记员的见证下现场签署，以确认是双方自愿、真实的意思表示。婚姻登记机关不接受提前签署的协议，且提前签署但尚未在婚姻登记机关备案的离婚协议也并不具有法律效力。

④协议无论是打印版本还是手写版本，各方自己保留的版本都应当确保与交婚姻登记机关备案的版本一致，且应注意确认自己保留的版本是否已由婚姻登记员加盖“此件与存档件一致，涂改无效。××××婚姻登记处××年××月××日”的长方形印章。

⑤如果是手写协议，标题应书写在首页的纸张顶部，协议标题、正文间不留空行，且每一行左右都应尽量靠近纸张边缘，不要留出太多空白，以防止一方篡改协议内容。无论是全部手写的协议，还是直接在各婚姻登记机关打印好的格式协议范本上填写的协议，都应确保字迹清晰、内容表述准确、意思表达完整、无歧义。

⑥婚姻登记机关一般不接受带有涂改痕迹的离婚协议，因此协议中不要有涂改。确有涂改且婚姻登记机关同意接收的，双方均应在涂改处签字并按手印确认。

⑦协议无论是打印版本还是手写版本，都应在每页下方标注页码，格式为“第 x 页/共 y 页”；如协议内容超过一页的，双方均应在每一页的下面分别签字按手印，以防止一方恶意在中间加页。

[2]：协议中涉及的所有人名都应当是与其本人身份证或其他有效身份证件所载名字一致的全名。

[3]：如果是中国公民，应附上本人的身份证号码；如果是非中国公民，则应附上其他有效身份证件的名称及准确号码。

[4]：写明领取结婚证的时间和颁发结婚证的登记机关名称。

[5]：按照实际情况，写明是儿子还是女儿以及子女数量，如有多名子女的，则应分别写明子女的详细信息；姓名及身份证号均以有效

身份证件上所载的信息为准。

【特别提醒】:离婚协议中的子女抚养条款不可缺少。如子女均已成年且具有完全民事行为能力、无须双方再负担任何费用的,虽然不存在子女抚养的问题,本条也应表述为,“男、女双方育有一子,身份证号为:【 】,现已年满 18 周岁,无须双方再负担任何费用,不涉及子女抚养问题”;如双方没有子女的,本条应表述为,“男、女双方在婚姻关系存续期间未生养子女,不涉及子女抚养问题”,请注意此处一定要写为“未生养”,即包括了生育和领养两种情况。

[6]:为表述方便,本协议范本假定是双方育有一个女儿且直接抚养权归女方所有,请根据具体情形调整表述。有多名未满 18 周岁的子女的,应针对每一名子女分别写明直接抚养权的归属及抚养费的支付等问题。

[7]:在此明确了要改变子女与有直接抚养权的一方共同生活的状态,必须以双方协商一致并公证,或者法院作出的变更抚养权的生效裁判文书为准,此举能够最大限度地保证享有直接抚养权的一方与子女的共同生活权。

[8]:协议中涉及的有关时间、期限、数量的填空,均按照双方协商一致的实际情况,以汉字的大写填写具体的数字,如“叁日”“贰次”。

【特别提醒】:涉及付款时间或者履行义务时间的,期间应闭合,如应写为“自××起十日内付款/过户”,而不能写为“十日后付款/过户”。

[9]:现实中大量存在一方为了闹离婚或者争夺子女抚养权而拿走子女证件,致使子女无法正常入学、出行的情形,因此可以在协议中约定清楚拿走证件的一方应限期将证件返还给享有子女直接抚养权的一方(最好在办理离婚登记前即要求返还)。如果根据双方协商的财产分割方案,享有子女直接抚养权的一方需要向拿走子女证件的一方交付财产或者履行其他义务的,可以将返还证件与财产交付或其他义务结合起来,在协议中约定先还证件后交付财产或履行义务。

[10]:协议中涉及的钱款金额,由双方根据实际情况协商一致,并准确填写。落实到具体的表述上,应写明币种,既要写阿拉伯数字,同时也要写汉字的大写,以避免一方篡改,还应确认大小写金额的一致,如人民币叁万元整(¥30000.00 元)。

[11]:鉴于子女会经常收到亲友赠与的资金或其他贵重物品,现

在家长给子女开立账户的情形也比较多，因此，无论是以夫妻名义开立的单独或共管账户，还是以子女的名义开立的账户，都应明确该等资金或物品是子女所有而非夫妻共同财产，在此特别将这种情形单独列为一个条款说明。其中，现金及存款应写明总额，如有多个账户的，应分别列明账户信息；物品应准确表述其名称、基本特征及数量等信息。

[12]：参考《最高人民法院关于适用〈中华人民共和国民法典〉婚姻家庭编的解释（一）》第49条的规定，“有固定收入的，抚养费一般可按其月总收入的百分之二十至三十的比例给付。负担两个以上子女抚养费的，比例可适当提高，但一般不得超过月总收入的百分之五十。无固定收入的，抚养费的数额可以依据当年总收入或者同行业平均收入，参照上述比例确定”。在诉讼离婚的审判实践中，月总收入一般指按全年总收入计算的月平均收入，包括基本工资、各类奖金、住房公积金及其他因工作、经营产生的各项收入等；但在协议离婚时，具体的抚养费金额可由双方根据子女的实际消费水平和各自的收入状况进行协商，无须完全遵循上述标准。另外，还应准确写明支付抚养费的具体时间；如果经协商同意每年支付一次，或者一次性支付也是可以的，同样应准确写明应支付的总金额及具体时间。

[13]：抚养费一般应支付至子女年满18周岁，双方可协商延长至完成全日制学历的学习时止，有条件的还可以再延长，具体以双方的实际情况及子女的实际需求为准。针对子女年满18周岁后的抚养费，由男女双方在离婚协议中提前约定或者待子女成年后与子女协商一致均可，年满18岁之后的抚养费一般可直接支付给子女本人。

[14]：考虑物价上涨的因素，此处给予了直接抚养子女一方要求上调抚养费的权利，调整期限以及调整比例双方可协商处理。该条款并非必备，可以视情况删除该条，或者约定其他的调整抚养费的方式。

[15]：考虑到子女的教育需求，以及可能发生疾病、意外以及其他导致固定抚养费不足以负担的状况，此条中可以列举说明在某一些特殊情形下，不享有直接抚养权的一方需要另行承担的子女大额支出。具体而言，超过固定抚养费标准的必要的大额医疗费开支，依法本就应由各方另行分摊，但针对子女参加兴趣班、辅导班、旅游及其他生活学习的“非必要”“非基本生活”的大额开支，目前审判实践中绝大部

分法院执行的是需支付抚养费一方事先同意才支持的原则，因此，从保护支付抚养费一方的利益考虑，必要时本条第(1)点的表述可调整为："经男方事先同意的女儿报名参加兴趣班、辅导班、旅游及其他因女儿生活、学习所需一次性支出，超过当时每月固定抚养费标准【3】倍的，超过部分由男、女双方各承担50%。"更进一步，为保证大额支出另行负担的条件明确，在叙述清楚每一项具体事项的同时，还必须写明起算金额、应分摊的部分(是全额分摊，还是超过起算费用的部分才分摊)以及分摊比例(是各50%，还是按照其他比例分摊)；如果签署协议时不便确定起算费用的，也可以明确哪些事项的费用是由双方另行按照某一个比例承担(如子女长大后出国留学的费用)。

【特别提醒】：如何确定须另行分担的大额开支的起算金额：一方面大额开支不是每月都必然会发生，另一方面诸如兴趣班、培训班的费用虽是一次性大额支出，但实际是分摊到每个月使用的，因此合理来讲大额开支的起算金额应高于每月固定抚养费标准。考虑到每月固定抚养费可能上涨，如在协议中直接固定一个起算金额不太合理，因此，此处的大额开支起算金额暂约定为大额开支发生时的每月固定抚养费的一定倍数，具体几倍或是有其他计算方式，由双方视具体情况协商而定。

[16]：具体每月或者每周安排几次探望，探望时间是否有必要固定在每周的某一天，每次的探望时间多长(从几时到几时)，寒暑假是否直接约定一方可接走子女同住的最少、最多天数等，都可以由双方根据实际情况协商后在协议中约定清楚。如果探望时间具体约定到如每周星期六的上午9时到12时的，建议还应补充约定：因天气、生病等特殊情形导致当次探望无法进行的，双方另行约定探望时间。

针对子女抚养部分，如实际情况较为简单，双方的要求也不复杂或可和谐沟通，可采用以下精简版的基础条款：

"1　子女抚养

1.1　直接抚养权

男、女双方育有一【子/女】，姓名为：【 】，身份证号为：【 】。男方同意女儿的直接抚养权归女方所有。

1.2　抚养费

1.2.1　男方每月支付女儿固定抚养费人民币【 】元，于每月的【 】

号前支付完毕【当月/下月】抚养费，直至女儿完成全日制学历为止。

1.2.2 女儿发生的医疗费用在通过社会医疗保险或商业保险理赔后仍超过人民币【 】元的，以及经男方事先同意的女儿因生活、学习发生的其他大额一次性支出超过人民币【 】元的，超过部分费用由男、女双方各承担【50】%，男方于费用发生后支付下一月固定抚养费时一并支付。

1.3 探望权

男方每个月可以在不影响女儿学习、生活的情况下，探望女儿【 】次。男方应当提前【 】日通知女方，双方协商接送女儿的具体时间及方式。”

[17]：本协议范本设定的财产分割条款，是一律按照双方最终协商一致的财产分割方案进行表述，仅列明拟分割的财产，未列明的财产视为放弃分割，双方互不再主张权利，在谁名下或在谁控制下离婚后就归谁单独所有，其中也包括一方可能隐匿的财产在离婚之后也不再分割。因此，如拟直接使用本协议范本的，请务必将所有想要分割、可以分割的财产都在本条款中列明，避免事后再想要追诉时可能遭遇败诉的结果；如认为对方可能隐匿财产并且想要事后找到线索再追诉的，不可使用本条款，并应在协议中添加对于隐匿财产进行追诉的后果。

[18]：房产分割条款，应写明房产登记在谁的名下，准确填写具体坐落位置（以房产证记载的位置为准进行表述）、房产证号以及具体分割方案。有多套房产的，应分别列明。本协议范本在房产分割的条款中列举了常规的三种分割情形，以下将具体说明，如果其中不存在购房贷款的，或者无须向对方支付折价补偿款的，可将条款中的无关表述删除；双方约定其他分割方法的，建议从有效性、可执行性、潜在风险等各方面综合考量后在协议里约定清楚。

【特别提醒】：针对一方婚前以个人财产全款购买、登记在自己一方但婚后才取得产权证的房产，法律性质上为登记一方的婚前个人财产，离婚时如果产权不转移给对方，理论上是可以不写进离婚协议的。但考虑到目前办理房屋出售、抵押登记、继承等事项时相关部门形式上是以产权证登记时间来审查房产是否属于夫妻共同财产，并以此判断个人是否有权单独处理，因此，为便利房产登记一方在离婚后各项手续的办理,避免对方不配合出具证明甚至可能再通过诉讼解决的风险,最好在离婚协议中明确该房产为登记一方个人所有。

[19]:本条款适用于房产登记在一方名下,离婚后房产仍归登记一方所有,得房一方给对方折价补偿款的情形,应准确写明补偿款的金额及支付时间。

[20]:本条款适用于房产登记在一方名下或双方名下,离婚后房产归未登记一方所有或者归其中一方所有,得房一方给对方折价补偿款的情形,应准确写明补偿款的金额、支付时间、办理房产过户的期限以及产生的税费由谁负担。为避免一方拒绝配合办理过户的风险,此种情况下,建议最好协商一致在办理离婚登记前先行完成房产过户,离婚协议中可直接按照过户后的登记情况表述清楚房产归属。

【特别提醒】:针对离婚时还没有还完贷款的房产、夫妻双方共同为贷款人/担保人的房产,目前绝大多数银行都很难办理贷款人变更手续,导致无法在不动产登记管理部门办理过户手续,因此,如果离婚时拟分割、过户的房产尚有贷款未还清的,务必要与贷款银行及当地不动产登记管理部门核实清楚是否可以办理房产过户以及具体要求,避免离婚协议约定了房产过户但实际无法执行的情形发生,使得房一方权益得不到保障而另一方还将承担违约责任;如果没还完房贷、确实无法办理过户,则建议双方另行协商一个使得双方权益能确切落实的妥当分割方案,如出售房产后双方分割售房款。

[21]:本条款适用于房产登记在一方或双方名下,双方同意在离婚后将房产出售并就售房价款进行分割的情形,应写明出售房产的限期、应扣除的费用项目、售房款的分配比例及支付时间等。双方还可以在本条中约定售房的保底价款,低于该价格的不卖,双方再另行协商分配事宜。为避免一方拒绝配合出售房产的风险,此种情况下,建议最好协商一致在办理离婚登记前先出售房产,办理离婚登记时直接分割售房款。

【特别提醒】:在卖房分售房款的情形下,如果房产是登记在一方名下(如男方)的,建议在离婚前就将房产出售,取得售房款后再办理离婚登记手续,双方在离婚协议中约定对相应现金/存款进行分割,以便于执行。如只能在离婚后出售房产的,注意还应在本条中补充约定,"如男方未能在前述期限内成功售出该房产的,或者男方出售总价款低于人民币【 】元的，则女方有权要求男方在前述期限届满后的【 】日内向女方一次性支付折价补偿款人民币【 】元，女方在收到该等补偿款项后，放弃对该房产主张任何主张”，或者双方协商妥当其他的替代/补偿方案后，在协议中约定清楚。

［22］：对于车辆分割条款，应写明车辆是登记在谁的名下、车辆品牌、车牌号码以及具体分割方案。有多辆车辆的，应分别列明。本协议范本在车辆分割的条款中列举了常规的二种分割情形，以下将具体说明，其中如果不存在购车贷款的，或者无须向对方支付折价补偿款的，可将条款中的无关表述删除。

［23］：本条款适用于车辆登记在一方名下，离婚后车辆仍归登记一方所有，得车一方给对方折价补偿款的情形，应准确写明补偿款的金额及支付时间。

【特别提醒】：受限购政策的影响，现实中大量存在借用他人名义购车的情形，如涉及这种情形的，该条的表述可以调整为：“于【 】年【 】月【 】日登记在第三人【 】（身份证号：【 】）名下的一辆【 】牌【轿车】（车牌号为：【 】，发动机号为：【 】），实际为男、女双方婚后借第三人名义购买，该车辆离婚后归【男方】单独所有，自双方办理完毕离婚登记之日起因该车产生的一切费用及责任由男方自行承担。【男方】就此车辆向【女方】支付现金人民币【 】元的折价补偿款，于双方办理完毕离婚登记之日起【 】日内一次性支付完毕。”但同时，也有部分婚姻登记员认为离婚协议中不得对第三人名下的财产进行约定和处置，要求删掉此类条款才予以办理离婚登记，因此，如出现这种情况且最终确实无法争取写进离婚协议的，建议在备案登记的离婚协议中删除关于第三人名下财产的约定后，双方当场立即就删除部分的财产约定另行签署一份离婚协议的补充协议。

［24］：本条款适用于车辆登记在一方名下，离婚后车辆归另一方所有，得车一方给对方折价补偿款的情形，应准确写明补偿款的金额、支付时间、办理车辆过户的期限以及过户的税费（如有）由谁负担。

【特别提醒】：机动车限购政策可能导致离婚协议中有关车辆过户的约定在办理完毕离婚登记手续后实际无法操作，登记一方无法成功将车辆过户至不具备购车指标的一方。因此，建议在办理离婚登记手续之前先向当地交管部门咨询配偶间车辆过户的政策，在政策允许的情况下,尽量于办理离婚登记手续前就将车辆过户完毕,然后再根据最终的车辆登记情况,在协议中表述清楚车辆的分割方案。

[25]:本条款适用于需要对现金及存款进行分割的情形,应写明拟分割的总额、各自名下的金额(如果涉及国外账户或外币的,也应分别列明相应的币种及金额)、分割比例以及应付款一方的准确付款金额、支付时间。

【特别提醒】:各自住房公积金账户、医保账户中的未提取余额,也可以一并在本条中以存款的形式进行分割。

[26]:本条款适用于没有现金、存款,或者有现金及存款但双方同意不就对方名下的现金及存款进行分割的情形,因此,无须写明各自名下拥有多少金额。

[27]:2.4 条、2.5 条均适用于一方或双方名下都开立有基金/理财产品账户或股票账户,且账户的归属及账户内对应的财产不发生变化,账户持有者给另一方折价补偿款的情形,补偿款的标准可视离婚当时的账户内现值或者双方共同认可的其他价值来进行确认。如协商其他分割方案的,据实表达清楚即可,但请注意应事先与相关单位、部门落实具体的操作规定,避免约定实际无法执行的情形。

[28]:本协议范本中仅简单约定了股权不发生转移,而由股权持有一方给另一方折价补偿款的情形,补偿款的标准可视离婚当时的股权市值或者双方共同认可的其他价值来进行确认。如果有其他分割方案的,应当据实表述清楚。如一方要求持股一方向其转让股权的,需要考虑公司其他股东的优先购买权等障碍,还应约定清楚办理股权转让登记的期限、股权转让最终无法成功兑现时持股一方需要给予的折价补偿款金额及支付时间等内容。公司名称应当以工商行政部门登记的名称为准进行表述;持有多家公司股权的,应分别表述清楚。

[29]:由于股权期权并非一种现实的财产权益,能否通过顺利行权而获得实际收益、实际收益多少都具有不确定性,取决于获得期权一方与其公司约定的行权条件是否成就,因此,如果双方无法在离婚协议中就股权期权的分割达成一致意见,势必要待获得期权一方行权成功后,另一方再协商或起诉要求分割婚姻存续期间对应的财产权益,而此时非行权方很难准确掌握对方是否成功行权以及实际收益等具体信息,事后再要求分割这部分财产的成本和风险极高。基于此,

建议双方可对一方已获得归属但未行权，或者即将获得归属的股权期权进行估价后，协商一个一次性解决的折价补偿款金额，直接在离婚协议中约定清楚，避免事后主张的各种障碍和风险。

[30]：如果还有其他财产需要分割的，如数字货币、具有一定价值的游戏账号、合伙企业份额、价值较高的手表、首饰、古董字画等，应分别写明财产的种类、数量，双方认可的财产价值、分割方案，金钱或者物品交付的时间等内容。

[31]：《民法典》第1088条规定："夫妻一方因抚育子女、照料老年人、协助另一方工作等负担较多义务的，离婚时有权向另一方请求补偿，另一方应当给予补偿。具体办法由双方协议；协议不成的，由人民法院判决。"据此，双方可以在离婚协议中特别约定相应的补偿金，准确表述补偿金总额、付款方式及付款时间即可。

[32]：本条款适用于双方没有婚后共同债务（包括信用卡欠款、各类网贷等），或者均同意各自负担各自名下债务的情形，在本条款中应保障一方在实际为另一方承担了债务后有追偿的权利，以及负债一方的准确还款时间，以便计算逾期付款违约金，督促其按时付款。

[33]：本条款适用于有婚后共同债务且双方愿意共同负担的情形。应详细列明由双方共担的债务情况，如发生债务的原因、发生时间、债权人信息（如债权人是个人的，应附上身份证号，如债权人是公司的，则应写明公司的准确名称、统一社会信用代码号）、债务总额、利率、还款时间、已偿还金额、剩余未偿还金额、离婚后各自负担债务的比例、追偿条款等。

[34]：除了子女的抚养权、财产分割以外，如果双方对于离婚之后还有其他事项安排的（如是否需要一方限时搬离某住所/迁移户口、夫妻之间或者与对方父母间债权债务的解决等），都可以在本条中分别列举说明，但本条款并非必须条款。本协议范本仅举例说明了一方需迁出户口的约定。

[35]：应写明各方的收款账户信息，如有变化的，需要及时通知对方，否则不良后果将由己方承担。

[36]：根据《最高人民法院关于审理民间借贷案件适用法律若干问题的规定》（2020年第二次修正）第25条的规定及审判实践中法院的一般认定标准，逾期利率超过四倍LPR的法院不予支持，因此此处

将付款方的逾期付款利率约定为四倍 LPR,双方也可直接确定一个逾期利率标准(如年利率 15%),但如超过离婚协议成立时的四倍 LPR 的,超过部分很可能不会得到法院支持。

[37]:此处的违约金是针对逾期交付物品、材料,逾期办理某事项等情形设定的,具体的每日违约金标准可视条款中需要约束的事项重要性及价值情况而定,如 100 元/天、1000 元/天等,法律及司法实践中目前并没有统一的指导标准,但注意如果约定的标准较高的,在诉讼中极有可能被法院调低。

[38]:应写明各方的联系方式,保证一旦发生一方违约时,守约方可以通过协议约定的有效联系信息通知对方,同时明确约定双方接受电子送达,以保证将来发生诉讼时,法院能够及时、有效地完成送达,避免因无法送达被告而公告导致审判流程的长期拖延。另外,向约定的联系信息发出的各项通知,是能够证明事实情况、守约方主动行权、保证诉讼时效无瑕疵等的重要证据。

[39]:如果离婚后因一方未履行离婚协议所约定的财产交付义务而发生纠纷,属于最高人民法院《民事案件案由规定》中的"离婚后财产纠纷",《最高人民法院民事案件案由规定理解与适用(2011 年修订版)》一书解释此类案件的管辖机构是"被告所在地人民法院"[1],但针对当事人在离婚协议中关于由被告所在地以外的人民法院管辖的约定是否有效,各地法院的实践处理仍有不同。因此,为了使得本协议范本的通用程度更高,此处仅简单约定"可向人民法院起诉",如果当事人有进一步关于管辖约定的强烈需求的,可以咨询当地的律师,了解当地的实践情况之后再确定管辖。

[40]:双方应以正楷签字,并同时按上手印,落款处的日期应以汉字的大写书写,写明正式办理离婚登记当天的日期。

〔1〕 最高人民法院民事案件案由规定课题组编著:《最高人民法院民事案件案由规定理解与适用(2011 年修订版)》,人民法院出版社 2011 年版,第 63 页。

遗嘱起草指要

陈 汉*

一、前言

在中国大陆,遗嘱起草可能是一个被律师界忽视的业务领域。可能的原因有二:第一,公证界承担了诸多的遗嘱起草工作,并且保持低调吝于宣传;第二,部分人士认为遗嘱起草是一件简单且无技术含量的事情,无须聘请专业人士,自己动手写了。当然,遗嘱起草责任重大而收费低廉(特别是对比公证处的收费后),大部分律师不屑于开展此项业务,可能也是原因之一。

但司法实践告诉我们,仅仅就效力而言,在司法审判中被认定为无效的遗嘱比比皆是,远远高于合同被认定无效的比例。这反过来说明:起草遗嘱可能并不是一项毫无技术含量的工作。

就本人有限的观察而言,中国大陆大部分遗嘱都非常简单。这部分源于中国传统文化忌讳遗嘱,因此立遗嘱之人平均年龄偏大,此时各种不确定性已经很少,确实无须复杂的遗嘱规划安排。但随着青壮年企业家、职业经理人群体逐步意识到遗嘱的重要性,笔者预测复杂且个性化的遗嘱慢慢会成为律师业务的关注点之一。随着中国《民法典》确认了遗产管理人的法定职责,复杂遗嘱得到执行的概率也进一步增大。

本文从中国实体法的角度来分析相对复杂的遗嘱起草的一些常见技术性问题。为了行文方便,将遗嘱继承人与受遗赠人统称为"受益人",当然这不是一个正式的术语,特此说明。

---

* 中国政法大学副教授。

二、遗嘱的结构化类型

普通人订立遗嘱的首要目标,是避免法定继承中的“粗暴的平均主义”,进而希望区别对待。当然,遗嘱除此之外尚有其他功能,本文在此不再赘述。

根据遗嘱受益人之不同,可以将遗嘱进行以下类型化。

1. 单一受益型

这是最简单的一种类型,即确定所有的遗产由一位继承人(或者受遗赠人)继承(或受遗赠)。对于此类遗嘱,通常需要注意以下事项:第一,是否确定受益人会晚于遗嘱人过世。如无法确定,则建议设立替补顺位。第二,受益人获得的财产是否确定为其个人财产(而非夫妻共同财产)。第三,评估是否会产生《民法典》关于特留份保留的风险。整体而言,这是一种相对简单的遗嘱。比如某夫妻分别写遗嘱,明确自己如果早于配偶去世,则所有的财产归生存的配偶,确保老有所依。

2. 比例受益型

即确定若干受益人之间按照特定比例取得遗产,如已经结婚的儿子与未婚的女儿之间按照 1∶2 的比例分配遗产,理由是儿子结婚之时已经获得过部分家庭财产。比例受益型遗嘱所需要注意的事项,与上文单一受益型类似,不再赘述。比例受益型听起来很美,但是实务中会出现若干问题:如果有 2 套房产,按照 1∶2 的比例,其实是很难划分形成物尽其用的结局;并且对于非现金资产如何折价,也往往会产生争议。因此,比例受益型主要适用于现金等金融资产及股权、股票等资产,对于房产、艺术收藏品等并不太友好。

3. 复合受益型

即在多个受益人之间,不是按照固定比例分配遗产,而是部分人取得固定数额,其他人取得剩余遗产。此类型最能满足个性化分配的需求,同时此类型的设计,需要律师具有丰富的生活经验和条款表述技巧。复合受益型的遗嘱具体类型很多,下文仅举个别案例说明:

(1)固定数额 + 余额型。某女士订立遗嘱,其核心内容:该女士的妹妹获得固定的 500 万元,剩余的遗产归自己的两个孩子按照 1∶1 的比例继承;并且约定如果遗产总额不到 2000 万元,则执行其他分配方案。

(2)递增型浮动数额+余额型。某签署了婚前协议执行夫妻分别财产制的再婚的企业家订立遗嘱,其核心内容:婚姻每多存续一年,配偶的继承数额就增加100万元,直至上限2000万元;父母及直系晚辈亲属则依据其他设定规则取得剩余遗产。

(3)递减型浮动数额+余额型。某兄弟姐妹众多的高净值人士,考虑到如果其早于父母去世,那么一方面父母还有被赡养需求,另一方面父母也不需要太大数额的遗产,因此在遗嘱中确定核心规则如下,其故去之时如果父母尚健在的话,以70岁为基准确定×万元:如果其故去时父母不到70岁,每人每年增加20万元;如果其故去时父母大于70岁,每人每年扣除10万元。

(4)激励型。激励型包括正向激励与逆向激励两种类型。正向激励的案例很多,如在遗嘱中注明:如果遗嘱人生前久病在医院,陪护其最多者可以先从遗产中取得100万元,剩余部分按照特定规则在其他继承人中分配。又如,在鼓励生育的东南某地,一位资产庞大的企业家的遗嘱的核心条款为:3个儿子根据各自生育的第三代的数量,按比例分配遗产。也可以根据特定的情形设定逆向激励的分配条款。

4. 顺位受益型

所谓顺位受益型,是指在指定的若干受益人形成先后顺位关系,根据遗嘱生效时受益人的具体状况来确定遗嘱分配规则。此项安排,主要是为了避免(部分)受益人早于遗嘱人死亡而遗嘱人未能及时更新遗嘱,造成遗嘱意愿的落空。例如,某家族企业创始人对其家族企业的股权继承安排如下:第一顺位的继承人是儿子。如果遗嘱人去世之时儿子已经先去世或者陷入无行为能力状态,则由成年的孙子继承,此为第二顺位。如果此时孙子尚未成年,则由孙子与女儿按照4∶1的比例继承,此为第三顺位。后面还有第四顺位与第五顺位的安排。顺位继承对防范家族企业的股权稀释及外流具有重要意义。

遗嘱并不是一个简单地将遗产给谁的问题,需要根据受益人的年龄、身体状态等,作出不同的安排。除了单一受益型,笔者将其他类型称作结构化遗嘱。结构化的遗嘱,有助于真正实现遗嘱人的诉求,真正实现个性化的遗嘱。上文列举的,仅仅是结构化遗嘱之部分,复合受益+顺位受益组合的类型很多,本文在此无法穷尽列举。

结构化的遗嘱,除了满足个性化需求之外,还能避免遗嘱未能执行的风险。此项风险往往源于受益人的情况与遗产的情况在遗嘱生效之时已经发生了重大的变化。例如,受益人已先于被继承人去世了;或者预计的遗产数额大大少于当初的预估。例如,在上文中固定数额+余额型遗嘱举例中,如果最终总遗产数额少于预期,那么给遗嘱人之妹妹的遗产份额即500万元可能会多于给自己孩子的份额,这显然不符合遗嘱人最初的设立目标。因此,需要做备选的方案。又如,如果不设立顺位,遗嘱中列明的继承人先去世了,那么只能按照法定继承处理,设立遗嘱的目标落空,即使遗嘱本身的效力并无瑕疵。

三、表述技巧

在设立复杂的结构化遗嘱之时,遗嘱人往往希望设立一些贯彻其价值观的条件,此时对这些条件的技巧性表述显得尤为重要。

例如,当事人在遗嘱中设定某些条件以便贯彻其价值观,这属于很常见的安排。如果这些条件涉及人身、宗教、性别、性取向、婚姻(再婚)、生育等,那么技巧性的表达尤为重要。这主要源于我国对法律行为的条件存在立法空白,特别是在"将人身关系作为取得财产多少的条件"的法律效力并无明确的规定且存在诸多争议的情况下,谨慎地避免任何"违背公序良俗"或者任何涉嫌歧视性的条款。例如,表述成"房产归配偶终身居住,但是她不得再婚",极大概率会被认定为无效;但如果表述成"房产归配偶附条件居住,至其再婚重组家庭为止",则大概率会被认定为有效,因为并未限制配偶再婚,而是将配偶(如)再婚设定为解除条件。

除了公序良俗与婚姻自由,其他的法律规定及登记可能性也需要考虑。例如,如在遗嘱中约定"股权的收益权归儿子,投票权归我姐姐"这样的表述,可能符合当事人希望家族企业投票权集中在成熟的人士而财富(收益权)归属于后代的考虑,但是这样的"投票权"是无法登记的,儿子不主动配合是难以获得保障的。但如设定为"股权由儿子继承,但附有将股权的投票权无偿委托给我姐姐的义务;如未履行上述义务,则股权由儿子及我姐姐各获得50%的份额",那么儿子有动力去授予此项投票权。总之,一些特殊的安排,是考验一个专业人士法律功底与水平的试金石。

四、结语

评判专业人士的遗嘱起草水平，要看其是否能为客户设计出满足其个性化需求的遗嘱，兼顾财富传承与财富分配，对于民营企业家则更需考虑企业的整体利益与家人的利益的平衡。客户订立遗嘱，本身就意味着其接受了“人生可能发生小概率不幸事件”，因此，专业人士有必要引导并告知客户各种可能性，即使是超小概率的可能性。

商业谈判与合同签署

十招提升律师谈判技能

娄曹军*

每一个律师在执业生涯中,必定会遇到交易谈判或和解谈判。谈判是一个心理战,更是一个技术活。能够熟练运用谈判技巧的律师才能赢得客户的赞许。本文试图从笔者的个人经验出发,和大家探讨一下谈判中可以反复运用的技能。

一、可软可硬,能屈能伸

(一)如何应用

总体而言,谈判者的策略或者风格可以划分为强硬派和温和派。前者指那种作风强硬,坚守立场,绝不轻易退让或妥协的谈判者。后者指那种作风温和,灵活多变,试图寻求共赢的合作型谈判者。

两种谈判风格具体区别表

区别＼派别	温和派	强硬派
谈判目标	获得协议	获得胜利
如何看待谈判对手	朋友	敌人
对待对手和分歧点的态度	柔和	强硬
如何看待让步	让步可以建立良好关系	对方让步是和谈的基础
立场	灵活多变	坚守不变
出招	灵活提议,斗而不破	威胁恐吓,极限施压
努力的方向	寻找双方利益最大化	寻找己方利益最大化

* 上海法务,微信 elylewiston。

续表

派别 区别	温和派	强硬派
如何看待谈判本身	寻找中间平衡点	寻求意志力博弈的胜利
谈判底线	信任对方,会适当透露自己的底线	不信任对方,迷惑对方己方底线,即使身后还有退路

温和的谈判策略是笔者比较倾向的谈判方式。其优点在于,从统计学上来说,其能够带来更大概率的和谈成功。其缺点在于,温和派在遇到强硬派对手时,可能会为了达成协议,作出更多的让步。现实中,谈判桌上的温和派比强硬派要多很多。

强硬派的优点是,如果谈判达成一定的协议,强硬派的谈判者一般会因为固守立场而更容易比温和派获得更多的利益。强硬的谈判风格的缺点从统计上来说是更容易使得谈判陷入僵局,制造紧张气氛与互不信任。过于强硬的风格对于与谈判对手的后期继续合作是非常不利的。一般而言,在谈判桌上谈判筹码更多的人适合使用这个策略。

(二)如何应对

以上的这种划分法只是相对理想化的二元划分方法。每一个人在谈判过程中既可以在某些时刻强硬,也可以在适当时机表现温和。实际上,我们认为一个成功的谈判者应当懂得变通,在适当的时候在两者不同的谈判风格中游离,方可出奇制胜。这里我们需要谈论谈判桌上的三种情形:(1)当两边都是温和派时,双方可能更容易实现双赢的和谈结果。(2)而当温和派遇到强硬派对手的时候,温和派一定要有限度地透露信息和作出让步,在对方没有作出同等级别回应的情形下,需要适当改变自己的策略偏向强硬,避免被对方过度利用自己的友好,以强硬逼迫对方作出同等的让步。另外我们可以私下里告诉对方的其他谈判对象,对方的某一个特别强硬的人可能会使得谈判破裂,双方应该想办法将这个人从谈判中去除或降低其对谈判的不利影响。(3)当两边都是强硬派的时候,那么和谈破裂的几率会急速上升,这个时候需要提醒对方双方都要适当地调整自己的强硬度以期获得和谈。在对方极度强硬也不退让的时候,己方需要仔细评估无和谈的替代方案 BATNA（Best alternative to a negotiated agreement）对自己是否有利，是否需要结束和谈还是选择接受对方的方案。

二、漫天要价，拦腰折扣

（一）如何应用

每一个谈判都需要其中一方摆出第一个 Offer（要约或者提议）。如果可能，我们应该掌握主动权，抛出第一个 Offer。那么怎么样设定第一个 Offer 呢？如果你想要在某个数值达成协议，你必须在抛出的第一个 Offer 中设定一个极其偏离这个数值的数字。这里面实际上蕴含着一个心理学知识——Anchoring Effect（锚定效应）。

什么是 Anchoring Effect？举个例子，当商家把鞋子的价格设为 150 美元，可能无人问津。如果商家一开始的价格设定为 500 美元，或许同样无人问津，但是当商家把鞋子的价格降到 199 美元时，购买的人就会趋之若鹜。同一双鞋子在由 500 美元降到 199 美元的过程中，客户感受到了极大的利益。

锚定效应指一种让人在作出决断时聚焦于最原始信息的认知偏见。这里的最原始的信息会像一个锚一样沉入决策者的脑海，在潜移默化中影响决策者的决策思维。这种心理学的现象更多地反应在一些数字化的决断中，典型的如定价、赔偿、薪资等。第一个报出的价格会作为后续报价的参考值。举一个例子，非常知名的一个自由派杂志 Economist（经济学人）曾经向读者提供三个订阅选项：（1）网络阅读版，全年 59 美元；（2）纸质阅读版，全年 125 美元；（3）同时提供网络及纸质版，全年 125 美元。结果大多数人选择看起来更划算的第三个选项，几乎没有人选择第二个选项。当 Economist 仅提供第一个和第三个选项时，几乎大多数选择了第一个选项。从这个例子可以看出，尽管大多数人可能对纸质版没有多少兴趣，当第二个选项存在的时候，会影响读者的判断，诱导他们认为尽管第三个选项比第一个选项贵，但是却是一个获利更多的方案。

所以在谈判中，我们应当在一个 Offer 里面设立一个极端的数字。第一个 Offer 很重要，先发制人可以设立谈判双方的心理基准线，在此后双方妥协的过程中，让对方看到更多的让步，尽管这样的让步其实是虚空的,却能给对方带来心理满足。我们在使用的过程也要预估对方的心理预期,切勿抛出一个极其疯狂的报价,使得对方恼羞成怒,拂袖离场,或者拒绝对话。所以,第一个报价也需要给对方一个能够合理对话的心理预期。笔者的经验是,首先设定自己的最终成交价的预期值,然后上下浮动1/2。举个例子,如果你想10元买一个西瓜,你的报价应该从5元开始砍起。但每一个个案需要谈判者自行综合判断。

(二)如何应对

那么如果对方抢先发出第一个极端的Offer的话,我们应该怎么办呢?我们可以明确告诉对方,这样的报价没有诚意,极其荒谬,甚至可以要求对方重新报价,但必须报价合理。还有一种应对方式是给对方回应一个同样无理的Counter Offer(反要约)。当然你也可以一次性将数值拉回到你认为合理的范围再进行理性的讨论。

三、巧用期限

(一)如何应用

任何人在极端的时间压力下都会作出非理性的决断。在谈判当中如果一方具有时间压力,而另一方则没有相应的时间压力。那么具有压力的一方可能在最后的期限内作出错误的判断或决定。谈判有时候就是心理战。没有时间压力的一方的表现一般都会好过有时间压力的一方。所以我们应当创造机会为对方划定一个时间线,要求对方在某个时间和我方达成协议,否则会有什么样的后果。更为激进的谈判者会给对方设立一个期限必须接受我方的某个Offer,否则过了这个期限后这个Offer作废,或者对方在过期后只能获得更差的一个Offer,并可以为新的Offer设定新的期限,可以如此类推,一步一步地极限施压。后者这种更激进的方法应当谨慎使用,需要合理预计对方的反应,特别是要评估对方被激怒后拒绝和谈对己方的影响以及己方是否真的需要一个和谈解决方案。笔者在谈判过程中,曾经使用过后者这种更激进的划定期限的谈判方法,随着时间的推移,对方的谈判空间被进一步挤压,最终对方还是接受了更差的方案结束谈判。

（二）如何应对

1. 普通时限的应对措施

如果对方使用划定期限的谈判方法，我们应该怎么做呢？首先，你不应该表现出对时间的焦虑感，特别是到临近期限终点的时候不可以显得慌张错乱。笔者一再强调，谈判是心理战，输了气势就会输掉利益。对方会因为你的焦灼而更加坚守自己的立场而拒绝让步。其次，你要明白对方对这个时间线的划定是有一定的内在逻辑的。某一个时间的选定很可能是因为对方需要在此之前实现什么样的目的。所以表面上，可能是对方为你设定了一个时间线，但也可能这个时间线对于对方也同样适用。比如有时候某个供应商需要你在某个时点支付货款，很可能是他的下级供应商要求他在这个时间支付货款。对于双方都适用的期限，则不必慌张，也可以同时利用对方急于达成协议的心愿。另外，我们也可以拒绝承认这样的期限，或者选择忽视。有些时候当你选择忽视期限的时候，可能对方也假装看不到这个期限继续和你谈判。笔者有一次和著名互联网公司谈判，一开场双方商务人士都认定今天的目标是解决所有的分歧。可是笔者内心不认可这个期限和目标。最终在谈判中，内心认同这个期限和目标的对方作出了更多的让步，因为他们急于当日达成协议。此外，我们也可以设定一个双方都必须适用的期限，将单方的时间压力变为双方的时间压力，至少避免被对方利用己方的焦虑和时间压迫。举个例子，A 公司威胁 B 公司如果双方不能达成和解会在一个月内向法院申请针对 B 公司的破产程序，那么 B 公司可以说如果进入破产程序，B 公司的实际情况会导致 A 公司在一年内无法获得清偿，而 B 公司将提议少于一年的清偿方案。那么这一个月的期限将会对双方都产生效力。最后，如果对方划定的期限和威胁是毫无根据的，则可以大胆揭穿它。举个例子，如果对方叫嚣着谈不拢明天就去立案起诉，而此时正值年关，你懂的，你可以义正词严地告诉对方少说大话。

2. 极限时限的应对措施

对于特别激进的划定期限的谈判方法，我们不应当被对方吓到，但是我们需要仔细权衡是否有和解之外的更好的替代方案。另外，我们可以完全忽视期限继续谈判，也可以直接终止谈判，告诉对方其行为非常不友好，除非对方解除期限限制否则拒绝和谈。当然如果没有比和谈方案更好的方案，那就乖乖接受对方的方案，也不要试图挣扎，毕竟及时止损才是最重要的。

四、缺乏权限

（一）如何应用

很多时候如果你认可某个方案，但是你还是要预留一定的回旋空间，不要立即答应。因为可能后面你的客户不认可这样的方案，又或者你事后回想起某些因素想要反悔。但是你又不想回绝对方的方案，因为可能对方以后不会再给出这样好的方案。那么怎么样才能留着对方的 Offer，同时给自己一定的回旋余地呢？这个时候你需要用这样的说辞："我个人非常认同这个方案。但是我的权限有限，我需要跟我的客户确认一下，我也会极力说服我的客户接受这个方案。我明天给您最终的答复，可以吗？"在这个时间段中，你可以冷静的思考，是否需要对方案做微调，是否有欠思量的地方。如果客户真的反对这个方案，那么你还可以用客户不同意的理由回到谈判桌继续谈判。有时候当你说某个方案已经超越你的权限的时候，会让对方认为他已经触碰了你方的心理极限了，他会及时调整自己的心理预期不再所求更多。当你假装去向上级汇报回来表示同意后，对方会满心欢喜觉得这是个 Good Deal（好想法）。而当你回来说对不起上级不同意这样的方案的时候，对方会适当调整，甚至作出让步，帮助你取得更好的谈判方案。比如很多人在买车砍价的时候，往往都会在价格这块和 4S 店销售们僵持不下，而有的销售，往往都会假意说自己去和领导商量下，其实自己指不定躲在哪个角落里抽着烟，或者是装作打个电话和"领导"唱双簧，毕竟 4S 店的每个销售和你非亲非故的，怎么可能亏本卖给你呢？使用这个 Trick（策略）的另外一个好处是，在你没有权限的前提下，如果你方不同意，则过错都在你的上级。但是，如果你方同意，则是你帮忙争取的结果。而无论是何种情形，对方对你都不会有抵触情绪。

在对方非常急于达成协议的情形下，你可以告诉对方你没有谈判相应的权限，引诱没有耐心的对方不停报价，直到对方给出一个对方认为任何人都不会拒绝的最优惠方案，然后你才开始正式谈判。

(二)如何应对

如果对方宣称其缺乏或者没有权限,那么告诉对方谈判终止,等他获得权限后再来谈判,或者请对方换一个具有足够权限的人过来谈判。就笔者的经验,千万不要和没有权限的人谈判,因为你所做的基本上都是无用功。当你和一个没有权限的人谈判纠缠,对于对方而言释放的信号就是你急于达成协议,在心理态势上你已经输了。所以一定找能够决断的人谈判。对于声称缺乏足够权限的对手,你可以让对方当场联系可以决定的高层,让其立即对方案作出决断,免得对方回家想了一天第二天就变卦了。如果你看穿对方只是假装没有权限,如果有证据的话可以当场揭穿他,比如当某个店员告诉你价格太低他做不了,而另外一家店的店员明显可以把价格降到这么低,那么直接告诉对方他也可以做到。

五、妄动无名

(一)如何应用

我们从来不提倡谈判者在谈判过程中情绪失控。如果谈判夹杂着情绪,会影响谈判者作出失误的判断,比如说出事后后悔的言辞,不适当地刺激对方,或者无意透漏对方尚未知悉的信息。谈判桌上的每一次发火都必须是经过精心计算过的。发火必须是恰到好处。

发火的目的在于让对方知悉对方的某些不当言行让人无法忍受,引导对方的内疚感,进而诱导对方作出让步。或者发火是为了让对方明白事态严重,需要严肃对待。另外一些时刻,发火是要恐吓对方,迫使对方就范。有时候谈判者会挂断电话或者径直走出会议室,发出其不会作出更大的让步的信号。

笔者在一次合同谈判过程中,遭遇对方三番两次在双方达成一个协议后又反悔,最终笔者在谈判桌上当场发飙,并且摔门而出。第二日对方的商务代表发邮件表示完全接受上一版的协议。

娴熟的谈判者甚至会在适当的时机假装发火,即使其内心波澜不惊。比如对方的某个谈判人员在态度上非常令人不爽,讲话非常不礼貌的,你可以适当地站在道德高地上发点小火假装被 Offend(冒犯),让对方控制此人的言行,甚至将这样的人换下场。

（二）如何应对

在对方情绪激动的时候，己方保持冷静则尤为重要。我们可以静静地看着对方发泄情绪，给对方所需要的发泄的场域，同时注意观察对方在情绪失控的状态下有没有说错话或者无意中透漏出信息。我们也可以提议中场休息，给对方一定的时间平复心情。如果对方挂断电话或者摔门而出，则千万不可以立即回拨电话或者出门拦截，否则在气势上立即示弱了。赢得气势才能赢得利益。如果对方的怒火并没有正当基础，则用问题的方式引导对方认识到自己的无稽之处。千万不可以折服于对方的强硬。举个例子，我们曾经遇到对方火冒三丈威胁要就公司之间的合同纠纷起诉客户的某个员工和法定代表人，我们就问了一句："你起诉我们的员工的法律依据是什么？"如果对方纯粹是无理由的发火，则可以告诉对方这非常不专业，对于问题的解决毫无益处。当然，如果对方无端发火，我们也可以假装同样非常愤怒，受到了不公对待，引导对方其他理性的谈判参与者产生内疚心理，进而引导对方作出让步。对于真正不可理喻随便发火也无法沟通的对手，则需要适当考虑前文所述的 BATNA，考虑是否需要通过其他途径来解决争议。

六、虚假让步

（一）如何应用

大多数情况下，谈判是一个双方妥协的过程。所以你需要让对方看到你妥协的动作。如果你不是非常想作出让步，那么你可以人为地制造谈判筹码，作出虚假的让步。这个时候你需要找到一个对方非常在乎可是对你而言又毫无价值的东西用来和对方就其他你关心的点来做利益交换。举个例子，比如合同的一方常常非常关注间接损害不赔，不想无限制地扩大自己的责任范围，可是对于合同的另一方而言，他可以清晰地分析间接损害是否可能存在以及对自己的影响，如果他并不在乎赔偿范围是否包含间接损害，则可以死咬着间接损害，然后在其他分歧点上作为利益交换的筹码。成功的谈判者可以人为地为自己创造这样的非实质性的让步，以虚假的让步换取对方实质性的让步。

（二）如何应对

如果对方想用一个他自己根本不在乎的点和你就其他分歧点做交换，你可以点明，在这个点上即使我们作出让步，这对对方没有任何意义，希望对方识趣地自动放弃。如果对方坚持这是对方的核心利益，我们甚至可以威胁在这个点我们愿意退让，但是需要对方在某个对方更在乎的某个点上作出相应的让步。这样就是以其人之道还治其人之身了，以对方的虚假利益换取对方的实质性让步。

七、巧唱双簧

（一）如何应用

去4S店买车最好是找个人一起唱“双簧”，一个红脸一个白脸。红脸对车挑三拣四，不断批评，提出和其他车或者其他4S店对比之下不足的地方，为砍价拉伸极限空间。红脸极尽挑剔之能事，把价格压到店员发火的地步。红脸在某个时段甚至可以扬言就只愿意出某个价，多一分都不买。而白脸则表示出对某个车极大的兴趣，使得4S店的销售又强忍怒火，不愿意放弃本单。一个红脸一个白脸配合得当，使得谈判进退更有节奏，谈判效果会更好。

我们在谈判中也可以对团队内的人员做角色分工。有些人负责唱红脸，压制对方，数落对方的缺陷、不足或者不当的地方，为自己争取更多的利益，迫使对方让步。同时团队内的某些人负责唱白脸，要求对对方宽厚仁义，保持友善的关系，确保谈判不破裂。

（二）如何应对

点破对方使用的伎俩。或者告诉对方，我们对对方内部不同声音的混乱感到不适应，不知道该回应哪一个声音，要求对方找出一个可以说话算数、能决定谈判方向的人来谈判。然后我们固定地和这个人谈判。

八、明修栈道，暗度陈仓

（一）如何应用

有时候当你遇到那种好胜心特别重的对手，在与其谈判的过程中，一定要非常巧妙地利用对方一定要在谈判中比你赢得更多的心理。比如你需要得到目标B，那么你可以告诉对方，你必须得到目标A，最少你也得给我目标B。这个时候对方很可能更加愿意给你目标B，而不是目标A。这样你可以顺利获得目标B。但是这一招千万不要用在那种愿意互利双赢的谈判对手身上，因为对方很可能会按照你的字面要求，给你目标A，而你实际想要的是目标B。

举个例子，笔者的一个客户因为欠另一方的钱，和对方商谈和解方案，我们做了两个提议。一个是快速还钱，不付利息与违约金，另一个是延迟还款，但愿意支付利息或者违约金。笔者的客户更看重期限利益，因为现金流紧张。我们在谈判的过程中恰好遇到的是那种非要多赢一点的对手。所以，我们说我们更希望对方放弃所有的违约金和利息，退而求其次我们也接受晚一点付款，支付利息与违约金。对方最终答应我们后面一个选项。

（二）如何应对

如果一眼看穿对方实际的欲求，则顺水推舟给对方表面最希望得到的，然后在对方表示后悔的时候在道德上责难对方。如果对方反悔，需要推倒之前达成的协议，则要求对方作出一定的让步，我们才可以重新商定和解方案或者交易方案。

九、虚构内敌

（一）如何应用

谈判过程中，我们应当尽量和对方保持友好的对话。有时候你对对方的某些合理要求无法拒绝但内心又不情愿的时候该怎么办？那就虚构一个你方内部的反对者。你很想同意对方的要求，并且认为这很合理，但是很可惜你的内部有一个反对者。这样既可以保持你与对方的友好对话氛围，又可以委婉拒绝对方的合理要求。举个例子，因为我们的客户欠对方一笔货款，对方威胁起诉后，双方开展谈判。对方要求三个月内付款，但是要求和解协议书要约定违约金。说实话，对于已经发生违约事实的前提下，对方要求违约金真是一点都不过分。可是我们又不想付违约金。怎么办？我们跟对方协商，说客户内部财务部不同意，因为现金流紧张。我们可以回去逼迫公司的财务部的同事同意这个条件。但是最终协议的执行非常依赖财务部的资金安排。在现金流紧张的局面下,财务部对如何安排资金具有一定的自由度,我们希望和财务部的人保持良好互动关系,确保将来这个协议很好落实和执行,希望对方可以了解我们的难处。最终对方认可了我们的意见,放弃了违约金条款。

（二）如何应对

如果对方对你的提议表示认可,但是却说很遗憾,他的不在场的同事不同意。很可能这就是一个虚构内敌的策略。你可以邀请这个虚构的同事参加谈判,我们很期待听到他的声音。很可能这位持异议的同事不会出现,就算临时找人来演习,也可能说不出充足的理由。还有一个应对方法就是告诉对方,既然你认可这个提议的合理安排,我相信你可以说服你的同事接受这个安排。让对方回去运作,消除内部不同的声音。

十、群策群力

（一）如何应用

如果你在大街上遇到一群流氓发生口角,被围住了。对方给你两个选择,一个是“单挑”(“挑”指打架斗殴),另一个是“群挑”。“单挑”指的是你一个人挑他们一群人。“群挑”呢?“群挑”指他们一群人挑你一个人。你该如何选择呢?正确的选择是不挑,快闪,跑到寂静处打电话摇人搬马,回头再战。

这种街头智慧实际上也同样适用于谈判哲学中。正所谓“双拳难敌四手,饿虎还怕群狼”。笔者律师执业生涯中的第一次谈判所涉及的是一次船厂客户的罢工纠纷。工头坐在谈判桌一边,另一边坐着公安、政府人员、企业高管和企业的顾问律师。可谓以一敌多。此公不紧不慢,思维有条不紊,事后众人皆连声称赞,叹谓不易。以笔者的谈判经验而言,一个有着不同知识构成背景的队员的谈判团队对谈判助益良多,绝非拖累。比如有一次笔者和对方律师就对方对其软件不包含木马病毒的保证条款吵得不可开交的时候,幸好团队内的 IT 成员上前助阵,痛陈其弊,以三寸不烂之舌说得对方律师痛入骨髓。这个队友的 IT 背景帮他几次三番说得对方无言以对。最终对方律师败下阵来,鸣金收兵。如果你的谈判团队中有一个财务人员,有时候这是一种有益的互补,特别是在交易结构与税务安排中给你很多建议。总的而言,谈判中人并非越多越好,但是有着不同背景的队员对谈判百利而无一害。这样做最明显的好处就是在气势上吓住对方,而排兵布阵气势先赢非常重要。

(二)如何应对

当对方拖了一队人马来谈判,你应该怎么做呢?先不要慌,马上打电话叫人,把谈判桌的另一半也填满人。实在叫不到人的,该怎么办?如果出现对方七嘴八舌的时候,你瞄准时机表示,对方人多舌杂,你不知道如何应对,也不知道对方谁说了算,谁能代表对方公司的最终立场,要求对方推举一个代表出来谈判,仅由对方代表发言,或单独与此代表会谈。

十一、结语

限于篇幅及文题,很多其他的谈判技巧无法过多展开了。谈判桌上应当灵活多变,方可出奇制胜。另外,兵家无长胜之道,切不可拘泥于兵法,迷信奇巧淫技。心法自然,小输即是赢,切莫好胜心切,自寻烦恼。

演艺经纪约的六个谈判要点

赵晓波*

近年来,随着《吐槽大会》《奇葩说》《青春有你》《创造101》等网络综艺的不断发展,虞书欣、利路修、庞博等大批艺人走进了公众的视野内,米未传媒、笑果文化等在此过程中除了扮演网络综艺节目出品方的角色外,同时亦成了大批艺人的演出经纪公司。

那么,当我们在谈论演艺经纪约时,经纪公司与艺人究竟在谈论什么呢?以下是一些演艺经纪公司和艺人在选择合作伙伴、商谈经纪约时经常涉及的几个要点。本文从合作模式的选择、经纪公司的义务承担、艺人约束、解约条款、利润分配条款以及争议解决方式六个方面,提供合同谈判时的考虑要点,希望对经纪公司与艺人洽谈签约工作有所帮助。

一、如何选择合作伙伴及商业合作模式

一般而言,经纪约中可能涉及的经纪范围可以包括电影、电视剧、电视及网络综艺、主持、代言、音乐、出版物、短视频、现场演出、直播等各个方面,各项经纪事务包括但不限于各项演艺活动的策划、包装、培训、规划、安排、实施、对外合作、获取收益、纠纷处理、危机公关、监督及管理艺人等。根据经纪范围的不同,目前经纪约的类型主要有全约和分约两种模式。全约是指演艺经纪公司打包一次性获取艺人的全部独家经纪权。分约则是指演艺经纪公司取得艺人的某一领域经纪权,如“唱片约”“影视约”“综艺约”“直播约”等。

随着演艺经纪市场的不断细分,分约项下发展出了衍生约,例如共享经纪约,即艺人在与原经纪公司签订了独家全约的情况下,原经

* 上海星瀚律师事务所律师,微信 Echoyabi,邮箱 zhaoxiaobo@ ricc. com. cn。

纪公司让渡一部分或者一段时间的经纪权给新经纪公司，原经纪公司与新经纪公司共同管理艺人并分享收益。通常适用于选秀类节目，选秀节目出品方与原经纪公司共享一定期间内合作收益。

那么在实践中，我们如何选择一个适合艺人发展阶段的经纪约呢？这和艺人未来的发展方向、目前所处的发展阶段是密切相关的。

(一)合作伙伴的选择

艺人应选择符合自身未来发展定位或能有效将现有资源进行变现的经纪公司。以《青春有你2》为例，我们可以看到大多数的选手在参赛前都是已经签过经纪约的，只有少量选手以个人练习生的身份参赛。在已经签署经纪约的艺人中，我们可以看到，华策影视擅长于电视剧制作，那么有意进军影视圈的艺人签在其旗下则较有可能获得影视剧拍摄资源；倘若艺人本身是以直播出道的，如秦牛正威、林小宅等，则将经纪约签在直播内容平台火星数娱、点赞传媒能获得更贴合自身发展的资源。

《青春有你2》选手及经纪公司统计表(部分，排名不分先后)

经纪公司	选手	备注
华策影视	虞书欣	电视剧领域龙头企业，出品《三生三世十里桃花》《致我们单纯的小美好》《楚乔传》《谈判官》等，旗下艺人有胡一天、吴倩等
丝芭传媒	许佳琪、戴萌、段艺璇、张语格、孙芮	大型女子偶像团体SNH48的运营公司，2020年2月就旗下艺人黄婷婷单方解约事宜提起诉讼
泰洋川禾	孔雪儿、赵小棠	2020年3月获字节跳动1.8亿元融资；旗下有Anglebaby、陈赫、Papi酱等，周冬雨于2020年4月30日与其结束关系
火星数娱	秦牛正威、杨宇彤	直播内容公司，旗下签约主播8000⁺
乐华娱乐	金子涵、宋昭艺	旗下艺人有吴宣仪、孟美岐、范丞丞、黄明昊、朱正廷等
嘉会传媒	喻言	《人民的名义》制片方之一
香蕉娱乐	杜紫怡、王姝慧	2020年2月，实际控制人变更，王思聪退出；旗下艺人有尤长靖、林彦俊、邵夷贝等

(二)商业合作模式的选择

艺人应当选择适合自身发展阶段的经纪约。以周冬雨为例,周冬雨工作室在2020年4月30日发布声明表示,结束周冬雨与泰洋川禾的经纪合作关系,即日起,周冬雨的相关工作将由周冬雨影视文化传播新沂工作室独立运营。从目前查询到的股权结构看,周冬雨100%控股该工作室。此前,周冬雨与泰洋川禾是经纪全约关系。我们可以预见的是,在工作室独立运营后,周冬雨未来的发展方向很有可能是通过周冬雨工作室的名义对外进行各个项目的分约,而不会再另行与经纪公司签署全约。这样一来,周冬雨作为工作室的实控人,能够有效掌握自己未来承接商演代言的主动权,同时也能提高自己的经济收益。

二、经纪公司的义务到什么程度

在早期的演艺经纪约中,经纪公司的义务往往约定为一些概括性的义务,比如勤勉尽责为艺人处理事务,协助艺人发展演艺事业,代表艺人与第三方商谈演出聘用条件,为艺人争取更多的业务发展机会,提供培训等。

但近年来,很多艺人通过早期自身的经营,已经在自媒体平台积累了一定的粉丝基础。也有部分资质较好的练习生,同一时间会有多家经纪公司在哄抢与其签约。和早期的小白艺人不同,前述艺人已经具有了一定的谈判地位,同时随着艺人与经纪公司解约纠纷的不断曝光,艺人在签约之初即有可能要求经纪公司将口头承诺(比如合作期限内接多少部电影、接几支广告、保底收入多少等)写进合同,此时双方应当怎么协商尽可能促成签约呢?

(一)艺人KPI设置及经纪公司承诺的动态平衡

我们建议,经纪公司不要直接拒绝艺人的请求。如上文所述,经纪公司可考虑结合自身的业务长板,为艺人设定一定KPI且在艺人达成该KPI的情况下,在自身业务长板领域作出适当承诺,和艺人共同把蛋糕做大,为艺人定制个性化经纪合同。这一点也可作为后续艺人以显失公平为由要求撤销合同或以格式条款/格式合同为由主张不成为合同内容、合同无效时,经纪公司的抗辩理由之一。同时,将经纪公司所作承诺的履行期限予以适当延长，比如将一年内拍摄几支广告调整为合约期限内拍摄几支广告（目前经纪约的合约期限一般为5—8年），或描述为合约期内为艺人洽谈、对接几部电影。

（二）掌握条款解释与适应的主动权

倘若该艺人系经纪公司亟需的人才，在接受艺人提出的将业绩承诺条款纳入合同约定的情形下，经纪公司也仍应掌握条款解释与适用的主动权。例如：

1. 经纪公司应为自身设置灵活的违约责任并设置抵销、抵扣条款。例如可约定，在经纪公司未如约履行义务时，经纪公司仅承担固定金额的金钱赔偿义务，该金额可根据违约情形的不同区分定价。同时约定在艺人亦存在违约情形需承担金钱赔偿义务的情形下，两者之间的赔偿款可直接抵销，经纪公司亦可从应付未付款项中直接抵扣违约金。

2. 为艺人主张权利设置前提条件。如约定，艺人如需主张经纪公司有违约行为的，艺人应当书面通知并提供合格证据材料。

3. 为自身设置补救条款。如约定经纪公司有违约行为且接到艺人书面通知时，经纪公司可选择限期改正违约行为或承担违约金，且艺人仍应如约履行经纪约。

三、对艺人的约束到什么程度

参与经纪公司安排的演艺事务、不得私接商演、维护个人形象、保守商业秘密、无正当理由不得单方解除合同等都是常规的艺人应当履行的义务，但很多演艺经纪约中，我们还可以看到一些对艺人人身、情感进行限制的义务条款，比如限制艺人恋爱、结婚等，我们认为此类约定应当属于无效条款，只能在心理上对艺人起到一定的警示作用，而且如果后续艺人与经纪公司发生解约纠纷时，该类条款甚至有可能会被艺人作为主张合同显失公平要求撤销的理由之一。

（一）经纪公司应以签署独家约、全约为基础

除了上述对于艺人约束的一般条款外，独家约、全约的相关约定，对于艺人及经纪公司来说，具有更高的经济价值。对于经纪公司来说，在艺人签约时，确保自家至少在某一特定领域拿到独家约，已经是

最基本的要求了，因此经纪约中正常情况下都会有如下表述："艺人保证和承诺其在本合同签署前未与且在代理期限和代理地域内不会与任何第三方订立与本合同相冲突、或影响乙方在本合同项下权利义务的任何法律文件（无论以书面方式或口头方式、且无论是否收取报酬）。""在代理期限和代理地域内，自身为该艺人演艺活动的独家代理公司，为艺人提供演艺活动代理服务。艺人不得自行或再委托第三方代理其本合同约定的演艺活动（无论是否收取报酬）。"

（二）例外情形下，可为艺人留有一定的自主空间

考虑到很多艺人在正式签约前已经有了一定的粉丝群基础，该艺人之所以签经纪公司，往往是想要将现有资源进行整合，并由经纪公司为其畴划新的发展领域。同时，其亦想保留一定的自主权，例如保留自己运作微博账号的权利，保留自己出书的权利等。

那么，当经纪公司与该艺人洽谈全约不成时，我们建议，不要因小失大，可做一定让步，给艺人一定的自主空间，但该空间务必细化到尽可能小的单元。例如，在艺人与经纪公司洽谈全约时，艺人表示想要保留自媒体账号及出书的权利，那么此时经纪公司应当细化到具体的某一种自媒体账号、电子图书或纸质图书、是否包含知识付费产品等。

四、合同解除条款如何设置

合理设置合同解约条款的前提是，我们了解并知悉在演艺经纪约中，常见的引发解约争议的事由。现有司法实践中，经纪公司诉请解约的案例相对较少，毕竟与其冒着违约解除的风险，不再对艺人投入成本、雪藏艺人，对于经纪公司而言，风险更低。反而对于艺人而言，发展的黄金期较为有限，如果经纪公司履约不力，很有可能对该艺人的事业产生严重损害和影响，因此大多数情况下，均是艺人方主动要求解约。

（一）艺人解约的常见理由

1. 主体资格：演艺经纪公司/经纪人不具备经纪资质；艺人未成年。

2. 合同约定：委托合同单方法定解除权；重大误解/显失公平；格式条款。

3. 款项结算：逾期付款、对账不清。

4. 名誉形象：艺人形象维护不利、名誉受损、隐私泄露、删帖不力、舆情争议、公众形象负面。

5. 其他：信任基础丧失、不满意经纪人/无专属经纪人、个人发展无提升、未提供培训管理、合同目的无法实现。

上述解约事由中，演艺经纪公司未办理营业性演出许可证/经纪人不具备经纪资质，艺人未成年但监护人已签署经纪约或监护人虽未签署经纪约，但知晓经纪事项并收取款项分成的，通常不影响经纪约的有效性；艺人名誉形象未有效提升、不满意经纪人/无专属经纪人等通常亦不会成为法院判决解约的事由。一般来说，只有存在重大误解/显失公平、格式条款、长期款项结算存在问题情形之一，且足以导致双方信任基础丧失无法继续履约时，法院才会判决解约。

(二)应对艺人解约的防范措施

在了解艺人诉请解约的主要事由的情况下，我们可以在合同中有针对性地调整解约条款，以保证合同及关键条款的有效性。例如根据艺人或演艺经纪公司违约情况的不同，区分设置违约责任；根据已履行的合作期限的不同及艺人的履约情况，阶梯设置违约金。对于合同中的核心条款，可另行留白由艺人进行手抄填写，以尽可能避免后续艺人以格式条款为由主张该条款不应成为合同内容，甚至主张整个合同无效。

在艺人要求解约但解约理由并不充分时，经纪公司的撒手锏之一就是合同约定的违约金条款。我们发现，虽然演艺经纪约大多会约定高额的违约金，但司法实践中法院仍会根据经纪公司的实际损失对约定违约金进行较大酌减。酌减常见理由之一就是，经纪公司未能举证证明为培养该艺人所支出的直接成本费用，要么是因为经纪公司未提供原始凭证，要么是因为经纪公司所提供的财务凭证无法显示相关费用为该单个艺人所支出的、不具备关联性和对应性。因此，为免后续争议发生时，经纪公司承担举证不能的不利后果，我们建议艺人经纪公司可以为每个艺人建立个人档案，收集关于该艺人的所有资料，包括公司内部事业部为艺人安排的培训计划、宣传推广、人设打造的书面企划方案，外部为艺人签署的各类演出合同，以及为艺人进行前述工作提供住宿、缴纳水电费的发票和收据、发放生活津贴等的原始凭证。在保留前述资料的同时，经纪公司亦可定期形成书面确认函，要求艺人在文件中签字留痕。比如在艺人定期确认的艺人报酬明细表或对账单上一并记录上前述所有费用，要求艺人签字并确认。若之后双方发生纠纷，即使某些原始凭证已遗失或难以复原，艺人的书面确认函也可证明公司为艺人所支出的费用、公司所提供的工作内容等。

五、如何约定利润分配条款

如上所述，虽然演艺经纪约纠纷的起因有很多，如演艺经纪公司未提供培训、未向艺人投入资源等，但究其原因都可以归结为双方就利润分配问题无法达成一致意见。

（一）利润分配条款的基本模式

根据行业惯例，就艺人演艺收入的分成，经纪公司分成比例初期会高于艺人，之后逐年减少。部分演艺公司除与艺人分配演艺收入外，还会按月向艺人支付一部分生活费，并根据合作年限及艺人发展情况逐年递增。发放生活费的情况，一般发生在主营男团、女团业务的经纪公司中，此时可能还会衍生出劳动合同和经纪合同双重的法律关系。在利润分配条款的约定中，比较容易发生争议的主要是演艺成本扣除问题。

（二）演艺成本如何扣除

通常情况下，艺人与演艺经纪公司是对净收益进行分成，净收益 = 总收入 - 总成本。总收入较为确定，即经纪公司或其关联公司代理艺人与第三方签约安排的演艺活动所产生的收入总额。

而总成本在演艺经纪约中往往只会做概括性的约定，比如“为了获取演艺活动机会所涉其他中介人或中介机构收取之费用、因使用他人享有知识产权的作品而需向相应知识产权人支付的使用费等、代理费、单个项目特定培训支出、差旅费、服装费、妆发费、基础宣推成本、艺人的日常生活支出、培训支出、保险费、税费等”，基于行业特征，总成本中部分费用实质上是很难提供合理凭证的，故艺人往往会在拿到收益结算单后提出种种异议，并主张经纪公司未足额支付、结算利润，甚至以此为由要求解除经纪合同。在这种情况下，为免后续艺人与经纪公司产生争议，可在签约时，就将总成本难以提供合理凭证的部分确认一个固定金额,或设置一定比例。

近些年来,还出现经纪公司自制网络综艺节目或传统影视制作公司涉足经纪业务并安排自家艺人参演自制影视剧的潮流趋势。在这种情形下,通常不会涉及外部主体就该艺人参演节目、影视剧与经纪公司签订合同并支付费用。为免争议,我们建议在考虑净收益计算方式时,一并考虑并明确约定当艺人承接自家经纪公司制作、出品的影视剧、综艺节目时的收益分配方式。

六、如何设定争议解决方式

从演艺经纪行业的特征来看,对于信息保密及争议解决的高效性要求较高,如果一个案子通过诉讼程序,一审判决很难终局性解决问题,很有可能会二审、发回重审,甚至再审。艺人与经纪公司争议悬而未决的状态,很可能导致判决生效后艺人的黄金发展期已然经过。相比之下,仲裁更高效,保密效果也更好。仲裁是一裁终局,仲裁裁决不能上诉,一经作出即为终局,对当事人具有拘束力。虽然仲裁裁决有可能出现被法院撤销或被裁定不予执行,但该等情况发生概率相对较低。

同时,仲裁案件是以不公开审理为原则,公开审理为例外的,这一点刚好与诉讼程序中经申请方可不公开审理相反。对于演艺经纪行业而言,无论是艺人还是演艺经纪公司,将双方之间的争议公开并不是一件好事,一方面,经纪公司不愿意向第三方披露其与艺人之间的款项分成比例及分成金额;另一方面,艺人往往也不愿意将双方最终达成的赔偿数额向外界透露,因而仲裁的这一特点特别适合有商业秘密的演艺经纪合同纠纷的处理。

七、结语

以上为笔者就演艺经纪约中的常见条款设定与谈判的些许建议。对于演艺经纪公司来说,发掘、培训一个艺人需要投入大量的时间、精力以及资源。同样,对于艺人而言,其黄金发展期也相当有限。经纪公司与其在缔约之初利用自己的强势地位签署所谓的“霸王合约”,导致后续与艺人对簿公堂,倒不如在一开始即本着诚实信用原则,妥善与艺人洽谈合同细节,共同将蛋糕做大。

把控房地产收购交易的核心

方向东*

法律行业有关房地产收购的文章非常多，甚至可以说已经写滥了。从笔者个人感受而言，在房地产收购业务之中，单纯讨论收购中的法律问题（股权问题、优先权问题、违约责任问题等）难免都有浮在表面、未能触及核心之感。本文根据个人的执业经验，来说说自己所理解的房地产收购交易核心以及如何把控。

一、商务条款与法律条款

不论是当事人还是律师，都有不少人会把合同条款分为“商务条款”和“法律条款”。按照这样的划分法，标的、数量、质量、价款、履行期限和方式等，大多都是要划入商务条款的范畴了，律师可以审查处理的合同条款就很有限了。不能说这样的划分毫无合理性，但在实际处理合同（尤其是收购交易合同）时硬要坚持这样的划分，不论是律师还是当事人都难免会进入误区。

合同背后的交易本身是一个整体，引发合同风险的因素可能来自所谓的商务条款，也可能是法律条款。况且，商务条款的不明确（缺失、矛盾、模糊）给当事人带来的影响，可能远比法律条款不明确要大得多。比如，合同中对于管辖条款约定不明，按照法定管辖规定多数情况下并不会对当事双方造成特别大的影响。但是，如果是合同价款约定不明，最终要通过鉴定或审价的方式来确定价款，结果往往是不符合当事双方的本意。

一个涉及双方的收购交易，双方都会经历需求匹配、谈判博弈、判

* 北京盈科（上海）律师事务所高级合伙人、律师，复旦大学民商法学硕士，微信dfx207。

断决策、签约、履行等过程，双方内部也会有不同的人员或部门来参与交易的不同阶段。工程建设上常有“控制性工程”一说，套用这样的说法，笔者认为合同就是交易的控制性工程，因为所有的博弈结果基本上最终都要体现在合同之中。

尽管参与合同的人可能会很多，包括决策者、业务（工程、市场、销售）、财务等，但笔者认为律师（法务）应该是把控合同的主角。如果律师（法务）仅是把控法律条款，对于各种所谓商务条款都不能把控（仅是把当事人意见记录下来之类），那就很难真正把控合同的风险，实际上也就很难把控交易，当然也就很难算是专业的。

二、房地产收购的核心

房地产项目收购有两种常见方式，一种是资产收购，一种是项目股权收购。不论是采取哪种收购方式，收购方的直接目的都是通过买卖（股权转让本质上也是买卖）取得目标房地产。

站在收购交易双方的角度，他们最关心的问题是什么呢？是法律问题吗？显然不是的。商业交易的基本目标就是获取商业利益，影响这个目标实现的首要因素就是交易价格。按照个人的经验，笔者认为交易双方最关心的是交易价格。都说没有卖不出去的房子，只有卖不出去的价格，大宗房地产（包括“烂尾楼”这样的不良资产）交易更是如此。

不同于价格较为固定或单一的常规流通商品，房地产项目交易的困难之一就是如何定价。交易双方各自都会有一本账，各自都会测算交易是否为自己带来盈利。转让方通常会考虑，交易价格扣除了自己投入的本金、财务费用、管理费用、交易税费等之后是否会有盈利，盈利多少。收购方通常考虑的是，交易价格加上将来的财务成本、继续投入成本、税费等因素，并预测将来市场价格之下是否会有盈利，盈利有多少。如果双方测算之下的交易价格比较相近，收购业务就可能成交，否则很难成交。

所有交易最终都要通过交易合同来实现，并购律师的服务价值其实就是帮助客户来把控交易。既然交易价格是房地产收购最核心的问题，律师当然也要努力把控这个核心。

三、如何把控这个核心

律师把控交易价格，到底是什么意思呢？是让律师去做投资盈利测算么，或是去决策么？显然不是的，投资盈利测算以及交易决策（要不要交易，以什么价格交易），主要是交易双方的事情，律师至多是配合。笔者认为，律师把控交易价格这个核心，主要是要求律师围绕交易价格条款来把控交易风险，主要有以下几个方面：

（一）了解投资测算的基本逻辑

在做投资测算时，资产收购与股权收购两种方式有很多共同的考虑因素，比如标的物因素、房地产市场因素、政策因素、货币因素。相比起来，股权收购投资测算考虑的因素要更多些，差别是股权收购还要考虑目标公司内部因素、债务及其他不利、不确定因素。在这里我们以股权收购方式来讨论。

按照我们做并购业务的经验，笔者认为房地产项目股权收购定价的基本逻辑是这样的：正面资产 - 负面资产 ± 交易变量 = 收购价。对于这个问题，说明如下：

房地产项目收购的直接目的就是获取目标房地产，正面资产指的就是交易双方对目标房地产本身的估值。交易双方通常是根据目标房地产的相关指标来估值报价的，比如有的按照项目土地面积或者“楼板价”报价，有的按照房屋（在建工程）的建筑面积来报价。目标房地产的估值是双方定价的基础，交易双方站在不同角度，会有不同的价值判断。

由于股权收购是承接了目标公司的资产和债务的，目标公司的各类负债和确定的不利因素可以说是负面资产。对于负面资产，双方各自也会有估值。

在交易的时候，目标公司往往还存在对交易价格有很大影响但尚未确定的事项。比如，以前土地“毛地出让”的项目，拆迁后的土地面积、可建建筑面积等存在变数。又比如，双方希望交易项目土地的用途可以变更，但是否能按照双方设想的方式完成变更也不确定。再比如，目标公司的债务存在不确定性（或有债务），或者存在法律纠纷，纠纷的最终结果尚无法确定。这些在交易时未能确定的事项，我们称之为交易变量。对于这样的变量,收购方的投资部门都想尽量予以量化(这样方便测算),但实际上往往又很难量化,这给投资测算带来难度。投资测算只能是测算,不可能都能非常准确,会有很多意外发生,这也是收购交易常见的风险。

了解投资测算的基本逻辑,对于律师而言是很重要的。在尽职调查阶段,律师需要重点围绕这些影响投资测算的事项来进行调查,抓住主要矛盾。在收购谈判阶段,律师需要围绕交易价款以及作价调整机制来设计合同条款和参与谈判,这是并购律师服务工作的核心。

(二)交易价款的确定与调整

在收购交易的价格条款当中,重要的不是去替当事人确定价格金额(金额多少是纯粹商务条款),而是要在交易合同中确定作价基准,设定价格形成及调整机制。

1. 明确作价基准

确定作价基准,就是在交易合同中把影响交易价格的基本因素予以明确。在房地产项目收购交易中,律师需要在合同中清晰描述,在交易基准日影响项目价值的正面资产(有多少土地、房子,什么状况),负面资产(有多少债务和不利因素),变量因素。这个内容可以放在合同的"鉴于"部分,也可以拟定专门的条款(通常包括诸多附件)。看起来这些都是很普通的条款,但其实又是非常重要的,实践中诸多纠纷往往都是因为这些条款的缺失或者不明确引起的。通常,在合同价格条款中还会加入下面的内容:

"本协议第××条之股权转让款系完全基于以下事项得以全部满足而确定的:(1)本协议××条所述内容完整准确属实;(2)转让方遵守本协议各项承诺;(3)除本协议明确披露外,目标公司截止交易基准日不存在其他债务、或有负债和对外担保。"

2. 设定价格形成及调整机制

价格形成及调整机制是收购交易合同的最最核心条款。这个主要有几方面的内容:其一,为设定价格的形成机制或者作价公式;其二,为设定价格调整机制,就是明确交易价格在什么条件下调整,如何调整(这其实跟常见的对赌机制有相通之处);其三,为过渡期(从基准日到交割完成日)的事项安排。在这里笔者主要讲前两个方面,下面举几个真实案例来说明：

(1)案例1

目标公司有两块地块，其中，1丘地块的土地用途为商业办公，2丘地块的土地用途为科研用地。当时目标公司立项文件确认的两块土地可建地上建筑面积为54000平方米。转让方承诺负责将两块地块的用途均变更为“商业办公”，并且合并登记为一宗土地。我们代表收购方拟定的价格条款主要内容如下：

“(1)在1丘地块和2丘地块土地用途依约定变更为‘商业办公用地’且合并登记于同一《上海市房地产权证》之前提下，目标公司100%股权的转让价款为人民币18900万元，其计算公式为：股权转让款＝项目楼面地价(3500元/每平方米建筑面积)×项目地块地上建筑面积54000平方米。

(2)若该项目《建设项目选址意见书》记载的建筑容积率指标计算出的项目地块地上建筑面积少于54000平方米的，实际股权转让款按照上述计算公式计算调整。

(3)在本协议签署后四个月内，目标公司仍未按照约定取得项目地块合并为同一宗地块且用途变更为商业办公后的新《上海市房地产权证》的，股权转让价款自动变更为13900万元，其余款项受让方无须再支付。”

在这个交易案例之中，上述第一款实际上就是确定了作价机制，双方按照“楼板价”和地上建筑面积来计算股权转让价款。第二款是本交易的第一个作价调整机制，当该项目《建设项目选址意见书》上的容积率指标减少的，股权转让款相应减少。第三款是本交易的第二个作价调整机制，实际上是针对转让方承诺事项而设置的。在本交易执行过程中，转让方无法完成该项承诺，触发了这个调整机制，最终价格得以减少5000万元。如果没有这个价款调整机制，收购方会遭受较大的损失。一个条款关涉5000万元，你说重要不重要？

(2)案例2

目标公司通过“毛地出让”方式受让了368亩土地，转让方转让目标公司100%股权，但由于土地范围内存在历史风貌保护区，交易双方对于拆迁后的可开发净地面积都无法确定。双方按照每亩地100万元的价格确定了股权转让价款。由于土地面积不确定，合同中确定的作价调整条款如下：

“若在2015年12月31日前，目标公司可申请办理项目地块全部土地使用权初始登记时，非受让方原因（包括非股权变更后的目标公司原因）致项目地块《上海市房地产权证》记载的土地面积合计少于368亩的，则对于减少的土地面积，按照每亩100万元的标准从股权转让款中扣除。但若在2016年1月1日以后，目标公司才完成拆迁、申请项目地块全部土地使用权初始登记的，则不论最终土地面积为多少，股权转让款不再因此调减。”

这个项目交易合同履行过程中，的确因为拆迁等原因导致土地面积减少了将近100亩，这个作价调整条款关乎的价值将近1个亿。

（3）案例3

目标公司在项目地块上开发了一期，二期尚未开发。一期尚有部分住宅、商铺、地下车位未对外销售。交易双方主要依据一期剩余资产和二期可建建筑量为基础确定了交易价格。为此，我们代表收购方拟定的价格条款如下：

“①目标公司100%股权的转让款总计为人民币18460万元。

②转让方保证，本协议签订时项目一期未出售的住宅、商铺、地下车位的产权面积（见附件）是真实的。若本协议签订后转让方擅自将该部分住宅、商铺、地下车位对外出售的，则擅自销售部分按照住宅人民币12000元/每平方米、商铺人民币15000元/每平方米、地下车位8万元/个的价格，从股权转让款中扣减，扣减之后的价款作为实际股权转让价款。

③转让方保证项目地块的容积率指标是真实准确的，规划部门从来没有要求目标公司调减容积率指标，转让方从来也未知晓有容积率调减的讯息。项目一期建筑面积为71257平方米（含地下室8861平方米），地下面积是否计入容积率还未最终确认。双方同意，在本协议签订后，双方积极努力共同配合，以合理方式向规划部门确认项目一期计入容积率的建筑面积数据：

1）若规划部门最终认定项目一期计容建筑面积大于71257平方米的，则‘超过部分’（指项目一期计容建筑面积减去71257平方米后的差额），按照人民币2000元/每平方米乘以‘超过部分’建筑面积的金额，从股权转让款中扣除。

2)若规划部门最终认定项目一期的地下室面积不计入或部分不计入容积率,使得项目一期计容建筑面积小于71257平方米,则'减少部分'(指71257平方米减去项目一期计容建筑面积后的差额),按照人民币2000元/每平方米乘以'减少部分'建筑面积的金额,计入股权转让价款。

④本协议第××条之股权转让款系完全基于目标公司截止交易基准日不存在其他债务、或有负债和对外担保(本协议已披露的除外)而确定的。若在交易基准日及之前,目标公司就存在未披露的其他债务、或有负债和对外担保的,则受让方可以从股权转让款中直接扣减该等负债(包括或有负债确定或担保责任确定形成的负债金额)。"

在这个交易案例之中,股权转让价款已经根据一期未售房产面积和二期容积率(楼板价)进行了确定。针对一期未售房产可能在过渡期被转让方擅自销售的问题,上述第二款设置了第一个作价调整机制。二期容积率在签约当时无法准确的确定,对于双方而言这其实是一个变量,上述第三款设置了第二个作价调整机制。上述第四款实际上是针对负面资产所做的第三个作价调整机制。

(三)交易价款分开

在房地产项目收购中,所谓的交易价款分开,通常是指股权转让款与股东债权转让款分开。房地产项目有大量的资金是股东或关联方以债权方式投入的,在项目公司股权转让时,这些债权投入的资金也会退出。交易双方在议价阶段所考虑的往往是交易总价款,但从法律和税收而言,股权转让价款与债权转让价款应该予以区分,在股权转让协议和债权转让协议中分别体现。如果不予以明确区分,被税务部门都作为股权转让价款予以课税,就有些冤枉了。至于如何区分,这个内容比较简单,在此不赘述。

(四)价款支付

价格条款确定之后,最重要的条款就是价款支付问题。价格支付通常需要约定两个方面,一为付款的前提条件,二为付款进度。这个是交易双方关注的内容之一,也往往是商务谈判的重点之一。但这个部分对于律师而言,相对比较简单,属于常规内容,在此也不再赘述。

（五）担保条款

尽管在收购前会进行尽职调查，但收购交易双方的信息还是不对称的，收购方很难在收购前完全弄清楚目标公司潜藏的风险（尤其是担保这类或有负债），收购方所面临的风险通常会更大些。尽管在作价条款和支付条款会设置相应的保障，但收购方还是会担心，如遭遇问题，交易价款一旦转出便很难追回（这种问题其实是屡见不鲜的）。对于这种担心，除了设置相应的付款进度（比如延长付款周期）之外，往往会有两种常见解决（担保）方式。

一是资金监管。在交易过程中甚至是交割完成后，双方对部分交易价款进行共同监管，或者与第三方（律所或者银行）形成三方监管，待不确定的事项得到解决之后，再释放该部分交易资金。这有点类似于淘宝购物的付款机制。这种解决方式的难点就是，监管的交易资金在监管期间无法使用，急需资金的转让方不愿接受。

二是常规担保。常见的是，交易双方各自安排担保方（通常是第三方保证人），对双方在合同项下的责任义务提供连带责任担保。有了担保，可以化解交易双方的担心。但通常的问题是，有些交易方没法提供充分有效的担保。

以上是笔者对如何把控房地产收购交易核心（价格）的理解。最后，还是重复一下笔者的观点，确定作价基准、设定价格形成与调整机制是收购交易服务的核心内容，也是律师服务产生高附加值的部分，值得不断努力。

资产分割转让协议要点分析

马夏冰*

一、前言

目前房地产企业资产收购的实践中，常见的多为通过股权受让的方式来收购标的物业，通过收购项目公司股权来达到收购资产的优势在此不再赘述。而直接受让标的物业的资产交易因其税负清晰、债务风险较小等优势，在房地产收购中亦不少见。而资产整体转让与较大型的资产分割转让，交易要点又有所不同。

本文中，笔者仅拟针对公寓、办公楼等大型特定资产的分割转让协议要点进行粗浅的分析，并不适用于受让开发商名下整体的房产项目。若有不足之处，还望阅者不吝指出，共同探讨研究。

二、关于转让批准

实践中，大型特定资产分割转让的限制主要来源于出让合同中的限制以及各地政府规定、政策的限制。

对于出让土地，土地出让人与受让人在土地出让合同中除了约定一般的经济规划指标外，有的亦会明确关于物业转让的相关要求，如部分物业需自持或自持一定的年限、转让时不得分层分套转让、物业转让需获得相关政府部门的批准等。根据《土地管理法》第 56 条的规定，开发商应按照出让合同的约定使用土地。

即便出让合同中对于资产分割转让没有限制，但近年来，由于办公楼等非住宅用途物业分套销售后二次改造为公寓实际作为住宅用途使用的情况屡见不鲜等原因，各地政府亦陆续出台政策对于开发商

---

* 律师、公司法务，微信 maxiabing1991。

分割销售商场、办公楼等物业等做了一定限制。

以上海为例，其早在 2004 年《关于商场和办公楼分割转让问题的通知》中明确："商场、办公楼批准预售后、初始登记前，需要将权属单元分割预售的，房地产开发企业应当征得建设、消防、卫生等管理部门批准；商场需要将权属单元分割预售的，房地产开发企业还应当征得商业主管部门的同意。"

此外，上海市政府办公厅出台的 2016 年《关于本市盘活存量工业用地的实施办法》对于上海市存量工业用地转型的房地产开发项目的自持、转让做了更加详细的限制，如该办法第 11 条第 3 款规定："转型为商业、办公用地的，开发单位须在出让年期内长期持有 50% 以上的物业产权；位于区县政府确定的重要特定区域内的，开发单位须在出让年期内长期持有全部商业、办公用途物业产权。如果控制性详细规划明确转型为公寓式办公、公寓式酒店的，开发单位须在出让年期内长期持有公寓式办公、公寓式酒店的全部物业产权，仅用于出租，不得整体和分幢、分层、分套转让。"该办法第 17 条第 2 款明确规定："工业用地标准厂房类土地使用权不得整体或分割转让，宗地上的房屋不得分幢、分层、分套转让……"

但若开发商违反出让合同的约定以及当地政府限制转让的规定或政策，未取得相关批准便转让资产的，资产转让协议的效力又该如何认定？

在《民法典》实施前，在司法实践中，若资产转让协议不存在其他合同无效的法定情形的，法院大多数会认定协议未违反法律、行政法规的效力性强制性规定，系合法有效。《民法典》第 153 条第 1 款明确规定："违反法律、行政法规的强制性规定的民事法律行为无效。但是，该强制性规定不导致该民事法律行为无效的除外。"最高人民法院认为，本条第 1 款中的强制性规定不包括赋权性规定，如《房地产管理法》中关于某些特定标的限制转让的规定。[1] 举重以明轻，笔者认为，《民法典》实施后，司法实践中对于违反出让合同、地方政府限制转让规定的资产转让协议有效的普遍看法不会有较大的变动。但实际

〔1〕 最高人民法院民法典贯彻实施工作领导小组主编：《中华人民共和国民法典总则编理解与适用》（下），人民法院出版社 2020 年版，第 757 页。

履行存在障碍。

而受让方是否能以合同自始不能履行、转让方根本违约等为由要求解除合同，实践中法院具体看法和裁判不一。

如在上海市松江区人民法院(2017)沪0117民初4390号上海宏煌澜实业有限公司与上海宣萱电子科技发展有限公司房屋买卖合同纠纷一审判决书中，法院认为：(1)原、被告就系争厂房签订的买卖合同合法有效。(2)系争厂房的房地产权证附记页明确载明系争厂房所在地块与其他相关房屋所属地块为同一地块，该出让地块不得分割转让，确因无法达成项目建设要求需整体转让的，须报出让人或园区管理机构批准同意；买卖合同因存在如上禁止分割转让情形而不能继续履行。(3)即便被告(所有权人)未提供系争厂房权证，原告(买受人)于交易中亦负有审慎审查系争厂房权属状况受限的义务，完全可以至不动产登记部门调查取得，故原、被告对合同因自始不能履行而解除，均应负相应的法律责任。

而在江苏省苏州市中级人民法院(2018)苏05民终203号苏州本控电子科技有限公司与苏州新达科技发展有限公司房屋买卖合同纠纷二审判决书中，一审法院认为：(1)涉案房屋转让协议合法有效；(2)合同约定的办证时间系从其获得相关政府部门的转让批准手续起算，办证起算时间实际系附条件的，在条件尚不具备时，无从计算办证的起始时间；(3)受让方明知涉案房屋所涉土地为科教用地，并约定了过户条件，并注明了在过户前其享有涉案房屋的使用权，对于涉案房屋不能在合理的时间内办理房屋产权证应有预期，转让方的行为并不构成根本违约。二审法院认为：(1)涉案房屋转让协议合法有效；(2)办理房屋产权证的条件尚不具备，且房屋转让协议同时约定在办妥房屋转让登记手续之前，受让方一直享有房屋使用权，受让方要求解除合同的理由不能成立。

上面两个案例对于未取得批准而进行资产转让的协议法院均认定为有效，但对于资产转让交易迟迟无法取得批准，合同能否解除，上述两个法院的看法不一。

上海宏煌澜公司案一审判决书中，法院认为虽原、被告双方均明知涉案房屋不可分割转让，但出卖人负有保证标的物可依法转让的义务，不论买受人明知涉案房屋不可分割转让而签约是否有过错，均不影响其根据《合同法》第 94 条第 4 项规定行使法定解除权。本案中，买受人明知无法分割转让而签约的过错，并未作为认定出卖人是否根本违约的考量因素，而系作为合同解除后，判定双方对解除后果承担相应法律责任之衡量依据。

苏州本控电子公司案二审判决书中，法院认为双方在签订合同前便已经知晓交易需获得批准，受让方对于未能在合理期限内取得批准办理过户应有预期；而合同约定过户前买受人享有涉案房屋的使用权，则系双方对于迟迟无法取得批准的选择处理方式。从本案可看出，法院将买受人明知或应知分割转让需取得批准这一事实，作为认定转让方迟迟不能取得批准办理过户是否构成根本违约的考虑因素之一。

笔者建议：一般在较大型的特定资产收购中，收购方基本上都会对标的资产进行工程、法律等方面的尽职调查，对于开发商分割转让标的资产，出让合同中或者当地的政策是否有限制，亦可在尽职调查中予以核实。

若标的资产需取得相关批准的，笔者建议可先签订意向书锁定交易，并将开发商限期取得批准作为签订正式协议的前提条件。但提请注意，若意向书的其他条款权利义务约定具体明确的，则存在被认定为预约合同甚至本约合同的风险。

若出于商业考量，双方希望签订正式协议，而开发商无法在签约前取得批准的，则建议在协议中明确取得批准的最晚时间节点，并约定退出条款；亦可将获得转让批准作为协议生效或支付款项的先决条件。

另提请注意，实践中政府关于房地产市场的调控政策不断变化及严格，而尽职调查与签订协议会有一定的时间差，且存在无法从公开渠道得知当地所有的政策限制的可能。

有鉴于此，即便尽职调查结果显示出让合同或查询到的当地政策无转让限制，亦应由转让方在协议中承诺，标的资产可分割转让而无须获得相关部门批准，并约定配套的退出条款或解约条款。此外，因政策调整等尽职调查无法解决的问题，亦可考虑通过“陈述与保证”条款或设置“先决条件”，并约定配套的退出或解约条款来解决。

三、关于交易价款及支付安排

交易价款及支付安排系资产转让协议必不可少的主要合同条款。实践中,对于大型资产的转让价款,一般多采用分期支付的方式。

笔者建议:在签订资产转让协议时,若标的资产尚未竣工验收,建筑面积尚未最终确定,无法确定最终总价的,应明确交易价款的计算方式,同时对于最终交易总价结算时间点和结算依据进行约定。实践中交易价款一般均系按每平方米建筑面积的固定单价计算,约定暂定总价进行分期支付,而最终建筑面积则以在房地产交易中心的产权登记面积为准。

另为避免产生争议,建议在协议中明确交易价款是否已包含增值税,以及提供增值税发票的具体时间节点和税率。

此外,若从收购方的利益出发,在支付交易价款的安排上,笔者建议协议中可不固定付款的具体时间点,而是设置支付条件,约定在相关支付条件满足后的一定期限内支付交易价款。分期支付交易价款的各期前提条件主要可与重要步骤节点相关,包括:网签备案、办理预告登记、交付房屋、取得产证等。

四、关于预售许可证的取得

根据《最高人民法院关于审理商品房买卖合同纠纷案件适用法律若干问题的解释》第 2 条以及《民法典》第 157 条的规定,若资产转让协议被认定为系本约合同,起诉前开发商仍未能取得预售许可证,资产转让协议将会被法院认定为无效,且存在被法院认定为双方均有过错的风险,此时收购方往往无法得到其期待的赔偿。但实践中,不乏交易双方在开发商尚未取得预售许可证时即签订资产转让协议的情形。

若双方产生纠纷诉至法院时,开发商仍未取得预售许可的,资产转让协议为本约还是预约性质将会影响合同效力认定。

《最高人民法院关于审理商品房买卖合同纠纷案件适用法律若干问题的解释》第 5 条明确,若协议具备《商品房销售管理办法》第 16 条规定的商品房买卖合同的主要内容,并且出卖人已经按照约定收受购房款的,该协议应当认定为商品房买卖合同。虽有上述约定,但司法裁判中对于诸如认购协议书等为预约合同还是预售合同仍存在争议。

如在陕西省西安市长安区人民法院(2018)陕0116民初2519号西安闻天科技实业集团有限公司与李某茹确认合同无效纠纷一审民事判决书中,法院认为:原、被告双方签订的内部认购合同中约定了双方的名称、住所、房屋的基本情况、单价、总价款、付款方式、付款时间,未对交付使用条件及日期等项目予以约定,现原告认为在签订合同当时已经告知被告,被告在庭审中亦认可该合同系事实上的商品房买卖合同,因此涉案合同应为商品房买卖合同。原告在本案起诉前仍未取得商品房预售许可证,故双方签订的合同无效。

而在最高人民法院(2016)最高法民申181号陕西安同实业发展有限公司、张某杰商品房预约合同纠纷申请再审民事裁定书中,法院认为涉案合同具备商品房买卖合同的主要内容,且收取了部分房款,涉及房屋买卖部分的约定应属无效,但签订正式商品房买卖合同的约定应属有效的预约条款。

湖南省郴州市中级人民法院(2012)郴民一终字第189号郴州市开元房地产开发有限公司与罗某菊商品房预约合同纠纷上诉一案中,法院认为:虽认购协议约定了当事人名称、商品房面积及价款、付款方式及时间、完工日期等,且收取了部分价款,但没有约定商品房的销售方式、交付使用条件及日期等有关事宜,且还明确约定需签订商品房买卖合同,故应认定为预约合同。

笔者认为,预约合同系双方约定将来订立一定合同的合同,判断合同为本约还是预约的根本标准系当事人的意思表示。若协议具备商品房买卖合同的主要内容,且未约定另行签订正式合同的,则该协议宜认定为本约合同,应为无效;若协议虽有商品房买卖合同的主要内容,但从约定看,双方有另行签订正式合同的明确意思表示的,则该协议宜认定为预约合同,商品房买卖的相关内容应视为对拟签订的正式合同内容的明确。

笔者建议:根据现行法律规定,没有取得预售许可证的商品房预售合同效力可以补正,期限限定在起诉之前。但在满足取得预售许可证的规定条件后,申请预售许可的主动权在于开发商,存在开发商自行提出确认合同无效之诉的风险。另外若开发商迟迟未取得预售许可证,买受人拟通过诉讼维护权益的,资产转让协议可能被认定无效,导致买受人无法得到预期赔偿。

保险起见,买受人可在开发商取得预售许可证后签订资产转让协议,并在协议中明确开发商已取得预售许可证及预售许可证的编号。

若开发商未取得预售许可证,而交易双方希望锁定交易的,则笔者建议双方可签订预约合同,约定开发商取得预售许可证、签订正式合同的期限,并设置相关违约条款。需提请注意的是,预约合同与本约合同的区分,应注意预约合同是否实质上具备了《商品房销售管理办法》第 16 条规定的商品房买卖合同的主要内容,以免预约合同被认定为正式的商品房买卖合同而被认定无效。

五、关于网签和备案及预告登记

网签是指房地产管理部门为规范房地产企业房屋销售行为,维持房地产市场的正常秩序而建立的一个网络化管理系统上的签约行为。而根据《城市房地产开发经营管理条例》第 26 条的规定,备案系指预售合同签订后到房地产交易中心将预售合同进行登记备案的行为。

网签和备案并非同一事情,但实践中常会将其混淆,主要系因网签和备案常常在售楼处一起一次性完成了。

需注意的是,实践中各地的具体操作略有不同。如在上海,网签和备案系同步进行的。根据《上海市商品房销售合同网上备案和登记办法的通知》,上海网签和备案大致流程为:拟定合同条款——通过系统传送合同文本,申请备案登记——交易中心即时完成合同文本核校,给予合同编号、房屋代码——开发商打印附有备案编号的买卖合同,双方在合同上签章——7 日后,双方可持合同等相关资料办理预告登记。

而北京的网签和备案与上海略有不同,根据《关于实行商品房预售合同网上联机备案的通知》,北京网签和备案大致流程如下:进行网上签约——开发商打印预售合同,双方签章——开发商在网上联机备案,打印《商品房预售合同联机备案表》盖章后交预购人一份。根据北京市的规定,商品房预售合同联机备案手续应在 7 日内完成,网签和备案后,房地产开发企业或预购人不再向房管局申请办理预售登记。

商品房预售进行网签和备案,系政府部门为了防止开发商一房数卖的行政管理措施。实践中同一套房屋仅能存在一个网签,且需合同双方当事人协商一致出具相关材料，交易中心才可以解除网签。如上海的交易中心明确解除网签需要开发商以及购房人携带相关材料并且购房人亲自到场；而昆山房地产交易中心更是明确，解除网签必须法院发送协助执行通知书且购房人到场才可受理。

另根据《第八次全国法院民事商事审判工作会议（民事部分）纪要》的意见，在一房数卖且买受人均要求履行合同的情况下，买卖合同成立先后对于权利保护顺位的确定具有重要意义，而网签和备案的时间则是合同成立时间的重要考量因素。

但网签和备案毕竟仅是政府部门的行政管理措施，而预告登记则系《民法典》物权编规定的为了保全将来发生的不动产物权而进行的一种登记，具有对抗第三人的效力，可使得妨碍预告登记权利人后续请求不动产转移登记的处分行为无效。

笔者建议：网签和备案及预告登记对于保障买受方取得标的资产的物权具有重要保障意义，在资产转让协议中应对网签和备案及预告登记的事宜，包括网签和备案及预告登记材料准备、网签和备案时间节点等有具体的约定。另需提请注意的是，本文所探讨的资产转让协议系针对体量较大的特定标的资产转让交易，实践中不排除地方房地产交易中心要求，就标的资产中的各个可分割销售单元单独签订预售合同、办理网签和备案及预告登记。

六、关于房屋提前接收

根据《第八次全国法院民事商事审判工作会议（民事部分）纪要》的意见，买受人是否合法占有房屋，在一房数卖且买受人要求继续履行合同的情况下，系确定权利保护顺位的重要考量因素。

此外，《最高人民法院关于人民法院办理执行异议和复议案件若干问题的规定》第28条规定："金钱债权执行中，买受人对登记在被执行人名下的不动产提出异议，符合下列情形且其权利能够排除执行的，人民法院应予支持：（一）在人民法院查封之前已签订合法有效的书面买卖合同；（二）在人民法院查封之前已合法占有该不动产；（三）已支付全部价款，或者已按照合同约定支付部分价款且将剩余价款按照人民法院的要求交付执行；（四）非因买受人自身原因未办理过户登记。"若开发商因为标的额较大的金钱债务而涉诉或即将涉诉的，为保障买受人的合法权益,买受人可要求提前接收标的资产,为后续排除尚登记在开发商名下的标的资产之执行做准备,以免在开发商资不抵债的情况下出现无法实现合同目的又无法追偿到购房款及违约金的不利局面。

需提请注意的是,在建设工程价款优先受偿权案件的执行中,能否排除标的资产的执行?

《最高人民法院关于人民法院办理执行异议和复议案件若干问题的规定》第 27 条规定:"申请执行人对执行标的依法享有对抗案外人的担保物权等优先受偿权,人民法院对案外人提出的排除执行异议不予支持,但法律、司法解释另有规定的除外。"笔者认为,工程价款优先受偿权亦应认定为该条规定中的优先受偿权,受让人的排除执行异议不得对抗享有工程价款优先受偿权的承包人。

此外,《最高人民法院关于审理建设工程施工合同纠纷案件适用法律问题的解释(一)》第 36 条规定:"承包人根据民法典第八百零七条规定享有的建设工程价款优先受偿权优于抵押权和其他债权。"受让方对开发商的债权请求权无法对抗承包人的工程价款优先受偿权。

故笔者认为,若开发商因为建设工程纠纷而导致标的资产被查封执行的,施工单位对于标的资产享有优先受偿权,受让人援引《最高人民法院关于人民法院办理执行异议和复议案件若干问题的规定》第 28 条的规定提出执行异议很可能无法得到支持。

另外,根据《城市房地产管理法》第 27 条、《城市房地产开发经营管理条例》第 17 条、《商品房销售管理办法》第 40 条等规定,标的资产交付应满足的基本条件为竣工验收合格。但上述规定为管理性的规范,若标的资产未竣工验收合格,买受人要求按约提前接收标的资产,在开发商拒绝配合的前提下,诉请要求提前接收标的资产是否会得到法院支持?笔者认为是存在可操作空间的,特别是在开发商明显无力使得标的资产达到竣工验收合格的状态后交付标的资产的情况下。

笔者建议:在资产转让协议中设置受让人有权要求提前接收标的资产的相关条款,为提前接收标的资产提供合同依据,特别是在资产已竣工验收合格的情况下,使得受让人多一个选择,有利于保护受让人的利益、实现其合同目的。

另需提请注意,针对未竣工验收的不动产,需同时约定与提前接收标的资产相配套的条款,诸如:(1)合同中应明确提前接收标的资产并不免除开发商使得标的资产竣工验收合格等义务,开发商仍应继续完成标的资产交付应满足的前提条件(如取得标的房屋的竣工备案登记证书,接通用电、用水、通讯等公用设施等);(2)在提前接收时,开发商应配合受让人对标的资产进行预验收,且双方应书面确认预验收的情况;(3)若标的资产未在合同约定的日期前满足竣工验收合格的相关前提条件的,开发商应承担相应违约责任且受让人有权自行决定由其选定的施工单位继续建设或进行整改使得标的资产达到约定标准,开发商应配合以及促使项目的施工单位等办理竣工验收备案手续,受让人因此需支出的相关费用以约定的评估机构出具的评估报告为准等。

七、关于楼宇命名权

笔者先提请注意的是,楼宇的地名权与命名权的区别。

开发商并无地名权,开发商或楼宇等所有权人仅能对楼宇的地名之命名、更名进行申请,并无决定权,各地地名的命名、更名由县级以上民政管理部门(或地名委员会)负责审核、承办。根据《地名管理条例》及《地名管理条例实施细则》的相关规定,国家对地名实行统一管理、分级负责制;县级以上民政管理部门(或地名委员会)主管本行政区域的地名工作,负责审核、承办本辖区地名的命名、更名;推行地名的标准化、规范化;设置地名标志。

而命名权,则是在自己所有或有权管理、支配的物上享有的决定物的名称的权利。若标的资产为整栋大楼的,买受人有权在标的资产的外墙屋面等处设置楼宇名称的牌匾,但设置户外招牌的应符合相关规定并向有关部门(市容管理部门)进行申请。根据《〈上海市户外招牌设置管理办法〉实施若干规定》《上海市户外招牌设置管理办法》的规定,户外招牌的设置仍需取得政府主管部门审批,变更设置的应按照重新办理行政许可手续。

笔者建议:在资产转让协议中应当准确措辞,若受让人要求标的资产的楼宇名称由其决定的,应明确受让人享有楼宇“命名权”,并可列举释明命名权的具体内涵,如受让人有权在标的资产的外墙屋面、底楼大堂等处设置楼宇名称的牌匾等。开发商应协助配合受让人办理标的房屋楼宇命名的各项手续,包括但不限于办理名称变更手续。

另需提醒注意的是,若标的资产仅为一栋楼宇的部分楼层,并非整栋资产的,即便买受人与开发商在资产转让协议中明确由买受人享有标的资产的楼宇命名权,但如开发商将剩余楼层分割转让给第三方,第三方主张对楼宇的共有部分享有共有和共同管理的权利的,将对买受人行使楼宇命名权形成实质障碍。此时,基于合同的相对性,买受人仅能向开发商主张违约责任。

八、结语

每笔特定资产分割转让交易中承办律师遇到的具体情况不尽相同,草拟资产转让协议时的针对点以及具体要求也不一样。笔者在此仅以自己在实践中的所遇所感所悟,对特定资产分割转让协议草拟过程的几个注意要点以及相关法律问题进行总结归纳及初步探讨,望能抛砖引玉。

投资者设计对赌协议关注要点和注意事项

——以《九民纪要》和《融资新规》为视角

田增杰*

2019年11月,最高人民法院公布了《全国法院民商事审判工作会议纪要》(以下简称《九民纪要》),《九民纪要》确立了对赌协议新的司法裁判规则,该裁判规则跳出了合同条款效力问题与公司法强制性规范相关联的窠臼,实现了合同效力与合同履行的区分。

《上市公司非公开发行股票实施细则》(2020年2月14日修正,以下简称《融资新规》)增设了第29条:"上市公司及其控股股东、实际控制人、主要股东不得向发行对象作出保底保收益或变相保底保收益承诺,且不得直接或通过利益相关方向发行对象提供财务资助或者补偿。"

《融资新规》的上述规定,确立了证监会对上市公司非公开发行股份中关于上市公司及其控股股东、实际控制人、主要股东与投资者就投资风险和投资收益的新的监管规则。

鉴于上述司法裁判规则和行政监管规则,本文尝试以《九民纪要》和《融资新规》为视角,讨论在新的裁判规则和监管规则下,私募基金该如何设计对赌协议的问题。

一、如何设计对赌指标

《九民纪要》对于"对赌协议"的界定认为,"实践中俗称的'对赌协议',又称估值调整协议,是指投资方与融资方在达成股权性融资协议时,为解决交易双方对目标公司未来发展的不确定性、信息不对称以及代理成本而设计的包含了股权回购、金钱补偿等对未来目标公司

* 四川弘芯股权投资基金管理有限公司风控总监,邮箱395015239@qq.com。

的估值进行调整的协议”。

由此可见，“对赌协议”的目的在于解决“交易双方对目标公司未来发展不确定性、信息不对称以及代理成本”的问题，因此对赌指标设定也应围绕上述目的的实现而设定，而不仅仅局限于“业绩指标”。

最高人民法院（2019）最高法民终355号通联资本管理有限公司、中国农发重点建设基金有限公司股权转让纠纷二审民事判决书中农发基金设定的对赌回购指标就体现了这一点。

农发基金在《投资协议》中设定了如下对赌回购指标：“（1）汉川公司遇有关闭、解散、清算或破产之情形；（2）发生增资款被挪用情形的；（3）未在约定期限内完成抵质押登记的；（4）甲方的投资收益连续两个季度或累计三个季度无法按时足额收回的；（5）其他可能对甲方权益产生重大不利影响的情形。”

对此，一审法院认为，“农发公司要求通联公司股权回购的条件已成就”。二审法院及上诉人和被上诉人均未对该对赌回购指标提出异议，且二审法院认为，“案涉《投资协议》实质上是投资人为保护资金安全和降低风险、目标公司和其他股东为引入资金和促成交易，约定对投资人的投资收益和投资款安全提供保障，以回购方式自愿承担未来可能发生的潜在亏损”。

再审法院再次认可了《投资协议》上述安排属于股权投资中的对赌条款，即最高人民法院（2020）最高法民申2759号通联资本管理有限公司、中国农发重点建设基金有限公司股权转让纠纷再审审查与审判监督民事裁定书显示，再审主审法官认为，“根据《投资协议》关于固定收益和股权回购之约定可知，该《投资协议》实际上是典型的股权投资协议。在商事投融资实践尤其是私募股权投资实践中，投融资双方约定，由融资方（包含其股东）给予投资方特定比例的利润补偿、按照约定条件回购投资方股权，投资方不参与融资公司具体经营管理的情况非常普遍，这也即是所谓的‘对赌条款’。利润补偿和股权回购约定本身也是股权投资方式灵活性和合同自由的体现，而非是通联公司所主张的‘明股实债’”。

又如上海市第一中级人民法院（2014）沪一中民四（商）终字第730号上海瑞沨股权投资合伙企业（有限合伙）等股权转让纠纷一案二审民事判决书中，主审法官认为将目标公司是否上市作为对赌指标,不违反基本原则。

主审法官认为,“各方当事人约定以目标公司在约定期限完成核准上市作为触发对赌回购的情形,而不是调整目标公司的估值进行价格调整,虽有不妥之处,但亦未严重违背基本原则,故认定该回购条款有效”。

再如新疆维吾尔自治区高级人民法院(2015)新民二终字第280号新疆西龙土工新材料股份有限公司与北京银海通投资中心、奎屯西龙无纺土工制品有限公司股权转让纠纷二审民事判决书中,主审法官将目标公司是否上市认定为股权性的融资对赌协议的一部分。二审法院认为,“《补充协议》中回购条款系以新疆西龙公司是否于2012年9月30日实现在国内证券交易所公开发行股票上市这一不确定情况作为条件,……系股权性融资对赌协议,是当事人之间根据企业未来不确定的目标是否实现对各自权利与义务所进行的一种约定。……上述约定系当事人真实意思表示,不存在《中华人民共和国合同法》第52条规定的法定无效事由,应属合法有效。一审法院认定《补充协议》合法有效,并无不当”。该案再审裁定书——最高人民法院(2020)最高法民申2957号北京银海通投资中心、新疆西龙土工新材料股份有限公司股权转让纠纷再审审查与审判监督民事裁定书显示,再审认可了上述原审判决。

同时,笔者还注意到,中国证券投资基金业协会在官方培训中解读《私募投资基金备案须知》(2019年12月23日)“私募投资基金通过设置无条件刚性回购安排变相从事借(存)贷活动,基金收益不与投资标的的经营业绩或收益挂钩”的条款时,认为“第3款不涉及正常的股权对赌安排,即,在投资端设置合理的业绩对赌或上市等非业绩条件的对赌是被允许的”。上述解读的“等”应为“等外等”,包含了上市在内的诸多“非业绩条件”。

二、如何设定估值调整的方式

《九民纪要》确认了对赌估值调整的方式包含了股权回购、金钱补偿等手段。此处的“等”亦应为“等外等”,即除了股权回购和金钱补偿外,还应包含其他手段,如股份补偿。

因此,私募投资基金在设定对赌实现方式时,可以设定股权回购、金钱补偿、股份补偿等不同的实现形式。

三、如何设定对赌的义务主体

(一)目标公司的股东作为对赌的义务主体

《九民纪要》发布之前,法院的司法实践已经确立了投资者与目标公司股东对赌,其协议有效的司法裁判规则,且目标公司的股东承担回购义务的履行,仅限于《合同法》的范畴内,不存在受到《公司法》资本维持原则的管制。

如最高人民法院(2012)民提字第11号苏州工业园区海富投资有限公司与甘肃世恒有色资源再利用有限公司、香港迪亚有限公司、陆某增资纠纷民事判决书(以下简称海富案)中,最高人民法院认为,"在《增资协议书》中,迪亚公司对于海富公司的补偿承诺并不损害公司及公司债权人的利益,不违反法律法规的禁止性规定,是当事人的真实意思表示,是有效的。迪亚公司对海富公司承诺了众星公司2008年的净利润目标并约定了补偿金额的计算方法。在众星公司2008年的利润未达到约定目标的情况下,迪亚公司应当依约应海富公司的请求对其进行补偿"。

上述的司法裁判规则同样适用于目标公司为上市公司的情形。但是,目标公司若为上市公司,司法裁判除了考量当事人意思自治,不损害公司及公司债权人利益的理由之外,还关注了二级市场的监管规则以及市场秩序和投资者保护等因素。

如最高人民法院(2017)最高法民终492号明某勇、贵阳市工业投资(集团)有限公司证券交易合同纠纷二审民事判决书显示,论述关于上市公司股东为上市公司非公开发行的参与者提供的对赌协议的效力问题时,最高人民法院认为,"在《协议书》签订前,案涉非公开发行股票行为已经得到贵阳市国资委的批复同意和证监会核准,该非公开发行股票行为程序合法。虽然《协议书》约定了工投公司在一定条件下为明某勇认购股份的投资本金安全及固定收益提供保证,但该承诺仅是工投公司与明某勇之间的内部约定,并非针对不特定多数人所作,不属于证券法第十条规定的公开劝诱形式。而且,保底承诺的主体系贵阳轮胎公司的股东工投公司,该约定本质上系目标公司股东与投资者之间对投资风险及投资收益的判断与分配，属于当事人意思自治范畴。目标公司股东对投资者的补偿承诺并不损害公司及公司债权人利益，没有明显增加证券市场风险、破坏证券市场稳定性，不违反法律、行政法规的禁止性规定。《证券发行与承销管理办法》系证监会发布的部门规章，不属于合同法第五十二条第五项规定的‘法律、行政法规’范畴。该办法的根本目的在于规范证券发行与承销行为，保护投资者合法权益。目标公司股东的保底承诺是其为自身利益和目标公司经营发展考虑吸引其他投资者参与公司经营的激励措施，不损害投资者合法权益。明某勇亦未提供证据证明大股东工投公司存在操纵股票市场等其他损害投资者权益的违法、违规行为，其关于《协议书》无效的上诉主张于法无据，本院不予支持”。

最高人民法院(2017)最高法民终 492 号案中认定对赌协议有效的理由，可以归纳为如下几点：

(1)非公开发行股票行为已经得到贵阳市国资委的批复同意和证监会核准，该非公开发行股票行为程序合法。

(2)该约定本质上系目标公司股东与投资者之间对投资风险及投资收益的判断与分配，属于当事人意思自治范畴。

(3)该承诺仅是工投公司与明某勇之间的内部约定，并非针对不特定多数人所作，不属于《证券法》第 10 条(2019 年修订的《证券法》调整为第 9 条)规定的公开劝诱形式。

(4)目标公司股东对投资者的补偿承诺并不损害公司及公司债权人利益，没有明显增加证券市场风险、破坏证券市场稳定性，不违反法律、行政法规的禁止性规定。

(5)目标公司股东的保底承诺是其为自身利益和目标公司经营发展考虑吸引其他投资者参与公司经营的激励措施，不损害投资者合法权益。

(6)大股东工投公司不存在操纵股票市场等其他损害投资者权益的违法、违规行为。

但是，《融资新规》实施之后，以上市公司股东为对赌义务主体的对赌协议，其裁判规则是否会发生变化呢？

首先，从最高人民法院(2017)最高法民终 492 号案的裁判说理看，最高人民法院并未将“工投公司保证明某勇认购金额的本金安全并获得年化8%的固定收益”的安排认定为“明股实债”，而是认为“该约定本质上系目标公司股东与投资者之间对投资风险及投资收益的判断与分配”。即使是诉讼双方当事人也认为该安排系对赌安排，如被上诉人答辩称“明某勇与工投公司对赌的对象是资产管理计划所认购的所有股份，而非明某勇所认购的股份”。上诉人对“对赌”认定并未提出异议。

而证监会在《融资新规》的立法说明中明确，之所以在《融资新规》增设第29条“上市公司及其控股股东、实际控制人、主要股东不得向发行对象作出保底保收益或变相保底保收益承诺，且不得直接或通过利益相关方向发行对象提供财务资助或者补偿”的规定，就是“为加强对明股实债行为的监管”。

由此可见，司法裁判机构与监管部门对于上述安排的性质认定并不一致。

其次，《融资新规》属于部门规范性文件，《九民纪要》认为，“违反规章一般情况下不影响合同效力，但该规章的内容涉及金融安全、市场秩序、国家宏观政策等公序良俗的，应当认定合同无效。人民法院在认定规章是否涉及公序良俗时，要在考察规范对象基础上，兼顾监管强度、交易安全保护以及社会影响等方面进行慎重考量，并在裁判文书中进行充分说理”。

最高人民法院(2017)最高法民终492号案对“交易安全保护以及社会影响等方面”都进行了回应。

如最高人民法院认为，“虽然《协议书》约定了工投公司在一定条件下为明某勇认购股份的投资本金安全及固定收益提供保证，但该承诺仅是工投公司与明某勇之间的内部约定，并非针对不特定多数人所作，不属于证券法第十条规定的公开劝诱形式”，“目标公司股东对投资者的补偿承诺并不损害公司及公司债权人利益，没有明显增加证券市场风险、破坏证券市场稳定性，不违反法律、行政法规的禁止性规定”，“目标公司股东的保底承诺是其为自身利益和目标公司经营发展考虑吸引其他投资者参与公司经营的激励措施，不损害投资者合法权益”以及“明某勇亦未提供证据证明大股东工投公司存在操纵股票市场等其他损害投资者权益的违法、违规行为”。

但是，若是被认定上市公司大股东构成了操纵股票市场行为，则会被认定为无效。

如浙江省杭州市中级人民法院(2014)浙杭商初字第46号浙江大东南集团有限公司与沈某祥合同纠纷一审民事判决书,浙江省杭州市中级人民法院认为,“从该承诺函的内容来看,大东南公司要求沈某祥或通过第三人在2011年6月15日至2011年12月15日期间买入总数不超过1000万股的大东南股票,以稳定和维护大东南股份公司的股价。结合该承诺函的落款时间正处于大东南股份公司第一次定向增发限售期届满、第二次定向增发筹划期间,以及沈某祥关于大东南公司要求其持续买入大东南股票以拉升股价、从而使大东南股份公司能以较高的股价进行第二次定向增发的陈述,可以认定该承诺函的内容涉及操纵证券市场,扰乱证券市场秩序,侵害投资者的合法权益,应认定为无效”。

但是,上述两个案例是在《融资新规》增设第29条之前裁判的,在《融资新规》禁止了上市公司大股东为其参与上市公司非公开发行的参与者提供保底保收益安排的监管要求下,裁判机构是否会延续之前的裁判思路呢?

笔者认为,未必能够得出上述结论,尚待进一步观察司法判例的实践。笔者之所以这样认为,主要基于如下观察:

第一,《融资新规》增设第29条,证监会的目的在于“为加强对明股实债行为的监管”,表明了“监管强度”增强了,而《九民纪要》所确立的裁判规则认为,人民法院在认定规章是否涉及公序良俗时,要在考察规范对象基础上,将“监管强度”作为考量因素。

第二,《证券法》修订后,加大了对上市公司信息披露处罚力度,《融资新规》增设第29条,若上市公司非公开发行中存在上市公司股东为发行对象保底保收益的安排,而没有如实披露,则构成了信息披露违规,可能导致保底保收益的安排违反公序良俗(《民法总则》颁布之前,公序良俗通常归属于社会公共利益)而无效。之前的裁判案例亦验证了这一点。

如上海金融法院(2018)沪74民初585号杉浦立身(SUGIURA TATSUMI)与龚某股权转让纠纷一审民事判决书,上海金融法院以“违背公序良俗的民事法律行为无效”为由,裁判发行前的股权代持协议无效。

上海金融法院在裁判说理部分认为，“证券领域的公共秩序应先根据该领域的法律法规予以判断，在上位法律无明确规定的情况下，判断某一下位规则是否构成公共秩序时，应从实体正义和程序正当两个层面进行考察：该规则应当体现证券领域法律和行政法规所规定的国家和社会整体利益；该规则的制定主体应当具有法定权威，制定与发布符合法定程序，具有较高的公众知晓度和认同度。证券发行人应当如实披露股份权属情况，禁止发行人股份存在隐名代持情形，系由《证券法》和《首次公开发行股票并上市管理办法》明确规定，关系到以信息披露为基础的证券市场整体法治秩序和广大投资者合法权益，在实体和程序两个层面均符合公共秩序的构成要件，因此属于证券市场中应当遵守、不得违反的公共秩序。隐名代持证券发行人股权的协议违反公共秩序而无效”。

又如最高人民法院（2017）最高法民申2454号杨某国、林某坤股权转让纠纷再审审查与审判监督民事裁定书，最高人民法院认为：“上市公司发行人必须真实，并不允许发行过程中隐匿真实股东，否则公司股票不得上市发行，通俗而言，即上市公司股权不得隐名代持。本案之中，在亚玛顿公司上市前，林某坤代杨某国持有股份，以林某坤名义参与公司上市发行，实际隐瞒了真实股东或投资人身份，违反了发行人如实披露义务，为上述规定明令禁止。……本案杨某国与林某坤签订的《委托投资协议书》与《协议书》，违反公司上市系列监管规定，而这些规定有些属于法律明确应于遵循之规定，有些虽属于部门规章性质，但因经法律授权且与法律并不冲突，并属于证券行业监管基本要求与业内共识，并对广大非特定投资人利益构成重要保障，对社会公共利益亦为必要保障所在，故依据《中华人民共和国合同法》第五十二条第四项等规定，本案上述诉争协议应认定为无效”。

本文于2020年9月发表至2021年5月修订期间，中国裁判文书网陆续发布的相关类案，也验证了笔者的上述观察，即这种对赌协议或抽屉协议是否违反了公序良俗，成为法院裁判说理的重点。

如最高人民法院（2020）最高法民终1295号杨某华、曹某军合同纠纷二审民事判决书中，主审法官对此进行了裁判说理。

“杨某华等4人上诉主张《信用增级协议》关于杨某华等4人受让资产管理计划权益并对投资本金及预期收益承担差额补足义务的约

定违反了《证券发行与承销管理办法》第十七条规定,应属无效。本院认为,……《证券发行与承销管理办法》属于部门规章,并非法律、行政法规,并且,本案亦无证据显示《信用增级协议》约定由上市公司股东对投资者作出补偿承诺,损害了金融安全和证券市场交易秩序,因此,杨某华等 4 人以此为由主张《信用增级协议》无效,依据不足。

杨某华等 4 人上诉还主张《信用增级协议》因未对外公开披露,违反《中华人民共和国证券法》第六十三条关于'发行人、上市公司依法披露的信息,必须真实、准确、完整,不得有虚假记载、误导性陈述或者重大遗漏'、《上市公司非公开发行股票实施细则》第四条关于'上市公司的控股股东、实际控制人和本次发行对象,应当按照有关规定及时向上市公司提供信息,配合上市公司真实、准确、完整地履行信息披露义务'的规定,损害社会公共利益而无效。对此,本院认为,即使存在违反信息披露义务的情况,也不必然导致《信用增级协议》无效。《信用增级协议》约定的是由飞利信公司股东杨某华等 4 人对平安信托公司的投资本金及收益进行差额补足,杨某华等 4 人主张该安排损害了社会公共利益,但未提交证据证明。综上,本院对杨某华等 4 人关于平安信托公司未履行信息披露义务,《信用增级协议》无效的上诉主张不予支持。

综上,《信用增级协议》是平安信托公司与杨某华等 4 人之间的真实意思表示,内容并未违反法律、行政法规的强制性规定,合法有效,杨某华等 4 人应履行《信用增级协议》约定的对平安信托公司未能收回的投资本金及预期收益补足差额的义务。"

由此可见,最高人民法院(2020)最高法民终 1295 号案主审法官认为,该等对赌协议或抽屉协议若因《融资新规》第 29 条而无效,需要有证据证明该等对赌行为损害了金融安全和证券市场交易秩序,损害了社会公共利益。

主审法官在最高人民法院(2020)最高法民终 1295 号案中的裁判说理,是否代表了未来此类案件的裁判趋势呢?

笔者认为,尚不能得出这样的结论。因截止到本文修订时,发布的裁判案例中尚未有《融资新规》实施之后的相关类案,现有类案均针对《融资新规》之前行为及其纠纷。在审理该等类案时,法院有基于保护当事人当时预期的考量,在裁判说理中倾向于认定对赌协议或抽屉协议有效，除非有证据证明该等抽屉协议损害了金融安全和证券市场交易秩序，损害了社会公共利益。而该案裁判逻辑有别于上海金融法院（2018）沪74民初585号案和最高人民法院（2017）最高法民申2454号案中认定代持行为本身就构成了对公序良俗或社会公共利益的违反，而诉请方无须提供证据证明的裁判逻辑。

除此之外，笔者还注意到，最高人民法院（2020）最高法民终1161号芒果传媒有限公司、中南红文化集团股份有限公司合同纠纷二审民事判决书中，湖南省高级人民法院对该问题的裁判采用了“法不溯及既往”的原则，对此结论，最高人民法院二审给予认可。

“湖南省高级人民法院认为，……尽管2020年2月14日修正的《上市公司非公开发行股票实施细则》第二十九条规定了‘上市公司及其控股股东、实际控制人、主要股东不得向发行对象作出保底保收益或变相保底保收益承诺，且不得直接或通过利益相关方向发行对象提供财务资助或者补偿’等内容，但根据法不溯及既往的原则，该规定只能适用于实施后发生的法律事实，对此前发生的行为并无溯及力，而在案涉《补充协议》《补充协议二》签订时，国家法律、行政法规并未对差额补偿作出禁止性规定，故该规定亦不适用于本案。中南重工集团提出《补充协议》《补充协议二》应认定无效的辩解理由不能成立，原审法院不予采纳。”

（二）目标公司作为对赌的义务主体

1. 投资方与目标公司订立的“对赌协议”在不存在法定无效事由的情况下，对赌协议有效。

《九民纪要》改变了海富案所确立的投资方与目标公司对赌当然无效的裁判思路，实现了合同效力与合同履行的区隔，合同履行不能的障碍或无效的事由，不再作为裁判对赌协议合同效力的依据，而是将对赌协议效力判断纳入到合同无效的判断规则体系，若不存在合同无效的法定事由，则与目标公司对赌协议有效。

因此，私募投资资金在投资过程中设定对赌协议时，需要关注《民法典》第一编第六章第三节“民事法律行为的效力”和第三编第三章“合同的效力”中合同无效的规则体系。

私募投资基金在设计对赌协议时，应关注几点：

（1）对赌的义务主体为目标公司的，投资人需要核查目标公司股东会决议是否符合目标公司现行有效的公司章程，以此确认目标公司签署对赌协议是否构成意思表示真实。若对赌协议条款作为增资协议的一部分，则需要目标公司及其全体股东作为协议的签署方，确保目标公司及其全体股东知悉对赌协议的内容。以此防止目标公司提出意思表示不真实或法定代表人超越权限订立合同的抗辩。

（2）对赌的义务主体为目标公司的股东或实际控制人的，需要核查适格性问题。《公司法》仅对公司董、监、高任职有资格限制，但对于股东任职并未有资格限制。目标公司的股东可能存在民事行为能力限制问题。因此，投资人在设定对赌协议时，需要考察承担对赌义务主体的适格性。

（3）违反法律、行政法规的强制性规定问题。该事由是合同无效的重要事由，但法院裁判实践中对于"强制性规定"的认定存在裁判的不确定性，对投资实践造成困扰。《九民纪要》明确了人民法院在审理合同纠纷案件时，应当认定为"效力性强制性规定"的情形，即强制性规定涉及金融安全、市场秩序、国家宏观政策等公序良俗的；交易标的禁止买卖的，如禁止人体器官、毒品、枪支等买卖；违反特许经营规定的，如场外配资合同；交易方式严重违法的，如违反招投标等竞争性缔约方式订立的合同；交易场所违法的，如在批准的交易场所之外进行期货交易。关于经营范围、交易时间、交易数量等行政管理性质的强制性规定，一般应当认定为"管理性强制性规定"。

（4）公序良俗和公共利益问题。私募投资人需要密切关注监管规则的新变化，从实体正义和程序正当两个层面对监管规则的新变化进行解读，并综合考量监管强度、交易安全保护以及社会影响等方面因素，来综合预判监管规则是否构成对公序良俗和公共利益的违反，从而指导协议的设计。

2. 目标公司作为对赌义务主体的协议履行，需要接受《公司法》资本维持原则的管制，其核心在债权人保护。

从《公司法》的角度看，不论是对初始出资的现金补偿，还是退出时的股份回购，它都意味着公司向股东无对价地支付了财产。鉴于股东出资通常计入股本或注册资本，后者作为公示信息可能影响公司债权人的决策，因此，当公司向股东无对价支付财产时，就需要接受资本维持原则的检验。在英美国家，对股东做现金补偿或回购、赎回股份都属于公司法中“分配”规则的适用范围；在我国，上述行为可体现为利润分配或减资两种不同路径。因此，无论是现金补偿或股权回购都落入公司法、特别是资本维持原则的管制疆域。[1]

对赌协议履行中需要接受《公司法》的管制，是私募投资基金将目标公司设定为对赌义务主体需要特别关注的问题，《公司法》管制主要体现在如下几个方面：

(1)投资方请求目标公司回购股权的，不得违反《公司法》第 35 条关于“股东不得抽逃出资”或者第 142 条关于股份回购的强制性规定。

其一，股东抽逃出资的情形及其法律救济措施。《公司法》第 35 条规定，“公司成立后，股东不得抽逃出资”，在法律层面确定了公司向股东反向资金流动的限制。

为进一步明确该条款的裁判适用，《最高人民法院关于适用〈中华人民共和国公司法〉若干问题的规定(三)》(以下简称《公司法解释三》)第 12 条明确了股东构成抽逃出资的三种情形，并增加了兜底条款，即“(一)制作虚假财务会计报表虚增利润进行分配；(二)通过虚构债权债务关系将其出资转出；(三)利用关联交易将出资转出；(四)其他未经法定程序将出资抽回的行为”。

最高人民法院还通过司法解释，明确了抽逃出资的法律救济。

如《最高人民法院关于民事执行中变更、追加当事人若干问题的规定》第 18 条规定，“作为被执行人的营利法人，财产不足以清偿生效法律文书确定的债务，申请执行人申请变更、追加抽逃出资的股东、出资人为被执行人，在抽逃出资的范围内承担责任的，人民法院应予支持”。

又如《公司法解释三》第 14 条规定，“股东抽逃出资，公司或者其他股东请求其向公司返还出资本息、协助抽逃出资的其他股东、董事、高级管理人员或者实际控制人对此承担连带责任的，人民法院应予支持。公司债权人请求抽逃出资的股东在抽逃出资本息范围内对公司债务不能清偿的部分承担补充赔偿责任、协助抽逃出资的其他股东、

[1] 刘燕：《对赌协议与公司法资本管制：美国实践及其启示》，载《环球评论》2016 年第 3 期。

董事、高级管理人员或者实际控制人对此承担连带责任的,人民法院应予支持;抽逃出资的股东已经承担上述责任,其他债权人提出相同请求的,人民法院不予支持”。

其二,《公司法》第142条的强制性规定。《公司法》第142条规定了股份有限公司可以回购的六种情形,即“(一)减少公司注册资本;(二)与持有本公司股份的其他公司合并;(三)将股份用于员工持股计划或者股权激励;(四)股东因对股东大会作出的公司合并、分立决议持异议,要求公司收购其股份;(五)将股份用于转换上市公司发行的可转换为股票的公司债券;(六)上市公司为维护公司价值及股东权益所必需”。

《公司法》第173—177条规定了公司合并、分立和减资规则,体现了对于债权人保护的原则,因此,减少注册资本、合并、分立三种情形下回购行为,实质上受到了资本管制原则的管辖。

笔者通过比较2013年修正的《公司法》和2018年修正的《公司法》,发现2013年修正的《公司法》规定“将股份奖励给本公司职工”的回购情形下,用于收购的资金应当从公司的税后利润中支出。按照该理念,2018年修正的《公司法》第142条第3、5、6项回购的资金也应当从公司的税后利润中支出。但遗憾的是,2018年修法,将“收购资金应当从公司的税后利润中支出”的表述删除了。

有学者认为,删除“收购资金应当从公司的税后利润中支出”的限制,不符合资本维持原则的内在要求,之所以删除,可能的原因是2018年救市的需要,否则,很多上市公司无法通过回购股份来进行市值管理。

同时,笔者还注意到,2018年10月26日,《全国人民代表大会常务委员会关于修改〈中华人民共和国公司法〉的决定》中明确,“督促实施股份回购的上市公司保证债务履行能力和持续经营能力”。《中国证券监督管理委员会关于发布〈上市公司回购社会公众股份管理办法(试行)〉的通知》(证监发〔2005〕51号)第18条规定,“上市公司做出回购股份决议后,应当依法通知债权人”。

因此,从《公司法》以及二级市场的监管规则来看,《公司法》第142条规定的公司回购股份的情形体现了资本维持原则的管辖。

(2)目标公司回购股权必须先履行减少注册资本的义务,否则,投资方请求目标公司回购股权的,法院不予支持。

目标公司回购股权,先履行减少注册资本的义务,的确可以实现保护债权人的目的,但这种裁判思路,未免过于僵化。

笔者曾撰文建议借鉴域外法和国内上市公司和非上市公众公司回购股份的规则体系和实践,关注公司的清偿能力和可持续经营能力,以此完善目标公司回购股权履行执行的裁判标准。[1]

但是,从《〈全国法院民商事审判工作会议纪要〉理解与适用》一书关于"股东不得抽逃出资"的理解上看,"依据《公司法》第 35 条关于'股东不得抽逃出资'的效力性强制性规定,公司必须先履行减少注册资本的义务,以保护公司债权人的利益",上述建议的裁判标准短期内恐难以实现。

值得欣喜的是,北京大学刘燕教授在其撰写的《"对赌协议"的裁判路径及政策选择——基于 PE/VC 与公司对赌场景的分析》一文中,关注到了笔者的上述观点,如"在我国,有关上市公司回购的证券监管规范也使用了'持续经营能力'的表述……上述表述方式与域外清偿能力标准的要求颇为相似……""在我国沪深交易所、全国股转公司为上市公司或新三板公司回购所制订的实施细则中,一般都把持续经营能力与债务履行能力相提并论……"[2]

同时,需要关注的是,若不履行减资程序,通知债权人,减资方还会面临不利的法律后果。

如江苏省高级人民法院(2015)苏商终字第 00140 号江苏万丰光伏有限公司诉上海广力投资管理有限公司等买卖合同纠纷二审民事判决书,该案裁判要点表明,"公司在股东认缴的出资期限届满前,作出减资决议而未依法通知债权人,免除了股东认缴但未履行的出资义务,损害了债权人利益。债权人起诉请求股东对公司债务在减资范围内承担补充赔偿责任的,法院应予支持"。

又如上海市第二中级人民法院(2016)沪 02 民终 10330 号上海德

---

〔1〕 田增杰:《对赌协议纠纷法院裁判规则演变与反思》,载微信公众号"PE 实务"2019 年 9 月 2 日。

〔2〕 刘燕:《"对赌协议"的裁判路径及政策选择——基于 PE/VC 与公司对赌场景的分析》,载《法学研究》2020 年第 2 期。

力西集团有限公司与江苏博恩世通高科有限公司、上海博恩世通光电股份有限公司等买卖合同纠纷二审民事判决书，该案的裁判要点表明，“公司减资时对已知或应知的债权人应履行通知义务，不能在未先行通知的情况下直接以登报公告形式代替通知义务。公司减资时未依法履行通知已知或应知的债权人的义务，公司股东不能证明其在减资过程中对怠于通知的行为无过错的，当公司减资后不能偿付减资前的债务时，公司股东就该债务对债权人承担补充赔偿责任”。

同时，《〈全国法院民商事审判工作会议纪要〉理解与适用》一书明确，目标公司履行减资程序属于公司自治范畴，不具有可诉性。

因此，私募基金在设计对赌协议时，应关注如下几点：①设定目标公司和目标公司股东或实际控制人同时作为对赌义务的主体，且明确两者为连带责任关系，增加投资人的保障。②投资前设定附生效条件的股东会决议，即一旦触发回购，则公司进行减资，且要确保后续投资者接受该决议的约束。

（3）投资方请求目标公司承担金钱补偿义务的，人民法院应当依据《公司法》第35条关于“股东不得抽逃出资”和第166条关于利润分配的强制性规定进行审查。经审查，目标公司没有利润或者虽有利润但不足以补偿投资方的，人民法院应当驳回或者部分支持其诉讼请求。今后目标公司有利润时，投资方还可以依据该事实另行提起诉讼。

私募投资基金在设定目标公司承担金钱补偿义务时，需要知晓目标公司的利润情况，因此在投资前，需要关注如下几点：①投资协议中设计知情权条款，并明确投资方除《公司法》规定的股东知情权外，还有权查询公司的会计账簿和相关凭证。②投资协议中约定，目标公司的年度审计机构的选聘，需要经过投资方认可或由投资方与目标公司共同选聘，确保审计结果的真实性。

（4）目标公司为股东回购或金钱补偿义务提供担保是否应该受到资本维持原则的管制问题。

公司为其股东担保，属于资本维持原则的应用场景之一，但我国对于资本维持原则的运用并不彻底，从目前的司法判例看，公司为其股东向投资方回购或金钱补偿义务提供担保，得到了司法支持。

如最高人民法院（2016）最高法民再128号强某延、曹某波股权转让纠纷再审民事判决书，最高人民法院再审基于“强某延已对瀚霖公司提供担保经过股东会决议尽到审慎注意和形式审查义务以及一般公平原则”，裁判认为“案涉《补充协议书》所约定担保条款合法有效，瀚霖公司应当依法承担担保责任”。

又如最高人民法院(2017)最高法民再258号通联资本管理有限公司、成都新方向科技发展有限公司与公司有关的纠纷再审民事判决书，在该案中，最高人民法院认可了目标公司为原股东的回购义务提供连带责任保证的效力，但是由于投资人未能尽到基本的形式审查义务，所以导致担保条款无效。

再如最高人民法院(2019)最高法民申4849号成都市棒棒娃实业有限公司、李某股权转让纠纷再审审查与审判监督民事裁定书，成都市棒棒娃实业有限公司在再审中主张，“本案中棒棒娃公司系为股东之间股权转让债务提供担保，本质系股东从公司抽逃资本的行为，应认定为无效”，但最高人民法院认为，“棒棒娃公司就案涉股权转让为李某向SEAF公司提供担保，已按照《公司章程》召开董事会和股东会，形成《董事会决议》和《股东会决议》。《股东会决议》获得除李某外出席会议的其他股东所持半数以上表决权通过，符合法律规定，案涉《担保合同》具有法律效力”。

由此可见，现行的司法实践，公司为其股东向投资方的回购股权或金钱补偿提供担保的行为，仅以《公司法》第16条规定，形成有效的股东会决议，且投资人尽到形式审查义务即可，并未将其纳入资本维持原则的管辖范围内。

因此，私募投资基金在设计对赌协议时，可以以目标公司股东为对赌义务的主体，目标公司为其股东提供连带责任担保，且需要尽到对目标公司提供担保决议的形式审查义务。

(5)目标公司为对赌义务主体，目标公司上市前可能需要清理。

无论是主板还是科创板，对于发行人存在的对赌协议的处理原则是一致的，即“原则上要求发行人在申报前清理，但同时满足以下要求的可以不清理：一是发行人不作为对赌协议当事人；二是对赌协议不存在可能导致公司控制权变化的约定；三是对赌协议不与市值挂钩；四是对赌协议不存在严重影响发行人持续经营能力或者其他严重影响投资者权益的情形。保荐人及发行人律师应当就对赌协议是否符合上述要求发表明确核查意见。发行人应当在招股说明书中披露对赌协议的具体内容、对发行人可能存在的影响等,并进行风险提示”。

由此可见,基金在投资方案设计对赌条款时,应该注意尽量不将目标公司作为对赌义务的主体,这样设计,不仅可以避免因目标公司对赌回购实际执行中的公司法管制问题而导致执行障碍,还为避免目标公司上市前必须清理对赌协议提供了可能和空间。

大宗商品代订货业务合同签署要点

杨宇曦*

供应链下游的中小企业在资金不足、资质不够的情况下，只能依托资金充沛、有议价能力的大型企业进行“代购”，一般会涉及三方主体：大型资源厂商（上游卖方）、中间贸易商、中小企业（下游买方）。

本文所指的代订货业务，又称保证金订货业务，是以销定采自营业务模式中的一种，中间贸易商在收取下游客户一定比例履约保证金的基础上，向上游供应商采购货物并取得货权，在下游客户支付全款后向其转移货权。此类业务在黑色金属大宗商品交易尤其是钢贸行业较为常见，是一种风险较大的贸易模式，其风险主要集中于市场价格变动、货权控制、货物处理能力等。而中间贸易商作为代订货的一方，多为资金充足、市场信誉良好的国有企业，也是交易链条中风险的最大承受方。但不同于国有企业所普遍禁止开展的“托盘交易”“循环贸易”等融资性贸易，代订货业务基于真实的货物交易，强调掌握实际的货物控制权，虽然模式上与托盘交易类似，但其实质是一种连环买卖。

因中间贸易商与上游资源厂商一般都是全款订货，其采购合同可以按照一般买卖合同签订，且往往是大型钢厂的固有格式合同，不允许更改，故无须讨论。在交易链条中，中间贸易商是最弱势的一方，本文从中间贸易商的角度出发，探讨与下游企业之间的销售合同如何签订，能更好地防范风险。

---

* 任职于北京某央企。

一、代订货业务存在的风险

(一)被法院认定为“名为贸易、实为融资”的风险

“托盘交易”是指中间贸易商(托盘方)接受下游公司(供应链下游)委托,代下游公司垫付资金向生产商(供应链上游)订货,并由下游公司到期向中间贸易商偿付垫付资金及利息的贸易模式。托盘交易又分为两种:(1)普通的托盘交易,与本文的代订货业务类似,存在真实的货物交易,融资仅仅是服务于买卖合同的供应链溢出效应;(2)实为融资的托盘交易,上游和下游均系同一实控人控制,不存在货物真实交易,中间贸易商实系影子银行,只收取固定利息。由于代订货业务与托盘交易在业务流程上有一定的相似之处,一旦被认定为实为融资的托盘交易,法院会最终确认“买卖”并非各方真实意思而无效,进而依法对真实存在的借贷法律关系作出效力认定。而代订货业务与托盘交易最大的差别在于是否有真实的货物交易、是否有真实的货权管控以及是否有“买卖”的真实意思表示。

在最高人民法院(2017)最高法民终712号天津冶金轧一物流有限公司、本钢集团国际经济贸易有限公司仓储合同纠纷二审民事判决书中,法院认为:

“尽管钢材托盘业务属于一种融资业务,但本钢国贸公司与钢材出卖方存在真实的钢材交易关系并实际取得钢材的所有权,仓储保管人轧一物流公司通过出具《入库单》对本钢国贸公司的钢材入库事实予以确认,并无充分证据证明《入库单》仅是为了形式上符合购销合同的条件以及《入库单》记载事项虚假,亦无证据证明本钢国贸公司与谢某新、李某存在恶意串通损害轧一物流公司利益的情形。因此,原审判决确认本钢国贸公司的钢材所有权并无不当,轧一物流公司上诉主张本钢国贸公司购买钢材实为融资借款、并无真实的钢材所有权,理据不足,本院不予支持。”

在最高人民法院(2014)民二终字第241号津西国际贸易有限公司与广州钢铁企业集团金钧国际贸易有限公司买卖合同纠纷二审民事判决书中,背靠背的两份《供需合同》的品名、规格、材质、数量等完全一致,仅有货物价格不同,但法院认为:

“这只表明在不同的当事人之间成立了不同的购销合同，不足以证明其真实目的是进行融资性贸易。”

在部分合同中，条款表述中存在买卖关系与代理关系的混同，中间贸易商对业务的主导、对采购货物的所有权表述不清晰。如，存在与此业务性质不相符的表述：“我方不负责商品质量，出现质量异议时全权由下游客户处理”“我方的收益仅表述为利息、资金占用费等，而非买卖价差”“我方按照下游委托向其指定供应商支付货款采购”等。

在最高人民法院(2015)民提字第201号中国铁路物资天津有限公司、唐山友发钢管制造有限公司与哈尔滨双利物资经销有限公司买卖合同纠纷申请再审民事判决书中，法院认为：

“《钢材销售合同》无论合同名称还是合同条款都体现了出卖人转移标的物的所有权于买受人、买受人支付价款的内容，符合买卖合同的特征。合同中‘出卖人为买受人代订货物’的表述，不能改变该合同系买卖合同法律关系的性质。”

尽管该案例从实质角度审核了合同条款对应的法律关系，但仍应避免出现委托、代订货等字样，避免签署质量责任全免的条款等，以造成不必要的麻烦。

此外，上、下游结算价格应基于业务实际，中间贸易商的收益体现为业务价差、合理的相关费用以及供应链服务收益等。避免增值服务费用可能会被认定为借款利息的风险。

(二)其他合同漏洞导致的风险

代订货业务开展中可能遇到的业务风险包括上游交货风险、下游客户违约风险、物流运输风险、仓储风险、货权控制风险、市场价值风险、资金风险、结算风险、自身货物处理风险等。对于合同风险把控而言，主要有以下几点：

1. 货权转移流程及单据规定不明确。合同未在仓储合同中明确出入库样单及操作流程，未在销售合同中明确提货样单及流程。如：仓储合同中未明确约定出入库、发货、过户等环节的单据传递方式、操作流程；销售合同中未明确下游客户的提货流程、提货依据等。

2. 合同条款不规范、不明确。如：缺少保证金随市场价格变动及时补充的条款、价差利润表述不规范、免责条款不明确、逾期提货违约责任不具体等。

3. 违约罚则不明确。因客户不及时补充履约保证金、逾期提货等原因造成的违约，相关罚则条款约定不明确。

4. 货物由上游资源厂商直接交付下游采购企业，中间贸易商不参与交货。

5. 在合同约定，中间贸易商不受标的物市场价格波动影响，不承担市场行情变化的风险。

二、代订货合同起草、审查要点

（一）对业务风险的评估

对于公司法务和律师而言，评估业务风险并不是主业，但草拟和审查合同却绕不开对业务风险的基本判断。这些风险包括：供应商、客户资质情况，货物特性与用途，经营规模，保证金比例，货物交付情况，资金使用情况，客户违约应急处置方案等方面。在审批合同前，有条件的话，法务人员应当要求查阅公司风控部门出具的风险评估报告。

（二）对合同主体的审查

1. 中间贸易商在开展业务前应掌握上下游之间、仓库与客户之间、客户与客户之间的关联关系，掌握客户真实情况，防止业务中出现上下游为关联企业、仓库与客户为关联企业等情况。

2. 中间贸易商应直接向钢厂订货采购（含钢厂指定销售公司），确保货权专属，不存在质押等情况，避免向流通贸易企业进行订货采购。

（三）对核心条款的把握

1. 一般开展代订货业务的品种应是变现能力强、流通量大的市场通用产品，对于订货品种为定制型、小众型产品，应提示业务部门，提高合同约定的保证金比例。

2. 合同中必须约定货物跌价补充保证金条款，明确触发此条款的货物跌价幅度与客户补足保证金的时限要求、方式及金额计算方法，明确客户未在指定时间内补足保证金视为客户违约，我方有权终止合同并没收保证金，保留处置货物的权利。

3. 合同中应明确约定保证金为现款或票据(银行汇票或银行承兑汇票),不得以货物质押等方式冲抵保证金。

4. 针对客户违约风险,可在合同中加入"客户实际控制人提供连带责任担保"条款并要求实际控制人签字或盖章,或要求实际控制人出具担保函。

5. 销售合同中应列明提货方式与提货流程。客户提货过程中,必须为款货交易,严禁变更合同约定的付款提货方式,严格禁止"赊销"及各种形式的"以货抵货""以货抵款"等情况发生。

(四)对仓储、物流的管控

1. 中间贸易商应优先选择自有仓库存放上游供应商交付的货物。如需选择非自有仓库(租赁或外包),应建立仓库评级体系,并加强日常监控和动态管理。对外包仓库的测评,至少应包括:出入库操作效率、作业规范程度、单据交接的及时性、对货物的堆码管理等要素。

2. 仓储合同中应明确出入库样单,严格把握仓单的制式要求;在合同中固定单据的传递方式、操作流程。

3. 在合同中固定指令发出形式及格式,固定下游的联络人及方式。

4. 仓储合同中需明确费用标准及适用的税率,货权转移前应由中间贸易商承担的仓储、物流等费用应由中间贸易商实际支付。

5. 在订立合同、运输仓储环节注重对货权的控制,建立健全的存货管理规章制度。对于存放在非自有仓库的存货,要及时张贴标识、货物贴牌,实行单独码放,专人值守。要定期或不定期的现场巡查,切实做到账实相符。对于存放在风险较高的非自有仓库,应果断组织转移,及时采取资产保全措施。

6. 在合同中约定预留的印鉴用作比对。

(五)其他业务执行中的法律风险提示

1. 加强往来账目及余额核对,留存往来函证记录。

2. 在合同中明确各类货运单据、到货证明的格式,并注意妥善保管仓储方、运输方、下游需方盖章的各类单据。如最高人民法院(2014)民申字第2094号北京科博瑞森科技发展有限公司与中国中元国际工程有限公司等买卖合同纠纷再审判决书中显示的,中元公司向河东公司采购货物，再与科博签订销售合同，并约定交货方式为科博公司自提，“中元公司将由河东公司开出的提货单交付给科博公司后，科博公司应当向中元公司出具接收证明，中元公司取得科博公司出具的接收证明后视为中元公司将货物交付完毕”。在再审审查中，正是中元公司提交的“科博公司出具的5份《货物接收证明》”“加盖郑州铁路局三门峡站和科博公司公章的铁路运输单据”“加盖河东公司公章的汽运出货统计表”等证据证明了买卖合同关系的实际发生，让法院最终认定交易的真实属性并非融资。

3. 制定应对违约情况的处置预案，在疫情期间，下游制造企业可能会出现资金紧张，无法按期付款提货的违约行为。制定处置预案，应包括这些方面：(1)跟踪下游客户的复工复产情况；(2)关注合同标的物的市场价格；(3)梳理已方有无逾期交货等违约情况并及时与对方签订补充协议，避免在后续可能的诉讼中造成不利影响；(4)关注需求端的市场情绪，积极寻找其他卖家；(5)及时向对方发出催款函等通知，并获得对方的积极回复以固定证据；(6)提高保证金、要求对方提供额外的担保等增信措施；(7)关注对方的涉诉状况、风险事件、资产状况等，并梳理对方的银行账户、不动产抵押、动产质押、法定代表人资产等财产线索，为后续可能产生的争议做准备。

三、重点示范条款

对于保证金、价格、违约责任等核心条款，本文给出以下示范条款，以供参考。

（一）保证金条款

要求：与上游供方的买卖合同签署后收取对方不低于预估货值15%（视下游企业市场信誉、货物品种流通性而定，一般为10%—30%）的保证金作为履约保证金。明确保证金的计算方式、基础、支付方式、时间节点、未支付的违约责任、合同履行完毕后对保证金的处理。

【示范条款】自本合同签署后N个工作日内以银行转账的方式按照以暂定价计算合同标的额的20%（即人民币×××元）向供方支付保证金。需方逾期未支付的，供方有权单方解除本合同，并要求需方按合同标的额的20%向供方支付违约金。已支付的保证金不可在日常提货款中扣除,可冲抵本合同项下最后一笔货款,或应需方要求自结清全部货款后N个工作日内退回(履约保证金不计息)。

(二)价格条款

要求:如无法在合同中直接确定对客户销售价格,可通过暂定价、最终价的方式来实现上下游的价差利润。最终价可综合市场价格、采购成本、仓储物流成本、人工成本及利润等来确定,以结算价格确认书或销售发票的方式来体现。

【示范条款1】交货月N日前根据供方的定价政策确定最终价,以供方开具的销售发票载明的价格或以定价单载明价格为准。

【示范条款2】货款 = 制造商结算货款 + 服务费用 + 其他费用。服务费用:

(1)固定服务费:买方在卖方向制造商支付货款之日30个自然日内付清货款部分的,卖方按该批货物在制造商结算单价的0.595%收取服务费;

(2)浮动服务费:买方在卖方向制造商支付货款之日31—60个自然日内支付货款的,在前款的基础上以该批货物在鞍钢订货单价的0.02%为标准,按日增收浮动服务费。

【示范条款3】卖方承担本协议下的交货前从制造商至交货地产生的运费等其他费用,以本款第(n)项方式与买方据实结算:

(1)与货款两票制结算,另开货物运输费、仓储费或服务费;

(2)与货款一票制结算。

(三)免责条款

要求:免除因供方工厂停产、设备检修导致的逾期交货违约责任。免除下游客户存在信用风险中止或终止履行的违约风险。

【示范条款】因上游生产厂家停产或设备检修导致供方无法按照合同约定期限交货的,供方不承担逾期交货的违约责任。如需方资信及财务状况恶化,清偿能力明显减弱(包括或有负债大幅增加),供方有权要求需方立刻支付合同项下所有未结款项并解除合同,需方已支付的保证金冲抵违约金。

（四）质量瑕疵条款

要求：明确中间贸易商仅负责质量瑕疵的协调处理，不承担质量问题的赔偿责任。应当注意的是，本条约定是建立在真实贸易的基础之上且有充足的基础证据支撑。

【示范条款】在交付完成后10个自然日内，买方如发现货物缺陷，应立即向卖方提供书面报告及支持证据，否则卖方有权拒绝买方的赔偿请求并对此不承担任何责任。买方明确了解并确认：卖方将买方提供的货物缺陷书面报告及支持证据提交货物制造商，制造商将根据货物质量缺陷等引起的任何问题负责退换、维修存有缺陷的产品。制造商的处理结果是最终的，卖方不再对买方承担任何责任。

（五）补充保证金条款

要求：当出现市场价格产生较大波动等商业风险发生或因不可归责于双方当事人的原因发生重大变化时，中间贸易商有权要求对方补充货物保证金，明确触发此条款的货物跌价幅度及对方补足保证金的时限要求，并且有权让对方提前履行合同，在合理期限范围内付清全款提货。应时刻关注货物市场价格，合同条款应约定当市场价格下跌如对方未及时补足保证金或未按要求付清全款提货时，有权自行处理货物等对方应承担的违约责任。

【示范条款1】合同履行中，若遇市场价格出现大幅波动（市场价格与N价格比较，下跌部分超过本合同全部货值的N%），需方应向供方支付货物跌价保证金，需方应当在接到供方书面通知后1个工作日内按下跌幅度支付相应跌价保证金。供方也可直接向需方书面通知，要求需方依据通知要求支付全部价款，并提清货物。并如需方未及时补足保证金或未按供方要求及时付清全款提货的，视为需方违约，供方有权立即终止合同并没收需方已支付的订货保证金，供方有权立即自行处理合同项下的货物，且由此给供方造成的其他全部损失需方仍需赔偿。

【示范条款2】当产品市场价格与单笔交易协议签订价格相比下跌超过单笔交易协议已支付保证金比例的2/3时，（产品市场价格以网站 www. mysteel. com 公布的提货港或提货地区同钢厂同材质同规格或类似规格钢材的同期价格变化为准），卖方有权要求买方追加跌价幅度100%（单笔交易协议未执行吨数×每吨下跌金额）的履约保证金。如市场价格持续下跌，卖方可要求买方多次追加履约保证金。买方应当在收到卖方通知1天内追加履约保证金。

（六）逾期提货违约责任

要求：合同条款应明确约定需方履行合同的具体时限及需方逾期未履行时的解决措施和相应违约责任。应约定在多长时间内需方应付款提货，在需方未足额支付全部货款前，货权不发生转移，如履行期届满对方仍未提货，中间贸易商有权自行处理货物等对方应承担的违约责任。

【示范条款】需方应于供方向钢厂支付货款后N个自然日内向供方支付本合同下所列货物对应的全部货款并提货，需方未付清货款前，货物所有权始终归供方所有。需方逾期未提货的，供方有权在书面通知需方后立即自行处理本合同项下货物（以供方发出通知日为准），且供方无须承担任何违约责任，且由此给供方造成的其他全部损失均由需方承担。

四、结论

不同于融资性贸易，代订货业务存在真实的货物交付，强调货权的管控，中间贸易商利用保证金比例的增减来调控风险。但又不同于一般买卖合同中上下游交易对象自由选定，这是一种以销定采的连环买卖。法院一般会认定这种背对背的交易模式不属于“名为买卖、实为融资”，而是两个独立的买卖合同关系。我们作为公司法务或律师，在起草和审核合同时，先要严控代订货业务演变成融资性贸易的可能性，更要在最大限度维护己方利益的同时，避免合同条款不恰当表述产生的不必要风险。

租赁型写字楼合同签署要点建议

卢　鹏*

商业地产的分类中包括购物中心、百货、商业街区、写字楼、酒店等多种业态，而作为最常见的写字楼，与众多的企业机构有着紧密的联系，在此笔者将以租赁型写字楼作为模型，与大家分享一下对于写字楼租赁中签署合同的注意要点。

一、地段，还是地段

（一）法律价值依附于商业价值

1. 地段价值是写字楼的最重要价值之一，很多出租方或承租方所委托的合同审核人员由于对交通、商圈这些概念并没有过多的接触，所以对写字楼所体现的价格和价值并不能完全认同，因此在合同审理中可能会存在忽视或对抗情绪，对此予以避免，尽可能地将商务条款交由相关负责人员确认。

2. 对于写字楼价格的确认方式。对该商圈内同级别写字楼价格进行咨询，询问报价、免租期等数据后进行初步估算以作为参照。如果法律人员无暇电话调查，那应请洽谈写字楼租赁的人员同时提供商圈内租价对比表并要求其签字留证。

（二）通过价值来筛选对方

1. 筛选开发商。写字楼一般集中在城市内繁华商圈，多数是由各开发商开发一到两幢。写字楼具有极高的保值性与增值空间，对于这种优质物业，国内多数优质开发商采用的是自持模式来长久经营。所以对于承租方而言，繁华地段或商圈的写字楼项目，价格高昂尚在其次，而合同及管理规定相对是复杂甚至苛刻的，因此请务必耐心对待。

* 北京商业地产从业人员，微信 LATO7437。

对于小开发商开发或散售型的写字楼项目，则可能存在设计缺陷、产权人分散、运营混乱等问题，虽然价格便宜，合同简单，但在长久来看并不是优质企业的栖息之地。所以在合同审核过程中应谨慎对待，相应地进行风险预判，合同严格一点比较好。

2. 确认出租方的主体身份。在洽谈合同前，请务必明确出租人主体，是否是开发商或开发商所委托的商业管理公司、代理行等。对于该类型出租主体，一般有着较强的运营策略和经营能力。如果是开发商散售后的业主方或其他二房东再次出租的应谨慎考虑，此种出租方往往没有较强的经济实力，在实践中信誉较差，又无长期对于物业的规划运营能力，所以应尽力避免合作，以免后期出现纠纷。

二、合同内容常见问题

（一）常规问题

1. 必须明确写明合同签订地以及诉讼管辖地，禁止留白（按照《最高人民法院关于适用〈中华人民共和国民事诉讼法〉的解释》第28条，房屋租赁纠纷属于专属管辖，但是为了避免一些熟稔司法程序的商户提请诉讼管辖来拖延时间，请不要轻视本条，务必明确管辖约定）。

2. 合同中应加入租赁场地的四至图、楼层图，该图应明确标识出租赁位置，一并由承租方加盖印章确认。

（二）特殊需要注意的洽商内容

1. 出租方的签约资质

（1）很多开发商在仅具有开发资质，并未在营业执照中加入房屋租赁经营项目，这会导致开发商并没有租赁资格，所以如果是由开发商自行经营的，其在营业执照中应当有房屋租赁经营项目，否则无法开具发票。

（2）租赁场所的规划用途应是“商服”或“办公”，如非此二类，则承租人在办理公司注册时，会为公司的注册带来认知障碍，工商可能不予受理。

（3）出租方与承租方的签约身份。写字楼租赁涉及大型复杂的管理体系以及物业管理资质，有时签约主体不一定为业主，而会授权关联的商业管理公司或委托专业的代理行来进行经营管理。这时出租方应出具业主授权证明，其中的内容基本包括：

①出租方有权签署租赁合同，所签的合同由产权方承认法律效力。

②出租方有权收取租金、物业费、管理费等费用。

③对签约方所签署的授权期限应等于或长于出租期限。

④签约方所获得的授权种类。

2. 何时去承租

应尽可能在写字楼设计或建设期间签署，该阶段的工程改动余地较大，仍然可以满足客户的个性化需求，这种订单式租赁会使得承租方具有最大的议价能力，能够对写字楼的价格进行有效洽谈。但该洽谈前提应建立在对开发商有充分的建设能力、运营能力认识之上进行。同时如果自身承租面积较大，则具有相应的议价能力。

3. 暂未取得产权证的写字楼是否可以出租

依据《最高人民法院关于审理城镇房屋租赁合同纠纷案件具体应用法律若干问题的解释》第 2 条的规定，“出租人就未取得建设工程规划许可证或者未按照建设工程规划许可证的规定建设的房屋，与承租人订立的租赁合同无效。但在一审法庭辩论终结前取得建设工程规划许可证或者经主管部门批准建设的，人民法院应当认定有效”。依据其第 3 条第 1 款的规定，“出租人就未经批准或者未按照批准内容建设的临时建筑，与承租方订立的租赁合同无效。但在一审法庭辩论终结前经主管部门批准建设的，人民法院应当认定有效”。

在实务中，只要写字楼能够取得建设工程规划许可证或者照建设工程规划许可证建设的房屋以及非临时建筑、违规建筑的，该写字楼可以出租。但为了保护承租方的利益，可由出租方向承租方签署保证函。保证内容为出租方确保承租方能够在规定时间内办理营业执照，协助承租方通过消防验收即可。如因出租方原由导致承租方未能办理下营业执照的，则应赔偿承租方的各类损失。

4. 商业物业租赁中计租面积如何计算费用

(1)租金。写字楼租金是以每天每平方米来计算。

(2)物业费或管理费。需要注意的是，物业费或管理费是除租金之外的主要费用，其与写字楼能耗、环境、服务品质等管理水平直接相关。在 2018 年 2 月 12 日，住房和城乡建设部第 37 次部常务会议审议通过决定，废止了《物业服务企业资质管理办法》（建设部令第164号），所以在签署最终合同时，应将物业管理费所包含的具体服务内容及标准进行细化明确。

实践中通常物业管理费应包含公共部位和外墙的保洁、公共设施（如电梯等）的维护保修、公共部位水和电、工作时间的中央空调费以及保安管理费等，但也有其他增值服务，对此应当书面约定，以避免未来出现的纠纷。

（3）空调/电力照明延时服务费。物业费或管理费中的中央空调服务/电力服务费通常为工作日的早上9点至晚18点（此非绝对标准，视各地区上班时间而定），如在非工作时间开动中央空调或另行提供电力照明灯服务，则需另行协商并支付费用。对于加班较多的企业，应事先考虑是否能够承担相应费用，以免在后期为此产生纠纷。

5. 免租期的实质应用

免租期有两种作用，一是对于承租方正常装修的时间补贴，另外一种是对于商户的隐性降租，而对于是否有免租期及免租期的长短由双方自行约定。

在实践中，新投入市场的写字楼为快速填充楼层或招徕主力客户时，为隐蔽其真实成交价，会把免租期提高一定时限来给客户变相打折，合同审核者应对此有着正确认知。

6. 写字楼项目不应允许转租

出租方在合同中应书面明确严禁转租、分租、合租等事项，并在向承租方出具办理营业执照证明的文件中明确承租方主体，禁止在文件中留白空缺。在日常运营中，亦应当严格检查是否存在转分合等情形，以规避法律风险

7. 租赁合同不是唯一，物业管理规定或管理守则也是重要条款

产权人与管理人可能是分开的情形下，会分别签署《租赁合同》与《物业管理规定》，而比较专业的写字楼出租方会将一些违约责任分别放在物业规定之中，表面看这是由于前述的主体不同，但实际上这会导致很多承租方加大审核难度，常常在承租期间受到各种制约。此种方法有较大的隐蔽性，敬请注意。

8. 发票的开具

产权人与管理人如果是两个主体,这也是一种税筹规划管控,由于租金与物业费税率不同,所以会存在分别支付的情形。而对于“营改增”后的税务问题,应当请公司财务部门出具专项书面意见,以供公司决策。但需要注意的是,一般租赁产生的租赁税费应由出租人承担,租户经营期间的经营性税费由租户承担,这点毫无疑问。

9. 保险责任

很多写字楼租赁合同中会要求承租方购买“财产一切险及公众责任险”。所谓“公共责任险”是指,在办公室范围内,无论是承租方还是出租方原因,导致他人身体或财产受到损害的,由保险公司进行赔偿的风险转嫁措施。该保险费用属于合理约定,能够有效降低双方责任,有利于各方将风险转嫁至保险公司承担,各方应当予以支持以保障自身利益。

10. 房屋返还约定

对于承租人退租时需要“恢复原状”条款,应给予特别重视,该恢复原状的请求不仅是指物理上对原租赁物进行状态恢复(包括拆除附着物),还包括对该租赁面积上存在的营业注册地址、电话、网络账号等无形资源的恢复,出租方务必对此要严格执行,承租方也应给予重视,避免未及时办理注销手续而导致的工商惩戒。

11. 撤场条款

写字楼出租方应在合同中明确约定承租方因拖欠租金或其他违法活动导致撤离场地时对场地内遗留物的处理方式。

12. 其他签署要点建议

(1)车位问题

在写字楼租赁合同中须明确出租人是否提供车位供租户使用,是否收取费用。很多出租方称车位已外包至停车场管理公司,但实际上可以为优质承租人提供优惠的停车位保障(前提是承租人真的很优质),对于常规承租人,如果承租面积较有优势时,也可争取出租方的车位优惠。此种优惠形式多样,免租、补贴、折扣等形式均可使用。

(2)电话容量问题

对于电话容量要求较大的企业,应当事先确认核实电话线路属于何经营商,是否存在相应优惠、是否存在相关限制及规定。

(3)机房及避雷针

部分科技、金融、商业企业在承租写字楼时,会考虑到自身的网络需求。尤其注重的是是否具有专属的机房位置,该机房位置一般对于楼板承重、电力、网络、独立空调有着特殊需求,所以应当在签署合同时对此进行明确约定。如果该出租区域所在的城市有着雷暴较密集的气象环境或该楼层在高层位置,则应当对于避雷针的安装、性能进行单独约定,以确定费用及危害责任。

(4)相邻品牌及规避业态

甲级写字楼中通常是以世界或中国500强为目标客户,同时对于优质的金融、能源、科技、文化企业以及律师、会计师事务所等服务型机构进行优先选择。此类企业或机构由于考虑自身形象定位,也会要求出租方在客户选择中杜绝名声不佳的金融企业或高密度客流的教育培训机构等。实践中在签署租赁合同时,对于本条应明确约定,以避免后期的烦扰。

(5)其他优惠措施

写字楼在租赁合同签署时,也有通过赠送装修或减免应收费用的形式作为促销方式。作为承租方,可通过此方式争取成本的降低。而出租方对于租金折扣与变相折扣两种模式的考虑,应当更倾向于变相折扣,因为这样可以对外维持一个良好形象。

三、结语

本文是作为租赁型写字楼合同签署时一些小问题的参考建议,还有很多方面没有梳理和归纳,仅希望能够帮助到大家在写字楼租赁合同签署时作为一定的参考。但由于各地区写字楼发展规模不同、情势不同,所以这种个人经验认知有着很大的局限性,其中必然有很多不足之处,还请大家多多指正批评,欢迎大家添加笔者的微信进行指导。

【附件】

高等级写字楼的认定标准

由于对于写字楼评定标准至今没有强制性规划,所以市场上存在着多个评定标准，以下标准是笔者个人多年对外考查项目时认可的参考标准，仅供各位在签署合同时评判参考，不具有指导意义。

一、5A级写字楼

1. 办公（OA）：预留OA电力负荷50VA/平方米以上，办公室OA布线采用网络地板或地面线槽，线槽高度不低于15厘米。

2. 通信（CA）：计算机网络通信系统到达所有的办公间，能够提供千兆端口，上下线路对等，在个别楼层预留独立机房位置，且承重超过3000牛/平方米。强（弱）电竖井：强（弱）电竖井里若留有给企业自身可以走线的路径和空间，则是具有较好的扩展性的写字楼。

3. 楼宇（BA）：主要的机电系统有实现自动控制，采用双回路供电方式或有应急电源、应急发电机等备用发电系统。

4. 消防（FA）：具有防火闭路电视监控、烟感、温感和火灾自动报警、自动喷洒装置，同时逃生通道的宽度、方便性和指示系统的辨认应符合当前消防规范的要求。对于超高层建筑，避难层有未被挪用。

5. 保安（SA）：主要是指摄像、门禁、保安管理系统，尤其是金融类企业对保安需求特别严苛。

二、甲级写字楼

1. 建筑：其办公部分应超过2万平方米，每层建筑面积不低于1000平方米。

2. 电梯：按大厦总建筑面积计算，每部客梯服务面积不超过5000平方米，等候时间不超过40秒、客货分离、货梯至少1部、有完善先进的智能控制系统。

3. 构架：甲级写字楼的建筑规划大堂宽敞、挑高10米以上，其他楼层净高为2.7米以上。

4. 停车：按大厦总建筑面积计算，每150—200平方米配置一个停车位，配备专用地上、地下停车场，地下停车场应设有自动计费系统和防盗安全系统。

三、乙级写字楼

1. 建筑：其办公部分应超过1万平方米，单层净面积不低于800平方米。

2. 构架：除地台外的层净高不低于2.5米，按大厦总面积计算每300平方米应配置一个停车位。

3. 电梯：按大厦总面积计算每部客梯服务面积不超过6000平方米，速度不低于3米/秒。

4. 安保：物业管理应聘请国内知名物业管理公司或本地优质物业管理公司，并提供24小时内的报案服务和维修服务。

法律检索

民商事案件法律检索标准流程

高杉峻*

中国法上现行有效的民商事法律规范浩如烟海，仅凭广泛的阅读和记忆，已经无法找全、找准特定案件所应适用的全部法条。要提高办案时找法的查全率与查准率，除了借助外部数据库进行有效的法律检索外，别无他法。

法律检索是法律从业者的基础技能之一，法律检索结果的优劣，对案件办理结果产生直接影响。对业内资深人士而言，法律检索的过程也是发现案件争点、调整办案思路、文书写作参考的过程。

且由于整个法律行业尚未能形成办案中必须采用严格的法律检索流程的工作习惯，各地法官、律师在办案中使用虚假法律文件的情况屡见不鲜。在法院裁判文书和律师诉讼文件中较为常见的虚假文件有：《公安部印章管理办法》《最高人民法院关于审理建设工程合同纠纷案件的暂行意见》《最高人民法院关于审理民事纠纷案件中涉及刑事犯罪若干程序问题的处理意见》。

一、法律检索的前提、作用与科技基础

法律检索立基于法条意识，也有助于加强法条意识。我国是大陆法国家，一切诉讼都是从法条中来又到法条中去。任何一个案件的裁判结果，在形式逻辑上必然出自法律条文与案件要件事实相匹配的过程，这个裁判过程与法学院以往所教授的从法律概念到法律概念的思考过程迥异。因此，准确、快速地检索到适用于手头案件的法条，关系诉讼的结果与成败，故法律检索是法律人基本的实务技能之一，此点的重要性无须多述了。

---

* 北京法律学者，「高杉 LEGAL」主编，微信 gaoshanlawyer。

法律检索也是法律人实务学习的重要工具。目前我国的法学研究与法律实务所需的匹配度有待提高,学术研究的基本出发点亦不在于现有法条在法律实务中的具体运用。遇到新型实务疑难,从传统学术资料中往往难以找到答案,此时借助法律检索往往更能有效地答疑解惑。

自然语言处理等法律 AI 所需的基础科技远未成熟。虽然过去几年法律 AI 的提法以及相关的创业项目为数不少,但就笔者目前了解到的科技进展来说,法律 AI 所需的自然语言处理(尤其针对中文的)等基础技术远未成熟,这块面临的技术障碍远远超过下围棋的 AlphaGo 的开发难度,甚至未来中期内也看不到科技突破的明显希望。更何况,法律语言本身极其复杂,个案中法条适用涉及的事实边界千变万化,因此,现阶段法律检索的自动化应用,基本停留在文本识别与关键词比对这样一种可称之为比较原始的技术基础之上。

二、法律渊源与法条识别

大陆法系一切诉讼决于法条,法律检索的主要对象当然是法条。可作为民商事诉讼中法院裁判依据的法条,主要分为全国人大及其常委会的立法(以下简称人大立法)、行政法规、司法解释、地方性法规四类以及作为准法源的最高人民法院与最高人民检察院的指导性案例。《最高人民法院关于裁判文书引用法律、法规等规范性法律文件的规定》第 4 条规定:“民事裁判文书应当引用法律、法律解释或者司法解释。对于应当适用的行政法规、地方性法规或者自治条例和单行条例,可以直接引用。”《最高人民法院关于案例指导工作的规定》第 7 条规定:“最高人民法院发布的指导性案例,各级人民法院审判类似案例时应当参照。”需要注意的是,“两高”的指导性案例,对人民法院的审判,是具有参照的效力,所以本文称之为准法源。

除了法条之外,我们也需要检索案例和文章,二者的作用是辅助理解法条或将其作为对法条某种特定理解的佐证。这里需要强调的是,对人大立法的法条的理解,一般参考全国人大常委会法制工作委员会官方署名编著或该机构工作人员署名编著的俗称的“释义书”系列,如各家主流法律类出版社均有出版的《中华人民共和国民法典合同编释义》《中华人民共和国民事诉讼法释义》《中华人民共和国公司法释义》等书中对相应立法条文的具体解读。对最高人民法院数量繁多的司法解释的理解，一般参考最高人民法院内设庭室官方署名编著的俗称的“理解与适用书”系列（一般由人民法院出版社出版），如《〈全国法院民商事审判工作会议纪要〉理解与适用》《最高人民法院新民事诉讼证据规定理解与适用》等书中对相应司法解释条文的具体解读。

法条的识别。全国人大及其常委会除了法律，还会制定其他多种文件，最高人民法院除了司法解释，也会制定其他多种司法文件，所以，对同一机关制定的多种文件进行法条识别，确定哪些文件属于法条，哪些文件不属于法条，就很重要。上述四类法条中，较难准确识别的是最高人民法院制定的司法解释。司法解释识别的基本规律是，1997 年之后的司法解释必带“法释”文号，1997 年之前的司法解释按惯例确定。识别司法解释时特别需要注意，就对个案的答复/批复而言，最高人民法院他字号的答复件一般仅是个案答复（如文号为“〔2016〕最高法民他 11 号”的答复件），并非司法解释，法释字号的批复件才是司法解释。对特定司法文件的真实性、效力及文本产生疑问时，应比对《中华人民共和国最高人民法院公报》及《最高人民法院司法解释汇编（1949—2013）》（最高人民法院研究室编，人民法院出版社 2018 年版）。

三、方向与背景检索

多个搜索引擎检索。就要检索的法律问题，应先使用百度（https://www.baidu.com/）、必应（https://cn.bing.com/）、搜狗微信搜索（https://weixin.sogou.com/）、微博搜索（https://s.weibo.com/）、知乎搜索（https://www.zhihu.com/search）等各种搜索引擎进行检索（绝不能仅使用百度这一种搜索引擎），了解法律问题实务研究的基本情况和商业、金融、财税等相关必要背景信息，确定下一步使用法律专业数据库检索的大方向。

搜索语法。使用搜索引擎时，应熟练掌握双引号、“ - ”、“site:”、“filetype:”、“intitle:”、“inurl:”等搜索语法。双引号内加关键词，表示搜索中限定不能分词；“ - ”表示搜索结果中排除“ - ”之后的关键词；“site:”表示在“site:”后所限定的网站范围内搜索“site:”前列明的关键词;“filetype:”表示搜索结果限定为“filetype:”之后限定的诸如“doc”“pdf”等某一种文件格式;“intitle:”表示搜索结果中限定网页标题中必须含有“intitle:”后的关键词;“inurl:”表示搜索结果的网页的链接中必须含有“inurl:”之后的关键词。以上搜索语法,亦可通过百度高级搜索(https://www.baidu.com/gaoji/advanced.html)等各搜索引擎的高级搜索功能予以实现。

中国庭审公开网。可利用中国庭审公开网(http://tingshen.court.gov.cn/)的视频资料,查看特定法官的既往开庭视频录像资料,提前了解法官的庭审风格与习惯。

四、法律专业文章检索

1.《人民法院报》官网(http://rmfyb.chinacourt.org/)。《人民法院报》是最高人民法院的机关报,该网站免费提供近年来所有该报刊登文章的全文查阅及电子检索。在百度等搜索引擎中输入“关键词 site:rmfyb.chinacourt.org/”所获结果,优于该网站首页内置搜索框的反馈结果。特别需要提示的是,每一部重要的司法解释发布之后,最高人民法院的起草人往往会在《人民法院报》署名发表一篇《关于……解释……的理解与适用》的长文,对该司法解释的来龙去脉和重点规定做体系解读,非常值得阅读。如 2015 年 8 月 27 日,《人民法院报》就发表了《关于民诉法解释中有关管辖若干问题的理解与适用》的一文,对法律人微信群中常见争吵的各种管辖问题,这篇文章基本上都已经给出了明确答案(网址:http://rmfyb.chinacourt.org/paper/images/2015-08/27/05/2015082705_pdf.pdf)。

2. 搜狗微信搜索(http://weixin.sogou.com/)。所有法律类微信公众号的专业文章,均可通过该搜索引擎免费查阅,但在百度等其他搜索引擎上,无法搜索到微信公众号的文章内容。另外,微信 PC 端软件“搜一搜”的查全率和查准率,一般高于搜狗微信搜索。

3.《人民司法》。该刊系最高人民法院机关刊,登载最新的权威司法观点。中国知网已经收录该刊,查阅方便。《人民司法》每个月发行《人民司法·应用》《人民司法·案例》《人民司法·天平》各一本。《人民司法·应用》注重对审判、执行及法院各项工作的指导与研究;《人民司法·案例》对已生效案件进行深度开发,旨在进行案例指导、案例参考和案例研究;《人民司法·天平》着力推进法院队伍建设和文化建设。从法律实务检索的角度,重点检索的范围是《人民司法·应用》和《人民司法·案例》。

4.《新编版·最高人民法院司法观点集成》(刘德权主编,麦读出品,中国法制出版社出版)。该套丛书[24册+民商事卷增补(2018)4册]以司法解释、司法文件、司法政策、个案批复答复、指导性案例及公报案例等为素材和依据,选摘最高人民法院主流观点、法官著述、司法信箱等资讯,梳理专题,分门别类,并以说明的形式阐述相关司法观点的适用要点。

5.《民事审判指导与参考》。《民事审判指导与参考》由最高人民法院民一庭编写,指导全国民事审判。在「高杉 LEGAL」微信公众号首页对话框中回复关键词:"民事",即可下载该套丛书历史总目录。

6.《商事审判指导》。《商事审判指导》由最高人民法院民二庭编写,指导全国商事审判。在「高杉 LEGAL」微信公众号首页对话框中回复关键词:"商事",即可下载该套丛书历史总目录。

7.《审判监督指导》。《审判监督指导》由最高人民法院审监庭编写,指导全国审判监督工作。在「高杉 LEGAL」微信公众号首页对话框中回复关键词:"审监",即可下载该套丛书历史总目录。

8. 最高人民法院其他业务庭的指导丛书。如《立案工作指导》《知识产权审判指导》《执行工作指导》等,但目前均未有总目录电子版。

五、数据库的选择

常见数据库。目前市面上常用的中国法数据库有"威科先行"(http://law.wkinfo.com.cn/)、iCourt的"alpha数据库"(https://alpha-lawyer.cn/)、"北大法宝"(http://www.pkulaw.cn/)等。alpha数据库除常规的法规库和案例库之外,其中的"司法观点库"包括了最高人民法院历年来的主要司法观点。威科先行法律信息库除常规的法规库和案例库之外,其"英文翻译""行政处罚""检察文书""实务指南"栏目富有特色。

中国裁判文书网。最高人民法院建立了"中国裁判文书网"(http://wenshu.court.gov.cn/),该网站首页的检索功能也非常便于使用。全国各地各级法院的一、二审判决均陆续实现在该网站全面公开（最高人民法院的民商事判决已实现全面公开）。

其他常见数据库。全国人大官网的“法律释义与问答”（http://www.npc.gov.cn/npc/c1793/flsyywd.shtml）、中国法院网的“法律文库”（http://www.chinacourt.org/law.shtml）均提供检索服务，亦可关注。

六、法律检索的方法之一：体系检索法

民商事案件主要适用民法进行裁判。而民法是有体系的，所以我们可以从体系出发进行检索。以“夫妻一方单独处分出卖共有房产”为例，一旦就该问题进行检索，从民法体系出发，即可判断该问题必然涉及《民法典婚姻家庭编》《民法典合同编》《民法典物权编》《城市房地产管理法》及其相关司法解释。从数据库中检索出《民法典婚姻家庭编》《民法典合同编》《民法典物权编》《城市房地产管理法》及其相关主要司法解释，分别利用“共有”“无权”“处分”等关键词进行页面筛查，就可以发现相关主要法条。

利用自动索引功能。专业数据库会在每个法条下自动索引引用了该法条的其他法律、司法解释、裁判文书等，点开自动索引的链接，就可以发现其他密切相关的法条、司法解释、案例等有用信息。

七、法律检索的方法之二：关键词检索法

检索逻辑符号的运用。空格符、“ - ”、“or”等符号的单独或合并使用。如标题检索关键词：“合同效力 - 仲裁”。需要注意的是，在使用表示排除（不含有）的“ - ”号时，有的数据库需要在“ - ”号前空格，有的不需要，同时此处的“ - ”号和上文提及的“:”号，都应采用英文输入模式下的符号，以便系统识别。

检索口径的调整。检索所得结果过多，难于人工筛选时，需要缩小检索口径，可通过（1）加长关键词（如：代理→无权代理）、（2）加多关键词（如：处分→处分无效）、（3）增多检索项（如：发布机关限定为最高人民法院）等方法缩小检索口径，得到范围限缩后的检索结果。检索所得结果过少，需要扩大检索口径时，则反之。

如何发现关键词？（1）从中文文本出发发现关键词：同义词、近义

词、反义词、词序调换(如:转让股权→股权转让)、衍生扩展词(如:虚拟货币→比特币、数字货币);(2)根据法理发现关键词(如:检索无权处分就要想到善意取得、检索无权代理就要想到表见代理);(3)从相关法条的表述中发现关键词;(4)从判决的行文中发现关键词;(5)从行业习惯用语出发发现关键词。关键词的选取能力是检索经验、中文功底、法律功底的综合体现。

发现重合字词。选取关键词时,应打破中文习惯并善于选取多个关联关键词的重合部分。如从"合同 无效""合同 有效""合同 失效"等三组检索词中,提取出共同的"合同 效"进行一次检索;又如从"有权代理""无权代理"两个关键词中提取出共同的"权 代理"进行一次检索。

同句、同段、间隔等精准检索方法的运用。"威科先行"、iCourt 的"alpha 数据库"均提供同句、同段、间隔等精准检索方法,能极大地提高检索精度。

八、法律检索的方法之三:案例倒查法

以上两种检索方法归根到底都是从概念出发的演绎的思路,而案例倒查法则是从案例找法条的归纳的思路。

如何找到案例。一是用"体系检索法"在相应法条下自动索引的裁判文书中找案例,二是用"关键词检索法"在案例库中找案例,需要注意的是,在直接查找法条设定关键词时一般追求法言法语(因为立法用语一般较为严谨),但在查找案例设定关键词可以使用一些日常用语(因为判决的查明部分会引用当事人交易过程中的日常用语)。

如何倒查法条。逐个浏览筛选案例全文,重点看法院在"本院依据某某法……"部分引用的法条。倒查不仅能实现找法上的查漏补缺,更能发现法条在实务中的争点和疑点。

机器自动查找关联法条。如在 iCourt 的"alpha 数据库"中,选定案由为"买卖合同纠纷",全文关键词为"无权处分"之后,点击"可视化",即可在"法条"展示框中发现《合同法》第 51 条、《最高人民法院关于审理买卖合同纠纷案件适用法律问题的解释》第 3 条等关联法条。

实务中,对不熟悉的领域或问题,案例倒查法往往先于体系检索

和关键词检索使用,以提前确定检索方向。

九、检索所得法条的效力甄别及适用原则

一次认真全面的法律检索做完,可能找到几十个甚至上百个相关法条,有必要对所得法条逐一进行效力甄别。

1. 对检索所得法条的真实性和准确性进行甄别。

搜索引擎所得的法条常有虚假、错漏的情况,法律数据库检索得到的法条也必须通过至少两个数据库进行验证。

2. 对检索所得法条是否有效进行甄别。

法条是否已被废止;法条是否属于已经公布但尚未施行;法条是否属于法院的裁判可依据的文件范围。

3. 法条在事项效力上是否适用于本案。

注意法律文件的标题对适用事项范围的界定。如《最高人民法院关于审理城镇房屋租赁合同纠纷案件具体应用法律若干问题的解释》,该文件的标题已经明确了不能直接适用于农村房屋的租赁纠纷。

注意法律文件的条文对适用事项范围的界定。如《最高人民法院关于审理民间借贷案件适用法律若干问题的规定》第 1 条即明确该规定所称的民间借贷,是指自然人、法人、其他组织之间及其相互之间进行资金融通的行为,而经金融监管部门批准设立的从事贷款业务的金融机构及其分支机构,因发放贷款等相关金融业务引发的纠纷,不能直接适用该规定。

4. 法条在时间效力上是否适用于本案。

民商事实体立法一般不具有溯及力;民商事实体司法解释在实质上具有所谓的"溯及力",即新制定的司法解释一般适用于该司法解释施行后的未结或新立案件(再审除外),即便该案件所涉及的法律事实发生于该司法解释施行之前;程序立法或司法解释即时适用。需注意司法解释末条及后续通知对相应司法解释于一、二、再审的程序适用(适用的时间范围)的限定条款,如《关于认真学习贯彻适用〈最高人民法院关于审理民间借贷案件适用法律若干问题的规定〉的通知》中的有关表述。

甄别后的有效法条之间如发生冲突,应按照上位法优于下位法、后法优于前法、特别法优于普通法的三大原则来确定法条适用。如通

过三大原则仍无法确定法条适用,则应参酌规范目的和既有判例来确定最终的法条适用。对该问题有兴趣的读者,可参阅江苏省高级人民法院〔2003〕苏行他字第002号请示和最高人民法院相应的〔2003〕行他字第4号答复(已失效)的内容,以及法〔2004〕96号《最高人民法院关于审理行政案件适用法律规范问题的座谈会纪要》。

十、交叉验证极为重要

搜索引擎不能只用一家,法律数据库也不能只用一家,特定检索结果的真实性、有效性、全面性,都需要通过多平台分别检索才能得到验证。

十一、做好检索记录

法官、检察官、律师向助理布置检索任务时,应要求其随同检索结果一并提交检索记录(使用何种数据库、何种方法、何种关键词做的检索),以便查漏补缺。检索报告的制作范例,在「高杉 LEGAL」微信公众号首页对话框中回复关键词:"检索报告",即可查看。

十二、类案检索报告的突出重要性

最高人民法院2018年12月发布《关于进一步全面落实司法责任制的实施意见》要求:"各级人民法院应当……建立类案及关联案件强制检索机制,确保类案裁判标准统一、法律适用统一。存在法律适用争议或者'类案不同判'可能的案件,承办法官应当制作关联案件和类案检索报告,并在合议庭评议或者专业法官会议讨论时说明。"最高人民法院2019年8月发布《关于健全完善人民法院审判委员会工作机制的意见》要求:"提交审判委员会讨论的案件,合议庭应当形成书面报告。书面报告应当……列明……类案与关联案件检索情况。"最高人民法院2019年10月发布《关于建立法律适用分歧解决机制的实施办法》,规定了法律适用分歧解决申请书、法律适用分歧问题初审、法律适用分歧问题复审、审委会对法律适用分歧问题讨论决定的一整套终局性地解决法律适用分歧问题的长效机制。从此,最高人民法院各业务部门、各高级人民法院、各专门人民法院、中国应用法学研究所在审执工作和类案同判专项研究中发现法律适用分歧的,均可启动上述分歧解决机制。

虽然各种既往案例中只有最高人民法院指导性案例对全国法院审判同类案件具有参照效力,但由于上述三个规定的出台,诉讼代理人、民事检察人员向法院提交类案检索报告,将会有三方面效果:一是类案检索报告中如果提出了存在同案不同判或者与上级法院的既往判例不一致的情况的话,将可能导致案件提交法官联席会甚至审委会进行讨论;二是在承办法官将案件提交联席会和审委会讨论时,也需要在审理报告后附类案检索报告,相关人员提交的上述类案检索报告将有可能转化为法官检索报告的有利部分;三是有可能启动最高人民法院的法律适用分歧解决机制。

附:【法律检索相关必读法规文件】

《立法法》

《行政法规制定程序条例》

《最高人民法院关于司法解释工作的规定》

《最高人民法院关于裁判文书引用法律、法规等规范性法律文件的规定》

《最高人民法院关于案例指导工作的规定》

《〈最高人民法院关于案例指导工作的规定〉实施细则》

《最高人民法院关于进一步全面落实司法责任制的实施意见》

《最高人民法院关于健全完善人民法院审判委员会工作机制的意见》

《最高人民法院关于建立法律适用分歧解决机制的实施办法》

《最高人民法院关于印发〈关于人民法院案件案号的若干规定〉及配套标准的通知》

《最高人民法院关于审理行政案件适用法律规范问题的座谈会纪要》

法律调研，律师的基本功

王　忻*

一直不知道该如何翻译 Legal Research。法律调研？听起来好像卷起袖管穿上雨鞋，就要去做野外调查。法律搜索？联想起人肉搜索、百度搜索……这个词立马太世俗。法律研究？法律检索？要么显得迂腐学究气，要么弄得和图书馆数据检索系统一样了无趣味。

是的，Legal Research 是有趣的，过程生机盎然，推理严丝合缝，一会儿走投无路柳暗花不明，一会儿又灵光乍现，无限风光在险峰。你没做过，怎么能体会呢？

一、为什么要做 Legal Research

因为客户提出问题，律师就得回答问题，甚或是在客户问题的基础上提出更多的问题。要能够正确回答问题或提出更多问题，就必须对问题所涉及的各个方面充分了解，Legal Research 帮助律师了解问题并且找到问题的答案。

非法律人士可能会问，律师不就应该对法条倒背如流，为何还需要 Legal Research？其殊不知"中国特色的社会主义法律体系已经建成"，各种形式各种效力的法律、法规及规范性文件可以说是浩如烟海。律师做不了，也不应该做存储法律信息的磁盘列阵，而应该成为掌握最新"食材"信息，懂得挑选搭配裁剪各种"食材"，精通锅碗瓢盆里蒸煮焖炒熘烧的后厨大师。

二、如何审题

要做好 Legal Research，先得正确地审题。题目没看清，拿起来就

* 北京大成（上海）律师事务所合伙人。

做，是犯了初学者想当然的毛病。题目中可能会有晦涩难懂的专用名词，也可能有貌似此意实则彼意的表达。同样的词汇在不同国家、不同文化、不同行业、不同语境下，意思千差万别，要排除导致歧义的可能性。看不懂问题，先自己查，务必把问题读懂了、读透了。实在读不懂、查不到、读不透，再找客户去问。就怕什么都不查，大大咧咧，上来就先反问客户傻问题，落了个不专业、不仔细的印象。客户的联系人也未必都是专业人士，提的问题可能角度不对、预设前提不对，抑或是用方的概念问了个关于圆的问题，这些都需要通过仔细的审题来解决。把题审好，可以缩小 Legal Research 的范围，帮助“导弹”无误差地击打目标。

三、工具

李慕白有青冥宝剑，朵拉有万能背包，没有称手的工具，还怎么和小伙伴一起行走江湖？专业付费及时更新的法律数据库是律师居家旅行必备的工具，可以保证搜索法律的时效、全面、准确和完整。初学者有时会通过百度或政府网站搜索到对于某具体问题具有明确指导意义的通知等规范性文件，一时间如获至宝，赶紧向客户报告，转头才发现此文件已被更新的文件废除或修订，雾霾天赶飞机一场空不算，还在客户面前出了糗。

四、交叉验证

仅仅依靠数据库 Legal Research 是不完整的，白纸黑字的法律未必就能够对于具体问题给出确切的答案，即便有答案，也未必能够落地实施。搜完法律，要搜文章，要搜案例，要打电话给有关部门，要问身边的经验人士，有机会要问专家。在所有渠道获得的各种信息无法通过逻辑论证和谐统一，甚至互为矛盾时，哪一条线索都不能相信；要再搜索，再问，再验证，直到得出能够说服自己的结论。

举例（请读者注意此案例所涉及的《对外承包工程项目投标（议标）管理办法》已于 2018 年初废止，此例内容仅用以说明法律调研中交叉验证工作的重要性）：某国内公司向英国某港口销售并现场安装调试港口起重设备，港口业主希望我们提供中国律师法律意见以明确该国内公司满足所有承包实施该项工程的中国法律项下的要求，在

Legal Research 了一堆诸如安全生产、工业产品生产许可、建筑承包专业资质及特种设备制造的法律资质要求后,我们突然发现还有一个才实施不到两年的东西叫对外承包工程资质和对外承包工程项目投标(议标)事先核准。现在问题来了,除了起重技术哪家最强的疑问以外,我们还困惑:起重设备的跨境销售(含安装调试)算不算对外工程承包?对外承包工程项目投标(议标)事先核准在本项目中到底需不需要?按照建筑领域及对外承包工程相关法律法规,设备的安装和调试明确属于工程承包,此观点受到这家国内公司反对,号称其从业几十年从来不认为设备销售也会构成工程承包,历史上也从来没有办过什么对外承包工程事先核准。经调查,此国内公司倒是确实已经获得了对外承包工程资质,但确实也从未办理过对外承包工程项目投标(议标)事先核准(涉案合同金额远远超过了法规要求事先核准的门槛)。于是我们致电地方商委,致电商务部,致电中国对外承包工程商会,其均表示设备在海外的安装调试构成对外工程承包,需要办理事先核准。我们追问如果不办理是否真的会适用处罚甚至导致国家喊停项目承包,答,不会影响项目承包的开展,也不会严格按照管理办法进行处罚,“毕竟我们是为企业走出去服务的”。令人奇怪的是,白纸黑字的法规,执法部门说不会严格执行,那到底法律意见书里要不要写本项目必须具备该项事先核准呢?写,过于严格,违反也无后果,于客户没意义;不写,万一执法尺度收紧,影响项目进程,律师成了替罪羊。再深入了解,我们发现:没有获得该事先核准,国内银行不会提供信贷支持,但因为该项目不需要国内银行信贷,无核准事实上不太会影响项目开展。

最终我们的法律意见书是这样的:根据法规,需要事先核准,但实践中不具备该事先核准不会影响本项目合同的有效性,也不会对实际履行构成障碍(在不需要国内银行信贷支持的情况下)。通过交叉验证,将法律理论和实践的差异和困境明明白白地告知客户,再指出困境下的突围之路,既卸下了律师疏忽告知法律要点的责任,又彰显了律师结合实践经验的功力。非黑即白的法律意见就如同二流影视作品中非善即恶的角色设定一样单薄无力。

五、如何打电话

打电话是交叉印证的一种方法，笔者建议在每个人的人脉圈最大半径内，尽量多地向各个信息源交叉印证纸面上所得出的 Legal Research 的结果，以确保结果的准确性和实际可操作性。有些问题是跨专业的，如涉及财务会计税收等问题，一定要向专业人员仔细核实，以免犯错。

打电话是个技术活儿，特别是面对公务员领导同志，且得斗智斗勇。打电话前要做好准备工作：打给谁，问什么，怎么问，如何追问，都得事先想周全了。打给谁？如果问题是关于特定地区的特定事项，是否当然打给该地区审批或监管权限内的政府机关？未必，有的时候出于保密的需要，只能打给周边同等级地区的政府部门，以防先行“坦白”了客户可能存在的还未解决的问题（即使匿名咨询，有时由于地方太小或行业内公司太少，一展开问题就能被对方猜到是谁。当年笔者匿名打给某局，咨询关于网络地产经营方面的问题，对方当即反问笔者是不是××公司的，当时三条汗线就上了额头）。如果是非特定事项，比较保险的做法是既打给地方区县级部门，也打给省级或中央部委级。问什么？如果没有做基本的 Legal Research，问什么都两眼一抹黑，无从问起。先做功课，解决最基本的问题，把法律法规中没说清楚的、冲突的，或者根本就是法无规定的问题都列出来，再提炼出拟咨询的问题，要做到没把网络点评全部看完绝不下馆子！怎么问？情境式提问，示弱式提问，挑战式提问，追问，反问，除了不能逼问，要把答案问到像幼儿园小女孩的眼睛一样清澈见底。在问的同时，还要时刻评估电话那头的先生女士是真懂还是忽悠，是实习生、打杂的阿姨，还是老法师，是太忙了不愿意多说还是不懂乱扯。最后，记得问人家老师贵姓，加上电话号码，记录在案，有据可查。

六、关键词

Legal Research 的关键词选择是关键。关键词的锁定也并非一蹴而就，往往需要在搜索中不停地校正。以“平行进口”为例，当搜索者不知平行进口为何物时，一开始根本就是无处下手，这时悖论产生了，既然我都不知道它是什么，我又从何查起呢？此时我们手上的信息可能仅仅是客户期望实施的某项业务的粗略描述，那既然不能直接锁定关键词进行精确搜索，那只能通过输入描述客户业务或问题的长句先用搜索引擎进行模糊搜索，根据随机搜索出来的五花八门、有用没用的信息，慢慢顺藤摸瓜，从七大姑八大姨慢慢查到三代以内近亲，再慢慢筛选出直系亲属，最终锁定亲生儿子，此时就离真相不远了。仍以“平行进口”为例，直系亲属的几个名字中肯定少不了“商标权利用尽”“知识产权垄断”“灰色市场”“地域性”，用这些关键词再搜索，“平行进口”这个真儿子就呼之欲出了。

有的时候还要注意关键词的变形，比如“医疗设备”“医疗器械”“医疗器材”，一字之差，可能就会导致搜索到了错误的弄堂里。

七、Research 到什么时候是个头

似乎是陈丹青说的，刚开始画油画的时候不知道什么时候算画完了。Legal Research 也一样，搜索到什么时候算完？前半段是广撒网：满世界地捕捞信息，法律法规、实践经验、学术文章、政府咨询，原则性的、具体的，正面描述的、侧面说明的，相干的、不相干的，直到穷尽；中段是信息整理，加工，增加或减少变量，逻辑分析，判断；最末段就需要大刀阔斧，去伪存真，删繁就简。如果还有时间的话，放在那儿，晾一晾、晒一晒，沉淀过后，回头再看，仍然无可挑剔，结束。

八、什么是好的 Legal Research 交付

从内容上讲，有观点、有逻辑、有依据、有时效，解决问题，穷尽可能性，复杂问题简单化，把貌似简单问题背后的复杂性挑透，就是好的。从形式上讲，以无限接近向客户最终交付的法律成果形式为标准，再附之以简洁而又突出重点的法规纲要，此时的交付，几近完美。

九、左右互搏之术

在好的 Legal Research 交付的基础上，还有一个更高的维度，就是，Research 的过程要贯穿不同观点的互相博弈。切忌观点先行，后再去搜索佐证证据的做法，这样很容易导致忽视其他不同观点的证据，最终推导出有失偏颇的结论。Research 的过程其实就是一个肯定、否定、再否定的逻辑思维过程。金庸先生的武侠世界里，周伯通在桃花

岛闲极无聊，左手打右手，终成左右互搏之术；Legal Research 时，我们建立、推翻、再建、再翻，左脑虐待右脑，自己为难自己，何尝不是智力世界的左右互搏、自我修炼？正所谓，欲练 Legal Research 神功，无须自宫，假以时日，必能打通二脉、聚顶三花。

检索式，让检索更容易

陈晓峰*

法律检索是一个复杂、烦琐、系统的工程或任务，如何从千万份裁判文书中找到想要的内容，需要精细的安排和设计。然而部分律师在检索过程中只注重检索词的选择，以至于唯检索词至上，最终检索沦为某种意义上的“赌博”。诚然，选择恰当的检索词有助于提升检索效率、提高检索结果质量，但是检索词的选择只是检索工作的一个环节，检索效率与质量的提高更需要检索思维的升级。在此，笔者引入检索式的概念，根据法律检索的特点，分解检索式元素，并结合检索场景对检索式应用作进一步介绍。由于篇幅限制，本文将仅以检索裁判文书为例，希望能够帮助读者开拓检索思路，丰富检索技术，提高检索效率。

一、检索式的概念与内容

检索式（或检索表达式）常见于文献检索、专利检索等，原是指在计算机检索中，根据检索目的，检索者将检索词、逻辑运算符、位置符以及其他组配符号组合而成的表达式。

结合法律检索之特点，笔者将检索式内容分解成以下五种：（1）检索词；（2）检索词之间的关系；（3）被检索文件；（4）检索位置；（5）二次检索。

（一）检索词的选择

检索词是检索式的核心，虽然不提倡唯检索词至上，但是选择恰当的检索词有助于提升检索效率、提高检索结果质量。

例如，一个检索任务是“通过搜索引擎检索网络购物纠纷管辖规

* 上海市联合律师事务所律师，微信 brianchen0323。

定”,如在百度中,以“网络购物+管辖法院”作为检索词显然比“网络购物”结果更加精准。

相比使用“生活词汇”,使用“专业术语”检索得到的结果质量更高,更容易符合检索者的检索预期。搜索引擎可以帮助检索者找到将“生活词汇”转化为“专业术语”的线索,尤其是在研究某个其不熟悉领域的法律问题时,可以帮助检索者迅速把握要点或者找到切入点,提高检索者的检索效率,便于进一步深入检索。

以研究“×××车(共享单车)倒闭”及相关的法律问题为例。通过搜索引擎,检索者检索“×××车倒闭+专家”,就可以找到媒体采访相关领域专家的访谈或介绍。在这一步,并不需要关心专家的观点正确与否,重要的是在前列的几个检索结果中可以迅速得到“共享单车”“押金”“资金池”“关于鼓励和规范互联网租赁自行车发展的指导意见”等关键词,再以此关键词重新进行单独或者组合检索,尤其是在威科先行等法律专业数据库中检索,可以让检索者更深入地了解和学习。

(二)检索词之间的关系

检索词之间的关系是大部分法律检索初学者容易忽视的一点。检索词之间的关系主要分为两种:逻辑关系和位置关系。这主要适用于多个检索词检索时的应用场景。

1. 逻辑关系

逻辑关系又分为“和”“或”“非”三种。

逻辑关系“和”通常用AND来表示,是指多个检索词应当共同存在于同一篇被检索文件中。例如,上述例子中使用“网络购物”AND“管辖法院”进行检索,是指被检索文章应当同时包含“网络购物”和“管辖法院”两个检索词。

逻辑关系“或”通常用OR来表示,是指检索结果包含多个检索词的任意一个即可。例如,研究购物中心知识产权纠纷的案例,根据经验,“购物中心”并不是唯一表述的词汇,使用“购物中心”OR“购物广场”进行检索(搭配的其他词此处省略),是指裁判文书中只要有“购物中心”或者“购物广场”即符合条件。

逻辑关系“非”可以用NOT来表示,用来排除含有某个或某些词语的文件。例如，检索案例研究著作权侵权起诉思路时，查找到大量某公司起诉的裁判文书，当发现该公司起诉的思路大同小异时，为提高检索效率，可以在学习几篇之后，再采用“NOT 某公司”的方式将该公司排除在检索结果外，以获得更多关于其他公司起诉的检索结果。

2. 位置关系

位置关系大体分为“全文”“同段”“同句”“间隔 N 字”四种。“同段”是指多个检索词都处于同一段落，其他请作相似的理解。

通常情况下，检索结果的数量随着该排列顺序由左至右递减。以牺牲“查全率”来提高“查准率”，这是一把“双刃剑”。用得好的话，可以将检索结果限制在很少数量，且大部分完美匹配检索预期，极大地提高检索效率；用得不好的话，可能得不到任何检索结果。具体的应用会在下文演示，此处不作赘述。

（三）被检索文件的选择

在裁判文书检索任务中，被检索文件主要是公开的裁判文书。根据检索目的的不同，通常可以从法院级别、审理法院地域、当事人等不同角度选择单个或多个组合。

“法院级别”包括最高人民法院、高级人民法院、中级人民法院、基层人民法院等；“案由”包括不正当竞争纠纷等，具体参见《民事案件案由规定》；“文书类型”包括判决书、裁定书等；“审判程序”包括一审、二审、再审、执行等；“其他”部分则包括当事人信息、法官、代理律师、标的额等。

（四）检索位置的选择

一份裁判文书大体可以分为标题、案情、裁判理由、裁判结果。更具体地说，“案情”包括案件事实与由来、诉讼请求等；“裁判理由”是指裁判文书中“本院认为”部分的内容，在这部分中，法院明确了当事人争议的法律关系、裁判说理等内容；“裁判结果”则包括判决、裁定等结果，诉讼费用的负担等。

选择从不同位置检索，将得到针对性不同的检索结果。例如，在“案情”部分更多的是检索到针对某一类型案件双方的举证内容和方式；在“裁判理由”部分更多的是检索到关于法院针对某一焦点审判倾向的内容等。

(五)二次检索

“二次检索”即“在结果中搜索”。两种场景下会进行“二次检索”。

第一种场景比较常见,且主要出现在试探检索阶段。

检索者在初步检索无法预估检索结果的数量时或者进行常识性、试探性检索时,发现检索结果数量过多但认为无须或无法变更检索词,可以通过“二次检索”作进一步限制。例如,研究“微信聊天记录作为证据”,检索裁判文书无从下手时,可以试探性地使用“微信”作为关键词进行检索,发现检索结果数量很多时,使用“公证”作为关键词,在前述结果的基础上作进一步检索。

但笔者认为,这种场景下,“二次检索”不能算检索式的组成部分,只能算作初步检索之试探。

第二种场景主要用于搭配前述检索式各元素组合使用,具体在下文以示例演示。

二、检索式的设计与应用

为使读者更好理解上述内容,本部分将虚拟3个检索场景,推演检索式的设计与优化以及如何利用检索式步步逼近检索目标。

(一)场景1

假设检索者想通过检索裁判文书了解“在房屋租赁中,租客留置在租赁房屋中的财物如何处理”的问题,同时假设检索者对此问题没有任何头绪,作为初步检索,可能会制定如下检索方案:

(1)被检索文件:判决书(其余不限);

(2)检索位置:全文不限;

(3)检索词:房屋租赁 AND 留置;(注:本文示例中包括 AND、OR 等逻辑或位置关系的符号用法请阅读所使用的数据库“高级搜索”栏目中的文档说明)

(4)检索词之间的关系:不限;

(5)二次检索:暂无。

虽然检索者会得到较为匹配的结果,例如,浙江省嘉兴市中级人民法院(2017)浙04民终369号“嘉兴市军供站、嘉兴市经开外婆花园餐厅房屋租赁合同纠纷二审民事判决书”载明:“外婆花园餐厅承租涉案房屋后,进行了较大范围的装修改造。双方在《补充协议书》中约定,一旦出现协议终止,所有装修部分应归甲方(军供站)所有,添置的设备归乙方所有。二审中,经现场勘察,外婆花园餐厅留置在涉案房屋里的机器设备仅为固定装修中的大金牌吸顶中央空调,另有少量餐椅。”

但是,与此同时,检索者得到的却是夹杂着3000多条与其预期不符的检索结果的结果。例如,重庆市第一中级人民法院(2017)渝01民终3561号“罗某全与冉某房屋租赁合同纠纷二审民事判决书”载明:“本院认为,冉某提出一审判决程序违法的问题。经查,一审法院向冉某妻子工作地点,向冉某妻子送达相关诉讼文书,冉某妻子拒绝签收。人民法院依法留置送达,符合《中华人民共和国民事诉讼法》第八十六条的规定。”

查阅之后,发现出现上述与预期不符的结果,主要是因为两个关键词“房屋租赁”与“留置”的关联性由于位置关系较远而被降低和弱化,无法实现使用该两个关键词的检索预期。于是可试探性地限制该两个关键词的位置关系,调整检索式如下:

(1)被检索文件:判决书(其余不限);

(2)检索位置:全文不限;

(3)检索词:房屋租赁 AND 留置;

(4)检索词之间的关系:同段;

(5)二次检索:暂无。

如此调整,得到的检索结果数量被降低,出现更多接近检索者预期的检索结果。例如,江苏省南京市中级人民法院(2017)苏01民终2221号“南京白下高新技术产业园区投资发展有限责任公司与江苏华软医药信息有限公司、江苏华软联合科技有限公司房屋租赁合同纠纷二审民事判决书”载明:“甲方有权在运用法律手段追偿乙方欠款的情况下留置乙方租赁房内的财产,并在解除合同的书面通知发出之日起五日后,可将留置的财产变卖用于抵偿乙方应支付的全部费用。”

但是检索者会发现,部分检索结果中,“租客留置在租赁房屋中的财物如何处理”并未成为争议焦点,法官并没有对该问题进行评价。某些结果被检索出来,仅仅是因为原、被告签订的《房屋租赁合同》中含有关于“留置”的约定。例如，江苏省沛县人民法院（2016）苏0322民初509号“徐州刘邦大厦有限公司与郝某峰房屋租赁合同纠纷案”载明：“十一、【留置权】如乙方违约不缴纳租金，经甲方催要后仍不缴纳租金甲方有权停电关门。并留置所有物品，一切责任乙方自负。”

检索者更想要的是法院对此问题的分析与评价，或者根据其检索预期，更想要最高人民法院或者高级人民法院对此问题的分析或评价，于是可以对检索式作如下进一步调整：

（1）被检索文件：判决书（限于高级人民法院或最高人民法院）；

（2）检索位置：“本院认为”部分；

（3）检索词：房屋租赁 AND 留置；

（4）检索词之间的关系：同段；

（5）二次检索：暂无。

如此调整，检索者得到了更接近预期的检索结果。例如，江苏省高级人民法院（2016）苏民终51号“无锡西姆莱斯石油专用管制造有限公司与无锡市卓盛隆国际货运代理有限公司排除妨害纠纷、返还原物纠纷二审民事判决书”载明：“《中华人民共和国物权法》第二百三十条第一款规定：‘债务人不履行到期债务，债权人可以留置已经合法占有的债务人的动产，并有权就该动产优先受偿。’第二百三十一条规定：‘债权人留置的动产，应当与债权属于同一法律关系，但企业之间留置的除外。’故债权人行使留置权的前提是债务履行期限届满前其已合法占有债务人的动产，且留置的动产与债权之间存在牵连性。留置权分为民事留置权和商事留置权。……商事交易并非均为连续且频繁，也有个别交易。简单、个别商事交易中的法律关系并不难证明，而且留置权相较抵押权或质权具有优先性，如取消个别交易中留置权法律关系牵连性的限制，会造成维护当事人此笔交易安全之际，却破坏了债务人与其他债权人之间他笔交易的安全，不符合保护整体交易安全和公平的原则。故个别商事交易中留置物与债权在法律关系上的直接牵连性仍应得到强调。”

直接使用上述法院观点，不仅可以对案件有更加准确的判断和估计，也能让自己的主张更有说服力。

上述检索词的选择并不唯一，检索者不仅可以选择“留置”，还能根据检索词的性质，选择该检索词的不同状态。以“留置”为例，可以选择其积极状态(如“行使留置权”)或者其他状态(如“无权留置××”),读者可以自行实践。

(二)场景2

假设检索者想通过检索裁判文书学习“商铺租赁中留置条款的设计与争议”。

在开始检索前,先思考一个问题:这些合同条款出现的形式有什么共性?

检索者不限内容随机检索含有合同条款的裁判文书,会发现如下这些合同条款出现的形式:

“第13.1.1条约定,在不影响A根据本合同约定行使任何权利的前提下,A有权在B从本合同内任何一项应付的租金、管理费、推广费或任何其他费用应付之日起拖欠超过三十日,合法接触本合同,并收回房屋或其任何部分。”

“第八条约定:甲方权利、义务……2. 甲方负责所交付的租赁标的物的土建工程消防通过验收取得同意使用的相关文件,消防工程的检验、消防报建及费用由甲方承担。”

总结检索结果,会发现一个规律:大部分检索结果在引出条款前均有“条约定”的字样。

结合场景1以及检索者的检索目的(学习“商铺租赁中留置条款的设计与争议”),可制定初步的检索方案:在“房屋租赁”相关的裁判文书中,定位在“本院认为”中“同段”、逻辑关系为“与”,检索“条约定”和“留置”两个关键词。

得到场景2的初步检索式:

(1)被检索文件:判决书(其余不限);

(2)检索位置:“本院认为”部分;

(3)检索词:条约定 AND 留置;

(4)检索词之间的关系:同段;

(5)二次检索:房屋租赁。

例如,上海市浦东新区人民法院(2016)沪0115民初17501号“上海家营物业管理有限公司与刘某良房屋租赁合同纠纷一审民事判决书”载明:“出现上述违约情形,乙方应按合同约定的月租金的两倍,向甲方支付违约金。如违约金不足以弥补甲方损失(包括但不限于诉讼费、律师费、差旅费等),乙方应当足额赔偿。对于该房屋内乙方所属之物,甲方有权在乙方未完全履行给付义务时采取自助行为并予以留置。”

或者会有读者举手质疑,通过上述检索式检索的裁判文书是否需要符合一个条件:假设在条款约定中直接陈述了“留置”相关词语。但是,根据常识,合同主体之间并不一定会在条款中写明“留置”,或者使用“留存”等词代替。

这种情况,检索者应当在检索中加以考虑。检索者可以穷举各种替代词,并使用逻辑关系“或”(OR)来连接,在此不作赘述。

上文提到一个位置关系——“间隔N字”,想必不少读者是第一次遇到,这个检索逻辑该如何应用?以本场景为例,我们发现关于条款,有一个规律:“第××条约定”(其中“××”可以为阿拉伯数字也可以为汉字,且长短不一)。让我们使用“间隔N字”的检索逻辑来检索符合上述规律的内容。

以威科先行数据库为例(该数据库提供了“间隔N字”的检索方式)。具体而言,可以采用“第条约定 ~6”的方式实现“间隔N字”的检索。“第”与“条约定”之间空格间隔,使用符号“~”以及后跟数字,来表示“第”与“条约定”间隔多少字。“第条约定 ~6”是指检索“第”与“条约定”间隔6个字以内的所有结果。不同检索平台有不同的表述方式,本例采用威科先行数据库的检索表述方式。

“间隔N字”是一种非常神奇的检索方式,除了可以通过限制两个关键词间隔在很短距离以提高查准率(牺牲查全率),也可以用于模糊查询,用于提高查全率。

例如,“帮助逃税”在实际表述中可能为“帮助王某逃税”“帮助其逃税”“帮助上海某公司逃税”等,这个时候采用“间隔N字”,如“帮助逃税 ~5”,可以很简洁地穷尽上述大部分表述,在某种程度上提高了查全率。

(三)场景3

假设检索者通过检索裁判文书来了解“施工单位乱用印、伪造用印等对印章单位的法律后果”。或许有人认为这个非常容易,直接使用逻辑关系“与”并列检索“印章”+“表见代理”+“建设工程”即可。

但是实际进行检索，我们发现利用这个检索式得到了4000多条检索结果。相信这么多检索结果确实包含了大部分检索者想要的，但是当把精力和时间作为成本考虑时，这不能算作真正意义上的完成检索。

检索者需要对检索目的做进一步思考：(1)乱用印的印章具体有哪些——技术专用章、材料专用章等；(2)伪造用印还有哪些相关的表述——假章等；(3)为了避免或减少风险，施工企业采取过什么措施——印章上刻制“签订经济合同无效”等。

以上思路整理完成后，可写下如下检索方案：(1)检索“资料专用章”AND“表见代理”AND“建设工程”；(2)检索“技术专用章”AND“表见代理”AND“建设工程”；(3)检索“假章”AND“表见代理”AND“建设工程”；(4)检索“签订经济合同无效”AND“表见代理”AND“建设工程”；(5)……

通过提公因式法，提取每个检索方案共有的检索词“表见代理”与“建设工程”，列出可以择一有的检索词“资料专用章”“技术专用章”“假章”“签订经济合同无效”等。结合场景1和场景2取得的经验，可将检索式初步设计为：

(1)被检索文件：判决书（其余不限）；

(2)检索位置：全文（不限）；

(3)检索词：表见代理 AND 建设工程 AND（资料专用章 OR 技术专用章 OR 假章 OR 签订经济合同无效）；

(4)检索词之间的关系：不限；

(5)二次检索：暂无。

经初步检索，可以得到检索结果，如六安市中级人民法院(2016)皖15民终1575号“安徽华力建设集团有限公司、金寨县鑫泰钢管服务中心债务转移合同纠纷二审民事判决书”载明：“华力公司黄某斌签署‘同意由项目部支付此款’，并加盖华力公司项目技术专用章。从该印章上备注来看，确有‘签订合同、出具欠条均无效’的字样，但华力公司向本院提供华力公司与中兴公司在工程开始的2014年8月28日签订的‘内外脚手架分包合同’的甲方中，同样是黄某斌签名、加盖同样项目技术专用章。中兴公司据此一直为华力公司施工至工程结束并结算，因此，作为华力公司合同签订的委托代理人黄某斌，尽管印章中备注无效，即使无代理权，但其行为足以令相对方有理由相信系华力公司授权委托，构成表见代理。华力公司辩称债权、债务未发生转移，依法不予采信。”

根据初步检索的结果，可以进一步调整上述检索式，在此就不作更多展开。

三、建议

（一）建立正确的检索预期和目标

检索的过程可以看作：制定检索预期、拟定检索式，在不断调整检索式或检索预期的过程中完成检索任务。大部分检索任务都需要不断摸索、试错与调整。检索的成功不仅取决于检索式的设计，还须建立正确的检索预期和目标。例如，检索者基本不可能通过百度检索到未公开的裁判文书，但是可以检索到未公开文书的主审法官审理过的其他已经公开的相关裁判文书。

（二）建立专属的检索数据库

使用“微软云笔记”“Notion”等云笔记平台随时保存从朋友圈、公众号、网页等读取到的有价值文章是笔者的习惯。浏览器中安装相应插件后，每次使用搜索引擎检索时，除了显示搜索引擎上千万的检索结果，同时可以显示云笔记平台中所保存的内容。搜索引擎显示的检索结果可能鱼龙混杂，质量参差不齐，但是如果保存了之前阅读过的相关高质量文章或者裁判文书，势必会大大提高检索的效率。

（三）扩充知识储备

这种知识应当是存储于大脑中、可以随时调用的素材和内容，其属于发起检索的起点。

举一个例子。假如甲某仅仅学习过《专利法》和《专利标识标注办法》，当审核某专利产品广告时，回忆到《专利法》（2008 年）第 17 条第 2 款“专利权人有权在其专利产品或者该产品的包装上标明专利标识”以及《专利标识标注办法》（2012 年）第 5 条“标注专利标识的，应当标明下述内容：（一）采用中文标明专利权的类别，例如中国发明专利、中国实用新型专利、中国外观设计专利；（二）国家知识产权局授予专利权的专利号”的规定，甲某可能会推导认为“专利权人标明专利标识是行使权利而非履行义务”，因此并没有把广告中未标明专利号和专利种类作为风险点提出，甚至根本没有意识到这是一个风险点，没有意识则无法发起检索行为。

需要储备的知识，不仅是法律层面的知识，也应当包括所服务之行业领域内至少是科普级的知识。检索可以理解为“由点及面”的过程，哪怕是“百度一下，你就知道”，那也得输入一个检索词，这个检索词就是“由点及面”的“点”，这个“点”是检索者发起检索甚至建立检索意识的起点。

法律检索进阶指南

曹会杰*

一、法律检索的应用功能进阶

检索的重要性已经无须赘言，技术操作、网站名单随手一搜比比皆是，但是目前实务界仍然存在重操作轻思维的误区。对于新人来讲，从学术上"提出问题"的思维转型到实务中"解决问题"的思维，喜欢"张口就来，下笔就写"，需要将法律检索作为拓展自己认知边界的技能。在旧文基础上，笔者想进一步分享一下检索在实务中对策略、方向的进阶影响。

第一，拓展对于"常识"的认知。笔者在多年仲裁员生涯体会到一点，裁判者作出裁判，除了"以事实为根据、以法律为准绳"之外，还要顾及价值平衡、符合常识常理，而基于自身成长环境的差别，每个人大脑中的"常识"是有区别的。比如我们曾经代理一起财务咨询合同纠纷，案件标的数百万元，当时承办该案件的审判员刚刚从年处理数百件物业合同纠纷的法庭转到商事审判庭，认为"没做什么事情，怎么收这么高费用，不合理"。我们深知"合理性共识"对于案件走向的重大影响，因此通过在裁判文书网检索大量的财务咨询合同纠纷案例，然后制作参考案例表格，用以说明财务咨询费用的收费比例和绝对值在什么样的区间内是符合现今商业习惯的。

第二，帮助更新"固有"认知。法律行业的特点就在于"终身学习"，世界是不断发展变化的，行业内的"老同志"依然需要借助检索保持知识更新。我们在《全国法院民商事审判工作会议纪要》（以下简称《九民纪要》）出台之后接到一起金融借款合同纠纷的委托，案情中有

---

* 律师，微信 caohuijie003。

一个环节是抵押合同签订后未能及时办理抵押登记，按照之前对司法实践的认识，仅能查阅抵押合同是否有关于未能办理抵押登记则抵押人在抵押物范围内承担保证责任/补充赔偿责任的约定，以判断诉讼请求如何列明。然而对于金融机构来讲，抵押人与借款人不同一的情况下，房产的重要性是不言而喻的。我们查阅《九民纪要》发现，如果没有继续办理抵押登记的障碍，抵押权人可以诉请要求继续办理抵押登记，从而保障自身对抵押物的优先受偿权，随即向法院申请财产保全，第一时间赴外地查询该等房产目前的登记状态，确认未转让、未抵押，也不存在其他查封，马上采取了查封措施，并将继续协助办理抵押登记作为诉讼请求之一，力保债权人对房产的优先受偿权不受影响。

第三，帮助决策更佳诉讼策略。对有经验的律师而言，了解的信息越全面越综合，越有可能果断作出更有利的决策。以财产保全为例，有机会面临“财产线索过多，全部申请则肯定超限额”这一烦恼对债权人来讲是难得的幸福。通常情况下，除了基本户，没有其他任何财产线索可提供。我们团队办案有一个习惯，即便一开始没有足额保全，也会定期查询更新被告信息，以寻找新的或更有利于变现、更便于制约对方的财产线索。曾经有一个借款合同纠纷案件，初始时未保全到可快速变现的财产，开完庭后我们在例行检索中发现某一被告起诉其他国企案外人大额债务纠纷的管辖权异议裁定书，在裁定书中明确列明被告主张的次债务人欠款，而次债务人的履行能力极佳，此时我们立即向法院申请了对该笔应收账款的保全，从而保障了客户的合法权益得以实现。

第四，对广义诉讼策略产生实际影响。通常所讲的狭义的诉讼策略制定，是指在哪里起诉、诉谁、何种法律关系，甚至没有策略选择的可能性。广义的诉讼策略，包含很多商业决策因素、人性判断因素、利益诉求识别因素在其中。以金融借款合同纠纷为例，在拿到客户交给的诉讼材料之前，我们有一个常规操作是先把标的物在司法拍卖等网站上检索一番，判断下是否存在另案已经即将进入拍卖程序或者已经成交的情况，从而决定是到法院起诉还是到首先查封法院递交参与分配申请（这是两套完全不同的程序，从时间成本到经济成本，都有较大差别）。

二、法律检索的思维设计进阶

本文写作之时，中国裁判文书网上传的案例已经超过1.2亿，以“民间借贷”作为关键词可以搜索出1500万余篇裁判文书。用尽可能正确的方法，追求尽可能“准确、全面、快速”的检索结果，需要在每一种检索场景中做到规划先行。而最先需要强调的是，法律界新鲜人最喜欢直接发表对法律条文本身的分析和意见，而忽略对事实部分的整理和焦点问题的归纳，就像空中楼阁，盖了半天不一定对手头正在做的事情真正起作用。因此，开启一项法律检索之前，先要对事实、问题、客户的诉求进行梳理，完成这一步之后再开启不同的检索场景。

（一）场景1——诉讼策略分析

目前律师界基于市场化等各种原因，报价空间非常大，客户对律师的选择面也非常广。因此，承接案件之前先制作一份诉讼策略分析报告，无论对客户还是对律师都是大有裨益的。很多律师将大量时间精力放在具体类案的检索上。知己知彼，百战不殆，这里的“己”可以指律师自己，而知彼则包括己方当事人、对方当事人以及与案件事实、利益有关的其他主体。在这类场景检索时，信息的检索应该在时间精力分配上占较大比例，甚至尽可能穷尽己方当事人、对方当事人（资信状况、财产线索、主要客户、其他案件、关联诉讼、合作律师等）、争议标的物、案件基本事实核查等，以判断本案是否存在诉讼中和解的可能性、公告延长审限的可能性、财产保全线索是否可选。此时可综合运用人民法院公告网、司法拍卖网、中国裁判文书网、企查查等网站以及搜索引擎获取必要的信息。

除此之外，案件法律关系、法律适用、相似案例的检索也很重要，以判断可选策略、管辖、启动时间、争议焦点、对方可能的抗辩等影响案件胜负和时间成本的因素。

（二）场景2——制作尽职调查报告

1. 制作更有针对性的尽职调查清单。对不熟悉的行业可能存在的问题做泛泛检索和阅读，可以在见微数据、巨潮网等网站中找到行业中类似客户的招股说明书等文件，发现该行业必须具备的资质、项目开发必备的手续等、可能享有的政策补贴、税收优惠等信息，填充至尽职调查清单中。

2. 信息的核查和线索的发现。在尽职调查时，应当注重网络检索，特别是重要的异常线索核查。「高杉 LEGAL」历史文章中发表过尽职调查常用网站的介绍，读者可自行搜索了解使用。关于目标公司的涉诉信息、被执行/失信/实际控制人限制高消费信息、各类行政处罚信息、股权负担（如质押、冻结）信息等，可以到国家企业信用信息公示系统、全国法院被执行人信息查询网站及当地各级行政主管部门网站进行查询。通常律师会认为企查查等其他第三方网站并不重要，毕竟在权威性上为免责考量无法与官方平台相媲美。但窃以为，我们尽职调查工作的目标，是帮客户发现目标公司以及其他关联主体、项目可能存在的问题，从而帮助客户决策是否投资以及以何种价格投资。第三方网站甚至搜索引擎，都可能会帮助我们获取目标公司及其股东可能存在的不规范运营问题，从而作为现场访谈或进一步现场核查的背景信息。比如我们曾经在帮客户收购一处房地产项目时，关注到网络贴吧、网络问政平台等发布的来自业主、周边居民对项目建设的质疑，进一步核查时发现项目本身手续虽然没有问题，但是在项目施工过程中可能需要付出较大的社会稳定维护成本。

3. 对法律评价和法律风险的阐释，结合前文提到的事实核查部分，通过检索适当的法律法规作出妥当的判断和陈述、提示。

（三）场景 3——撰写法律意见书或备忘录

对于不了解的领域或者新型交易模式的法律意见书，建议先通过微信搜索或数据库中的专业文章搜索来发现相关的法律法规清单，再借助威科先行等相对权威的数据库核查法律法规是否仍然有效以及适用范围，如果是新型交易或者存在较大风险的法律判断，建议为客户寻找实践中的先例以增加判断的说服力。比如我们需要为银行参与重整企业债转股出具法律意见书，那么最先需要知道为什么客户会有这方面的需求，以及目前各方倾向性意见是什么，可以先在微信中搜索王欣新老师等权威专家或破产庭法官、专业律师等在这一问题上的文章，然后验证相关规定的效力，再通过文章或搜索引擎查找此类操作的先例，再通过企业信用信息网核查操作是否确实存在，最后整理、总结、归纳生成一份法律意见书。

三、法律检索四步法

一次相对完整的法律检索，基本操作流程主要是四步，确定问题、搜索操作、筛选识别、制作检索记录（报告）。

第一步，搞懂“初心”，及时修正。

数据量巨大冗杂，很多人做检索容易“迷失”或者“偏航”。没有对事实的梳理，没有对法律问题的归纳，很多人打开电脑、数据库就开始搜索，在无边无际的结果中循环往复，最终以“就这样吧，烦死了”结束。如果是职场新人，通常不太容易判断自己要做什么，或者老板、客户要实现什么具体的目的。因此，先要学会做记录和总结，特别是一开始工作时甚至可以及时复述，请老板确认。不要过于相信自己的大脑，可以随手用手机、电脑、纸笔记录下来，如果有必要的话甚至可以录音、复听、提炼。在整个检索流程中都要牢记“不忘初心”，紧紧围绕为什么检索这一出发点，开始操作并随时记录整理。

此外，在检索过程中有时需要不断修正问题，可能影响下一步检索操作的点需要及时求证，提高检索效率。作为布置任务一方，对于此类点则尽可能提示到位。举个例子，有一家国有企业咨询其产权转让是否必须经过评估，以及相关法律依据。我们在检索过程中发现，《企业国有资产法》第 76 条规定，“金融企业国有资产的管理与监督，法律、行政法规另有规定的，依照其规定”。在此情境下，是否选用该法律规定的条文作为法律依据，就需要首先判断这家国有企业是否属于“金融企业”。而如果自行搜索确定，相对来讲时间成本较高，直接询问更为便捷。

第二步，开始打开数据库或其他工具搜索。

在类案检索时，鉴于各地区在法律适用上的差异，为强化说服力，推荐按照《最高人民法院关于统一法律适用加强类案检索的指导意见（试行）》框定检索范围。在法条检索时，笔者推荐高杉峻《民商事诉讼法律检索标准流程》一文中列举的体系法、关键词法以及案例倒查法（案例法规联动），试举几例以说明。

民商法体系法。刚开始训练的时候，我们要有从大法到小法，从一般到特殊的概念，建议大家好好再看一遍《立法法》。这里举个简单的例子。对于应收账款优先受偿权是否需要债权人核实次债务的真实性，不能一上来就直接搜索担保制度司法解释，需要先搜索的是《民法典》以及应收账款质权登记有关的规定。细节虽然不能遗漏，但是基本法律中的原则性规定也是很重要的。

关键词法。关键词找得准不准是能不能高效、全面、准确检索的"关键"之所在。关键词如何确定，也有多种方法。在无法取得想要的检索结果时，要多反思自己检索思路是否存在偏差，比如关键词选取是否错误、检索条件设置是否适当。如果关键词一时拿不准，可以尝试将口头语、术语转化为法律语言，或者以同义词或者拆分词汇替换、位置互换，同时可从裁判文书中找关键词，或者使用联想法找关键词、背景知识法找关键词等。

案例法规联动法。类似威科先行、北大法宝等综合数据库基本都有法律法规—裁判文书—文章的联动功能。有时候关键词检索和体系检索都发挥不了作用，那是因为我们对这个领域中的问题太陌生了，没办法进行精准的关键词定位。但是在判决书中会有大量的篇幅用于陈述案件的事实，这时候就需要学会如何才能找到案例以及怎么在案例中倒查法条。对此，先要弄懂判决书的结构。原、被告主张抗辩中含有大量的"主张事实"，"经审理查明"部分就是经法院确认的案件事实，"本院认为"部分就是说理。而案件事实部分有时候和我们所掌握的案件事实是重合的，这时候我们输入案件事实中的关键词（这是语文阅读和提炼问题），在对应判决书中的高亮部分找到法律规定及条文序号即可。从法律规定继续框定审理法院再次进行更进一步的查询，可以重复多次。

第三步，快速筛选、甄别效力。

在尽可能设定准确关键词的前提下，检索结果依然多如牛毛。此时需要快速筛选，快速决策是否选取该结果纳入你的检索记录。有两个小窍门，一是看数据库检索结果界面的每一份裁判文书"高亮部分"出现的位置，是否可能与你想要的内容相关；二是选择点击后直接跳转至高亮关键词的数据库，如果没有该功能，可以用"CTRL + F"快速检索以选用或排除（本文基于 Windows 系统写作）。

在效力甄别上，法条检索和案例检索都需要关注来源的权威性以及检索结果本身的"效力"。法律法规需要借助相对规范的数据库帮助判断是否有效（根据具体情况判断行为发生时是否有效），此处要注意《关于发布××的通知》有效不等于《××》有效。还要学会使用新旧法律中未发生内容变动的法条来增加相关裁判文书的检索数量。比如《民法典》中关于夫妻共同财产的规定，如与已经废止的《婚姻法》该条款没有差别，那么在用法条链接案例时就可以仍然使用《婚姻法》该条款链接案例的结果。另外，法条检索还需要格外关注适用范围。

通常情况下，在我们不清楚一审裁判文书是否已经生效（可以借助执行裁定中载明的执行依据判断）的情况下，尽量不使用一审裁判文书作为类案检索的最终结果。此外，还需要关注二审后是否存在再审改判的情况。案例检索时务必注重“相似度”和“相关性”以及案例的不同层级，注重在工作中不断提高案例识别的技术，有个小窍门就是可以多观察各级法院对指导性案例的识别与适用，与自己的认识判断相对比。尽可能保障准确度的检索方法是用“参照××号××指导性案例”—“同句”。

第四步，记录检索或者制作检索报告。

检索记录能体现你的工作流程和体系，方便你及时做好自身的知识积累与管理；可以让合伙人心里有数，对你在哪里检索、如何检索有一个基本的概念，提升他对你工作的信任度和安全感，也便于他更加有的放矢地指导你下一步的工作；便于工作衔接，节省所有人的时间，为其他人下一步的工作打下良好的基础。检索记录或者检索报告，不是法律意见，我们要做的是“客观呈现”。

一份相对完整的检索报告包括以下四个方面：列明要解决的问题，也就是这次检索针对的是什么问题——列明法律法规（应包含法律法规名称、发布单位、文号、生效日期以及节选的条文，检索记录中应标注所选择的数据库、所输入的关键词、超链接）——列明参考案例（应包含案例名称、审理法院、案号以及节选的裁判部分，一开始制作检索记录时建议写清楚检索路径、关键词、超链接）。在内部使用的检索记录或报告中，应包含正反两方面内容，换句话说就是对我方有利不利的法规、案例、观点均应当有所呈现。在向法院上交类案检索报告时，应做适当筛选，并可制作目录、摘要以便于受众快速阅读，同时尽量使用中国裁判文书网下载的裁判文书（全文）作为附件。

四、几点提示

第一，检索工具少而精即可。最近看到一篇文章，列举了1000余个尽职调查网站，笔者直呼“好家伙”！事实上，此类网站通过搜索引擎做初步检索大多都可以找到，无须保存甚至牢记。此外，笔者一直推崇综合性数据库的使用，一是准确度相对较高，二是联动功能很赞，三是高级检索功能设置全面。笔者最常使用威科先行（所里统一采购的，有些地方律协采购的是北大法宝，都可以）检索法律法规和案例，用企查查和见微数据查询企业信息。笔者不赞成盲目上很多数据库，熟练掌握手头可用的数据库，多实战，进步更大。微信也是大家经常使用的检索工具，笔者喜欢平时关注一些有用的、对口的、专业的公众号，虽然平时基本没时间阅读发布的文章，但是在检索时可以使用“由已关注的公众号发布”这一功能有效缩小检索范围。

第二，高级检索功能常月常新。很多人懒得琢磨，习惯使用“傻瓜式搜索”（快捷检索），这种方法固然无须费力设计路径，但是你在检索时省下的时间精力最后都会在筛选识别时耗费掉。笔者建议，首先阅读所使用数据库的高级检索功能设计说明，其次给自己设定检索任务尝试使用“同句”“同段”和“定位”功能（中国裁判文书网设计了高级检索和定位检索，威科先行、北大法宝等包含同句同段和间隔等功能），找到高效使用数据库的感觉。

第三，不要“唯案例论”，更不要搞“类案绑架”。中国裁判文书网的上线，给广大“爱偷懒”的群众提供了很好的节能契机。人总是选择自己愿意相信的东西去相信，而刻意去忽略那些可能对自己不利的关键因素。最常见的就是追求案情高度相似最好除了要素其他完全匹配的案例“套用、抄作业”，而忽视了案件本身的复杂性以及法律适用的差别，更别提对案件的具体研判了。在具体向裁判者陈述类案检索结果时，要注重方式方法，择机而行，此处建议类案超过三个时，务必制作一份摘要。

第四，检索结果的使用应该是“有立场”的。检索是一份比较初级的工具，而做律师的价值在于应用，帮助客户趋利避险。在使用检索结果比如合同模板时，必须要从客户的真实身份、需求、风险规避点等出发，对结果进行适当加工，毕竟“市场地位决定合同地位”。诉讼中也是一样，有利不利检索结果都可以纳入讨论，但是呈现在法庭中的一定是对我们有利而无害的检索结果。

五、结语

笔者一直认为，法律人真正有价值的，是在充分了解的基础上“判断”与“决策”。组织、团队中的每个人，都有自己发挥作用的空间。合伙人的资历和经验决定了，应该更花时间的是判断，而职场新鲜人，成本最低的、最容易取得信任的工作就是做好法律检索和法律文书写作，提供更全面、准确的素材，以便整个组织向外部呈现的是“理性且趋于完美的判断”。

法律检索报告如何撰写

林　盛*

法律检索是法律执业者的基础技能。在指导本所实习生学习法律检索时，笔者发现实习生们制作的检索报告格式五花八门、内容杂乱、结论经不起推敲。经检验，发现主要原因在于检索报告的格式不规范。

检索报告格式不规范，就容易出现检索目的偏离、检索信息疏漏等问题，导致检索做无用功、检索结论也不能作为办案参考依据；而若检索报告的格式规范，那么所制作的检索报告就有板有眼，即使出现问题，也较易发现是在哪个环节发生，从而纠正。可见，规范检索报告的格式，实有必要。

检索报告的格式应该是怎样的，此前并无实用范例。已有的关于法律检索的文章，也仅提及“检索记录”，但未予细化规范；有的直接将多份判决书“本院认为”部分导出至表格，未予以整理分析。

在一个法律工作团队的协作中，法律检索工作完成时，应当制作一份格式统一、内容完整的检索报告，以便智力成果的固定，及供团队内部参考使用。本文即提供了撰写检索报告的范例及相应说明，供读者参考。

我们先要明确，引领检索报告的开头应该是什么？如果是诉讼案例检索，很多律师认为是“先确定所检索案例的案由”；如果是法条检索，那么就认为开头应该写清楚检索的整个背景，比如把案件情况梳理一遍作为检索背景。这是不正确的，一个案件的“案由”确定，起着牵一发而动全身的作用。案由的确定需要把整个案件研究透，从而选择更有利的解决路径。而法律检索就是把案件研究透的过程之一。所以，一开始就确定案由，本末倒置。另外，检索报告中载明检索背景也是不必要的，检索报告难以承载太多任务，只能解决一两个法律问

* 广东启源律师事务所合伙人律师。

题。交代背景只会让检索报告显得臃肿,且不利于知识管理和智力成果提取。所以,检索报告应当着眼于解决似"绊脚石"的法律问题,给出有针对性且精确的办案参考;不把这个"绊脚石"踢开,下一步的工作,包括确定代理思路和代理策略就无法开展。

比如,下文检索报告范本的制作背景为:某处高速公路建在居民区附近,居民如何维权,能不能获得拆迁安置。这时候如先确定案由,那应该是侵权纠纷,还是拆迁安置补偿,还是走行政诉讼,还是选择非司法救济途径?无法确定。因为高速公路距离居民区之间多少米是合法的,多少米是不合法的,不清楚。而这个问题不解决,就无法确定案由和代理方案。所以我们办案首要解决的问题归结为:探知兴建高速公路应与居民区保持多远距离的限制性规定。

因此,检索报告的开头第一部分,应为设定检索目标。检索目标的设定,把握三点:第一,宜小不宜大;第二,解决似"绊脚石"的法律问题;第三,目标明确不模糊。当然,确定检索目的,需要对案件事实的初步消化。

第二部分是选定检索工具和检索关键词。这两部分内容,在本手册内关于法律检索的其他文章中有详述,此不赘述。

第三部分是检索的法律规定,分为无效检索和有效检索。有时可不必要提及无效检索,除非想了解立法倾向(如在某些社会关系的调整中立法取舍)或是其他特别需要。至于有效检索,则一般按照法律位阶排序即可。

第四部分是案例检索。现在的检索对象多是载于互联网的案例,所以在电子文档中建立案件名称的超链接,很有必要。案例一般可分为支持和不支持某一观点的两种,案例的排列可依审判机关的高低;对某一地区司法实践有特殊检索需要的,单独列出。至于其他诸如裁判要旨字体加粗、列明案号和审理法院等,属于撰写法律文书的素养,本文不多说。

第五部分是检索分析和结论。检索分析力求中立,不偏颇,也不应以检索结论倒过来写分析意见。这部分可把检索所得出的立法、执法和司法三个层面的问题,直白地说清楚。在案例分析中,可使用图表等时尚的方式表现裁判倾向。记住一点,检索分析是对检索内容的分析,不是长篇大论,不能脱离检索目标和检索内容。

最后第六部分是检索耗时和日期。法律检索需要敏锐、细心和耐心。所以载明检索耗时,以体现工作量。至于写上检索日期,主要基于检索的时效性考虑。

【范本】

法律检索报告

1 检索目的

1-1 探知兴建高速公路应与居民区保持多远距离的限制性规定。

1-2 兴建高速公路离居民区过近，房屋是否需要重建及重建损失赔偿能否得到支持。

2 检索工具

威科先行、北大法宝、中国裁判文书网。

3 检索关键词

高速公路、米、建设。

4 检索法规及其他文件

4-1 无效检索

《道路交通安全法》

《道路交通安全法实施条例》

……

4-2 有效检索

4-2-1 法律[1]

《民法通则》第83条 不动产的相邻各方，……给相邻方造成妨碍或者损失的，应当停止侵害，排除妨碍，赔偿损失。

《物权法》第91条 不动产权利人挖掘土地、建造建筑物、铺设管线以及安装设备等，不得危及相邻不动产的安全。

4-2-2 行政法规

《公路安全保护条例》第11条 高速公路建筑控制区的范围从公路用地外缘起向外的距离标准不少于30米。

《广东省公路条例》第6条 规划和新建村镇、开发区、厂矿、学

〔1〕 所列举的相关法律已被《民法典》废止，但不影响举例参考。本文同。

校、集市贸易场所等建筑群应当与公路用地边界外缘保持以下间距：高速公路不少于200米；并避免在公路两侧对应进行。

《广东省公路条例》第9条 公路建设用地的土地补偿费、安置补助费、地上附着物和青苗的补偿费等费用标准，按照省人民政府的有关规定执行，具体实施由工程项目所在地人民政府负责。

4-2-3 其他规范性文件

《公路工程技术标准》第4.0.1条 路线线位应考虑同农田与水利建设、城市规划的配合，尽可能避让不可移动文物、水源与自然保护区，保护环境且同当地景观相协调。

5 检索案例（设置为按住Ctrl并单击文书标题可链接至原网页）

5-1 兴建高速公路与居民区距离过近，法院不支持重建或重建损失的案例

①最高人民法院（2013）民申字第1455号广东中油油品销售有限公司、广东中油油品销售有限公司清远市清新县岳皇加油站与广东清连公路发展有限公司侵权责任纠纷再审民事裁定书

裁判摘要：【申请再审人认为】岳皇加油站主体建筑与清连高速公路防撞网外侧的直线距离在30米之内，防撞网外侧距离第一排加油机距离只有1米。该路段建筑控制区的范围固然由县级以上人民政府划定，但政府划定的范围同样应当符合法律的规定，即从防撞栏外侧5米外缘起算，不得少于30米。

【本院认为】……清连公路公司在清连一级公路升级改造为高速公路施工过程中，不存在因过错侵害中油公司、岳皇加油站财产权的事实。……

②……

5-2 兴建高速公路与居民区距离过近，法院支持重建或重建损失的案例

⑧山西省吕梁市中级人民法院（2015）吕民一终字第21号郭某珍、杜某平等与山西省吕梁高速公路有限公司财产损害赔偿纠纷二审民事判决书

裁判摘要：【原审认为】六原告在本村修建住宅，均有宅基地或集体土地使用证，为合法建筑，应予保护。汾离高速罗卜沟大桥距离六原告的房屋均在30米内，不符合高速公路两侧30米内不得有建筑的

规定。因为间距不符合要求，导致原告的房屋有四户不符合日照要求，六户均不符合安全要求。被告作为汾离高速的管理人，应对六原告的损失酌情予以赔偿。

⑨……

6 检索分析

6－1 检索法律分析

法律没有对建设高速公路途经居民区的情况下，应保持多少距离的限制性的具体规定，原因可能是立法滞后或立法导向问题。然而，众所周知的是，安全是相互的。从设置高速公路30米的控制区、安全技术评估报告、环评报告等规定，均可知行政法规对高速公路建设的安全性作了规定。但是，这些规定，难以作为法官认定兴建高速公路越距违法的直接依据。

6－2 检索案例分析

关于原告对房屋重建及重建损失赔偿的诉请，法院不支持和支持的比例为7∶3。

法院作出驳回原告诉请，有以下路径：

第一，建设高速公路公司没有过错，见案例①⑦；

第二，搬迁或重建不是必要的，建设方采取必要的保护措施即可，见案例②④⑤；

第三，不属于民事诉讼处理范围，见案例①④⑥；

第四，原告没有证据证明损失，见案例③⑤。

而法院支持原告诉请，依据《民法通则》第106条的有案例⑧⑩；案例⑨则援引了《民法通则》第117条和《侵权责任法》第85条。关于赔偿额计算方面，法院均以房屋价值为基数，并指出原告有一定的过错或以房屋价值自然减损为由，予以酌减。据此，检索人分析，主要因法官内心认为拆迁安置补偿属于高速公路建设中必要的成本，以及法官基于对安全的重视，才支持原告诉请。

7 检索结论

建设高速公路与邻近居民区的距离，中国法律没有具体明确的限制性规定。

建设高速公路离居民区过近，少部分法院认为建设方应赔偿居民重建房屋的损失。

8　检索用时

××小时。

9　完成时间

2016年1月5日。

（作者注:本范例仅就检索报告的格式提供参考,其中的检索内容作了大量删减,检索结论亦不作为本律师及所在律师事务所的法律意见。）

文书写作

民商事案件律师诉讼文书写作指要

高杉峻*

本文所述关于民商事诉讼文书写作的各个要点，均系参考性规范，具体办案时，请根据个案需要作出调整，并优先遵从受理法院及承办法官、法官助理、书记员的要求。

一、格式

格式是第一位的，文章若格式错乱，会极大地降低内容的可信度及信息传递效率。正文为小四(12 号)、宋体、1.5 倍行距(如承办法官较为年长，则可以考虑适当调大字号)；不使用斜体、下划线、底纹和彩色字体；全文(含标题)字体不超过两种，字号不超过两种；需要强调处用加粗表述，但不宜过多；文档必须插入页码，且页码应位于页面下方中央位置；默认常规页边距，不要调窄。另，打印时应使用 A4 纸单面打印。

二、案号和己方当事人标识

案号一经法院确定，该案所有提交法院的文书均应在开头或其他显著处标明案号。代理词等文书，既有必要在页眉中标明案号、己方当事人名称、文书类型等信息，又应当在开头即明确系代理何方当事人出具意见。

三、简称、代称与代词

简称应在正文中第一次出现全称时用后附括号注明，并全文使用同一简称；二审文书所用简称一般应与一审裁判文书保持一致；正文

* 北京法律学者，「高杉 LEGAL」主编，微信 gaoshanlawyer。

中，多用当事人的姓名（自然人）或简称（法人或其他组织），少用当事人诉讼地位的代称（如原告、上诉人等），如果需要强调诉讼地位，则应诉讼地位与名称连用，如“原告张三”；少用代词，少用“其”，特别注意“其”字不应用于句首；各级法院在文书中应使用全称（如广州市中级人民法院、北京市海淀区人民法院）或代称（一审法院），不得使用简称（如广州中院、海淀法院）。

四、标题序号

依次使用一、1、(1)三级标题序号，每一级标题以三至七个为佳；标题级数以两级为最佳，切勿使用第四级标题。第一级标题应使用长句对该标题下属内容从事实、证据到法律做全面、准确的归纳提炼，避免使用“二、原审判决适用法律错误”等简单下结论的短句，以便利法官迅速浏览即能了解文书主要内容及在草拟裁判文书时概括引用。换而言之，一篇文书的所有第一级标题（少数复杂的案件可以是第一级和第二级标题）的内容连贯起来之后，要做到能反映整篇文书的主要观点及论据。

五、行文

明确表达己方立场和观点，律师文书不是法院文书，立场应当明确，切勿模仿使用“关于案涉合同是否有效的问题”等判决常用表述；避免绝对化的表述；避免宣泄情感，不从道德上贬低对方当事人，就事论事，不攻击原审法院和法官。

正文中少用长句和复句；少用形容词和副词；不用“?”和“!”两种标点符号；尽量使用“第一”“第二”“第三”“第四”，尽量不用“首先”“其次”“再次”“最后”。

每段不宜过长（超过半页纸即属过长）；较长段落如无所属的独立标题，则该段的第一句必须点明该段主旨。

诉状一般不超过三五页，代理词一般不超过 10—15 页。如果因案情特殊需要，代理词等文书长达二三十页以上，那么应该在该文书首部附以 1—2 页纸的摘要。

六、证据指示

行文中涉及重要证据材料时，应用括号注明该证据在证据册中的编号及页码，以便法官查阅，如“【房屋买卖合同见证据册第一册P20】”。案件决胜的证据材料，应当在证据册边缘贴窄便签条以提示法官查阅。

七、规范性文件（法律、法规、规章等）的引用

文书中所有的主张都应有明确的规范性文件的条文的支撑；引用规范性文件名称时在书名号内写明全称；引用条文序号时一般用汉字小写；文书末尾的综上部分应引述支持己方主张的所有规范性文件条文的序号。

可使用“《中华人民共和国民事诉讼法》”或者“民事诉讼法”，但不应使用“《民事诉讼法》”的表述。此点要求与论文规范、日常写作习惯均存在冲突，但是与法院判决的写作习惯一致，可以方便法官书写判决时引用。

如引用的规范性文件较为生僻，特别是国家标准化委员会制定的各类国家标准时，应当向法院单独提交该标准的全文打印版，并重点标注案件相关条款。

八、诉讼请求

1. 诉讼请求需要做到准确、全面、切割三点：

（1）准确。诉讼请求的表述应同时做到中文、事实和法律上的准确。要切实做到此点，需认真参考案件所涉法条的表述及同类案件判决主文中的表述。如诉请中使用“房产过户”即在法律上不准确，而应使用“房屋所有权转移登记”。

（2）全面。诉讼请求应将当事人的生活诉求与经济诉求全面、无遗漏地转化为法律主张。如代理出租人为解约起诉承租人时，应在诉请“解除”的同时，至少一并请求“返还”及“腾空”。

（3）切割。诉讼请求内容较多时，凡在法律上具有区分意义的请求，均应分项书写，比如，本金和利息的请求，尽量分项写出；诉请的表述应尽量做到直接纯粹，将事实定性和法律定性尽量从诉请中切割出

去。如代理买方起诉违约卖方拟主张双倍返还已付的定金 20 万元时，在诉请中就该主张只需表述为请求卖方支付 40 万元即可（前提是能过立案窗口），因为定金这一法律定性在后续诉讼中可能会有争议甚至有可能得不到法官支持（法官有可能最终认定为预付款）。

2. 上诉与再审。上诉请求和再审请求，一般不超出原审判项/一审原告诉讼请求，针对原审各个判项进行具体表述时，按照先撤后改的顺序书写，最后写驳回其他/全部诉讼请求（如有），另外对原审剩余的判项如无异议请求予以维持也必须进行表态。

九、再审文书的特殊问题

再审申请书和上诉状的最大不同，在于必须分清再审请求、再审事由与再审理由，而再审申请书的重点在于论证《民事诉讼法》第 200 条所列一项或多项事由是否成立。再审文书中，一般不使用“原审”的表述，因为难以确定该“原审”是指一审还是二审。

十、文书落款

代理词等代理人落款的文书，文末应有打印的姓名并在打印的姓名上方手签（使用黑色水笔）。另，代理词等页数较多的文书，最好加盖骑缝章。

十一、附件

代理词等文书可将相关法条、类案检索报告（裁判摘要及类案判决全文打印版）作为附件；此处的全文打印版以中国裁判文书网的打印版为佳。

类案检索主要是指在案件本身存在有争议的法律问题的情况下，检索最高人民法院、受理法院的上一级法院、受理法院自身就该问题与己方立场一致的生效裁判文书，并做相应摘要后向承办法官提交，以作为法官裁判尺度的参考。需要特别提示的是，虽然在裁判文书全面公开的大背景下，类案检索越来越重要，但我国并不是判例法国家，法官作出个案判断的依据是法律条文而不是在先判决（最高人民法院指导性案例除外），同一法院不同法官因对法条的不同理解而对同类案件作出不同判断的情况较为常见，客观上也有少数较为保守的法官对类案检索报告持排斥态度。另外，民事类案检索报告，应该尽量提交生效判决，不要提交未生效判决、是否生效不明确的判决、驳回再审申请的裁定。

大的图表应作为附件提交，不应置入正文；小的图表可插入正文。图表所表现内容，如非常重要，则应在正文中用文字完整复述。

十二、电子版

所有提交法院的文书都应附光盘(不可复写)刻录的电子版；不仅立案时应按要求提交相应文书电子版，到了审理阶段后向承办法官及书记员提交文书(如代理词)时亦应附上光盘；文书的最后一页可附一张粘有折叠后信封的空白纸，光盘即插入此信封中提交，须注意的是，光盘上应写明案号、己方当事人名称等基本信息。另，刻录进光盘的文书，最好选择为“Word97－2003”格式。

十三、材料提交方式

文书、证据等提交应做到一次提交、尽快提交。比如，当庭提交书面代理意见之后又再次提交所谓代理意见的补充意见，即违反了一次提交的原则，如果庭前准备的代理意见需要补充或修改，则应在庭后定稿后尽快正式提交。尽快提交，即指在合议庭及承办法官指示的期间内，尽快提交相应材料。

最为重要的证据材料(比如合同、签字确认的对账单)，开庭时应当准备至少五份复印件，以便当庭向合议庭全体成员、法官助理、书记员每人提交一份。

提交法院的证据册每册不超过190页，不使用打孔装订、胶圈装订、塑料条装订、金属夹装订，而以侧面刷胶成册最佳，且必须前置证据目录；如有原审中未提交过的新证据提交，必须在文书正文和证据目录中做明确说明；如果二审、再审中没有新证据提交，也应在证据册目录页注明没有新证据。证据册之外零散提交的证据，必须手写注明案号、提交方当事人名称及提交时间；所有证据册最好额外提交一套不做任何装订的完整副本，以便法院复印、扫描或其他之用；诉状、代理词等关键材料，应加盖骑缝章。

向法院邮寄文书、证据及其他材料，最好使用EMS特快专递，其他邮寄方式均欠妥当，除非承办法官有特别叮嘱；填写收件人时应注意要严格遵守受理/应诉通知书的要求和合议庭的当庭指示，要求寄给书记员/法官助理的，不要寄给承办法官，要求寄给承办法官的，不要寄给书记员/法官助理。另，所函上应写清经办律师的手机号、座机号和送达邮寄地址及邮编。

如果案件此前系网上立案，所有网上已经提交的案件材料，待合议庭确定后仍应主动向法院提交全套完整纸质材料。

【参考资料】

1.《最高人民法院关于印发〈人民法院民事裁判文书制作规范〉〈民事诉讼文书样式〉的通知》（法〔2016〕221 号）

2.《最高人民法院司法责任制实施意见（试行）》（法发〔2017〕20 号）

民事起诉状撰写指引

张　健*

1. 总则

1.1　为充分发挥民事起诉状的功能，提升团队成员办案质量，深化团队标准化作业程度，保障客户诉讼目标实现，特制定本指引。

1.2　团队成员撰写民事起诉状和民事反诉状，应当遵守本指引。在仲裁案件中，仲裁申请书的撰写，应当在严格执行仲裁机构仲裁规则及相关规定的基础上，参照本指引。

1.3　民事起诉状撰写时应当严格执行与客户确定的诉讼策略和争议解决方案。案件未进行策略分析并制定有效争议解决方案的情况下，撰写的民事起诉状不得使用。

1.4　民事起诉状应当具有如下功能：

(1)满足客户实现诉讼目标及工作安排和费用预算需要；

(2)满足立案部门立案审查需要；

(3)满足裁决者实体审理需要；

(4)引导被告客观评估诉讼风险并影响其决策需要；

(5)方便裁判者撰写裁判文书需要；

(6)提高庭审效率和效果需要；

(7)彰显团队良好专业形象需要。

1.5　民事起诉状的表达要明确、准确、精确，不得含有错别字和明显的语法错误，也不得含有侮辱性等不文明语言；论证要有理、有据、有节，不得含有与事实不符合且对己方不利的自认。民事起诉状的排版装订应当实用、得体、美观及统一。

---

* 北京大成律师事务所高级合伙人。

1.6 民事起诉状的撰写格式应当具有足够兼容性，其不仅应当符合法律、司法解释、最高人民法院发布的诉讼文书样式及受理法院的规定，还应当方便法庭及其他受众阅读、引用、审查及其他使用需要。

2. 准备工作

2.1 策略分析

2.1.1 撰写民事起诉状前，必须依照《诉讼策略分析报告撰写指引》对案件进行策略分析，通过策略分析选择最优的诉讼方案，让客户以最小成本实现诉讼目标。

2.1.2 在对案件进行策略分析时，应当依据有效证据和现行法律，本着中立立场确定案件现状、诉讼目标、案件痛点，并针对确定的案件痛点穷尽可选策略，然后通过策略分析，确定诉讼方案。

2.1.3 诉讼方案确认后，应当利用模拟法庭或其他推演技术预测被告可能采取的抗辩策略以及法庭可能归纳的争议焦点。

2.1.4 就被告可能采取的抗辩策略，模拟被告撰写一份民事答辩状，并针对该民事答辩状及法庭可能归纳的争议焦点问题提出有效可行的应对方案。

2.1.5 在诉讼方案实施过程中可能面临的风险要进行充分预测和评估，并制定详细的争议解决方案，该解决方案经客户同意后方可实施。

2.1.6 在对被告的抗辩策略没有提出有效应对方案前，原则上不建议客户提起诉讼。如果经充分披露风险后客户仍坚持提起诉讼，并取得团队负责人同意的，可提起诉讼。

2.2 请求确定

2.2.1 撰写民事起诉状前，必须先向客户确认具体的诉讼请求，然后再就每一项诉讼请求确定其法律基础。

2.2.2 在确定诉讼请求时，应当认真听取客户的意见，不得漏列请求事项。在诉讼请求难以确定或取舍的情况下，除非与其他重要诉讼请求存在不可调和的冲突，否则先根据最有利于客户的原则主张，待条件成就或法庭释明后再进行变更。

2.2.3 在确认诉讼请求时应当充分考虑管辖法院、诉讼成本、诉讼风险以及对被告决策可能产生的影响等。

2.2.4 确定诉讼请求应当分项进行,每一项诉讼请求应当明确如下内容并确定相应的核心法律条文:

(1)主体来源。指原告和被告等基本信息从案件相关事实发生至提起诉讼期间的变更或演变情况。

(2)管辖来源。指该项诉讼请求属于法院的受案范围,受理法院有管辖权,且满足法律及受理法院规定的立案条件。

(3)权利来源。指在该项诉讼请求中主张保护和救济的权利的法律来源或有效意定来源。

(4)救济来源。指在该诉讼请求中主张保护和救济的权利被侵害或妨害后选择的救济措施的法律来源或有效意定来源。

(5)成就来源。指已取得支持该项诉讼请求的主体来源、管辖来源、权利来源、救济来源所需证据,该项诉讼请求已具备向法庭主张的条件。

(6)内容来源。指涉及金钱给付的诉讼请求,确定给付金额所依据的计算公式、变量、常量已获得法律、有效意定支持和证据支持。

2.2.5 以金钱给付为内容的诉讼请求,应当自行确认或核实客户的计算结果,以及得出该计算结果所适用的计算公式、变量和常量。

2.3 法律检索

2.3.1 就每一项诉讼请求分别以本指引第2.2.4条确定的核心法律条文及受理法院为关键词进行组合检索,构建由核心法律条文、司法解释、法律法规、地方司法政策、各级司法案例组成的法律适用体系,以准确掌握受理法院对该核心法律条文的理解和适用标准。

2.3.2 通过依据本指引第2.3.1条构建的法律适用体系,归纳相应诉讼请求在受理法院获得支持需要具备的全部要件,以便进行证据的收集、整理和组织。

2.3.3 就依本指引第2.1.3条预测的争议焦点问题,确定该焦点问题直接相关的核心法律条文,然后以该核心法律条文和受理法院为关键词进行组合检索,明确受理法院对该焦点问题的认定标准,并根据该认定标准归纳其作出有利己方的认定所需的要件,以便就该可能的焦点问题储备证据。

2.3.4 如果支持某项诉讼请求或争议焦点的核心法条难以确

定,可以先通过百度等搜索引擎、公众号等手段进行概括性检索以获取线索,再通过威科先行、北大法宝等已实现法规库与案例库链接的法律专业数据库进行核实确认。

2.3.5 在进行法律检索时,还应当查阅最高人民法院各审判庭出版的《民事审判指导与参考》《商事审判指导》《审判监督指导》等各类审判指导书中登载的裁判观点与实例,以弥补数据库的不足。

2.3.6 法律检索应当采用多个专业数据库和多种方式交叉进行,以便相互印证,避免因采用某单一专业数据库和方法导致信息了解不真实、不充分。法律检索必须做好检索记录,并依据《法律检索报告撰写指引》制作检索报告。

2.3.7 在诉讼策略分析阶段,如果已按《法律检索报告撰写指引》进行了法律检索,应当在核实检索成果的有效性后方可用于民事起诉状的撰写。

2.4 证据整理

2.4.1 应当依据《案件信息库设立指引》对案件可能涉及的证据信息进行收集和整理,并按诉讼请求获得支持所需要的全部要件为关键词进行归类。

2.4.2 证据的第一级分类以诉讼请求为关键词进行分类;第二级分类以本指引第2.2.4条规定的六个来源为关键词进行分类;第三级分类以决定六个来源的每一个要件为关键词进行分类;第四级分类以决定上一级要件的要件为关键词进行分类。最后一级分类以时间为关键词对证据信息按时间先后顺序进行排序。

2.4.3 证据分类以服务庭审、文书生成为原则,在法庭归纳完争议焦点后,可以同时生成以争议焦点为关键词的各项大事记。

2.4.4 每一类证据分为清单证据、储备证据、不提交证据。其中,清单证据为主动提交法庭的证据;储备证据为依被告抗辩和法庭指示需要补充提交的证据;不提交证据为非法庭强制否则不提交的证据。

2.4.5 核实每一份清单证据、储备证据是否具备原件。如果没有原件的,应当及时采取补救措施,如果不能采取补救措施,且影响策略诉讼实施的,应当向客户披露可能产生的诉讼风险,然后调整诉讼策略和争议解决方案。

2.4.6　以金钱给付为内容的诉讼请求，必须核实请求金额是否正确和准确，并核对相应的计算过程及所需的依据和证据，然后在证据中进行标注，以保证该计算结果及来源能够快速被法庭和其他受众理解。

2.4.7　在证据整理时，对客户提供的财务数据和财务凭证应当进行逐项核实，并将财务数据和财务信息转化为容易被法庭理解且与诉讼文书写作相兼容的表达方式，并与证据建立有效链接。

2.4.8　诉讼请求如果涉及较为复杂的数据计算或该计算方式不易说服法庭的，原则上建议客户先行委托有资质的鉴定机构进行鉴定。委托鉴定前必须先按鉴定要求对证据和依据进行梳理，以确保鉴定结果的中立性和客观性。如果立案后，被告提出异议的，再依规定和法庭要求另行委托鉴定。

2.4.9　证据信息收集和整理完毕后，按《民事案件举证质证指引》制作“民事案件证据清单”，民事起诉状中的“证据和证据来源”列入“民事案件证据清单”。

2.4.10　在策略分析阶段已完成的证据信息收集和整理的工作成果，如果符合本指引要求，经确认可以用于民事起诉状的撰写。

2.5　风险控制

2.5.1　在民事起诉状撰写准备阶段，如发现策略分析和争议解决方案存在错误的，应当及时向团队负责人提出，并提出应对方案，同时向客户披露可能出现的风险。应对方案得到客户确认后，方可实施。

2.5.2　如果客户无法承受可能出现的诉讼风险，又无法找到有效解决方案，原则上应当终止与客户的委托代理关系。

2.5.3　严禁为客户的虚假诉讼案件提供策略分析及其他专业支持。在处理案件时，如果发现所处理的案件有虚假诉讼嫌疑的，应当立即予以核实；经核实属实的，建议客户停止，否则立即终止与客户的委托代理关系。

2.5.4　民事起诉状撰写准备工作必须严谨、充分并具有足够的兼容性，保证该阶段的工作标准和精度能够满足民事起诉状的撰写和庭审需要。

3. 主要内容

3.1 内容设置

3.1.1 民事起诉状由如下模块组成:

(1)文件名称模块;

(2)当事人基本信息模块;

(3)诉讼请求模块;

(4)事实和理由模块;

(5)证据模块;

(6)辅助模块。

3.1.2 在确定民事起诉状内容和形式时,应当符合法律、司法解释和受理法院的规定,并能满足相关法院发布的文书模板的要求。

3.1.3 民事起诉状在满足法定条件及受理法院要求的情况下,可以增加方便法庭及其他受众使用的模块和内容。

3.1.4 在进行民事起诉状的撰写时,应当查询受理法院相关裁判文书,保障其观点具有可靠性和安全性,表达具有兼容性和可复制性。

3.1.5 民事起诉状的内容和表达方式应当依据《文书策划指引》进行策划,选择最能影响受众决策的写作方案。

3.2 文件名称模块

3.2.1 民事起诉状统一命名为"民事起诉状",不得使用"民事诉状""起诉状"等表述方式。

3.2.2 凡是民事起诉状名称表述不符合上述规定的,不得提交客户和法庭,团队和律师事务所不得为其办理代理手续。

3.3 基本信息模块

3.3.1 民事起诉状中基本信息模块应当按如下顺序列明当事人与其委托诉讼代理人的基本信息:

(1)原告的基本信息;

(2)原告委托诉讼代理人的基本信息;

(3)被告的基本信息;

(4)第三人的基本信息。

3.3.2 在民事起诉状中不得将"原告"表述为"原告人"。如果提起反诉,居于原告地位的一方表述为“反诉原告(本诉被告)”,不得表述为“反诉人”。如果案件中有多个原告,不得使用“原告一”“原告二”的表述方式,而应当通过简称进行区分。

3.3.3 在民事起诉状中不得将“被告”表述为“被告人”。如果提起反诉,居于被告地位的一方表述为“反诉被告(本诉原告)”,不得表述为“被反诉人”。如果案件中有多个被告,不得使用“被告一”“被告二”的表述方式,而应当通过简称进行区分。

3.3.4 民事起诉状中,原告和被告的姓名或名称应与法定名称相符。原告或被告为自然人的,其姓名应当与其身份证上记载的姓名一致。原告或被告为单位(指法人或其他组织)的,其名称应当与企业法人营业执照或组织机构代码证上记载的名称一致。

3.3.5 原告和被告的姓名或名称在确认前应当通过合法程序予以复核。核实自然人的姓名的,可要求客户提交原告和被告的有效身份证件,或通过大数据进行检索确定。单位名称应当利用国家企业信用信息公示系统(gsxt. gov. cn)进行复核。原告和被告的姓名或名称不能复核的,应当向有关部门查询确定。

3.3.6 审查确定原告和被告姓名或名称时,应当注意区分法定姓名或名称,证据上使用的姓名或名称,原告和被告在证据的签章中体现的姓名或名称。三者间存在不一致的,应当提供相应依据排除错误信息,无法排除的作“曾用名”或“又名”处理。

3.3.7 原告或被告基本信息的表述(自然人为姓名、性别、出生年月日,民族,工作单位和职务或职业,住所地;单位为名称、法定代表人或主要负责人姓名,职务),应当满足裁判文书的撰写需要。同时,还应当具备如下内容:

(1)原告或被告为自然人的,应当写明其身份证号码;原告或被告为单位的,应当写明统一社会信用代码。

(2)原告和被告的法定住所地及有效的通讯地址。原告和被告住所地的确定应当满足受理法院确定管辖权及送达法律文书需要。被告有多个住所地的,以法定的有效住所地为准;无法确定法定住所地的,将所有住所地一并列入民事起诉状。

(3)应当注明联系人及手机号码,以保证受理法院能够及时联系到原告或被告。

3.3.8 应当按如下方式获得原告和被告的有效联系方式：

（1）要求客户提供原告和被告的有效联系方式。

（2）如果客户无法提供被告联系方式，经办律师应当通过合法渠道进行查询。被告是自然人的，可通过公安机关或相关机关查询；被告为单位的，通过工商登记机关或其他相关机关查询，或者通过其官方网站及网络上的搜索引擎查询线索。被告有多个联系方式的，应当一并写入民事起诉状。

（3）无论通过何种方式获得的联系电话，均应当对其有效性通过现场拨打的方式进行校验，以保证其有效性。

（4）如果确实无法确定联系方式的，应当向客户告知由此可能产生的后果。

3.3.9 原告或被告为一方的，在事实和理由中用“原告”和“被告”代替。原告或被告为多方的，应当设置简称。简称应当在“事实和理由”部分第一次出现时设置。简称的设置格式为：“全称”+“（以下简称‘简称’）”，例如：北京A建设发展有限公司（以下简称“A公司”）。简称一旦确定后，除了必须使用全称的情形，应当统一使用设置的简称，不得改变。

3.3.10 诉讼请求中原告和被告的姓名和名称必须使用全称，不得使用简称。

3.3.11 如果认为案件处理需要追加第三人参加诉讼的，应当在案件受理后，在审判阶段单独向法庭申请追加。也可在民事起诉状中直接列明第三人，第三人基本信息的确定参照本指引关于被告基本信息的确定方法。

3.3.12 原则上应当在原告基本信息之后列明原告委托诉讼代理人的基本信息。原告委托诉讼代理人基本信息的表达格式如下：“委托诉讼代理人：”+“经办律师姓名”+“，”+“事务所名称全称”+“律师”，例如：委托诉讼代理人：张三，北京A律师事务所律师。如果委托诉讼代理人为两名的，应当按上述表达格式分别表述。如果委托代理人为实习律师，应当将上述表达格式中的“律师”替换为“实习律师”。应当指定一名律师为联系人，指定联系律师后应当附上有效的联系方式，表达格式为：“联系方式：”+“电话号码”+“（”+“联系人姓名和职务”+“）”，例如：联系方式：010－123456（张三律师）。

3.3.13 原告是无民事行为能力人或者限制民事行为能力人的，应当写明法定代理人姓名、性别、出生年月日、民族、职业、工作单位、住所、联系方式，在诉讼地位后括注与原告的关系。法定代理人基本信息的表达格式为："法定代理人（与原告关系）：" + "基本信息" + "联系方式"，例如：法定代理人（原告之父）：张三，男，1972 年 7 月 11 日出生，汉族，北京 A 建设发展有限公司员工，住北京市朝阳区，联系方式：010 - 123456。

3.4 诉讼请求模块

3.4.1 诉讼请求模块的名称统一为"诉讼请求"，不得使用"请求事项"等表述方式。

3.4.2 诉讼请求的表述必须明确、准确、精确，严禁在诉讼请求中出现错别字和表达错误，也不得出现可能产生歧义的表达。

3.4.3 诉讼请求中使用的术语应当与产生该项诉讼请求的法律规定、有效意定和相关证据保持一致。

3.4.4 诉讼请求中重要术语暂时无法确定的，或多种备选表达存在矛盾的，应当使用多个矛盾术语的上位术语，以避免矛盾和冲突，待条件成就或法庭释明后再进行变更。

3.4.5 诉讼请求除了符合法律规定外，还应当具有可执行性，且不得对案外人构成损害和妨害。

3.4.6 诉讼请求应当区分为给付之诉、确认之诉和形成之诉。给付之诉应当明确给付标的的名称、类型、范围、数量及品质等；确认之诉应当明确需确认的法律关系或民事权利；形成之诉应当明确需变更权利的法律关系或民事权利。

3.4.7 诉讼请求中，如果涉及利息或违约金等随时间变动的金钱给付请求，应当计算至一个暂定日期，以便于立案部门确定案件受理费用及客户进行费用预算。在确定暂定日期时，负责立案的经办律师应当与客户事前确定行程，确保立案时间与暂定日期一致。如果在暂定日期不能立案的，应当在立案前变更暂定日期，避免立案时仓促变更民事起诉状中的诉讼请求。

3.4.8 如果涉及利息或违约金等随时间变动的金钱给付请求，仅要求被告支付该项款项，而不得假定或暂定具体金额，但需在该主张的项目后括注该项主张的计算方式和主张计算的起止日期，同时暂计算至暂定日期并计算出暂定金额。表达方式为:“主张项目”+“(计算方式,起止日期,暂计至暂定日期,暂定金额)”。严禁将暂定金额写在括注之外,使法庭误认为暂定金额为该项目的主张金额。

3.4.9 针对利息或违约金等随时间变动的金钱给付请求,括注的计算方式应当区分如下情形进行表述:

(1)有约定利息或违约金标准的,表述为:“(以×为本金,按合同约定的××标准,自×年×月×日计算至被告实际付清之日止,现暂计算至×年×月×日,计×元)”;

(2)如果没有约定利息或违约金标准,需要按法定利率标准计算的,表述为:“(以×为本金,按同期全国银行间同业拆借中心公布的贷款市场报价利率,自×年×月×日计算至被告实际付清之日止,现暂计算至×年×月×日,计×元)”。

3.4.10 提起诉讼时金钱给付金额不能明确,需要委托鉴定的,应当先行假定一个给付金额,并在该假定的金额后面括注为“(最终金额以鉴定机构鉴定的金额为准)”。在进行上述金额假定时,应当考虑未来的鉴定结果,以及对级别管辖的影响和客户需承担的费用。负责撰写民事起诉状的律师,应当就上述类型的诉讼请求与出庭律师做好交底,提示出庭律师及时依法向法庭申请鉴定。

3.4.11 诉讼请求中应当明确诉讼费用的承担方式。其表述方式为:“依法判令被告(全称)承担本案的诉讼费用。”

3.4.12 除了法律、司法解释、仲裁规则规定或合同约定被告应当承担原告因处理案件而支付的律师费外,原则上不建议原告要求被告承担律师费。在缺乏依据的情况下,如果客户坚持要求被告承担律师费,经办律师应当告知其诉讼风险。

3.4.13 对最难以表达的诉讼请求,必须先行查询拟受理法院或相关法院在处理类似案件的裁判文书的判决主文,然后参照该判决主文进行诉讼请求设计。

3.5 事实和理由模块

3.5.1 事实和理由模块由“案件事实”和“理由”两部分组成。

3.5.2 案件事实应当围绕与诉讼请求获得支持所需的要件事实进行,凡与要件事实无关的事实原则上不写入民事起诉状。

3.5.3 民事起诉状中的案件事实应当包括与每一项诉讼请求的

主体来源、管辖来源、权利来源、救济来源、成就来源、内容来源相关的要件事实以及全部诉讼请求获得支持所需的其他要件事实。

3.5.4 在对任何一个要件事实进行描述时,应当表达至有足够证明力的证据支持为止。该条所指“足够证明力”系指证据证明该要件事实的程度达到将举证责任转移给被告的效果,但依规定举证责任倒置的除外。

3.5.5 在对任何一个要件事实进行描述时,如果没有足够证明力证据支持,应当进行多层次的推理,直到推理所依据的大前提获得法律支持,小前提获得足够证明力证据的支持。在进行推理时,每个层次都应当有依据。

3.5.6 民事起诉状中陈述的每个要件事实原则上都应当与证据清单中每份证据确定的证明对象一一对应,从而确保每一项诉讼请求获得支持所需的全部要件事实均有证据支持。

3.5.7 如果民事起诉状中陈述的要件事实,在证据清单中没有证据与之对应,应当向客户披露并告知可能存在的风险,并制定合法有效的诉讼策略,最大限度地防范风险发生。

3.5.8 民事起诉状应当采取清单式表达方法进行事实陈述。对事实进行编号,每个编号项下只陈述一个事实。

3.5.9 如果一级要件事实项下有多个子要件事实的,对子要件事实应当按清单表达方式进行陈述,且多个子事实原则上按事件发生的时间先后顺序进行排列。

3.5.10 基于意定之债提起的诉讼,在民事起诉状中原则上应当按如下顺序描述案件事实:

(1)主体信息。从交易开始至原告提起诉讼期间,原告和被告诉讼主体变更情况以及各方在交易中的地位。

(2)合同签订。原被告双方达成协议的情况以及合同的相关内容。在民事起诉状中摘录的合同内容为与各项诉讼请求的管辖来源、权利来源、救济来源、成就来源、内容来源的相关条款。

(3)合同履行。协议签订后,原被告双方履行合同的情况。

(4)争议事实。被告违约的事实。

(5)损害事实。因被告违约而给原告造成损失情况。

(6)救济事实。被告违约后,原告进行的救济事实。

(7)应当列明的其他与各项诉讼请求的管辖来源、权利来源、救济来源、成就来源、内容来源相关的事实。

3.5.11 如果是基于法定之债提起的诉讼,民事起诉状中原则上应当按如下顺序描述案件事实:

(1)主体信息。从案件事实发生至原告提起诉讼期间,原告和被告诉讼主体变更情况以及各方在案件中的地位。

(2)案件事实。案件事实的描述情节应当包括与各项诉讼请求的管辖来源、权利来源、救济来源、成就来源、内容来源相关的事实。

(3)原告损害事实。因被告原因导致原告受到侵害及发生损失情况,或权利受到损害、妨害、妨碍的情况。

(4)救济事实。被告妨害或侵害了原告权利后,原告采取的救济措施。

(5)应当列明的其他与各项诉讼请求的管辖来源、权利来源、救济来源、成就来源、内容来源相关的事实。

3.5.12 基于物上请求权或类似权利而提起的诉讼,民事起诉状中原则上应当按如下顺序描述案件事实:

(1)主体信息。从案件事实发生至原告提起诉讼期间,原告和被告诉讼主体变更情况以及各方在案件中的地位。

(2)已取得涉案权利的主要事实。

(3)涉案权利的现状以及被限制、损害、妨害、妨碍的事实。

(4)损害发生的事实。

(5)权利救济的事实。

(6)应当列明的其他与各项诉讼请求的管辖来源、权利来源、救济来源、成就来源、内容来源相关的事实。

3.5.13 如果在诉讼请求中主张律师费、担保费等诉讼费用的,应当列明合同签订情况、款项支付情况和发票开具情况。

3.5.14 理由部分的描述应当与受理法院相关裁判文书中的"本院认为"部分相兼容。在该部分应当列明适用的主要法律法规、司法解释以及参照的指导性案例和借鉴的其他案例,结合陈述的案件进行简要的论证,此证明所有诉讼请求成立所需的要件事实全部获得证据支持。

3.5.15 理由部分的结尾句的表达格式为:"为此,原告提出上述诉讼请求，望贵院予以支持，以维护当事人的合法权益。”

3.6 证据模块

3.6.1 证据模块由“证据和证据来源”和“证人姓名和住所”两部分组成。

3.6.2 “证据和证据来源”列入依本指引第2.4.9条制作的“民事案件证据清单”，并作为民事起诉状的附件。

3.6.3 如果民事起诉状中陈述的要件事实有证人证实的，应当制作“证人清单”，证人清单就当列明证人姓名、住所、联系电话，以及需要证明的案件事实。

3.7 辅助模块

3.7.1 民事起诉状的正文下方，应当标明“此致”，并列明致送的具体受案法院。受理法院名称必须为全称，不得使用简称。

3.7.2 民事起诉状中，应当写明起诉人及签署日期。起诉人应当使用全称，不得使用简称。签署日期应当与计算诉讼请求使用的暂定日期保持一致。签署日期中的数字应当使用中文大写格式，例如：二〇一八年七月十一日，不得使用阿拉伯数字。

3.7.3 起诉人为自然人的，应当由起诉人本人签名并捺印，如果起诉人为无民事行为能力人或限制民事行为能力人的，由其法定代理人代为签名捺印，并旁注法定代理人的姓名及与起诉人间的关系。起诉人为单位的，应当加盖单位印章并由法定代表人或者主要负责人签名、盖章或捺印。

3.7.4 民事起诉状为多页的，应当按团队规定进行装订，然后由起诉人加盖骑缝章。加盖的骑缝章应当覆盖所有页数并保证不影响对文件内容的阅读。起诉人为自然人的，由起诉人本人在骑缝处捺印，起诉人为无民事行能力人或限制民事行为能力人的，由其法定代理人在骑缝处捺印。

3.7.5 民事起诉状原则上与相应的证据一并装订成册。如果受理法院不准将民事起诉状与证据一并装订的，则按受理要求的份数另行准备单独的民事起诉状。

3.7.6 民事起诉状的份数在满足受理法院要求的基础上，需另行制作两份，一份提交客户留存，一份交由经办律师使用。

4. 其他

4.1 民事起诉状提交受理法院前,必须进行反自认审查,避免与事实不符的自认。

4.2 民事起诉状的排版应当严格执行《民事起诉状排版指引》。

4.3 本指引主要适用于普通常见民事案件的民事起诉状撰写,对于特殊类型民事案件的民事起诉状的撰写,应当结合请求事项根据诉讼需要进行调整。

4.4 如果法律、司法解释或受理法院对民事起诉状的撰写出台新规定或提出新要求的,本指引的相关内容需进行相应调整。

4.5 民事起诉状中专业用语和日常用语应当与法律规定和受理法院裁判文书保持一致。如果相关法律、司法解释或受理法院就相关专业用语和日常用语进行统一或调整的,本指引中的相关用语需进行相应统一和调整。

4.6 如果立案部门不接受民事起诉状的清单表达方式,可去掉每个事实表述前的编号,在内容保持不变的情况下重新进行排版。

4.7 团队成员在使用本指引时,应当注意收集各方反馈信息及执行效果,并总结经验,以便于对本指引不断进行升级。

再审申请书撰写原理及指要

林伟江[*]

一、总体要求

再审申请书是当事人申请再审的法定诉讼文书,也是整个再审程序最重要的法律文书,应服务于整个再审程序之需要。

理论界和实务界已达成共识,我国民事再审程序采"三阶构说",即将再审程序划分为三个阶段。

第一阶段,(案件)受理阶段。再审法院审查再审申请是否符合诉的一般要件和再审之诉的特别要件。其中,对再审之诉特别要件仅根据法律规定进行形式审查。经审查,如不符合则不予受理;如符合则案件进入再审程序第二阶段。

第二阶段,(再审事由)审查阶段。再审法院专门针对再审申请人提出的再审事由是否成立进行实质审查。经审查,如不符合则裁定驳回再审申请;如符合则案件进入再审程序第三阶段。

第三阶段,(本案再审)审理阶段。再审法院根据再审申请人的再审请求,在不超出原审诉讼请求的范围内进行审理并作出裁判。

申言之,"三阶构说"语境下的我国再审程序,对再审程序三个阶段的任务和功能作了区分。

受理阶段的主要功能是对涉诉信访(申诉)和申请再审进行分流,赋予符合特定要件的再审申请人诉权,主要任务是审查是否符合申请再审的条件,其中最重要的是,当事人提出的诉状是否符合再审申请书的形式要求。审查阶段的主要功能是对再审申请人主张原裁判存

---

* 北京德恒(福州)律师事务所合伙人/律师,北京大学法律硕士,专注于民商事争议解决和投资并购法律事务,微信 xiaolinlawyer。

在的重大错误即再审事由是否成立进行审查，主要任务是筛选应当启动再审的案件。审理阶段的主要功能是对启动再审的案件重新处理，主要任务是解决再审期间的所有争议、化解矛盾。

因此，基于对再审程序不同阶段功能和任务的划分，决定了再审申请书应满足三个阶段的不同要求。本文拟围绕三个阶段的不同功能和任务，结合大量代理福建省高院申请再审案件之实践，对撰写再审申请书的原理及相关要点进行阐述。

二、受理阶段对再审申请书之形式要求

（一）再审申请书是当事人申请再审所需的法定文书

再审申请书首先应当符合法定的形式要求，这是对再审申请书最基本的要求，也是法院区分当事人的主张是申请再审还是涉诉信访（申诉）的关键。如再审申请书不符合法定的形式要求，在法院释明后仍不补正的，将被视为申诉处理，申请人则不享有申请再审法定的诉讼权利。

（二）再审申请书的法定要素及要求

根据《最高人民法院关于适用〈中华人民共和国民事诉讼法〉的解释》（法释〔2015〕5 号，经法释〔2020〕20 号修正，以下简称《民事诉讼法解释》）第 378 条之规定，结合最高人民法院在官网公布的《最高人民法院关于民事申请再审指南》之要求，再审申请书应当载明下列事项：

1. 当事人基本情况

受理阶段对于当事人的审查，主要是审查再审申请人是否系本案生效裁判之当事人以及是否具有再审利益。

（1）再审申请人之于当事人

再审案件当事人通常是指生效判决、裁定、调解书列明的原告、被告、第三人及其权利义务承继者。值得注意的是，被遗漏的必要共同诉讼当事人，虽然未在生效法律文书上列明，但其属于实质上的当事人，可以根据《民事诉讼法》第 200 条第 8 项之规定申请再审。

（2）再审申请人之于再审利益

再审利益是指再审申请人通过启动再审有可能得到的实质利益，

只有具备再审利益之当事人才能提出再审申请。具有再审利益的当事人一般包括全部败诉或部分败诉的原告、被告和有独立请求权的第三人以及被生效裁判确定应当承担民事责任的无独立请求权的第三人。

(3)应列明全部当事人的详细信息

由于审查程序有可能启动再审,对本案全体当事人的实体、程序权利义务都有影响,因此,再审申请书应列明包括再审申请人、被申请人及原审其他当事人的详细信息。值得说明的是,为方便再审法院审查,应同时列明各当事人在各审级中的诉讼地位,如“再审申请人(一审原告、二审被上诉人)”。

2. 原裁判的情况

原裁判的情况主要包括原审法院和裁判文书案号。作出生效裁判的原审法院是确定再审法院的依据之一,而明确原审裁判文书案号则使审查对象得以特定。因此,再审申请书需列明作出判决、裁定、调解书的法院名称,判决、裁定、调解书案号。

值得说明的是,为方便再审法院审查,应描述本案各审级法院的名称和各审级裁判文书的案号。例如,“再审申请人×××与被申请人×××(写明案由)一案,××××人民法院(写明一审人民法院的名称)于××××年××月××日作出(××××)号一审民事判决民事裁定民事调解,××××人民法院(写明二审人民法院的名称)于××××年××月××日作出(××××)号二审民事判决民事裁定民事调解,再审申请人不服该二审民事判决民事裁定民事调解,现提出再审申请”。

3. 具体的再审请求

再审是为纠正原审错误而进行的,再审请求受到原审请求的限制,故应当在原审请求的范围内提出再审请求,若超出原审请求增加或变更诉讼请求,则不属于再审的审理范围。[1] 而且,再审审理范围系根据当事人声明不服的范围确定,对于当事人没有争议的事项,一般不予审理。

---

〔1〕 李浩:《民事诉讼法学》,法律出版社2016年版,第326页。

4. 申请再审事由及具体事实、理由

考虑到维护生效裁判权威和社会秩序稳定的需要，再审程序作为特别救济程序，秉持的是依法纠错之有限再审理念，而不是有错必纠。即不是所有生效裁判的错误都要或都能纠正，只有重大的错误，才能且才需要纠正。法律对这些重大错误予以细化明确即是再审事由，在此意义上，再审事由也被认为是反向维护生效裁判既判力的阀门。申言之，再审法院只受理列明符合《民事诉讼法》第200条所规定的1项及以上法定情形的再审申请书。例如，“再审申请人认为，二审判决认定的××××之基本事实缺乏证据证明，根据《民事诉讼法》第200条第2项之规定，本案应当再审”。

5. 向再审法院申请再审的明确表述

再审申请书应当明确向哪个法院提出再审申请，以确定该院是否具有管辖权。值得注意的是，2012年修正之《民事诉讼法》，改变了再审案件一律上提一级的管辖规定，对于当事人一方人数众多或者当事人双方为公民的案件，也可以向原审人民法院申请再审。实践中，对于该类案件，根据《全国法院民事再审审查工作座谈会纪要》（法办〔2013〕36号）第1条之规定，无论是否向原审法院申请再审，均应当向原审法院提交申请再审材料，如再审申请人要向原审法院上一级法院提出再审申请的，应明确提出。

6. 再审申请人具名

为确保再审申请书真实性以及再审申请系其真实意思表示，再审申请人应当在再审申请书上签名、捺印或者盖章。实践中还需要签署日期，当然申请再审的时间不以申请书载明的时间为准，而以提交符合要求的再审申请材料之日为准。

三、审查阶段对再审事由及其依据之要求

（一）再审事由之于审查阶段的重要性

再审事由不仅直接关系再审案件能否获得受理，更为重要的是，其关系着再审程序能否启动，因此也被认为是打开再审程序的钥匙。案件受理阶段与审查阶段对于再审事由的审查有着本质区别。受理阶段审查的是，再审申请人是否在再审申请书中主张了法定再审事

由,至于其是否成立,无须作进一步审查;而审查阶段系对再审事由进行实质审查,如再审法院确认存在法定再审事由则裁定再审,否则将裁定驳回再审申请。

从实务角度而言,再审事由能否成立,关键在于:一是再审申请人能否根据案件情况提炼出本案符合法定再审事由的错误情况;二是再审申请人能否根据法定再审事由,阐述具体事实、理由和依据,必要时还应据此重新组织编排证据材料。

(二)再审事由之撰写要点

限于篇幅和不同案件语境,本文无意根据《民事诉讼法》第 200 条规定的 13 项再审事由,逐一展开论述如何撰写。本文拟根据我们代理的大量民商事再审案件的经验,总结出该部分内容撰写之原则和注意事项。

1. 找全找准原裁判所有错误情况

通说认为,根据《民事诉讼法》第 209 条和《民事诉讼法解释》第 383 条之规定,我国已确立"三加一"诉讼终结制度和有限再审之理念。基此,同一案件再审申请被驳回,以相同或不同事由再次提出再审申请的,一般不予受理。因此,再审申请人提出再审申请时应非常慎重,找全找准原裁判的错误情况。

2. 用好用准每一法定再审事由

根据民事诉讼处分原则和当事人主义,再审申请人有权利也有义务提出符合法定要求的再审事由,否则再审法院有权在不损害国家利益和社会公共利益的情形下,裁定驳回再审申请。因此,再审申请人应当在找全找准原裁判错误的基础上,根据《民事诉讼法》第 200 条、第 201 条的规定,选择相应的法定再审事由。

《民事诉讼法》第 200 条明确列举的 13 项再审事由,大致可以分为 3 类:一类是事实认定错误,包括第 1 项至第 5 项;一类是法律适用错误,即第 6 项;一类是程序严重违法,包括第 7 项至第 13 项。

不同类别甚至同一类别的再审事由,既相互区别,很多情况下也相互联系,特别是事实问题和法律问题有时并不是那么泾渭分明,不同法官也可能有不同的认识。即同一错误可能符合多种再审事由,或者同一错误可能是多种原因(即符合多种再审事由)造成的。对此,本文认为,应遵循全面罗列原则,仔细区分每一种再审事由并在再审申请书上列明,避免遗漏,以最大限度保证启动再审。

比如,司法实践中对于经常发生的未穷尽送达方式的情况下公告送达,应当依据何种事由裁定再审,就有三种观点:一是适用《民事诉讼法》第 200 条第 8 项"遗漏当事人"事由;二是适用《民事诉讼法》第 200 条第 9 项"剥夺辩论权利"事由;三是适用《民事诉讼法》第 200 条第 10 项"未经传票传唤,缺席判决"事由。具体属于哪项事由不是本文讨论的重点,本文想表达的是,对于一些比较模糊或者把握不准的事由,保险起见,应逐一在再审申请书上列明。

3. 围绕再审事由组织具体事实、理由和依据

再审事由是否成立,取决于据此组织的具体事实、理由和依据能否成立,而这首先又取决于对再审事由的理解和掌握。《民事诉讼法解释》等相关司法解释对于大部分再审事由的适用作了解释,对此应熟练掌握,这不仅对于再审申请书之撰写有帮助,对于启发再审思路亦有助益。

值得说明的是,尽管再审事由的细化和客观化,一直是立法和司法孜孜以求的目标,但是囿于立法技术和司法实践经验不足,现行法定再审事由之适用尚存在如下问题:一是对于诸如"缺乏证据证明""主要证据"等事由尚无具体明确的解释,司法实践一直较为混乱;二是对于诸如"新证据"等事由的认定标准长期以来一直处于变动之中,对此应紧跟司法实践和司法政策。

因此,在再审申请书撰写中,应区分不同再审事由作出不同安排。

(1)对于细化、客观化的再审事由。首先,应指出本案属于某项再审事由的哪一具体情形。例如,《民事诉讼法解释》第 390 条对《民事诉讼法》第 200 条第 6 项规定的"适用法律确有错误"作了细化,包括:适用的法律与案件性质明显不符;确定民事责任明显违背当事人约定或者法律规定;适用已经失效或者尚未施行的法律;违反法律溯及力规定;违反法律适用规则;明显违背立法原意。其次,再围绕该细化之具体情形组织事实、理由和证据。

(2)对于未细化、客观化的再审事由。首先,应尽可能检索和关注司法实践中较有共识的标准。例如,一般认为,如下情形可认定为"缺乏证据证明":缺乏能够证明案件基本事实所必须之主要证据;认定的

基本事实没有达到《最高人民法院关于民事诉讼证据的若干规定》(法释〔2001〕33号,经法释〔2019〕19号修正)规定的“高度盖然性”的证明标准;原审判决明显违反经验规则和逻辑推理等。其次,对于该类再审事由,应比已细化的事由多作解释和说明,必要时可考虑附相关司法判例,以增强说服力。

(3)司法实践轻程序、重实体的倾向依然不同程度存在,对于仅存在程序类再审事由,而未指出损害实体利益的申请,裁定驳回再审申请的可能性较大,因此应尽可能将程序违法与事实认定、实体利益受到损害联系起来。

4. 全面阐述和充分准备原则

(1)审查实践对再审申请书撰写的影响

《民事诉讼法解释》对再审事由的审查方式规定有径行裁定(书面审查)、调卷审查、询问审查3种方式。应当注意的是,除了一些特殊情形如新证据事由,司法解释明确规定应当采用询问审查以外,这3种方式的使用并无选择性规定,也没有递进关系,审查法官可以根据案件具体情况,选择一种或者几种结合运用。比如,可以将书面审查和调阅原审卷宗结合使用,而不一定询问当事人。

而且,基于申请再审案件居高不下、法律明定3个月较短审查期限、专门审监机构被不同程度裁撤使得再审法官结案压力陡增的情况下,实践中大量采用书面审查方式,这对再审申请书的撰写提出巨大挑战。

(2)全面阐述原则

书面审查方式的大量采用,决定了在撰写再审申请书时,必须消除审查阶段必然有向法官当面陈述的机会之错误认识,必须消除法官必然有义务、有精力、有能力从纷繁复杂的案件材料中寻找能够支持再审事由成立的依据之错误认识。再审申请人应当遵循对支持法定再审事由的事实、理由和证据全面阐述的原则,避免由于简单陈述,被认为再审事由不成立而被裁定驳回再审申请。

(3)充分准备原则

在全面阐述的基础上,对于一些特殊的再审事由还应按照法律规定充分准备。

①“新证据”事由。根据《民事诉讼法解释》第388条等规定,无论

是“新发现证据”“新形成证据”“新取得证据”,还是“未质证证据”,应当在事实和理由之后,写明证据和证据来源,证人姓名和住所;并说明逾期提供该证据的客观理由,同时提交新证据或原审笔录。

②在生效裁判生效6个月后根据《民事诉讼法》第200条第1项、第3项、第12项、第13项提出再审申请的,应详细阐述知道或应当知道再审事由存在的事实、理由和过程,并提交相应证据。

③根据《民事诉讼法》第200条第2项、第3项、第4项、第5项提出再审申请的,应当首先阐述本案的基本事实以及依据,再阐述原审在基本事实和主要证据认定、采纳方面存在的错误。

④根据《民事诉讼法》第200条第5项、第7项提出再审申请的,应当提供其在举证期限提出调查取证申请而未被采纳并提出复议的证据,在原审中提出回避申请而未被采纳并提出复议的证据。

此外,即便无新证据提交,也应尽可能根据再审事由及其依据,重新编排原审证据,包括适当调整证明对象,以使再审事由及其依据和证据材料能相互印证,以方便审查和增加启动再审的概率。

四、审理阶段对再审请求及其依据之要求

从当事人申请再审之目的而论,申请再审只是启动再审的手段,启动再审也只是使案件得到再次处理的手段,通过案件再次审理得到对己方有利之改判,才是诉讼的终极目的。而能否改判,在同一案件情形下,很大程度基于再审请求的设计及相关依据的组织。

(一)再审之诉的诉讼标的对再审请求之影响

再审请求如何提出,首先涉及对再审之诉的诉讼标的之认识。对于再审之诉的诉讼标的,理论界和实务界尚未完全达成共识。从实务操作角度来看,本文认为再审之诉不同于一般之诉,其诉讼标的应根据再审制度的本质,结合我国再审程序“三阶构”特点进行分析。

当事人之所以申请再审,通常是两个诉求,一是声明不服原裁判,二是要求改判实现再审利益。据此,在受理阶段,再审申请人在这一阶段只是根据法律规定的要求提交申请再审材料,并无独立的诉求。在审查阶段,解决的是再审申请人声明不服原生效裁判之诉求,这是其中一个诉讼标的,主要体现为申请再审事由。在审理阶段,解决的是再审申请

人要求改判实现再审利益之诉求,通常包括对原裁判的态度和在再审程序中的诉讼请求,这是另外一个诉讼标的,体现为再审请求。

(二)再审请求需要考虑的两个因素

1. 再审程序准用原审程序

根据《民事诉讼法》第207条之规定,我国法律并未就再审的审理程序作出专门规定,而是准用原审程序进行审理。即发生法律效力的判决、裁定由第一审法院作出的,按照第一审程序审理;发生法律效力的判决、裁定由第二审法院作出的,按照第二审程序审理;上级人民法院按照审判监督程序提审的,按照第二审程序审理。

(1)准用一审程序的再审请求。对于原裁判的态度,只需对一审生效裁判的判项作出评价,即应具体指出是对一审裁判的某一判项不服,还是对全部判项均不服。对某一判项不服,根据不同情况可提出撤销或变更,如"撤销××××人民法院(××××)号民事判决第××项""变更××××人民法院(××××)号民事判决第××项为××××";对于服从的判项,则应同时表述"维持××××人民法院(××××)号民事判决第××项"。

(2)准用二审程序的再审请求。对于原裁判的态度,原则上应对一审、二审裁判判项都作出评价。通常是在表明撤销、变更、维持二审裁判某一或全部判项之后,紧接着表明对一审裁判的态度,如维持、撤销、变更。

2. 受原审诉讼请求的影响

尽管再审准用原审程序进行审理,但是其与一审、二审程序还是存在本质差别的。根据民事诉讼处分原则和诚实信用原则,各方当事人在原审程序中的诉求、答辩意见、质证意见等并不自动丧失效力,也就是说再审程序并不是全新的程序,甚至在这个意义上,再审程序可视为系本案的续审。

因此,再审申请人应当在原审事实、理由、证据、主张等的基础上(如提出与原审不同之主张,则应有充分事实、理由和依据),根据《最高人民法院关于民事审判监督程序严格依法适用指令再审和发回重审若干问题的规定》(法释〔2015〕7号,以下简称《指令再审和发回重审规定》)第7条关于再审审理范围之规定,在不超出原审诉讼请求的范围内，提出具体、明确的改判请求。

（三）再审请求之事由与再审申请之事由及其依据交叉的处理

实务中，经常出现再审请求之事由与再审申请之事由存在交叉的情形，基于再审法院在审查和审理阶段任务不同，本文认为，应从方便再审法院审查和审理以及有利于实现再审目的的角度，在再审申请书中妥善处理这两部分关系。

尽管《指令再审和发回重审规定》等司法解释明定再审应以提审为原则、指令再审为补充，但是实践中，还是以指令再审为原则、提审为补充。由此，再审审理法院必然涉及不同法院和不同法官。

实践中，不同法院、甚至同一法院不同法官，对于在再审审理阶段能否根据再审请求重新提交再审申请书的认识不一。如再审法院或再审法官不接受重新提交再审申请书，则无疑对于再审申请人再审利益之实现有重大影响。

鉴于此，本文认为，比较保险的做法是，应当根据审查和审理阶段的不同任务，将再审申请书正文分为两部分：第一部分，再审申请人申请再审符合法定再审事由。然后，对再审申请事由及其依据进行详细阐述。第二部分，再审申请人再审请求具有充分事实和法律依据。然后，再对再审请求之事由及其依据进行详细阐述。即交叉之处除非特殊情形，否则应相对独立阐述。当然，为避免大量重复，也可以在围绕再审请求进行事实、理由和依据阐述时，对于与第一部分相同的内容予以关联而不予重复，如“具体事实理由同第一部分第×条第×项”。诚然，“兵无常势、水无常形”，案件千差万别也纷繁复杂，也决定了要有随时根据案件具体情况，调整不同策略的智慧和勇气。

五、结语：“最后的诉讼”

尽管再审申请被驳回或者对再审裁判不服，仍可以申请检察监督，但无疑是难上加难。在此意义上，当事人申请启动再审也被认为是“最后的诉讼”。诚然，再审程序尚有诸如诉讼标的、准用原审程序、依法纠错和维护社会秩序稳定等问题并未得到彻底理顺，这也决定了再审程序依然面临诸多疑难和问题。因此，无论是再审申请人，还是代理律师，对于申请再审均应做好充分准备。

民事案件证据清单制作指引

张　健*

1. 总则

1.1　为规范民事案件证据清单制作，使其能够有效服务案件整体诉讼策略，协助法庭查清案件事实，特制定本指引。

1.2　本指引所称民事案件证据清单，是指民事诉讼案件的当事人为使其诉讼请求、抗辩主张获得支持所需的要件事实或相关事实被法庭采信，而提交的体系化的证据及其目录和说明。

1.3　民事案件证据清单应当根据诉讼策略制作，以构建一个由不同单一证据组成的事实证明体系。

1.4　民事案件证据清单应当与受理法院出具的证据收具的要求相兼容。

1.5　民事案件证据清单制作应当遵守法律和司法解释的规定，符合最高人民法院发布的文书样式、受理法院的要求及法庭的使用习惯。

1.6　民事案件证据清单在功能上应当同时满足立案审查需要和庭审需要，且能使法庭尽早理解举证方的诉辩主张及支持该主张所构建的论证体系，并得出有利于举证方的初始判断。

1.7　民事案件证据清单应满足法庭组织的证据交换或举证质证环节的需要。

2. 前期准备工作

2.1　举证方应当先行确定其诉辩主张，然后确定支持该主张所

* 北京大成律师事务所高级合伙人。

依据的法律规范，再从该法律规范中提取全部要件，再依据该法律要件确定需举证的要件事实，最后确定该等要件事实获得支持所需的相应证据。

2.2 依据确定的证据收集目标收集所需证据，并根据团队制定的《案件信息库设立指引》对收集的全部证据材料进行梳理、归类、筛选，最终确定需要提交法庭的证据及证据清单。

2.3 证据清单应当与用于表达其主张、事实和理由的诉状、答辩状同时完成，并作为诉状、答辩状的附件一并提交法庭。

3. 证据清单的主要内容

3.1 证据清单由下述模块组成：文书标题；案件信息；提交人信息；证据分类；证据编号；证据名称；证据来源；证明对象；证据页码；原件/复印件；证据的份数和页数；提交人签名盖章；提交日期；证据收到时间；经办人员签名或者盖章。

3.2 “文书标题”模块。

3.2.1 “文书标题”模块的主要功能在于让受众快速识别文件名称、类型、功能及应用场景。

3.2.2 团队承办的民事案件中使用的证据清单其名称统称为“民事案件证据清单”，除非受理法院另有要求，不得擅自使用其他名称。

3.2.3 “文书标题”模块的表达格式为：“民事案件证据清单”+“备注信息”。“备注信息”主要为适用的案件审级及证据补充信息等。“备注信息”的表达格式为：“审级”+“补充”+“补充次数”。如：“民事案件证据清单（二审补充证据三）”。

3.3 “案件信息”模块。

3.3.1 “案件信息”模块的主要功能是便于法庭快速识别该证据清单对应的正在审理的案件。

3.3.2 “案件信息”模块由“案号”和“案由”两个子模块组成。

3.3.3 “案号”子模块的表达格式为：“案号：”+“法院案号”。如：“案号：（2021）最高法民终99999号”。

3.3.4 “案由”子模块的表达格式为：“案由：”+“诉讼地位+姓名或名称”+“与”+“诉讼地位+姓名或名称”+“案由”。如：“案由：

原告张三与被告李四买卖合同纠纷案”。

3.3.5 立案阶段因为受理法院尚未生成“案号”,“案件信息”模块只保留“案由”子模块。

3.4 “提交人信息”模块。

3.4.1 “提交人信息”模块的主要功能是让法庭快速识别证据的举证方。

3.4.2 “提交人信息”模块的表达格式为:“提交人:”+“诉讼地位”+“提交人姓名或名称”。如:“提交人:被告张三”。

3.5 “证据分类”模块。

3.5.1 “证据分类”模块的主要功能是便于法庭确定举证方提交证据的法定类别归属,以便明确组织举证质证和证据审查适用的规则。

3.5.2 依据下述的法定证据分类确定每一个单一证据“证据分类”:当事人的陈述、书证、物证、视听资料、电子数据、证人证言、鉴定意见、勘验笔录。

3.6 “证据编号”模块。

3.6.1 “证据编号”模块的功能是通过为每一个单一证据设定的身份编号,使受众便于使用和引用该证据。

3.6.2 一个单一证据仅有一个证据编号,证据编号一经确定不得随意变更。

3.6.3 证据编号采用小写数字,从“1”开始依次连续设置。

3.6.4 如果在案件审理过程中需要补充提交证据的,补充提交证据的证据编号应当接续前一次已提交的最后一份证据的证据编号,以保证证据编号的统一连贯。

3.7 “证据名称”模块。

3.7.1 “证据名称”模块的功能是便于受众识别和检索,并通过证据名称概括判断该证据的证据类别和功能。

3.7.2 证据名称应当包括:形成时间、参与制作主体、编号、证据的原始名称等要素。如:“2021年6月10日原告张三与被告李四签订的编号为999号的《买卖合同》”。

3.7.3 证据名称应当描述至唯一性,不得与其他同类证据相混同。

3.8 “证据来源”模块。

3.8.1 “证据来源”模块的功能是明确该证据原物或原件的持有情况及举证方的取得方式，以便于受众判断该证据的合法性和证明力。

3.8.2 证据来源根据原件或原物的持有状况不同可区分为举证方持有、质证方持有、举证方和质证方共同持有、第三人持有和案外人持有。

3.8.3 “证据来源”的表达格式为：“诉讼地位”+“原件或原物的持有人名称或姓名”+“持有”。如：“案外人张三持有”。

3.9 “证明对象”模块。

3.9.1 “证明对象”模块的功能是明确举证方拟证明的事实及采用的证明方法，以便于法庭审查所举证据与待证事实间的关联性以及该证据有无证明力及证明力大小。

3.9.2 “证明对象”模块的表达格式：“证明：”+“证明内容”+“证明方法”+“证明对象”。

3.9.3 “证明内容”为证据载体记载的能够证明待证事实的客观证据信息。

3.9.4 “证明方法”为“证明内容”推导出“证明对象”的方法。如果“证明内容”不需要推理就可以证明“证明对象”的，“证明方法”模块删除。

3.9.5 “证明对象”为“证明内容”证实的要件事实，或能够证明要件成立的间接事实、辅助事实。

3.9.6 证据清单中所有单一证据的“证明对象”组合的事实，应当与诉状或答辩状中支持其主张所需的事实相对应。

3.9.7 原则上一个单一证据对应一个证明对象。如果由多个单一证据共同证明一个证明对象的，将“证明”格式调整为：“证据”+“起始编号”+“－”+“终止编号”+“证明：”。如：“证据1－5证明：”。

3.9.8 如果一个单一证据需要结合其他一个或几个单一证据证明一个证明对象的，应将“证明”格式调整为：“证据”+“证据编号”+“结合”+“证据”+“证据编号”+“证明：”。如：“证据1结合证据5证明：”。

3.9.9 需要将多个单一证据的事实进行整理归纳，方可证实案件要件事实、间接事实或辅助事实的，可制作一份独立的证据作为当事人的陈述列入证据清单，并在“证明对象”中注明该证据的制作所依据的其他证据。具体表达格式为：在“证明”前加注“该证据系根据对”+“证据”+“的整理得出”。如：“该证据系根据证据 1－20 的整理得出”。

3.9.10 如果证据清单的证据多且诉讼请求和法律关系复杂的，可按如下规则对证据进行分组，以便法庭快速理解举证方的举证意图：

（1）原告的证据清单可按诉讼请求对证据进行分组，被告可按有异议的诉讼请求或有争议的要件事实、间接事实、辅助事实对证据进行分组；

（2）上诉人、再审申请人可按上诉、申请再审的法定事由对证据进行分组，也可根据原审裁判文书就争议焦点的裁决中有异议的部分对证据进行分组。

3.9.11 证据清单依据本指引第 3.9.10 条进行分组的，分组名称的表达格式为：“关于＋（分组关键词）＋的证据”。分组关键词按本指引 3.9.10 条确定。如：“关于原告诉讼请求是否超过诉讼时效期间的证据”。

3.10 “证据页码”模块。

3.10.1 “证据页码”模块功能是便于受众依据目录快速找到所需证据。

3.10.2 每个单一证据对应的“证据页码”为该证据第一页标示的页码。

3.10.3 证据页码从第 1 页开始按先后顺序设置。一页证据只能有一个页码。

3.10.4 如果证据清单的“证据页码”统一设置后，发生漏页的，漏页页码按如下格式设置：“漏页前一页的原证据页码”＋“－”＋“漏页页码”。“漏页页码”从第 1 页开始按顺序设置。如证据清单第 10 页后漏掉两页的，则漏掉两页的页码编制为：“10－1”和“10－2”。

3.10.5 如果案件的受理法院要求证据必须要标明每一份单一证据的页数的，应当标注在“证据名称”后。表达格式为：“（共×页）”。如：“2021 年 6 月 10 日原告张三与被告李四签订的编号为 999

号的《买卖合同》(共 10 页)”。

3.11 “原件/复印件”模块。

3.11.1 “原件/复印件”模块的功能是让法庭快速判断举证方是否提供了证据的原件或原物。

3.11.2 如果不能提供原件、原物,或提供存在困难的,应当提交复制件、复制品,同时将证明该复制件、复制品与原件或原物一致的证据一并列入证据清单向法庭提供。

3.11.3 如果习惯在举证阶段仅提供复制件、复制品的,可以省略此栏设置。但受理法院有其他要求的,应当按规定办理。

3.12 “证据的份数和页数”模块。

3.12.1 “证据的份数和页数”模块的功能在于统计共提交的证据总数量和总页数,以固定提交证据的范围。

3.12.2 “证据的份数和页数”模块的表达格式为:“以上证据材料:共 × 份计 × 页”。如:“以上证据材料:共 10 份计 100 页”。

3.12.3 统计的证据总份数和总页数应当与实际提交的完全一致,且与各分项的小计一致。

3.13 “提交人签名盖章”模块。该模块的表达格式为:“提交人:”+“提交人姓名或名称全称”。如:“提交人:张三”。

3.14 “提交日期”模块。该模块的表达格式为:“提交日期:”+“实际提交证据的日期”。如:“提交日期:2021 年 6 月 10 日”。

3.15 “证据收到时间”模块和“经办人员签名或者盖章”模块。该两个模块的功能是便于法院的经办法官在收到举证方提交的证据清单及证据后出具收据。

4. 证据清单的制作

4.1 页面设置。

4.1.1 证据清单原则上在“Excel”中根据《案件信息库设立指引》整理后生成,然后将表格复制粘贴到 Word 文档,再根据本指引进行排版后形成。

4.1.2 提交法庭的书面证据清单应当采用 A4 纸,版面原则上纵向布置,页边距采取常规模式即上边距和下边距均为 2.54 厘米,左边距和右边距均为 3.18 厘米。

4.1.3 首先将全文字体设置为中文宋体、西文 Times New Roman,字号小四,行间距1.5倍,段间距为段前0、段后0。

4.1.4 在上述状态下对民事案件证据清单的各模块进行排版。

4.2 "文书标题"模块的设置与排版。

4.2.1 在排版默认状态下,先将标题"民事案件证据清单"及"备注信息"设置为宋体小四号字,然后上面增加一个回车,即一个空行。然后将该模块的字体设置为华文中宋小二号字,加黑。

4.2.2 "文书标题"模块的行间距设置为1.5倍,段前设置为1行,段后设置为1行。

4.2.3 "文书标题"模块应当居中设置。

4.3 "案件信息"模块的设置与排版:设置在"文书标题"模版下方,居左顶格排列,字体为宋体,小四,不加黑。

4.4 "提交人信息"模块的设置与排版:设置在"案件信息"模版下方,居左顶格排列与"案件信息"模版左对齐,字体为宋体,小四,不加黑。

4.5 证据清单的表格设置与排版。

4.5.1 "文书标题"模块下方插入"表格"。

4.5.2 插入的表格共设置6列,若干行,行数依据提交的证据数量设置。

4.5.3 表头内的内容自左向右依次为:证据编号;证据名称;证据来源;证明对象;证据页码;原件/复印件。

4.5.4 表头内的字体字号设置:宋体,小四,加黑。

4.5.5 表格正文的部分全部为宋体,小四,不加黑,行距1.5倍。

4.5.6 "证据编号"居中设置。

4.5.7 "证据的份数和页数"模块,设置在表格的倒数第二行,字体为宋体,小四,加黑。

4.5.8 "提交人信息及提供时间"模块设置在表格倒数第一行,字体为宋体,小四,加黑。

4.6 "证据收到时间"和"经办人员签名或者盖章"两模块分两行设置在表格下方,字体为宋体,小四,加黑。

4.7 书面举证意见的制作。

4.7.1 书面举证意见是负有举证责任一方当事人就其向法庭提

交的证据与案件待证事实的关联性和有无证明力及证明力大小进行的书面系统说明。书面举证意见应当在证据清单的基础上制作。

4.7.2 书面举证意见的正文主要由证据清单的“证据名称”“证明对象”模块组成。证据清单中的“证明对象”如果比较简要的，应当详细列明可以直接、间接或辅助证明证明对象的证明内容，并对论证推理过程进行适当说明。

4.7.3 书面举证意见的正文字体均设置为宋体，小四，不加黑，行距1.5倍，段前和段后间距各为0.5行。

5. 证据清单的使用

5.1 提交法庭的书面证据清单及证据的正本必须单面打印，副本可双面打印（如受理法院有特殊要求，则按规定处理）。

5.2 应当提交法庭两份正本证据清单及证据，其中至少一份不得装订成册，以便法庭归档使用。剩余的一份证据清单及证据的正本及所有副本应装订成册，以便开庭时统一使用。如果法庭对证据清单及证据装订有特别要求的，必须按规定办理。

5.3 提交法庭的证据清单电子文档必须将Excel格式转化成Word文档，并将排版调整为书面“举证意见”的格式，以便于书记员直接复制粘贴到庭审笔录中。未经转换，不得直接将证据清单的Excel电子文档直接提交法庭。

6. 其他

6.1 办理仲裁案件，在不违反仲裁委员会相关规定的情况下，可以参照本指引制作证据清单。

6.2 本民事案件证据清单制作指引仅供团队内部使用，其他人员参照的，须自行承担因此产生的不利后果。

6.3 团队成员在执行本民事案件证据清单制作指引中应注意收集问题，以便及时对本指引进行升级。

写判决的时候，法官都在想什么[1]

田朗亮*

一、什么叫作疑难复杂案件

简言之，疑难复杂案件就是争议很大的案件。那么怎么去定义"争议很大"呢？其实合议庭评议的时候，内部的争议就很大；合议庭和有签发权限的院、庭长之间也存在分歧；最后提交到法官会讨论的时候也有不同的声音。

当然最后肯定会形成多数意见或者少数意见，但是，比方说法官会多数意见是八票，少数意见是六、七票，其实并没有一个悬殊的、压倒性的多数意见。案件提交到审委会去，审委会可能也是有比较激烈的或者是票数接近的少数意见的存在。这样的案件，就毫无疑问是一个疑难复杂的案件。

这里面需要跟大家分享笔者自己的一个感受，就是说因为我国大部分法院是中基层法院，所以大量的律师、法务等法律同行，绝大多数时候办案也是跟中基层法院打交道。但是笔者一直说其实中国存在两种法院，一种是包括最高人民法院和各省、直辖市高院在内的高审级法院，另一类法院就是中基层法院。这两类法院，他们处理案件的思路上面其实是存在极大的不同的，包括案件处理的流程上面都是有非常大的不同。笔者今天要分享的这种所谓的重大疑难复杂案件，其实主要是指在高审级法院的案件进行过程中的值得分享的一些点，以及相应的在判决文书上的体现。

---

* 清华大学法学院纠纷解决研究中心兼职研究员，原最高人民法院法官，微信zaishenTLL。

〔1〕 本文系根据作者 2020 年 4 月 6 日"如何读懂一份复杂案件的判决书？"的麦读公共课讲座录音的内容整理而成，收入本书时有小幅文字修订，且保留了讲座本身的口语化风格。

二、法官的判决书首先是写给谁看的

刚入行的时候，带笔者的师傅（前辈法官）就教笔者说判决书首先是写给败诉的一方当事人看的。为什么这么说呢？其实很多时候胜诉的一方当事人拿到判决之后，他首先是翻到最后一页，也就是看判项，传统上也叫主文。那么他主要就看主文，到底自己赢没赢，赢的一方，一看对方要给我多少钱、利息多少，那就很清楚了，如果他的诉请全部都得到主文支持了，那前面怎么写，他也不会再细看了；只有输的一方的他就会说，我认为不该给钱的，法院却判我给对方钱，判的利息还很高，那我就一定要看法官是根据哪个证据认定哪个事实适用哪个法律，让我来给这么多钱，他就会逐字逐句地去解读这样一个判决的全文。

所以判决书肯定是首先写给败诉的一方当事人看的，这里面就有一个俗称的最高境界就叫作“胜败皆服”。其实胜败皆服里面，胜的人当然服了，这个就不用说了，主要难就难在让败的这一方当事人看了判决书之后，他觉得自己输得明明白白、心服口服。这种情况在现实中，不是完全没有可能，但是笔者觉得可能性还是比较小的，是非常难的。其实很多时候判决书写完之后，一方面是要说服败诉的一方当事人，我们判你败是有理有据的，从证据到事实再到法律适用层面都是有依据的，不是瞎胡判的，另外一方面也是要告诉他，这个判决写得很漂亮，你要挑刺不是那么好挑的，你要试图通过上诉或者申请再审推翻这个判决是很困难的。

三、判决书其次是写给谁看的

判决书的第二写作对象也不是胜诉的当事人，而是后续会审这个案件的法官。也就是说这是一个一审案件的话，那法官写的时候会考虑，上诉之后二审的法官会怎么看；如果这是一个二审判决，那么二审法官会考虑，当事人如果申请再审，再审审查的法官会怎么看。

而且我们也知道在中国是没有真正的、完全的、彻底的终审制度的，也就是说我们的二审终审，其实很难做到终审。当然二审不能彻底终审，这未必是一件不好的事情。反过来说，因为我们国家幅员辽阔，各地经济社会发展水平不一，有这么多省份，又有四级审级，如果真的完全做到二审终审，在重大民商事案件中对当事人合法权利的救济来说未必是一件好的事情。

所以呢，在我们国家一个案件按照法律的程序往下走的话，一个案件一审不服可以上诉，二审不服可以申请再审，申请再审被驳回了，还可以去向检察机关申请抗诉，如果申请抗诉不被支持，仍然可以向该检察机关的上级检察机关申请一次复查。这样也使写作判决的法官，他要时刻意识到，即便他写的是最高人民法院的二审判决，写完之后，如果这个判决真的是写得有重大问题的，它后面仍然是会持续受到当事人的挑战，甚至是有可能被裁定再审改判。如此也就在很大概率上能够避免个案裁判结果的极度偏颇。这也就是笔者之前为什么会说两审终审如果绝对贯彻未必是好事的原因。

四、写作复杂案件判决书时，法官们都是怀着什么样的心态

作为一个国家的法院的法官，毫无疑问写判决时是要追求公平正义、说理充分，这一点我们就不用重复多讲了。那么除了这个最重要的前提之外，法官还要考虑什么呢？他还要考虑两个风险，第一个风险是避免上诉或再审改判的风险，也就是改判风险，第二个风险是避免当事人信访闹访风险，也就是信访风险。

当然有的法律同行可能会说，那是不是也要考虑这个案件判完之后好不好执行呢？理论上来说，审判庭的法官写判决的时候应当要考虑到执行的问题，要让判决便于执行。但是，实际上据笔者了解，大部分审判庭的法官写判决时，当然会大致考虑下执行的问题，不过对这样判执行是否便利的细节问题，不会考虑得太多。这就是过去的老话，铁路警察，各管一段，就是法官就管判就完了，判完之后执行这个问题主要是执行局要解决的问题，跟审判庭其实没有太大的关系。而且法院执行部门的同事在执行的时候是有很多办法去解决各种问题的。

要避免我们这里讲的两个风险，改判风险和信访风险，法官首先需要做到避免“硬伤”。因为二审改一审，再审改二审时候，内部讨论时往往会说原审有“硬伤”，所以需要改。与“硬伤”相对应的表述，往往是所谓的“认识问题”。常见的“硬伤”有哪些？这里可以做一个不完全的列举。比如原审认定事实的证据未经质证，这就是二审或者再

审法官很难圆过去的一个“硬伤”,所以一二再审的法官开庭的时候,都会反复问双方当事人,到底有没有新证据,有的话拿出来,给对方质证。因此,笔者给法务、律师讲诉讼文书写作课的时候,也会反复强调,证据册中一定要对新证据做重点标注和提示,没有新证据,也要在证据册的目录把没有新证据这个事情写清楚。还有的“硬伤”是认定的事实明显缺乏证据支撑,以及对法律的理解明显错误。当然,这里大家可以思考一下,是事实认定更容易出现“硬伤”,还是法律认定更容易出现“硬伤”?

五、复杂案件判决书常用的五种论证方法

我们刚刚讲到了,有的事实或法律问题,本身就有较大争议,合议时就有了分歧,其实也很难说有唯一正确的答案,那么法官写判决的时候就必须要考虑,万一后续二审或者再审的法官的意见跟我相反怎么办?怎样才尽可能会让二审或者再审的法官即便跟我意见相反也会维持我的判决呢?这里就需要一些论证表达的技巧。个人总结,至少有以下五种论证方法是复杂案件判决书中经常会出现的:转移式论证、饱和式论证、让步式论证、预备式论证、打包式论证。

我们通过一个例子来说明什么是转移式论证,请看下面对同一个事情的三种不同的表述方式:“(1)被告乙公司在本案合同履行过程中的行为并不构成违约;(2)原告甲公司关于被告乙公司在本合同履行过程中存在违约行为的主张,不能成立;(3)对原告甲公司关于被告乙公司在本合同履行过程中存在违约行为的主张,不予支持。”上面的第一种表述是一种类似依职权的上帝视角,法院对一个事情做了一个非常客观的认定,我们可以看成是法院一个主动的立论。第二种和第三种表述方式就是转移式论证,法院不是主动的立论,而是对当事人某一种主张的一个驳论,从而把论证的负担更多地转移到了当事人身上,也就是说法院不认定你当事人主张的这个事情,是你当事人自身在诉讼中举证、论证不力导致的。

接下来说什么是饱和式论证。笔者用几个简单的公式来说明:“饱和式论证:A + B + C→结论。非饱和式论证:A→结论,B→结论,C→结论。”也就是说单独的 A、B、C 就能得出同一结论,但我们写判决的时候把 A、B、C 全都写上去来支持同一结论。这样的好处就是后面

的二审、再审中,即便当事人拿出新证据推翻了A或者B,但只要C还没有推翻,结论就不会被推翻,也就是案件不会被改判。笔者在写作最高人民法院(2015)民抗字第2号陈某清与汕头市达濠建筑总公司买卖合同纠纷一案的民事再审判决书的时候,为了论证本案达濠公司对达濠公司北京分公司及其负责人胡某和的管理行为存在明显过错,就采用了饱和式论证的方法,判决的具体行文如下,"本案达濠公司对达濠公司北京分公司及其负责人胡某和的管理行为存在如下明显过错,第一,在达濠公司与胡某和的承包期限于2007年2月到期前后,达濠公司与胡某和之间未能完整交接,达濠公司从胡某和处收回了胡某和于2004年刻制的达濠公司北京分公司印章和财务专用章(以下简称04年财务章),但未能及时收回胡某和于2004年刻制的达濠公司北京分公司合同专用章(以下简称04年合同章);第二,2007年5月31日达濠公司北京分公司工商年检相关材料和2007年7月17日胡某和代表达濠公司北京分公司与杨某锡等签订的达濠公司北京分公司第八项目部承包经营协议书中,均加盖了上述04年合同章;第三,从胡某和承包期满后到本案所涉交易及纠纷发生,达濠公司一直未能及时办理北京分公司的工商变更登记,胡某和仍然是工商登记记载的北京分公司负责人,其对外仍有权代表北京分公司开展经营活动;第四,迟至2008年2月18日本案一审诉讼庭审时,胡某和仍然代表达濠公司北京分公司与达濠公司委托代理人同时出庭,且达濠公司一方对胡某和代表北京分公司的身份问题当庭并无异议;第五,在杨某锡以达濠公司北京分公司第八项目部名义与京顺泽公司开展钢材购销交易中,达濠公司北京分公司向京顺泽公司开具了日期为2008年1月16日的转账支票一张,且该转账支票经法院委托鉴定,其上加盖的达濠公司北京分公司财务章恰恰是前述达濠公司已于2007年1月从胡某和处收回的04年财务章"。有兴趣的朋友可以去数据库里面搜这个判决的全文看看。

接下来跟大家讲一下让步式论证。让步式论证其实也很简单,就是一方当事人不是主张A来论证自己不需要承担责任吗?(当然,这个时候往往对方当事人说A这个主张是不成立的,也就是说A的成立与否本身是一个争议焦点)判决里面会说,即便A成立,你也仍然需要承担责任。我们可以看最高人民法院(2014)民二终字第56号民事判决中的这段判词,“中航油上海公司与中设贸易公司签订《框架合同》,约定中航油上海公司向中设贸易公司购买燃料油。中航油上海公司对《框架合同》的签订及所载内容并不否认,即其对合同形式上的真实性并无异议。中航油上海公司抗辩称涉案合同系双方‘走单、走票、不走货’的虚假合同,不是真正意义上的买卖合同,其签订该合同的目的在于达到增加产值,完成业绩考核,并以此为由否认双方之间建立的买卖合同关系,于法无据。即使如中航油上海公司抗辩所称‘走单、走票、不走货’交易的客观事实存在,在双方签订《框架合同》建立了买卖关系、中航油上海公司向中设贸易公司出具了《收货证明》明确表示其已收到涉案合同项下货物、中设贸易公司亦按照中航油上海公司的要求为其开具了《北京市增值税专用发票》的情况下,不能仅仅依据中航油上海公司未实际提取货物即‘未走货’为由,否定双方之间业已形成的买卖法律关系。在我国现行法律、行政法规对其所谓‘走单、走票、不走货’的交易方式没有明确强制性禁止规定,且双方当事人意思表示真实的情况下,中航油上海公司以此为由主张买卖合同无效,本院不予支持”。以上这段就是典型的让步式论证。

然后我们再看预备式论证。这是一种技巧性更高的判决说理论证的方式。我们看一下最高人民法院(2018)最高法民终268号民事判决中的这段判词,“大唐公司在二审庭审中提出其已向国家发改委提交材料,申请对龙王沟煤矿的储量予以重新核定,本院认为,其提交的证据仅能证明其提交了相关材料,不能否定此前双方的协议约定。更何况从双方协议中支付款项的时间来看,除第一期付款条件为相关各方签署股权过户的履行协议并办理完成全部工商变更登记外,其余各期的付款条件均指向国源矿业取得国家发改委对项目的核准文件之日起的相应时间内,由此可印证国家发改委对项目的核准文件之日应是双方有所预期的特定指向,而不能理解为无时间和次数限制的核准之日,否则股权转让款的支付日期将始终无法确定,有违商业交易惯例,亦有悖于诚实信用原则。需要特别指出的是,本案重点所要关注的并非为对矿区资源储量的确认,更不是国家职能机关审批权限的区分和认定,而仅是两方商事主体之间对于股权转让价款的协商确定。现双方在协议中对于如何计算股权转让价款、付款条件何时成就的约定具体而明确,因此,按照股权转让协议约定并结合案涉事实,案涉股权已经转让完成，合同约定的国家发改委对项目的核准文件亦已出具，且双方此后并未形成变更股权转让价款的新的合意，故本案争议的第五期、第六期股权转让价款的付款条件已经成就。依据前述《股权转让协议》有关违约责任的约定，大唐公司未履行继续给付股权转让价款的合同义务，属违约行为，应按协议约定给付未付部分的款项，并应依约支付违约金”。这段判词对判决作出后国家发改委可能出具的储量重新核定文件进行了预防，即便大唐公司真的取得了具有其声称的内容的文件，也难以撼动已经对此作出了预防的本案判决。

最后我们看打包式论证。打包式论证大家平常应该都见过很多。最常见是在过错比例的分担上，比如说我们确定甲和乙的过错有主次之分，但九一开、八二开、七三开、六四开，都是甲主乙次，那具体确定为多少呢？这个时候，我们就把所有能罗列的应予考虑的因素都罗列在判决上，最后酌定一个具体比例。在赔偿数额认定的时候，也常见打包式论证。我们看北京市西城区人民法院（2019）京 0102 民初 9546 号民事判决中的这段判词，“鉴于北冰洋饮料公司未举证证明其因涉案侵权行为所遭受的经济损失或者二被告的侵权获利，故本院将根据如下因素对赔偿金额予以酌定：1. 涉案包装的商品经较大广告投入，进行了广泛宣传，具有一定影响，知名度较高；2. 济南北冰洋公司申请‘北冰洋’文字商标未获成功后，二被告作为生产、销售同类饮料的经营者，明知原告主张权利的商品和商标的存在，仍从事近似包装商品的生产销售行为，其主观恶意明显；3. 被告自称自 2018 年 5 月 18 日起开始生产销售，截至庭审之日，并无证据表明其侵权行为已经停止，因而其侵权时间长达一年以上，侵权时间较长；4. 被告的商品在北京和山东均有销售，销售范围较广。综合如上因素，本院酌定二被告赔偿北冰洋饮料公司经济损失 30 万元”。这里确定 30 万元这个具体数额之前也罗列了 4 种考虑因素进行了打包式论证。我们可以设想，假定这个判决没有罗列第 4 种因素，那么原告是不是可以就在上诉状中写，一审判赔额过低，系因没有考虑到侵权商品销售范围较广这一重要因素？所以，打包式论证的操作要点，就是把能写上去的全部都写上去。

六、判决书有没有通行的结构框架

我们看一下判决书的五级结构，它是从下到上依次支撑的，最底层是“证据材料”；然后基于证据材料形成“本院查明”，也就是事实认定；再往上是相应的“法律条文”，因为这些事实能够构成适用某一个条文的事实要件；再往上就是“本院认为”，实际上就是适用到特定法条的法律效果；最后最顶层就是判项主文，也就是“判决如下”的内容。当然，“证据材料”→“本院查明”→“法律条文”→“本院认为”→“判决如下”这个五级结构的每一级，和当事人的主张也有对应关系。比如证据材料基本都是当事人提交的，查明对应的是当事人主张的事实，法条一般也是当事人诉请所依据的法条，本院认为对应当事人的分析说理，判项对应原告的诉讼请求。“本院查明”和“本院认为”的区分就在于作为“本院认为”论述的基础的事实，应该在“本院查明”中已经做过认定了，不能未经论证突然在“本院认为”冒出来一个事实。

综上，法官写判决的时候，还是挺不容易的，特别是遇到疑难复杂案件，往往睡觉都在想这个案子怎么判才能没毛病，有时候还会半夜惊醒然后第二天早起赶到法院办公室查对案卷的证据细节。最后，希望笔者的分享对从事行政和刑事业务的法律同行们有一定的参考价值。

判决主文计息期间写法对迟延利息的影响

——以李某与陈某、某灯具有限公司民间借贷纠纷执行案为例

谭　波*　高　扬**

《最高人民法院关于执行程序中计算迟延履行期间的债务利息适用法律若干问题的解释》(法释〔2014〕8 号,以下简称《迟延履行利息解释》)第 1 条第 1 款规定:"根据民事诉讼法第二百五十三条[1]规定加倍计算之后的迟延履行期间的债务利息,包括迟延履行期间的一般债务利息和加倍部分债务利息"。审判实践中,判决主文所确认的一般债务利息,通常确认计算至"实际付清之日止"。而本文讨论案例判决主文表述为计算至"本判决确认的给付之日止",因此,债务人逾期不还借款,申请执行人能否请求参照借期内利息计算迟延履行一般债务利息,成为执行实务中的矛盾焦点。

笔者认为,依据最高人民法院司法解释和裁判观点,无论利息计算表述为"至实际给付之日"还是"至判决确定的给付之日",一般债务利息应当计算至实际付清之日止。否则,将鼓励债务人恶意拒绝履行债务,规避应当承担的约定债务利息,导致债权人资金利息收益损失。

一、案情简介

李某与陈某、某灯具有限公司民间借贷纠纷一案经过 2013 年 11

* 北京市京师(南京)律师事务所专业指导委员会主任,律师、建造师、江苏省创业培训讲师,房地产与建筑工程服务方向,微信 blackhawkdown76,邮箱 tanbolawyer@126.com。

** 北京市京师(南京)律师事务所律师,同济大学法律硕士。

〔1〕《民事诉讼法》(2017 修正)第 253 条规定,"被执行人未按判决、裁定和其他法律文书指定的期间履行给付金钱义务的,应当加倍支付迟延履行期间的债务利息。被执行人未按判决、裁定和其他法律文书指定的期间履行其他义务的,应当支付迟延履行金"。

月19日一审徐州市泉山区人民法院[(2013)泉民初字第2049号]、2014年3月28日二审徐州市中级人民法院[(2014)徐民终字第040号]两次审判,生效判决为“本判决生效后十日内,被告陈某偿还原告李某借款本金1880000元,并支付利息(本金1800000元自2011年11月12日起,本金80000元自2011年11月13日起,以上利息均按照月息2%计算至本判决确认的给付之日止)。如果未按本判决指定的期间履行给付金钱义务,应当依照《中华人民共和国民事诉讼法》(2017修正)第二百五十三条的规定,加倍支付迟延履行的债务利息”。

依据《迟延履行利息解释》第1条之规定,上述判决书确认的债务除本金外,包括迟延履行期间的“一般债务利息”和“加倍部分债务利息”。“一般债务利息”是指依据生效法律文书所确定的利息,生效法律文书未确定给付该利息的,不予计算;“加倍部分债务利息”是指因被执行人拒绝主动履行债务而由法律强制性规定的惩罚性利息。

另据《最高人民法院执行最新司法解释统一理解与适用》一书在“专题十二‘迟延履行利息在金钱债务中的清偿顺序’”部分,“一件借款合同纠纷案件,法院执行的金钱债务有本金、一般债务利息、实现债权的费用和迟延履行利息四部分。如果当事人在诉讼前没有约定,那么根据《迟延履行利息解释》的规定,迟延履行利息应当最后清偿,而本金、一般债务利息和实现债权的费用三部分则可以参照《最高人民法院关于适用〈合同法〉若干问题的解释(二)》的有关规定确定顺序清偿”。[1] 因此,本案执行对象及先后顺序应为一般债务利息、本金、加倍部分债务利息。其中,一般债务利息的计算截止日期能否计算为“实际付清之日止”成为本案矛盾和争议焦点。

二、矛盾焦点

判决生效后,被告一直拒绝履行,原告李某在申请执行时效内申请了强制执行。但法院执行部门认为,首先,本案一般债务利息按月息2%计算到生效判决确定的给付之日止,因二审判决书以送达之日起生效,即2014年10月1日生效,确定的截止给付之日为“本判决生

〔1〕 江必新、刘贵祥主编:《最高人民法院执行最新司法解释统一理解与适用》,中国法制出版社2015年版,第246页。

效后十日内”,即2014年10月10日。其次,逾期利息按日万分之1.75自逾期之日(笔者注:2014年10月11日)起算至实际付清之日止。至此,法院执行部门认为申请人一般债务利息(年率24%)仅能算至2014年10月10日,逾期期间不能计算一般债务利息!若如此计算,申请人将产生巨大利息损失!

三、问题解析

(一)迟延履行期间应当计算一般债务利息的法理解析

尽管本案判决主文明确利息计算至“判决确定的给付之日止”,但执行机关应当参照借期内利息计算迟延履行一般债务利息。正确的解释路径为:(1)月息按2%计算至本判决确认的给付之日。(2)迟延履行期间的债务利息包含两部分,一般债务利息按2%自判决确认的给付之日计算至实际给付之日;加倍利息按日万分之1.75自判决确认的给付之日计算至实际给付之日,即下表:

表1 一般债务利息与迟延履行债务利息

期间	判决确认的履行期间	迟延履行期间
截至	截至判决确认的给付之日	截至实际给付之日
一般债务利息	24%年率	24%年率
加倍部分债务利息	无	日万分之1.75

1. 司法解释精神明确迟延履行期间的一般债务利息应当参照借期利息计算

(1)“迟延履行期间的债务利息”包括一般债务利息与加倍部分债务利息

《最高人民法院关于适用〈中华人民共和国民事诉讼法〉的解释》(法释〔2015〕5号,经法释〔2020〕20号修正,以下简称《民事诉讼法解释》)第506条规定,“被执行人迟延履行的,迟延履行期间的利息……自判决、裁定和其他法律文书指定的履行期间届满之日起计算”。该条款中“迟延履行期间的债务利息”由《民事诉讼法》第253条、《迟延履行利息解释》第1条对迟延履行期间的债务利息的组成做了充分说明,即包括迟延履行期间的一般债务利息和加倍部分债务利息。迟延履行期间的“一般债务利息”属于约定利息在迟延履行期间的延续，体现了对当事人意思自治的尊重；“加倍部分债务利息”属于法定利息，体现了对违约债务人的惩罚。

根据《迟延履行利息解释》，加倍部分债务利息为日万分之1.75，换算成年利率为6.3%。本案中，当事人约定的年利率为24%（由生效法律文书确认）远高于6.3%。这一利息约定符合当事人意思自治，运用逻辑中的“归谬法”，若按照执行部门意见，迟延履行期间仅按日万分之1.75计算加倍部分利息，将使得债务人在迟延履行期间支付的利息远低于借期利息，损害了债权人的合法权益，有违“迟延履行期间的债务利息”关于惩罚违约债务人的立法本意，更不利于促进执行。

若不计取迟延履行期间一般债务利息，计算如下表：

表2 不计取迟延履行期间一般债务利息

期间	判决确认的履行期间	迟延履行期间
截至	截至判决确认的给付之日	截至实际给付之日
一般债务利息	24%年率	无
加倍部分债务利息	无	日万分之1.75

（2）本案迟延履行期间一般债务利息应当计算到“实际付清之日止”

《迟延履行利息解释》第1条第2款规定，“迟延履行期间的一般债务利息，根据生效法律文书确定的方法计算；生效法律文书未确定给付该利息的，不予计算”。本案判决书中“月息2%计算至本判决确认的给付之日止”，该判决是否意味着在迟延履行期间，因“生效法律文书未确定给付该利息”而不能计取？

笔者认为应予计取，理由如下：

第一，“迟延履行期间的一般债务利息，根据生效法律文书确定的方法计算”，应理解为迟延履行期间的一般债务利息按照原一般利息的“方法”计算，该“方法”指按照原一般债务利息所确定的“利率”，而不包括按照原一般债务利息确定的“计算至本判决确认的给付之日止”之期间（因为若迟延部分按照原一般利息“计算至本判决确认的给付之日止”之期间，则迟延部分的一般债务利息永远为零，不必计算，那么对于迟延利息的分类就没有意义了），所以，非迟延履行期间的

“月息 2% 计算至本判决确认的给付之日止”并不影响迟延履行期间的一般利息的存在，迟延履行期间的一般利息仍应按照月息 2% 计算至实际给付之日。

第二，“生效法律文书未确定给付该利息的，不予计算”，本案中，迟延履行期间的一般利息虽然未在判决第一段确定，但第二段对“应当加倍支付迟延履行期间的债务利息”做了明确表述，根据《迟延履行利息解释》第 1 条，“加倍支付迟延履行期间的债务利息”就包含一般债务利息和加倍债务利息，因此本案判决对迟延履行期间的一般债务利息是做了清晰确定的，应当予以计算。

(3)迟延履行期间一般债务利息应当参照相关规定精神确定

《最高人民法院关于审理民间借贷案件适用法律若干问题的规定》(法释〔2015〕18 号，经法释〔2020〕17 号第二次修正，以下简称《民间借贷解释》)第 28 条第 2 款第 2 项规定，“约定了借期内利率但是未约定逾期利率，出借人主张借款人自逾期还款之日起按照借期内的利率支付资金占用期间利息的，人民法院应予支持”。该解释的立法目的在于尊重当事人意思自治，既然约定了借期内利息，逾期还款亦当参照借期利息执行。否则，将会出现约定期限内有息，而借期外无息，变相鼓励债务人违约，以迟延履行方式取得低息借款(迟延履行期间利息仅为法定利息，日万分之 1.75)。这显然违反公平原则。

2. 最高人民法院裁判观点支持计算迟延履行一般债务利息

本案二审[(2014)徐民终字第 040 号]虽然归纳了争议焦点：“利息计算到实际给付之日还是计算到判决确定的给付之日”，但最终维持了一审“计算至判决确定的给付之日”的判决。二审判决理由部分只简单引用了《民事诉讼法》第 253 条和“根据本案实际情况”这种笼统的语言，并未进行详细、深入且令人信服的说理，为此，笔者检索了最高人民法院相关案例，做了对比分析。

通过检索裁判文书，以借款合同纠纷为案由，检索出 2017 年度最高人民法院生效判决文书 24 份，其中：

判令支付利息至“实际给付之日”或“付清之日”的判决文书 15 份，占比 62.5%。如最高人民法院(2017)最高法民终 769 号海南博海投资咨询有限公司、王某萍民间借贷纠纷二审民事判决书写明，“利息计算方法：……计付到实际给付之日止。如果未按本判决指定的期间履行给付金钱义务，应当依照《中华人民共和国民事诉讼法》第二百五十三条和《最高人民法院关于执行程序中计算迟延履行期间的债务利息适用法律若干问题的解释》第一条、第二条之规定，加倍支付迟延履行期间的债务利息”。

判令利息计算至“判决确定的给付之日”的判决文书9份，占比37.5%。如最高人民法院（2016）最高法民再322号青岛新华友建工集团股份有限公司、青岛新华友建工集团股份有限公司新泰分公司民间借贷纠纷再审民事判决书写明，“维持山东省济宁市中级人民法院（2013）济民初字第125号民事判决主文第一项即‘徐某、赵某霞于判决生效后十日内偿还王某峰借款655万元及相应利息（利息按银行同期同类贷款利率的四倍进行计算，按照借条中约定的借款日期分笔计息，计算至判决生效之日）’”。

可见，对此问题不同法院、甚至相同法院的不同法官采用了不同的表述，从而导致执行时因表述不同而存在一般利息计算上的困惑，可能使债权人在执行过程中产生利息损失。

实践中，即便判决书表述为一般利息“计算至实际给付之日”，执行法官亦不会将迟延履行部分的一般利息予以重复计算；而若判决书按照本案及（2017）最高法民申263号天津市福信典当行有限公司与天津鑫茂科技投资集团有限公司、天津市荣罡物业管理有限公司典当纠纷再审案观点（参见后文），表述为“利息计算至判决确定的给付之日，未按判决期限履行，加倍支付迟延履行的债务利息”，则执行法官有可能如本案情形，错误漏算迟延履行期间的一般债务利息。

（1）最高人民法院判例中“利息计算至实际给付之日”的理解——以最高人民法院（2017）最高法民终241号李某玲、贵州紫云卓远房地产开发有限公司民间借贷纠纷二审案为例

本案一审法院判决，“……自2017年1月1日起支付1146万元借款本金的利息至本判决确定的履行期届满之日止，利息按年利率24%计算”。二审最高人民法院变更该项判决为，“……于判决生效后十五日内返还李佩玲借款本金1146万元及利息（……之后的利息按年利率24%计算，自2017年1月1日起计算至实际清偿之日）”。

二审法院认为，“《最高人民法院关于执行程序中计算迟延履行期间的债务利息适用法律若干问题的解释》第一条明确规定了被执行人

未按照法律文书指定的期间履行给付金钱义务的,根据《中华人民共和国民事诉讼法》第二百五十三条规定应当加倍支付迟延履行期间的债务利息的计算方法与标准,与生效法律文书确定的一般债务利息计算并不冲突也不重复,两者应当分别适用。一审判决已经明确支持了李某玲关于卓远公司等三人按照月利率2%向其支付2016年12月31日之后至实际清偿完毕之日的利息的诉讼请求,但是在判项中却将该部分利息计算截止时间表述为判决确定的履行期届满之日止,与裁判结论相冲突,可能导致当事人在判决确定的履行期内实际支付款项的,依然要计算利息或者履行期届满后不履行生效判决,却不需继续支付一般债务利息的后果,本院予以纠正”。

由此可知,为了保证债务人在非逾期履行期间履行一般债务利息,在逾期履行期间同时履行一般债务利息与加倍债务利息,本案法官认为将判决表述为“利息计算至实际清偿之日”更为妥当。

(2)最高人民法院判例亦明确“利息计算至判决确定的给付之日止”并不影响迟延履行一般债务利息的计取——以最高人民法院(2017)最高法民申263号天津市福信典当行有限公司与天津鑫茂科技投资集团有限公司、天津市荣罡物业管理有限公司典当纠纷再审案为例

本案再审申请人天津市福信典当行有限公司申诉认为,“一、二审判决对法定利息的计算方法适用法律错误,与司法解释相悖,应判决鑫茂投资公司支付利息、违约金至实际给付之日止。依据《最高人民法院关于执行程序中计算迟延履行期间的债务利息适用法律若干问题的解释》第一条规定,民事诉讼法第二百五十三条规定加倍计算之后的迟延履行期间的债务利息,包括迟延履行期间的一般债务利息和加倍部分债务利息。该司法解释明确了加倍部分债务利息具有独立性,该部分利息不影响一般债务利息的计算。二审法院错误理解和执行法律,判决结果与该司法解释的规定相悖”。

最高人民法院审查认为,“关于逾期利息和违约金计算的起止时间,原审法院确定为‘自2012年11月12日起至判决确定的给付之日止’。对于起算时间,福信公司并无异议。对于终止时间,福信公司提出了异议,认为终止时间应确定为‘至实际给付之日止’。本院认为,原审法院确定的终止时间具有法律依据,并无不当。理由如下:首先,

根据原审法院指定的债务履行期间，以及如出现迟延履行该指定期间时债务人须按《中华人民共和国民事诉讼法》第二百五十三条的规定承担迟延履行责任的规定，对于债权人福信公司来讲，原审法院对其所主张的逾期利息和违约金的保护是连续的，不会出现免除部分时段债务人支付义务的情形。其次，如将逾期利息和违约金计算的终止时间确定为‘至实际给付之日止’，则会出现部分时段债务人须重复履行支付义务的情形，这对债务人来讲，是不公平的。第三，原审法院确定的逾期利息和违约金计算的终止时间，与《最高人民法院关于执行程序中计算迟延履行期间的债务利息适用法律若干问题的解释》第一条的规定并不相悖”。

该案对“判决确定的给付之日”之表述予以肯定，并给出三点理由：(1)对债权人主张的逾期利息和违约金的保护是连续的，并未免除部分时段债务人的支付义务；(2)若确定为“至实际给付之日止”，则会出现部分时段债务人需重复履行支付义务的情形；(3)与《迟延履行利息解释》第1条不相悖。

最高人民法院裁判理由第(2)点，“至实际给付之日止”理解为下表时，才存在重复履行支付义务：

表3　借期内一般债务利息与迟延履行一般债务利息重复

<table>
<tr><td>期间</td><td>判决确认的履行期间</td><td>迟延履行期间</td><td></td></tr>
<tr><td>截至</td><td colspan="2">截至实际给付之日止</td><td></td></tr>
<tr><td>一般债务利息</td><td colspan="2">24%年率</td><td rowspan="2">重复</td></tr>
<tr><td>一般债务利息</td><td>无</td><td>24%年率</td></tr>
<tr><td>加倍部分债务利息</td><td>无</td><td>日万分之1.75</td><td></td></tr>
</table>

由此可知，最高人民法院认可《迟延履行利息解释》第1条中规定的“迟延期间债务利息包含一般债务利息和加倍部分利息”，只是担心若判决书表述为“一般债务利息计算至实际给付之日止”时，会引起如上表的错误理解，导致一般债务利息重复履行。因而，将非迟延履行的一般利息期限计算为“至判决确定的给付之日”，再将迟延履行利息计算为仍包含一般利息和加倍利息两部分，如此计算，既不重复，又不缺失，才符合最高人民法院在该案判决书中的三点解释，不与《迟延履

行利息解释》第1条相悖，也符合“迟延履行期间加倍债务利息”的立法本意和立法目的。

综上所述，虽然最高人民法院的判例中对利息计算应当表述为“至实际给付之日”还是“至判决确定的给付之日”尚没有准确定论，但是这两种表述对于“迟延履行期内也应当支付一般债务利息”的结论是一致的，无论何种表达方式或理解方式，在执行过程中，迟延履行期内都应当计算一般债务利息。

3. 山东省高院办公室发文明确判决主文关于“逾期借款利息的截止日期”应表述为“至实际给付之日止”

由于判决主文表述不一致而产生本文所讨论案例的焦点问题，已成为司法实践中的普遍现象，对此，2017年9月21日山东省高院办公室发布《关于规范民事判决主文中“逾期借款利息计算截止日期”表述问题的通知》（鲁高法办〔2017〕61号），就规范民事判决主文中“逾期借款利息计算截止日期”的表述问题通知如下：

各级人民法院在民事判决中确定逾期借款利息的计算方式时，对于原告主张逾期借款利息至被告“实际给付之日”、“实际清偿之日”或者“清偿完毕之日”的，民事判决主文关于逾期借款利息的截止日期应统一表述为：以××为基数，自××日起至实际给付之日止，按××利率计算。

对于原告主张逾期借款利息至“起诉之日”或者“判决生效之日”等时间节点的，一审法院可以在立案、审理阶段对《最高人民法院关于执行程序中计算迟延履行期间的债务利息适用法律若干问题的解释》第一条关于迟延履行期间的一般债务利息的计算方法的规定予以释明，并在原告明确主张逾期借款利息至被告实际给付之日的前提下做出相应判决。

该通知肯定了迟延履行期间的一般债务利息应当得到充分有效的法律保护，并对裁判标准及判决文书表述进行统一，如此将逾期借款利息截止日期统一为“至实际给付之日”后，可清晰表达逾期借款利息的计算方式，为后期执行阶段提供明确的操作依据和基础，能够切实维护债权人的合法权益，值得各地法院广泛借鉴。

（二）申请执行人权利救济的解决路径

根据相关法律法规、相关判例精神，本案判决主文表述为“利息计算至判决确定的支付之日止”,并不影响执行过程中对被执行人迟延履行一般债务利息的计取。为防止执行部门对法律法规或判决主文理解有误,或为促进执行案件尽快终结而不予读取迟延履行一般债务利息,现对债权人(申请执行人)的解决路径分析如下:

1. 另案起诉索要迟延履行一般债务利息属于重复诉讼

本案债权人已错过申请再审的期限,债权人能否以《民间借贷解释》第28条第2款第2项为核心依据,另案提起民事诉讼,向债务人主张迟延履行期间的一般债务利息?

笔者认为,另案起诉违反一事不再理原则,属于重复起诉。本案中,针对债务利息计算截止期限是“实际付清之日止”还是“判决书确认的给付之日止”,债权人已在二审程序中提起,法院亦列为争议焦点进行了处理。因此,再次提起诉讼属于重复诉讼。

进而言之,即使原审中债权人或法院并未对迟延履行期间的一般债务利息进行处理,即假设债权人未在原审中主张一般债务利息计算到“实际付清之日止”,而法院亦仅判令债务人支付利息至“判决确认的给付之日止”,则债权人因在前诉中并未主张迟延履行期间的一般债务利息,后诉仅主张迟延履行一般债务利息,诉讼标的与前诉并不相同,且相关事实已有生效裁判文书为据,依法属于免证事实。如无诉讼时效限制,应当可以另案起诉。只是实务中,这种情形不符合诉讼经济,也存在立案受理上的风险,实难发生。同时,如上文所述,最高人民法院(2017)最高法民申263号天津市福信典当行有限公司与天津鑫茂科技投资集团有限公司、天津市荣罡物业管理有限公司典当纠纷再审案中,最高人民法院拒绝改判为“至实际付清之日止”,亦使得另案起诉、甚至再审的解决方案效果有限。

2. 申请人应就迟延履行的一般债务利息问题提起执行异议及复议

执行异议是指对法院执行行为提出异议,执行异议区分为程序性异议和实体性异议。《民事诉讼法》第225条和第227条分别规定了对“执行行为违法”(程序性异议)和对“执行标的错误”的“案外人执行异议”(实体性异议),前者由复议救济,后者由执行异议之诉救济。《最高人民法院关于人民法院办理执行异议和复议案件若干问题的规定》(法释〔2015〕10号,经法释〔2020〕21号修正,以下简称《执行异议和复议解释》）第 7 条第 1 款列举了“执行行为违法”的具体情形，“（一）查封、扣押、冻结、拍卖、变卖、以物抵债、暂缓执行、中止执行、终结执行等执行措施；（二）执行的期间、顺序等应当遵守的法定程序；（三）人民法院作出的侵害当事人、利害关系人合法权益的其他行为”。

本案中，申请人的迟延履行一般债务利息未被执行部门计取，属于“执行行为违法”。依据《执行异议和复议解释》第 2 条、第 3 条、第 6 条之规定，申请人可在执行程序终结之前提起执行异议，法院应当自收到书面异议之日起 15 日内审查并作出裁定，对裁定不服的，申请人可以自裁定送达之日起 10 日内向上一级法院申请复议。

3. 本案申请执行人不符合提起执行异议之诉的法定条件

依据《民事诉讼法》第 227 条，《江苏省高级人民法院执行异议及执行异议之诉案件审理指南（一）》（2017 年 12 月 28 日）确立了“执行异议之诉类型法定原则”，明确了《民事诉讼法》及相关司法解释规定的由申请执行人提起的执行异议之诉案件的类型为，“……2. 申请执行人对执行标的请求许可执行提出的执行异议之诉；……4. 案外人或申请执行人基于变更、追加被执行人行为及责任范围提出的执行异议之诉”。

因此，从程序条件而言，本案并无案外人异议前置，依据《民事诉讼法解释》第 306 条和第 308 条的规定，无论是“申请执行人执行异议之诉”或“许可执行异议之诉”均以存在案外人异议为前提。

从诉讼请求的实体条件而言，依据《江苏省高级人民法院执行异议之诉案件审理指南》（2015 年 7 月 2 日）第 1 条的规定，江苏省高院认为，“（三）案外人、申请执行人提起执行异议之诉必须有明确的诉讼请求，即要求停止执行或继续执行。案外人提起执行异议之诉的，可以同时提出确权的诉讼请求；申请执行人不能同时提出对执行标的进行确权的诉讼请求”。而本案申请执行人并无继续执行的请求，仅就迟延履行一般债务利息进行主张，因此不符合提起申请执行人执行异议之诉的条件。

调解协议的写法

黄琳娜*

社会生活中存在着各种各样的矛盾和纠纷，在调解、仲裁、诉讼等多种纠纷化解方式中，调解因可免于诉访之累，以低廉的经济和时间成本和平、自决地解决纠纷而具有独特优势。调解协议是纠纷各方协商而成的结果，是解决方案的书面载体，其条款设置、措辞表述等都将对协议是否能顺利履行产生重要影响。完整严谨的调解协议可确保纠纷的一次性解决，而缺乏关键要素或模糊不清的协议则有可能引发新的争议，令双方之前的苦心磋商付之东流。

本文结合司法实践中的案例对调解协议的结构体系、功能模块和措辞表述进行解析，逐条探讨如何制作可发挥定分止争作用的调解协议。最后，以机动车交通事故责任纠纷和劳动争议纠纷为例，提供两份笔者拟定的调解协议，以供进一步讨论。

一、调解协议的功能

如前所述，调解的优势和目的在于避免诉累，低成本地解决纠纷。因此，调解协议作为双方协商达成的解决方案的书面载体，在写法上应以该目的为导向，避免新的争议的产生，确保调解方案的可履行性，并强化其自动履行的可能。

为了实现这些功能，一份调解协议应当做到：(1)通过充分声明或引入见证方，避免因事后反悔而根据《民法典》引发撤销之诉；(2)完整、严谨地将权利义务内容固定下来，权利义务内容应当合法、明确、具有可履行性；(3)通过精确的表述，尽量限制对同一条款作出不同解释的空间，以避免引发新的争议；(4)明确违约责任，通过设置增加违

---

* 曾任东莞市第二人民法院审判员。

约方成本的条款，增加协议自动履行的可能；(5)虽然调解的目的是一次性解决纠纷，但仍应预见到后续诉讼等程序的可能，协议中应确定一些基本要素，为其他纠纷解决途径减少障碍。

二、调解协议的结构及各部分注意事项

一份完整详尽的调解协议的结构可能包含：标题、纠纷各方的身份及授权、关键词定义、事由叙述、声明与保证、具体权利义务条款、权利放弃条款、违约条款、担保条款、见证条款、生效条件条款、管辖条款、调解协议的持有方及份数、清洁文本条款、签订时间和地点等。根据纠纷的性质和复杂程度、纠纷主体的身份和关系的不同，并非每个项目都为必需，可根据具体情况予以取舍。

1. 标题

调解协议的标题应当体现出该文件是纠纷各方经平等协商达成的一致意思表示，"调解协议""和解协议"等均可，也可进一步写明纠纷事由。

2. 纠纷各方的身份及授权

调解协议中应当明确记载纠纷各方的身份资料。自然人至少需写明姓名、性别、出生时间、身份证件号码；法人或其他组织至少需写明名称、法定代表人或负责人、登记地址。相应的身份证件需复印作为调解协议的附件。身份资料记载不明的调解协议对义务方的约束力可能大打折扣，而如果调解协议最终不能自动履行，须经诉讼或仲裁等途径，后续的程序中也需要提供详细身份资料。

调解协议本质上属于合同，订立合同的主体将对合同的效力产生影响，易出现纰漏的地方主要是年龄、身份及授权。订立调解协议时需注意核实参与方是否具有就该纠纷进行调解、作出承担义务或放弃权利的实质性意思表示的能力及权限。法定代理人或委托代理人参与调解时，需记明代理人身份资料和授权权限。如有独立的授权委托文件，需与身份文件一并作为调解协议的附件，以免委托方事后否认。

为方便协议行文，通常在此部分将纠纷各方分别定为甲方、乙方等，后文则以甲方、乙方等指代。起草调解协议时需格外注意核对指代的一致性，以免在权利义务条款中因混淆而造成争议。

3. 关键词定义

日常使用的词汇含义往往是不确定的，加之广义与狭义、术语与俗语等分别，极易出现不同解释，譬如“2013 年之前”这个日常表述，有时意指 2013 年 12 月 31 日之前，有时意指 2013 年 1 月 1 日之前，在一方缺乏履行诚意的情况下，语词含义不明很可能导致新的纠纷。因此，在调解协议中对关键词进行详细定义是十分必要的。

如劳动争议纠纷，根据法律规定，劳动者可主张的项目很多，包括经济补偿、赔偿金、未签订书面合同的二倍工资差额、加班费等工资差额、高温津贴等，如调解协议中仅约定用人单位向劳动者支付 × ×元“赔偿款”或“补偿款”，而没有对该款项所包含的项目进行详细定义，则有可能造成调解后劳动者再就其认为没有获得的项目进行申诉，而用人单位认为该项目包含在已给付款项中的争议。简单的调解协议可以直接在条款中对重要措辞进行补充说明，比较复杂的调解协议还需要在具体权利义务条款前单独设立条款进行定义。

4. 事由叙述

调解协议中应对引发纠纷的事由进行明确叙述，以避免发生调解后权利方再重复主张，或义务方推脱协议是因其他事由而订立等情形。如机动车道路交通事故纠纷，至少需说明事故时间、地点、肇事方和受害方的姓名及车牌号码、大致事故后果等；又如因拖欠货款而发生的纠纷，此部分应当说明欠款人及协议所针对的欠款期间。

视情况不同，此部分叙述繁简宜有所区别。有的纠纷不宜在此部分详述经过，以免双方因对经过细节争持不下而导致协议无法签订，如离婚协议；而有的调解协议只是纠纷的部分解决，则可在此部分尽量明确事实甚至细节，为后续程序如诉讼等减少争议。事由叙述部分的措辞一般以理性、客观为宜，避免采取感情色彩较浓厚的词语尤其是贬义词语，以免激化纠纷各方的冲突情绪。

5. 声明与保证

这一部分由于不涉及实体的权利义务，在订立调解协议时容易被忽略，实际上，声明与保证是巩固调解协议效力的一大要素，根据《民法典》第 6 章第 3 节“民事法律行为的效力”的一系列规定，因重大误解、欺诈、胁迫、显失公平等情形，当事人可以请求法院或仲裁机构撤销合同。

现实生活中，为了尽快得到赔偿，受损方可能接受调解，收取赔偿款后再依据上述规定向法院起诉要求撤销或变更原调解协议，以期获得更多赔偿，尤其在人身侵权案件中，这类情况时有发生。但是，如果实际上并不存在重大误解、显失公平等情况，仅仅是为了多索取赔偿款而反悔，则有违诚信，增加诉累，也会极大地阻却人们选择调解方式来自行解决纠纷的意愿。因此，在调解协议中，应当针对调解协议订立时的平等、自愿、正确认知等要素作出充分的声明与保证，尽量避免给滥用上述法律规定获取不当利益的企图留下漏洞。

所谓“重大误解”，是指误解者作出意思表示时，对涉及合同法律效果的重要事项存在着认识上的显著缺陷，其后果是使误解者的利益受到较大的损失，或者达不到误解者订立合同的目的。这种情况的出现是由于行为人自己的大意，缺乏经验或者信息不通而造成的，故调解协议中需要确认纠纷各方都明知且正确理解了纠纷相关的法律规定，如在人身侵权纠纷中，调解协议需要说明伤者对自身伤情已有充分了解，并知悉赔偿的法定项目和标准。

“显失公平”的合同是指一方当事人在紧迫或者缺乏经验的情况下订立的使当事人之间享有的权利和承担的义务严重不对等的合同。显失公平制度具有客观要件和主观要件两个方面的要求，即在客观上当事人之间的利益不平衡，且主观上一方当事人故意利用其优势或者另一方的草率、无经验等订立了合同。因此，调解协议中需要注意权利义务条款的平衡性。如果调解协议中纠纷各方权利义务实质上是相当的，但由于有的权利或义务没有在协议中表述出来，或者是隐性的，进入诉讼时在协议中表面上占据优势的一方便会处于被动。如某一方放弃权利较多，最好在协议中声明其意思表示是在明确知悉并充分考虑调解方案法律后果与自身实际情况的前提下作出的。

欺诈、胁迫的情形较为特殊，如果调解协议订立过程中确实存在欺诈、胁迫或乘人之危的情形，仅书面进行声明并不能有效排除这种情形的存在，因此声明的意义不大。司法实践中通常要求主张存在这种情形的一方就此进行举证，对协议产生效力影响的可能相对较小，在此不予赘述。

在协议内容是否属于当事人处分权的范畴、当事人争议的法律关系是否涉及协议外第三方的权益、协议指定处分的财产上是否存在协议外第三方权利等问题上,也需要明确的授权和声明,相关文件如权属证明需作为调解协议附件。

当然,以上绝不意味着在调解中占有实际优势的一方可以迫使对方达成调解,并利用声明与保证条款规避相应的法律后果。声明与保证并不等同于签订方放弃了请求变更或撤销调解协议的权利,它的作用是通过充分的声明与保证,使参与调解的纠纷各方诚信、谨慎地进行调解,减少事后反悔的概率。处于弱势地位的一方如果认为在调解中受到了不当压力,可以选择诉讼途径,通过向法院申请先予执行、财产保全、减缓免诉讼费用等一系列措施降低诉讼成本,尽快得到赔偿款项。

6. 具体权利义务条款

具体权利义务条款是调解协议的核心,应当注意其合法性、平衡性、可履行性及明确性。

合法性是调解协议有效的前提。拟定调解协议时,需确保协议不存在侵害国家利益、社会公共利益和他人的合法权益的情形,不存在违反法律、行政法规的强制性规定的内容,亦不应违背善良风俗和社会公共道德。

例如,有一个案例,被侵权人患病,侵权人在没有取得医生执业资格的情况下,在侵权人家属经营的诊所为其诊治。后被侵权人病情加重。双方遂签订了协议约定侵权人家属向被侵权人支付补偿款,被侵权人收款后自愿请求公安机关放弃追究侵权人家属及侵权人的刑事责任和其他行政责任,双方互不追究本事故的其他任何责任。双方并就补偿款的付款方式达成如下约定:侵权人家属将补偿款交给当地法律服务所保管,待侵权人被释放之日,双方到法律服务所办理领款手续;如侵权人不能被公安机关及相关机关释放的,侵权人家属能提供侵权人的刑事拘留证明文件的,该保管款由法律服务所退回给侵权人家属。被侵权人法定代理人对此无异议。侵权人家属向法律服务所交付了补偿款,后侵权人因涉嫌非法行医被刑事拘留,法律服务所将补偿款退回了侵权人家属。侵权人被逮捕后,鉴定意见认为侵权人的诊疗活动与被侵权人的身体损害不存在因果关系,检察院因证据不足对侵权人作出不起诉决定。被侵权人据上述协议起诉侵权人家属、侵权人,要求二人按协议连带支付补偿款。本案终审认为案涉协议以公安机关是否放人作为付款条件，将应否付款系于公权力是否行使，具有非法射幸性质，违反公序良俗，属于损害社会公共利益的合同，认定其为无效。

应当注意的是，合法性不仅是指不违反法律，也包括协议表述最好能与法律法规等规定保持一致。如有调解协议中约定如遇政策调整等不可抗力则无须履行，由于政策调整是否属于不可抗力存在很大分歧，如此约定有可能导致争议，最好直接表述为如遇政策调整则无须履行该约定。

平衡性关系协议是否可能以“显失公平”为由而被变更或撤销，如前所述，不再重复。

可履行性和明确性是息息相关的，权利义务内容应当尽可能完整、详尽，包括但不限于履行时间、履行方式、经办人、给付内容、履行步骤、催办条件、履行证明等。

例如，一个拖欠货款纠纷，A 企业与 B 企业的经营者经协商订立了简单的还款协议，但协议中仅写“现欠 A 企业 × ×元”，其下列明了各期还款日期和数额，由 B 企业经营者签名，未加盖公章。后履行发生争议，A 企业主张 B 企业经营者承担连带还款责任，B 企业经营者拒绝，称其签字仅为职务行为。此类争议如协议稍加说明即可避免。

在拟定具体权利义务条款时容易出现的疏漏是不注意细节和步骤，如有一调解案例约定甲方向乙方支付款项，乙方协助甲方办理证件，但未约定先后顺序和具体协助方式，给履行造成新的争议；又如约定履行时间为 × ×日之内，但未明确是自然日还是工作日，起算时是否包括当日等细节。

7. 权利放弃条款

除了少数各方同意对纠纷先行作出部分解决的协议之外，大部分调解协议的订立都是基于对纠纷进行一揽子的彻底解决的意愿，因此，权利放弃条款是必需的，如机动车交通事故责任纠纷中的伤者、劳动争议纠纷中的劳动者，其接受赔偿款后，需要声明其获赔后同意不再就该纠纷向赔偿方以任何方式（包括但不限于请求行政机关介入，提起仲裁、诉讼，投诉，信访等）另行索赔。权利放弃条款有不同的表述方式，需要结合前述的关键词定义，澄清放弃该部分权利系放弃方全面权衡利弊后的真实意愿。

8. 违约条款

根据我国法律规定,未经司法确认程序的调解协议具有民事合同性质,但不具有强制执行的效力。因此,在调解协议中设置违约条款,通过提高违约成本来敦促各方履行协议是十分必要的。违约条款应结合履行证明进行设置,明确何谓履行完毕,履行方应当提供何种形式的证明,何种行为视为违约。违约条款可根据《民法典》第585条进行约定,需要注意的是,违约金并非越高越好,对于过高的违约金违约方可以依法请求法院或仲裁机构进行调整,可能反而不能发挥违约条款阻却违约行为的作用。

9. 担保条款

与违约条款一样,担保条款也可提高调解协议中的义务性条款得以履行的可能性。担保可根据《民法典》有关"担保物权""保证合同"的规定设立。设立担保时应注意的常见问题是:(1)当事人对保证方式没有约定或者约定不明确的,按照一般保证承担保证责任;(2)以不动产等设立物的担保时,应依法办理登记手续;(3)如被担保的债权既有物的担保又有人的担保,需明确约定债务人不履行到期债务或者发生当事人约定的实现担保物权的情形时实现担保物权的顺序,否则即按照《民法典》第392条规定的法定顺序实现。

10. 见证条款

引入第三方见证可强化调解协议的效力,证实调解协议是在平等、自愿、正确认知的情况下订立的。第三方可选择中立的见证人、法律服务所、律师事务所、公证处或相关的行政主管机关。如劳动争议纠纷调解协议可在当地劳动服务站工作人员的见证下签订,机动车道路交通事故纠纷调解协议可在交警见证下签订。纠纷各方亦可经人民调解委员会达成调解协议。我国已建立人民调解司法确认制度,[1]自2011年3月30日施行。经人民调解委员会调解后,可向人民法院申请司法确认。调解协议经人民法院确认后,即具有强制执行效力。

---

〔1〕 参见《最高人民法院关于人民调解协议司法确认程序的若干规定》(法释〔2011〕5号)。

11. 生效条件条款

调解协议中应当明确该协议的生效条件。如非特殊的附条件生效协议,大部分调解协议是于纠纷各方在调解协议上签名、捺印、盖章后立即生效。特殊的附条件生效的协议应当明确陈述生效条件。

12. 管辖条款

尽管一份完善的调解协议可以尽量降低其后引发诉讼的概率,但当事人仍有提起诉讼的权利,故调解协议也可约定管辖地,以便为其后可能的诉讼减少障碍。根据《最高人民法院关于建立健全诉讼与非诉讼相衔接的矛盾纠纷解决机制的若干意见》(法发〔2009〕45 号)的规定,当事人可以在书面调解协议中选择当事人住所地、调解协议履行地、调解协议签订地、标的物所在地基层人民法院管辖,但不得违反法律对专属管辖的规定。当事人没有约定的,除《民事诉讼法》第 34 条规定的情形外,由当事人住所地或者调解协议履行地的基层人民法院管辖。经人民法院委派或委托有关机关或者组织调解达成的调解协议的申请确认案件,由委派或委托人民法院管辖。

13. 调解协议的持有方及份数

调解协议中应明确该协议文本的持有方及份数,如有第三方见证,应写明交第三方一份。由于诉讼中法院需要审核原件,参与调解各方均应当持有一份原件。

14. 清洁文本条款

因手写文件易于增删添改,调解协议最好以打印件形式订立,并可在协议中加入清洁文本条款,声明本协议为清洁文本,一切手写增改删减无效。各方协商一致对调解协议作出改动时,应另行订立补充协议。不采用清洁文本条款的情况下,各方对调解协议协商一致作出改动时,改动处须由各方签名、捺印、盖章予以确认。

为了避免一方私自篡改调解协议,调解协议每一页均需签名、捺印或盖章,条件允许时可加盖骑缝章。

15. 签订时间与地点

由于调解协议的订立时间可能涉及诉讼时效,当事人在调解协议上签名、捺印或盖章后还需注明订立时间,也可注明订立地点。

附例1:机动车交通事故责任纠纷调解协议

(案情:甲方驾驶机动车与骑自行车的乙方相撞,造成乙方车辆受损及人身受伤)

交通事故调解协议

甲方:

乙方:

甲、乙双方于××年××月××日××时在××地发生机动车交通事故,造成乙方车辆受损及人身受伤……(事故详情)。现双方经过友好协商,就调解方案达成一致,于××年××月××日××地订立本调解协议。

双方于此声明在协商过程中,对相关法律法规规定(可进一步列明)的赔偿项目和赔偿标准均已有完整、正确的认知和理解。本协议条款均属双方在此基础上平等磋商所达成,是双方真实意思表示。双方均认可本协议公平有效,不存在任何重大误解、欺诈、胁迫、显失公平等情形。乙方确认对自己的身体状况、因此次事故所造成伤势及日后该伤势可能的发展和后果均已有充分的了解,并清楚订立本调解协议的法律后果,乙方系在慎重考虑上述因素的前提下自愿订立本调解协议。

双方一致同意:

一、甲方以现金/银行转账方式于××年××月××日前一次性向乙方支付事故赔偿款人民币××元(小写:××元),该款项对应的项目包括但不限于医疗费、营养费、护理费、住院伙食补助费、乙方本人及处理事故家属的误工费、交通费、住宿费、残疾赔偿金及残疾生活辅助器具费(如乙方因本次事故造成伤残)、精神损害抚慰金、车辆损失等。乙方收到上述现金后向甲方另行出具收据/乙方提供……(户名、开户行、账号)收取上述赔偿款。

二、乙方同意收到上述款项后不再就前述事故向甲方及甲方亲属以任何方式(包括但不限于请求交警介入、提起诉讼、投诉、信访等)另行索赔。双方达成和解。

三、如甲方未能按前述时间和数额及时、足额地支付赔偿款,视为甲方违约。双方同意甲方在此情况下应向乙方另行支付违约金。违约金按……标准计算。

四、其他条款。……

五、本协议一式两份，甲方、乙方各持一份，自甲、乙双方在协议上签名、捺印之时起生效。本协议为清洁文本，除签名外，任何手写增添涂改无效。

甲方：　　　　　　　　　　乙方：

日期：　　　　　　　　　　日期：

附例2：劳动争议调解协议

（案情：甲方用人单位与乙方劳动者未签订书面劳动合同，用人单位提出解除劳动关系）

劳动争议调解协议

甲方：

乙方：

乙方于××年××月××日入职甲方，担任××职务。现双方确认双方之间的劳动关系已于××年××月××日终止。经过友好协商，双方就调解方案达成一致，于××年××月××日××地订立本调解协议。

双方于此声明在协商过程中，对《劳动法》《劳动合同法》等调整劳动关系的法律法规中规定的各类赔偿、补偿项目和标准均已有完整、正确的认知和理解。本协议条款均属双方在此基础上平等磋商所达成，是双方真实意思表示。双方均认可本协议公平有效，不存在任何重大误解、欺诈、胁迫、显失公平等情形。乙方清楚订立本调解协议的法律后果，乙方确认系自愿订立本调解协议。

双方一致同意：

一、甲方以现金/银行转账方式一次性向乙方支付人民币××元（小写：××元），该款项所对应的项目包括但不限于××年××月××日至××年××月××日间的工资报酬（含加班费、应休未休年休假工资、各类法定津贴、未签订书面劳动合同的双倍工资差额）、各类法定经济补偿金、法定赔偿金等。乙方收到上述现金后向甲方另行出具收据/乙方提供……(户名、开户行、账号)收取上述款项。

二、乙方同意收到上述款项后不再就前述劳动关系以任何事由向甲方以任何方式(包括但不限于请求行政管理部门介入,提起仲裁、诉讼,投诉,信访等)另行索赔。双方达成和解。

三、如甲方未能按前述时间和数额及时、足额地支付赔偿款,视为甲方违约。双方同意甲方在此情况下应向乙方另行支付违约金。违约金按……标准计算。

四、其他条款。……

五、本协议一式两份,甲方、乙方各持一份,自甲、乙双方在协议上签名、捺印之时起生效。本协议为清洁文本,除签名外,任何手写增添涂改无效。

甲方:　　　　　　　　　　乙方:

日期:　　　　　　　　　　日期:

律师函的侵权风险防范

陈红振 *

在经济活动中，为了确认或者维护己方的合法权益，向争议相对人或者利益相关方发送律师函成为越来越多人的选择。律师函具有催告、警告、宣示、询问、协商等的功能，很多时候律师函能够起到应有的预期效果。但是，因为律师函内容或者发送方式、对象的不当，争议相对人要求委托人或者律师事务所承担侵权责任的案例并不鲜见。

一、律师函的性质

在成都高新技术开发区人民法院（2016）川 0191 民初字第 939 号姜某福与某某律师事务所名誉权纠纷一案一审民事判决书中，法院认为，“律师函又称律师信，是指律师接受客户的委托就有关事实或法律问题进行披露、评价，进而提出要求以达到一定效果而制作、发送的专业法律文书。律师函主要表达当事人对事件的某种看法，并不具备任何法律效力，隐含一种‘我已通知律师，准备用法律手段解决问题’的意思”。

律师函作为一种法律文书，在撰写的过程中，律师通常根据委托人提供的资料对某一事实进行法律评价和风险估计，其目的在于以法律尺度和律师的判断，对发送对象晓之以法律事实，动之以利弊得失，让发送对象得出自己的“法律评价”。

在律师函实现效果的过程中，实质上是律师事务所接受委托人的委托，特指派律师向第三人作出特定的行为。律师事务所因与委托人内部的委托关系而具有代理的义务，律师作为律师事务所的一员，其依法作出的行为就视为律师事务所的行为。此时，律师在委托人的代

* 微信 imi2chen，邮箱 c131370126@ 126. com。

理权限内,向第三人出具律师函,该律师函所带来的法律效果则直接适用于委托人。

二、律师的谨慎核查义务

根据《律师法》第 28 条第 7 项的规定,“解答有关法律的询问、代写诉讼文书和有关法律事务的其他文书”的业务是律师可以从事的业务。因此,律师根据委托人提供的资料,从事律师函的撰写,是法律许可的执业行为。《律师执业管理办法》第 32 条规定,“律师出具法律意见,应当严格依法履行职责,保证其所出具意见的真实性、合法性。律师提供法律咨询、代写法律文书,应当以事实为根据,以法律为准绳,并符合法律咨询规则和法律文书体例、格式的要求”。

律师在从事律师函业务的过程中,负有谨慎核查的义务。由于律师函是委托人和纠纷争议相对人初步性的沟通,委托人陈述的事实很多时候未经证实,并且无法避免部分陈述是主观臆测、无中生有的。在此种情况下,律师函一旦发送出去,律师事务所就面临着侵害争议相对人名誉权的可能性。而衡量民事主体的名誉权是否受到侵害,应当从侵权行为的四个构成要件,即侵害行为、损害后果、侵害行为与损害后果之间的因果关系以及加害人的过错来进行判断。而侵权行为、加害人过错、因果关系的判定都绕不开对律师函内容的判定,而对律师函内容的判定都绕不开对律师谨慎核查义务的判定。

在我国司法实践中,根据律师函发送的对象不同,律师承担的谨慎核查义务也会有所不同。

(一)向委托人的争议相对人发送

广东某某律师事务所接受程先生委托,向王某均发送律师函索要 30 余万元的工程分配欠款。在佛山市中级人民法院作出(2017)粤 06 民终 4802 号王某均与广东某某律师事务所名誉权纠纷二审民事判决书中,法院认为,“广东某某律师事务所在律师函中陈述的事实仅系对他人所陈述事实的转述,并非其个人无端的直接评价,而且律所是通过邮寄的方式发送给王某均个人的,并非主动将其公之于众,至于律师函的内容被他人知晓,与律所无关,因此广东某某律师事务所的行为不构成对王某均名誉权的侵害”。

律师在撰写律师函的时候，所根据的是委托人从自身认识角度对他人构成侵权的初步判断，发送律师函是在行使委托人正当的权利。如果要求律师函依据的事实只有得到司法的最终侵权判定方可认定为合适的话，显然对委托人和律师责之过苛，也会使律师函这一争议解决机制形同虚设，增加当事人争议解决成本，降低了争议的解决效率。

因此，在律师函仅仅发送给争议相对人的情况下，法律并不苛求律师负有过多的谨慎义务，委托人和律师皆不需要有确然性的证据。此时，律师函发挥的最大作用是一种交涉功能，并且是委托人和争议相对人单方面的交涉，它不会给争议相对人带来除律师函之外的外部性风险。笔者认为，此时法律倾向于保护的是委托人纠纷化解的尝试，而且这优先于对争议相对人内心认同感受挫的补救。

（二）向争议相对人的利害关系人发送

湖北某某律师事务所根据委托人的委托向曹某荣所在公司的多家贷款银行发送律师函，并在律师函中引用委托人的合理怀疑“安达公司无贷款需求，曹某荣为偿还个人债务，滥用控股股东地位，假借安达公司名义贷款”，导致安达公司无法向该等银行贷款成功。在襄阳市樊城区人民法院作出（2017）鄂0606民初403号曹某荣与湖北某某律师事务所名誉权纠纷一审民事判决书中，法院认为，“湖北某某律师事务所发送律师函的行为不构成对曹某荣名誉权的侵害，但是，湖北某某律师事务所没有严格按照《律师执业管理办法》的规定，满足其所出具意见的真实性要求。在对安达公司的经营状况及是否需要贷款没有确凿证据证实的情况下，在律师函中引用其委托人认为的‘安达公司是一家经营状况良好的企业，现无贷款需求’的行为不妥，故对曹某荣要求湖北某某律师事务所立即收回发放给襄阳各家银行的律师函的诉讼请求予以支持”。

此案中，律师事务所没有确凿证据的情况下，在律师函中转述委托人的判断，虽然不构成对争议相对人名誉权的侵犯，却要承担收回发出的律师函的责任。

通过将此案与王某均和广东某某律师事务所名誉权纠纷案对比可知，如果律师仅仅向争议相对方发送律师函，律师的谨慎核查义务相对较低,律师可以凭着委托人的陈述作为律师函的内容,当然这种低谨慎核查义务并不代表律师在明知或者可得而知委托人主观上仅仅为了侵害相对人的情况下,依然接受委托进行律师函的撰写。

而当律师接受委托,向争议相对人的利害关系人为对象撰写并发送律师函时,法律对代理律师的谨慎核查义务要求更高,因为争议相对人的利害关系人对律师函题述的事宜会更加谨慎,他们对争议事项的了解更少,对纠纷的判断能力更弱,为了对风险的规避,他们更容易受律师函意见的影响,从而作出对争议相对人不利的行为。在委托人权利保护的不确定性和争议相对人利益的平衡之间,此时法律倾向于要求律师承担更大的责任,对其提出更严苛的要求。

因此,笔者认为,在向纠纷争议相对人的利害关系人撰写和发送律师函时,除了需要对律师函中的用语注意外,律师更要对争议事项进行谨慎核查,争议事实要有基本的证据进行佐证,以达到较高程度的确定性。但是,笔者认为此种确定性绝不是可以进行司法侵权判定的程度,这种确定性应该达到一个正常法律人可以认同的程度。

(三)向不特定多数人发送

在豪雅(广州)光学有限公司、广东某某律师事务所与上海明月光学眼镜有限公司损害商业信誉纠纷、商品声誉纠纷上诉案中,上海市高级人民法院作出的(2003)沪高民三(知)终字第127号民事判决书认可一审判决,“律师函对双方另外争议案件判决内容的表述上不符合客观真实的要求,律师函针对不特定第三方属于一种散布行为,广东某某律师事务所在双方另外争议案件二审还未有结论情况下,对函中所表述的相关内容也未进行认真审查,应对豪雅(广州)公司所实施的侵权行为承担连带责任”。遂判令广东某某律师事务所在《中国眼镜科技杂志》上刊登声明向明月公司赔礼道歉,消除因发布“致豪雅眼镜经销商律师函”所造成的不良影响,并承担其他赔偿义务。

在此案例中,律师函是在展览会参展期间张贴在展板上的,无论是针对的致函对象还是直接受阅对象都是不特定多数人,虽然律师函中引用的其他判决书主文中明确表述明月公司应承担侵权责任,但由于律师函对引用的判决书结果部分表述不当,依然构成对消费者的误导,在所引用的判决书还没生效的情况下,律师函的内容是对明月公司商业信誉的损害。

把律师函张贴在展板、墙壁等物体上，使律师函的受阅对象变成了不特定的多数人，借此让普通大众知晓此事。其实，此种方式并不为法律所倡导，该行为很容易超出委托方采取的维权补救措施的目的。此时，法律对律师课以最严格的责任，律师在撰写律师函的时候，要全面展示客观事实，达到一种准确的程度，不能因陈述具有片面性而误导可能的受阅对象。

综上言之，委托人不同的权利诉求、律师函的内容、发送方式、致函对象等因素都会成为评判律师是否应该承担责任的因素。在委托人合法诉求的情况下，律师函会因发送方式、致函对象的不同，律师相应承担起不同的谨慎核查义务。而且，随着律师函的受众范围越大、发送后产生的后果和影响越大，法律越是趋向于律师更加谨慎，最终达到法律所要求的保证法律意见的真实性，而不是建立在假定材料的真实性之上。

三、委托人的注意义务

在律师函撰写、发送过程中，律师发送律师函的行为所造成的后果，应由委托人承担责任。但是，由于律师本具有专业的法律技能，法律要求经办律师在业务接受的过程中承担一定的谨慎核查义务。《民法典》第 167 条规定，"代理人知道或者应当知道代理事项违法仍然实施代理行为，或者被代理人知道或者应当知道代理人的代理行为违法未作反对表示的，被代理人和代理人应当承担连带责任"。法律对律师的法律判定能力要求相对要高，律师在进行代理时应当对律师函的相关内容进行谨慎核查，故意或者过失造成了律师函内容不当，所在的律师事务所和委托人要一并承担责任。

而在律师函撰写和发送过程中，法律对委托人和律师要求的注意义务是不同的。委托人作为经济活动的当事人，是基于一种经济的判断，此时法律是站在商业伦理和商业基本秩序的维护方面去考量委托人的注意义务。而随着律师函发送对象、可能产生的影响不同，委托人的注意义务也显然是不同的。在发给争议相对人的情况下，律师函作为初步的沟通工具，委托人对事实认定、对经济判断的自由相对比较大。

而随着律师函发送对象的增多、影响的扩大，委托人对自己的主张要有确定的证据，这些证据不仅仅是律师用来作为法律判定的形式上的证据，而且要在事实上形成一种商业的确定，即对权利的主张形成一种确凿事实的依据。在广东省高级人民法院(2005)粤高法民三终字第387号广州金鹏实业有限公司与何某辉侵害商业信誉纠纷及确认不侵权纠纷上诉案中，法院认为，“广州金鹏实业有限公司在没有确凿事实依据的情况下，向何某辉在重庆地区的两位经销商发出律师函，主观上存在过错，客观上给何某辉的商业信誉造成损害，其行为构成侵犯他人商业信誉，应承担侵权民事责任”。

四、律师函的注意事项

律师函在撰写和发送的过程中，委托人和律师都要尽到应有的注意义务，以做到在行使权利的同时，又能维护基本的经济秩序和商业伦理。

在律师函的内容上，对相关事实的描述应尽可能做到客观、真实、全面，并对争议相对人进行法律风险的揭示。同时，律师函作为专业法律人出具的文书，不应使用侮辱、诽谤性的语言，尽可能避免对他人的人格作出贬低性评价，从而有可能造成对他人名誉权的侵害。

根据发送对象的不同，委托人和律师应尽的注意义务也有所不同。当委托人希望的发送对象为争议相对人时，此时律师函更多起到沟通、协商、确认的作用，委托人和律师对事实证据的注意义务都相对要小，除了上文提到的在内容方面稍加注意之外，律师函基本不会对争议相对人构成侵权。当委托人希望的发送对象为争议相对人的利害关系人时，律师需要在高程度确定性的证据基础之上进行律师函的撰写，如果没有相应的证据支撑，律师必须向委托人充分披露法律风险所在，而此时委托人同样要充分考虑一旦给争议相对人造成损失，面对承担法律责任风险的应对依据，而此等依据恰恰就是发函时所依赖的证据。当委托人希望的发送对象是不特定多数人时，律师函所依赖的必须是准确性的证据，一旦与事实不符，并且给权利人造成一定程度的损害，委托人和律师很可能要承担相应的侵权责任。如果佐证事实的证据达不到相应的要求，律师应该向委托人披露情况，并且建议改变发函对象，以防范律师函依据的事实的瑕疵所带来的法律风险。

当然,一份律师函除了在内容、发送对象等方面需尽到应有的注意外,还必须是用于合法的目的。一份律师函,是为了维护合法权益,而非借此机会打击竞争对手、破坏竞争对手与交易相对方的合作关系或者破坏竞争对手在市场上的声誉等不正当竞争,才值得进一步考虑保护的必要性。在实践中,要证明一方当事人的行为目的是较为困难的,通常只能依据其所实施的行为的具体表现、行为后果、其他行为等来推断。

五、结语

发送律师函成了越来越多的经济主体常用的救济方式之一,本文从我国司法实践中分析律师函的发送给委托人或者律师可能带来的法律风险,并探讨其在律师函中的注意义务,从而使争议各方对上述规则予以了解,进而有助于各方权利的维护和争议的有效化解。

法律服务投标文件如何编制

吕继雷*

随着政府法律顾问制度的推进落实，以及国有企业采购法律服务程序的规范，政府、事业单位以及国有企业通过公开招标等方式选择合作律师事务所的情况越来越常见，已经成为律师建立客户关系不可忽视的重要方式。笔者近两年就经常主持或参与此类投标活动，通过投标获得了不少的业务机会。可以预见，未来几年这种方式会更加普及，甚至不排除部分公众型公司、大型私有企业也会采取这种方式选取法律服务供应商。

在投标过程中，采购人最注重的当然是投标人实力以及性价比，但是投标人如何更好地展示自身实力、如何更合理地报价，做到既能契合客户需求，又能最大化争取自身经济利益，则主要是通过标书制作实现的。由于法律服务公开招标尚处于早期阶段，很多律师甚至从未参加过投标，导致一些律师同行缺乏标书编制经验，不能通过合理地编制标书争取机会，甚至因为一些失误导致丧失参评机会。笔者将通过本文，结合近四年多的投标经验和大家谈一下律师如何做好一份标书。

一、法律服务公开采购介绍

目前公开采购法律服务最主要的主体是政府、事业单位，国有企业也经常采用。具体方式主要包括：(1)公开招标；(2)邀请招标；(3)竞争性谈判；(4)单一来源采购；(5)询价。实践中常见的、参与度比较高的公开采购方式是公开招标、竞争性磋商、邀请招标。各个方式的程序略有不同，但一般都离不开响应文件(标书)的制作。由于这

* 浙江六和律师事务所律师，微信 lyujilei。

几种方式中又以公开招标最为常见和规范,本文如不做特别说明的均以“公开招标”“投标”“标书”来泛指以上几种公开采购程序。

二、标书编制基本原则

1. 锚定评分标准

招标文件中一般都会附有一份项目评分标准,列明报价、律师事务所资质、拟派驻律师负责人、律师团队资历、服务方案等各项分值及评分方法。

评分标准是招标评分的直接和主要依据,我们在制作投标文件时应当予以充分重视,对评分标准各个评分项详细分析,严格按照评分标准的要求予以组织材料、编写标书。

2. 契合项目需求

常见的招标法律服务项目包括常年法律顾问、各类专项法律服务、诉讼代理等几类,不同的法律服务项目对律所和律师的要求侧重点也不同。我们在编制标书时,除了严格按照评分标准组织材料外,还应当对项目法律服务需求予以充分研判,提供契合项目需求的参标律师和业绩材料。

3. 充分展示实力

虽然公开进行的法律服务选聘,往往有明确的评分标准,但基于两方面原因,我们在制作标书时还是不能拘泥于评分标准,而是应当尽可能地充分展示实力。

(1)评分标准难以做到完全具体化、精确化。由于法律服务的非标准化,对法律服务的评价也就难以具体化,很多评分标准采用“较好”“最好”等模糊化表述。在实力相同的情况下,如果在评分标准之外实力展示较为充分的,无疑会得到更高的分数。

(2)招标单位具有一定的自主性和随意性。按照《政府采购法》规定,只有进入集中采购目录或者分散采购达到限额以上标准的政府采购,才必须适用《政府采购法》。目前的政府、事业单位法律服务采购项目的服务费额度往往达不到限额标准,事实上可以不完全按照《政府采购法》进行招标。国有企业的法律服务采购则一般只有出资人或集团内部有要求,才会采用公开方式。因此,有些单位在招标过程中只是参照《政府采购法》进行,自主性较大。这个时候如果标书能更加充分地展示律所、律师的业绩和实力，往往会获得更多的中标机会。

4. 业绩实事求是

招标文件中绝大部分材料要求仅提供复印件即可，同时注明“原件备查”，实际操作中极少会要求核对原件。但是政府采购与一般工程招投标有一点很大的不同，那就是我国已经建立了“中国政府采购网”(www.ccgp.gov.cn)政府采购严重违法失信行为记录名单制度。一旦投标人被查出有弄虚作假的行为，被记入政府采购严重违法失信行为记录名单后，可能意味着和所有的政府采购甚至国有企业采购无缘了。

5. 体系逻辑清晰

目前法律服务公开选聘仍然是起步阶段，委托的招标代理机构更多地具有代理工程货物类招标工作经验，对法律服务采购招标比较生疏。受委托之后，有些招标代理机构将工程货物类招标文件予以简单更改，很难做到贴合法律服务采购的实际。这给律师编制投标文件也带来一定困扰，尤其是招标人要求条件比较多，资质需要多方面展示的时候。律师作为投标人，不能将这种招标文件带来的问题传导到投标文件上，否则评标人也会感到很困扰。律师编制投标文件时，厘清招标要求、架构出逻辑清晰的文件表述体系是一个很重要的工作。

6. 装订美观大方

干净、整洁的装订，会给评委和采购人代表一个良好的第一印象，无形中评分可能会提高一二分。竞争激烈的投标比分会差距很小，笔者曾以不到0.4分的微弱优势中标一家事业单位。装订整洁的标书提高的一二分，关键时刻也许就是决定性的。

7. 封装符合要求

封装指的是标书装订完成后，按照招标文件的要求将标书、标书电子版等进行密封，以备递交。封装要严格按照招标文件要求进行，比如份数、单独封装还是一并封装、封装袋文字内容等。这些虽然都是细节，但如果不符合要求却极有可能因此被直接否定参评资格。

三、招标文件获取

招标文件的获取分为招标公告获取和完整招标文件的获取。

招标公告一般发布在省、市、区的政府采购平台网站、公共资源交易平台等，大型国有企业可能发布在集团统一的采购平台上，也有的会委托招标代理机构在第三方网站发布。有投标意向的律师需要多关注以上网站，当然也可以关注第三方招投标信息发布网站。第三方招投标信息网站会自动抓取全网招投标信息，然后在自己网站上集中公布。浏览这一类第三方招投标信息网站往往需要注册成为会员，交纳一定会费。

招标公告只是法律服务公开选聘的简单告知，详细的招标要求、评分标准等内容需要联系招标代理机构获取完整的招标文件。获取招标文件的时限、地点、方式一般会在招标公告中写明。领取完整招标文件时一般需要携带一些初步证明资料，主要包括律所授权委托书（或介绍信）、执业许可证、授权律师身份证明、其他资格性材料。获取完整招标文件一般需要交纳几百元至一千元不等的标书购买费，极个别的可以免费获取。

四、标书编制

获得完整的招标文件后，我们就要立即着手标书的编制工作。从招标文件获取到规定的投递截止时间（一般是截止到开标之时），这段时间往往不是太长，对于投标经验不丰富、手头现有资料缺乏的律师而言，时间会显得很紧张。

根据笔者的经验和归纳，编制一份完整的标书可以分为招标文件研读、确定参标律师、拟定标书提纲、搜集标书资料、起草标书文本、装订与密封等六个步骤。下面将按照这六个步骤，分别介绍其中的要点和注意事项。

1. 招标文件研读

拿到完整招标文件后不要急于编制标书，首先需要做的是仔细研读招标文件。笔者的习惯是一般要从头至尾逐字逐句阅读三遍，阅读过程中将需要重点关注的信息和要求用笔圈画或者批注，防止后来忽略。

招标文件研读是一个招标需求分析的过程，需要解决以下几个关键性问题：

（1）是否满足投标的资格条件。鉴于法律服务的特殊性，资格性条件往往并不会太高，但也不排除招标人会设置一些较高的要求。比如有的招标只面向大中型律师事务所，要求有执业律师 50 人以上，有的偏爱成立时间较长的，要求成立 5 年以上。如果资格条件不满足，则没有必要再进一步研究如何制作标书。

（2）是否有意向参加该招标项目。招标公告对法律服务项目只是做笼统的表述，详细的服务内容、服务要求只有拿到完整招标文件后才能看到，因此在拿到招标文件后还需要进一步评估投标意向。评估投标意向一般要综合考虑专业方向、成本效益、地域限制等因素。

（3）分析优劣势。如果满足资格条件又有意向参加投标的，就要对照招标要求深入分析自身优势和劣势，考虑优势如何展示，劣势如何弥补。需要指出的是，分析优劣势不仅要看评分标准，还要关注招标文件中其他部分对供应商的要求以及项目需求特点。

（4）对标书编制、标书投递有哪些特殊要求。每个招标项目对投标人会有一些不同的特殊要求，比如有的要求缴纳投标保证金有的则不要求、有的投标文件交给代理机构有的则要求直接投递给招标人、有的要求递交标书电子版有的则不要求，这些特殊的要求非常多，稍有不慎就有可能因为不符合招标要求被取消投标资格。在研读招标文件过程中应着重将这些特殊要求标注，防止遗忘。

（5）其他需要在着手编制标书前注意的问题。除了以上几点外，还应注意其他投标人认为需要特别注意的问题。

2. 确定参标律师

有的招标人比较注重律师事务所的业绩，而有的则比较关注指派律师及团队的业绩。随着市场的成熟，目前关注指派律师及团队业绩的招标人越来越多。

整个律师事务所的业绩和实力是既定事实，无法改变，只需要按照项目特点予以整理即可。而对于律师及其团队的业绩，则可以通过调整参标律师人选予以改变。比如有的项目评分标准对于律师平均执业年限有要求，则可以联系一些资历较长的律师共同参与投标，有的对律师职称有要求，则可以联系评过职称的律师。参标律师的组成要综合考虑评分标准等项目要求、专业组成、年龄梯度以及服务成本等因素。

3. 拟定标书提纲

根据之前对于招标文件研读，分析了评分标准、资格条件要求、其他要求后，结合参标律师的组织，就可以着手拟定标书提纲。就如同写文章、写代理意见，提纲是编制标书很关键的一步，起到提纲挈领的作用。通常提纲是以后标书目录的主要内容，只不过是层级、个别内容有些调整。拟定提纲应遵循以下原则：

(1)资料全覆盖。这里的全覆盖是指提纲涉及的资料应该足以覆盖招标文件的全部要求，包括评分标准、资格要求，以及没有包含在评分标准和资格要求中，但是表述在了招标文件其他内容部分的要求，比如在项目工作内容描述、合同主要条款中要求的。

(2)条理清晰。正如前面提到的，由于招标代理机构将工程货物类型文件修改成法律服务招标文件，导致很多内容的表述与法律服务不相适应。要求我们在响应的时候一方面进行区分，对于明显属于工程类项目，确实无法作出相应的要作出适当处理；另一方面要将招标人有要求，但表述不清楚、不够条理的内容予以整合。还有的内容在评分标准中没有出现，但是根据招标文件其他部分表述，招标人明显比较重视的内容，也要整合进提纲中。做到以上要求的同时，将上述资料清晰、有条理地罗列起来，就形成了我们的标书提纲。

(3)招标文件要求优先。有的招标文件会明确在“投标文件组成”这一章节列明招标文件的组成，实际上也是一个提纲。只不过这个提纲不一定全面，不一定做到全覆盖。鉴于该提纲是招标文件要求的，我们在拟定提纲时不能轻易予以大幅修改，而是应该在要求提纲的基础上增加或者适当对顺序、层级进行调整。

(4)方便评分查找。在招标文件要求的顺序优先的基础上，应与评分标准表在顺序、逻辑上尽量对应，方便评审小组专家查找。

(5)层级不宜过多。根据提纲拟定的目录，和一般论文的要求一样，分级不宜过多。如果无法做到，可以将多的层级拆分成不同的部分，即将二级标题提升为一级标题。一般不应超过三级目录，确有四级标题的，应为可以不显示在目录中的次要分项。

4. 搜集标书资料

如果是前几次参加投标，这将是一项非常耗费人力和时间的工作。一份综合性较强的招标文件，一般会包括律师事务所的主要荣誉、近三年财务报表、相关业绩法律服务合同等,足以将一个律师事务所的主要情况了解清楚,可以说是老底翻个底朝天。另外,所有参标律师个人的简历、执业证、学历证、相关业绩合同、判决文书、荣誉证书等文件资料也往往需要提供。前几次参加投标,这些资料需要全部收集整理,如此大量的资料收集整理工作是非常耗费时间和精力的。整理过几次之后,再参加投标便可以节省不少时间。

这里特别提醒大家,律师和律师事务所的主要资料一定要注意留存电子扫描件,比如法律服务合同、重大的判决书、荣誉证书等,方便备查,也方便参加投标时资料搜集。

5. 起草标书文本

根据拟定的提纲将需要贴入文档的资料搜集完整后,就可以起草标书了。标书起草的工作内容,根据方式不同可以分为以下五类:

(1)格式文本的填写。招标文件往往会提供一部分格式文本,主要包括投标函、法定代表人证明、法人授权委托书以及一些固定格式的其他文本。这类文本只要按照招标文件提供的文本,根据本所及律师实际情况填写即可。

(2)收集资料的粘贴。这类材料是根据拟定提纲的顺序,将前期收集到的资料(主要是图片格式)粘贴到 Word 等可编辑格式的文档中。这部分工作属于机械、重复的内容,需要有耐性并且注意操作技巧,不能出现重叠、漏贴、移位的情况。还需要一台性能比较好的电脑,否则编辑过程中达几百兆的 Word 文档会让电脑操作很慢甚至崩溃。

(3)法律服务方案编写。这一部分对应的是招标文件中对投标人法律服务方案的要求,一般可以包括对项目的整体解读、法律服务内容和范围、法律服务计划、法律服务重难点分析和应对策略、相关案例分析、优惠措施等,还可以包括招标文件特别提出的其他要求。

这一部分的编写是整个标书编写中最需要经验、最需要对项目进行整体分析理解的部分,也是最具有难度和挑战性的部分,应当由资深律师拟定。拟定的服务方案要具有全面性、针对性、可操作性,体现出投标人丰富的实践经验和总结提升能力。

(4)报价文件。法律服务的特性决定了报价不应当成为此类招标中的重点,目前此类招标评分标准普遍将报价分值控制在 30% 以内,占比 10% 的较多,极个别招标人会将报价分调整到 40% 甚至 60% 。

报价时要考虑的因素包括以下几个方面:

①报价分值占比。如果报价分值较高,其影响因素就比较高,应谨慎调高报价。近日,笔者就遇到一份报价分占比高达 60% 的招标项目,好在是采用平均价得分最高的计分方式,我们经过测算认为 70% 属于比较靠近平均值的报价,最后即主要是通过报价取得的优势中标。

②报价分计算方式。报价分计算方式主要有三种:一是最低价得最高分,这种计分方式只能在衡量其他因素基础上适当向低价报价。二是中间价得最高分,这种计分方式需要根据参加投标单位的实力和数量,以及最高限价与项目相比的经济性,合理评估平均价。三是二次平均价计价法,即以平均价和最高价或者最低价之间的二次平均值作为基准分,等于基准分的得最高分。这种计分方式比较难以合理报价,只能在评估的中间价与最高限价之间取适当的价格。

③资信技术部分优势。如果根据评分标准和招标文件要求,认为自身资信技术部分优势比较明显,报价分占比又不高的,完全可以将报价报为最高限价或者最高限价的 90% 。如果自身优势不明显,或者报价分占比过高,则应适当调低报价。

(5)评分索引表。目录是为了方便评委对整个标书文件进行查找和有一个整体的了解,如果从更加方便评委打分查找资料的角度,还需要在目录之前或者目录之后正文之前专门制作一份"评分索引表"。评分索引表一般是在评分标准的基础上,将各个评分项目对应材料所在的页码标明,可以在评分项目后增加一列专门填写材料页码。评分索引表可以让评委以最快的速度找到评分项材料,会给评委一个良好的印象。

6. 装订与密封

(1)装订。标书的装订一般要求采用不可拆卸的胶装,千万不能随便用订书机或者夹子将散乱的材料装在一起,否则极有可能会被以装订不符合要求为由否定参评资格。笔者的习惯是采用双面黑白印刷,个别有特殊需求的材料可以采用彩色印刷,其中目录要采用单面印刷,胶钉。封皮一般有光面和压花两种,常见的颜色有浅蓝色、浅绿色、米色以及白色。笔者习惯采用压花白色封面,看起来比较整洁又不失庄重,还方便在白色封面上印上律师事务所的Logo。投标文件一般要求正本一份,副本若干份。“正本”“副本”的字样可以自行在封面上打印,但由印刷店打印的红色印戳更好。

印刷店将投标文件装订完成后,所有需要律师事务所盖章的地方应盖章,另外不要忘记整本标书要盖律师事务所的骑缝章,防止代理机构要求有些材料复印件盖章。需要法定代表人、授权代表签字的地方要求签字,不要有遗漏。

(2)密封。投标文件装订完毕后,按照招标文件要求的正本、副本数量,以及电子版本(如有)光盘或者U盘一并予以密封。厚度不太大的,可以采用档案袋封装;厚度比较大的,也可以采用纸箱、牛皮纸等进行包裹。封装完毕后,应在封口处贴上封条,在封装表面贴上封皮,封皮上应写明项目名称、招标人、投标单位名称、联系方式,有的还特别要求写上“开标前不得启封”之类的文字。封条、封皮上以及接缝处应盖律师事务所公章或者由授权代表签字。

五、标书递交

(1)递交方式。投标一般采用现场递交,由授权代表在投标截止时间(往往是开标时间)前至现场提交。也有的要求在指定日期前邮寄至指定地点。个别国有大型企业,会要求在集团电子采购平台上提交。

(2)递交地点。一般而言,招标文件会要求将投标文件递交至招标代理机构所在地,但也有个别会要求递交至采购人办公室甚至是指定的其他地点。在递交标书前一定要仔细核实递交地点,不能想当然地递交至招标代理机构处。如果地点搞错,很有可能因为时间来不及而迟到,最终被取消资格。

(3)现场讲评。除了制作、提交标书,个别的公开招标(一般是竞争性磋商)还要求授权代表就服务方案进行现场讲评。这类公开招标往往是针对比较复杂的诉讼或者专项法律服务项目。建议由撰写方案的律师或者资历比较深的律师作为授权代表,现场进行讲评。

(4)参加投标需要携带的材料。一般要求携带封装好的投标文件、授权代表身份证原件。特别注意的是,有的项目会特别要求携带法人授权委托书,由于法人授权委托书已经包含在了标书中,很多律师会忘记单独携带。个别项目还会要求其他材料。

六、结语

制作一份好的标书,可以最大限度契合招标文件要求,争取在评标中取得更好的分数,但归根结底好的标书只是展示律师事务所和律师实力的工具。投标能否中标,最终是由律师事务所和律师实力决定的。笔者建议大家在日常二作中注意多参加典型活动,积累资历,并注意搜集业绩相关材料的电子文本、扫描件,方便投标时整理使用。

诉 讼 指 引

民事案件要素分析法

刘远莎*

前言

第一条【案件分析的定义】案件分析，是指以识别法律关系为前提，以了解案件事实为基础，以客户目标为工作目的，明确办案思路和方案的一种全局性、综合性工作方法，以书面的《案件分析意见》为工作成果体现。

第二条【案件分析的意义】案件分析具有以下积极意义：帮助律师找准办案要点；帮助律师制定诉讼方案；指引律师及当事人调查取证；方便律师拟定法律文书；培养和强化律师的分析能力。

第三条【案件分析的原则】进行案件分析，应当秉持全面、客观、精准、清晰、有痕的原则。

第四条【案件分析的一般性流程】进行案件分析，应大致按照识别法律关系、掌握案件事实、明确客户目标、检索法律案例、规范分析意见的一般性流程进行处理。

第五条【案件分析的成果体现】案件分析完成后，应形成书面的《案件分析意见》，作为案件分析的成果，附卷保存。

第六条【案件分析要素】《案件分析意见》一般包含案情描述、案由、当事人、委托人目标与诉讼方案、财产保全、诉讼请求、答辩、程序性事项、证据分析、争议焦点与诉辩意见、法律依据、类案检索报告十二个板块内容和要素。

要素一：案情描述

第七条【案情描述的定义】案情描述，是指将客观事实转化为案

* 浙江六和（义乌）律师事务所，微信 lyslys - lawyer。

件事实并进行描述的过程。

第八条【案情描述的原则】案情描述,应当全面、客观、准确。不仅要描述对己方有利的内容,也要描述对己方不利的内容。既要描述有证据支持的内容,也要描述暂无事实支持的内容。

第九条【案情描述的要素】案情描述应当包含下列六个要素:(1)在何时间;(2)在何地点;(3)有何主体;(4)发生何事;(5)何种争议;(6)有何理由。

第十条【了解案件事实的途径】在进行案情描述时,可以通过以下几种方式确认案件事实:

1. 通过询问当事人直接了解案件事实;
2. 通过分析证据整合案件事实;
3. 通过互联网检索相关媒体报道、涉诉事项掌握案件事实;
4. 依据律师职权向有关单位或个人了解案件事实;
5. 以普通公民身份,以现场咨询或公共服务热线等方式向行政主管部门等了解相关信息;
6. 通过现场查看了解案件事实。

第十一条【现场查看的意义】为了直观了解案件事实,并充分发掘书面证据中被遗漏的重要事实,对特定类型的案件一般应对现场进行查看。

第十二条【类型化案件的现场查看】下列案件应当进行现场查看,并以拍照、录制视频等方式保留证据,并适时申请现场勘验。

1. 侵权责任纠纷案件;
2. 建设工程合同纠纷案件;
3. 土地承包经营权纠纷案件;
4. 其他类型的现场有价值的案件。

第十三条【案情描述的方法】案情描述应按照时间顺序递增或以重要性递减的顺序进行。在按照时间顺序进行案件描述时,可以借助时间轴、Excel等工具对案情节点进行更清晰的表达,并可将底稿用于庭前准备。

第十四条【案情描述时的备注】在案情描述时,应以特殊的字体、颜色或下划线等特定形式对下列事实予以标注,并列入指导当事人收集证据时的核心内容:

1. 核心案件事实；

2. 暂无证据证明的关键事实；

3. 对己方不利的事实。

第十五条【案情描述时的简称】案情描述时，对法人、其他组织主体，应在第一次出现时以括号形式备注其简称。

要素二：案由

第十六条【案由识别的作用】案由分析是法律分析中的核心要素，案由的识别即为对法律关系的识别和精准锁定。

第十七条【案由识别的方法】案由的识别可以采用正向思维的顺查法与逆向思维的倒查法进行。

第十八条【正向识别法】为培养律师的分析能力和强化逻辑思维能力，识别法律关系首先应采用顺查法，以树形结构、层层递推的方式展开：

1. 锁定案件在民事、行政、刑事三大法律体系中属于哪一大类。某些行为可能涉及两种以上法律责任体系，譬如假冒注册商标，民事上属于侵权，行政法上属于违反行政法律法规应受行政处罚的行为，刑事上也可能构成假冒注册商标罪。

2. 如锁定案件性质为民事案件，进一步需要锁定的是该案属于物权、还是债权、还是与公司相关纠纷，即属于何种类型的民事案件，并在此基础上进一步识别。

3. 如果识别到属于债权法律关系，那么，通常应按照以下顺位锁定法律关系：合同—侵权—无因管理—不当得利。

4. 如识别到合同，应继续根据《中华人民共和国民法典》的规定，锁定合同类别，进而锁定案由。

第十九条【逆向识别法】识别案由，也可以采用逆向思维方法，即通过检索与代理案件相似的裁判文书，通过裁判文书查询所援引案由。

第二十条【案由识别的辅助工具】识别案由，应充分利用《最高人民法院民事案件案由规定》，并利用《最高人民法院民事案件案由规定理解与适用》，在案由与案件事实之间进行充分比对，最终锁定案由。

第二十一条【案由选取原则】代理原告时选择案由遵循宜大不宜小、宜宽不宜窄的原则。如当事人或法院对案由可能发生争议,应选择相对高一级别的案由。如无名合同可能同时接近两种以上有名合同的,案由宜定为“合同纠纷”。

第二十二条【案由抗辩】代理被告时,如认为原告方或法院确定的案由不符合案件事实,应提出充分分析抗辩意见并列入争议焦点内容。

要素三:当事人

第二十三条【当事人的定义】当事人,是指与案件具有程序或实体上的利害关系的人。从民事诉讼层面而言,包括原告、被告、第三人,其在民事诉讼中受人民法院裁判约束。

第二十四条【完整列明当事人的意义】为了帮助查明案件事实、明晰责任、使生效裁判文书得以有效执行并避免执行程序追加当事人,在民事诉讼中,应当尽量完整列明当事人。

第二十五条【列明当事人的原则】如无特殊情况,律师代理原告时,被告宜多列、勿遗漏。应在可以负担的诉讼成本内,尽可能查明案件事实并让有清偿能力的人履行债务。

第二十六条【列明当事人应考虑的因素】列明当事人时,应考以下几个因素:

1. 是否便于查清案件事实;
2. 是否具备清偿能力即是否有利于让裁判文书顺利履行;
3. 是否在原告可以负担的诉讼程序成本内;
4. 委托人与拟列为当事人之间的关系及后续商务往来预期。

第二十七条【当事人地位】列明当事人时,除列明当事人在诉讼程序中的地位外,还应列明委托关系、关联关系,并在“案情描述”开篇陈述相关当事人的相互关系,并以小括号注明委托人。

第二十八条【列明当事人的信息】当事人为公民的,应列明姓名、性别、年龄、出生日期、户籍地址、居住地址、联系电话、公民身份证号码、职业等基本信息;当事人为法人或其他组织的,应列明其名称、住所地、联系电话、注册号或统一社会信用代码,法定代表人或负责人姓名及身份证号码、职务、联系电话。

第二十九条【举证责任的利用】律师应充分关注法律对于举证责任的规定以及司法裁判趋势,在此前提下完整列明当事人。在某些类型化案件中,对于举证责任倒置或只需原告举出初步证据即可将举证责任转移给被告,或由其参加诉讼有助于查明对己方有利案件事实的,应列为当事人。

第三十条【类型化案件中当事人的列明】在以下类型化民事诉讼中应按照以下方式列明当事人:

1. 夫妻一方负债,列夫妻双方为共同被告。

2. 无民事行为能力人、限制民事行为能力人发生债务的,列行为人与其全部监护人为被告。

3. 个人独资企业负债的,列企业及投资人为共同被告。

4. 合伙企业负债的,列合伙企业与其全部合伙人为共同被告。

5. 联营体负债,列联营各方为共同被告。

6. 一人公司负债的,列公司与其一人股东为共同被告。

7. 法律规定发起人、股东应对公司债务或其他股东义务承担相应责任的,一并列为被告。

8. 分公司负债的,列分公司与总公司为共同被告;但银行、保险等分公司明显具备清偿能力的除外。

9. 股东未出资、出资不足或抽逃出资的公司负债的,列公司与全部股东为被告。

10. 公司被吊销营业执照未进行清算的,列公司与其全部股东为被告。

11. 公司清算注销未按规定通知债权人的,列全部股东为共同被告。

12. 雇员从事雇佣活动造成他人损害的,列雇员和其雇主为共同被告。

13. 雇员从事雇佣活动中被第三人造成损害的,列雇主和第三人为共同被告。

14. 建设工程施工合同纠纷中实际施工人主张分包人责任的,列发包人与全部各分包人为共同被告;发包人主张质量责任,列全部分包人与实际施工人为共同被告。

15. 委托合同中存在多名受托人的,列全部受托人为共同被告。

16. 其他法律直接规定了当事人诉讼地位或应承担责任的，一并列明。

要素四：委托人目标与诉讼方案

第三十一条【委托人目标的定义】委托人目标，是指委托人在诉讼案件中的目的，是指委托人委托律师办理案件的目的。

第三十二条【委托人目标在诉讼中的地位】律师办理诉讼案件，应围绕委托人目标，调整相应的诉讼策略，尤其是应调整相应的财产保全方案。

第三十三条【委托人目标管理】对于委托人明显不合法、不合理或其他明显无法实现的目标，律师应在接受委托时明确告知，以合理管理委托人预期、避免不必要的执业风险。

第三十四条【诉讼方案的确定】在明确委托人目标后，应及时根据目标确定相应的诉讼方案。

第三十五条【诉讼方案的确定原则】诉讼方案的确定，应遵循合法、可行两项基本原则，并做好方案无法施行时的备选方案。

第三十六条【调解方案】当事人希望以调解形式解决争议的，应当分析其调解的前提、调解失败的风险、调解的时机节点等基本事项，并通过诉讼保全等措施促成调解。

第三十七条【诉讼周期对诉讼方案的影响】在确定诉讼方案时，应充分考虑诉讼周期，以及诉讼成本。对于当事人需要加长或缩短诉讼周期的，应考虑是否提起相应的程序性措施，如财产保全、管辖权异议、增加或减少相应的诉讼参与人等。

要素五：财产保全

第三十八条【财产保全的必要性分析】代理原告进行诉讼方案设计时，应将财产保全事项纳入必备事项。除非被告为清偿能力极佳的金融机构，否则一般建议委托人申请财产保全，同时根据财产线索等综合考虑财产保全方案。

第三十九条【财产保全方案的内容】财产保全方案包括：是否申请财产保全、现有财产线索、保全标的选择、担保方式选择等。

第四十条【财产线索调查】可通过下列方式和渠道调查当事人的

财产线索：

1. 根据当事人之间的交易往来梳理被告银行、支付宝、财付通等交易账户线索；

2. 持律师委托手续、介绍信等查询当事人不动产、车辆、证券账户等财产线索；

3. 通过互联网检索当事人在售未售房产、持有股权等财产线索；

4. 要求委托人提供其他财产线索并进行调查。

第四十一条【财产保全标的选择】在申请财产保全标的时，应综合下列因素选择财产保全标的：

1. 权利人对拟保全标的使用频率及使用情况，以及财产被保全对权利人的影响程度；

2. 拟保全标的有无抵押权、质权等在先权利，以及当前被保全状态；

3. 拟保全标的的保管难易程度、变价效率、保值增值能力等；

4. 拟保全标的权利人的诉讼地位。

第四十二条【担保方式选择】为降低不当申请财产保全引致的赔偿风险，应按照购买诉讼保全责任保险并由保险公司出具保函、委托专门担保公司进行担保、提供实物担保、提供保证金担保的顺位选择提供担保的方式。

要素六：诉讼请求

第四十三条【诉讼请求的定义】诉讼请求，是原告可以起诉要求法院以裁定或判决方式支持的要求。

第四十四条【诉讼请求的原则】诉讼请求应当符合以下条件：具体、明确、可分且具备请求权基础。列明诉讼请求时，表述应按照实体法规定进行精准表述。

第四十五条【诉讼请求的明确要求】原告列明诉讼请求时，应按照承担责任的主体、承担责任的方式进行准确表述，切忌表述模糊、笼统。

第四十六条【确认之诉的诉请确定】在确认之诉中，应对确认事项的时间、关系、要求确认的类型予以明确。如“依法确认原被告双方签订于2018年1月24日的《买卖合同》已经解除”；或“依法确认被告于 2018 年 1 月 24 日单方通知解除合同不发生效力”等。

第四十七条【给付之诉的诉请确定】在给付之诉中，应明确要求被告承担责任的具体内容、给付性质，使判决生效后在执行层面上无歧义、无遗漏。

第四十八条【诉讼请求的可分要求】在列明诉讼请求时，应将不同属性的诉求分项列明，即一条项目只列明一个请求事项。

第四十九条【请求权基础】原告所列全部诉讼请求，均应援引实体法依据，以此作为要求被告承担责任的请求权基础。

要素七：答辩

第五十条【答辩内容】被告答辩，应针对原告所起诉的诉讼请求、事实与理由进行。

第五十一条【答辩逻辑】被告答辩通常可遵循两种逻辑方式：

1. 按照事实发生的时间递增顺序经过进行答辩；

2. 按照双方争议事项的重要程度递减的方式进行答辩。

第五十二条【答辩要点】被告答辩，可以围绕以下几个方面进行：

1. 事实方面的答辩。即原告所主张的事实没有发生、不存在。

2. 法律关系的答辩。即主张原告主张的法律关系不成立或双方的法律关系并非原告所主张的法律关系。

3. 案由答辩。即主张原告起诉案件不准确、不符合案件事实或法律规定。

4. 请求权基础方面的答辩。即原告要求被告承担责任没有具体明确的法律依据。

5. 除斥期间及诉讼时效的答辩。即主张诉讼请求超过了除斥期间或诉讼时效。

第五十三条【答辩状的签署】鉴于答辩状中涉及大量事实描述，律师拟定相关答辩文书后，应由当事人签字或盖章，或以其他留痕方式予以确认。

要素八：程序性事项

第五十四条【程序性事项的定义】本产品所指的程序性事项，是指《中华人民共和国民事诉讼法》（以下简称《民事诉讼法》）、《最高人民法院关于适用〈中华人民共和国民事诉讼法〉的解释》(以下简称《民事诉讼法解释》)、《最高人民法院关于民事诉讼证据的若干规定》(以下简称《民事诉讼证据规定》)等所规定的,法院、当事人、其他诉讼参与人在民事诉讼程序中所应遵循的规则,以及办理各个事项的程序、期限要求,以及不按照规定办理应承担何种不利后果的相应事项。

第五十五条【程序性事项的意义】律师办理民商事案件,除了从实体法层面分析法律关系,还应注重民事诉讼程序,并充分应用程序性权利获取更多对己方有利的诉讼条件。

第五十六条【主要时间节点和期限】律师在民商事诉讼中应关注包括但不限于以下程序性重要事项,并在文书醒目位置进行标注:

1. 原告方起诉时间、交纳诉讼费期限、举证期限;
2. 原告方增加、变更诉讼请求的时间、期限;
3. 被告方收到原告起诉材料的时间、举证期限;
4. 被告方申请延期举证的时间、期限;
5. 被告方提出管辖权异议的时间、期限;
6. 当事人申请证人出庭作证、申请司法鉴定的时间、期限;
7. 管辖权异议处理完毕后的举证期限;
8. 被告方提出诉讼时效抗辩的时间、期限;
9. 证据保全的时间、期限;
10. 财产保全的时间、期限,续行查封、冻结、扣押的时间、期限;
11. 收到一审裁决文书的时间、上诉期限。

第五十七条【程序性事项的利用规则】对于需要己方进一步举证的案件事实,可以充分利用程序性事项,获取更有利信息和证据。具体如下所列:

1. 责令对方当事人提交书证。即在有初步证据表明对方当事人持有书证而不提交的情况,可以依据《民事诉讼法解释》第 112 条、《民事诉讼证据规定》第 45 条书面申请人民法院责令对方提供。

2. 证据保全。在证据可能灭失或者难以取得的情况下,可以依据《民事诉讼法》第 81 条、《民事诉讼法解释》第 98 条、《民事诉讼证据规定》第 25 条规定申请证据保全。

3. 申请调取证据。对于己方却因客观原因无法取得的证据,可依据《民事诉讼法》第 64 条、《民事诉讼法解释》第 94 条规定申请人民法院调取。调取证据申请可与证据保全结合使用。

4. 申请勘验。如证据、现场对查明案件事实有重要意义时,可以依据《民事诉讼法解释》第 124 条申请人民法院对物证或者现场进行勘验,并依据《民事诉讼证据规定》参加勘验程序,就勘验事项作解释、说明。

5. 就鉴定意见提出异议及申请鉴定人出庭作证。对于鉴定意见有异议的,可以依据《民事诉讼法》第 78 条之规定申请鉴定人出庭接受当事人及法庭质询,并按照《民事诉讼证据规定》第 37 条规定先行提出书面异议。

6. 申请重新鉴定。对于符合《民事诉讼法》第 139 条、《民事诉讼证据规定》第 40 条规定的可以重新鉴定条件的,申请重新鉴定。

7. 申请专家辅助人。如案件涉及专业门槛较高的领域,可以依据《民事诉讼法》第 79 条、《民事诉讼法解释》第 123 条、《民事诉讼证据规定》第 83 条规定申请专家辅助人,以期在举证、质证、法庭询问等程序中更好地表达己方观点、破除对方观点。

第五十八条【程序性事项的注意事项】在提出上述程序性申请前,应对可能取得的证据、陈述具体内容作初步了解、调查、分析,并审慎考虑取得相关证据、陈述后,是否会对法官认定案件事实产生影响及产生何种影响,再决定是否提出相应申请。

要素九:证据分析

第五十九条【证据分析的意义】进行完整的证据分析,可以帮助拟定精准的证明目的或提出充分的质证意见,让己方观点更容易被法庭采信。

第六十条【证据要素标识】在对证据进行描述时,除了列明证据名称外,还应注明证据来源、证据形成时间、证据所涉当事人并概括证据主要内容。

第六十一条【证据名称标示】在列明证据名称时,应以括号方式备注证据形成时间及所来源的当事人,如《商品房买卖合同》(2018 年 1 月 1 日,万科地产 - 张飞)。

第六十二条【证据内容摘录】对于证据的主要内容,可以以一句话进行概括。对于证据中的核心内容,应当以百分之百忠实于原证据、加以双引号的方式摘录。

第六十三条【证据分析内容】证据分析应围绕证据来源、形式、种类、内容、证明力(真实性、合法性、关联性、证明目的)予以分析。

第六十四条【证据来源分析】进行证据分析时,应对证据的形成时间、形成地点、形成过程、保管情况、证据取得方式及过程等进行分析。

第六十五条【证据形式分析】进行证据分析,应对证据的表现形式、物理形式、证据系原件或复制件进行分析,充分考察证据是否具备必要的形式要件。对于要件有欠缺的,应同时分析是否属于孤证。

第六十六条【类型化证据的要件】对于下列证据,应充分关注其是否符合相应要求:

1. 形成于境外的证据,是否经过相应的公证、认证程序;

2. 属于外文的证据,是否经过翻译公司翻译为中文译本且外文与中文译本是否一致;

3. 由单位出具的证明材料,是否由单位负责人及制作证明材料的人员签名或者盖章,并加盖单位印章;

4. 证人证言是否由证人本人到庭陈述、接受质询。

第六十七条【证据种类分析】证据分析,应结合《民事诉讼法》第63条的规定,明确其属当事人的陈述、书证、物证、视听资料、电子数据、证人证言、鉴定意见、勘验笔录八种证据中的哪一种,并分析证据是否符合该种证据法定要求。

第六十八条【证据内容分析】证据分析,应结合证据的具体内容,对证据的文字表述及其含义、行文风格、与上下文关系、逻辑体系及与其他证据的关系等层面进行分析。

第六十九条【证据证明力分析】证据分析,要逐一从证据的真实性、合法性、关联性、证明目的阐述其证明力。除了对"三性"予以逐一表述外,还应充分列明认可或不认可"三性"的具体原因、理由、法律依据,即结合证据的来源、形式、种类、内容的分析意见阐述证据证明力。

第七十条【证据的合并分析】证据具有同一属性的,可以合并分析过程及分析意见。

第七十一条【质证意见预判及对策】证据分析应全面、完整。对于己方提供的证据,应另以对方当事人的视角分析,并提前提出应对意见，以备在庭审质证、辩论阶段明确回应。

第七十二条【证据分析的成果形式】对证据分析完成后，应摘选对己方有利的分析意见，制作为规范的举证清单、质证意见。

要素十：争议焦点与诉辩意见

第七十三条【争议焦点的预判】进行案件分析时，应从对方代理人、承办人角度，预判案件争议焦点，并形成相应诉辩意见。

第七十四条【争议焦点的确定原则】争议焦点应由法律关系、案由展开，以当事人是否承担责任、承担何种责任为落脚点进行确认。

第七十五条【合同纠纷争议焦点】合同纠纷一般应从以下方面预判争议焦点：合同性质、合同效力、当事人及权利义务、合同履行情况、是否有违约情形、违约责任及责任主体。

第七十六条【侵权纠纷争议焦点】侵权责任纠纷一般围绕以下方面预判争议焦点：是否有违法行为、是否有损失及损失大小、违约行为与损害结果之间有无因果关系、行为人有无过错、责任主体、责任形态等。

第七十七条【争议焦点与诉辩意见的关系】争议焦点是诉辩意见的骨架，即诉辩意见应围绕争议焦点进行展开论证，进而作为法庭辩论意见、代理词的主要内容。

第七十八条【诉辩意见】对争议焦点进行预判后，应围绕争议焦点进行诉辩意见的组织、陈述。

第七十九条【诉辩意见的表达逻辑】通常，应按照总－分的树形结构组织诉辩意见。即先概括性列明争议焦点，就争议焦点逐个表明己方意见，再以此逐项列明支持该结论的理由和依据。同时，应就对方的诉辩意见进行预判并提出应对意见，应对意见同时列入己方诉辩意见内容。

要素十一：法律依据

第八十条【法律依据的重要性】法律依据是赖以支撑己方诉讼请求的基础，办理民商事诉讼案件，必须对法律依据进行检索。

第八十一条【法律检索方法及注意事项】法律检索可以采用顺查法和倒查法两种方式进行，并充分注意时效性及溯及力。

第八十二条【顺查法】法律检索,可以根据法律关系,按照《中华人民共和国立法法》所规定的法律渊源位阶按照顺位进行。

第八十三条【倒查法】法律检索,可以根据案由检索相关裁判文书,整合类型化裁判文书中所引用的法律、行政法规、地方政府规章等。

第八十四条【法律检索顺位】特别说明,司法解释的检索,不受《中华人民共和国立法法》规定的规范性文件位阶的限制,对于司法解释的检索,应放在紧接着法律的位阶进行。

第八十五条【法律检索专业工具】法律检索,应当主要利用"北大法宝""威科先行""法信""alpha""无讼"等法律专业数据库进行。使用何种数据库可根据使用习惯进行,但应充分注意规范性文件的效力。

第八十六条【搜索引擎检索】法律检索,可以利用搜索引擎进行。利用"百度""搜狗"等搜索引擎进行检索时,应该充分结合"inurl""site""and""or"等检索语句进行,以提高检索效率和准确性。

第八十七条【法律检索摘录】进行法律检索后,应将检索到的与案件相关的法律等规范性文件进行摘录,附于《案件分析意见》正文,或者另行制作法律检索报告。

要素十二:类案检索报告

第八十八条【类案检索的必要性】根据《最高人民法院关于统一法律适用加强类案检索的指导意见(试行)》(以下简称《类案检索意见》)的精神和具体规定,除非实体上全无争议的案件外,一般应对案件作类案检索报告并列入分析意见。

第八十九条【类案检索的标准】类案检索应严格按照《类案检索意见》的规定,对检索范围即顺位、案件时效性进行限定,对检索主体、时间、平台、方法、结果、类案裁判要点以及待决案件争议焦点等内容进行说明、简述,并对是否构成类案予以分析说明。

第九十条【类案检索的用途】类案检索中的裁判理由可以作为相应的诉辩支持理由,强化证己方观点。必要时,可直接提交案例作为诉辩理由。

第九十一条【类案检索的局限性】鉴于法律的滞后性、文书样本的有限性等因素，对于争议较大、较为新颖或客观法律环境正在发生较大变化的案件，不应将诉讼思路局限于类案裁判结果，还应通过查询法律原则、法律精神、权威学术观点等作为诉辩参考理由，但在输出时应充分考虑裁判者对其接受程度。

第九十二条【类案检索报告】类案检索完成后，对于仅作为强化诉辩意见的部分，可以直接附于分析意见具体板块中；对于拟提交法院的，应单独制定检索报告。

“合同履行地”管辖争议规则梳理

胡钰寒*

《最高人民法院关于〈中华人民共和国民事诉讼法〉的解释》(以下简称《民事诉讼法解释》)第18条规定了特殊地域管辖中合同履行地的确定规则,本文旨在讨论该条第2款第1句的适用。[1]尽管最高人民法院已经通过多种形式对如何理解该句规定作了较为详细的解读(以下统称为权威解读),[2]但至今实务中对此依然存在不同解释,[3]因而仍有讨论的价值。

一、《民事诉讼法解释》第18条第2款第1句的适用前提

(一)前提一:履行地点没有约定或者约定不明确

《民事诉讼法解释》第18条第2款第1句明文提到的适用前提是“合同对履行地点没有约定或者约定不明确”。实务中存在一些被错误理解为已经约定明确的情形,有必要澄清。

---

* 浙江凯麦律师事务所律师,微信 yuhan_hu。

〔1〕 该句原文为,“合同对履行地点没有约定或者约定不明确,争议标的为给付货币的,接收货币一方所在地为合同履行地;交付不动产的,不动产所在地为合同履行地;其他标的,履行义务一方所在地为合同履行地”。

〔2〕 高民智:《关于民诉法解释中有关管辖若干问题的理解与适用》,载《人民法院报》2015年8月27日,第5版;沈德咏主编:《最高人民法院民事诉讼法司法解释理解与适用》,人民法院出版社2015年版,第153~156页。

〔3〕 某案中对于诉请“解除合同并返还货款”,一审裁定书认为是“给付货币”,二审裁定书则认为是“其他标的”,参见安徽省砀山县人民法院(2020)皖1321民初595号之一民事裁定书、安徽省宿州市中级人民法院(2020)皖13民辖终67号民事裁定书;又如另一案中对于因无法按约交付房屋而诉请“返还购房款”,法院裁定书认为争议标的非“交付不动产”而是“给付货币”,参见周口市川汇区人民法院(2020)豫1602民初6647号民事裁定书。

1. 仅约定交货地等地点不能视为已经约定合同履行地。

被告有时会以合同中约定了交货地等实际履行地为由提出管辖权异议,主张合同中已经约定了合同履行地。有观点认为此时合同履行地已经明确,比如在一起报请最高人民法院指定管辖的案件中,报请指定管辖的理由就是"交货义务是买卖合同中的一项主要义务,约定了交货地点可以认定双方约定了合同履行地"。[1]

本文认为此时的核心问题不在于合同履行地应作何种解释,而在于判断是否存在约定管辖。前者或许有讨论"主要义务"的余地,[2]但是在约定管辖中,当事人之间的管辖合意才是核心,未判断合意存在与否就试图去解释合同条款中出现的诸如交货地等是否属于合同履行地,无异于缘木求鱼。

前案中最高人民法院的裁定书最终也并不认为约定了交货地就意味着约定了合同履行地,而是指出《民事诉讼法解释》第 18 条第 1 款是指"合同当事人对合同履行地有书面的、明确的约定"。同样的观点还可在许多裁判文书中看到,比如"双方虽然在买卖合同中约定了送货地点,但该约定不能认定为对合同履行地作出了明确的约定",[3]"关于本案合同履行地,双方在上述《工业品买卖合同》中虽约定了交(提)货方式、地点、运输方式及到达站(港)和费用负担,但并未约定合同履行地点",[4]以及合同履行地"应当依据双方当事人的书面约定来确定,而不能依据实际履行义务的地点,如到货地、到站地、验收地、安装调试地为合同履行地"。[5]

2. 约定由合同履行地法院管辖但未指明具体地点,即使合同约定了交货地等地点也不能视为已经约定合同履行地。

实务中还会出现的情形是当事人约定了由合同履行地法院管辖但并未指明具体地点。有观点会以当事人已在合同其他条款中约定

---

〔1〕 参见最高人民法院(2016)最高法民辖 16 号民事裁定书。

〔2〕 以特征义务履行地作为合同履行地是实务中一种比较流行的观点,有学者称之为"特征义务说",参见王亚新、雷彤:《合同案件管辖之程序规范的新展开——以〈民事诉讼法〉司法解释第 18 条的理解适用为中心》,载《法律适用》2015 年第 8 期。

〔3〕 参见浙江省高级人民法院(2017)浙民辖 163 号民事裁定书。

〔4〕 参见襄阳市中级人民法院(2017)鄂 06 民辖终 106 号民事裁定书。

〔5〕 参见甘肃省高级人民法院(2017)甘民辖终 45 号民事裁定书。

了交货地等实际履行地为由认为合同履行地已经明确。比如某案中合同约定发生争议时可向合同履行地法院起诉,但未指明该合同履行地为何地,而合同其他条款约定了收货地址,法院裁定书认为"双方关于收货地址的约定应视为合同履行地的约定"。[1]

本文认为此种情形应当属于约定不明。当事人虽然订立了管辖条款,但是合意并不完整、明确。所谓明确约定管辖法院,应当有两层含义,一要明确约定由合同履行地法院管辖,二要明确约定合同履行地的具体地点。若仅约定由合同履行地法院管辖但未指明具体地点,当事人之间缺乏第二层意义上的合意,不能按约定管辖处理。

3. 应当区分实体意义上的合同履行地与程序意义上的合同履行地,合同约定一个总括性的合同履行地比如"合同履行地为某地",若该条款不属于管辖条款且无其他辅助解释因素,则该地点不得被解释为管辖制度中的"合同履行地"。

某案中当事人约定了软件开发成果交付地点,一审裁定书认为该约定是对合同履行地的约定,而二审裁定书则认为"该约定并未涵盖合同中所有义务,又未排除其他管辖链接点的管辖,亦未明确约定该条款为合同履行地约定条款,故应认定本案涉案合同无明确约定履行地的条款",[2]此三点理由中的后两点都是在判断当事人之间是否存在管辖合意,而"该约定并未涵盖合同中所有义务"这一理由,则似乎透露出"约定一个总括性的合同履行地也是确定管辖合意的要素之一"的倾向。

另外一起案件的裁定书认为"由于买卖合同系双务合同,其中的交货地、货款支付地等均为合同履行地,故交货地点的约定不能等同于双方约定了合同履行地",[3]则可能更易使人认为约定一个总括性的合同履行地就可视为约定了管辖制度中的合同履行地。

是否可以如此认为呢?在回答这一问题之前有必要先厘清"合同履行地"的概念。前文的分析实际上已经隐含了"用以确定管辖法院的合同履行地(程序意义上)与合同义务的实际履行地(实体意义上)

---

[1] 参见广东省高级人民法院(2017)粤民辖122号民事裁定书。
[2] 参见北京市高级人民法院(2017)京民辖终355号民事裁定书。
[3] 参见苏州市中级人民法院(2017)苏05民辖终681号民事裁定书。

并不是同一概念”的判断，权威解读也认为应当区别这两者。[1] 实务中也有观点认为“‘合同履行地’与‘合同的实际履行地点’是两个不同概念，对‘合同履行地’的约定是要求书面明确约定的，并可以与‘合同的实际履行地点’有不同”。[2]

因此，管辖制度中的合同履行地仅具有在程序上确定管辖法院的意义和功能，应当与实际履行地相区分并与是否涵盖了合同全部义务毫无关系。回到上面的问题，如果此种总括性的约定并非管辖条款，且无法从合同的其他条款或者其他案件事实中看出当事人之间确有管辖合意并且合意指向的地点就是该约定中指明的地点，那就无法依此确定管辖法院。

（二）前提二：给付之诉

权威解读指出《民事诉讼法解释》第18条第2款规定“只考虑了给付之诉的情形”，“单纯地请求确认合同效力或者请求解除合同的诉讼，其争议标的并非合同中的具体义务，而是合同是否有效或者合同法律关系是否解除的问题”。[3] 因此，虽未见于明文，但是诉讼类型也是另外一个适用前提，《民事诉讼法解释》第18条第2款第1句不适用于确认之诉和形成之诉。

二、“争议标的”的解释与适用

（一）“争议标的”如何解释——司法解释的本意

“争议标的”在实务中有多种解释。比如认为“应以能反映合同本质特征的义务为争议标的”，[4] 或者认为“引发争议的合同义务即为争议标的”，[5] 还有观点似乎直接根据诉讼请求的字面表述来认定争

---

〔1〕 沈德咏主编：《最高人民法院民事诉讼法司法解释理解与适用》，人民法院出版社2015年版，第155页。

〔2〕 参见中山市中级人民法院（2018）粤20民辖终39号民事裁定书。

〔3〕 高民智：《关于民诉法解释中有关管辖若干问题的理解与适用》，载《人民法院报》2015年8月27日，第5版。

〔4〕 参见黑龙江省高级人民法院（2017）黑民辖终34号民事裁定书。

〔5〕 参见福建省高级人民法院（2015）闽民终字第2234号民事裁定书。

议标的。[1]

权威解读的观点很明确,"争议标的"就是指诉讼请求所指向的合同义务(即"涉诉债务"),特别要注意的是不能把争议标的等同于诉讼请求。[2] 因此,前述第二种观点才符合司法解释的本意,同时从该观点也可以看出应当针对每一项诉讼请求来判断争议标的。

(二)对"争议标的"概念的进一步说明

1. 争议标的为"给付货币"及"其他标的"。

实务中争论较多的是争议标的为"给付货币"和"其他标的"。

所谓"争议标的为给付货币",是指争议的合同义务是以给付货币为内容。[3] 在《民事诉讼法解释》出台的早期有将此规定的适用范围限定在借款合同的做法,认为争议标的为给付货币"应理解为主要针对特征履行义务为给付货币的借款合同"。[4] 但权威解读指出此处的"合同"不应限于借款合同,只要争议的合同义务内容为给付货币就可以适用该规定。[5]

所谓"其他标的",是指"货币和不动产以外的其他标的,包括动产、财产权利等"。[6] 特别应当注意的是诉讼请求是给付金钱的场合,争议标的并不一定是给付货币。再次以前文提到的报请最高人民法院指定管辖的案件为例,原告以交付的家具不符合约定为由要求被告返还差价并支付违约金,诉讼请求毫无疑问是给付金钱,但最高人民法院的裁定书指出"本案争议标的是交付家具的行为,属于其他标的"。[7] 可以看到这一说理牢牢地把握了"诉讼请求指向的合同义务",只有涉及争议的合同义务才是"争议标的"。

---

〔1〕 比如河北省高级人民法院(2016)冀民辖终139号民事裁定书,该裁定书没有进行说理,只因原告诉请中包含金钱给付就直接适用"给付货币"的规则。

〔2〕 高民智:《关于民诉法解释中有关管辖若干问题的理解与适用》,载《人民法院报》2015年8月27日,第5版。

〔3〕 同上。

〔4〕 参见江苏省高级人民法院(2015)苏商辖终字第00113号民事裁定书。

〔5〕 高民智:《关于民诉法解释中有关管辖若干问题的理解与适用》,载《人民法院报》2015年8月27日,第5版。

〔6〕 同上。

〔7〕 参见最高人民法院(2016)最高法民辖16号民事裁定书。

更进一步讲，合同义务在学理上可分为原给付义务和次给付义务，判断争议标的的依据应当是原给付义务。该案中返还差价、支付违约金均为原给付义务（交付符合约定的家具）发生履行障碍时引发的次给付义务，因此需将其还原至原给付义务再作判断。显然，“接收货币一方”和“履行义务一方”也应当根据原给付义务确定。

2. 争议标的为“交付不动产”。

争议标的为交付不动产的规则不属于专属管辖应无疑问，但某些场合中“交付不动产”如何理解可能会出现疑问。

当事人提出“交付不动产”的诉讼请求往往伴随着“办理不动产转让登记”或者“承担迟延办理房屋产权证书的违约责任”，而实体法上的交付是指占有的转移，与不动产所有权转让登记的性质和效果均不同。若遵循实体法定义，则争议标的就是“交付不动产”和“其他标的”。[1] 此时有两种解决路径，一是讨论多种争议标的并存时如何处理（对此下文详述），二是对“交付不动产”本身再作解释。从当事人诉请的角度观察，不动产交付与登记具有紧密联系，因此后一种路径

〔1〕 认为协助办理房屋过户手续属于“其他标的”的观点不在少数，比如河北省沧州市中级人民法院（2018）冀09民辖终804号民事裁定书，以及济南市天桥区人民法院（2019）鲁0105民初5136号民事裁定书（一审）、山东省济南市中级人民法院（2019）鲁01民终9835号民事裁定书（二审）。甚至还有观点认为“是否按约定履行了交付房屋的合同义务”也属于“其他标的”，参见河南省商丘市中级人民法院（2019）豫14民辖终260号民事裁定书。

更为妥当,[1]本文认为更准确的说法应当是扩大解释"交付"一词从而将不动产所有权转让登记也包括在内。

(三)"争议标的"判断过程的图示

行文至此可以绘制下图,以方便理解"争议标的"的判断过程以及下文讨论的其他实务问题。[2]

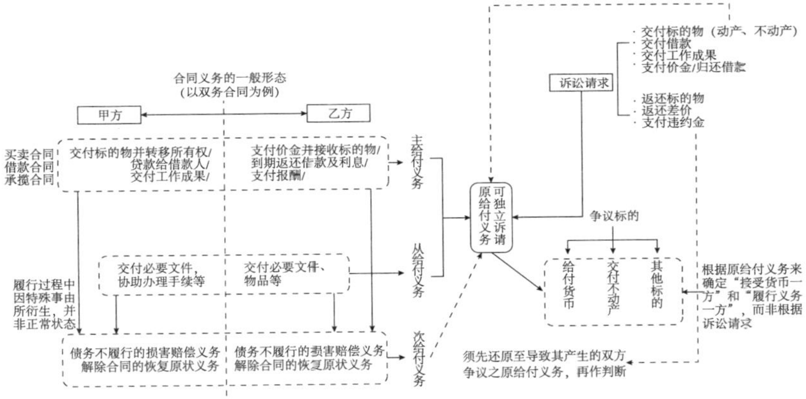

〔1〕 实务中亦有遵从此种路径的观点,可进一步细分为:(1)扩大解释"不动产"一词从而认为"不动产"包括产权证书,比如陕西省西安市中级人民法院(2021)陕01民辖20号民事裁定书认为"不动产的交付包含实物交付和证件交付"、北京市第二中级人民法院(2016)京02民辖终657号民事裁定书认为"不动产权利凭证的交付属于不动产交付范畴";(2)扩大解释"交付"一词进而从整体上把握不动产交付,将不动产所有权转让登记解释在内,比如陕西省西安市中级人民法院(2020)陕01民辖196号民事裁定书认为"请求履行办理房屋产权证的义务实质上系请求被告全面履行房屋交付义务"、吉林省松原市中级人民法院(2015)松管终字第41号民事裁定书认为"产权登记是上诉人履行房屋交付义务的必要组成部分"以及北京市第二中级人民法院(2018)京02民辖14号民事裁定书认为"'交付不动产'既应包括移转不动产的占有,也包括办理不动产变更手续";(3)同样是从解释"交付"一词入手,但认为不动产买卖的"交付"从物权行为意义而言就是指"登记",此种观点混淆了动产物权变动的公示方法和不动产物权变动的公示方法,结论可资赞同但理由不太可取,参见四川省成都市中级人民法院(2020)川01民辖终339号民事裁定书,原文为"从物权行为角度而言,交付是物权变动的公示方法。对不动产买卖而言,物权行为意义上的交付是指登记。换言之,在不动产买卖合同中,出卖人转移不动产占有于买受人(交付使用),以及在不动产登记机关将产权变更登记至买受人名下,均属于交付不动产"。

〔2〕 图中有关合同义务一般形态的描述系参考王泽鉴老师所著《债之关系的结构分析》一文,载《民法学说与判例研究》(第四册),北京大学出版社2009年版,第62~95页。

（四）实务中的适用问题

1. “争议标的”应如何表述。

合同义务均为某种给付，因此对“争议标的”的严谨表述应当是某种给付行为，比如“本案争议标的是交付家具的行为”，[1]以及“本案双方的争议标的为海德尔公司将涉案专利自智水公司名下变更为徐某友所有”。[2]

但有的表述则并不十分严谨，比如“本案的争议标的为天骄公司的违约责任纠纷”，[3]以及“本案争议标的应为其他标的即国药公司履行合同产生的违约责任”。[4] 不管是“违约责任纠纷”还是“违约责任”，都不是给付行为。

至于将争议标的表述为“合同是否应当解除”，[5]就可能是错误地理解了司法解释的规定。

2. 诉请涉及次给付义务时如何确定“争议标的”。

原告的诉讼请求为支付违约金、返还货款等次给付义务时如何确定“争议标的”，也值得探讨。

一般情况下判断起来并不会有太大问题。以常见的借款合同和动产买卖合同为例：在借款合同中，违约金一般在未提供贷款或者未归还借款时出现，此时违约责任是贷款方未能提供贷款或者借款方未能归还借款而引发，指向的合同义务是贷款方提供贷款的义务或借款方归还借款的义务，争议标的均为给付货币，接收货币一方可以是借款人或贷款人；而在动产买卖合同中，卖方被诉请支付违约金一般都是因为卖方交付的标的物不符合约定，指向的合同义务是卖方交付合格标的物的义务，属于“其他标的”，履行义务一方是卖方，买方被诉请支付违约金通常都是因为支付货款不符合约定，指向的合同义务是买方应当支付货款的义务，属于“给付货币”，接收货币一方是卖方。

有疑问的是在买方诉请要求解除合同、返还货款的场合，“返还货

---

〔1〕 参见最高人民法院(2016)最高法民辖16号民事裁定书。

〔2〕 参见北京市高级人民法院(2017)京民辖终145号民事裁定书。

〔3〕 参见宿迁市中级人民法院(2015)宿中商辖终字第00049号民事裁定书。

〔4〕 参见武汉市中级人民法院(2018)鄂01民辖终561号民事裁定书。

〔5〕 参见北京市高级人民法院(2017)京民辖终355号民事裁定书。

款"所指向的合同义务究竟是"卖方应当交付符合约定的标的物"还是"买方应当支付相应价款"？本文认为应当结合解除的理由来判断：如果是因为标的物质量或者交付时间不符合约定而产生争议，最终争议的还是卖方交付标的物的义务，争议标的应当是"其他标的"；而如果是双方合意解除的场合，对于是否合意解除产生争议，似乎更应当是对于支付价款的原因存在与否产生争议，争议的是买方支付货款的义务，争议标的应当是"给付货币"。但是好在这时无论如何认定争议标的，合同履行地均为卖方所在地，对于确定管辖法院并无影响，可以说此时并无区分争议标的类型的实益。

3. 诉请中只有部分适用《民事诉讼法解释》第18条第2款第1句时的处理。

(1)多种诉讼类型并存。原告提出多个诉讼请求时会导致多种诉讼类型并存，在上一个问题中已经讨论过的买方诉请解除合同(确认之诉)并要求卖方返还货款(给付之诉)的场合并不会有疑问。

但也有例外，比如原告起诉要求解除合同并要求被告返还标的物。以某案为例，[1]原告作为转让方起诉要求确认双方之间的股权转让协议解除、被告返还受让的股权并配合原告办理工商变更登记手续，该案诉请涵盖了确认之诉(确认协议解除)和给付之诉(返还股权并配合办理工商变更登记手续)，此时给付之诉中的诉讼请求所指向的合同义务是"转让方(原告)转让股权给受让方(被告)并办理工商变更登记手续的义务"，争议标的是"其他标的"，该义务的履行义务一方应当是转让方也就是原告，因此管辖法院应当是原告住所地，而本案确认之诉的管辖法院是被告住所地，这时候冲突就产生了。

学理上认为多种诉讼类型并存的情形构成诉的客观合并，[2]此时为避免重复审理以及矛盾的判决，可以承认对于其中一项请求有管辖权的法院对其他请求也产生管辖权。[3] 因此，若原告选择向合同

---

〔1〕 参见黑龙江省高级人民法院(2017)黑民辖终53号民事裁定书。

〔2〕 王亚新、陈杭平、刘君博：《中国民事诉讼法重点讲义(第二版)》，高等教育出版社2021年版，第14、183页。

〔3〕 [日]新堂幸司：《新民事诉讼法》，林剑锋译，法律出版社2008年版，第76、78、520页。

履行地法院起诉，那么该案中的确认之诉也同样可以由该法院管辖。此外，在被告不提出管辖权异议的情况下，还可以用《民事诉讼法》第127条第2款有关“应诉管辖”的规则来解释合并审理确认之诉与给付之诉的合法性：被告应诉答辩的，即可认为法院对于全部诉请均有管辖权。

（2）侵权之债与合同之债并存。实务中还会出现诉讼请求同时主张侵权之债与合同之债的情况。比如被告借走原告的一辆摩托车后，称因违法导致摩托车被交警没收，为取回车辆又向原告借走相关证件并向原告出具了金额为4000元的借条，借条大意为若无法拿回摩托车则赔偿原告4000元，原告因无法要回车辆和证件，向法院提起三项诉讼请求，即要求被告归还借款4000元、承担借用摩托车期间交通违规违法所产生的一切法律和经济责任并立即归还摩托车的车辆登记证书等相关证件。[1]

原告的第一项诉请实际上是要求被告承担未能归还摩托车的违约责任，第二项诉请是要求被告承担侵权行为造成的损失，第三项诉请是要求被告履行证件借用关系中的归还义务。第一项与第三项诉请虽然是基于两个借用合同关系，但争议标的均为“其他标的”，而第二项诉请则是基于侵权关系提出的。此种情况同样构成诉的客观合并，可参照多种诉讼类型并存的情形处理。

4. 多种争议标的并存时的处理。

在有多个诉讼请求的情况下还可能导致多种争议标的并存。常见的情况是原告因买卖合同纠纷、定作合同纠纷等起诉要求被告支付货款（有时还包括支付拖欠货款的利息或者违约金）并接收货物。此时“支付货款”（包括支付利息和违约金）的诉讼请求所对应的争议标的为“给付货币”，“接收货币一方”所在地为原告住所地，而“接收货物”的诉讼请求所对应的是“其他标的”，“履行义务一方”所在地为被告住所地，两者出现了冲突。实务中对于此时如何适用《民事诉讼法解释》第18条第2款第1句存在多种观点，大致可以分为以下两类：

第一类是将全部诉讼请求共同按照一种争议标的类型处理，其中

〔1〕 参见重庆市北碚区人民法院（2018）渝0109民初1540号民事裁定书。

又可分为按照"给付货币"确定以及按照"其他标的"确定两种观点。前者认为"应当根据当事人诉讼请求并结合主要合同义务来确定",支付加工价款系被告在合同项下"主要义务",因此争议标的属于"给付货币";[1]后者则认为此种情况下争议标的"并非单纯的给付货币,而是履行合同",因此合同履行地为对该争议标的负有履行义务一方所在地。[2]

第二类则认为不能以合同履行地来确定管辖法院,而只能以被告住所地确定。比如认为原告的诉请包括要求被告继续履行合同(接收原告产品的行为)和给付货款,而非只是要求给付货币,因此"一审法院所认定的本案争议标的为给付货币有误""本案不能以合同履行地确定管辖,而应由被告住所地法院管辖"。[3]

本文认为若原告的诉请涵盖了多种争议标的,可以通过区分主给付义务与从给付义务的方式,按照争议的主给付义务所对应的争议标的判断合同履行地。在前述案例中,给付货款是被告作为买方或者定作方的主给付义务,而接受货物只是一项从给付义务,以此争议的主给付义务来判断争议标的,合同履行地即为原告所在地,这样操作既较为符合原告的核心关切(货款回收),也符合特殊地域管辖"相对于有利于原告"的制度初衷。[4]

因此,本文赞同第一类第一种观点。如果从诉讼请求的整体角度出发认为争议标的是"履行合同"(第一类第二种观点),由于发生争议后几乎所有的案件均系要求被告履行合同,《民事诉讼法解释》第18条第2款第1句的规定就会在实质上被架空。而第二类观点没有给出不适用合同履行地管辖规则的理由,结论也难谓妥当。权威解读也认为有多个合同项下义务时应当依照履行合同主要义务所在地确定合同履行地,[5]此处的"合同主要义务"应当被理解为当事人争议

〔1〕参见苏州市中级人民法院(2016)苏05民辖终323号民事裁定书。

〔2〕参见宁波市海曙区人民法院(2017)浙0203民初3617号民事裁定书。

〔3〕参见沧州市中级人民法院(2017)冀09民辖终87号民事裁定书。

〔4〕参见最高人民法院(2016)最高法民辖16号民事裁定书。

〔5〕沈德咏主编:《最高人民法院民事诉讼法司法解释理解与适用》,人民法院出版社2015年版,第154页。

的合同主给付义务。

权威解读同时指出，主要义务无法确定时两个以上合同履行地的法院均有管辖权，[1]对于此点本文不敢苟同。所谓主要义务，不单是指合同主给付义务，更准确地说应当是站在原告的立场、从原告的诉请出发所观察到的涉争议的合同主给付义务，因此不应当存在无法确定的情形。以与不动产交付相关的诉请为例，确有观点认为不同争议标的所对应的合同履行地法院均有管辖权，比如针对原告要求被告配合办理房屋交易过户手续和贷款手续的诉请，法院裁定书认为争议标的包含"交付不动产"和"其他标的"两项，相应的两个合同履行地法院均有管辖权。[2] 但实际上从原告角度而言这种情况与诉请办理房屋交易过户手续和涂销抵押手续并无实质区别，该案中法院就根据主给付义务（交付房屋）和附随义务（涂销抵押手续）将争议标的确定为"交付不动产"。[3]

争议标的并存的情况还可能出现在因多份合同而产生争议的场合。比如原告基于与被告签订的多份买卖合同，起诉要求被告支付拖欠的货款、承担违约金以及继续履行合同接收剩余货物。[4] 虽然原告可能基于不同的合同提起支付货款与接收货物的诉请，但是对于每一份合同而言，还是可以以主给付义务即被告支付货款来确定争议标的，由此每一份合同的争议标的均为"给付货币"，最终的管辖法院仍然是原告所在地法院。此外，因此时也构成诉的客观合并，采用前文已述的相应处理方式也可以得到相同的结论。

5. 当事人之间没有书面合同时的处理。

当事人之间没有书面合同也是实务中比较常见的情况。此时原告若要向合同履行地法院起诉，因书面合同缺失，在判断"争议标的"类型时诉讼请求所指向的合同义务究竟为何就可能会产生争议。

（1）有辅助证据足以初步认定合同类型和内容时，以原告的主张为

---

〔1〕 沈德咏主编：《最高人民法院民事诉讼法司法解释理解与适用》，人民法院出版社 2015 年版，第 154 页。

〔2〕 参见四川省成都市中级人民法院（2018）川 01 民辖终 470 号民事裁定书。

〔3〕 参见广东省佛山市中级人民法院（2017）粤 06 民辖终 1036 号民事裁定书。

〔4〕 参见江苏省高级人民法院（2014）苏商外辖终字第 00022 号民事裁定书。

准。当事人之间虽然没有书面合同,但如果合同关系是真实存在的,一般情况下会存在其他证据来辅助证明合同的类型和内容,从而争议的合同义务也基本上可以确定。由于确定管辖法院尚处于民事诉讼程序的早期,并不涉及实体审理,无论是从法理还是效率角度考虑,法院都可以在初步审查的基础上按照原告主张的事实与理由结合诉讼请求进行判断,而被告的诉讼权利可以通过提出管辖权异议得到保障。比如在某案中法院就根据被上诉人(一审原告)所主张的合同名称以及合同中具体权利义务的内容,指出"本案合同初步符合买卖合同法律关系特征",随后根据买卖合同中所争议的合同义务确定争议标的。〔1〕

(2)没有辅助证据或者辅助证据不足以认定合同类型和内容时,不适用合同履行地的判断规则。实务中的案件并不都是简单明晰的,也会出现确实复杂、不经实体审理就无法查清合同权利义务内容的情况,此时若无辅助证据或者在结合辅助证据也无法初步确定合同类型和内容时,就不能以原告的主张为准。比如某案中原审原告没有明确"各方约定的具体合同义务内容,亦未能提供书面约定",法院认为根据其诉讼请求及所述情形"在管辖权异议审查阶段,尚无法确定引发本案合同争议的合同义务内容,即'争议标的'",因此无法根据《民事诉讼法解释》第 18 条第 2 款的规定,"确定作为管辖依据的合同履行地,应当由被告住所地法院管辖"。〔2〕 本文赞同该种处理方式,此时让原告承担在管辖法院确定上的"不利益"是妥当的,作为有利于原告的一项制度,原告无法提供相应证据时,自然无法享受特殊地域管辖的"优待"。

〔1〕 参见上海市第二中级人民法院(2018)沪 02 民辖终 438 号民事裁定书。

〔2〕 参见福建省高级人民法院(2016)闽民辖终 207 号民事裁定书。

级别管辖若干问题实务分析

施汉博*

一、级别管辖的法律规定

1. 法律的一般规定。《民事诉讼法》第17条至第20条规定:基层人民法院管辖第一审民事案件。中级人民法院管辖下列第一审民事案件:(1)重大涉外案件;(2)在本辖区有重大影响的案件;(3)最高人民法院确定由中级人民法院管辖的案件。高级人民法院管辖在本辖区有重大影响的第一审民事案件。最高人民法院管辖下列第一审民事案件:(1)在全国有重大影响的案件;(2)认为应当由本院审理的案件。

2. 实务中确定级别管辖一般依据诉讼标的额。虽然法律条文规定确定级别管辖要考虑案件的"重大影响",但实务中确定级别管辖,一般根据案件的诉讼标的额这一个更加明确、易于操作的标准。具体的诉讼标的额标准请见《最高人民法院关于调整高级人民法院和中级人民法院管辖第一审民商事案件标准的通知》(法发〔2015〕7号,以下简称《管辖通知》)和《最高人民法院关于调整高级人民法院和中级人民法院管辖第一审民事案件标准的通知》(法发〔2019〕14号)。

3. 常见民事纠纷级别管辖的特别规定。《管辖通知》另规定,"婚姻、继承、家庭、物业服务、人身损害赔偿、名誉权、交通事故、劳动争议等案件,以及群体性纠纷案件,一般由基层人民法院管辖"。由于上述各类案件的标的额一般较小,适用标的额的分类标准,通常也会分到基层法院。但在精神损害赔偿的情况,由于当事人可以任意主张,偶尔会有个别案件会超出基层法院的管辖数额,对于此种案件应如何确

* 北京德恒(济南)律师事务所,邮箱 1031751843@qq.com。

定管辖呢?《最高人民法院关于精神损害赔偿纠纷案件如何计算案件受理费及确定级别管辖的复函》(〔2004〕立他字第37号)认为,“当事人起诉请求精神损害赔偿,或在其他纠纷中请求精神损害赔偿的案件,有具体的赔偿金额的,应按照《人民法院诉讼收费办法》第五条第四项的规定收取案件受理费,并按照请求精神损害赔偿数额的大小确定级别管辖”。由于上述复函时间较早,可能无法反映最新的司法政策,笔者认为,考虑到我国精神损害赔偿能够获得支持的金额往往较小,因此,根据《管辖通知》的精神,即便当事人主张精神损害赔偿的金额超过基层法院管辖的数额,也应由基层法院管辖为宜。

4. 本文拟讨论的实务中确定级别管辖的重点问题。级别管辖按照诉讼标的额确定管辖法院,看似标准非常明确,因为一旦确定了诉讼标的额,确定级别管辖法院就是比较金额大小的问题。但是,确定案件诉讼标的额,却并非如同想象中的简单。类似于原告请求被告偿还借款若干元的给付之诉,确定诉讼标的额可能没有什么争议。但对于形成之诉、确认之诉诉讼标的额的确定,可能就没有那么简单了。另外,对于复杂形态的诉讼,如当事人为多人的共同诉讼,及一案中主张数个不同法律关系的客观合并之诉,如何确定诉讼标的额可能就更加困难了。对于上面的问题,本文试图给出一些分析,希望对实务有所帮助。

二、给付之诉、确认之诉、形成之诉各自诉讼标的额的计算

(一)给付之诉

给付之诉中,金钱给付之诉非常明确,以请求给付的数额为准即可。物的给付(特定物或一般物),一般以该物的市场价值为准,由于立案时只是形式审查,确定级别管辖也属于技术性规定,因此标的物市场价值的核定不需要非常精确。例如,在房屋买卖合同中,买受人请求出卖人交付房屋,则该房屋的市场价值可以按合同约定的房屋价款来确定,无须考虑合同签订后房屋的升值情况,这样最能简便、快捷。

1. 主债权和违约损害赔偿合并计算诉讼标的额。计算诉讼标的额时,主债权及违约损害赔偿等在我国一般是合并计算的。例如,最

高人民法院(2018)最高法民辖终10号鹰潭市美亚置业有限公司、中天建设集团有限公司建设工程施工合同纠纷二审民事裁定书认为,“中天公司……要求美亚公司支付剩余的工程款33093690.66元及逾期付款违约金20598853.7元,系其自身结合案件事实和法律规定提出的主张……本案诉讼标的额已超过5000万元,且中天公司住所地不在江西省辖区内……本案应当由江西省高级人民法院管辖”。

2. 确定诉讼标的额需要考虑实体法律关系。对实体法律关系性质的认识,对确定诉讼标的额来讲也是很重要的。例如,在租赁合同情形,出租人主张给付租金,并要求返还出租物时,根据租赁合同的性质,应以租金数额确定诉讼标的额,而不能以租赁物的价值来确定。但在融资租赁合同情形,出租人主张已发生但未支付的租金,及返还租赁物的,根据融资租赁合同的性质,应当合并计算。

(二)确认之诉

笔者认为,确认之诉应以拟确认权利的金钱价值来确定诉讼标的额。例如,确认对某物的所有权,应以该物的市场价值来确定诉讼标的额。确认合同无效,应以合同标的额来确定诉讼标的额。

1. 确认合同无效应按合同标的额确定级别管辖。例如,最高人民法院(2015)民一终字第178号四川西昌电力股份有限公司与湖北水总水利水电建设股份有限公司二审民事裁定书认为,“对于诉讼标的额的计算原则,应根据原告请求判决的权利主张将给原告带来的经济利益来确定。本案所涉合同标的金额为7470.5022万元,一审原告西昌电力公司提起的确认合同无效的请求能否得到支持,关系到7470.5022万元的合同是否继续履行,与一审原告西昌电力公司利益直接相关。故一审法院以合同标的额作为确定级别管辖的诉讼标的额并无不妥”。

对于确认合同无效(及下文将要讨论的撤销合同、解除合同),如何核定诉讼标的额,北京高院作出过一个解释。《北京市高级人民法院关于规范合同纠纷级别管辖及案件受理费问题的意见》(京高法发〔2014〕450号,以下简称《北京高院合同纠纷级别管辖意见》)第2条规定,“当事人的诉讼请求仅为确认合同效力、继续履行合同或者变更、解除、撤销合同的,应以合同标的总额作为诉讼请求标的额,据以确定级别管辖并收取案件受理费”。

2. 确定级别管辖的诉讼标的额与计算案件受理费的涉案金额不是等同的概念。对于确认合同无效案件的案件受理费(也包括撤销合同、解除合同的案件受理费),在我国由于需要原告预缴,涉及实体上的“真金白银”,就不是一个纯粹的技术性问题了。是否需要按合同标的额来缴纳,可能需要进一步讨论。笔者基本的观点是,确定级别管辖时认定的诉讼标的额,与诉讼费用收取时认定的涉案金额并不是同等的概念,两者可以相同,也可以不同。例如,最高人民法院(2017)最高法民终248号桂平市万德米业有限责任公司、弘洲(大连)实业有限公司确认合同无效纠纷一案,当事人的诉讼请求只有确认合同无效,并无给付内容,该案一审由广西高院管辖,二审上诉至最高人民法院,一审、二审的案件受理费均为100元。实践中肯定也有不同的做法,对于这个问题,还有待于进一步研究。

(三)形成之诉

形成之诉如分割共有物、撤销合同、解除合同等。笔者认为,撤销合同与确认合同无效实体权利义务状态基本相同,应与确认合同无效适用相同的标准,即按合同标的额来确定诉讼标的额。对于分割共有物纠纷,宜根据共有物的总价值来确定诉讼标的额。

1. 解除合同纠纷按合同标的额确定级别管辖。对于解除合同纠纷,《最高人民法院关于案件级别管辖几个问题的批复》[法复〔1996〕5号,本批复被《最高人民法院关于废止部分司法解释及相关规范性文件的决定》(2020年12月29日发布;2021年1月1日实施)废止]中规定,“如当事人在诉讼请求中要求解除合同的,应以其具体的诉讼请求金额来确定诉讼标的额,并据以确定级别管辖”。但笔者认为,合同解除纠纷似乎也应以合同标的额来确定诉讼标的额。理由在于,判断合同是否应当解除需要法院对整个合同进行整体上的考察,若合同标的额巨大,则判断合同应否解除就应属于重大案件。上述司法解释形成时间较早,恐不能反映最新的司法观点。例如,最高人民法院(2010)民二终字第85号裁定书认为,“本案审理对象为确认解除《股权转让框架协议》的效力问题,以整个合同为争议标的,应以合同标的额作为确定级别管辖法院的标准”。[1] 确认合同解除的效力与解除合同,在实体法上的权利义务状态完全类似,既然确认解除合同效力的案件依据合同标的额来确定级别管辖,相应的解除合同纠纷案件亦应以合同标的额来确定级别管辖。上述《北京高院合同纠纷级别管辖意见》同此观点。

2. 解除合同与损害赔偿并行时级别管辖的确定。实务中,解除合同与违约损害赔偿一并主张,属于一案中既有形成之诉,又有给付之诉。若主张损害赔偿的数额不超过合同总金额,解除合同的请求已经可以涵盖损害赔偿的请求,因此,笔者认为按合同标的额确定管辖就可以了。若损害赔偿的金额超过合同总金额,则应以损害赔偿的金额确定诉讼标的额。例如,上述《北京高院合同纠纷级别管辖意见》第3条规定:“当事人在请求确认合同效力或者变更、解除、撤销合同的同时,又提出返还财产、支付违约金、赔偿损失等其他诉讼请求的,应按照诉讼请求标的额较高的一项确定级别管辖并收取案件受理费。”

三、诉的主、客观合并对诉讼标的额计算的影响

(一)诉的主、客观合并简介

1. 主、客观合并的概念。诉的主观合并(也称主体合并),即当事人为多数的情况,例如张三以李四、王五为被告起诉分割共有物。诉的客观合并(也称客体合并),指原告在一个案件中主张数个法律关系,例如张三起诉李四,要求李四偿还借款若干元及支付货款若干元。当然,一个案件也会同时出现主观合并和客观合并共存的情况,例如债权人起诉债务人和保证人的情况。

实务中,对诉的主、客观合并论述比较清楚的案例,可以参考最高人民法院(2014)民一终字第11号潍坊农村商业银行股份有限公司与潍坊市鑫盾商贸有限公司金融借款合同纠纷二审民事裁定书(以下简称最高法院潍坊农商银行案)。

2. 共同诉讼的分类。大家熟悉的用语“共同诉讼”是就主观合并

〔1〕 最高人民法院立案一庭、立案二庭编:《立案工作指导》(总第30辑),人民法院出版社2012年版,第197~198页。

而言的。共同诉讼又分为普通共同诉讼与必要共同诉讼,必要共同诉讼又分为固有必要共同诉讼与类似必要共同诉讼。例如张三在一案中同时起诉分别欠其货款的李四和王五,合并审理的话,就是普通共同诉讼。分割共有物纠纷属于固有必要共同诉讼,需要各个共有人均参加诉讼。债权人起诉债务人和保证人则属于类似必要共同诉讼,因为法律不要求债权人必须同时起诉债务人和保证人。类似必要共同诉讼不同于普通共同诉讼,类似必要共同诉讼的被告往往存在连带责任的关系,因此案件特别适合一并审理,而普通共同诉讼则否。

(二)主观合并时级别管辖的确定

1. 普通共同诉讼级别管辖的确定。在普通共同诉讼时,存在主观合并和客观合并,但由于普通共同诉讼合并审理的要件之一,是各个拟合并的诉均属于该法院管辖。也即,确定普通共同诉讼的级别管辖,与确定是否能够合并审理是一个事物的两面。因此,确定级别管辖时,需要对各个诉进行依次甄别,符合级别管辖的可以纳入合并审理,不符合级别管辖的需要去相应的法院另行起诉。

2. 固有必要共同诉讼级别管辖的确定。对于固有必要共同诉讼,例如原告起诉数个被告分割共有物,诉讼标的只有一个,确定级别管辖时仅需要以该诉讼标的确定即可。

3. 类似必要共同诉讼级别管辖的确定。对于类似必要共同诉讼,例如债权人起诉债务人和保证人的情况,不适用上述关于普通共同诉讼的识别标准,通常根据主债权关系确定级别管辖。保证人如果只是担保部分债务,保证合同的诉讼标的额不够主债权级别管辖的,也同样进行合并审理,根据《民事诉讼法解释》第66条规定,“因保证合同纠纷提起的诉讼,债权人向保证人和被保证人一并主张权利的,人民法院应当将保证人和被保证人列为共同被告”。

对于其他的没有明文规定可以合并审理,但法律状态相当的情形,也宜做相同处理。例如,有追索权的保理合同纠纷,保理商同时起诉保理债权的债务人主张实现债权,同时一并起诉保理融资人主张追索权的,两个诉有很强的牵连关系,即便两个诉分属不同的级别管辖,也以合并审理为宜,并且只需要以两诉中诉讼标的额较高者确定级别管辖即可。《最高人民法院关于适用〈中华人民共和国民法典〉有关担保制度的解释》第66条第2款规定,“在有追索权的保理中,保理人以应收账款债权人或者应收账款债务人为被告提起诉讼,人民法院应予受理;保理人一并起诉应收账款债权人和应收账款债务人的,人民法院可以受理”。

(三)客观合并时级别管辖的确定

1. 实务中客观单纯合并时一般叠加计算标的额。对于单纯的诉的客观合并,即一个原告,在一个案件中,对一个被告,请求数个不同的法律关系项下的给付时,计算诉讼标的额时,是否应当合并计算呢?对此,最高法院潍坊农商银行案认为,“虽然我国民事诉讼法对发生诉的合并时如何计算诉讼标的额问题没有规定,但是司法实践中,当受诉人民法院将双方当事人为一人,诉讼标的是同一种类的各个独立又彼此联系的诉合并在同一个诉讼程序中进行审理时,均采取合并计算诉讼标的额的做法。本案潍坊农商行基于十一份借款合同,提出的诉讼请求额为112034226.05元,因此案件的诉讼标的额应认定为112034226.05元。……达到山东省高级人民法院级别管辖标准,山东省高级人民法院对案件具有管辖权。”

2. 本文认为客观单纯合并时不应叠加计算。笔者认为,上述合并计算的结论可能并不恰当。解决这个问题,可能先要解决一个问题:在我国,客观单纯合并之诉,若拟合并的诉属于不同的级别管辖,是否可以合并?《立案工作指导》曾有一个案例分析认为,“……受诉法院对合并的数个诉均有管辖权,若合并的诉属于其他法院级别管辖、专属管辖和协议管辖的,则不得合并”。[1] 对于上述观点,笔者予以赞同,因为级别管辖的强制性虽然弱于专属管辖,但也是半强制性的,不同级别管辖的诉,若进行客观单纯合并,与级别管辖的立法目的,即在不同的法院之间分配工作量是有冲突的。如果基于上述出发点,分析客观单纯合并之诉如何确定级别管辖时,可能就不会得出各个诉的标的额相加的结论。比如数个按标的额属于中院管辖的诉,合并在一起标的额超过高院管辖的标准了,这个时候由高院管辖,逻辑上就是有

---

〔1〕 最高人民法院立案庭编:《立案工作指导》(总第21辑),人民法院出版社2009年版,第95~100页。

问题的，因为任意一个诉单独拿出来，都属于中院管辖，根据上面的出发点，进行单纯合并的话，只能合并几个应该由中院管辖的诉，合并完之后，还得由中院管辖才符合逻辑，不能升格为高院管辖。

对于笔者的上述观点，还可以从另一个角度论证。普通共同诉讼，也有数个诉的客观合并，并且同时存在着主观合并，一般来讲比单纯的客观合并审理起来要复杂一些，但在进行合并审理时，并不以各个诉的标的额叠加来确定级别管辖。根据“举重以明轻”的基本理念，在只有单纯的客观合并时，案件复杂程度相对来讲更加简单，当然没有级别管辖升级的道理。

3. 同一种类的诉客观合并，可以其中标的额最高的一个诉来确定管辖。最后，需要对上述观点提出一个例外情况。若原告拟合并的诉属于同一种类，例如最高法院潍坊农商银行案中的 11 个借款合同，要求当事人按级别管辖分类后，分别进行诉讼，也确实会增加当事人的诉累。从减少当事人诉累的考虑出发，在当事人拟合并的诉属于同一种类时，可以借鉴类似必要共同诉讼的处理办法，例外地允许属于不同级别管辖的诉进行客观合并，但确定级别管辖时，只以其中标的额最高的一个诉为准。例如，在最高法院潍坊农商银行案中，以 11 个借款合同中标的额最高的一个来确定级别管辖。

四、变更诉讼请求导致级别管辖变更的处理

1. 变更诉讼请求会导致级别管辖的变更。例如原告起诉时主张的诉讼标的额属于基层法院管辖，但起诉后又增加诉讼请求，结果超出了基层法院的管辖范围，应当如何处理呢？根据《民事诉讼法解释》第 39 条的规定，“人民法院对管辖异议审查后确定有管辖权的，不因当事人提起反诉、增加或者变更诉讼请求等改变管辖，但违反级别管辖、专属管辖规定的除外”。因此，发生增加诉讼请求导致级别管辖升级的情况时，必须要进行移送，目的是防止原告利用增加诉讼请求的手段，故意规避级别管辖，损害被告的管辖利益。

2. 变更诉讼请求导致级别管辖变更时，以法院直接裁定移送为宜。发生上述变更诉讼请求导致级别管辖变更的情况时，是否还需要当事人提出管辖权异议，抑或由法院直接裁定移送有管辖权的法院即可？根据《最高人民法院关于审理民事级别管辖异议案件若干问题的

规定》第 3 条和第 6 条的规定，当事人有权提出管辖权异议，但即便当事人不提出异议，法院也应依据职权移送。

例如，在北京市第二中级人民法院(2017)京 02 民初 139 号边某与北京华商天润投资管理有限公司股权转让纠纷一案中，边某诉至法院，请求华商天润公司(注册地为东城区)支付股权转让款 60000000 元。后边某变更诉讼请求为华商天润公司支付股权转让款 30000000 元。华商天润公司在提交答辩状期间未对管辖权提出异议。法院认为，“北京市高级人民法院所辖中级人民法院管辖当事人一方住所地不在受理法院所处省级行政辖区的第一审民商事案件的诉讼标的额标准是 50000000 元至 300000000 元(不含)。边某变更诉讼请求后，本案的诉讼标的额为 30000000 元，不符合本院审理第一审民商事案件的诉讼标的额标准”，于是裁定“本案移送北京市东城区人民法院处理”。上述案例是当事人未提管辖权异议而由法院依职权进行的移送，笔者认为，由于级别管辖的规定是半强制性的，从提高效率的角度讲，在实际操作时应以人民法院直接裁定移送为原则。

一审管辖恒定原则及其司法应用

王炎冰*

管辖恒定原则从来不是我国民事诉讼法上的新生事物。早在1992年，《最高人民法院关于适用〈中华人民共和国民事诉讼法〉若干问题的意见》（法发〔1992〕22号，以下简称《民事诉讼法意见》）第34条、第35条就分别规定了一审地域管辖恒定和再审、发回重审程序中的管辖恒定原则。1996年实施的《最高人民法院关于案件级别管辖几个问题的批复》（法复〔1995〕5号，以下简称《级别管辖批复》）首次规定了级别管辖恒定。2015年，《最高人民法院关于适用〈中华人民共和国民事诉讼法〉的解释》（法释〔2015〕5号，以下简称《民事诉讼法解释》）吸收整合了现有规则、试图作出周延的规定，但仍未能平息司法实践中因适用管辖恒定原则引发的争议。仅以本文探讨一审民事诉讼中管辖恒定的内涵及其适用范围，以求教于大方之家。

一、管辖恒定的内涵

（一）以起诉时作为确定管辖的标准

最高人民法院在（2017）最高法行再63号刘某安、刘某本土地行政管理再审行政裁定书中指出：

管辖恒定原则一般是指确定管辖权以起诉时为标准，起诉时对案件享有管辖权的人民法院，不因确定管辖的事实在诉讼过程中发生变化而影响其管辖权。适用管辖恒定原则的基本前提条件是受诉人民法院具有管辖权。若在起诉时受诉人民法院根本就没有管辖权，则不发生管辖恒定的效力。

大陆法系的传统理论同样持类似观点。这里所称"确定管辖权以

* 南京民商法律师，微信 wyb_ice_ace。

起诉时为标准”并不意味着法院立案受理后管辖问题就当然确定,而是指应当以起诉时为基准,根据当时与管辖权有关的全部事实裁判嗣后发生的管辖争议。

我们注意到,对于被告没有应诉答辩时,案件进入一审程序后能否以地域管辖错误为由移送管辖的问题,大量裁判文书引用管辖恒定原则论证原审法院继续审理的合理性。

《重庆市高级人民法院关于民事诉讼管辖若干问题的解答》(渝高法〔2017〕256 号)第 8 条规定,“当事人在答辩期间届满后未应诉答辩的……受诉法院……发现没有管辖权的……已经开庭审理,除发现违反专属管辖、级别管辖、集中管辖、专门管辖规定外,根据管辖恒定原则和诉讼经济原则,由受诉法院继续审理”。

我们认为,起诉时受诉法院就没有管辖权的,不适用管辖恒定原则;以管辖恒定作为上述情形下不予移送的理论基础恐有失偏颇。

(二)生效法律文书确定的管辖不得变更

“以起诉时作为确定管辖的标准”是传统理论中管辖恒定的内涵。但在我国的司法实践中,管辖恒定原则出现了嬗变,逐渐发展出“生效法律文书确定的管辖不得变更”这一层含义。在最高人民法院(2018)民提字第 10 号要某某诉北京二建案再审民事裁定书中,最高人民法院认为:

> 人民法院通过形式审查依法确定管辖权后,即便经实体审理后发现据以确定管辖的主要证据不实,基于管辖恒定、程序安定及诉讼经济等原则的考量,对一方当事人要求变更管辖权的诉讼主张,人民法院不予支持。

本案中,原审法院所属河北省高级人民法院曾向张家口市中级人民法院发函,函中指出,“你市桥东区人民法院受理该案后,两级法院已就当事人提出的管辖异议都作出了裁定,并已发生法律效力,桥东区人民法院对该案有管辖权。该案由你市桥东区人民法院继续审理”。

河北高院似乎认为:既然针对本案管辖异议的裁定业已生效,受案法院就确定地取得管辖权,不能以任何理由移送异地法院。因此,最高人民法院一项重要的裁判理由就是:

本案是北京、河北两地高级人民法院协商一致，由河北省高级人民法院指定张家口市桥东区人民法院审理的案件，张家口市中级人民法院和桥东区人民法院未经高级人民法院同意，擅自将案件移送异地法院审理的行为有悖于高级人民法院的通知，使高级人民法院的通知成为一纸空文。

在最高人民法院(2015)民提字第204号天津弘禾昱科工贸有限公司与营口BL矿业有限公司、天津港保税区瑞尔普稀贵金属有限公司企业借贷纠纷民事再审裁定书中，原告弘禾昱公司在诉讼中经法院释明变更了诉讼请求所依据的基础法律关系，原审法院遂以变更后无管辖权为由裁定驳回起诉。最高人民法院认为：

本案一审、二审法院……裁定天津市二中院对本案有管辖权之后，依据管辖恒定原则，即使弘禾昱公司经法院释明将诉讼理由从企业借贷关系变更为债权转让关系，也不得再行裁定天津市二中院对本案无管辖权，驳回弘禾昱公司的起诉。

(2018)民提字第10号案的裁判思路与本案一脉相承。这种观点混淆了生效裁判文书的效力和管辖恒定原则，但在司法实践中已发展成为后者的一项重要内涵。

诉讼中关于管辖的生效法律文书包括：针对管辖异议的生效裁定、受案法院主动移送管辖的裁定、上级法院指定管辖的裁定和管辖权转移的裁定。如果说后三者更多的带有行政指令的色彩，前者则纯粹是针对已经发生的管辖争议的裁断。类似于既判力具有基准时，生效的管辖异议裁定同样应当具有时间上的效力限制。管辖异议裁定的效力至多体现在当事人不得根据裁定生效前的事实再行异议，而不能妨碍新事实对管辖问题施加影响。这种误解恐怕与既判力理论的不甚普及有关。

二、管辖恒定的适用

管辖恒定原则解决的是起诉后哪些因素的变化将导致管辖权的变更。以下将从事实变化、法律变化以及诉的变更三个角度分析司法实践中管辖恒定的作用范围：

(一)事实变化

《民事诉讼法解释》第37条规定，“案件受理后，受诉人民法院的管辖权不受当事人住所地、经常居住地变更的影响”。第38条规定，“有管辖权的人民法院受理案件后，不得以行政区域变更为由，将案件移送给变更后有管辖权的人民法院”。可见当事人住所地、经常居住地变更以及行政区域的变更不影响受诉人民法院的地域管辖权。

从大陆法系国家的管辖制度来看，标的物价值的变化不影响受诉人民法院的级别管辖。例如，要求给付股票的诉讼，起诉时的数额是按照当时的股票市值来计算的，在诉讼中有可能该股票的股价发生了很大的变化，为了诉讼安定性，显然不能依照股票的涨跌情形确定管辖法院。对于以上两点，司法实践中普遍没有争议。

（二）法律变化

传统的关于管辖恒定原则的论述并没有将法律法规的变化纳入讨论。在最高人民法院（2017）最高法民辖终129号赤水中南投资置业管理有限公司与江苏南通三建集团股份有限公司建设工程施工合同纠纷案二审民事裁定书中，一审法院接受原告诉状后，贵州省高级人民法院经最高人民法院同意调整了辖区内第一审民商事案件的管辖标准，导致按新标准原审法院不具有管辖权。被告因此提出管辖异议，要求按新标准的规定移送管辖。最高人民法院在本案中指出：

> 管辖恒定原则是指人民法院对相关民事案件是否具有管辖权应当以当事人起诉的时间为准，即在当事人起诉时具有管辖权的人民法院不因确定管辖的因素在诉讼过程中发生变化而受到影响……该确定管辖的因素（即级别管辖标准）的变化不影响在当事人起诉时即具有管辖权的人民法院受理案件，故江苏南通公司向一审法院提起诉讼符合法律规定。

可见，在本案中最高人民法院认为：起诉后法律规定的变化属于确定管辖的因素的变化；法律规定的变化不妨碍管辖恒定原则的适用。

但在最高人民法院（2016）最高法民申704号ESSAR航运物流有限公司与STX（大连）造船有限公司保证合同纠纷案再审民事裁定书中，最高人民法院的观点就截然不同。最高人民法院认为：

> 本案是新民事诉讼法生效后新民事诉讼法的司法解释生效前受理的案件。“程序从新”是程序法的基本适用原则，新民事诉讼法第二

百八十四条规定该法自公布之日施行,而司法解释是对现行法律的解释,时间效力范围与法律相同,人民法院尚未审结的一、二审案件均应适用。“管辖恒定”是指取得管辖权的法院不因当事人反诉、变更诉讼请求等而改变管辖,与法律及司法解释溯及力问题无关。

上述两则看似矛盾的判例实则有其内在逻辑。最高人民法院认为:《民事诉讼法解释》属于对于《民事诉讼法》这一程序法的司法解释,其时间效力范围与法律相同,人民法院尚未审结的一、二审案件均应适用。也就是说,《民事诉讼法解释》的出台并不属于对现有规则的调整和变更,自然没有适用管辖恒定原则的余地。而级别管辖标准的变化明显属于管辖依据的变更,应当适用管辖恒定原则。虽然在是否适用管辖恒定原则方面两则案例意见相左,但结论是一致的,均认定原审法院具有管辖权。

(三)诉的变更

诉的变更包括诉的主体变更和诉的客体变更。诉的主体就是指当事人,诉的客体包括诉讼请求与诉讼标的(本文中诉讼请求仅指诉的声明,诉讼标的指诉讼请求所依据的实体法律关系)。

《民事诉讼法解释》第 39 条第 1 款规定,“人民法院对管辖异议审查后确定有管辖权的,不因当事人提起反诉、增加或者变更诉讼请求等改变管辖,但违反级别管辖、专属管辖规定的除外”。

该规定较 1992 年《民事诉讼法意见》系新增条文,但既未言明诉的主体变更和诉讼标的变更是否影响管辖权,也没能平息司法实践中关于原告变更诉讼请求后被告能否提出管辖异议的争议。以下试从当事人变更、诉讼请求变更和诉讼标的变更角度分析诉的变更对管辖权的影响。

1. 当事人变更

考虑到追加第三人参诉一般不对本诉管辖权产生实质上的影响,在此仅讨论对部分被告撤回起诉/驳回起诉以及诉讼承担的情形。

(1)部分撤诉/驳回起诉。存在这样一种情形,即:原告起诉多名被告,根据其中一名被告所在地选择管辖法院;但开庭后撤回对该名被告的起诉或对该被告的起诉被法院驳回,导致受诉法院的管辖连接点消失。这种情况是否适用管辖恒定原则呢?

在最高人民法院(2017)最高法民辖终257号浙江义乌宝德彩印有限公司与何某娟、方某奇、株洲天山房地产开发有限公司借款合同纠纷二审民事裁定书中,宝德公司在一审法院第一次开庭审理后与天山公司达成和解协议并撤回对其的起诉。共同被告何某娟提出管辖权异议,主张宝德公司为了达到将案件由一审法院审理目的,故意以天山公司作为虚假被告再撤回起诉,因此一审法院不具有管辖权。最高人民法院认为:

一方面,虽然宝德公司撤回了对天山公司的起诉,但系因其与天山公司达成和解协议而撤诉,并非通过恶意虚列被告方式规避地域管辖的规定……另一方面,宝德公司在一审法院第一次开庭审理后与天山公司达成和解协议并撤回对其的起诉,可以视为宝德公司变更了诉讼请求……根据管辖恒定原则,人民法院确定对案件有管辖权的,不因当事人提起反诉、增加或者变更诉讼请求等改变管辖,但违反级别管辖、专属管辖规定的除外。换言之,在本案一审已经两次开庭进入实体审理的情形下,本案不应因宝德公司撤回对天山公司的起诉而改变管辖。

在最高人民法院(2008)民申字第1364号北京智扬伟博科技发展有限公司与创思生物技术工程(东莞)有限公司、河南省开封市城市管理局居间合同纠纷案再审民事裁定书中,法院驳回了原告对作为管辖连接点的被告的起诉,共同被告遂提出管辖异议。最高人民法院同样认为:

在不适格被告被裁驳之前,原审法院受理案件并无不妥,且鉴于另一被告未在一审答辩期间提出管辖权异议,在案件进入实体审理后,管辖权已确定,作为管辖连接点的被告是否适格均不影响一审法院对案件的审理,不需再移送案件。

可见,只要不是恶意创造连接点规避地域管辖规则,一审开庭后管辖连接点消失的,同样适用管辖恒定原则,并不改变管辖。

(2)诉讼承担。诉讼承担主要包括作为当事人的自然人死亡、法人或其他组织合并分立、法人未清算即被注销以及民事权利义务转移所发生的当事人变更。类似于上一种情形,诉讼承担后如果作为管辖连接点的一方当事人退出诉讼,案件的管辖权是否受影响?

1993年6月2日,最高人民法院经济审判庭作出《关于法院应原告变更被告之请求而恢复诉讼,变更后的被告是否有权提出管辖异议问题的答复》(法经〔1993〕97 号),认为“人民法院对原中止诉讼的案件应原告之请求,变更被告,恢复诉讼后,变更后的被告应享有法律规定的一切诉讼权利,包括在答辩期内向人民法院提出管辖权异议”。该答复仅仅认为变更后的被告有权提出管辖异议,并没有解决实际上管辖权是否发生变动的问题。

理论上认为,诉讼承担发生后,新的当事人是继续原当事人的诉讼程序,而不是使诉讼程序重新开始。原当事人的诉讼权利义务由新当事人承担,原当事人所实施的一切诉讼行为对新当事人仍然有效。如果开庭前,被承担诉讼的一方当事人已经应诉答辩,或者法院已对此前提出的管辖异议作出生效裁定,承担人应当受到之前诉讼程序和诉讼行为的约束。除非违反专属管辖和级别管辖,此时本案管辖法院不应变动。考虑到诉讼承担属于被动的、法定的当事人变更,更加可以排除恶意规避法律的情形,应当类推适用前述规则:即使开庭前被承担人没有应诉答辩,也没有关于管辖问题的生效裁定,诉讼承担本身也不应作为影响受诉法院管辖权的因素。

2. 诉讼请求的变更

诉讼请求的变更包括请求类型的变更和请求标的额的变更。在这里主要是指因增加或减少同类型诉讼请求导致据以确定级别管辖的诉讼标的额发生变化。

对于《民事诉讼法解释》第 39 条第 1 款的解读,最高人民法院实际上完全从诉讼标的额变更的角度来进行。《最高人民法院民事诉讼法司法解释理解与适用》一书对该条的说明认为,“如原告增加或减少诉讼请求,其诉讼标的额超过或少于受诉法院的管辖标准,应该相应调整级别管辖法院,以防止当事人采取这种途径规避级别管辖法院,损害对方当事人的管辖利益”。相反的是,《最高人民法院关于案件级别管辖几个问题的批复》第 2 条曾规定,“当事人在诉讼中增加诉讼请求从而加大诉讼标的额,致使诉讼标的额超过受诉法院级别管辖权限的,一般不再予以变动。但是当事人故意规避有关级别管辖等规定的除外”。据最高人民法院的意见,上述规定因与《民事诉讼法解释》第 39 条相冲突,不再适用。也就是说,诉讼请求量上的变更导致案件标的与受诉法院管辖级别不再匹配的,应当移送管辖。这种情形构成管辖恒定原则的一项例外。

在最高人民法院(2015)民提字第11号福建省惠建发建设工程有限公司与沈阳坤博益群房地产开发有限公司、陈某水建设工程施工合同纠纷申请再审民事裁定书中,最高人民法院认为:

在惠建发公司变更诉讼请求后,尽管坤博益群公司、陈某水未提出管辖权异议,但作为受诉人民法院的沈阳市中级人民法院,在发现案件存在级别管辖问题后,仍然应当依职权进行审查,依法将案件移送有管辖权的人民法院审理……因此,本案……应当由辽宁省高级人民法院作为一审法院。

本案裁判理由进一步印证了前述结论。

但司法实践中也有不同观点。在最高人民法院(2018)最高法民辖终66号新疆山青华通环境科技有限公司与晖泽发展集团有限公司合同纠纷二审民事裁定书中,法院认为:

虽然晖泽公司在证据交换之后变更了诉讼请求,降低诉讼标的金额,但该项变更是基于当事人履行《和解协议》所作出的,并不具有规避级别管辖制度的情形。《中华人民共和国民事诉讼法》第三十八条第一款规定,上级人民法院有权审理下级人民法院管辖的第一审民事案件。故原审法院对本案行使管辖权亦不违反级别管辖的规定,不因晖泽公司变更诉讼请求而改变管辖。

可见,因减少诉讼请求导致诉讼标的额达不到受诉法院一审管辖标准的,仍然具有适用管辖恒定原则的余地,受诉法院有权继续审理。

3. 诉讼标的的变更

《最高人民法院关于适用〈中华人民共和国合同法〉若干问题的解释(一)》(法释〔1999〕19号,以下简称《合同法解释一》)第30条对此做了明确规定,“债权人依照合同法第一百二十二条的规定向人民法院起诉时作出选择后,在一审开庭以前又变更诉讼请求的,人民法院应当准许。对方当事人提出管辖权异议,经审查异议成立的,人民法院应当驳回起诉”。实际上,这里所称的“诉讼请求”是指诉讼标的,即发生纠纷的实体法律关系。《合同法解释一》虽已于2021年1月1日失效,但根据《全国法院贯彻实施民法典工作会议纪要》(法〔2021〕94号)第12条的精神,上述规定仍可以作为人民法院在办理程序性事项时的参考。

理论上，诉讼标的的变更等同于重新起诉。诉讼标的变更后，法律适用和管辖依据均发生了根本性的变化。一方面法院应当重新考量是否仍然对本案享有管辖权，防止原告利用诉的变更规避管辖；另一方面被告方应当有权对变更后的管辖问题发表意见，以保障诉辩双方的平等对抗。因此，诉讼标的的变更应当视为管辖恒定原则的例外。

在山东省高级人民法院(2016)鲁民终1473号中国铁路物资上海有限公司济南分公司与青岛福信来钢材市场管理服务有限公司仓储合同纠纷一案中，中铁公司与福信来公司订立《仓储保管合同》，并将采购的钢材交由后者保管。中铁公司因故以仓储合同纠纷为由将福信来公司诉至法院。在一审庭审过程中，中铁公司将其诉讼标的改变为侵权之诉，福信来公司遂提出管辖权异议。山东省高级人民法院根据侵权法律关系认定：

本案侵权行为地及被告住所地均在山东省即墨市……本案应由山东省即墨市人民法院管辖审理。综上，福信来公司提出的管辖异议成立，中铁公司的起诉依法应予驳回。

本案进一步为诉讼标的的变更不适用管辖恒定原则提供了有力支撑。

但正如前文所言，最高人民法院在(2015)民提字第204号裁定书中持不同意见。该案中最高人民法院虽引用“管辖恒定”维持原审管辖，但却将“管辖恒定”解读为“生效管辖裁定确定的管辖不得变更”，否定了这种情况下诉讼标的的变更具有动摇管辖的可能性。这实际上是对管辖恒定原则的误读。

三、结语

应当承认：管辖恒定作为一项诉讼法原则，本身存在模糊之处，大陆法系国家也没有全面列举管辖恒定的适用范围的先例。但是，我国司法实践对于管辖恒定的适用条件、适用对象均存在较大分歧，常常将管辖恒定原则作为维持原审管辖权的挡箭牌。从中反映出的理论和实践中“重实体，轻程序”的现状亟待扭转。上述问题的解决还有待民事诉讼基本理论的普及发展以及法律和司法解释的进一步明确。

域外法院管辖权条款的适用分析

周　姣*

在涉外商事纠纷案件中，尤其是国际货物买卖与海外建设工程案件中，当事人往往会约定如发生争议，由一方所在地的法院进行管辖。特别是在外方的商事地位存在优势的情况下，经常会约定争议须在域外的法院通过诉讼解决。但是考虑到域外诉讼的成本较高，对域外法不熟悉，语言、文化背景有差异等因素，中方公司往往会考虑是否有在我国内地的法院进行诉讼的可能。基于此，本文根据现有的法律规定和司法实践，对于域外法院管辖权条款如何适用进行分析和探讨。

一、约定争议由域外法院管辖的，应首先审查管辖权条款的效力

在交易的双方或多方发生争议，并寻求法律救济的情况下，一方是否可以依据域外法院管辖权条款，向域外法院提起诉讼并排除我国内地法院的管辖，需要以该管辖权条款有效为前提。如果该管辖权条款无效，则相当于当事人没有针对管辖法院作出合意，当事人可以向我国内地法院提起诉讼。

（一）审查管辖权条款的效力应适用法院地的法律，而不是当事人协议选择的准据法

根据我国的司法实践，域外法院管辖权条款的效力应依据法院地法进行审查。我国法院的判例认为，管辖属于程序问题，而当事人约定的准据法系实体法，所以审查管辖权条款的效力应以法院地法为准，也就是中国法。

在最高人民法院（2011）民提字第301号上海衍六国际货物运输代理有限公司与长荣海运股份有限公司海上货物运输合同纠纷民事

* 国浩律师（天津）事务所律师，微信 happybear_1106。

再审裁定书中,法院认为,“管辖权属于诉讼程序问题,应适用法院地法进行审理。因此,应适用中华人民共和国法律,判断涉案管辖权条款能否排除中国法院的司法管辖权,以及一审法院对本案是否具有管辖权。长荣公司主张应适用美国法律和司法制度,确定涉案提单管辖权条款是否有效的主张没有法律依据,本院不予支持”。

(二)属于我国法院专属管辖的案件,当事人不得协议选择域外法院管辖

《最高人民法院关于适用〈中华人民共和国民事诉讼法〉的解释》(法释〔2015〕5 号,经法释〔2020〕20 号修正,以下简称《民事诉讼法解释》)第 531 条第 2 款规定,“根据民事诉讼法第三十三条和第二百六十六条规定,属于中华人民共和国法院专属管辖的案件,当事人不得协议选择外国法院管辖,但协议选择仲裁的除外”。

《民事诉讼法》第 33 条规定,“下列案件,由本条规定的人民法院专属管辖:(一)因不动产纠纷提起的诉讼,由不动产所在地人民法院管辖;(二)因港口作业中发生纠纷提起的诉讼,由港口所在地人民法院管辖;(三)因继承遗产纠纷提起的诉讼,由被继承人死亡时住所地或者主要遗产所在地人民法院管辖”。第 266 条规定,“因在中华人民共和国履行中外合资经营企业合同、中外合作经营企业合同、中外合作勘探开发自然资源合同发生纠纷提起的诉讼,由中华人民共和国人民法院管辖”。

笔者认为,上述规定为效力性强制性规定,违反上述规定的管辖权条款应为无效,则当事人可以向我国法院提起诉讼。

(三)约定争议由域外法院管辖的,应符合“实际联系地点”原则

《民事诉讼法解释》第 531 条第 1 款规定,“涉外合同或者其他财产权益纠纷的当事人,可以书面协议选择被告住所地、合同履行地、合同签订地、原告住所地、标的物所在地、侵权行为地等与争议有实际联系地点的外国法院管辖”。第一,该条文肯定了涉外财产权益纠纷,可以由当事人选择域外法院管辖。需要注意的是,如果案件没有涉外因素,考虑到我国司法管辖权的主权不得受到侵犯,当事人不能选择域外法院管辖。第二,该条文对可以选择的域外法院的范围进行了限定,要求选择的域外法院必须与案件具有实际性联系。如当事人违反

该规定,那么域外法院管辖权条款无效。

在最高人民法院(2011)民提字第301号上海衍六国际货物运输代理有限公司与长荣海运股份有限公司海上货物运输合同纠纷民事再审裁定书中,法院认为,“我国法律允许涉外合同当事人通过书面形式,协议选择管辖法院,但只能在‘与争议有实际联系的地点的法院’之间进行选择。在认定当事人协议选择的法院是否属于‘与争议有实际联系的地点的法院’时,应考虑当事人住所地、登记地、营业地、合同签订地、合同履行地、标的物所在地等因素。美国纽约南部地区或纽约县既非提单签发地、运输始发地、目的地,也不是当事人住所地、登记营业地、标的物所在地,与本案争议没有实际联系。衍六公司关于涉案管辖权条款不符合《中华人民共和国民事诉讼法》第二百四十二条有关实际联系规定的主张,具有事实及法律依据,本院予以支持”。

综上,合法有效的域外法院管辖权条款必须同时满足以下条件:(1)案件为涉外财产权益纠纷,且案件不属于我国法院专属管辖;(2)选择的法院须与案件具有实际性的联系。如果管辖权条款并不符合上述条件,则该管辖权条款无效,当事人向我国法院起诉的,应由我国法院依照相关规定判断是否符合受理条件。

二、在域外管辖权条款有效的前提下,应进一步判断管辖权条款是否具有排他性

(一)区分意义

《最高人民法院关于印发〈第二次全国涉外商事海事审判工作会议纪要〉的通知》(法发〔2005〕26号)规定,“涉外商事纠纷案件的当事人协议约定外国法院对其争议享有非排他性管辖权时,可以认定该协议并没有排除其他国家有管辖权法院的管辖权。如果一方当事人向我国法院提起诉讼,我国法院依照《中华人民共和国民事诉讼法》的有关规定对案件享有管辖权的,可以受理”。

根据上述规定,在管辖权条款有效的前提下,如果管辖权条款具有排他性,那么当事人只能向域外法院提起诉讼。如果管辖权条款具有非排他性,可以认定该协议并没有排除我国法院的管辖权,当事人也可以向我国法院提起诉讼,由我国法院判断是否符合受理条件。

(二)管辖权条款是否具有“排他性”的认定标准

通过检索有关案例,笔者总结了司法实践中法院认定“排他性”所采用的标准。

1. 管辖权条款明确约定仅由一个法域的法院管辖,并排除其他法域的法院管辖的,应认定为该管辖权条款具有排他性

在山东省高级人民法院(2019)鲁民终2702号长荣海运英国有限公司、郑州悦童游乐设备有限公司海上、通海水域货物运输合同纠纷二审民事裁定书中,法院认为,“本案所涉海上货物运输合同纠纷不属于人民法院专属管辖案件,故涉案合同纠纷当事人可以依据《最高人民法院关于适用〈中华人民共和国民事诉讼法〉的解释》第五百三十一条规定协议选择管辖法院。长荣海运英国有限公司作为承运人向托运人郑州悦童游乐设备有限公司签发提单,双方成立提单所证明的海上货物运输合同关系,提单背面条款明确约定英国伦敦高等法院管辖本案所涉索赔,任何其他法院除外,并且适用英国法律。上述约定为具有排他性管辖的约定,因长荣海运英国有限公司住所地为英国伦敦,故该项约定也符合《最高人民法院关于适用〈中华人民共和国民事诉讼法〉的解释》第五百三十一条规定中的以原告住所地选择法院的条件,该项约定不违背中华人民共和国的法律规定,约定有效”。

在上述案件中,管辖权条款明确约定所有争议“仅在英国伦敦高等法院提出和审理(solely)”“任何其他法院除外(to the exclusion of any other forum)”,当事人排除其他法院管辖的意思表示非常明确,故应直接判定管辖权条款具有排他性。

2. 管辖权条款并没有明确约定争议由某一法域的法院排他管辖的,应审查管辖权条款是否具有明确性

关于在约定不明的情况下,如何认定管辖权条款是否具有排他性,我国法律并没有明文规定。司法实践中,很多法院参考了2005年海牙《选择法院协议公约》(以下简称公约)的相关规定。我国已经于2017年签署了该公约,但公约目前尚未获得批准。该公约第3条第2款规定,“除非当事人另有明示约定,指定某一个缔约国的法院或者某一个缔约国的一个或者多个特定法院的法院选择协议应被视为排他性的(a choice of court agreement which designates the courts of one Contracting State or one or more specific courts of one Contracting State shall be deemed to be exclusive unless the parties have expressly provided otherwise)”。根据上述规定,除非当事人之间另有约定,只要是管辖权条款明确约定由某一缔约国法院或某一缔约国国内的特定法院管辖,均可以认定该管辖协议具有排他性。

实际上,公约第 3 条的规定确立了两个规则:(1)“推定排他规则”,即除非当事人另有约定,否则只要协议约定了争议由“某一法域的法院”管辖,即可“视为”具有排他性,而无须对排除其他法域的法院管辖再作出任何的陈述和说明;(2)“明确性规则”,即只要通过管辖权条款可以确定争议由“某一法域的法院”管辖即可,而不是必须确定争议究竟由“某一法域”中的哪些“具体特定法院”进行管辖。同时,笔者认为,根据公约第 3 条的规定,如果管辖权条款约定争议由两个或多个法域的法院管辖,则说明管辖权条款对于管辖法院的约定不明确,不符合该公约关于排他性的规定。我国的司法实践中,也采纳了上述两个规则。

在天津市高级人民法院(2016)津民终 44 号天卓国际发展有限公司与盈发创建有限公司企业借贷纠纷民事二审裁定书中,法院认为,“《贷款协议》第八条约定:‘借款人不可撤销地同意香港特别行政区法院有权限解决本协议产生的纠纷。’该条款约定系天卓公司、盈发公司真实意思表示,不违反法律、行政法规强制性规定,应认定为有效。由于该条款并未明确约定香港特别行政区法院对因涉案《贷款协议》产生纠纷的管辖权为非排他性,故应将该条款认定为当事人为解决因《贷款协议》产生的争议而以书面形式明确约定香港特别行政区法院具有唯一管辖权的协议,亦即排他性管辖协议。按照该条款之约定,作为内地法院的天津市第一中级人民法院并不具有管辖权,一审裁定并无不当”。

在最高人民法院(2017)最高法民申 4205 号国泰世华商业银行股份有限公司诉高某保证合同纠纷民事再审裁定书中,法院认为,“高某向国泰世华银行出具《保证书》,其中第十三条约定:‘保证人同意以中国台湾地区法律为准据法,因本保证书涉讼时,合意以中国台湾地区地方法院为第一审管辖法院。但法律有专属管辖之特别规定者,从其规定。’参照公约规定,选择管辖法院条款是否具有排他性关键在于看协议用词是否明确。涉案保证书明确'因本保证书涉讼时,合意以中国台湾地区的地方法院为第一审管辖法院',而本案当事人未另作明确规定,应认定为属于排他性管辖协议,即排除了内地法院的管辖权。至于协议管辖权条款没有具体约定纠纷由中国台湾地区的哪一个地方法院管辖,当事人可以根据中国台湾地区的法律规定向中国台湾地区某一法院起诉,同样具有确定性。上诉人以协议选择的法院约定不明和不具有排他性为由主张该管辖权条款无效,缺乏事实和法律依据"。

三、我国法院对涉外商事案件的受理条件

在管辖权条款无效,或者管辖权条款有效但为非排他性的情况下,当事人可以向我国法院起诉,由我国法院依据相关规定判断是否符合受理条件。

《民事诉讼法》第265条规定,"因合同纠纷或者其他财产权益纠纷,对在中华人民共和国领域内没有住所的被告提起的诉讼,如果合同在中华人民共和国领域内签订或者履行,或者诉讼标的物在中华人民共和国领域内,或者被告在中华人民共和国领域内有可供扣押的财产,或者被告在中华人民共和国领域内设有代表机构,可以由合同签订地、合同履行地、诉讼标的物所在地、可供扣押财产所在地、侵权行为地或者代表机构住所地人民法院管辖"。所以,在涉外财产权益纠纷中,只要符合以上任一种情形的,均可以由我国法院受理。

同时,在很多案件中当事人往往会援引"不方便管辖原则",主张域外法院或者我国内地法院不方便管辖。首先,需要指出的是,根据《民事诉讼法解释》第532条的规定,"不方便管辖原则"的适用前提为我国内地法院依法对案件享有管辖权,但因其本身审理该案不方便而拒绝行使管辖权。如果域外法院管辖权条款合法有效并具有排他性,那么争议应由域外法院管辖,我国内地法院并不享有管辖权,更谈不上适用"不方便管辖原则"。[1] 其次,如果我国内地法院依法对于案件享有管辖权,且被告一方主张案件应由更方便的域外法院管辖时,

[1] 沈德咏主编:《最高人民法院民事诉讼法司法解释理解与适用》,人民法院出版社2015年版,第1395页。

应审查我国内地法院是否不方便管辖。实际上“不方便管辖原则”的适用非常严格，需要同时满足多项条件，尤其是案件不能涉及我国国家、公民、法人或其他组织的利益，所以，我国内地法院往往对于“不方便管辖原则”的主张较为谨慎。

四、结语

综上，在涉外商事纠纷案件中，如果当事人之间约定了域外法院管辖权条款，那么首先应该审查该条款是否有效，只有在管辖权条款不违反我国的专属管辖且符合实际性联系地的情况下，该管辖权条款有效。在管辖权条款有效的前提下，还应进一步识别管辖权条款是否具有排他性，是否明确争议由某一法域的法院管辖。只有在管辖权条款合法有效并且具有排他性的情况下，才可以排除我国内地法院的管辖权，由域外法院排他性管辖。如管辖权条款无效，则相当于当事人并没有对管辖法院作出合意；如管辖权有效但非排他，则说明当事人并没有排除我国法院管辖。以上两种情形下，当事人均可向我国内地法院提起诉讼，并由我国内地法院审查是否符合受理条件。

民事诉讼中预备合并之诉的提出和审理

邓业军*

预备合并之诉,在我国诉讼理论界的讨论并不充分,成文法也没有明确规定。司法实务中当事人或不自觉地使用该制度,法院的审理和判决也多有回应,但大都没有明确地援引和阐释诉的预备合并理论。

笔者从经办的一个案件出发,拟对实务中预备合并之诉(或备位诉讼)做一些简单的梳理,尝试分析当事人应在何时提出预备合并之诉,人民法院应当如何审理预备合并之诉,供法律界的同仁们讨论。

一、问题的提出

一起外贸进出口代理业务,自然人 A 联系了国内的外贸代理公司 B、加工工厂 C、海外客户 D 公司。A 委托 B 从 D 公司进口棉纱,交由 C 加工成成衣,再委托 B 复出口至 D。进出口协议和加工合同均由 B 代理 A 以 B 的名义对外签订,部分货物加工出口至 D 公司后,D 公司破产未能支付货款,A 和 B 也没能支付加工费给 C。A 恶意逃债,各方无法与其取得联系。C 以加工合同纠纷起诉 B,要求 B 支付 1 万件服装加工费 70 万元。

B 在诉讼中首先提出追加 A 为第三人,但因无法联系上 A,法院未同意追加。B 抗辩认为加工合同虽在 B 和 C 之间签订,但 B 是代理 A 而为,且 C 在签订合同时对代理关系是明知的,应适用《合同法》[1] 第 402 条规定,加工合同直接约束 A 和 C,自己不应承担付款责任。同时,抗辩指出加工合同约定是 10000 件,实际只加工了 8000 件,加工费应为 56 万元。另主张原告处尚剩余有 2000 件的纱线,价值 20 万元,

* 上海锦天城(合肥)律师事务所律师,微信 dyj00918,邮箱 583597930@ qq. com。

[1] 已被 2021 年 1 月 1 日施行的《民法典》废止。

应抵销加工费20万元。

法院一审认为,根据双方证据和法院查明事实,B并不能证明C在签订加工合同时明知B是A的代理人,故B应该承担向C付款的责任。但证据能够证明实际出口数量仅为8000件,B关于加工费应该是56万元的抗辩成立。至于,B认为C处尚有20万元纱线原料应予以抵扣的主张,法院认为该主张并不是单纯的抗辩,而是返还原物及原物不能返还时的损害赔偿,B应另行起诉。最终判令B向C支付加工费56万元。B上诉后,二审维持了原判。

从诉讼理论层面分析,B的应诉策略有逐层递进的三步:第一步是,基于代理关系抗辩自己非合同责任主体,付款主体应该是A;第二步是,如果法院认为B应该承担付款责任,则付款金额应该是56万元,而非70万元;第三步是,如果B应该承担责任,C应该赔偿不能返还纱线原料的20万元,该20万元应从加工费中抵扣。第一步是先位抗辩,第二步和第三步是备位主张。

当事人不自觉地适用了诉的预备合并理论,法官也在事实层面进行了回应。遗憾的是,因为B的先位请求是自己非合同责任主体,按照当下法院习惯做法,其无法就"20万元纱线款项返还提起反诉"。因为逻辑上如果B提起反诉,则无疑等于认同自己是合同主体,与利益最大化的"驳回原告全部诉请"的先位主张相矛盾,难以自圆其说。

该案中,B就20万元纱线款项返还和抵销的主张,大致可以归为预备反诉范畴。即诉讼程序中,被告在进行先位抗辩同时,提起备位反诉,该反诉请求在被告先位主张得到支持时,视为撤回或者由法院予以驳回。反之,在被告先位抗辩不能成立时,则人民法院应予以审理被告的备位反诉,裁决其反诉请求是否应予支持。

预备反诉应属预备合并之诉的一种特殊类型。下文笔者将就预备合并之诉及其在我国司法实践中的现状和未来构建做一些自己的观察和分享。

二、预备合并之诉的概念、分类和价值

一般认为,预备合并之诉是指当事人向法院提出一个在先之诉,为预防在先之诉无理由时而向法院提出一个在后之诉,当法院认为在先顺序的诉不应获得支持时,由法院就后位之诉再进行审理,而当在

先之诉有理由时，在后顺序的诉自然消灭的情况。

从主体与客体的角度划分，诉之合并形态可以分为诉的客体合并与诉的主体合并两大类。与此相对应，诉之预备合并可分为诉之客观的预备合并与诉之主观的预备合并。客观的预备合并之诉，一般是指原告在起诉时，预虑其所提起某诉无理由，因而同时合并提起他诉，以备前者无理由时，就后者要求法院进行审判。这种合并是指原告考虑到其第一位的主要请求（即主位请求）有可能不被法院所认可，故而同时合并提起第二位的次要请求作为预备请求。

主观的预备合并之诉是指共同诉讼人之一人与其他共同诉讼人以主位与预备的顺序关系共同起诉或共同被诉的情形。依据预备合并是原告还是被告不同，又可分为原告的预备合并和被告的预备合并。前者如原告甲预虑其对被告之诉（即先位之诉）可能不被法院所认可，故同时由原告乙对被告合并提起预备之诉（即后位之诉），以备先位之诉遭无理由判决时而请求法院对后位之诉进行审判。后者如原告担心其对被告甲之诉可能无理由，而同时对被告乙合并提起预备之诉，如法院判决甲对原告不承担责任，则需要审理乙是否应对甲承担责任。

学界分析认为，诉的预备合并制度具有以下重大制度价值：第一，有利于体现当事人的程序主体地位，体现当事人启动程序和对权益进行处分的决定权。第二，有利于保证法律适用的统一，能够使同一事实各方当事人权利和诉求在同一个案件中得到裁判，避免出现分歧裁判。第三，纠纷一体解决，有利于降低诉讼成本、提高诉讼效率。第四，为实体权利的请求权竞合，提供了程序上的救济途径和制度安排。第五，有利于防止当事人互相推诿责任，便于查清案件事实。

三、我国立法、理论界和司法实践对诉的预备合并的认识

（一）立法情况

我国《民事诉讼法》第 140 条规定，“原告增加诉讼请求，被告提出反诉，第三人提出与本案有关的诉讼请求，可以合并审理”。

《最高人民法院关于适用〈中华人民共和国民事诉讼法〉的解释》第 232 条规定，“在案件受理后，法庭辩论结束前，原告增加诉讼请求，

被告提出反诉,第三人提出与本案有关的诉讼请求,可以合并审理的,人民法院应当合并审理”。

有学者认为,上述两条规定可以作为我国诉的预备合并的立法依据。其认为这两条规定赋予了原告增加诉讼请求并提起预备合并之诉的权利,原告可以在原诉讼请求无理由时追加新的备位请求。

但笔者认为,我国学术界和司法实务届尚缺少对预备合并之诉全面深入的研究和讨论,从立法原意上来看,上述两条很难解释说是对预备合并诉讼的默许。成文法传统,加之对司法谦抑主义的信仰,人民法院也很难在没有明确法律规定和制度配套的情况下,运用上述规定推动预备诉讼之发展。

(二)司法实务中的使用和摸索

2007 年 11 月通过的《重庆市高级人民法院关于当前民事审判若干法律问题的指导意见》第 52 条曾明确表述,“关于补充性诉讼请求的处理。补充性诉讼请求,又称预备性诉讼请求,是指当事人提出两个或两个以上的诉讼请求,为了防止第一位的主要请求不被承认,事先就提出如果第一位的主要请求不被承认就要求审理第二位次要请求,如果第一位的主要请求被承认就不用审理第二位次要请求的情形。人民法院应当允许当事人提出补充性诉讼请求,在未评议确定第一个请求能否支持前,对当事人的多个请求均应予以审理。诉讼中不必要求原告必须选择一个请求提交法院审判,但判决必须确定具体”。

另外,2006 年 6 月印发的《上海市高级人民法院关于审理涉及债权转让纠纷案件若干问题的解答》第 2 条中曾提到,在债权受让人以债务人为被告提起诉讼,要求债务人履行债务,债权让与人作为第三人参加诉讼的,在债权受让人对债务人的诉请不能成立的情形下,不宜由债权受让人对债权让与人提起预备诉讼。并进一步说明“预备诉讼是在同一诉讼中,同一原告针对同一被告在主要诉讼请求得不到满足时的备位诉讼请求。如果预备诉讼的被告与主要诉讼的被告非同一对象,将导致当事人诉讼地位、诉讼请求及争点、审理范围等发生较大变化,将会给案件审理带来诸多不便。因此,在债权受让人起诉债务人履行债务的纠纷案件中,不应准许债权受让人将债权让与人列为预备诉讼的被告提起备位诉讼”。

除此之外，通过网络检索查询，未发现有人民法院曾就预备合并之诉或备位诉讼请求作出相关规定或解释。

但诉讼实务中，如仓储合同纠纷，很多原告起诉时会首先要求被告仓储保管单位在限期内交付原物；如不能交付则赔偿仓储物价值。多数人民法院也默许此类诉讼请求并作出了支持的判决。

又如，买卖合同纠纷中，常有买方起诉要求卖方限期开具增值税发票，如不能开具，则赔偿进项税款损失。人民法院同样也默许该类诉请并可以据此作出判决。

再如，原告诉请确认合同无效，在不能获得支持时，经法院释明或者主动变更诉讼请求，要求解除合同。此类情况在司法实务中也屡见不鲜，人民法院也可以接受并许可。

理论上来说，以上大体可归入客观预备合并之诉。而主观预备合并之诉在诉讼实践中同样有不少案例。

如合同之诉中，很多原告起诉时会将公司员工和公司，项目经理和项目公司作为共同被告，如果法院审理员工或项目经理是无权代理，则责任通常由员工或项目经理个人承担；如法院审理员工或项目经理是职务行为，则责任由公司承担。

又如两车碰撞，车内乘客受伤，乘客常会将两车的驾驶员乃至车主（驾驶员和车主不一致时）均作为被告，要求其进行人身损害赔偿，而法院审理后，其责任可能仅在一方。

再如，法定继承纠纷中，第一顺位的继承人（如被继承人养女）与第二顺位的继承人（如被继承人兄弟姐妹）有可能作为共同原告，起诉要求占有被继承人财产者返还财产。如养女收养关系成立，具备第一顺位继承人，则原告养女的诉讼请求会得到支持；如养女没有继承权，则第二顺位兄弟姐妹的诉请有可能获得支持。反之，第一顺位的继承人和第二顺位的继承人同样有可能会被被继承人的债权人作为共同被告起诉。

就笔者观察，以上这些预备合并之诉，进入法院系统后，人民法院基本都能够作出全面审理，并作出回应和裁判。大部分人民法院对递进的备位诉请，如交付货物和不能交付时的损失赔偿，往往可以接受，对相互排斥的备位诉请，如确认无效和解除合同，则难以允许。对原告发起的备位诉请较容易接受，但对本文之初所提到的被告的预备反诉则难以接受。

(三)理论界的研究

理论界对预备合并之诉已有一定的研究,相关学术论文如刘玉田《诉之预备合并的比较与借鉴》、李磊《客观预备合并之诉研究》、周丹辉《论客观预备合并之诉在我国的建立》等。基本介绍了预备合并之诉在德国、日本、我国台湾地区等地的发展情况,以及上述国家和地区学界对预备合并之诉的利弊分析和肯定、否定的理由。

有学者认为,在我国民事诉讼中,检索并准确的适用法律是法官的义务,人民法院不能因为原告未提出法律依据或者提出的法律依据错误就径行判决驳回原告诉讼请求。明确请求权基础不是原告的义务,就算原告提出了错误的请求权基础,人民法院也不能以此裁定驳回起诉或者判决驳回诉讼请求。我国民事诉讼中,原告在立案时只要"有具体的诉讼请求",而这个具体是无须具体到主观的预备合并之诉那种先后有序、预先备后的程度的。虽然主观的预备合并之诉的先位请求和预备请求是不可能同时被支持的,但在我国民事诉讼实务中,即使原告将实际上应当区分的请求混在了一起,也找不到请求的法律依据,法官也必须在查明案件事实的基础上厘清法律关系,支持一个请求、驳回一个请求。因此,在我国当下的民事诉讼实务中无须考虑主观的预备合并之诉,也不具备考虑这个问题的条件。

笔者十分赞同以上对司法实务中主观预备之诉的观察和分析,因此下文关于我国预备合并之诉构建,以及预备合并之诉提起和审理的分析,将主要侧重于客观预备合并之诉范畴。

四、对构建客观预备合并之诉的意见和建议

(一)当事人在何种情形下有必要提起客观的预备合并之诉

提起客观预备合并之诉的前提是当事人有多个不同的诉讼请求,且不同诉讼请求之间具有排斥关系,不能同时获得支持。细分来看,预备诉讼请求产生的原因大致包括:

1. 请求权基础的不同。若同一法律行为既构成合同违约,又构成民事侵权,当事人得选择不同的请求权基础,提出不同的诉请。如当事人先按照合同违约要求被告支付合同约定的违约金 100 万元,预备

该100万元得不到全额支持，而依据侵权提出备位请求，要求赔偿直接损失80万元。此时当事人是基于实体法所赋予不同的实体权利，结合自己的利益得提出预备合并之诉。

2. 合同效力的不同认识。如原告起诉主位请求确认合同无效，若人民法院判决认为合同有效，原告提出备位诉请要求解除合同。或者确认合同无效的诉请与撤销合同的诉请也可以形成预备之诉。

3. 合同性质的不同认识。如当事人双方之间没有书面合同，事实履约后，对于是委托代理关系还是居间服务关系有不同认识，原告先位诉请要求支付代理报酬，备位诉请要求支付因居间行为而产生的费用。又如，民间资金往来，是否有借贷合意不明，原告先位诉请要求偿还借款，备位诉请要求返还不当得利。

4. 责任承担方式不同且相互排斥。如当事人在合同中既约定了定金，又约定了违约金，起诉时先位要求双倍返还定金，备位请求支付违约金。又如解除合同的返还原物诉请与继续履行合同的支付价款诉请也可形成预备之诉。

（二）一审人民法院对主位诉请和预备诉请应当如何审理

笔者赞同重庆市高级人民法院关于补充性诉讼请求的处理意见，一审中对当事人的多个请求均应予以审理。如此，有利于当事人之间对整个案件事实展开全面攻防，有利于查清全部事实，解决争议。同时，也有利于二审法院确定审理范围，避免一审法院未审理的诉请直接进入二审审理程序。

一审法院审理后，如果认为主位诉请成立，则应判决支持主位诉请，驳回备位诉请。

如果认为主位诉请不成立，备位诉请成立，判决支持备位诉请，驳回主位诉请。

如果经审理认为主位诉请和备位诉请均不能成立，则判决驳回全部诉讼请求。

对于主位诉请得到部分支持的，备位诉请如何处理，相对较为复杂。笔者认为，针对预备诉讼产生的前提不同，如系基于请求权基础、责任承担方式不同，而作出的主位和备位选择，鉴于当事人在实体上同时拥有两种以上权利，更多是基于可得利益作出的选择，如果人民法院经审理认为主位诉请可获得支持的金额小于备位诉请可以获得支持的金额,应按照支持备位诉请作出判决。如果不涉及具体金额,则一般应根据主位诉请是否可以获得支持作出裁判。

如果预备之诉是基于合同效力、合同类型的不同认识而提出,因为诉请之间是完全相互排斥的关系,如果主位诉请对应的合同效力、合同类型获得人民法院的认可,仅仅是诉请金额不能得到全部支持,应根据主位诉请作出裁判。

(三)二审审理的范围应当如何确定

1. 一审法院判决支持原告主位诉请

一般情况下,一审法院判决支持原告主位诉请,原告并无上诉必要。如被告上诉,二审法院应首先审理一审主位诉请是否成立,如果成立,予以维持即可。

如果二审法院审理认为上诉理由成立,主位诉请不能成立,应继续审理备位诉请,如果备位诉请能够成立,可直接改判支持备位诉请。

如果认为备位诉请也不能成立,应撤销一审判决,改判驳回一审原告全部诉讼请求。

2. 一审法院判决支持备位诉请

(1)原告上诉,被告未上诉

此时,原告上诉诉请可能包括要求支持主位诉请,或者对备位诉请未获得全额支持而进行上诉,鉴于被告未上诉,二审法院应围绕上诉请求进行审理。

如果原告上诉要求支持主位诉请,二审法院应当审理主位诉请是否可以获得支持,如果主位诉请成立,可以改判支持主位诉请;反之,可以驳回上诉,维持原判。

如果原告仅仅是对备位诉请部分进行上诉,二审法院可以不再就主位诉请进行审理,仅就备位诉请进行审理。

(2)被告上诉,原告未上诉

被告诉请要求驳回或者减少备位诉请金额,原告未上诉,二审人民法院应首先审理备位诉请是否成立,如果备位诉请基础成立,一审判决应予以维持,或者仅涉及备位诉请金额的调整,则无须审理主位诉请。

如果二审法院认为备位诉请不成立，则应当继续审理主位诉请是否成立。如果认为主位诉请成立，可以改判支持主位诉请。若认为主位诉请也不成立，应依法改判驳回原告全部诉讼请求。

(3)原、被告均上诉

此时，二审法院应该根据双方上诉理由和请求进行审理，如果原告上诉要求支持主位诉请，首先审理主位诉请是否成立，再审理备位诉请。

如果双方都仅针对备位诉请进行上诉，二审法院可以先对备位诉请进行审理，如果备位诉请能够成立，一审判决应当维持，或者仅仅涉及备位诉请金额的调整，可以不再审理主位诉请。

反之，如果认为备位诉请不能成立，应当审理主位诉请，进而改判支持主位诉请，或改判驳回原告全部诉讼请求。

3. 一审判决驳回了原告全部诉请

此时，被告通常不会上诉，原告上诉一般会要求支持主位诉请，在主位诉请不成立时，则要求支持备位诉请。二审法院审理的范围与一审法院审理范围相同，应对主位诉请和备位诉请作出全面审理。

(四)预备反诉的审理

1. 一审人民法院的审理范围

如上文所述外贸代理案例，预备反诉的提出，系被告预备本诉抗辩得不到支持时提出独立的反诉，因此如果本诉被告的先位抗辩成立，视为预备反诉自动撤回，一审法院无须继续审理预备反诉。如果被告的本诉先位抗辩无法成立，一审人民法院需要继续审理被告的预备反诉请求，并对本诉和反诉分别作出裁判。

2. 二审审理范围的确定

(1)一审原告本诉诉请未得到支持，预备反诉没有审理

一审原告上诉，二审人民法院首先需要审理上诉人本诉诉请，如果认为本诉诉请不能成立，依法维持原判，预备反诉无须审理。

如果二审法院认为本诉诉请应该得到支持，因为预备反诉在一审未获审理，根据我国当下的民事诉讼法律规定，二审法院可以进行调解，调解不成的，对可改判支持一审原告本诉诉请，告知一审被告对预备反诉另行提起诉讼。

(2)一审原告本诉诉请得到支持,被告预备反诉诉请也得到支持

一审原告对一审反诉提起上诉,被告未上诉,则二审法院可以仅就反诉部分进行审理。

一审被告对一审本诉诉请提起上诉,一审原告未上诉,二审法院首先需要审理一审本诉诉请是否成立,如果认为本诉诉请不能成立,依法改判,预备反诉诉请视为自动撤回起诉,无须作出审理。如果认为本诉诉请成立,可以维持原判,驳回上诉。

如果一审被告对一审本诉诉请提起上诉,同时又对预备反诉诉请提出上诉,一审原告未上诉,二审法院认定本诉诉请成立时,需要继续审理预备反诉诉请,同时对二者作出裁决。

一审原告对预备反诉裁决提起上诉,被告对本诉诉请或者预备反诉诉请进行上诉,二审法院审理的范围类似于一审法院,需首先对本诉诉请作出判断,再根据本诉诉请是否成立,确定是否需要审理一审反诉诉请,进而作出裁判。

(3)一审原告本诉诉请得到支持,被告预备反诉诉请未得到支持

此时,一审被告如果仅对本诉诉请提起上诉,未对预备反诉诉请上诉,二审法院审理认为本诉诉请能够成立,可以直接作出维持判决,无须继续审理一审反诉诉请。如果二审认为一审本诉诉请不能成立,应依法作出改判,预备反诉诉请视为自动撤回起诉,无须审理。

如果一审被告仅对一审反诉诉请提起上诉,二审法院可以不再就一审本诉诉请进行审理,仅对一审预备反诉诉请进行审理即可。

若一审被告既对一审本诉诉请提出上诉,又对一审预备反诉诉请提起上诉,二审法院的审理范围和一审法院相同,首先应对本诉诉请作出判断,再根据本诉诉请是否成立,确定是否需要审理一审反诉诉请,进而作出裁判。

预备合并之诉在实务中极为复杂,我国理论界、实务界的研究还很欠缺,笔者的理解和分析能力有限,纯做抛砖之用。期待更多的法律界同仁关注讨论预备合并之诉,在实践中不断总结发展预备合并之诉,使这种方便经济的诉讼方法有规可依。

诉讼中应以何种方式提出抵销

杨宇曦 *

一、问题的提出

《民法典》第 568 条规定，“当事人互负债务，该债务的标的物种类、品质相同的，任何一方可以将自己的债务与对方的到期债务抵销；但是，根据债务性质、按照当事人约定或者依照法律规定不得抵销的除外。当事人主张抵销的，应当通知对方。通知自到达对方时生效。抵销不得附条件或者附期限”。

在诉讼中，针对原告提出的债权清偿请求，被告提出以自己的债权予以抵销时，应以抗辩或是反诉的方式提出？

之所以讨论，是因为两者程序上有较大差异：第一，抗辩无须以起诉的方式提出，无须交纳案件受理费，可以直接在本诉中处理；第二，反诉只能在一审辩论终结前提出，而抗辩在二审中也可以提出，如果将其作为一种反诉，被告在上诉审中就不可能主张抵销；第三，抗辩的成立取决于本诉的成立，而反诉则不以本诉成立为前提，本诉和反诉分别裁判。

对于文首提出的问题，我国法律和司法解释未有明文规定，但最高人民法院于 2019 年 8 月 7 日公布的《全国法院民商事审判工作会议纪要（征求意见稿）》第 40 条规定，“抵销权既可以通知的方式行使，也可以提出抗辩或者提起反诉的方式行使”。2019 年 11 月 8 日正式颁布的《全国法院民商事审判工作会议纪要》（以下简称《九民纪要》）的第 43 条继续保留了“可以提出抗辩或者提起反诉的方式行使”的规定。此前，《上海市高级人民法院关于审理涉及债权转让纠纷案件若

---

* 任职于北京某央企。

干问题的解答》(沪高法民二〔2006〕13 号)等地方性司法文件也曾表达出相同的态度:当事人可以直接在诉讼中提出抵销的抗辩,并且不需要另行起诉或反诉,不需要交纳案件受理费。

规范并非凭空创造,《九民纪要》第 43 条的背后必然蕴藏着最高人民法院法官从既往众多的案例中总结而来的裁判智慧。问题在于,审判实践中法官对这一问题是否存在较大争议?法官认为应当反诉或是只需抗辩的理由几何?既然被告可以自主选择反诉或抗辩为部分法院指导性意见所认可,那么一线法官会不会仍然以被告未提起反诉为由不予审查?司法实践中有没有形成某种尚未被总结的审理标准,亦或倾向呢?需要说明的是,本文中所提到的抵销仅指"诉讼抵销",即一方当事人以自己的债权抵销对方作为诉讼请求的债权的行为。

二、案例中体现的两种司法态度

(一)未提起反诉,法院不予审理

在案例检索中发现,绝大多数诉讼抵销均是通过反诉的方式来提出的。当事人何以选择程序更复杂、成本更高的反诉呢?这是法官的选择还是当事人的选择?部分法官会在审理过程中告知被告须提起反诉或另行起诉,这类告知导致被告的诉讼抵销无法直接通过抗辩来实现,且一般不会记载于裁判文书和庭审笔录之中,只能从个别裁判文书中探得一二。

在最高人民法院(2014)民二终字第 105 号陈某寿、汲某权等与张某树、蒋某梅其他合同纠纷二审民事判决书中,二审法院写道,"本案中,张某树、蒋某梅主张陈某寿、汲某权多收取的 1599734 元应在本案债务中抵销的主要证据是万通物业向陈某寿、汲某权发出的有关通知。从该通知的内容上看,1599734 元的收取主体是东方美公司而非陈某寿、汲某权,陈某寿、汲某权对于上述债务予以否认,张某树、蒋某梅亦未在本案中提起反诉。故张某树、蒋某梅关于陈某寿、汲某权多收取的 1599734 元应在本案债务中抵销的抗辩理由没有法律依据,本院不予支持。双方如有争议,可另诉解决"。由于原告对债权存在异议,被告主张抵销的债权法院无法直接确认存在,法院又不愿意在本案中继续审查作出决断，因而直接将被告未提起反诉作为不支持抵销的理由之一。

在最高人民法院（2008）民二终字第49号福建省青州造纸有限责任公司与福建省青山纸业股份有限公司股东占用公司资金纠纷案中，一审法院以抵销事项“与本案无关，属另一法律关系”为由不予审理。被告认为一审法院适用法律错误提起上诉，而原告辩称“上诉人在一审中从未依法提出任何反诉主张，应驳回上诉”。最终二审法院一锤定音，“因青州造纸公司在一审期间没有提出反诉，在二审期间提出此新的诉讼请求，本院不予审理”。可见法院默认抵销必须以反诉的形式提出，这样被告在上诉审中就不可能主张债的抵销。当然，该案的裁判日期较早，难以代表目前最高人民法院的司法态度。

根据南京市中级人民法院（2018）苏01民终11029号南京博学苑房地产开发有限公司与江苏武进建工集团有限公司建设工程施工合同纠纷二审民事判决书，原告武进公司起诉被告博学苑公司支付工程款，被告以其受让了第三人向被告转让的对原告的债权为由提出抵销。一审中，法院对博学苑公司提出的债务抵销抗辩不予审理，认为，“现博学苑公司并不能证明其对武进公司享有受让的确定债权，故对于博学苑公司主张抵销相关债权债务的意见，一审法院不予采纳。博学苑公司如认为其与武进公司及南京工程学院之间的债权转让关系成立并有效，因与本案不属于同一法律关系，应另行诉讼主张权利”。被告上诉称“在诉讼中被告行使抵销权是典型的行使诉讼抗辩权，除非抵销之债的金额大于本债，否则无须另案起诉或反诉”，并以《上海市高级人民法院对当事人在诉讼中主张法定抵销权若干问题的研讨意见》的规定作为论证依据。但二审法院认为，“博学苑公司所主张的超付工程款，涉及案外工程，且既没有该合同双方的明确约定，也无人民法院发生法律效力的裁判或仲裁机构生效裁决的确认，武进公司对此亦不予认可，博学苑公司关于另案工程已超付工程款项的主张能否成立，亦尚未明确，一审法院不支持博学苑公司以其所称的该尚未明确的债权冲抵本案应付工程款，并已告知博学苑公司可就此另行主张权利，仍无不当”。如果法院仅以不属于同一法律关系为由不予审理，显然不能令人信服。但该案中法院通过对被告提交的证据进行初步审查，认为其据以抵销的债权尚不明确，从而无法构成抵销。一方面法官不在本案中对此问题进行过多的纠缠,另一方面不贸然下结论断定该债权不成立,而让被告在另案中寻求救济。理论上法官亦可以直接在本案中审理该债权是否成立,但现实却是基层法院和中院案件审理数量极多,且审理该问题可能涉及追加第三人。基于审限等压力,在不损害被告最终获得清偿的前提下,法官不愿意在一案中审理。

根据最高人民法院(2016)最高法民终440号紫云苗族布依族自治县人民政府、贵州紫云顺兴置业有限公司合同纠纷二审民事判决书,原告起诉被告支付投资收益,被告以超付工程费用以及应由原告承担的预留地征用费用提出抵销。但二审法院认为,"因本案是由紫云顺兴公司提起的关于合作开发收益分配问题的争议,紫云县政府并未提起反诉,故紫云县政府关于应对紫云顺兴公司已完成工程成本进行审计、紫云顺兴公司应承担的9%村预留地征用成本应予抵销等主张,均不属于本案审理范畴,当事人可以另行解决,本院对此不予审理"。法官并未阐明抵销为何必须以反诉提出,而是直接将未提起反诉作为在本案中不审理抵销的理由。可以推测,该法官内心或许采纳了较常见的理由——抵销事由与案件争议并非同一法律关系。

(二)无须反诉,被告在抗辩中即可主张抵销

尽管大部分案件中,被告是通过反诉的方式主张抵销,但仍有部分案件法官明确指出无须另诉或者反诉,我们可以对裁判文书的说理进行简单的分析。

根据最高人民法院(2017)最高法民终518号安徽盛仁投资有限公司、伟基建设集团有限公司建设工程施工合同纠纷二审民事判决书,盛仁投资公司(发包人及被告)与伟基建设公司(承包方及原告)签订《建筑工程施工合同》,由伟基建设公司承包工程建设,后伟基建设公司向盛仁投资公司支付履约保证金1000万元。后双方发生纠纷,伟基建设公司诉至法院要求解除合同并返还履约保证金;盛仁投资公司以超额支付工程款为由,提出抵销1000万元保证金。一审法院认为,"盛仁投资公司主张冲抵多付的工程款,因其未提出反诉,主张抵销金额也不明确,故本院在本案中不予处理"。二审法院首先指明诉讼抵销并无明文规定,需要结合个案分析,"对于抵销权的行使,既可以在诉讼中也可以在诉讼之外而为抵销的意思表示,但在诉讼中

的抵销,是为抵销抗辩或者反诉抵销,并无法律明确规定,需要人民法院根据具体情况进行确认”。其次,二审法院认为本案符合抵销的条件,“因双方互负债务数额已经确定,债权债务明确,且为同一建设工程施工合同法律关系项下发生的款项,标的物种类、品质相同。现双方纠纷已诉至法院,债务均已到期”。最后,法院认为抵销无须以反诉的方式提出,“故盛仁投资公司作为一审被告在诉讼中选择以抗辩的方式行使抵销权,要求以其超额支付的工程款抵销其应返还伟基建设公司的保证金债务,符合法律规定抵销权行使的构成要件,而无须以被告提起反诉的方式主张抵销。一审判决以盛仁投资公司未提出反诉为由未予采纳其抗辩意见不当,应予纠正”。

本案中,最高人民法院认为在没有法律明文规定的情况下,需要由法官行使自由裁量权来判定抵销的行使方式,但也并未指明判断的标准。从判决书的说理可以看出,只要符合《民法典》第 568 条规定的互负债务,标的物种类、品质相同,债务已到期等法定抵销的条件,即可认定为无须通过提起反诉来主张抵销。但是否满足这些条件,只有经过实体审理才能确认。既然已经在该案中针对被告抗辩的抵销事由进行了实体审理,即便最终经审查不符合法定抵销的要件,还须被告重新提起反诉吗?

在山西智祥房地产开发有限公司、海天建设集团有限公司山西分公司、海天建设集团有限公司建设工程合同纠纷一案中,原告海天公司要求被告智祥公司支付欠付的工程款,被告智祥公司以原告对被告有借款未偿还为由,提出抵销部分工程款。二审法院认可了被告抵销的抗辩理由,但原告不服提起再审,并提出智祥公司要求扣减代偿借款的事由,不属于履行涉案建设工程合同的抗辩事由,又涉及案外第三人的利益,应当反诉或另行起诉解决。但最高人民法院再审裁定认为,“涉案的代偿借款是因海天集团施工产生,是金钱债务,本案诉请的工程款也是金钱债务,该两笔债务的标的种类、品质相同,不属于依照法律规定或者按照合同性质不得抵销的债务。故原审认定该代偿借款在应付工程款中予以扣减并无不当”。该案中,法官并未对抵销是应当提起反诉还是主张抗辩分析,而是直接认可了提起反诉并不是主张抵销的必要条件。根据该裁定书的逻辑,在符合法定抵销的条件时，法官即可判令予以抵销，而无须讨论是以反诉还是抗辩的方式提出。[1]

根据辽宁省高级人民法院(2017)辽民终1330号安徽三建工程有限公司、大连兆赢置业有限公司建设工程施工合同纠纷二审民事判决书，一审法院认为，"至于兆赢公司主张2014年12月3日的借款协议与本案一并处理问题，由于兆赢公司与宏业公司对债权本金数额存在争议且涉及他人，故本案不予处理"。法院不予处理的理由同样是债权不确定且涉及案外人。二审中，被告提供了新证据，确认了债务转移的情况，即案外人将债权转给了兆赢公司的法律行为生效的证据。从而二审法院据此认定，"兆赢公司并未在原审中通过提起反诉向宏业公司主张返还借款，而仅是作抵销的抗辩，原审判令宏业公司向兆赢公司给付欠款315万元超出审理范围，应予纠正"。二审能获得改判的核心即在于，被告证明了籍以抵销的债权成立，法官获得了可以抵销的确信之后，则不再执着于抵销应在另案中提出。

在珠海市中级人民法院(2018)粤04民终3148号珠海海湾大酒店、广东省拱北口岸中国旅行社有限公司合同纠纷二审民事判决书中，二审法院采用的则是另一种论证思路，"反诉，首先必须符合诉的构成要件。本案中，海湾大酒店(被告)的主张仅是用于反驳拱北口岸旅行社的诉讼请求，属于抗辩，并非一个独立的具有确认、形成或给付内容的诉。一审法院认为海湾大酒店应当就2014年12月31日之后的数额抵销问题提起反诉，此认定有误，本院予以纠正"。该案法官遵循大陆法系的理论，直接认为诉讼中的抵销是一种防御方法，而不是反诉。这种理论是否为普遍接受暂且不论，但是可以表达一种观点：抵销作为一种诉似乎是没有必要的，因为它并不要求获得给付，无须在胜诉的场合获得执行的名义，一旦抵销即直接实现了债的清偿。

根据最高人民法院(2018)最高法民终1266号国家开发银行、民和海源水电开发有限公司借款合同纠纷二审民事判决书，被告提出抵销，原告答辩称被告未反诉不应纳入本案的审理范围。法院虽未指明被告提出抵销无须反诉，但直接对抵销的事由进行了实体审理，实质

〔1〕 参见山西省高级人民法院(2018)晋民终15号民事判决书、最高人民法院(2018)最高法民申4540号民事裁定书。

上也是认可了这一点。

可见,法官要求其另案起诉的重要依据在于现有的证据证明籍以抵销的债权是明确的,最主要的情形就是被告受让第三人债权转让的行为是否生效,该证据往往需要债权出让人的配合,如果有出让人出具的情况说明、视听资料等与《债权转让协议》《债权转让通知》等相互印证,则更为有利。相反,在涉及债权转让的情况下,因为有第三人的存在,使得债权的确定性更为复杂,加之原告否认该债权的存在,法官更倾向于被告另诉或提起反诉。

三、其他类似规范如何处理这一问题

反诉还是抗辩,并非仅在诉讼抵销中存在,而是当事人在众多诉讼中经常面临的两难选择。当规范的供给不足够充分时,与其他制度的横向比较显得尤为重要,本文挑选了几条与抵销相似度较大的规范,以供参考。

《全国法院民商事审判工作会议纪要(征求意见稿)》第 39 条规定,“与人民法院可以依职权认定合同无效不同,撤销权只能由撤销权人向人民法院提出。至于提出的方式,可以是提起诉讼或者反诉,也可以是提出抗辩……不能仅以当事人未提起诉讼或者反诉为由就不支持其抗辩”。正式颁布的《九民纪要》第 42 条删除了“可以是提起诉讼或者反诉,也可以是提出抗辩”,但仍保留了“不能仅以当事人未提起诉讼或者反诉为由不予审查或不予支持”的表述。与抵销权相同,撤销权也是形成权的一种。同样,实践中也有观点认为,撤销权必须以反诉的形式提出。

《北京市高级人民法院关于审理建设工程施工合同纠纷案件若干疑难问题的解答》(京高法发〔2012〕245 号)第 28 条规定,“工程尚未进行竣工验收且未交付使用,发包人以工程质量不符合合同约定为由要求拒付或减付工程款的,可以按抗辩处理;发包人要求承包人支付违约金或者赔偿修理、返工或改建的合理费用等损失的,应告知其提起反诉或另行起诉”。《四川省高级人民法院关于审理建设工程施工合同纠纷案件若干疑难问题的解答》《江苏省高级人民法院建设工程施工合同案件审理指南》等多地的司法文件均有同样的规定。与抵销类似,要求扣减工程款不会产生新的给付义务,只是对承包人请求的一种对抗理由,但法官同样需要对是否存在质量不符合约定的情形进行实体审理。

《北京市高级人民法院审理民商事案件若干问题的解答之五(试行)》(京高法发〔2007〕168 号)第 18 项规定,"合同履行抗辩权是法律明确规定的对抗或否认对方请求权的权利,在诉讼中体现为反驳。只要当事人在答辩中有明确的意思表示,法院就应该对其是否成立的事实进行审理,而不应要求当事人另行提起诉讼或反诉"。本条虽然针对的是《合同法》中的同时履行抗辩权、不安抗辩权和先履行抗辩权制度,但其法律后果与抵销有相似之处。

《上海市高级人民法院关于审理涉及债权转让纠纷案件若干问题的解答》(沪高法民二〔2006〕13 号)第 6 条规定,"债权受让人对债务人提起诉讼,债务人以合同法第八十三条规定主张抵销,是否需提起反诉?根据合同法第八十三条的规定,债务人对债权让与人享有债权,且债务人的债权先于转让的债权到期或者同时到期的,债务人可以向债权受让人主张抵销。该抵销权的行使无须债务人提起反诉,法院在审理中应查明债务人对债权让与人的债权是否真实存在后,作出相应判决"。该条则直接指向诉讼抵销的行使,并且针对的是存在债权让与这类审查难度较大的案件。

在这些法院的指导性意见中,一种总的态度是:审判实践中存在提起反诉和提出抗辩两种做法,对此,法院对于主张的方式不宜过分严苛,当事人既可以通过反诉方式,也可以通过提出抗辩的方式主张。如果必须要求以反诉提出,尽管在实体上也可能不会有违公正,但实际上却可能因处理结果存在先后,而对提出反诉的一方不够合理。因此,考虑到案件的处理不仅要公正,而且要尽可能合理的要求,也考虑到诉讼效率的要求,当事人提出抗辩的主张如果能够成立的,一般不要求提起反诉,以便更好地保护当事人双方的合法权益。

四、结论

首先,我们可以得出一个基本的结论——诉讼中主张抵销是以抗辩的方式还是以反诉的方式,当事人应当具有程序选择权。《九民纪要》虽然不是法律或司法解释,但随着它的颁布实施,我们一定程度上可以避免"被告在一审期间未提出反诉,本院不予审理"的风险。但仍会有部分法院认为反诉是一种必要或更为稳妥的方式，《九民纪要》的颁布，可能并不会使得实践中“以反诉而非抗辩的方式行使抵销权更为普遍”的现状而改变。在尝试理解一线法官的真实考量之后，我们可以得出第二个基本结论——法官不支持抗辩的是原因并非“法律关系不同，须提起反诉”，而是因无法直接确认抵销债权真实存在。这类造成法官“困扰”的情形包括：(1)被告以受让于案外人的债权而向原告主张抵销的案件，而案外人无法参加诉讼或不愿提供相应的说明，或是涉及追加第三人变得更麻烦；(2)原告对抵销债权提出异议，否认其真实性，双方争议较大。在这些情况下，被告提供初步证据后，法院无法直接断定债权的成立，不愿在本诉中处理，转而要求其提起反诉，甚至另行起诉。

那么，法官要求被告另诉或反诉都是基于时间、绩效等功利性诉求吗？这就涉及另一个问题，被告在诉讼中已经提出抵销抗辩的，是否还可以就抵销债权另行提起诉讼？司法实践和理论对此并未形成统一的观点。持肯定意见的观点认为，抵销抗辩只是一种防御手段，不应当发生诉讼系属的效果；被告即便在本诉中未能抵销，仍可另诉。持否定意见的观点认为，这应属于既判力约束原则的例外，避免产生后诉判决与前诉判决矛盾，如果本诉中处理了抵销的抗辩，那被告不能就抵销另行起诉。那么，我们的第三个基本结论就是——在抵销抗辩的原因事实较复杂、双方争议较大、短期内难以作出判断的情况下，法官无法直接地确定抵销能否成立，出于保护当事人诉讼权利和避免矛盾判决的考虑，在本案中不予审理而要求反诉也是权宜之策。

其次，除了已经为《九民纪要》所解决的“抵销权既可以通知的方式行使，也可以提出抗辩或者提起反诉的方式行使”问题外，然后通过制定规范来消除诉讼抵销既判力的分歧甚至更为重要。

最后，对于当事人而言，我们自然不能仅仅凭借《九民纪要》第43条的规定即直接舍弃反诉的道路，想当然地采取更为简单的抗辩路径。当事人仍然要根据当前籍以证明“抵销能否成立”的证据是否足够充分来进行判断：如果证据充分可以在本诉中提出抗辩一击即中自然是最优解，但如果证据还待补强或是不那么自信，可能听从法官的劝导提出反诉或另诉也未尝不是一个利人利己的选择。

仅针对裁判理由提起的上诉缺乏上诉利益，法院该如何处理

高　勇*

一、问题的提出

在一起商品房预售合同纠纷案件[1]中，购房者甲与开发商乙公司签订《上海市商品房预售合同》后，甲支付了大部分购房款，而乙公司并未按照合同约定通知甲交接房屋、办理房产证，故甲向一审法院起诉，要求乙公司协助办理过户手续，将系争房屋登记至甲名下。由于系争房屋因乙公司的另案纠纷被司法查封，故一审法院在驳回甲诉讼请求的同时，也在判决书的“本院认为”中肯定了甲所享有的不安抗辩权，认为其中止支付余款的行为具有事实和法律依据，并不构成违约。

一审判决作出后，乙公司提起上诉要求撤销一审法院在判决书“本院认为”部分对甲中止付款不构成违约的认定。

二审法院审理后认为，“鉴于一审法院已判决驳回了甲的全部诉讼请求，亦未判决乙公司承担任何实体义务，且乙公司事实上也无法通过本案上诉获得比一审更为有利的判决结果，故乙公司因缺乏上诉利益而不享有上诉权”。同时，根据系争房屋已被司法查封致使甲要求过户的诉请无法得到支持的客观现实，二审法院指出，“无论甲行使不安抗辩权中止付款违约与否都不影响一审法院驳回其要求乙公司协助办理过户的诉讼请求。因此，就本案审理而言，甲是否构成违约并非本案必须认定的事实”。

此外，二审法院还认为，“即便如乙公司所述，一审法院在判决书

* 上海市第二中级人民法院法官助理，法学硕士研究生。

〔1〕 上海市第二中级人民法院（2018）沪02民终8434号马某与上海万豪置业有限公司商品房预售合同纠纷二审民事判决书。

本院认为部分认定甲中止付款不构成违约为其留下隐患,其也完全可以在将来发生的另案诉讼中提供充分证据推翻该认定,因此一审判决所作认定并未现实、紧迫地损害到乙公司的利益”。最终,二审法院判决驳回上诉,维持原判。

本案中,乙公司对一审判决结果并无异议,仅上诉请求撤销一审法院在“本院认为”部分对甲中止付款不构成违约的认定,二审法院该如何处理,不无争议。司法实践中,针对缺乏上诉利益的上诉,有的法院会进行实体审理并以判决的方式驳回上诉,维持原判;有的法院不进行实体审理而以裁定的方式直接驳回上诉;还有的法院甚至以裁定的方式终结二审诉讼。之所以在处理方式上产生如此大的差异,是因为我国现行法律并未将上诉利益规定为当事人行使上诉权的实质要件,亦未对缺乏上诉利益的案件应如何处理予以明确,造成各地法院对上诉利益的理解和把握产生分歧,最终造成了案件处理方式的不同。

二、现行法律规定以及存在的问题

我国《民事诉讼法》第 164 条规定,“当事人不服地方人民法院一审裁判的,有权在判决书送达之日起十五日内向上一级人民法院提起上诉”。该法第 165 条进一步明确了上诉应递交上诉状,以及上诉状应写明的内容。由此可见,现行立法主要明确了提起上诉的形式要件,即当事人只要对一审裁判不服(除法律规定不能上诉的判决和裁定外),在规定期限内递交上诉状并交纳上诉费便可启动二审程序。至于提起上诉的当事人在一审中是败诉还是胜诉,是否被一审法院判决承担实体义务以及上诉时“不服”的对象究竟是事实认定、裁判理由还是裁判主文,法律均未明确规定。

极低的上诉门槛导致二审程序的启动完全由当事人控制,这不仅使得一审裁判的权威性和稳定性受到挑战和质疑,还给那些滥用或恶意行使上诉权的当事人预留了法律空间。司法实践中,通过恶意提起上诉拖延一审判决进入执行程序的屡见不鲜,这不仅在一定程度上造成了上诉权滥用、诉讼拖延、司法资源浪费等问题,也增加了对方当事人的诉累,严重背离了一审裁判的预期目的。

针对上述问题,笔者认为,可以将上诉利益规定为提起上诉的实质要件并明确上诉利益的判断标准，将有上诉利益的上诉与无上诉利益的上诉进行识别区分并作不同处理。

三、上诉利益的含义及其判断标准

（一）上诉利益的含义

上诉利益，又称“不服利益”，是指当事人请求上级法院对一审法院作出的对自己不利的裁判予以救济的必要性和实效性。[1] 由此可知，当事人对一审裁判不服提起上诉时，该裁判应对上诉人有不利，且具有救济的必要性和实效性。

事实上，域外其他国家早已将上诉利益作为提起上诉的实质要件。《德国民事诉讼法》将上诉利益作为合法提起上诉的要件之一，上诉人只有在被加重负担、承担不利的情况下且以上诉作为消灭上诉人的不服为目的时提起的上诉才是合法的。《法国民事诉讼法》也将上诉利益规定为上诉人提起上诉的实质要件之一，其中第546条规定，“对于任何享有利益的当事人在不放弃上诉权利的情况下，都享有上诉权”。具体而言，上诉利益指当事人在一审败诉或者诉讼请求没有全部得以满足的情况下享有的提起上诉的利益，上诉利益的有无由上诉人举证证明。因此，如何识别和判断一审案件的当事人是否享有上诉利益便成为上诉程序中最为关键和基础的问题。

（二）上诉利益的判断标准

关于上诉利益的判断标准，诉讼法学界主要存在三种学说：实体不服说、形式不服说及折中说。其中，实体不服说认为上诉人若能通过上诉程序获得比原判决更为有利的判决，即原判决对上诉人有实体的不利益，则上诉人就享有上诉利益。根据该学说，法院判断上诉人是否具备上诉利益的时间点是二审辩论终结前。然而，此时二审程序基本已经完成，相应的诉讼成本也已产生，如果再以上诉人不具备上诉利益进行裁判，也无法发挥通过上诉利益限制不合理上诉的作用。

而形式不服说则主张在判断上诉利益时将当事人的诉讼请求与判决主文进行比较，若诉讼请求全部或部分未得到支持，则具有上诉

〔1〕 邱星美、唐玉富：《民事上诉程序中的利益变动》，载《法学研究》2006年第6期。

利益。该学说为上诉利益的判断提供了可量化的具体标准，可操作性强，且判断的时间点是当事人提起上诉之时，也能较为及时地过滤当事人提起的不合理上诉。三是基于此，德日等采取许可上诉制的国家即采用形式不服说作为判断上诉利益的标准。

折中说介于上述两种学说之间，主张在判断原告有无上诉利益时依据形式不服说，判断被告有无上诉利益时依据实体不服说。之所以作此区分，是因为未提起反诉的被告在一审中仅针对原告的诉请提出抗辩，并没有独立的诉讼请求，也就无法与判决主文进行比较来判断上诉利益的有无。然而，该学说对原被告双方采取不同的判断标准，不符合当事人诉讼平等原则。而且，以实体不服说为标准判断被告上诉利益的有无也必然遇到上述实体不服说判断时间点过晚的难题。

回到文首的案例，购房者甲的诉讼请求已被法院判决驳回，开发商乙公司亦未因一审判决承担任何实体义务，且乙公司也无法通过上诉获得比一审更为有利的判决结果，故无论采取形式不服说还是实体不服说的判断标准，乙公司提起的上诉均不具有上诉利益。然而，针对一审法院在“本院认为”中有关甲中止付款不构成违约的认定，乙公司认为该认定给其留下了隐患，对此，乙公司是否需要以及应该如何采取措施保护自身合法权益呢？要回答这个问题，我们需要了解裁判理由的效力范围。

四、裁判理由的效力范围

英美法系等判例法国家所坚持的遵循先例原则赋予了生效判决的法律理由超越案件本身的影响力，可以决定同一司法区域内同级法院和下级法院的法律意见和规则。因此，裁判理由对当事人的利益有较大影响，当事人针对裁判理由提起的上诉也具有上诉利益。

而我国作为成文法国家，并不存在遵循先例的传统，案件的审理都是以法律规定为大前提，以案件事实为小前提，进行逻辑三段论推理才得出最终结论。只有最高人民法院发布的指导性案例，才会对各级法院的裁判产生一定的“参照效力”。因此，先前判决的裁判理由并不会对后诉案件产生法定的拘束力，后诉案件的法官完全有权根据案件的事实查明情况对法律规定作出不同的解释。由此可见，裁判理由的效力原则上仅局限于个案。

按照大陆法系的一般观点,生效裁判既判力的客观范围原则上以判决主文中的判断事项为限,而裁判理由没有既判力。[1] 缺乏既判力的裁判理由当然也无法作为强制执行的依据。事实上,最高人民法院执行工作办公室早在 2004 年就通过《关于以判决主文或判决理由作为执行依据的请示的复函》(〔2004〕执他字第 19 号)明确,"判决主文是人民法院就当事人的诉讼请求作出的结论,而判决书的'本院认为'部分,是人民法院就认定的案件事实和判决理由所作的叙述,其本身并不构成判项的内容。人民法院强制执行只能依据生效判决的主文,而'本院认为'部分不能作为执行依据"。

鉴于裁判理由的效力范围仅限于个案,且不具有强制执行的效力,而生效裁判的既判力也仅限于判决主文,故判断当事人在个案中的权利是否减损应以该案的判决主文为唯一依据。因此,即便裁判理由中的认定对一方当事人不利,若该不利未体现在判决主文中,则该方当事人的权利在本案及后诉案件中就未受减损。

五、裁判理由确有不当的应对

值得思考的是,如果文首的案例中一审法院在"本院认为"部分对甲中止付款不构成违约的认定确有不当,那么乙公司能否上诉请求撤销该认定?对此,笔者持否定态度。

从裁判理由的效力范围来看,因为裁判理由的效力范围仅限于个案,在甲的诉讼请求被全部驳回的情况下,乙公司在本案中以及将来可能发生的另案中的利益并未现实、紧迫地受到损害,因此并无救济的必要性和实效性。如果允许胜诉方通过上诉的方式为未来可能发生的纠纷这一概率性事件"预支"法律救济,不仅增加了法院的审理负担,也扰乱了正常的纠纷解决秩序。

从上诉法院的功能定位来看,我国法律允许当事人在二审中提出新的事实和证据,以期最大限度地救济当事人的实体权利,因此应该使真正需要救济的当事人进入二审的实质审理程序。基于此,结合既判力的客观范围,只有裁判结果会影响当事人的利益,而裁判理由即

〔1〕 翁晓斌:《我国民事判决既判力的范围研究》,载《现代法学》2004 年第 26 卷第 6 期。

使错误也不会影响在裁判结果上胜诉当事人的利益，因此无须救济，亦无须赋予其上诉权。

值得注意的是，虽然先前判决的裁判理由对后诉并无法定拘束力，但是裁判理由中的认定也或多或少会对后诉案件法官的自由心证产生一定影响。然而，《最高人民法院关于民事诉讼证据的若干规定》（法释〔2001〕33号，以下简称《民事诉讼证据规定》）第9条规定，“下列事实，当事人无需举证证明：……（四）已为人民法院发生法律效力的裁判所确认的事实；……前款……（四）……项，当事人有相反证据足以推翻的除外”。2020年施行的《民事诉讼证据规定》（经法释〔2019〕19号修正）亦保留了该规定。举重以明轻，既然生效裁判所确认的事实都能推翻，那么法院根据个案事实在裁判理由中所作出的认定当然也可以推翻，只不过提出相反主张的当事人需要承担举证责任。

六、司法实践的有益探索

虽然我国现行法律未对当事人行使上诉权作出实质性限制，亦未对上诉利益作出规定，但是司法实践中有关上诉利益的表述已层出不穷。笔者在中国裁判文书网以上诉利益为关键词进行全文检索，将裁判日期限定在2014年1月1日到2019年5月1日之间，将案件类型限定为民事案件，在审判层级及文书类型不限的情况下，共检索到378个结果。虽然在检索到的裁判文书中，有些上诉利益是当事人在诉辩称中所提及的，法院并未围绕上诉利益展开详细论述，但是该结果已经能够说明上诉利益在当前司法实践中的运用情况。下文中，笔者筛选了三个较有代表性的案例来考察现阶段司法实践中法院对涉及上诉利益案件的认定及处理方式。

案例一〔1〕：甲公司起诉要求乙公司向丙公司返还抽逃资本，丁公司对乙公司的部分抽逃资本承担连带赔偿责任，一审法院判决驳回了甲公司的诉讼请求。丁公司提起上诉，要求明确丙公司向丁公司支付的款项为股权回购款。二审法院审理后认为，“丁公司上诉要求确认

---

〔1〕 北京市高级人民法院（2014）高民终字第1041号北京北大青鸟有限责任公司与北京华亿浩歌传媒文化有限公司等股东出资纠纷二审民事判决书。

的事实并非本案必须查清的事实。……丁公司虽然是原审被告,但一审法院认定甲公司的诉讼理由没有事实依据,判决驳回其诉讼请求。因此,丁公司并非实体义务的承担者,不具有上诉利益,理应不享有上诉权”。最终,二审法院判决驳回上诉,维持原判。

案例二〔1〕:甲公司起诉乙公司要求继续履行《厂房订购协议》并配合办理厂房过户手续,一审法院判决驳回了甲公司的诉讼请求。乙公司上诉要求维持一审判决结果,但认为一审本院认为部分对《厂房订购协议》的性质认定有误,要求予以更正。二审法院审理后认为,“上诉人乙公司不服一审判决提起上诉,必须是该判决对其存在不利。所谓上诉利益具体体现为要求二审法院支持其原审诉讼请求或者使其免于承担原审判决确定的义务。本案中,被上诉人甲公司作为原告提出的诉讼请求已被法院判决驳回,意味着上诉人不承担一审判决确定的义务。在上诉人服从一审的判决结果情况下,其上诉无法体现出上诉利益”。最终,二审法院裁定驳回了乙公司的上诉。

案例三〔2〕:虽然裁判文书信息缺失导致具体案情不详,但是最高人民法院在该案中就上诉利益的判断以及案件的处理方式作出了详细阐述。在论及当事人上诉权的问题时,最高人民法院认为,“当事人对于一审裁判提起上诉需具备上诉利益。上诉利益的判断标准为将一审裁判的结果与上诉人在一审期间的诉辩主张相比较,当事人一审的诉辩主张如在裁判中未获满足,则视当事人对该裁判具有上诉利益。没有上诉利益的当事人不享有上诉权”。在论及案件处理方式时,最高人民法院认为,“上诉应具备相应的上诉要件,在当事人的上诉缺乏上诉利益等上诉要件时,人民法院不予受理。对于已经受理的案件,应采取何种处理方式,现行民事诉讼法对此未作明确规定,已构成法律漏洞,可采用类推适用的方法予以填补,即法律未规定的情形与法律已规定的情形在与法律评价有关的重要观点上彼此类似,则二者应作相同的处理。《中华人民共和国民事诉讼法》第一百五十一条

〔1〕 上海市第一中级人民法院(2018)沪 01 民终 3691 号上海青一禾企业发展有限公司与上海欣铃工贸有限公司房屋买卖合同纠纷二审民事裁定书。

〔2〕 最高人民法院(2018)最高法民辖终 372 号黄某涵与中信银行股份有限公司泉州分行等金融借款合同纠纷二审民事裁定书。

规定的四种终结诉讼情形，主要针对出现案件无法进行或没有必要进行的情形。本案中，黄某涵对一审裁定不具有上诉权，本案诉讼没有继续进行的必要，该情形与终结诉讼规定的情形在法律评价上并无差别，二者应作相同的处理，即终结诉讼的规定亦可以适用于本案”。最终，最高人民法院认定上诉人对于一审裁定没有上诉权，裁定终结了二审诉讼。

通过上述三个案例不难看出，针对同样缺乏上诉利益的情形，不同法院采取了完全不同的处理方式。虽然在法律未作出明确规定的情况下，各法院所选择的处理方式并无正确与否的区别，但是司法实践中针对同样问题出现完全不同的处理方式确实也是值得关注的问题。更何况，不同的结案方式还涉及诉讼费的结算问题，关涉上诉人的切身利益。

从时间推移的角度来看，案例三是最高人民法院于 2018 年 11 月 28 日审结的，该案中最高人民法院针对上诉权与上诉利益的关系以及上诉利益的判断标准进行较为充分的论述，既体现了我国司法实践中对上诉实质要件——上诉利益认识的深化，也为今后该类案件的处理方式指明了方向，具有一定参考价值。

七、结语

我国现行法律未对当事人行使上诉权作出实质性限制，导致二审程序的启动完全由当事人控制，实践中引起了滥用上诉权、恶意拖延诉讼以及浪费司法资源等问题。有鉴于此，应将上诉利益作为当事人行使上诉权的实质要件并采用形式不服说，即通过诉讼请求与判决主文的对比来判断当事人提起的上诉有无上诉利益。因成文法系国家并没有遵循先例的传统，故裁判理由的效力范围仅限于个案，加之生效裁判文书既判力的客观范围也仅局限于判决主文，因此在原告诉讼请求被全部驳回的情况下被告仅针对裁判理由提起的上诉缺乏上诉利益，可裁定终结诉讼。

【参考文献】

[1] 牛颖秀:《仅就裁判理由可以上诉吗——以上诉受理机制为中心的考察》,载《法学家》2019 年第 2 期。

[2] 胡晓霞:《上诉利益的判断标准》,载《法学评论(双月刊)》2019 年第 3 期。

[3] 刘文勇:《民事一审裁判上诉利益的判断》,载《法律适用》2019 年第 5 期。

[4] 李昌超、左婷:《民事上诉要件检视及其优化》,载《理论探索》2017 年第 6 期。

[5] 李迎新:《不具有上诉利益的上诉应迳行驳回》,载《人民司法》2014 年第 20 期。

举证责任及其在当事人之间的分配[1]

王亚新*

举证责任又称“证明责任”。这个概念只是在主要由当事人收集和提出证据、并对自己的证明活动能否使法官的心证达到证明标准负责的前提下才可能成立。或者说,只有以当事人自主决定自我负责的当事人主义诉讼结构作为前提,才会产生对举证责任的需要,且使其成为这种结构不可或缺的基本因素。经过了审判方式改革的洗礼,举证责任的概念及相关程序操作目前在我国的民事诉讼实务中已得到普遍承认和广泛的运用。但同时又不得不指出,即便是到了现在,无论在法学界还是实务界,对这一概念的相关理论还未能真正形成统一认识,关于如何进行实际操作的程序规则等也还有待于逐渐发展成型。因此,以下介绍的内容只能说是一种“最大公约数”式的描述和探讨,对于许多存在重大争议的问题将不深入涉及。

一、举证责任的概念和功能

举证责任在概念上可分为两个层次,也可以说具有双重的性质。一个层次的含义是,如果当事人因没有举证或者虽然提出了证据却未能使法官的心证达到证明标准,特别是当诉讼到了最终阶段案件事实却处于“真伪不明”状态这种情形时,将会承受对其不利的事实认定甚至败诉的后果,这意味着一方当事人可能遭遇的不利及风险;另一个层次指的则是,当事人为了免于不利的事实认定及败诉的后果,需要努力收集和提出证据,即举证对于当事人成为必要的情形或构成的负担。前一层次上的举证责任必须经过当事人双方的攻击防御活动,往

* 清华大学法学院教授、博士生导师。

〔1〕 本文摘自王亚新、陈杭平、刘君博著《中国民事诉讼法重点讲义》(高等教育出版社 2021 年版)第 7 章,本次发布有微调。

往在诉讼的最终阶段才显示出其作用来，所以讲学上又称为“结果意义上的举证责任”。与此相对，后一层次的举证责任则从诉讼一开始就体现在有关原被告收集和提出证据的行为规范之中，因此又称为“行为意义上的举证责任”。《最高人民法院关于适用〈中华人民共和国民事诉讼法〉的解释》（以下简称《民事诉讼法解释》）第 90 条第 1 款规定，“当事人对自己提出的诉讼请求所依据的事实或者反驳对方诉讼请求所依据的事实，应当提供证据加以证明，但法律另有规定的除外”；其第 2 款规定，“在作出判决前，当事人未能提供证据或者证据不足以证明其事实主张的，由负有举证证明责任的当事人承担不利的后果”。可以把这项条文的第 1 款理解为规定了“行为意义上的举证责任”或“证据提出责任”；把第 2 款的内容理解为规定的是“结果意义上的举证责任”，且负有这种责任的当事人一般情况下也都负有证据提出责任，两者结合表述为“负有举证证明责任”。再者，关于结果意义上的举证责任究竟由哪一方当事人承担，一般都根据民事法的实体规范在诉讼前或纠纷发生之前就已经被“客观”地确定下来，且只能由当事人的一方承担而不会同时分配给双方，即不能由双方当事人分担。这种由法律事先分配的负担与当事人的主观认识并不相干，原则上贯穿于整个诉讼过程而不会改变，所以又被冠上了“客观举证责任”之称。而关于行为意义上的举证责任由当事人的哪一方承担，虽然诉讼开始时其不过是“客观举证责任”的反映并由前者所决定，但有所不同的是这后一种举证责任的负担随着诉讼程序的展开时有可能在当事人之间转移，且此种转移主要根据当事人对举证必要性的主观认知而发生，故而学理上又将其称为“主观举证责任”。为了简化称谓起见，以下就较为固定地使用“客观”与“主观”的形容词来表述举证责任概念这两种不同的含义。

关于“客观”与“主观”两种举证责任的关系及其功能作用，首先需要指出的是，现实的诉讼中最终无法查明案件真相、即出现“真伪不明”的状态，只能根据客观举证责任所在来决胜负的案件数量非常有限。换言之，真正需要这个意义上的举证责任发挥此种重大作用的场合其实很罕见，诉讼中实际运用得更多的是主观举证责任。但是，相对于后者而言，客观举证责任却仍然是更为根本或者更加关键的层次。这个说法或命题包括两层含义。其一，由于一般情况下客观举证责任的所在事先根据实体法规范已然确定，当事人在诉讼开始之时（在律师帮助下或经法官释明）就应知悉了解自己是否承担这种风险。负有客观举证责任的一方当事人为了回避结果的风险必须率先采取提出证据的行动——所谓“主观举证责任不过是客观举证责任的反映或反射，前者为后者所决定”指的即是此种情形。其二，如果承担客观举证责任的当事人已经率先提出证据，当对方当事人看到自己要是无所作为则法官的心证可能达到证明标准，其必须设法提出反证，且只需将上升了的心证程度“拉回”真伪不明的状态即可。对此，负有客观举证责任的一方又会感觉自己有必要进一步提出证据，以期使心证程度重新回到证明标准之上。如此循环往复一直到达成最高的解明度为止——这就是主观举证责任在当事人双方之间来回转移的过程。在这个过程中，客观的举证责任成为双方当事人多个回合反复展开攻击防御的指针，发挥的是推动诉讼程序往前发展行进的基本驱动作用。从举证责任的“客观”和“主观”之间这样的关系出发，还可以说举证责任的概念本身就构成了当事人主义诉讼结构的基本动力机制，而且还具有促进更加完备信息之获得的“发现真实”功能。

此外需要特别注意的是，举证责任针对的只是所谓“主要事实”或“直接事实”这一层次。而在也构成了案件事实的“间接事实”、“辅助事实”和“背景事实”等其他层次上，则不发生由当事人的哪一方承担举证责任的问题。当诉讼进行到最后阶段，如果构成双方争执焦点的主要事实还未能得到证明，则对此负有客观举证责任的当事人就可能承受败诉的后果。其他层次的案件事实虽然被提出并构成争点，且也有未得到证明的可能，但只要这种情况没有影响对主要事实的认定，就不能左右诉讼的结果。关于这一点，在以下有关举证责任分配的讨论中还会予以涉及。

二、举证责任的分配

从上文所述可以看出，举证责任概念所意味着的风险、负担必须具体分配给当事人的某一方，才能够发挥对于诉讼的作用并体现出其驱动攻击防御的重要意义来。而在当事人之间分配举证责任，首先需要解决的是客观举证责任由哪一方承担的问题。对此，一个已经广为人知的通俗说法或基本命题就是“谁主张、谁举证”，意思是案件事实由哪一方当事人提出来,其就应对该事实承担举证责任。不过,这个命题只说得上是部分正确或者至少是不够准确的。关于客观举证责任的分配,首先来看以下的设例。

设例1:城东公司起诉镇西公司,主张双方之间订有长期供货合同,约定城东公司定期向镇西公司发货,每半年结算付款,己方已经履行合同义务,但镇西公司却拖欠一年半的货款未付,请求其结清欠付货款。镇西公司答辩称虽然双方之间有供货合同且原告确实已经依约发货,但自己并未拖欠一年半的货款,只是最近半年的货款结算因资金周转问题略有拖延而已。双方举证的结果,镇西公司是否尚有一年的货款未向城东公司支付这一事实最终仍无法查明。法院据此判决被告向原告支付一年半的货款及相应利息。

如果机械地适用"谁主张、谁举证"的命题,可能会难以理解为什么上列设例中原告主张了的"货款未支付"这一事实会由被告承担最终未能证明的败诉后果。关于客观举证责任事先在当事人之间的分配,我国民诉法学界和司法实务上目前一般采取的是被称为"法律要件分类说"的理论以及建立于其上的分配规则。根据这一理论及相关规则,就比较容易领会上列设例了。所谓"法律要件分类说",指的是按照民事实体法把要件事实区分为导致以权利义务为内容的法律效果发生、或作为这种效果产生之必要条件的"权利发生事实"和妨碍法律效果发生的"权利妨碍事实"、法律效果虽产生却已归于消灭的"权利消灭事实"、以及虽然有关于法律效果的约定但其尚未发生的"权利阻却事实"。很明显,主张权利发生事实的当事人与主张后三种事实的当事人正好构成利益相反并互相对垒的两方阵营,举证责任则按照实体法上每一种权利发生和妨碍、消灭、阻却的要件分类事先配置给互为对手的当事人双方。《民事诉讼法解释》第91条对此做了以下规定,"人民法院应当依照下列原则确定举证证明责任的承担,但法律另有规定的除外:(一)主张法律关系存在的当事人,应当对产生该法律关系的基本事实承担举证证明责任;(二)主张法律关系变更、消灭或者权利受到妨害的当事人,应当对该法律关系变更、消灭或者权利受到妨害的基本事实承担举证证明责任"。

上列规定中"法律关系"的表述,应理解为权利义务关系及权利发生的基础,在学理上表述为"权利发生、变更、消灭"亦无不可。一般而论，主张权利发生的当事人多为发动诉讼的原告，必须主张作为其前提的要件事实并对此负有举证责任，作为被告的对方当事人可以针对权利发生事实予以自认或否认，也能够提出能够妨碍、消灭或阻却权利产生的事实。这些事实的提出构成抗辩，进行抗辩的当事人自然也必须对权利妨碍、消灭或阻却的事实承担举证责任了。在设例 1 中，虽然原告也主张了被告尚未支付货款的事实，但从实体法上看，本案的性质是买卖合同，而原告的请求是货款支付。这一请求权的发生要件是买卖合同成立且原告已经实际供货，关于货款是否支付的事实则只是权利的消灭要件。因此，无论其由哪一方当事人主张，对货款已经支付的举证责任都已配置在认为这种权利已归于消灭的当事人一方。而且，这样的举证责任分配还与当事人双方在诉讼中作为原被告的地位并无内在关联。例如，原告要是提起请求撤销合同的形成之诉或合同无效的确认之诉，被告却主张合同有效或不可撤销的话，则原告对妨碍、消灭或阻却权利产生的事实、被告对权利发生事实分别负有举证责任这一规则依然不变。

"法律要件分类说"来自大陆法系德国、日本等国民事诉讼法学，以此理论为基础的举证责任分配规则在这些国家已经发展到相当成熟的阶段并得到了高度的体系化。我国法学界和实务界从开始了解、介绍到采用这种规则及相关理论的时间迄今为止尚没有多久，还不能说形成了成熟和系统的举证责任分配规则。最高人民法院于 2001 年底发布的《关于民事诉讼证据的若干规定》(已废止，2019 年重新公布并于 2020 年 5 月 1 日起施行，以下简称《证据规定》)，可以说标志着我国实务界开始明确接受与"法律要件分类说"紧密相关的举证责任分配。例如，这一司法解释第 5 条(目前已删除)就明确规定，"在合同纠纷案件中，主张合同关系成立并生效的一方当事人对合同订立和生效的事实承担举证责任；主张合同关系变更、解除、终止、撤销的一方当事人对引起合同关系变动的事实承担举证责任。对合同是否履行发生争议的，由负有履行义务的当事人承担举证责任。对代理权发生争议的，由主张有代理权的一方当事人承担举证责任"。这种举证责任分配方式此外还反映在若干司法解释片段的相关条款中，直到 2015 年《民事诉讼法解释》作出上述第 91 条的一般规定。但是，由于我国现有的民事实体立法尚未就举证责任分配作系统的规定，再加上理论上的不成熟和司法实务中相关程序操作未必统一，所以成体系的举证责任分配规则尚处于逐渐形成完善的过程之中。还必须指出，在比较法上“法律要件分类说”理论也一直受到种种的批评和挑战，相关的学说和规则不断有所修正和调整。部分的修正和调整反映在举证责任的倒置、减轻和类似的其他程序操作方法之中。关于这方面的问题将在下一部分予以讨论。

虽然举证责任的分配主要是关于在主要事实或直接事实的层面客观的举证责任究竟由哪一方当事人承担的问题，但司法实务中经常遇到的却是在间接事实或者辅助事实的层次上双方当事人都不肯率先提出证据的困难。于是产生了对于间接事实或辅助事实，是否也有在双方当事人之间分配提出证据的责任或负担这个问题。如上所述，在一般的学说观点看来，客观举证责任作为一种风险只针对主要事实的层次，主观举证责任即率先提出证据的负担也据此配置给当这种事实真伪不明时承受不利后果的当事人一方。而到了间接事实或辅助事实的层次，哪一方当事人应当提出证据则已属于法官自由心证或裁量的领域。比较法上也曾有学说认为，主观的举证责任既然可以根据当事人提出证据的状况在原被告之间转移，所以也能够适用于间接事实及辅助事实等层次，且可能发展出一套与客观举证责任无涉而只专门分配主观举证责任的规则体系来。但本书不采用这种学说，也不完全同意间接事实或辅助事实的提出证据负担只能由法官自由裁量的见解。关于这个问题，先来看以下的设例。

设例2：甲以借款未归还为由起诉乙，提出一张写有“欠1500元，手头一方便马上归还”并有乙签字的欠条作为证据。乙答辩称与甲等多人打麻将，手头没钱了，顺便向甲借过500元，后来当场又赢钱就还给了甲，但因忙于继续打麻将而忘记要回欠条。乙主张甲在欠条的金额前补了个“1”字，该项证据经过变造，不应采纳。甲则主张自己与乙虽也打过麻将，但这笔钱不是赌债，是乙找自己借钱并一起去银行自动取款机上取的，并进一步提供了1500元的取款回执和当天看见自己和乙去银行的熟人证言。法院认为当事人应对欠条是否经过变造申请进行笔迹鉴定，但因鉴定费就需预缴1000元左右，原被告双方经释明却都不申请鉴定。法院最后判决乙向甲支付欠款1500元。

上列设例中，按照“法律要件分类说”甲对存在借贷关系和实际交付了借款负有举证责任，乙主张借过不受法律保护的赌债500元而且已归还属于权利消灭的事实，应对此抗辩负有举证责任。但其主张不存在1000元的债务则是单纯的否认，举证责任仍应由甲而不由乙负担。如果按照“主观举证责任是客观举证责任之反映”的命题，申请进行笔迹鉴定并预缴鉴定费用的负担看来应该由甲承受。但是在本案中，甲除遭受争议的欠条之外还提出了取款回执和证人证言等进一步的证据，应该视为履行了主观的举证责任。而与此相对，乙仅仅主张欠条为变造，却没有提出任何支持这一主张的证据。且欠条的真伪属于证据的可靠性问题，是典型的辅助事实，当事人的哪一方应对这种事实承受提出证据的负担区别于主观的举证责任，可称为“证明的必要”。鉴于甲提出的证据已经使法官的心证程度接近证明标准，而乙尚未作出任何努力把这个程度“拉下来”，因此可认定其已有了申请鉴定来证明自己主张之必要。换言之，在当事人之间客观存在的攻击防御态势已经使得是乙而不是甲有了申请鉴定之“证明的必要”。乙没有对这种“必要”作出回应就是本案最终判决其败诉的重要原因之一。如果设想甲除了欠条并未提出其他任何证据，则即使乙也只是主张该欠条经过变造，申请鉴定的证明之必要恐怕就不在乙而在于甲了。总之，在间接事实及辅助事实的层次，虽然也与客观和主观的举证责任存在关联，但在当事人之间发生的不再是举证责任的分配问题，而应当理解为究竟是哪一方当事人有“证明之必要”或应承受提出证据的负担。这个问题也不应该完全留给法官通过心证或自由裁量去解决。只是在衡量双方当事人各自提出了哪些证据等攻击防御的客观态势之后，法官才能在此基础上作出下一步究竟是哪一方当事人就间接事实或辅助事实的证明有必要提出证据的判断。虽然目前我国的司法实务有关如何在当事人之间分配这种“证明的必要”远远还说不上存在着明确的规则，或者说在此领域发展出一整套规则体系或许本来就是不可能的事情。但是通过对司法实务中常见做法从法律解释学的角度不断进行总结和升华的话，建立或形成某些类型化的实务操作指针仍然是可能的。

三、举证责任的倒置与减轻

根据建立于“法律要件分类说”等理论上的成套规则来分配当事

人的举证责任,意味着没有把这种对于当事人来讲意义十分重大的风险及负担之配置完全委诸法官的自由裁量。而且相对客观的分配规则事先存在,可以提前为双方当事人提供展开攻击防御的某种指针,也降低了法官随机分配举证责任时可能招致怀疑及抵制等难以获得正当性的风险。但同时也必须看到,现实的诉讼程序进行过程中具体情形千变万化,严格按照一套事先确定的规则在当事人之间分配风险和负担,有时候不免会带来适用规则过于机械或僵直的副作用,可能引起裁判结果与实质正义相抵触等不公平的问题。另外在更为根本的层面上,“法律要件分类说”及相关规则可以说是以当事人双方作为原被告的可互换性及其力量对比的相对平衡这样一种近代“古典”意义上的诉讼观作为前提的,对于传统商事案件等领域的纠纷处理解决具有更大的亲和性或适应性。

但是,随着当代科技的发达、大规模的经济开发和基础设施建设、大量生产大量消费的流通消费体制形成等急剧的社会发展与变迁,在财富增长积累和日常生活变得更加便利的同时,也引发了严重的环境污染和对消费者权益的结构性侵害等社会问题。这些问题反映在民事诉讼上,就是环境污染诉讼、食品安全及一般产品质量等与消费者权益保护有关的诉讼、医疗、交通等事故引发的损害赔偿诉讼等侵权行为法领域的案件大幅度增加。在此类有时被称之为“现代型诉讼”的案件中,加害方和受害方在社会结构的层次上固定下来,原被告的角色几乎失去了可互换性。与此相关的则是当事人双方的力量对比高度不均衡,证据及必要的科技知识往往集中分布在作为加害方的被告手里,作为原告的被害方经常面临举证困难的处境。这种情况下如果仍然严格地要求在实体法上一般地负有举证责任的原告承担举证失败的不利后果,有时显然会带来严重的有悖于实质正义或实质上不公平的问题。于是,在基本承认和维持现有相关规则的前提下,就有了对举证责任的分配进行相应调整的必要。

作为这种调整的方法之一,首先可以举出的就是举证责任的倒置或转换。这一方法指按照一般规则本来应当配置给一方当事人的举证责任,可以通过法律上的明确规定等转移给另一方当事人由其承担。例如,按照民事实体法有关侵权的一般理论,构成侵权的四种要件事实即加害行为和受害后果的存在、行为与后果之间的因果关系以及主观过错，原则上都应由受害方承担举证责任。但我国《民法典》第1230条规定，“因污染环境……发生纠纷，行为人应当就法律规定的不承担责任或者减轻责任的情形及其行为与损害之间不存在因果关系承担举证责任”。显而易见，这个条文至少把关于行为和损害之间存在因果关系这一要件事实的举证责任直接倒置给了加害方的当事人。此外，对于该法第1254条“从建筑物中抛掷物品或者从建筑物上坠落的物品造成他人损害……难以确定具体侵权人的，除能够证明自己不是侵权人的外，由可能加害的建筑物使用人给予补偿”这一规定，亦有可能解释为把是否实施加害行为的举证责任从原告转移给了被告。还有对《民法典》第1170－1172条有关二人以上共同侵权的规定，也存在着从举证责任倒置的角度进行同样解释的余地。

当然，有关举证责任分配的调整并不限于倒置或转移的方法。在这方面，侵权法上的过错是一个较为典型的领域，仅在立法上就存在着若干层次不同或程度不等的调整方法。由于加害方过错的主观性质，被害方一般都较难对此进行成功的举证，于是先在司法实践中后来通过立法而发展出旨在减轻受害人举证负担的一系列方法。

首先，对于某些特殊领域的侵权行为，法律明确规定了无须对是否存在主观过错举证即要求加害方赔偿损失的所谓“无过错责任”。这是一种解除受害方举证负担最为彻底的方法，《民法典》第1166条对此做了一般规定。作为更加具体的立法例，可列举我国《道路交通安全法》第76条的规定，即对于“机动车发生交通事故造成人身伤亡、财产损失的，由保险公司在机动车第三者责任强制保险责任限额范围内予以赔偿”之后仍然不足的部分，虽然机动车一方没有过错，仍应在不超过10%的范围内承担赔偿责任。

其次，虽然对于加害方来说，在仍有证明自己无过错的机会这一意义上比起无过错责任更加有利，上文已述的举证责任倒置仍构成了另一种对受害方有关加害方存在过错的举证负担予以直接解除的方法。如《民法典》第1255条有关“堆放物倒塌……造成他人损害，堆放人不能证明自己没有过错的，应当承担侵权责任”的规定就是将有无过错的举证责任转移给被告的一例。

最后，在客观举证责任仍由受害方承担的前提下，还有一种减轻其举证负担的方法就是法律上的推定。这种方法指的是用某个比较容易提供证据进行证明的间接事实来代替一个很难证明的要件事实，如果该间接事实得到证明就暂时认定要件事实为真，不过这种认定可以因对方的反证而遭到动摇。并且，经对方反证后万一出现真伪不明的状态，仍然由原来负有举证责任的当事人一方承担不利后果。在此意义上，推定与举证责任倒置相比在减轻举证负担的力度上有限，但仍不失于一种调整举证责任分配的有效方法。《民法典》第 1165 条第 2 款是有关法律上推定的一般规定；第 1222 条关于医疗纠纷中医疗机构的诊疗行为是否存在过错的举证问题作出的规定则可视为推定的一个具体例子。根据该条文的内容，如果患者一方能够证明医疗机构有“（一）违反法律、行政法规、规章以及其他有关诊疗规范的规定；（二）隐匿或者拒绝提供与纠纷有关的病历资料；（三）遗失、伪造、篡改或者违法销毁病历资料”等情形之一，即可推定医疗机构存在过错。

以上有关举证责任转移或减轻的情形在立法上都有明确的规定。在司法实务中，除了这类依照立法规定转移或减轻当事人举证负担的情形，由于上文所已述的针对某些具体案情机械适用“法律要件分类”相关规则分配举证责任可能带来实质上的不公平等普遍性问题的存在，同时也因为在我国可适用的举证责任规则并未发展到成熟完整的体系化程度，司法实务中很多情况下都是由法官临机应变地通过种种方法对当事人举证的责任及负担等进行调整。对于我国司法实务中种种旨在调整或减轻当事人举证负担的实际做法，目前民事诉讼法学界虽然也在介绍相关比较法知识的同时有所涉及，但更为全面深入的研究总结还有待于今后的展开。

四、司法实务中减轻当事人举证负担的种种做法

如上文已述，民事诉讼应尽量避免出现“真伪不明”状态，以致不得不以客观举证责任的所在来决胜负的结果。但司法实务中又不能回避确实有一些案件最终无法查明案情真相，且因当事人无论如何不肯接受调解而只得作出判决的情形。此类情形中还存在着部分案件，由于种种原因，让负有客观举证责任的一方当事人败诉有悖于实体正义或明显地不合理。有关对这些案件的处理，本文介绍了法律明文规定举证责任倒置等方法，以及由法院在个案中根据公平和诚信原则进行自由裁量以确定当事人的举证责任这两种解决方向。除此之外，通

过法律解释在减轻当事人举证的责任及负担这方面逐渐形成某些定型或通用的实务操作方法，并在其基础上构成和发展与之相应的解释学概念及理论，亦为另一条值得努力尝试的路径。大陆法系的德国、日本等国和我国台湾地区的民事诉讼法学界在这一领域做了较深入的研究，提出了能够发挥减轻当事人举证责任功能的“表见证明”“间接反证”“大致推定”等概念。在我国民事司法实务和诉讼法学界，类似的工作却只能算刚刚开始起步。以下是对这方面情况的一个简单的描述介绍。

与证明的结构和过程相对应，在总体上可以把减轻当事人举证责任的做法划分为几个不同的侧面。或者说可以分别从直接解除或缓解负有客观举证责任的一方当事人负担或帮助其提高举证能力，要求另一方当事人承受某种程度的风险，以及法官适当降低心证需要达到的高度等若干不同的角度来考虑这个问题。就本来应负客观举证责任的当事人这一方而言，解除其负担和风险最为直接彻底的办法，首举本节已介绍的无过错责任和举证责任倒置。不过此类办法因要求法律加以明确规定，其范围是很受限制的。其次可能采取的方法是虽然没有解除当事人负有的客观举证责任，却在主观举证责任的转移以及有关间接事实、辅助事实的证明必要等层次上减轻负有客观举证责任的一方当事人负担。除了本文已提到的法律上推定之外，“表见证明”“间接反证”“大致推定”等概念所体现的各种具体做法都可包括在这一方法的范围之内。再者，还可能通过帮助负有举证责任的一方当事人收集和提出证据或强化提高当事人证据收集能力，以此来间接地缓解其遭受的压力。在大陆法系日本等国民事诉讼法上，部分借鉴美国法“发现程序”而建立的当事人申请法院发布文书提出命令就能够发挥这种功能。我国民事诉讼中与之相接近或类似的制度则是当事人申请法院取证。对于并未承担客观举证责任的另一方当事人来说，减轻对方当事人的举证责任往往意味着加重了其证据提出的负担或在某种程度上把证明的风险转移了过来。上述的法律上推定与“大致推定”“表见证明”“间接反证”，以及不同层次的“证明必要”等概念，都能够起到这样的作用。不过在这些大体发挥同类功能的概念之中，近年来在我国民事司法实务中显得较为突出的大概要数“证明妨碍”这一概念了。最后的段落拟稍稍具体地讨论一下这个概念。此外,就法官评价证据认定事实的心证程度这个侧面而言,为负有客观举证责任的一方当事人减轻负担及风险还有一种可能的操作方式,即在这种认识过程中人为地降低证明标准来回避真伪不明的状态出现。关于这种方法在比较法上已有相当的研究,但因法官为此享有更大裁量空间并相应承担更多责任,在我国实务界和法学界尚未对此予以正面承认。不过,例如在缺席裁判等场合,原告一方获得的缺席胜诉判决其实往往就是法官降低了证明标准的结果。

需要注意的是,以上从不同的角度或侧面分别构成的概念和做法,其实相互之间都存在着内在关联,因为发挥的功能作用大同小异,不少场合它们甚至可以互相代替。例如,极端一点设想的话,用降低证明标准这一种方法就足够涵盖其他所有方法的作用。不过,为了避免把一切困难问题都委诸法院的裁量,在法解释学上针对类型化的具体案情并区别不同程序场境以构成多元的操作性概念这种努力仍然是有价值的。因此,我国民事诉讼法学界今后还需注意这个研究方向。

最后要讨论的"证明妨碍"这个概念也源自大陆法系德国、日本等国的民事诉讼法学理论,其基本的含义是负有客观举证责任的一方当事人虽然已经尽到最大努力收集并提出证据,但由于对方当事人故意或过失地损毁、隐匿相关证据等妨碍行为,最终导致了真伪不明的结果。这种情形下如果仍按照客观举证责任的分配,判处负有这种责任的当事人一方败诉的话,显然是很不公平的。于是,围绕实务中对这样的情形应怎样处理,从理论上就产生了主张令实施证明妨碍行为的另一方当事人承受包括败诉在内的不利后果等种种学说的努力。我国的民事司法实务无疑也遇到了类似的情形,面临着同样的问题。《证据规定》第 95 条就是为解决这一问题而就"证明妨碍"作出的规定,其内容是"一方当事人控制证据无正当理由拒不提交,对待证事实负有举证责任的当事人主张该证据的内容不利于控制人的,人民法院可以认定该主张成立"。《民事诉讼法解释》就责令提出书证的制度而规定的第 112 条第 2 款及第 113 条,亦可理解为有关"证明妨碍"的程序规范。除此之外,如本文介绍法律上推定的概念时涉及《民法典》第 1222 条,其中规定的关于医疗机构在与患者发生纠纷时可能采取的"隐匿或者拒绝提供病历资料"或"伪造、篡改或者违法销毁病历资料”等情形,也属于典型的证明妨碍行为。不过对于这些行为进行制裁在法律上已经存在明确的规定,且使用了推定的技术来加以处理。

在我国民事诉讼实践中,一个与“证明妨碍”紧密相关的具体领域则牵涉婚姻家庭继承等案件中亲子关系的鉴定问题。如在离婚案件中,怀疑子女并非自己亲生的男方往往申请这种鉴定,有时女方也可能出于证明自己清白、或为了请求抚养费及取得继承权等动机而申请亲子关系的鉴定。就目前达到的技术水平而言,采用DNA技术进行的这种鉴定已能够达到几乎百分之百的准确率,只要通过鉴定得出结论就可以说真相已经大白。但是,在现实的诉讼程序中,如果当事人的另一方不同意不配合进行这种鉴定,则鉴定的实施一般都比较困难。由于亲子鉴定的这些特点,一旦申请鉴定的当事人得不到对方的同意及配合,往往主张对方是在蓄意地隐瞒真相,妨碍自己进行证明。原来的司法实践中法院遇到这样的情形,多采取直接承认申请鉴定的一方当事人有关亲子关系存在或不存在的主张,以此来制裁另一方当事人妨碍证明的行为。对此,最高人民法院于2020年发布的《最高人民法院关于适用〈中华人民共和国民法典〉婚姻家庭编的解释(一)》第39条规定,当事人一方起诉,请求确认亲子关系存在或不存在,“并已提供必要证据予以证明”时,另一方当事人如果没有提出相反的证据,却又拒绝做亲子鉴定,法院就可以推定请求确认亲子关系存在或不存在的一方当事人主张成立。例如在男方请求确认亲子关系不存在的场合,申请亲子鉴定的一方应先提出如双方同居与怀孕的时期不符、子女的血型或外貌与自己不符等方面的证据,在法院根据既有证据已对其主张形成一定程度心证的基础上,如果另一方当事人既不进行反证,又拒绝配合做亲子鉴定,这种情况下法院才可以推定申请鉴定这一方当事人的主张成立。这一规定意味着明确承认了“证明妨碍”的法理,同时对其适用也附加了“必要证据”的提交等限制性前提。

与上述我国实务界通行做法相映成趣的是德国民事诉讼法上对于同样情形的处理。在德国有关丈夫或者父亲请求确认自己与子女的亲子关系不存在的诉讼中,如果因对方拒绝配合做亲子鉴定而导致真伪不明的结果,法院不是推定申请鉴定的这一方当事人有关亲子关系不存在的主张成立,而是在判决书上写明“结果真伪不明”而据此驳回作为父方的当事人此项主张。原因是德国在婚姻家庭法领域实行

"实体真实"的原则,在真伪不明的情况下不允许以分配举证责任或追究"证明妨碍"等方法来决胜负。驳回亲子关系不存在的主张既有优先保护子女利益的含义,也允许当事人在能够取得对方同意实施亲子鉴定等情况变化时重新提起诉讼来再次主张亲子关系不存在。我国目前并未把家事程序从普通民事诉讼程序中分化出来单独作为一类特殊的程序,也没有实行与一般程序相区别的诉讼原则,但将来如果在程序设计上有类似改动的话,上述的实务运作亦不排除存在变化的可能。

庭前证据交换的实务指引

王业坤*

民事诉讼中的庭前证据交换已有传统，20 世纪 90 年代《最高人民法院第一审经济纠纷案件适用普通程序开庭审理的若干规定》《全国经济审判工作座谈会纪要》《最高人民法院关于民事经济审判方式改革问题的若干规定》等规范性文件中即有所提及。2002 年施行的《最高人民法院关于民事诉讼证据的若干规定》（以下简称《旧证据规定》）从案件范围、启动方式、交换规则等方面对证据交换作出了规定。2012 年和 2017 年修正的《民事诉讼法》[1]首次以法律的形式提及"证据交换"，并与《旧证据规定》和 2015 年施行的《最高人民法院关于适用〈中华人民共和国民事诉讼法〉的解释》（以下简称《民事诉讼法解释》）共同构建出我国的证据交换制度。2019 年修正并于 2020 年 5 月 1 日施行的《最高人民法院关于民事诉讼证据的若干规定》（以下简称《新证据规定》），基于《民事诉讼法》和《民事诉讼法解释》的体系，对证据交换的若干规定进行了调整。

民事诉讼中庭前证据交换的理论基础与实践意义，诸如信息交互、提升效率、公正司法、促进调解、归纳争点、保障权益等，不仅在司法改革与"案多人少"的背景下渐成共识，而且理论界与实务界已经有了相当程度的研究。对此，本文不作赘述，亦不作比较法分析，而是介绍和交流审判实务中的体会和思考。另外，鉴于"证据交换"本身所涵盖的范围较广，不完全等同于"民事诉讼中庭前证据交换"，但是为了行文方便，本文仍以"证据交换"一词作为"民事诉讼中庭前证据交

* 海南省海口市龙华区人民法院。

〔1〕 2017 年 6 月 27 日第十二届全国人民代表大会常务委员会第二十八次会议通过《全国人民代表大会常务委员会关于修改〈中华人民共和国民事诉讼法〉和〈中华人民共和国行政诉讼法〉的决定》，修正条文未涉及证据交换内容。

换”的简称。

一、证据交换的制度内容

1. 证据交换的地位

《民事诉讼法》和《民事诉讼法解释》将证据交换的地位确定为开庭审理前的工作。[1]

2. 证据交换的启动

《新证据规定》将《旧证据规定》第37条(关于证据交换的启动方式)[2]予以删除,但是按照诉讼法理论和既有规定,证据交换的启动仍应当包括“依申请”和“依职权”两种方式。

3. 证据交换的时间

证据交换的时间分为证据交换的期间和证据交换的时点。一方面,根据《民事诉讼法解释》第224条的规定,证据交换的期间位于答辩期届满后至开庭审理前。另一方面,根据《新证据规定》第56条第2款的规定,证据交换的时点在证据交换的期间内进行确定,具体方式为当事人协商一致并经人民法院认可,或由人民法院指定。

4. 证据交换的主持

依照《新证据规定》第57条第1款的规定,证据交换应当在审判人员的主持下进行。

5. 证据交换的过程

证据交换需要如实记录交换的过程,并且注意对有争议的证据和无争议的证据进行分别记录,有利于固定案件事实和整理争议焦点。

---

〔1〕《民事诉讼法》第133条第4项规定,“人民法院对受理的案件,分别情形,予以处理:……(四)需要开庭审理的,通过要求当事人交换证据等方式,明确争议焦点”。

《民事诉讼法解释》第224条规定,“依照民事诉讼法第一百三十三条第四项规定,人民法院可以在答辩期届满后,通过组织证据交换、召集庭前会议等方式,作好审理前的准备”。

〔2〕《旧证据规定》第37条规定,“经当事人申请,人民法院可以组织当事人在开庭审理前交换证据。人民法院对于证据较多或者复杂疑难的案件,应当组织当事人在答辩期届满后、开庭审理前交换证据”。

如果有反驳证据，需要再次进行交换，保障各方当事人权益。[1]

6. 证据交换的效果

(1)举证期限届满。第一，证据交换之日即举证期限届满之日，此是证据交换的基础性效果。第二，如果人民法院已经确定了证据交换日，则该日即举证期限届满日。第三，如果当事人在该日之前举证困难，可以向人民法院申请延期举证(延长举证期限)，那么证据交换日则顺延至所延长时间届满之日。[2]

(2)庭前完成质证。证据交换作为审理前的准备阶段的活动，当事人在该阶段发表过质证意见的证据，视为质证过的证据。[3] 需要指出的是，庭前完成质证的前提在于人民法院需要在开庭前向对方当事人送达证据，此亦为《民事诉讼法》第133条第4项的题中之义。

(3)明确争议焦点。依照《民事诉讼法》第133条的规定，证据交换是明确争议焦点的一个方式，但是明确争点的工作具有自己的方法论，而本文主要讨论证据交换，故而不对明确争议焦点作过多阐述。[4]

7. 证据交换的保障

(1)逾期举证的救济。如果当事人无法在证据交换的时点提交证据，其可以申请更改证据交换的时点或者申请延期举证，但是必须确

[1] 《新证据规定》第57条第2款规定，“在证据交换的过程中，审判人员对当事人无异议的事实、证据应当记录在卷；对有异议的证据，按照需要证明的事实分类记录在卷，并记载异议的理由。通过证据交换，确定双方当事人争议的主要问题”。

《新证据规定》第58条规定，“当事人收到对方的证据后有反驳证据需要提交的，人民法院应当再次组织证据交换”。

[2] 《新证据规定》第56条第1款规定，“人民法院依照民事诉讼法第一百三十三条第四项的规定，通过组织证据交换进行审理前准备的，证据交换之日举证期限届满”。

[3] 《新证据规定》第60条第1款规定，“当事人在审理前的准备阶段或者人民法院调查、询问过程中发表过质证意见的证据，视为质证过的证据”。

[4] 《民事诉讼法解释》第226条规定，“人民法院应当根据当事人的诉讼请求、答辩意见以及证据交换的情况，归纳争议焦点，并就归纳的争议焦点征求当事人的意见”。

有客观障碍。[1]

(2)妨害交换的责任。一方面,由于证据交换之日为举证期限届满之日,则证据交换时点后再次提交证据的,视为逾期举证,可以适用逾期举证规则。另一方面,证据交换作为民事诉讼活动,妨害证据交换则可以适用妨害民事诉讼的保障规则,例如训诫、罚款、承担额外费用等。[2]

综上,法律和司法解释从地位、启动、时间、主体、过程、效果、保障等方面对证据交换进行了规定。但是,《新证据规定》对《旧证据规定》作出了若干修改,加上审判实务中对于证据交换的认识和操作仍然存在诸多争议,所以仍有问题需要讨论。对此,本文从证据交换的诉讼地位、基础效果、操作细则、当事人地位等方面予以展开。

二、证据交换的诉讼地位

证据交换是开庭审理前的工作。关于开庭审理前的工作的诉讼定位,有人称之为审理前准备阶段,有人称之为审前程序。从时间节点的角度出发,二者具有交叉重合的部分,例如诉讼文书的送达,其既是审理前准备阶段的工作,也是审前程序的重要部分。然而,从工作性质的角度出发,开庭审理前的工作可以分为两种:一种为纯粹事务性工作,可称之为审理前准备程序工作;另一种则是具有审理意义的工作,可称之为审前程序工作。《最高人民法院民事诉讼法司法解释理解与适用》一书指出,"需要区分'审前程序'与'审理前准备程序',前者在形式与功能上具备了鲜明的完整性与独立性,但我国仍未明确

〔1〕《新证据规定》第56条第2款规定,"证据交换的时间可以由当事人协商一致并经人民法院认可,也可以由人民法院指定。当事人申请延期举证经人民法院准许的,证据交换日相应顺延"。

《新证据规定》第52条规定,"当事人在举证期限内提供证据存在客观障碍,属于民事诉讼法第六十五条第二款规定的'当事人在该期限内提供证据确有困难'的情形。前款情形,人民法院应当根据当事人的举证能力、不能在举证期限内提供证据的原因等因素综合判断。必要时,可以听取对方当事人的意见"。

〔2〕《新证据规定》第59条规定,"人民法院对逾期提供证据的当事人处以罚款的,可以结合当事人逾期提供证据的主观过错程度、导致诉讼迟延的情况、诉讼标的金额等因素,确定罚款数额"。

完整的审前程序;而后者虽然在形式上具有独立性,但是功能上并不具有独立性,其是为庭审程序服务的准备程序”。[1]

依照《民事诉讼法解释》第 224 条的规定,证据交换系用于作好审理前的准备。虽名为准备,但是从证据交换的过程和效果而言,其并非纯粹事务性工作,而应当理解为具有审理意义的工作。“从形式、内容看,庭前证据交换程序发挥了当事人陈述、举证和质证的作用,与庭审程序的法庭调查阶段的一部分内容相重合。从效果看,在交换程序中已自认的证据、事实和诉讼请求,对庭审有效力,庭审的调查阶段不予重复。从当前各地的通行做法看,庭前证据交换同外国的证据展示制度相比,除举证和相互展示交换证据外,还赋予了质证和确认自认证据的效力。因此,庭前证据交换程序实际上是庭审程序调查阶段的前置,是处于庭前准备阶段的一种准庭审程序。”[2]除此之外,依照《新证据规定》第 3 条的规定,自认制度可以适用于证据交换,故而从诉讼效果而言,证据交换的过程即具有审理意义。[3]

由此观之,本文认为证据交换的诉讼地位应当为一种审前程序的工作,其自身具有独立的程序价值,是具有审理意义的行为。[4] “审前程序是民事诉讼程序的一个组成部分,是庭审之前存在的一个独立程序阶段,其兼具程序方面和实体方面的目的,既有为庭审程序有效运行服务的目的,也有将有待庭审解决的问题提前的目的……证据交换是审前程序的重要环节。”[5]审判实务之中,应当注意以证据交换的地位作为理解该制度的出发点。

---

〔1〕 沈德咏主编:《最高人民法院民事诉讼法司法解释理解与适用》,人民法院出版社 2015 年版,第 585 页。

〔2〕 高洪宾、何海彬:《庭前证据交换实务问题研究》,载《政治与法律》2001 年第 1 期。

〔3〕 《新证据规定》第 3 条规定,“在诉讼过程中,一方当事人陈述的于己不利的事实,或者对于己不利的事实明确表示承认的,另一方当事人无需举证证明。在证据交换、询问、调查过程中,或者在起诉状、答辩状、代理词等书面材料中,当事人明确承认于己不利的事实的,适用前款规定”。

〔4〕 理论和实践中还提到“庭前会议”,其是开展证据交换的方式之一,并且涵盖多种诉讼行为与工作。

〔5〕 最高人民法院民事审判一庭编著:《最高人民法院新民事诉讼证据规定理解与适用》,人民法院出版社 2019 年版,第 529 页。

三、证据交换的基础效果

就证据交换的效果而言,争点得以明确并非是其所能够必然产生的效果,在本文讨论的范围内,举证期限届满和庭前完成质证的效果会更具意义。证据交换与英美法的证据开示具有一定的关联,证据开示的两大内容为"未经法定程序予以开示交换的证据不得在法庭之上提出"和"当事人开示证据",与举证期限届满和庭前完成质证的效果具有相似性。然而,证据开示基于英美法的诉讼制度,并非完全等同于我国的证据交换。"虽然我国的证据交换制度借鉴了英美法系的证据开示制度,但是在理解我国的证据交换制度时要注意与英美法系国家和地区的证据开示制度进行区分"。[1] 简言之,证据开示更倾向于证据的提取和开示,而证据交换则更倾向于提升效率与查明事实。

庭前完成质证的效果并非为证据交换所独有,当前的诉讼规则使得人民法院亦可以不通过证据交换而组织当事人进行庭前质证。相比之下,"证据交换之日即为举证期限届满之日"则是证据交换制度的独特效果。两部《证据规定》都将举证期限和证据交换视为同一部分予以规定,亦是此理。据此,举证期限与证据交换具有重要的联系,具体而言:

1. 举证期限与证据交换均处于答辩期届满至开庭审理前的阶段。依照《新证据规定》第 50 条第 1 款[2] 以及《民事诉讼法解释》第 224 条的规定,举证期限和证据交换的结束时点均在开庭审理前的阶段,但是证据交换的发生时点被明确为"答辩期满之后",而举证期限的起算时点并未明确为"答辩期届满后"。

答辩期自收到起诉状或答辩通知之后开始计算,在答辩期届满之

---

〔1〕 最高人民法院民事审判一庭编著:《最高人民法院新民事诉讼证据规定理解与适用》,人民法院出版社 2019 年版,第 522 页。

〔2〕《新证据规定》第 50 条第 1 款规定,"人民法院应当在审理前的准备阶段向当事人送达举证通知书"。

前,人民法院实质上并未进行实质审理。[1] 由于举证期限涉及时间平等、调查取证、请求鉴定等诸多诉讼权利的行使问题,故使之自答辩期届满后起计,更为合理,且能够与证据交换的时间规定保持一致。《最高人民法院民事诉讼法司法解释理解与适用》一书亦认为"审理前准备阶段"是"答辩期届满后至开庭审理前的阶段"。

鉴于上述讨论,举证期限的起算时点亦应当在答辩期届满之后,并且不是当然地自答辩期届满的次日起计算,而是按照举证通知书的内容进行计算。证据交换的时间亦应当以此为参照,在确定证据交换时点时需要注意不得损害当事人的时限权益。"因此,在人民法院指定证据交换日期时,时间点应当符合关于举证期限的规定,即第一审普通程序不得少于 15 日,当事人提供新的证据的第二审案件不得少于 10 日。"[2]

2. 举证期限和证据交换均要求当事人在指定时间内提交证据,否则将视为逾期举证,但是均存在证据不失权的可能。《最高人民法院民事诉讼法司法解释理解与适用》一书对逾期举证作如下的分析:(1)根据当事人逾期提供证据的主观过错程度,适用不同的责任和后果。(2)当事人因故意或者重大过失逾期提供证据的,原则上发生证据失权的后果,但该证据涉及基本事实的证明的,不失权但要训诫、罚款。(3)对于非因故意或者重大过失逾期提供证据的,均不发生证据失权后果,人民法院均应采纳但应当对当事人予以训诫。(4)无论当事人逾期提供证据基于什么程度的主观过错,均不能免除对方当事人要求其赔偿相应损失的责任。[3]

---

〔1〕 如果径行开展实质审理,可能会涉及管辖权等问题。例如,王亚新在《新民事诉讼法关于庭前准备之若干程序规定的解释适用》(载《当代法学》2013 年第 6 期)一文中指出:"所谓应诉管辖制度之最为典型的形态,指的就是如果被告在诉状送达到答辩期届满的这段时间内对案件实体问题进行答辩,却没有提出管辖权异议,本案即使不属于受诉法院管辖,受诉法院也因被告'无异议'的默示或不作为而取得了对本案的管辖权。"

〔2〕 最高人民法院民事审判一庭编著:《最高人民法院新民事诉讼证据规定理解与适用》,人民法院出版社 2019 年版,第 526 页。

〔3〕 沈德咏主编:《最高人民法院民事诉讼法司法解释理解与适用》,人民法院出版社 2015 年版,第 344 ~ 345 页。

需要指出之处在于如何界定“基本事实”。首先,《民事诉讼法》有两处使用了“基本事实”,即上诉和再审法院认为“原裁判认定的基本事实不清”。对此,《民事诉讼法解释》第335条作出了“民事诉讼法第一百七十条第一款第三项规定的基本事实,是指用以确定当事人主体资格、案件性质、民事权利义务等对原判决、裁定的结果有实质性影响的事实”的规定。其次,《民事诉讼法解释》有七处使用了“基本事实”,分布在举证、妨害民事诉讼、上诉、再审四个部分。《最高人民法院民事诉讼法司法解释理解与适用》一书认为“基本事实与要件事实同义,即权利及法律关系的构成要件所依赖的事实”。[1] 最后,由此观之,所谓的基本事实,即与当事人各项权益具有实质影响的事实。故而在证据交换之后所提交的证据,若与基本事实有关,仍有采纳的可能性,也因此体现出证据不失权的原则。

另外,逾期举证还存在两种特殊情形:(1)无论当事人系出于何种原因的逾期举证,如果对方当事人对逾期提供证据未提出异议的,视为未逾期,此系体现当事人主义的诉讼处理。(2)根据《旧证据规定》第41条至45条,如果逾期提交的证据属于新的证据,可以作为证据失权的例外,但是《新证据规定》将上述规定予以删除。本文认为,《民事诉讼法》和《民事诉讼法解释》关于逾期举证的分层规定,已经可以处理所谓新的证据的问题,并且可以强化当事人的证据意识,故而旧规可作删除。

总之,我国以证据不失权为原则,以证据失权为例外,导致了举证期限不具有强制性,也造成了我国证据交换缺乏的强制性。未经证据交换而在后续诉讼阶段提出的证据依然可以作为定案证据,造成证据不关门的情形,而频繁的庭后质证的工作也增加了审判负担。

四、证据交换的操作细则

(一)证据交换的适用范围

证据交换的适用范围包括三个方面的问题:(1)什么证据可以适

〔1〕 参见沈德咏主编:《最高人民法院民事诉讼法司法解释理解与适用》,人民法院出版社2015年版,第317、345、497页等。

用证据交换;(2)什么程序可以适用证据交换;(3)什么案件可以适用证据交换。

1. 针对第一个问题,既有规定并未限制证据交换的证据范围,但是有学者指出要予以一定的限制,其理由大致有二:(1)借鉴英美法,无关或属于保密特权范围的证据,不得交换。(2)证据交换不具有庭审的严肃性和规范性,为充分保障诉讼权利,不适宜对所有证据进行交换。

本文认为,根据证据交换的地位和效果,应当允许所有的证据都能进行证据交换,理由为:

(1)证据交换的目的在于促进举证和明确争点,证据是否具有关联性并非是证据交换所要处理的问题,而且通过证据交换,更有利于在诉讼过程中排除无关证据。

(2)依照《民事诉讼法》第68条"证据应当在法庭上出示,并由当事人互相质证。对涉及国家秘密、商业秘密和个人隐私的证据应当保密,需要在法庭出示的,不得在公开开庭时出示"的规定,具有保密特权的证据亦可以进行质证,只是不得公开质证。此外,证据交换主要由各方当事人参加,一般不存在旁听群众,更有利于保密特权证据的质证工作。

(3)为保护保密特权的证据,并不是在证据交换的适用范围上予以限制,而是应当在证据交换的过程中予以严格控制。

2. 针对第二个问题,证据交换不适用于无对抗的程序,而应当适用于有对抗的程序。"对于适用特别程序、督促程序、公示催告程序、企业破产还债程序等程序处理的案件,由于这些程序不是解决民事权益争议而是确定某一事实,只有申请人,不存在争议的对方当事人,所以也不能适用证据交换。"[1]

3. 针对第三个问题,《新证据规定》将《旧证据规定》第37条予以删除,不再对证据交换的案件类型作出规定,在规则层面使证据交换不受制于案件类型。本文认为该处修改具有合理性,理由如下:

(1)未经质证的案件并不能准确地判断其是否属于"简单或疑

---

〔1〕 汤维建、常挺彬:《证据交换制度论》,载陈光中、江伟主编:《诉讼法论丛》第8卷,法律出版社2003年版,第133页。

难”,而且在“案多人少”的背景下,并不能保证法官对每个案子都能完成详细的庭前阅卷工作,因此放宽对证据交换所适用案件的范围,先行固定质证意见和明确争点,可以在一定程度上提升诉讼效率。

(2)有些人民法院通过在立案阶段设立带有强制性的“证据交换程序”以贯彻《旧证据规定》的规定,但是证据交换不能直接决定诉讼结果,考虑到我国的司法现实,并且基于证据不失权的原则,由法官结合所承办案件的具体情况去选择是否启动证据交换,更能符合效率与规则。

(二)证据交换的时间

1. 证据交换的期间具有法定性。“证据交换的时间区间是答辩期届满后至开庭审理前这一区间内,该区间是法定的,当事人不能协商确定,人民法院亦不能指定。”[1]

2. 证据交换的时点要保障期限利益。证据交换的时点可由当事人确定,或者由人民法院指定,但是应当注意三个问题:(1)证据交换的时点需落在全部当事人的答辩期届满后的期间。(2)答辩期届满后未必当然开始计算举证期限,而是根据举证通知书的要求进行计算,所以证据交换的时点需落在应当起计举证期限的期间。(3)如果当事人未作放弃,那么举证期限的时长不得短于法律规定,即证据交换时点的确定不能侵犯当事人的举证期限的时长利益。例如,案件有两个被告,被告一的答辩期届满日为1月1日,被告二的答辩期届满日为1月2日,举证期限均为15日,则证据交换的时点应当选在1月17日至开庭审理前之间。再比如,上述例子之中,举证期限均自答辩期届满后的5日后开始计算,则证据交换的时点应当选择1月23日至开庭审理前之间。

(三)证据交换的主持

证据交换作为审前程序的主要工作,具有审理意义,应当由审判人员或审判组织主持。2017年8月1日起施行的《最高人民法院司法责任制实施意见(试行)》第13条规定法官助理在法官指导下协助法

---

[1] 最高人民法院民事审判一庭编著:《最高人民法院新民事诉讼证据规定理解与适用》,人民法院出版社2019年版,第525页。

官组织庭前证据交换。据此,法官助理作为审判辅助人员,不可以独立从事具有审理意义的工作。至于审判人员或审判组织是否可以委托授权法官助理主持证据交换的问题,考虑到审判工作的现实,本文认为如果有正当理由,可以允许具有委托授权的法官助理主持证据交换,但是需要向当事人进行说明,并有相应材料附卷备查。除此之外,相比于法官助理,书记员负责事务性的工作,不能参照上述委托授权的方式主持证据交换,但是可以从事记录和收转证据的工作。

(四)证据交换的参与

1. 证据交换的参与主体为当事人,其范围可以参照诉讼法关于当事人的规定,所以证人、鉴定人、翻译人都不属于证据交换的当事人。关于当事人在证据交换中的权利、策略、义务等问题,本文将于最后一部分进行专门讨论。此处先讨论证据交换中第三人的问题。

(1)鉴于有独立请求权的第三人的独立性,其应当单独进行证据交换,也即再与原告和被告进行证据交换,而原告和被告之间的证据交换对有独立请求权的第三人不具有约束力。

(2)无独立请求权的第三人在一般情况下不属于当事人,其仅仅是辅助人,故而无须进行证据交换,只需将证据交付其所辅助的对象用于交换即可。如果无独立请求权的第三人被人民法院判决需要承担实体权利义务时,其依法具有当事人的权利和义务。虽然一审已经结束,由于超过"开庭审理前"的时间节点而无法适用证据交换,但是亦可以参加二审的证据交换。

2. 委托诉讼代理人可以参与证据交换,问题在于一般代理的委托诉讼代理人能否参加证据交换。有人认为,一般代理的委托诉讼代理人在证据交换时对另一方当事人的证据三性及证明力问题表示均无异议,将极有可能导致该证据所证明的诉讼请求得到直接成立,继而违反一般代理不能代为承认对方诉讼请求的规则,因此不能让其在证据交换中发表质证意见。

上述观点混淆了证据认定与诉讼请求的关系。质证意见针对的是证据三性及证明力,而诉讼请求能否被采纳或采纳多少,是人民法院在证据认定之后查明事实和适用法律的结果。另外,从审判实务的体会而言,适用证据交换的一个重要考虑因素是当事人具有代理律师或有能力的代理人。证据交换在一定程度上相当于“开一次庭”,并且庭审规范程度并不高,而代理律师或有能力的代理人有利于处理证据交换的现实问题。因此,允许律师或其他代理人参与证据交换并发表质证意见,有利于诉讼整体利益,不需要受限于一般代理或是特别授权。

(五)证据交换的过程

无论是基于诉讼法理论中的亲历性,还是审判实务中对交换过程予以把握的需要,证据交换应当以当场交换为原则,但是鉴于证据交换自身的特点与现实情况等因素,亦可以在一定条件下准许不当场交换。

1. 当场进行证据交换

(1)告知

当人民法院依申请或依职权决定启动证据交换时,第一步即为告知,可以为口头告知或书面告知。告知的内容分为提示性的告知和告权性的告知。前者主要告知各方当事人本案适用证据交换的决定和原因,后者主要告知证据交换的效果、权利、义务、时间、地点、主持人员等事项。实务中需要注意提醒当事人携带证据原件,尤其注意涉及电子证据的情况。

值得注意的是,告知证据交换的同时,应当告知当事人具有在证据交换之日前提出有关申请的权利。具体可以分为“应当在举证期限届满前提出的申请”和“可以在举证期限届满前提出的申请”。依照《新证据规定》,前者包括:①申请延长举证期限;②申请调查取证;③申请诉讼证据保全;④申请证人出庭;⑤申请专门知识的人出庭。后者包括:①申请文书提出命令;②申请鉴定。对此,本文认为实务中对于证据交换的告知,尽可能采用书面告知的形式,例如通过送达证据交换传票和证据交换权利义务告知书等,有利于清楚地告知证据交换的时间、地点、主持、效果、权利、义务等内容。

需要注意的是,不同于开庭传唤,证据交换的传唤并不具有强制性效力。如果当事人经合法传唤未到场参加证据交换,或者无正当理由离开证据交换现场,其结果是导致证据交换程序的终止。为此,为顺利开展证据交换,需要审判团队与当事人之间实现充分沟通、交流与配合。

(2)交换前准备

完成告知后,审判团队可以对已经提交的证据进行审查,需要注意审查当事人是否申请调查取证、证人出庭、诉讼证据保全等。如果存在该申请,则应当在证据交换前做好相应的准备工作。

具体开始证据交换之前,可以参照开庭审理前的准备工作,先行完成诸如确认交换地点的设施条件、宣读证据交换的规则、审查当事人的信息与权限、告知回避等权利等工作。对于旁听人员的问题,出于证据交换规范性不高的因素,一般情况下不允许旁听人员参加,此亦可有利于交换过程中出现保密特权证据时的处理。

(3)主持交换

主持者参照法庭调查的规则主持证据交换,如有必要,可以向当事人释明质证的含义。如果当事人发表的意见超出了质证的范围,比如发表了对案件适用法律的观点,主持者应当及时引导当事人回归质证。主持者在进行上述释明的过程中,要注意把握中立性和指导性的统一。“考虑到不同当事人的诉讼能力和表达能力不同,在证据交换的过程中,法官可以针对交换证据的情况,指导当事人围绕自己的诉讼主张、争议的焦点及案件的事实举证。但这种指导一般是宏观、抽象的,不应是微观、具体的指导,否则可能有失中立性,影响公正裁判。”〔1〕

此外,证据交换过程中发现有保密特权的证据,应当不公开质证,并且需要与权利人明确证明内容与保密特权之间的关系,必要时可以采取第三方评估的方式予以明确,另外亦可以让当事人签署保密承诺书以保障证据的保密特权。

(4)当事人进行质证

首先,出示证据方既可以按照证据目录出示证据,也可以选择采用“法律要件”或“基本事实”等证明方法去出示证据。以侵权纠纷为例,可以按照某种侵权责任的法律要件去出示证据,同时需要明确是否存在举证责任的特殊分配情形,以及在损害赔偿问题上是属于差额

〔1〕 最高人民法院民事审判一庭编著:《最高人民法院新民事诉讼证据规定理解与适用》,人民法院出版社 2019 年版,第 535 页。

赔偿还是属于定型化赔偿。如果采取"法律要件"的方法,则需要先行明确法律要件、举证责任、损害赔偿三个问题。如果采取"基本事实"的方法,需要明确的是如何证明"事实"和"主张"。

其次,出示证据方在出示证据的同时,可以对证据的证明内容进行简要宣读。证据交换主持者注意结合案件情况,和当事人确认是选择"一证一质"还是"出示完一并质证"的方式发表质证意见。对方当事人在质证时,需要注意核对是否属于原件,以及围绕证据三性和证明力的问题,对证据进行审查及发表质证意见。

最后,当事人发表质证意见的一个重点问题在于明确是否存在免证事实或举证责任倒置等情况,以此减轻举证负担,从而更好地实现质证效果。

(5)调查所得证据的开示

实务中,不少人在未区分调查动因的情况下,一律要求当事人对调查所得证据发表质证意见。虽然人民法院均应当向当事人说明调查情况,但是应当根据调查动因的不同而对当事人作出不同的要求:对于依申请调查的证据,开示的要求是进行质证;对于依职权调查的证据,开示的要求为听取意见。[1] 由此,证据交换之时,主持者可以根据案件情况向当事人开示调查所得证据,并且按照规定要求当事人发表意见,体现出证据交换的庭前完成质证的效果。

(6)制作证据交换笔录

各方发表完意见后,主持者可以根据案件、证据以及质证意见的情况,适当予以总结和归纳,恰当准确地体现出当事人对证据三性及证明力的意见,并经各方当事人确认后记入笔录。对当事人无异议的事实和证据应当记录在卷;对有异议的证据,按照需要证明的事实分类记录在卷并记载异议的理由。

如果证据交换前已经收到各方当事人所提交的证据,那么可以通过制作证据交换意见表的形式,由当事人将对证据有无异议及其理由

〔1〕《新证据规定》第62条第2款和第3款规定,"人民法院根据当事人申请调查收集的证据,审判人员对调查收集证据的情况进行说明后,由提出申请的当事人与对方当事人、第三人进行质证。人民法院依职权调查收集的证据,由审判人员对调查收集证据的情况进行说明后,听取当事人的意见"。

填入表中,在证据交换笔录中可以记录为“详见证据交换意见表”。

证据交换结束前,主持者应当再次强调证据交换的效果,并询问各方当事人“有无补充意见”,以及在证据交换笔录中记下“上述内容与我陈述相一致”,最后由各方当事人予以签字确认。需要注意的是,根据《新证据规定》删除了证据交换的次数限制,凡有反驳证据需要提交的,均应当组织证据交换,故而证据交换笔录可以记下“既有证据均已提交,暂无其他证据提交”等内容。

证据交换工作至此,有条件的情况下可以对案件事实进行固定,方便明确争点和促进调解。主持者构建出案件事实的框架,将无异议证据所证明的事实填充其内,将有异议的证据及事实进行提炼,并形成笔录,固定好初步的案件事实。以买卖合同纠纷为例,当事人对买卖合同本身并无异议,则可以按照“审理查明”的方式陈述双方签订买卖合同的事实;当事人对支付货物质量存在争议,则可以陈述“原告提交某证据证明被告支付货物的质量不符合约定,被告对此持有异议”。

(7)询问相关事实

实务中有一种情形,即证据交换的主持者在交换过程中对证据进行认证,或者就案件事实询问各方当事人,即实质性地从事法庭调查活动。需要指出的是,证据交换是庭前准备工作,其效果仅仅为质证,本身并不包括认证和询问案件事实的内容,证据交换笔录中不应当出现主持者的认证和询问案件事实的内容。“尽管允许当事人初步质证,但法官不得在庭前会议中就当事人的异议及理由发表看法,不能对证据效力等作出认定或提出意见。”〔1〕

但是,既然各方当事人均已在场,出于对效率的考量,允许主持者在结束证据交换后开展庭前调查工作,向当事人开示审理思路、表明心证结果、询问案件事实,不失为一种合理且有效的方式,“即在证据开示制度之外应当增加法官审理思路公开制度,使证据开示制度与法官审理思路公开制度相互联动,形成配套体系和制度合理,才能实现

〔1〕 熊跃敏、张润:《民事庭前会议:规范解读、法理分析与实证考察》,载《现代法学》2016年11月期。

程序正当性的最大化价值”。[1] 尤其主持者在固定无争议的案件事实之后，可以对有争议的证据和事实进行针对性的询问，从而优化证据交换的效果。不过，本文认为此时需要单独制作调查询问笔录，而不能在证据交换笔录中出现思路开示、心证表达、调查询问等内容。

2. 不当场进行证据交换

不当场进行证据交换在主要操作细则上与当场进行证据交换并无明显差异，二者核心区别在于交换方式的不同。不当场进行证据交换的方式主要有书面交换和线上交换。前者由主持者将各方证据和意见进行转交，但是该方式会受制于多种现实因素的影响，未必能保障权益平等，同时也加重了主持者的负担。后者由主持者通过网络平台、电子诉讼、微信等线上工具实现证据交换。鉴于信息时代的发展，以及线上诉讼的推进，该方式应当得到重视。但是，不当场进行证据交换的最大难题和异议之一是证据真实性的保障。实务中可以通过宣读保证书、线上签署保证书等方式进行处理。

有不少法院根据自身情况探索了具体的方式。例如，“经双方当事人确认同意，对于纸质证据材料较少的案件或者音频、视频证据较多的案件，可以借用‘政务微信’平台在法官与原被告当事人之间建立特定单元化的‘诉讼群’，通过该群平台实现三方的点对点公开信息交互，法官在群平台中对原被告双方同时公开审理思路并进行举证指导，在节省当事人跑法院时间的同时，也能对法官举证指导义务的履行情况进行网上‘痕迹管理’”。[2]

五、当事人在证据交换中的主体地位及其限制

当事人是证据交换的主体。证据交换的过程更多地体现出人民法院与当事人共同配合的图景，当事人本身对证据交换的启动、进行、终止都具有决定性影响。“证据交换主要依存于当事人主义的诉讼模式，其意义在当事人主义诉讼模式中获得最大化的展现，而当事人主

---

〔1〕 陈昶屹：《试论构建法官指导型民事证据交换程序》，载《法律适用》2015 年第 3 期。

〔2〕 陈昶屹：《试论构建法官指导型民事证据交换程序》，载《法律适用》2015 年第 3 期。

义诉讼模式是一种在各个层面均以当事人为主导,人民法院一般不予干涉的诉讼模式。"[1]具体而言:

1. 实质决定证据交换的启动

人民法院将适用证据交换的决定告知各方当事人后,无论是当场进行的证据交换还是不当场进行的证据交换,均需要由当事人同意才能实质性启动。

2. 实质影响证据交换的进行

当事人可以主动选择是否在证据交换时发表充分的质证意见。从规则或形式而言,当事人在证据交换过程中的质证与法庭调查的质证并无二致,但是从实际操作而言,当场进行证据交换的质证存在一个"审查与思考的时间并不充分的问题"。由此,当事人在进行证据交换的质证时,可能需要注意两个问题:第一,对于具有充足审查把握的证据,可以当场发表质证意见。第二,对于不具有充足审查把握的证据,可以通过"具体质证意见留待法庭调查时再予以发表"等方式表达意见。此外,当事人可以主动选择是否在证据交换时提交全部或部分证据,前提是证据交换后所提交的证据与基本事实相关。

根据上文所述,主持者可能在证据交换时即就案件的相关事实展开询问,但是当事人可以根据自身情况选择拒绝回答。一方面是证据交换乃至民事诉讼并不能强迫当事人回答问题。另一方面还需要区分该调查询问的内容是否属于人民法院依职权调查的范围。如果属于该范围,当事人自然可以拒绝回答,再由人民法院另行处理;如果不属于该范围,当事人亦可以拒绝回答,但是由当事人自行承担举证的风险。

3. 实质导致证据交换的终止

当事人经告知乃至传唤后不到场参加证据交换,将导致证据交换终止,不会出现按撤诉处理或者缺席判决的后果。另外,基于诉讼救济的理论,当事人对证据交换的异议权即体现为其可以随时主动地实质性终止证据交换,如果其不愿意进行证据交换,以明示或默示的方式表示不作参加,即可以视为对证据交换提出异议,导致证据交换的

---

[1] 汤维建:《民事诉讼中证据交换制度的确立和完善》,载《法律科学》2004 年第 1 期。

终止。

4. 当事人主体地位的限制

权利之所在,义务之所在,当事人在证据交换中具有主体地位,但是亦不能任意而为。证据交换在一定程度上也具有"自己行为由自己负责"的限制因素。具体而言:

(1)当事人能有效运用其主体地位,前提在于能较好地认识诉讼情况、风险、后果以及举证责任等方面的问题,而这需要相对较高的诉讼能力,也契合了人民法院适用证据交换的考虑因素之一在于当事人的诉讼能力。

(2)当事人的主体地位是各方当事人均具有的主体地位,而非一方所独有。

(3)即便证据规则以证据不失权为原则,但是仍有逾期举证而导致证据失权的情况,并且亦有妨害民事诉讼的责任。有人认为,"当事人拒绝参加庭前证据交换时,法院可以发出强制参加开示的命令。经二次传票传唤,无正当理由拒不参加的,可视为我国《民事诉讼法》第129条、第130条的情况,其法律后果由当事人承担。证据交换时,当事人故意隐匿证据的,宣布该证据失效、丧失提出权和证明权"。[1]

(4)人民法院告知当事人证据交换之日后,则申请调查取证、证人出庭、诉讼证据保全等行为,需要在证据交换之日前提出,逾期而不为上述行为,需要承担相应的风险。

总之,由于证据交换并非法定必经程序,其更多的是一个需要各方沟通与配合的审理活动。审判团队需要结合案件情况来考虑是否适用和如何主持证据交换,也要结合调查取证的职权范围、举证责任的分配等因素去处理当事人不配合证据交换的情形。当事人需要结合自身的诉讼情况来考虑是否参加及如何参加证据交换。各方均不得任性而为,而是需要充分的交流、配合和理解,才能实质性地完成证据交换,实现制度价值。

---

〔1〕 高洪宾、何海彬:《庭前证据交换实务问题研究》,载《政治与法律》2001年第1期。

场外金融衍生产品纠纷之证据准备

许建添*

近几年,中国衍生品市场迅速发展。然而,受国内外货币市场波动影响,场外衍生品争议案件频发,司法实践中相关案例逐渐增加。但迄今为止,我国法律法规与司法解释对于场外衍生品争议案件尚无任何明确规范,各人民法院或仲裁机构对于场外衍生品争议案件的裁判思路不太统一。因此,与传统的民商事争议案件相比,场外衍生品争议案件对于当事人而言存在较大挑战。笔者不揣浅陋,就场外衍生品纠纷可能需要准备之证据进行整理,望见教于大方之家。

一、关于场外衍生品之基本概念

本应直奔主题探讨举证问题,但考虑并非所有法律实务人士都对场外衍生品很熟悉,故笔者认为仍有必要介绍其基本概念。

根据原中国银监会颁布的《银行业金融机构衍生产品交易业务管理暂行办法》(2011 年修订,以下简称《衍生品管理办法》)的规定,金融衍生产品是一种金融合约,其价值取决于一种或多种基础资产或指数,合约的基本种类包括远期、期货、掉期(互换)和期权以及它们之间一种或多种特征的混合。实践中,对金融衍生产品的概念常不加区分地使用,如金融衍生品、金融衍生工具、金融衍生交易、金融衍生品交易、金融衍生合约,或者衍生金融产品、衍生金融交易等。因本文主要目的在于探讨衍生品争议案件的举证问题,故本文在讨论过程中也未加区分,且为行文方便,简称衍生品或衍生品交易。

如果按交易场所不同,金融衍生品可分为场内交易衍生品(场内衍生品)与场外交易衍生品(场外衍生品)。场内交易,又称交易所交

* 上海申骏律师事务所合伙人,微信 xujiantian。

易,指所有的供求方集中在交易所进行竞价交易的交易方式。期货交易和部分标准化期权合同交易都属于场内交易方式。反之,场外交易,又称柜台交易,指交易双方通过私下直接议价以成为交易对手的交易方式。实践中,商业银行参与的大量衍生品交易都属于场外衍生品,如远期、场外期权、掉期(互换)。其中,远期是相对简单的一种金融衍生工具。

二、关于本文所涉衍生品及证据准备之说明

为便于理解,本文拟以平价远期交易为例,探讨商业银行提起场外衍生品纠纷诉讼可能需要准备的证据。

远期要求合约持有人根据合约之约定,在指定日期按约定的价格买卖约定数量的金融资产。如果在到期日市场价格高于合约价格,那么合约持有人就可以获益,反之受损。比如,客户与银行约定,客户有10万美元的出口应收款将在一个月后到账需要结汇,约定结汇价格为6.5,不管到期后市场汇率是多少,客户均按6.5的汇率与银行办理结汇,这就是一个最简单的远期。

平价远期,是指客户与银行签订远期合约,约定未来进行多笔外汇买卖的交割日期、币种、交易方向、交割汇率和交易金额,且这些外汇买卖的币种、交易方向和交割汇率都完全相同,即每个交割日客户均按该统一的汇率与银行完成外汇交割。如果到期交割后,或因交易出现约定事项而自动终止或提前终止,客户应向银行支付款项而未支付,则银行就可能需要通过诉讼或仲裁方式主张权利。

笔者将证据根据其举证目的分成九组,每组各有证据若干份。除写明每组证据欲证明的内容外,笔者还列明证据编号、证据名称,并阐明了"证明内容""举证说明""参考依据"等。另外考虑到行文简洁需要,笔者省略了部分证据的证明内容,但通过阅读"举证说明"可知相关证据欲证明的内容。"举证说明"和"参考依据"这两部分内容在举证时并非必需,在本文中仅为说明相关举证的原因、目的以及依据。

根据笔者的经验,场外衍生品纠纷案件事实一般比较复杂,实践中难以通过一次庭审(或庭前证据交换)即完成案件事实调查。但并非本文所列的全部证据银行都必须在提起诉讼或仲裁之时便提交,银行可以随着法庭调查的进行,在确定案件争议焦点之后,围绕争议焦

点及时补充提交相关证据。比如,对于下文的第一组与第二组证据,若对方未提出异议,法院或仲裁机构可能不会主动审查,银行在起诉或提起仲裁时也可暂不提供。故,银行在实际向法院或仲裁机构提交证据时,可根据实际情况决定应提交哪些证据并制作相应的证据清单。

三、银行在场外衍生品纠纷中可能需提交的证据

(一)第一组证据

1. 证据内容

第一组证据,欲证明原告具备开展涉案产品交易的资质,销售人员亦通过内部资格认定并获得有效授权。

证据1:中国银监会[1]对于××银行开业及开展外汇业务的批复。

证明内容:原告已经获得中国银监会批准开展衍生产品交易业务。

证据2:国家外汇管理局远期结售汇业务备案通知书。

证明内容:2005年12月13日,国家外汇管理局向原告出具远期结售汇业务备案通知书。

证据3:销售人员内部授权与资格证明。

证明内容:案涉交易的销售人员已经通过内部资格认定并获得有效授权,有资格向客户介绍、营销衍生产品。

2. 举证说明

(1)银行是否具有销售衍生品的资质,并不会影响衍生品交易的合同效力,但如果银行不具有销售资质而与被告达成衍生品交易,被告可能会被认定为有过错,因此在司法实务中许多被告都会质疑银行的销售资质。比如,在上海市高级人民法院(2013)沪高民五(商)终字第5号嘉兴市乍嘉苏高速公路有限责任公司与中国工商银行股份有限公司上海市外滩支行金融衍生品交易纠纷上诉案、广东省高级人民法院(2014)粤高法民二终字第60号广西柳工机械股份有限公司与

---

〔1〕 由于是用以前的实例举例,仍采用2018年国际机构改革前的名称。

花旗银行(中国)有限公司广州分行金融衍生品种交易纠纷上诉案(以下简称花旗VS广西柳工案)及上海金融法院(2020)沪74民终533号张家口联合石油化工有限公司与渣打银行(中国)有限公司金融衍生品种交易纠纷上诉案中,被告均就银行的资质提出了质疑。

(2)按照规定,银行在开展新的衍生品业务品种、开拓新市场等创新前,应当书面咨询监管部门意见,如果涉诉的衍生品交易属于新业务品种,银行还应当举证证明曾经咨询过监管部门的意见。

(3)衍生品交易可能涉及外汇管制,故银行除了获得中国银监会的批准以外,还可能需要获得国家外汇管理局的批准,或向国家外汇管理局备案。但部分场外衍生品交易不涉及外汇管制,则无须提交国家外汇管理局的批文或备案材料作为证据。

(4)场外衍生品交易除了对银行的资质有要求以外,对业务人员的资质也有要求,被告可能在诉讼中就此提出质疑。比如,在花旗VS广西柳工案中,被告向法院申请调查业务人员在中国境内从事外币对外币外汇远期交易业务的从业资格。

3. 参考依据

(1)《银行业金融机构衍生产品交易业务管理暂行办法》(2011年修订)

第6条 银行业金融机构开办衍生产品交易业务,应当经中国银监会批准,接受中国银监会的监督与检查。

获得衍生产品交易业务资格的银行业金融机构,应当从事与其自身风险管理能力相适应的业务活动。

第18条第2款 银行业金融机构从事衍生产品交易业务,在开展新的业务品种、开拓新市场等创新前,应当书面咨询监管部门意见。

第47条 银行业金融机构应当制定完善衍生产品销售人员的内部培训、资格认定及授权管理制度,加强对销售人员的持续专业培训和职业操守教育,及时跟进针对新产品新业务的培训和资格认定,并建立严格的管理制度。通过资格认定并获得有效授权的销售人员方可向客户介绍、营销衍生产品。在向客户介绍衍生产品时,销售人员应当以适当的方式向客户明示其已通过内部资格认定并获得有效授权。

(2)《银行办理结售汇业务管理办法》(中国人民银行令〔2014〕第

2 号）

第 9 条　银行申请即期结售汇业务或人民币与外汇衍生产品业务资格，应当由其总行统一提出申请，外国银行分行除外。

政策性银行、全国性商业银行申请即期结售汇业务或人民币与外汇衍生产品业务资格，由国家外汇管理局审批；其他银行由所在地国家外汇管理局分局、外汇管理部审批。

第 10 条　银行分支机构办理即期结售汇业务或人民币与外汇衍生产品业务，应当取得已具备相应业务资格的上级机构授权，并报所在地国家外汇管理局分支局备案。

（3）《银行办理结售汇业务管理办法实施细则》（汇发〔2014〕53 号）

第 11 条第 1 项　银行总行申请办理即期结售汇业务和衍生产品业务，按照下列程序申请和受理：

（一）政策性银行、全国性商业银行向国家外汇管理局直接申请，由国家外汇管理局审批。其他银行向所在地国家外汇管理局分局、外汇管理部（以下简称外汇分局）申请，如处于市（地、州、区）、县，应向所在地国家外汇管理局中心支局或支局申请，并逐级上报至外汇分局审批。

第 13 条第 1 款　银行分支机构开办衍生产品业务，经上级有权机构授权后，持授权文件和本级机构业务筹办情况说明（包括但不限于人员配备、业务培训、内部管理），于开办业务前至少 20 个工作日向所在地外汇局书面报告并确认收到后即可开办业务。

（二）第二组证据

1. 证据内容

第二组证据，欲证明被告 × ×公司具有真实的外汇避险需求，案涉交易符合实需原则。

证据 4：被告 × ×公司简介及《生产加工出口服务协议》。

证据 5：银行对账单。

证据 6：关于 × ×公司出口统计表及其附件。

证据 7：海关出口货物报关单。

（证据 4—7 证明内容略）

2. 举证说明

根据监管规定,银行叙做衍生品交易必须坚持实需原则,即银行应当与有真实需求背景的客户进行与其风险承受能力相适应的衍生产品交易。如果交易违反实需原则,虽然不至于导致交易无效,但银行可能会被认定为存在过错。在笔者所代理的多起案件中,银行的交易对手均抗辩称交易违反实需原则,故平仓损失应由银行承担。因此,在交易之前,银行必须要求客户提供足够的资料以确定即将达成的交易符合实需原则。一般情况下,如果客户具有涉外业务、存在结售汇的需求,那么通过外币账户对账单、海关进出口货物报送单、对外贸易合同等可计算出客户的实需额度。

3. 参考依据

(1)《银行业金融机构衍生产品交易业务管理暂行办法》(2011 年修订)

第 45 条　银行业金融机构应当根据客户适合度评估结果,与有真实需求背景的客户进行与其风险承受能力相适应的衍生产品交易,并获取由客户提供的声明、确认函等能够证明其真实需求背景的书面材料,内容包括但不限于:

(一)与衍生产品交易直接相关的基础资产或基础负债的真实性;

(二)客户进行衍生产品交易的目的或目标;

(三)是否存在与本条第一项确认的基础资产或基础负债相关的尚未结清的衍生产品交易敞口。

第 46 条　银行业金融机构与客户交易的衍生产品的主要风险特征应当与作为真实需求背景的基础资产或基础负债的主要风险特征具有合理的相关度,在营销与交易时应当首先选择基础的、简单的、自身具备定价估值能力的衍生产品。

(2)《银行办理结售汇业务管理办法实施细则》(汇发〔2014〕53 号)

第 31 条　银行对客户办理衍生产品业务,应当坚持实需交易原则。客户办理衍生产品业务具有对冲外汇风险敞口的真实需求背景,并且作为交易基础所持有的外汇资产负债、预期未来的外汇收支按照外汇管理规定可以办理即期结售汇业务。

第 32 条　与客户达成衍生产品交易前,银行应确认客户办理衍生产品业务符合实需交易原则,并获取由客户提供的声明、确认函等

能够证明其真实需求背景的书面材料,内容包括但不限于:

(一)与衍生产品交易直接相关的基础外汇资产负债或外汇收支的真实性与合规性。

(二)客户进行衍生产品交易的目的或目标。

(三)是否存在与本条第一款确认的基础外汇资产负债或外汇收支相关的尚未结清的衍生产品交易敞口。

(三)第三组证据

1. 证据内容

第三组证据,欲证明被告××公司具备与原告签署相关协议、达成相关交易的主体资格。

证据8:《股东会决议》《董事会决议》。

证明内容:被告××公司与原告达成案涉衍生品交易经过其公司内部必要授权。

证据9:《公司/企业授权书》。

证明内容:2013年9月6日,××公司签署《公司/企业授权书》,授权公司法定代表人涂某、财务主管曾某为案涉交易的遥距指示确认人和被授权交易人,并预留了××公司和涂某的印鉴。

2. 举证说明

(1)叙做衍生品属于重大事项,一般都需要经过客户内部审核批准。但银行对于客户提交的《股东会决议》《董事会决议》等仅具有形式审查义务。

(2)由于外汇市场瞬息万变,故衍生品交易在达成具体某笔交易时一般需要通过电话进行确认,即银行必须与客户授权的代理人进行电话确认。为防止出现无权代理、越权代理等情形,遥距指示确认人和被授权交易人必须有书面授权。

(四)第四组证据

1. 证据内容

第四组证据,欲证明原告与被告××公司签署授信函,约定风险结算限额。

证据10:编号×××《授信函》。

证明内容:2013年9月5日,原告向被告××公司签发授信函,授予被告××公司平价远期/上限期权结算风险限额,被告于 2013 年 9 月 6 日签署确认。

2. 举证说明

(1)银行与客户签署《授信函》是确认银行给予客户的授信额度,属于银行内部对于授信风险的管理措施,并不属于衍生品交易的合同文件,不影响衍生品交易双方在具体交易项下的权利义务关系。

(2)结算风险限额与衍生品交易的名义本金是相关的,两者之间具有一定的转换公式。结算风险限额相当于银行与客户达成衍生品交易过程中允许的交易最大风险敞口,即银行所能容忍的最大信用风险。衍生品市场波动性较高,在交易过程中的风险敞口也是不断变动的。如果交易风险敞口超过约定的风险结算限额,银行有权依据约定要求客户提供额外担保。

(3)并非所有场外衍生品交易都会签署《授信函》,应根据案件情况决定是否提交该组证据。

(五)第五组证据

1. 证据内容

第五组证据,欲证明原告××银行总行与被告签署《主协议》及补充协议。

证据 11:《中国银行间市场金融衍生产品交易主协议(2009 年版)》(以下简称《主协议》)及补充协议。

证明内容:2013 年 9 月 5 日签署了《主协议》及补充协议,明确了原告与被告××公司双方进行金融衍生产品交易的权利义务。

2. 举证说明

(1)中国银行间市场交易商协会发布的《主协议》是我国第一份囊括了所有场外金融衍生产品交易的、统一而通用的主协议,是衍生品交易的主要文件,通过详尽的条款规范了交易双方进行场外衍生品交易涉及的权利与义务,并重点对违约事件、终止事件、提前终止应付额、计息等问题进行了细致规定。可访问中国银行间市场交易商协会的网站下载《主协议》。

(2)实践中部分银行也可能不使用《主协议》而使用国际掉期与衍生品协会(International Swaps and Derivatives Association, ISDA)协议。ISDA 协议是为国际场外衍生品交易提供的标准协议文本及其附属文件。

(3)笔者认为,虽然《主协议》的存在可以为银行与客户达成场外衍生品交易提供便利,但是银行与客户亦可选择签署其他格式的场外衍生品交易文件,而不是必须签署《主协议》。当然,越来越多的银行也意识到《主协议》在提高谈判效率、降低交易风险等方面的优势,因此实践中各银行也更倾向于选择签署《主协议》。

(4)双方可通过签署补充协议对《主协议》的部分条款进行补充与修改,以适应特定交易。

(六)第六组证据

1. 证据内容

第六组证据,欲证明被告涂某等签署担保文件,为被告××公司与原告所办理的所有银行业务提供担保。

证据 12:深圳市××科技有限公司签署的《保证合同》、董事会/股东(大)会决议、公司章程。

证据 13:涂某、周某签署的《保证合同》。

证据 14:林某签署的《抵押合同》。

(证据 12—14 证明内容略)

2. 举证说明

(1)《主协议》之履约担保文件主要有三类:

第一类,传统担保文件,即本指引所举的担保文件,交易双方可以根据需要,采用我国法律认可的担保方式管理交易对手的信用风险。

第二类和第三类,是指中国银行间市场交易商协会发布的履约保障文件(ISDA 则称为信用支持文件),分别是典型担保条款(即《中国银行间市场金融衍生品交易质押式履约保障文件》)与非典型担保条款(即《中国银行间市场金融衍生品交易转让式履约保障文件》)。

(2)银行可以根据案件实际情况,提交相应的担保文件。但以下两方面问题值得注意:

一方面,关于第二类和第三类履约保障文件与我国法律法规之间的衔接适用。比如,转让式履约保障实质是在交易双方之间转让担保品的所有权,而我国《民法典》出台之前并无法律法规或司法解释认可此类担保。相反,《物权法》(现已废止)规定当事人在订立合约或债务履行期届满前,不得与抵押人或质押人约定债务人不履行到期债务时抵押财产或质押财产归债权人所有,否则约定无效。然而,《民法典》已经认可流押条款、流质条款之法律效力(分别详见《民法典》第401条、第428条),《全国法院民商事审判工作会议纪要》(法〔2019〕254号,以下简称《九民纪要》)及《最高人民法院关于适用〈中华人民共和国民法典〉有关担保制度的解释》(法释〔2020〕28号,以下简称《民法典担保解释》)则认可了让与担保之法律效力。

另一方面,需要特别指出的是,根据《九民纪要》及《民法典担保解释》的规定,若担保人是公司,则银行还需要提交公司的董事会/股东(大)会决议、公司章程等文件,以证明银行在接受公司担保时已经履行了合理的审查义务(存在个别例外情形)。一般情况下,银行在业务办理之初即应当要求担保人提交决议、章程等文件。

(七)第七组证据

1. 证据内容

第七组证据,欲证明原告与被告××公司达成交易的情况。

证据15:参考号682××1、682××2的《交易条款说明书》。

证明内容:2013年9月18日,被告签署了两份《交易条款说明书》,确认一旦原告同意,将按照《交易条款说明书》记载的内容与原告进行交易。

证据16:参考号682××1、682××2的交易达成的电话录音(附CD)及文字整理。

证明内容:2013年9月18日,原告工作人员致电涂某,确认交易参考号682××1、682××2的交易达成。

证据17:(2016)沪东证经字第10×0号公证书。

证明内容:原告委托公证处就原告下载、保存电话录音的过程进行公证。

证据18:参考号682××1、682××2的《交易确认书》。

证明内容:原告向被告签发交易参考号为682××1、682××2的《交易确认书》,书面确认已达成交易的细节。

证据19:参考号682××2的交易变更申请书及确认书。

证明内容:被告××公司与原告协议变更了交易参考号为682××2的交易之结算日期。

证据20:《部分提前终止外汇平价择期远期交易申请书》及确认书。

证明内容:2015年9月11日,被告××公司向原告提交《部分提前终止外汇平价择期远期交易申请书》,申请提前终止交易参考号为682××2的交易的第11至12笔外汇交易。

2. 举证说明

(1)银行与客户签署《主协议》及补充协议并不代表双方已经达成具体的场外衍生品交易。《主协议》及补充协议只是确定双方关于交易的基本条款,衍生品交易的具体价格、数量还需要另行达成一致。

(2)正常情况下,达成具体交易流程为:

①在达成交易前客户会向银行签署交易条款说明书(Term sheet),承诺愿意根据交易条款说明书所载明的条款或条件与银行达成交易。在法律上,该交易条款说明书构成客户向银行发出的要约,一旦银行作出承诺,交易即达成。

②由于衍生品交易的价格波动剧烈,衍生品交易具有很强的即时性,因此大部分情况下银行在收到客户签署的交易条款说明书之后,还会通过电话与客户就拟达成的衍生品交易细节进行确认,并且对确认过程进行录音,至此衍生品交易正式达成。在举证时,为提高录音证据被法院采信的概率,有必要对录音取证过程办理公证。

③银行向客户签发《交易确认书》,书面确认已达成交易的细节。《交易确认书》对于判断交易是否达成具有重要意义,但有三点需要明确:一是《交易确认书》签署时间并非交易达成的时间,交易达成时间应当是银行作出承诺的时间;二是《交易确认书》是交易达成之后签署的文件,判断交易成立与否,不应以是否签署《交易确认书》作为唯一判断标准;三是当《交易确认书》的内容与主协议、补充协议、交易条款说明书不一致时,应以《交易确认书》为准。

(3)远期业务不允许办理差额结算,但在到期前或到期时如果客户因真实需求背景发生变更而无法履约,则在符合一定条件的情况下可以办理平仓或展期。

3. 参考依据

《银行办理结售汇业务管理办法实施细则》(汇发〔2014〕53 号)

第 33 条 远期业务应遵守以下规定:

(一)远期合约到期时,银行应比照即期结售汇管理规定为客户办理交割,交割方式为全额结算,不允许办理差额结算。

(二)远期合约到期前或到期时,如果客户因真实需求背景发生变更而无法履约,银行在获取由客户提供的声明、确认函等能够予以证明的书面材料后,可以为客户办理对应金额的平仓或按照客户实际需要进行展期,产生的损益按照商业原则处理,并以人民币结算。

(八)第八组证据

1. 证据内容

第八组证据,欲证明被告××公司违约事实及交易终止情况。

证据 21:《未履约通知》及快递凭证、妥投凭证。

证明内容:2015 年 9 月 14 日,原告向被告××公司签发《未履约通知》,要求被告××公司在收到《未履约通知》后 3 个营业日内向原告支付应付款项。被告涂某于 2015 年 9 月 14 日当面签收。

证据 22:《关于指定提前终止日的通知》及快递凭证、妥投凭证。

证明内容:2016 年 1 月 15 日,原告向被告××公司签发《关于指定提前终止日的通知》,根据《主协议》第 9 条的约定,指定 2016 年 1 月 19 日作为《主协议》项下届时存续的全部交易的提前终止日。被告于 2016 年 1 月 18 日签收。

证据 23:(2016)沪东证经字第 11×2 号公证书。

证明内容:原告根据《主协议》第 9 条第 2 款约定的替代交易法向第三方寻求报价未果。

证据 24:(2016)沪东证经字第 11×3 号公证书。

证明内容:原告依据《主协议》第 9 条第 2 款之约定,从第三方系统即彭博系统获取与被终止交易相关的金融市场数据。

证据 25:《计算报告》及快递凭证。

证明内容:2016 年 1 月 16 日,原告向被告签发《计算报告》,依据《主协议》第 9 条计算得出被告××公司应向原告支付的提前终止应付额应为人民币 1859191.88 元,被告××公司应在提前终止应付额付款日向原告支付上述提前终止应付额及其利息。被告于 2016 年 1 月 22 日签收。

2. 举证说明

(1)根据《主协议》项下的提前终止条款,当衍生品合约一方当事人因交易项下出现亏损或出现潜在亏损而拒绝履约时,守约方可以根据《主协议》的提前终止条款终止所有未到期的交易,并依据终止净额结算方法要求违约方支付合同项下的未到期交易以提前终止日的市场价格计算出来的全部浮动盈利。

(2)场外衍生品交易项下客户未按约履行支付义务的,并不一定构成违约事件。此时,银行应先向客户送达《未履约通知》,如果客户未在银行发出的《未履约通知》生效后的第 3 个营业日届满前纠正违约行为,客户才构成违约。

(3)客户违约后,银行有权向客户发出《关于指定提前终止日的通知》,书面告知客户违约事件的发生,并指定提前终止日。并且《主协议》约定提前终止日应为该通知生效之日起 15 个营业日内的一个营业日,且一旦被指定后即不可撤销或更新,所有被终止交易将在提前终止日终止。

(4)确定提前终止日后,银行作为终止净额计算方须以基准日为基准,负责就提前终止应付额进行计算。但提前终止应付额的计算过程复杂,偶尔参与衍生品争议案件的当事人难以理解,因此成为场外衍生品争议案件的疑难问题。

①《主协议》第 9 条第 2 款第 2 项约定,提前终止应付额的计算公式为:提前终止应付额 = 所有被终止交易的公允市场价值总和的终止货币等值额 + 守约方应收到的未付款项终止货币等值额 - 违约方应收到的未付款项终止货币等值额。若该数额为正数,应由违约方向守约方支付;若该数额为负数,应由守约方向违约方支付。从表面看,该公式由三部分组成,比较简单,但其实不然,在衍生品争议案件中最主要的争议是所有被终止交易的公允市场价值如何计算得出,这也是该公式的核心。另外,与传统的商事合同结算结果主要是违约方向守约方支付款项不同,衍生品交易提前终止后也有可能是守约方向违约方支付款项。

②《主协议》第 9 条第 2 款第 3 项约定,交易双方可在补充协议中

选择以替代交易法或市场报价法计算被终止交易的公允市场价值，若没有选择，则适用替代交易法。

③计算过程涉及与被终止交易相关的金融市场数据来源、所选用的计算模型属于什么模型，而这些都是通过计算机、网络来完成的，因此无论使用哪种方法计算，银行都应就计算所依据的金融数据、询价过程等办理证据保全公证。

④实践中，个别仲裁机构或法院认为银行未充分举证证明数据来源及计算模型的权威性、公正性，故拒绝采信计算结果。对此，笔者认为，银行可与交易对方就计算被终止交易的公允市场价值的数据来源、计算模型等进行事先约定（可按行业通行做法进行约定），以确保计算结果被法院或仲裁机构采信。

⑤值得注意的是，计算完成之后，银行还应在提前终止日后的20天内向客户提交计算报告，并明确列示提前终止应付款方、提前终止应付额，说明计算的细节及依据。

（5）另外需要提示寄送函件时应注意的小问题。实践中银行在向对方寄送函件时，习惯使用民间快递，例如通过手机 App 或小程序下单。而大部分民间快递投递情况查询记录只保留 1 至 3 个月，如果未及时下载留存投递记录，可能导致无法举证。笔者建议银行尽量使用 EMS 投递重要函件，并及时留存相应单据，在查询到投递结果之后将投递结果下载打印并申请邮局盖章确认。

3. 参考依据

《中国银行间市场金融衍生产品交易主协议（2009 年版）》

第 6 条　违约事件

……

（一）交易一方未按本协议的约定履行支付义务，或未按主协议第四条第（一）款的约定履行交付义务，且在另一方发出的未履约通知生效后的第 3 个营业日届满时仍未纠正的。

……

第 9 条　违约事件的处理

（一）确定提前终止日

……

（二）违约事件项下提前终止应付额的计算

……

（三）计算报告

……

（九）第九组证据

1. 证据内容

第九组证据，欲证明原告主张由被告××公司承担律师费、公证费的依据，以及诉讼请求金额的计算过程。

证据26：《法律服务协议》、律师费发票及支付凭证。

证明内容：原告发生律师费损失×万元，根据《授信函》约定，应由被告承担。

证据27：公证费发票。

证明内容：原告为维护自身权益提起诉讼，因举证所需，产生公证费共计×万元，按照合同约定应由被告承担。

证据28：诉讼请求金额计算方法。

证明内容：原告诉讼请求金额的计算过程。

2. 举证说明

本组证据与第六组证据类似，均为普通文件，与一般的商事诉讼中的证据并无太大差异。

四、小结

实践中银行与客户达成的场外衍生品交易各有特点，交易文件也并非完全一致。作为律师，除了需要较深的法律功底以外，还需要深刻理解场外衍生品交易的原理或架构，方能从容代理场外衍生品争议案件。作为银行的场外衍生品业务人员，比律师对产品、交易更为熟悉，但可能不如律师熟悉争议解决程序，故银行在产品设计与销售、交易履行等诸多环节应当充分考虑将来可能发生纠纷时举证的需要，提前做好准备。

虽然本文未能全面深刻讨论场外衍生品争议案件的疑难实务问题，但若读者能从文中了解场外衍生品交易过程中可能形成的主要文件以及发生衍生品争议后银行可能需要提交的证据，本文就不算一无是处了。特别应当说明的是，场外金融衍生产品纠纷案件本身较为复杂，本文难免有所纰漏，纯属实务探讨，不当之处，尚祈方家和读者批评指正。

民事案件质证指引

张　健*

1. 总则

1.1　民事案件质证，是指在团队办理的民事案件中承办律师协同客户就法庭出示的证据材料的真实性、合法性、关联性及证明力进行的审查、确认和抗辩。质证的目的是通过对举证方提交的证据材料及其证明对象的抗辩，使法庭能准确归纳案件争议焦点，并就争议焦点问题得出有利于己方的初步判断或最终判断。

1.2　通过质证程序应当达到如下效果：

(1)通过否定举证方证明案件要件事实的直接证据，使其主张因缺乏依据不能成立；

(2)通过否定举证方证明案件要件事实成立所依据的间接证据，使其主张因依据不足不能成立；

(3)通过否定举证方的核心证据或多个单一证据，使支持其主张的证明体系被破坏或被弱化；

(4)在质证阶段的对抗和博弈中，支持己方主张的论证体系得到完善和强化，更利于法庭就争议事实尽快形成有利于己方的确信。

1.3　质证应当以尊重真相为基础，诚实信用为原则，不得伪造和歪曲事实，不得作不实陈述。

1.4　质证应当服从庭前制定的诉讼策略，并服务于诉状或答辩状确立的论证体系，通过质证使支持己方主张的论证体系得到加强，举证方的论证体系同时被削弱。

1.5　对单一证据质证时，应当兼顾各方当事人的其他证据和法

* 北京大成律师事务所高级合伙人。

庭已经查实的没有争议的事实以及先前的陈述，避免出现自相矛盾的质证意见。

1.6 对单一证据质证时，必须对法庭出示的每一份证据的真实性、合法性和关联性明确发表意见，并对该证据有无证明力及证明力能否达到使证明对象成立、证明目的实现的程度发表辩论意见。

1.7 质证时应当保护好己方在法庭的信用，对不能否认的证据应当及时予以承认；虽然存在一定瑕疵，但法庭或举证方通过必要的调查和补充即可完善的证据，在充分评估风险后应当予以确认；对存在明显违背事实的重要证据，应当果断予以否定，并向法庭说明理由。

1.8 质证意见应当与已发表的诉辩意见一致。如果发现先前的表达存在错误或不准确的，应当及时在质证阶段进行修正，并提供相应的依据和证据，且确保该意见记入庭审笔录。

2. 质证前的准备工作

2.1 收到法庭送达的举证方提交的证据材料后，应当在6个小时内提交客户，并协同客户在法庭规定的期限内完成证据的核实工作并出具质证意见。

2.2 承办律师应当与客户共同成立讨论群组专门用于开展质证前的准备工作。建议客户邀请所有其案件知情人加入讨论群组，参与质证前的准备工作。

2.3 承办律师收到举证方提交的证据材料后，应当及时完成下述对举证方提交证据的固定工作：

(1)固定举证方提交的证据范围，以便明确质证对象；

(2)固定需质证的每个单一证据的证据名称、证明对象、证明目的和证明内容，以便核实其证据资格和证明力；

(3)固定举证方在其诉状、答辩状等诉讼文书中表达的诉辩主张及支持其主张构建的论证体系，以确定其提交的证据在该论证体系中的地位和作用；

(4)固定举证方在其诉状、答辩状及其他诉讼资料中陈述的事实，以便核实其就同一事实陈述和表达的一致性。

2.4 完成了本指引第2.3条规定的证据固定工作后，应当及时与客户就该阶段的工作成果进行充分沟通，就举证方提交证据的目

的、意图以及对己方主张可能造成的影响达成共识,然后指导客户完成如下事项的核实和确认:

(1)核实并确认每个单一证据是否真实,是否持有原件;

(2)对有异议的证据判断其来源和取得方式;

(3)是否确认举证方的证明对象、证明目的和证明内容;

(4)是否能够提供证据或证据线索以支持其就举证方的证据提出的异议;

(5)就举证方举证证明对客户一方不利的事实,能否提供证据或证据线索予以反驳。

2.5 质证前的准备工作完成后,依据本指引进行单一证据的审查和证据的综合审查,然后制定质证策略和质证意见。

2.6 如果质证前的准备工作不充分,但客户或其知情的员工对案件事实熟悉且有能力向法庭准确表达的,应当建议该客户或员工出庭。在此种情形下,负责出庭的承办律师的委托权限通常设定为一般授权。

2.7 负责出庭的承办律师之间以及与出庭客户之间,应当进行分工,在质证中相互协同和补充,准确将质证意见向法庭表达,避免不同出庭人员发表不同的质证意见。

2.8 对举证方当庭提交的证据,原则上向当事人核实后方可发表质证意见。如果庭前的质证准备工作已经涵盖该情况且可以准确确定质证意见,经当事人确认后可当场发表质证意见。虽没有庭前准备,但可以当庭核实或法庭要求当庭核实的,当庭核实后发表质证意见。如果无法当庭核实,应当向法庭提出庭后核实申请并说明理由。

2.9 如果举证方提交的证据涉及专门性问题,超出出庭律师专业能力的,应当建议客户聘请或邀请具有相应专门知识的人员参加质证准备工作,在必要时向法庭申请该等有专门知识的人员出庭参与质证。

3. 对单一证据的审查

3.1 对单一证据的审查方法

3.1.1 质证阶段,对举证方提交的单一证据的审查应当围绕是否具有证据资格和有无证明力及证明力大小两方面展开。单一证据的证据资格应当从证据的真实性、合法性和关联性三个方面判断；证明力有无及大小应当从证据与待证事实间关联程度方面判断。

3.1.2 审查单一证据的证据资格及证明力，应当从如下内容入手：

(1)证据是否为原件、原物，复制件、复制品与原件、原物是否相符；

(2)证据的内容是否真实；

(3)证人或者提供证据的人与当事人有无利害关系；

(4)证据的形式、来源是否符合法律规定；

(5)证据与本案事实是否相关。

3.1.3 对单一证据的审查应当按顺序进行。确定审查顺序以“先程序后实体，先载体后信息，先形式后内容，先整体后部分”为原则，具体审查的先后顺序如下：

(1)审查证据形式；

(2)审查证据来源的合法性；

(3)审查证据载体的真实性；

(4)审查证据实体的形式真实性；

(5)审查证据实体内容整体的真实性；

(6)审查证据实体内容中出示部分的关联性。

3.1.4 审查单一证据的证据资格应当以证明案件事实的信息传导路径为导向，以信息和传导系统的完整及安全为重点，按如下环节逐步审查证据的真实性、合法性和关联性：

(1)案件信息的发生；

(2)案件信息与证据载体的结合；

(3)案件信息在证据载体中的存储；

(4)案件信息随证据载体的流转与传播；

(5)案件信息在不同证据载体之间的转移与传播；

(6)案件信息随证据载体移转至法庭；

(7)案件信息从证据载体中释放；

(8)案件信息被法庭提取和接收。

3.2 对各类单一证据的审查要点

3.2.1 对“当事人陈述”质证的审查要点：

(1)当事人是否亲自到场且签署和宣读保证书;

(2)当事人陈述的是否为其本人亲历的事实;

(3)当事人陈述的事实是否真实、完整,是否存在隐瞒、歪曲、增减等虚假陈述的情形;

(4)就同一事实当事人的陈述与证明力更高的证据证实的事实、无异议的事实之间是否存在矛盾;

(5)就当事人陈述的内容区分为不利于其自己的陈述和有利于其自己的陈述。

3.2.2 对书证质证的审查要点:

(1)属于公文书证还是私文书证;

(2)是否提供了书证原件,或能够有效证明与原件一致的副本或复制件;

(3)如果是外文书证是否附有中文译本;

(4)如果对公文书证记载的内容有异议是否能够提供足以推翻的证据;

(5)对私文书证先审查签章的真实性和有效性,再审查内容的真实性和完整性;

(6)单位向人民法院提出的证明材料,审查出具单位的主体资格是否有效存续,出具单位是否加盖了印章,单位负责人及制作证明材料的人员签字或盖章。同时确认是否需要制作证明材料的人员出庭作证。

3.2.3 对物证质证的审查要点:

(1)区分动产物证和不动产物证;

(2)原物是否仍然存在及可供核实的方式;

(3)确定是否有申请查验原物的必要;

(4)提供的是否为原物,如果提供的是复制件、复制品、替代品、影像资料等,是否提供了有效证据证明其与原物一致;

(5)出示的物证是否涉案原物,以及与待证事实是否具有关联性。

3.2.4 对视听资料质证的审查要点:

(1)通过存储方式判断是否属于视听资料;

(2)是否提供了存储该视听资料的原始载体,或提供了能够有效证明与原件一致的复制件、复制品;

(3)确认视听资料是否完整,是否存在被裁剪、修改、伪造的情形;

(4)与其他证据进行对比确定该视听资料是否存在疑点。

3.2.5 对电子数据质证的审查要点:

(1)是否提供了电子数据的原件,或依据法律司法解释规定提供了可视为原件的载体;

(2)确认电子数据是否源自一个中立的第三方或由可靠的系统自由生成;

(3)审查电子数据在制作、生成、存储、传输、提取、出示的整个过程中所依赖的系统(指硬件、软件系统以及出错的监测、检查手段)是否安全可靠,承载的电子数据在该过程中是否被修改或有被修改的可能;

(4)确定是否对电子数据的真实性进行鉴定或勘验;

(5)如果质证的是经过公证的电子数据则审查公证程序是否符合规范;

(6)与其他证据进行对比确定是否存在疑点;

(7)是否有证据足以反驳举证方出示的电子数据。

3.2.6 对证人证言质证的审查要点:

(1)证人是否本人到场,签署并宣读了保证书;

(2)证人是否为无民事行为能力人或者限制行为能力人;

(3)证人出庭作证的原因和动机,以及与举证方是否存在利害关系;

(4)证人是否为案件的知情人,证人证言是否为其亲身感知的案件事实;

(5)证人是否以宣读事前准备的书面材料的方式陈述证言;

(6)审查可能影响证人证言真实性的内部和外部因素,证人是否能正确表达;

(7)证人作证前是否旁听了法庭审理或观看了网络庭审直播;

(8)证人证言与其他证据进行对比确认是否存在疑点。

3.2.7 对鉴定意见质证的审查要点:

(1)鉴定书是否由鉴定人签字或者盖章,鉴定人是否具有相应的资格;

(2)确定鉴定书中签字的鉴定人是否系具体处理受托鉴定事项的

鉴定人；

(3)审查鉴定意见与法院委托鉴定的事项是否一致；

(4)作出鉴定意见的依据是否经过当事人质证；

(5)鉴定意见适用的依据是否正确；

(6)是否需要鉴定人出庭接受询问；

(7)鉴定方法是否符合规范要求并向当事人进行了释明；

(8)重点分析鉴定书中声明的适用条件、保留意见及免责条款；

(9)如果请求鉴定人出庭,原则上应当委托有专门知识的人出庭参与质证。

3.2.8 对勘验笔录质证的审查要点：

(1)勘验人、在场人是否签名或者盖章；

(2)勘验的对象是否与案件具有关联；

(3)就请求在勘验中注意的事项是否进行了勘验并记入笔录；

(4)就同一事实勘验结果与其他证据是否一致；

(5)是否需要勘验人出庭接受询问。

4. 对证据的综合审查

4.1 就单一证据的初步质证意见确定后,应当对案件的全部证据进行综合审查,以修正和优化初步质证意见。对证据进行综合审查,应从各证据与案件事实的关联程度、各证据之间的联系等方面进行,以构建一个更加完善可信的事实证明体系。

4.2 依据《案件信息库设立指引》对各方提交的证据及掌握的其他证据进行整体和综合分析,分别以时间和争议要件为关键词,发掘不同证据之间的联系,在该联系中认识和理解可以证明案件要件事实的间接证据和辅助证据。在构建的证明体系中,确认举证方提交证据的真实性、合法性、关联性以及证明力。

4.3 评估和预测在质证阶段可能面临的问题,并制定初步质证策略。然后,组织客户按初步质证策略进一步收集和整理证据。

4.4 通过模拟质证检验初步质证策略和质证意见的有效性,发现其中存在的不足,并进一步完善,然后形成最终的质证策略。

4.5 依据确定的质证策略确定质证意见。质证意见确定后,应当向客户进行解释和说明,并认真听取和采纳客户的有效建议。质证意见完善后,应当由当事人进行书面确定。质证意见不便于客户书面确定的,可按约定的方式发送给客户指定的联系人。

4.6 质证意见应当采用书面形式,并制作成电子文档以便复制给书记员用于法庭记录。

5. 质证意见的表达

5.1 依本指引第3条和第4条的规定完成证据审查后,依据审查结果对法庭出示的证据逐一发表质证意见。

5.2 质证意见必须就证据的真实性、合法性和关联性向法庭明确表达准确意见,然后围绕证据对证明对象有无证明力及证明力大小进行辩论。

5.3 对证据的真实性只能发表"对该证据的真实性无异议"和"对该证据的真实性有异议"其中一种意见。如果对证据的真实性有异议,应当从证据形式的客观性和内容的客观性两方面说明理由。

5.4 如果法庭出示的证据与其他案件当事人有关,但与质证方无关且无法辨认和核实其真实性,可发表"真实性无法确认"的质证意见,并说明理由。

5.5 对证据的合法性只能发表"对该证据的合法性没有异议"和"对该证据的合法性有异议"其中一种意见。如果对证据的合法性有异议,应当从证据的形式、来源及取得方法的合法性方面说明理由。

5.6 对证据的关联性只能发表"对该证据的关联性没有异议"和"对该证据的关联性有异议"其中一种意见。如果对证据的关联性有异议,应当从该证据可以证明的事实能否对认定案件待证事实产生影响等方面说明理由。

5.7 对证明对象是否有异议只能发表"对证明对象没有异议"和"对证明对象有异议"其中一种意见。如果对证明对象有异议,应当从证据有无证明力、证明力大小以及证据与待证事实之间的关联程度方面说明理由。

5.8 在质证意见中提出异议的,必须说明理由并提供相应的依据和证据。支持异议的证据和依据应当有权威出处及足够的证明力。

5.9 如果对证据的真实性、合法性和关联性及证明对象均无异议,可以一并表达为"对该证据的三性及证明对象均无异议";如果对证据的真实性、合法性和关联性无异议，但对证明对象有异议的，表达为“对该证据的三性无异议但对证明对象有异议”，并说明理由。

5.10 如果对证据的真实性有异议，原则上不再对合法性和关联性及证明对象发表质证意见。如果法庭要求对真实性尚不能确定的证据发表保留性质证意见，应当明确质证前提，并确认是否记入笔录。

5.11 当庭发表质证意见时，不得按事前准备好的书面质证意见宣读，应当以法庭更易接受的口语化表达方式进行陈述，并利用现场的证据与法庭形成有效互动，以提升质证效果。

6. 书面质证意见的制作

6.1 除非必须当庭质证，必须依据质证策略制作书面质证意见。书面质证意见制作完成后，应当进行反自认审查，然后方可提交法庭，以避免错误的自认。

6.2 对法庭要求当庭质证或决定当场发表质证意见的，应当仔细听取举证方对举证意见的陈述，然后快速依本指引完成对证据的审查，最后发表口头质证意见。

6.3 书面质证意见制作前，应当通过裁判文书检索充分了解承办法官近期在裁判文书中就证据评析部分的写作和表达习惯。书面质证意见的表达应当与承办法官在裁判文书中就证据评析部分的表达相一致或相兼容。

6.4 书面质证意见由以下模块组成：

(1)案件信息；

(2)文件标题；

(3)质证意见正文；

(4)保留意见；

(5)提交人信息。

6.4.1 “案件信息”模块，主要功能是让法庭快速识别该质证意见对应的案件。该模块的表达格式为：“案号：”+“法院案号”。

6.4.2 “文件标题”模块，主要功能是让法庭快速识别该质证意见是哪方当事人针对谁提供证据发表的质证意见。该模块的表达格式为：“质证方诉讼地位+质证方姓名或名称”+“就”+“举证方诉讼地位+举证方姓名或名称”+“提交证据的”+“质证意见”。

6.4.3 “质证意见正文”模块,主要功能是让法庭快速了解质证方对举证方出示的每个单一证据的质证意见,且该质证意见可以直接复制粘贴到开庭笔录中。“质证意见正文”以举证方出示的每个证据为单位,每个单位由“举证信息”和“质证意见”两部分组成。

(1)“举证信息”由“证据编号”和“证据名称”两部分组成。举证方设置的证据编号和证据名称不规范的,可按规定予以调整但应当进行必要的标注。“举证信息”模块的表达格式为:“证据+数字编码:”+“证据名称”。

(2)“质证意见”的表达格式为:“质证意见:”+“正文”。

(3)原则上将庭前确定的书面质证意见复制到“正文”模块中。法庭对质证意见有特别要求的,应当进行调整,然后将调整后的内容复制到“正文”模块中。

6.4.4 “保留意见”模块,主要功能在于声明发表“正文”中所述质证意见的前提条件,防止因错误自认产生诉讼风险。该模块的表达格式为:“以上质证意见仅用于协助书记员记录,最终的质证意见以当庭陈述的内容为准”。

6.4.5 “提交人信息”模块的表达格式为:“提交人:”+“质证方姓名或名称”+“诉讼代理人:律师姓名”+“提交日期”。

6.4.6 仅用于书记员复制粘贴至开庭笔录的书面质证意见的电子文档,其内容可仅保留“质证意见正文”模块。

7. 其他

7.1 除非法庭明确要求,当事人盖章的质证意见仅用于事务所存档,不提交法庭和对方当事人。

7.2 质证程序结束后,应当就论证体系中出现的薄弱环节继续收集补强证据、反驳证据,就新出现的事实进行举证,就无法收集的证据申请调查收集证据,就专门性问题申请鉴定等。

7.3 质证程序结束后,应当重新评估案件的诉讼风险,以便及时调整诉讼策略。

7.4 团队成员在使用本指引时,应当注意收集各方反馈信息及执行效果,并总结经验,以便于对本指引不断进行升级。

庭审如何有效质证

杨永东*

质证是指在诉讼中,一方当事人对另一方当事人提交的证据,在真实性、合法性、关联性和证据证明力等方面的意见。质证的目的在于通过与举证方就所举证据及其证明对象的质疑、说明及辩论,最终使法庭作出对己方有利的事实认定。

实务中,很多质证往往流于形式,一些质证意见,完全是为了否认而否认,质证理由过于牵强,说服力不强。如此,非但起不到削弱对方证据证明力的目的,反而影响了己方在法庭心中的诚信度。

好的质证意见,应当逻辑清晰,理据充分,直击要害,并足以降低法庭对对方证据的采信概率。本文拟根据案例,从证据真实性、合法性、关联性的基础维度,以及证明力这一兜底维度的角度,并结合质证的实务经验,探讨如何增强质证理由的说服力,如何更加有效地进行质证,以就教于同行。

一、对于证据真实性的质证

(一)基于对签名、印章真实性的质疑

【案例1】一起股东代表诉讼案件。一家宁波房产公司(以下简称宁波公司)有两个股东,深圳投资公司(以下简称深圳公司)占有90%股权;王某占有10%股权。王某同时为宁波公司的总经理和法定代表人。冯某为宁波公司监事。2014年,宁波公司与冯某儿子冯某某签订商品房销售合同17份,将公司名下17处房产卖与冯某某。该17处房产均已过户至冯某某名下,但冯某某直至2016年仍分文未支付至宁波公司。宁波公司在经过深圳公司催告之下,仍不主张权利。深圳公

* 浙江海泰(慈溪)律师事务所,微信 yyd528。

司遂于2016年9月，行使股东代位诉讼权，将冯某某起诉至法院，要求冯某某支付房款，并列宁波公司为第三人。庭审中，冯某某和宁波公司共同提交了一份落款时间为2014年的三方协议，拟证明该17套房产系抵销宁波公司所欠王某个人控制的慈溪公司的债务。考虑到宁波公司与慈溪公司均由王某实际控制，且冯某某又系宁波公司监事冯某的儿子，原告代理人判断该三方协议有很大的概率系在诉讼中形成，遂对该三方协议落款时间的真实性提出质疑，并提起了协议形成时间的鉴定。鉴定结果表明，该三方协议果然形成于2016年9月之后。由此，法庭对于被告和第三人的信任也大打折扣。

【提示】实务中常见的是对签名、印章的真实性、形成时间，对视听资料是否经过剪辑等提出质疑。该问题通常需要通过鉴定等方式解决。如果有足够的依据或理由，可以形成充分合理的怀疑，则应在提出质疑的同时，申请进行司法鉴定。需要指出的是，基于鉴定需要耗费相当的财力和精力，并且如果鉴定结果显示鉴定对象为真实，反而减损法庭对申请方的信任。因此，除非理据充分，一般应慎重提起鉴定申请。

(二)基于基本逻辑的质证

【案例2】案件同【案例1】。庭审中，宁波公司又提交了一份董事会决议，拟证明该17套房产系已经经过董事会决议分配至包括深圳公司股东在内的各股东名下。该两份证据显然违反了基本的逻辑矛盾律。因为对于宁波公司将房产过户至冯某某名下的行为，不可能既是股东内部分配房产的行为，又是抵债行为。前者属于公司财产的分配和清算，而后者属于股东个人债权的抵销，二者不可能同时为真。因此，对于该董事会决议，质证时便可以以基本逻辑定律对其真实性提出质疑。

【提示】基本逻辑三大定律为矛盾律、同一律和排中律。其中，矛盾律在证据真实性质证中最为常用。矛盾律是指两个存在逻辑矛盾的命题，不能同时为真。在民商事诉讼中，当事人对于同一个事实，应当且只应当有一种解释或者描述，而不能同时有另一种与其矛盾或不相兼容的解释或者描述。

（三）基于事实细节的质证

【案例3】一起财产损害赔偿案件。2016年，宁波某村沿江13家企业在台风天遭遇史无前例的严重水灾，水灾发生时，沿江一防洪工程正在施工，受灾企业均位于该防洪工程所开挖的三大缺口附近。受灾企业一致认为系建设和施工单位的违法施工行为导致了水灾的发生，遂向法院起诉，要求赔偿。诉讼过程中，被告建设单位和施工单位提交了监理的通知和回复意见，拟证明其施工行为完全符合水利工程施工规范，并建造了施工临时围堰。而事实上，水灾现场并无任何临时围堰存在。庭审中，原告对该证据的真实性提出质疑，并在提问环节追问被告：请明确贵司建造的临时围堰的具体位置在哪里？宽度多少？长度多少？高度多少？具体预算及实际造价多少？设计及施工图纸可否提交？是否有工程影像资料？因为被告根本没有建造临时围堰，对这些问题自然无法回答，只能顾左右而言他。

【提示】虚假的陈述或证据，往往经不起推敲和追问。对于某些证据内容与客观事实不符的情形，通过对于细节的追问和质疑，可以起到很好的质证效果。需要注意的是，对于事实细节的追问，建立在己方已经确切知晓对方证据内容虚假的情况之下。否则，如果对方对事实细节了如指掌，反而会强化法庭对其的信任，效果适得其反。

（四）基于常识或专业知识的质证

【案例4】一起买卖合同纠纷案件。原告起诉要求被告支付货款，并提交了一份买卖合同，提出该合同系双方通过传真方式订立。被告答辩称，双方之间不存在买卖合同关系，而是出口代理合同关系，对该传真件予以否认，并提交录音证据证明，被告是代理原告出口货物，货款不能回收的风险应当由原告承担。被告针对该传真件发表质证意见，指出即便该买卖合同系传真件，也无法得出该传真件系由被告传真给原告的结论。首先，原告未提交电信传真记录。其次，该传真件上虽然有被告单位的传真号码，但任何的传真机均可以自行设定传真号码。即任何的传真机，经过设定，都可以传真出带有被告单位传真号码的传真件。最后，被告提交的录音证据，足以证明双方之间不存在买卖合同关系。

【提示】对于有些证据的质证，涉及专业知识或专业常识。在上述案例中,传真机可以自行设定号码,这是一个并不是每个人都了解的常识,它属于一个专业常识。运用该种专业的常识或知识,将使质证更加具有说服力。如果一起案件中,涉及众多的专业知识,则有必要聘请专家辅助人参与庭审质证。

(五)基于利害关系的质证

【案例5】案件同【案例1】。在该起案件中,被告申请宁波公司监事冯某出庭作证。冯某出庭陈述了该购房款实际系分配给各股东,用于抵偿各股东给宁波公司的借款的事实。但基于冯某系被告的父亲,同时系宁波公司的监事,与本案被告及第三人均存在重大利害关系。原告在质证时着重强调该利害关系,对于削弱或否定该证人证言的真实性,起了十分关键的作用。最终法庭对该证人证言不予采信。

【提示】基于利害关系的质证,通常用于对证人证言的质证。《最高人民法院关于民事诉讼证据的若干规定》(法释〔2001〕33号,经法释〔2019〕19号修正,以下简称《证据规定》)第90条规定,"下列证据不能单独作为认定案件事实的根据:……(三)与一方当事人或者其代理人有利害关系的证人陈述的证言"。

二、对于证据合法性的质证

民诉法理论及司法实践中理解的证据的合法性,通常指的是证据形式和来源的合法性。本文对证据的合法性进行了一定的扩张,不仅包括证据形式,同时还有证据内容,以及证据提交程序的合法性。至于证据来源的合法性,实务中鲜有涉及,此处暂不讨论。

(一)基于形式不合法的质证

【案例6】一起建设工程合同案件。原告作为土方回填工程的施工方,要求被告支付工程款。对于原告是否进行了抽水作业,原告提交了一份土方测量单位出具的情况说明,拟证明土方回填施工之前,施工现场有一条河沟存在,原告进行了抽水作业,要求结算抽水施工款项。但该情况说明仅有测量单位盖章,而无单位负责人及制作证明材料的人员签字。被告遂对该证据的形式合法性提出质疑,认为该证据不符合法律规定的单位出具书面证明材料的形式要件。

【提示】《最高人民法院关于适用〈中华人民共和国民事诉讼法〉

的解释》(法释〔2015〕5号,经法释〔2020〕20号修正,以下简称《民事诉讼法解释》)第115条第1款规定,“单位向人民法院提出的证明材料,应当由单位负责人及制作证明材料的人员签名或者盖章,并加盖单位印章。人民法院就单位出具的证明材料,可以向单位及制作证明材料的人员进行调查核实。必要时,可以要求制作证明材料的人员出庭作证”。对于类似证明材料必须满足一定形式要件的法律法规及司法解释,需要烂熟于心,这是对于证据形式合法性进行质疑的基本武器。

(二)基于内容不合法的质证

【案例7】案件及证据同【案例2】。对于该董事会决议,内容涉及将公司房产分配至股东名下,该内容实质属于公司剩余财产分配,是公司清算的范畴。《公司法》第37条第1款第9项规定,“股东会行使下列职权:……(九)对公司合并、分立、解散、清算或者变更公司形式作出决议”。该事项属于股东会有权决议事项,董事会是无权作出决议的。该董事会决议内容显然违法。

【提示】以上是基于证据内容不合法的质证实例。不同于对证据形式要件的形式合法性的质证,对于内容合法性的质证,应关注证据中载明的相关内容,是否符合与内容有关的相关法律法规的规定,尤其是强制性规定。如果证据内容违反了相关法律法规,则以该证据内容作为证明事实的依据的资格,也显然丧失。

(三)基于程序不合法的质证

【案例8】一起买卖合同纠纷案件。原告起诉被告,要求支付所欠货款。因被告系一人公司,原告同时起诉被告的自然人股东。该股东被告抗辩称该货款形成于其受让被告公司100%股权之前。在受让之前,该被告公司并非一人公司,而是有两个股东。但该股东被告在庭审辩论之前并未向法庭提交相关证据。庭审结束后,该股东被告向法院递交了工商变更登记资料,证明货款形成于其受让被告公司100%股权之前。法院遂要求原告针对该证据发表书面质证意见。原告质证称该证据已经超过举证期限,属于逾期提交。最终法院仍采信该证据,并判决该股东被告无须承担连带责任。

【提示】虽然《民事诉讼法解释》对当事人逾期举证所确定的规

则，已经由原来的《证据规定》中“失权为原则，不失权为例外”的证据关门主义，向“以不失权为原则，失权为例外”的证据随时提出主义倾斜，但是对于证据程序性违法的质证，仍然是有意义的。首先，是迫使对方对逾期举证承担说明义务，增加其诉讼压力；其次，如果法院认定该逾期举证行为属于故意或重大过失的，则该证据以失权为原则；再次，法院可有权针对对方逾期举证的过错程度，适用训诫、罚款等妨碍民事诉讼的强制措施；最后，对于因对方因逾期举证所造成的我方增加的诉讼成本，可主张要求对方予以赔偿。

三、对于证据关联性的质证

（一）基于与案件争点无关的质证

【案例9】一起建设工程施工合同纠纷案件。原告起诉被告，要求支付剩余工程尾款。被告提交了大量的会议纪要，以及整改通知单等，拟证明原告拖延工期，且工程质量存在严重问题。针对该证据，原告质证称，本案争议焦点在于工程尾款是否应当支付，以及支付多少。因案涉工程已经竣工验收，因此，关于工期与质量的相关证据，均与本案争议焦点无关。

【提示】诉讼中的举证、质证，以及辩论，均围绕争议焦点展开。对于偏离案件争议焦点的证据，因其无助于任何一方对于争议焦点的支撑或反驳，因此，仅以与争点没有关联性质证，甚至无须考虑其真实性及合法性。

（二）基于不能证明待证事实的质证

【案例10】案件同【案例9】。被告提交借条一张，借条内容为原告劳务分包的其中一施工班组人员牛某某，向被告借款人民币10万元，并承诺同意在原告与被告的工程款结算中予以抵扣。被告基于该证据拟证明应从被告应向原告支付的工程款中扣除人民币10万元。原告质证称，该证据无法证明被告的证明目的。原告从未授权牛某某向被告借款，牛某某也仅系原告施工班组一普通人员，显然也无法成立表见代理。该证据不能得出被告有权扣减原告工程款10万元的结论。

【提示】有些证据，虽然与案件争点相关联，且无法从真实性和合法性对其进行质疑，但该证据无法达到举证方的证明目的，也即无法与其证明目的相关联。因此，对于关联性的质疑，也包括了与其证明目的的关联的质疑。

四、对于证据证明力的质证

【案例11】一起民间借贷纠纷。原告与被告之间存在长达数年的非常复杂的款项往来，其中既有借款，也有黄沙买卖款，还有承兑贴现款等。仅从款项往来，被告支付给原告的款项金额远远超过原告支付给被告的款项金额。原告提交录音证据一份，在录音中，被告在其中一段谈话中并不是十分明确地提到（无法确认是基于对账的假设，还是对事实的承认）有欠原告款项1500万元，但亦多次提出双方需进行对账，明确是否有欠款以及具体金额。被告针对该录音证据，从人的记忆的模糊性，双方交易的复杂性，被告在录音中诸多自相矛盾的点，以及多次要求书面对账，必须结合具体语境予以确定等诸多方面，对该证据的证明力进行了质证，认为该证据尚不具备对待证事实的充分而确凿的证明力。

【提示】本质上，从证据"三性"的基础维度的质证，实质上也是对于证据证明力的质证。因为一个证据一旦不具有"三性"之一，则必然不具有证明力。因此，对于证据证明力的质证，可以看成对于证据质证的兜底维度。即对于有些证据，仅仅从证据"三性"的基础维度展开质证，无法找到突破口时，则需要从其他维度，对其证明力进行质疑和打击。如案例中的该录音证据，从诸如经验法则，录音中的表意是否确凿可信，对于自相矛盾的点是否可合理排除等诸多角度对证据本身的证明力展开质疑与论证，方能摧毁该证据的可信度，或至少使法官不至于仅从该单一证据作出判决。

五、与质证相关的其他实务问题

（一）包含内容较多的证据，不可简单质证，应拆分内容予以质证

【案例12】一起撤销权纠纷。原告系两自然人，被告系银行。原告因欲取得某公司名下的一块土地，并因得知该土地已为被告所有的一笔债权所查封，遂受让该债权。但原告最后得知，被告隐瞒了该债

权名下已无财产可供执行的一份法院的终结执行裁定，且该土地早已不在某公司名下。原告遂以欺诈为由起诉被告，要求撤销该债权转让协议。庭审中被告职员赵某某出庭作证。原被告及法庭均对赵某某进行了交叉询问，要求其陈述了整个交易，从接触、磋商，到签约收款并移交资料的整个过程，以及关键节点的关键事实。原告针对赵某某的证人证言，质证认为，赵某某所陈述的接触、签约收款及移交资料的过程与事实相符，但对于核心的磋商环节的陈述，避重就轻，隐瞒了未移交执行终结裁定，以及未披露土地注销证明的核心事实，属于虚假陈述。

【提示】对于所涉事实内容较多的证据，包括证人证言、书面情况说明等，通常全部不符合“三性”，或全部符合“三性”的情况比较少见，交叉混杂的情况较多。在此种情况下，一概质疑其真实性、合法性、关联性，极易置己方于不利，给法官一种只管否认，不够客观的印象。正确的做法，是对于该证据所涉事实进行拆分，对拆分后的待证事实，联系该证据分别进行质证。如此方不至于陷入非黑即白的简单思维，并体现己方客观真实的态度，赢得法官的信任。

(二)质证中的及时说明、反驳与辩论

【案例13】案件同【案例3】。在该水灾财产损害赔偿纠纷案件中，针对水灾形成的原因，原告提交了其自行委托相关专家作出的意见书，拟证明该水灾形成的原因在于被告未依照水利施工规范建造临时围堰。庭审中，被告针对该专家意见书，从形成的程序、内容的缺陷、该意见书的效力等方面进行了十分有力的质证。原告针对被告的质证进行了及时的回应和反驳，提出该专家意见书系原告在被法院告知无法委托相关专业鉴定机构进行司法鉴定的情况下，不得已自行委托相关专家进行鉴定。该意见书虽然拘于条件，存在瑕疵，但关于被告未依照水利施工规范建造临时围堰的结论，足以证明该水灾的形成与被告的过错存在不可分割的因果关系。

【提示】通常的法庭审理程序是法庭调查完毕后，方才进行法庭辩论。一般在质证阶段，法庭不会组织辩论。但往往法官在质证阶段，比较注重对事实的查明，在辩论阶段，却对各方的观点的阐述兴致索然。因此，针对核心的证据，在对方发表了有杀伤力的质证意见之后，在该证据在法官心目中已经岌岌可危的情况下，及时采取挽救措施，予以回应和辩驳，是十分必要的。质证时，当事人应当围绕证据的真实性、关联性、合法性，针对证据证明力有无以及证明力大小，进行质疑、说明与辩驳。因此，质证中的说明与辩驳，也是整个质证环节的题中应有之义，应充分利用该程序权利，及时把问题澄清和说透，否则，等到辩论阶段再去跟其他观点混为一谈去发表意见，效果会大打折扣。

（三）证据内容对己方有利的情形

【案例14】案件同【案例12】。在该案中，被告提交了一份金融资产交易中心的交易规则，拟证明在债权转让过程中，转让方并无确定义务向受让方提交资产评估报告，该评估系转让方内部程序，并非法定披露义务。原告针对该交易规则，同时提出，该规则中明确转让方不得向受让方隐瞒足以影响债权价值的法律文件，而被告未予披露执行终结裁定的行为明显违反该规则。

【提示】对于对方提交的证据，在未经详细审查之前，不宜忙着予以否定。经常存在一方急于想证明某种事实，而忽略了证据中可能对其不利的情形。在证据内容中存在对己方有利信息的情况下，大可以善加利用。

（四）对证据信息的充分发掘

【案例15】一起交通事故人身损害赔偿纠纷。原告诉称因交通事故，导致原告精神失常，伤残鉴定等级为六级，要求被告依法予以赔偿。原告提交的证据中有一份离婚判决书，拟证明原告的子女抚养情况。该离婚判决书中载明，原告的法定代理人为原告父母。针对该信息，被告质证称，原告在交通事故之前，就存在精神失常，无或限制民事行为能力，所以才在判决书中载明“法定代理人”。被告并申请法院向原告户籍地相关部门进行调查取证。法庭经调查后得知，原告果然在交通事故发生之前，就存在精神障碍。

【提示】通常一份证据，蕴藏着丰富的信息。只看到表面信息，是远远不够的，必须要仔细审核，详加揣摩，发掘该证据背后所隐藏的深层信息，有时会有出其不意的发现。

（五）对己方证据的换位质证

以上15个案例系针对对方证据的质证策略和方法。但诉讼是一场博弈的游戏，己方证据同样需要接受对方的质证。在向法庭提交证据之前，很重要的工作，是不妨对自己要提交的证据进行换位质证，即站在对方的角度，对这些证据，从上述维度展开质疑，以此审核一下这些证据，是否经得起对方的质疑，如何对对方的质疑进行解释和回应，是否会产生反而对己方不利的情况等，以此避免举证的失误，以及庭审质证的被动。

六、结语

庭审是整个诉讼环节的核心，而质证又是整个庭审的核心。对于证据的质疑与确认，直接关系法官对事实的判定，以及最终的诉讼结果。因此，对于质证理论和实务的研究，显得十分必要。本文以笔者实际经办的案件为例，对庭审质证实务中，需要注意的几个方面，进行了探讨，以抛砖引玉，期待对于质证理论以及实务的更深入的研究。

建设工程司法鉴定的审查方法

高　全*

一、问题的提出

建设工程案件由于其具有的专业性、复杂性，争议事实的认定往往依赖于司法鉴定。但在立法层面，尚未针对建设工程的司法鉴定作出统一的规范性标准，实务中对鉴定性质的认识亦常存在偏差。这一方面导致部分案件审理机关以及诉讼参加人产生诸如“鉴定的归鉴定，法律的归法律”此类的误解；另一方面，也造成即使足够重视鉴定，亦缺乏参与的方法和指引，无所作为。本文基于上述问题，从建设工程司法鉴定的性质出发，立足现行法律规范，简要论述该类鉴定的具体审查方法，以期为实务中此类问题的解决提供较为系统的路径。

二、建设工程司法鉴定的性质

《全国人民代表大会常务委员会关于司法鉴定管理问题的决定》（以下简称《关于司法鉴定管理的决定》）第1条规定，“司法鉴定是指在诉讼活动中鉴定人运用科学技术或者专门知识对诉讼涉及的专门性问题进行鉴别和判断并提供鉴定意见的活动”。

根据上述规定，司法鉴定解决的对象是诉讼中面临的专门性问题，具体到建设工程案件，即为有关建设工程质量、造价、工期、灾损等专门性问题在诉讼中的鉴别、判断。基于此，对于建设工程司法鉴定的性质，可从以下两个方面加以认识：

（一）司法鉴定在性质上属于诉讼程序的一部分

上述规定将司法鉴定的范围限于“诉讼活动中”，可得出其从启

---

* 北京银座律师事务所律师，邮箱 gaoquan@ shengchilaw. com。

动、开展、出具意见的整个过程均系诉讼程序的一部分。其既属诉讼中的程序,则其整个过程均应受诉讼法的规制。但实务中,案件参与人员往往仅关注鉴定意见,而把鉴定的启动及开展简单理解为专业技术问题,非法律问题,没有认识到因司法鉴定属诉讼程序,故其整个过程均应接受诉讼法的检验和考量,主观上对鉴定意见出具前的鉴定活动放之任之。前述误解的形成正是源于对司法鉴定本质特征认识的不足。

(二)鉴定意见既是专业意见,亦是诉讼中的待审查意见

根据《民事诉讼法》第63条的规定,鉴定意见属证据的一种,其形成过程虽具有相当的专业性,但与书证、物证、视听资料等证据在性质上并无本质区别,均以证明待证事实为目的。故其不能因专业性而较之于其他证据享有豁免证据"三性"检验的地位,仍应当考察其是否具有真实性、关联性、合法性。

三、鉴定启动之审查方法

《民事诉讼法》第76条规定,"当事人可以就查明事实的专门性问题向人民法院申请鉴定。当事人申请鉴定的,由双方当事人协商确定具备资格的鉴定人;协商不成的,由人民法院指定。当事人未申请鉴定,人民法院对专门性问题认为需要鉴定的,应当委托具备资格的鉴定人进行鉴定"。

《最高人民法院关于审理建设工程施工合同纠纷案件适用法律问题的解释(一)》(法释〔2020〕25号)第31条规定,"当事人对部分案件事实有争议的,仅对有争议的事实进行鉴定,但争议事实范围不能确定,或者双方当事人请求对全部事实鉴定的除外"。

上述规定中,涉及司法鉴定启动的两个关键点:一是鉴定的启动方式,既可依当事人申请,也可由法院依职权决定。当然,后者仅限于《最高人民法院关于适用〈中华人民共和国民事诉讼法〉的解释》(法释〔2015〕5号,经法释〔2020〕20号修正)第96条第1款规定的情形,具体到建设工程案件中,主要表现为涉及社会公共安全的工程质量鉴定。二是鉴定的范围限于"查明事实的专门性问题",故鉴定的启动必须同时具备以下两个条件:

（一）鉴定事项必须事关案件争议事实的查明

建设工程案件中，往往一方主张对方存在工期逾期、交付建筑物质量不合格、拖欠工程款等事实，另一方予以否认，彼时的事实是否当然构成上述司法解释中的“有争议”事实，是否应当进行鉴定。笔者认为，这里的“有争议”系指现有证据不足以证明待证事实，且双方当事人对该事项的认定形成了对抗的“两造”，而非一方对对方主张的事实简单否认。若依据案件已有证据足以认定待证事实的，即使一方提出异议，也不构成“有争议”，亦无启动鉴定之必要。

1. 无须启动工程造价鉴定的常见情形：

（1）双方已达成有效结算合意的；

（2）工程价款约定固定总价且无调整因素的；

（3）双方约定工程款结算以审计结果为准，双方及造价咨询单位均在审计报告中签字盖章的；

（4）合同约定逾期不结算视为认可结算，约定的条件成就的。

2. 无须启动工程质量鉴定的常见情形：

（1）工程竣工并经验收合格，承包人要求支付工程款，发包人认为工程质量存在问题，且未提反诉的，则不予鉴定；如果建设工程竣工但未经验收，发包人也未擅自提前使用的，或者竣工验收后，发包人就质量缺陷，反诉或另行起诉要求承包人承担保修责任的，则应启动质量鉴定。

（2）工程竣工，未按照《建设工程质量管理条例》规定由建设单位组织竣工验收，但施工单位、监理单位、设计单位出具合格证的；此种情形无须鉴定的原因在于虽缺少建设单位组织这一程序，但监理单位系受发包人委托，代表其进行质量监督管理的主体，监理单位对工程质量的意见应视为发包人的意见。

（3）工程未经竣工验收，发包人擅自使用的（工程地基基础工程和主体结构质量除外）。

（二）鉴定事项必须属专门性问题

也就是说，鉴定的事项不是能够凭着直观、直觉或逻辑推理直接认识和判断的，必须利用科学技术或掌握专门知识的人才能加以鉴别，反之，则无须启动鉴定。

概言之，提出鉴定申请并不必然导致鉴定启动，其必须具备上述两项法定要件。因此，鉴定启动的审查是法律强制性要求，而非法院自由裁量权范畴，上述两项条件亦是该项审查的要点。

四、鉴定过程之审查方法

法院决定启动鉴定程序后，会随之确定鉴定人开展鉴定活动。在此过程中，应当对鉴定机构、鉴定范围、鉴定材料、鉴定方法等影响鉴定程序合法性、鉴定结果公正性的要素予以审查，具体审查方法为：

（一）鉴定机构、鉴定人员的审查

鉴定机构、鉴定人员不具备鉴定资格是可申请重新鉴定的法定情形之一，因此，鉴定机构、鉴定人员的资格审查是鉴定程序中必须审查的要素。

《关于司法鉴定管理的决定》第 2 条第 1 款规定，“国家对从事下列司法鉴定业务的鉴定人和鉴定机构实行登记管理制度：（一）法医类鉴定；（二）物证类鉴定；（三）声像资料鉴定；（四）根据诉讼需要由国务院司法行政部门商最高人民法院、最高人民检察院确定的其他应当对鉴定人和鉴定机构实行登记管理的鉴定事项”。即建设工程质量、造价鉴定不实行鉴定人和鉴定机构登记管理制度，故当事人不得以鉴定人、鉴定机构未在司法行政部门登记为由否定其鉴定资格。实践中，法院通常会根据建设主管部门的推荐，将具备鉴定条件和能力的机构、人员编制成册，亦有部分建设工程司法鉴定机构及鉴定人为保证其专业性、规范性，向司法行政部门申请登记从事鉴定业务。故建设工程司法鉴定机构及鉴定人的资格审查应分为以下两类：

1. 司法行政部门登记名册内的鉴定人、鉴定机构。此类鉴定机构、鉴定人的资格审查，应查验鉴定事项是否在其业务范围内、是否取得司法鉴定许可证、司法鉴定人执业证以及证书是否在有效期内。需注意的是，根据《关于司法鉴定管理的决定》第 9 条第 2 款规定，前述“业务范围”系指在司法行政部门登记名册中注明的业务范围，非营业执照中的经营范围。

2. 法院登记入册的鉴定人、鉴定机构。此类鉴定人、鉴定机构由于未在司法行政部门登记，故无法查验司法鉴定许可证、司法鉴定人执业证，但不论哪类机构，均应具备《关于司法鉴定管理的决定》第5条规定的条件，即有在业务范围内进行司法鉴定所必需的仪器和设备、有在业务范围内进行司法鉴定所必需的依法通过计量认证或者实验室认可的检测实验室等。故法院登记入册的鉴定机构并不当然就具备鉴定资格，仍应依据前述规定审查其在个案中是否具备相应的鉴定能力和条件，从而对鉴定资格作出判断。

（二）鉴定范围的审查

审查的范围分为两个方面，一方面应当审查鉴定申请人申请的鉴定事项是否全部属于应当鉴定的范畴，如部分鉴定事项无须鉴定，法院在确定鉴定事项时应予以剔除；另一方面，应当审查鉴定机构确定的鉴定事项是否与法院要求的鉴定事项相一致，排除漏鉴、超鉴、变更鉴定事项等情形。

（三）鉴定材料的审查

建设工程司法鉴定中，除鉴定意见属证据外，据以作出鉴定意见的鉴定材料亦属于证据，同样应接受双方质证，且法院应及时对鉴定材料是否完整、全面、是否符合证据“三性”作出认定。而未经质证或经认定不具备证据“三性”的鉴定材料，不得移送鉴定机构。因此，在鉴定资料送鉴前，诉讼参加人应当进行质证并要求法院及时认定鉴定材料，以“筛选”出合法、有效的检材。

常见的如工程签证单存在瑕疵，即签证单未经发包人签章确认，或存在签章，但仅标注签收，未作出认可的意思表示，此时该签证单能否作为造价鉴定材料移送鉴定机构，应从两步考察。第一，审查该签证单上记载的工程内容是否已包含在合同价款范围内，如已包含，则无须作为鉴定材料，否则构成重复计价；第二，根据在案证据审查签证单上载明的工程内容是否确已完成，如已完成，则可以提交作为结算依据。当然，为保证鉴定效率，也可建议法院要求鉴定机构对该部分进行鉴定并单列，待裁判时结合全案证据予以认定。

（四）鉴定方法的审查

鉴定方法的采用看似属于专业技术问题，但往往取决于合同约定、法规规定，关乎案件实体。此类情形中的鉴定方法采用则属法院审判权范畴，不在鉴定机构的权限之列，以工程造价鉴定为例：

1. 合同约定取费标准的鉴定方法。

如施工合同或补充协议约定了工程造价的取费标准，则鉴定机构不能套用与约定的取费标准不一致的定额，即从约原则。诸如此类合同已约定鉴定方法的，则鉴定方法的确定权归于法院，应先行由法院根据合同的效力确定应采用的鉴定方法，再行要求鉴定机构按照该方法进行鉴定。

2. 合同未约定计价模式的鉴定方法。

实务中，针对此种情况的鉴定，鉴定机构通常采用定额价，而非市场价（建设行政主管部门发布的市场价格信息）。此种做法有违法律规定之嫌，值得商榷。

一方面，建设工程的定额标准系各地建设主管部门根据本地建筑市场建筑成本的平均值确定的额度，但仅具有参考效力，非强制性适用，且较之于市场价，前者具有滞后性，不能准确反映施工单位的施工技术、管理水平以及实际造价成本。目前实务中有观点认为定额价属于政府指导价，所以造价鉴定应按照定额确定，事实上这是一种误区，原因在于根据《价格法》第 19 条规定，政府指导价的适用范围必须以中央和地方（省、自治区、直辖市人民政府）的定价目录为依据，未被列入名录的，则不适用政府指导价，而建设工程造价并未被列入《国家计委和国务院有关部门定价目录》和大多数地方的定价目录，故其并不属于政府指导价范畴。

另一方面，根据《民法典》第 511 条第 2 项规定，当事人就合同价款或报酬约定不明确的，按照订立合同时履行地的市场价格履行。据此，在建设工程案件中，当事人未约定计价模式的，应当按照建设工程所在地的市场价格确定，即应采用市场价，而非定额价。鉴定机构如未征得双方当事人同意，擅自采用定额价的，则违反了上述规定，法院应对该鉴定方法及据此得出的鉴定意见不予认定。

3. 固定总价合同解除后，已完成工程量的造价鉴定方法。

此种情形的造价鉴定方法，各地做法不一，有的地方规定应根据实际完成工程量，以建设行政管理部门制定的定额核定工程价款，有的则采用“按比例折算”方式，即由鉴定机构在相应同一取费标准下分别计算出已完工程部分的价款和整个合同约定工程的总价款，两者对比计算出相应系数，再用合同约定的固定价乘以该系数确定发包人应付的工程款。

笔者认为，后者的计算方式更为合理，原因在于《民法典》第567条规定，"合同的权利义务关系终止，不影响合同中结算和清理条款的效力"。即合同虽解除，但结算条款仍有效，具体到上述情形，约定的固定总价仍为有效，工程虽未完工，但若摈弃有效的结算条款而另寻计价方式，有违合同定价初衷。

故在建设工程司法鉴定中，鉴定方法既是专业问题，又是法律问题的，应当及时审查、提出意见，并要求法院在鉴定正式开展前予以认定，不能将鉴定方法的确定权随意让渡与鉴定机构。

（五）鉴定程序的审查

《最高人民法院关于民事诉讼证据的若干规定》（法释〔2001〕33号，经法释〔2019〕19号修正，以下简称《证据规定》）第40条虽将"程序违法"作为可申请重新鉴定的情形之一，但无论是《民事诉讼法》，抑或是相关司法解释，均未对程序违法的具体情形作出规定，导致实务中如何对此加以判断成为难点。笔者认为，前述"程序违法"情形并非无法可寻，根据《关于司法鉴定管理的决定》，以下情形应当属于鉴定程序违法：

1. 鉴定人员私自接受鉴定委托的。《关于司法鉴定管理的决定》第9条第1款规定，"鉴定人从事司法鉴定业务，由所在的鉴定机构统一接受委托"。即法律禁止鉴定人员私自接受委托，《民事诉讼法》中的"鉴定人"只能是鉴定机构，不能是作为自然人的鉴定人员。

2. 鉴定人应当回避未回避的。《关于司法鉴定管理的决定》第9条第3款规定，"鉴定人应当依照诉讼法律规定实行回避"。即诉讼法中的回避制度不仅局限于审判人员，同样适用于鉴定人，具体应回避情形，应按照《民事诉讼法》第44条予以判断。

3. 鉴定人未经当事人或法院同意擅自就全部或部分鉴定事项转委托鉴定的。

《关于司法鉴定管理的决定》第10条确立了鉴定人"独立鉴定原则"，这既要求鉴定人以外的人员、机构不得干预鉴定活动，也要求鉴定人不得擅自将鉴定事项转委托给其他鉴定人或鉴定机构。关于后者，《民事诉讼法》第76条第1款规定，"当事人申请鉴定的，由双方当事人协商确定具备资格的鉴定人;协商不成的,由人民法院指定”。即鉴定人的选定主体仅限于当事人、法院,而接受转委托鉴定的人员、机构开展的活动同样属于鉴定活动,故其仍应受《民事诉讼法》第 76 条规制,鉴定人擅自转委托的,明显违反了该条关于鉴定人选定主体的规定。

4. 未遵守技术操作规范。遵守技术操作规范系《关于司法鉴定管理的决定》第 12 条规定的鉴定人、鉴定机构负有的法定义务,鉴定人及鉴定机构理应遵守。若违反该义务,则属程序违法,如未按照技术规范要求对受鉴项目进行现场勘验、检验、抽样等。鉴定机构对此应采取适当方式予以弥补,无法弥补且对鉴定意见可能造成实质性影响的,则构成程序严重违法,当事人可据此申请重新鉴定。

五、鉴定意见之审查方法

《证据规定》第 36 条、第 40 条分别规定了法院应审查的鉴定书内容以及当事人可申请重新鉴定的情形。该两条规定为鉴定意见的质证提供了指引,实务中,应围绕该规定发表质证意见。其中,有关鉴定机构资格、鉴定依据、鉴定方法等内容的审查、质证方法,如前文所述,在此仅对其他应注意事项作如下分析:

(一)鉴定依据的审查

建设工程司法鉴定书中通常会列明作出鉴定意见所依据的规范性文件,该文件虽大多属行业标准或技术标准,但常见以下两类问题:

1. 不能作为鉴定依据。此类情况通常表现为:其一,鉴定机构将本不适用于该工程的规范套用于该工程的鉴定,如工程质量鉴定中混用《民用建筑可靠性鉴定标准》(GB50292 - 2015)、《工业建筑可靠性鉴定标准》(GB50144 - 2008)的。其二,未根据工程具体情况,简单地全部套用某规范,如在实际施工人系自然人的工程造价鉴定中,未将定额中的社会保险费、税金等费用剔除。

2. 鉴定依据不具有时效性。常见的为鉴定机构依据的规范系工程完工后才颁布实施的,而没有依据施工时的行业规范进行鉴定,这显然是不合理的,不具有针对性。

（二）鉴定结论的审查

鉴定结论应当首先审查其是否足够明确、具体，是否存在超出委托鉴定范围，如含糊不清、漏鉴、超鉴，则应补正；其次，应审查鉴定意见依据的分析说明部分是否存在对合同或其他协议效力进行确认，或者对当事人责任承担进行认定的情形，即是否存在“以鉴代审”情形，如存在，应要求法院在裁判前即对该内容先行认定，鉴定意见中的认定与法院认定不一致的，则应要求鉴定人重新鉴定或补充鉴定；最后考察鉴定书中的分析与结论在逻辑上是否足够周延、自洽，如根据其分析不足以得出鉴定意见中的唯一结论，则该结论显属依据不足，不具有可采性。

（三）专业性缺陷与法律性缺陷相区分

根据《证据规定》第40条第3款规定，鉴定意见即使存在缺陷，如果可以通过补充鉴定、重新质证等方法解决的，不予重新鉴定。在此需要明确，鉴定意见的缺陷可分为专业性缺陷和法律性缺陷，专业性缺陷指的是工程量计算、定额、取费标准的等专业性问题适用错误，法律性缺陷则为前文所述的鉴定必要性、鉴定范围、鉴定材料等归于司法审判权的内容发生错误。因法律性缺陷系审判解决内容，故此种缺陷不能申请补充鉴定，应通过重新质证、重新鉴定等方法解决。概言之，不同性质的缺陷对应的请求亦不同，可补充鉴定的情形仅限于部分专业性缺陷，不包括法律性缺陷。故针对鉴定意见发表异议时，应当界分专业性缺陷异议和法律性缺陷异议，以对应不同的异议请求。

（四）异议的内容构成

在对鉴定意见发表异议时，应当包含三个方面的内容，分别为异议的对象、异议的依据、异议的请求。换言之，提出异议时必须存在明确的指向，说明异议成立的理由，同时应提出异议的目的，即是要求重新鉴定，还是补充鉴定，抑或是补充质证等。三者缺一不可，否则，法院易基于信赖鉴定机构的中立性和鉴定事项的专业性，采纳存在瑕疵的鉴定意见。

六、结语

综上,建设工程司法鉴定在性质上属诉讼程序中的子程序,其全过程均应受诉讼法规制,诉讼参加人及审理法院亦有相当的参与空间。具体到实务中,首先应树立正确的认识理念,其次从程序法追索鉴定活动的考察依据,并向实体法寻求解释,全面、系统地审查其从启动、开展至出具鉴定意见的整个过程,以保证鉴定启动正确、程序合法、结论公正。

互联网审判模式下诉讼参与人行为指引

熊定中*

清律自从2018年11月16日第一次发布《律所“互联网法庭”的设置标准》,在此后的多年时间内,持续通过实际参与互联网法院案件,以及多次参与相关法院调研和课题研究,对互联网法院审判模式进行了更为深入的实践和了解。我们发现,由于“全程在线”的诉讼模式在世界上并无先例可循,而在技术架构上,互联网法院电子诉讼平台(以下简称诉讼平台)也仍在完善之中,因此,诉讼当事人、律师甚至审判人员在此种在线诉讼模式、在线诉讼平台中遇到了新的机遇和挑战。

2020年2月21日,北京互联网法院颁布了《北京互联网法院电子诉讼庭审规范》,明确了庭审参与人应当注意的部分事项。我们参考前述规范,结合清律的实践经验,起草了本《互联网审判模式下诉讼参与人行为指引》(以下简称出庭指引),对互联网审判模式下的诉讼参与人出庭应诉行为,以及对使用诉讼平台时特别需要注意的事项进行进一步的细化说明,供各位诉讼参与人参考。

需事先说明的是,本出庭指引按照诉讼流程不同阶段分类,针对必然会发生的具体事项提出解决方案,不区分不同的诉讼主体:诉讼当事人及诉讼代理人应在诉讼过程中主动考虑本出庭指引中提到的相应问题,及时与法官、书记员等审判人员沟通确认。

* 清律律师事务所首席合伙人,清华大学互联网法律与政策研究中心秘书长,邮箱xiongdingzhong@ tsinglaw. com。

一、答辩、举证环节

1 证据、传票等的送达

1.1 注意事项：目前诉讼平台的技术设计一般均支持任一方在系统中上传资料后自动通知其他诉讼参与方。因此，需及时关注注册账号所对应的手机短信通知。

1.2 操作指引：起诉或应诉后，当事人或代理人需注意及时确认是否收到送达的证据材料。由于系统稳定性和操作人员熟练度的问题，还应及时查阅已送达材料，梳理可能的待送达材料，如发现送达材料可能存在遗漏情况，及时联系审判人员进行核实。

2 提交材料的渠道

2.1 以北京互联网法院诉讼平台为例，当事人通过北互系统向法庭提交材料可通过多种不同方式：

2.1.1 通过诉讼平台网页“案件中心”——“材料递交”页面提交。该页面可以选择“案件中心”中的任意案件，对其进行提交证据、送达地址确认书、申请书等多种材料的操作。

2.1.2 通过诉讼平台网页“案件中心”——“我要应诉”——“已确认”页面提交。在确认个人信息后，该页面可以提交答辩状、管辖权异议材料及反诉材料。

2.1.3 通过单个案件中的“证据交换”端口提交。该端口需审判人员单独开启，开启后可在该端口逐项添加证据材料，同时可查看本案其他当事人所提交的证据并进行质证等操作。

2.1.4 通过庭审客户端提交。接到网上庭审通知后，在庭审客户端可继续提交材料，但通过此方式所提交材料其他当事人仅能预览，无法下载（如当事人需获取相应材料，需联系审判人员另行电子送达）。

2.2 操作指引：由于提交方式较多，因此在向法庭提交材料，尤其是提交答辩状、证据材料前，需先行与审判人员确认通过上述何种方式提交材料，避免所提交材料未被法庭及时接收、耽误诉讼进程。

3 证据材料的命名

3.1 注意事项：由于在线审判时，材料并非实体案卷，并且在庭审客户端中显示的证据排列顺序为上传顺序，而并不一定与当事人或者代理人提交的证据目录顺序一致。如命名混乱，将给庭审带来极大不便。

3.2 操作指引:务必在提交证据材料时,在文件名称前注明编号(如:证据1-原被告签订的《买卖合同》、证据2-原告向被告开具的发票底联),并按照顺序逐项上传证据材料,同时建议随证据一并提交证据清单,明确证据序号、证据内容、证明目的等内容。

4 提交材料的格式

4.1 注意事项:以北京互联网法院诉讼平台为例,该平台的庭审客户端不支持直接浏览word文档,如果选用该格式上传文件,在庭审中各方需要查阅该文件并发表意见时,将无法直接在线打开浏览。

4.2 操作指引:除审判人员另行要求外,建议当事人将word形式(文件名后缀为.doc或.docx)的材料转换为pdf格式或者截图生成jpg、png等图片格式后再行提交,便于庭审中包括法官在内的各方能迅速在客户端中查阅对应材料、发表意见。

5 证据卷的形式

5.1 注意事项:由于互联网审判模式在质证环节存在天然的“时空异步”的便利性,但仍需在一个集中的网络诉讼平台上确认双方的质证意见,因此,从便利性角度,证据卷的组成形式也应当有所调整。

5.2 操作指引:因为证据是逐个上传的,而且会以单独的文件形式存在于诉讼平台上,因此,传统审判模式下证据卷连续编页以方便用时指引的做法已经失去了必要性。互联网审判模式下最佳的编卷方式应当是:

5.2.1 如果是pdf格式的单个证据,则无须编页,因为pdf格式的电子文件自带页码。在这种情况下,证据目录中应当在证明内容一栏指明证明内容具体在该证据的第几页。

5.2.2 如果是图片版的单个证据,如果是一个图片则亦无须编页。但在一个证据可能被切割为多个图片单独上传的情况下,上传方应当将该证据编号为证据号+子号,如“证据1-《买卖合同》-1”“证据1-《买卖合同》-2”等。在这种情况下,证据目录中应当在证明内容一栏指明证明内容具体的证据子序号。

二、质证环节

6 质证形式

6.1 注意事项：在互联网审判模式下，已然出现空间上的“异步”，也天然存在时间上“异步”的可能性，即各方自行在质证期间内，按照自己便捷的时间进行举证质证。但需注意，不同互联网法院的诉讼平台质证模块并不一致，需区别对待。

6.2 操作指引：在广州互联网法院的诉讼平台上，应当是在对方上传的证据材料下，以类似“留言”的方式进行质证；而在北京互联网法院的诉讼平台上，可以提交单独写好的质证意见文件进行质证。按照目前各家互联网法院的发展趋势，案件异步式质证甚至是异步式审理将会逐渐推广，诉讼参与人也应当及时关注此类信息。

三、开庭审理环节

7 场地布置

7.1 注意事项：由于互联网审判模式完全脱离了传统线下仪式化的传统审判格局，因此，互联网审判对场地要求也是以技术要求和标准为主。对于专业的代理人即律师来说，如果律所有条件的，应当配置专门的场地和设备来辅助律师提供更为专业的庭审表现。

7.2 操作指引：律所的布置，具体可参见《律所“互联网法庭”设置标准》；法院版略。

8 庭前测试

8.1 注意事项：以北京互联网法院诉讼平台为例，开庭前 1－2 天需进行设备调试，以确保庭审的硬件保证。由于该测试仅为测试硬件是否运行正常，因此，登录庭审客户端无须账号注册人本人进行人脸识别。

8.2 操作指引：如主办律师无暇，可委托他人代为测试。

9 线下审理

9.1 注意事项：在部分情况下，互联网审判模式需进行线下审理。由于各地审判法院情况不同，诉讼参与人需准确确认开庭地址。

9.2 操作指引：审判人员应尽量提醒当事人注意庭审形式及地点，传票中需详细写明线下开庭的具体地址，当事人认为线下开庭地址不明确的,需及时与审判人员联系确认。避免因地址误解导致当事人未能及时出庭。以北京互联网法院为例,开庭地址并非北京互联网法院本院而是原北京铁路运输法院旧址。

10 线上审理前的准备工作

10.1 注意事项:由于在互联网审判模式下,并无统一的独立空间(即法庭)将案件参与人与外界进行物理隔离,又是在不同空间通过互联网数据传输的方式进行沟通和意见交流。因此,容易出现技术上或物理上的干扰项,应当事先予以排查解除。

10.2 操作指引:如果没有采用专门的庭审直播场所或技术设施,则在线上审理前,参与庭审人员需确认所处环境安静、明亮,并应尤其注意确保网络稳定(wifi 网络不稳定的,建议事先配置好有线网络)、电脑设备电量充足(部分型号电脑设备在连接有线网络时无法充电,建议事先准备好扩展接口配件以避免庭审中突然断电)。

四、互联网审判模式下特殊的出庭专业技术要求

互联网审判模式并非是线下审判模式通过互联网的方式进行传输。与线下审判模式相比,互联网审判模式无论从现场感、组织形式甚至是庭审技术上都存在进一步革新的可能,也有此必要。由于"视频直播"式的技术特征,导致庭审过程缺乏线下审判模式中各方参与人通过细微表情、语气、肢体语言以及现场氛围营造出来的特定场景感,因此,在互联网审判模式下如何更好地查明案件真相、有效传递信息,需要诉讼参与人尤其是法官和律师长期共同努力,以形成一套新的庭审理念、新的技术要求。

11 对律师出庭技术上的要求

11.1 不应认为"镜头外即是法庭外",不得将未作为诉讼代理人的助理或者其他辅助人员随意安排在镜头取景范围之外,并在庭审过程中试图通过提示、递送材料等方式寻求辅助人员支持。应当自行准备好全套出庭材料,清晰了解案件细节,尽好出庭人员本职工作。

11.2 由于在互联网审判模式下,摄像头始终会对准出庭人员,而且同一个屏幕会展示全部出庭人员的现场表现。因此,代理律师应当比线下庭审更加注重自己的仪态和动作,不得有不雅言行。和一同出庭的其他代理人进行沟通时,应当将麦克风关闭至静音状态,不得

打扰其他参与人的庭审进程。

11.3　由于在互联网审判模式下，各方诉讼参与人尤其是法官所听到的声源来源于同一设备。因此，区别于线下审判模式，各方参与人如果同时发声的话，法官或者任何一方当事人会更难分辨现场各方到底说了什么，也难以迅速恢复正常庭审秩序。所以，在互联网审判模式下，各方应更加严格地遵守法庭秩序和法官的指挥，依次发言。同时，语速应当比线下审判模式中更慢一些，咬字要更加清晰一些，以保证远距离传输必然出现声音质量损失的情况下，各方当事人依然能听清发言。

11.4　部分优秀的出庭律师，原本善于在庭审中通过表情、语气、肢体语言来营造现场特定氛围并传递有效信息，但在“视频直播”式的互联网庭审模式下，这一点客观上已经无法做到。此外，目前技术条件下，法官在大部分时间内都是目视桌上屏幕，镜头机位也较远，律师很难观察到法官的细微表情。因此，这要求律师摒弃或者至少较少依靠原本的“现场演说”能力或者观察法官对自己发言的“微表情”而调整表述的既往庭审经验，尽快适应对镜头而非对人的陈述方式，更多学习和采用“网络直播”的表述技巧，以更加准确、精练的语言发表意见、总结观点。

12　对法官庭审技术上的建议

12.1　由于互联网审判模式为正在不断普及的新生事物，部分对计算机或互联网技术不太熟悉的律师的一些不熟练的操作容易导致庭审流程不顺，或导致出现各种意外情况。审判人员理当对此表示理解，尤其是避免将诸如生气等负面情绪传递出来。建议视情况对慌张中的律师做一定安抚工作，以免在出现技术故障时律师越来越紧张，导致庭审流程越来越卡顿的情况。

12.2　善用技术手段解决因律师不熟悉计算机或者互联网技术导致的庭审问题，例如：对屡次提醒过依然忘记关闭静音或者本身就处于嘈杂环境的当事方，可以在其不发言的时候在平台上将其设为静音状态；当由于律师工作疏忽导致各方无法准确找到对应证据或者证据内容时，善用远程桌面证据展示功能让诉讼双方迅速明确所提及的证据或者证据内容具体指向等。

12.3　本出庭指引 11.4 所述的情况对于法官也提出了更高的要

求，即在各方严格遵守轮序发言时，发言内容会经过较长时间的斟酌和整理，在发言中更少带有情绪。因此，法官可能要摒弃或者至少较少依靠通过现场反应来观察各方陈述真实性的既往庭审经验。

针对本出庭指引中说明不清晰或其他未尽问题，各方诉讼参与人应注意及时拨打诉讼平台技术服务热线进行咨询，或及时与审判人员进行联系。如通过诉讼平台“联系法官”页面向法官留言，法官未及时回复的，应尽快电话联系书记员或法官，避免耽误诉讼进展。

仲裁指引

常见仲裁协议效力全梳理

林　丰[*]

仲裁是指当事人各方达成仲裁协议，同意将他们之间特定法律关系中已经发生或者将来可能发生的争议提交其共同选定的仲裁机构进行裁决的行为。因此，仲裁程序的前提是具备一个有效的仲裁协议。那么，何为有效的仲裁协议呢？根据《仲裁法》第16条关于"仲裁协议应当具有下列内容：（一）请求仲裁的意思表示；（二）仲裁事项；（三）选定的仲裁委员会"之规定，一个有效的仲裁协议应当具备以下的形式要件及内容要件。形式要件包括：仲裁协议应采取书面形式，包括双方当面共同签署的仲裁协议以及以数据电文等形式订立的仲裁协议。内容要件包括：（1）有仲裁的合意；（2）有明确的仲裁事项；（3）有选定的仲裁机构。

上述规定较为明确，但由于仲裁协议系双方意思自治的体现，存在一定的自由度。实践中双方基于一定的考量会签署不同类型且定制化的仲裁协议。对于各类形形色色的仲裁协议，有时无法直接根据上述规定判定仲裁协议的效力。鉴此，笔者将常见的仲裁协议归纳为无书面仲裁协议、未精确约定具体仲裁机构的仲裁协议、附条件的仲裁协议、不对称仲裁协议、其他特殊仲裁协议等五类，并结合自身工作经验将上述各类仲裁协议效力进行分析，若有不足之处欢迎批评指正。

一、无书面仲裁协议的

（一）情形一：一方主张与对方达成口头仲裁协议

对于一方主张与对方达成口头仲裁协议的，若未能提供证据予以

* 就职于厦门仲裁委员会，微信 zhlfeng123。

证明，且对方亦不予认可的，根据《仲裁法》第16条规定，仲裁协议必须以书面方式订立，因此，此时当事人主张的口头仲裁协议无效。在福建省高级人民法院(2016)闽民辖终86号交通银行股份有限公司泉州分行与福建省腾辉包装股份有限公司等金融借款合同纠纷案民事裁定书中，亦是同样观点。

(二)情形二：双方均确认达成口头仲裁协议

对于该种情形，尽管双方均确认达成口头仲裁协议，但口头仲裁协议并不符合《仲裁法》规定的形式，口头仲裁协议无效。在此情况下，由于双方均有提交仲裁的意愿，双方可以直接将该意愿形成书面的仲裁协议进行仲裁。

(三)情形三：仲裁协议的默示签订

同上文内容，一个有效的仲裁协议的实质要件之一是要有达成仲裁的合意。在实践中，通常表现为双方当事人在仲裁协议中签字，但在有些情况下，即便一方或双方当事人未在仲裁协议签字，也有可能被认定为通过某些积极的或消极的行为默示地达成了仲裁协议。一般认为默示包括作为的默示和不作为的默示两种，作为的默示可以推定为当事人的意思表示，而不作为的默示除非法律有明确规定，否则不具有意思表示的效力。鉴于仲裁协议系要式协议，这就意味着，不作为的默示不能被视为达成有效的仲裁协议。

作为的默示即一方单方确认了仲裁协议，另一方以提起仲裁、发函表示等行为表示接受的，可以视为双方达成了仲裁的合意，此时仲裁协议有效。

在最高人民法院关于申请人彭某与被申请人中国人民财产保险股份有限公司杭州市分公司申请确认仲裁协议效力纠纷一案请示的答复[(2016)最高法民他40号]中，最高人民法院认定：

“虽然投保单上彭某的签名非本人所签，保险单亦是由中国人民财产保险股份有限公司杭州市分公司(以下简称人保杭州公司)单方签发，但彭某收到保险单后，在知晓保险单所记载的仲裁协议的情形下，依据该仲裁协议向杭州仲裁委员会提起仲裁，该行为表明彭某同意受仲裁协议约束，其与人保杭州公司之间已经通过仲裁程序中的特定行为达成仲裁协议。且双方之间的仲裁协议符合《仲裁法》第十六条的规定,是合法有效的。”

不作为的默示即为《民法典》第140条中规定的“沉默”,以沉默的方式作出的仲裁协议如一方在给对方的函件中体现了仲裁条款,并约定对方没有异议即视为接受。对于“沉默”,根据《民法典》第140条规定,仅在有法律规定、当事人约定或者符合当事人之间的交易习惯时,才可以视为有效的意思表示。鉴于仲裁协议系要式协议,这就意味着,除非法律另有规定的情况下,不作为的默示通常是不能被视为达成有效的仲裁协议。

需要进一步探讨的是,若仲裁机构在其仲裁规则中规定了不作为的默示情形,是否属于法律另有规定的情况呢?笔者认为,即便仲裁机构在其仲裁规则进行了规定,但鉴于仲裁规则系在《仲裁法》及《民事诉讼法》的框架下制定的,其规定并不能与上位法相冲突,并不能视为属于法律另有规定的情况。

在最高人民法院(2015)民四终字第67号乌海市蒙港投资有限公司、内蒙古双欣能源化工有限公司与辉意有限公司等股权转让纠纷案民事裁定书中,法院认为:

“昊天控股在其向双欣公司出具的《承诺函》中虽有将因该《承诺函》发生的争议提交仲裁的意思表示,但双欣公司并未明确表示同意仲裁,因此不能认为昊天控股与双欣公司之间存在仲裁协议,双欣公司仍享有诉权。”

二、未精确约定具体仲裁机构

(一)情形一:双方当事人若有争议,提交某地仲裁委员会进行仲裁

此类条款在实践中较为常见,根据《最高人民法院关于适用〈中华人民共和国仲裁法〉若干问题的解释》(法释〔2006〕7号)第6条关于“仲裁协议约定由某地的仲裁机构仲裁且该地仅有一个仲裁机构的,该仲裁机构视为约定的仲裁机构。该地有两个以上仲裁机构的,当事人可以协议选择其中的一个仲裁机构申请仲裁;当事人不能就仲裁机构选择达成一致的,仲裁协议无效”之规定,对此类条款应当区分具体情形进行认定:

1. 若约定的仲裁地点有多家仲裁机构的,如约定“双方将合同项

下争议提交北京市的仲裁委员会进行仲裁”,由于北京市目前有三家仲裁机构,根据上述规定,双方无法进一步就仲裁机构选择达成一致的,仲裁协议无效。在北京市高级人民法院(2015)高民(商)终字第02406号红图嘉和(北京)国际科技发展有限公司与韩某期货交易纠纷案民事裁定书中,亦是同样观点。

2. 若约定的仲裁地点仅有一家仲裁机构的,如约定“双方将合同项下争议提交厦门的仲裁委员会进行仲裁”,由于厦门市仅有厦门仲裁委员会一家仲裁机构,因此,该仲裁协议有效。

3. 若约定的仲裁地点范围较小,如约定“双方将合同项下争议提交海沧区(笔者注:海沧区为厦门的一个行政区)仲裁委员会进行仲裁”,尽管海沧区无仲裁机构,但是海沧区行政区域隶属于厦门市,且厦门市仅有厦门仲裁委员会一家仲裁机构,因此,该仲裁协议有效。

(二)情形二:双方当事人若有争议,按照某仲裁规则进行仲裁

此种情形,可以根据《最高人民法院关于适用〈中华人民共和国仲裁法〉若干问题的解释》第4条关于“仲裁协议仅约定纠纷适用的仲裁规则的,视为未约定仲裁机构,但当事人达成补充协议或者按照约定的仲裁规则能够确定仲裁机构的除外”的规定进行判断。

需要明确的是,并不是约定适用哪个机构的仲裁规则即在该机构进行仲裁,仍需要结合约定适用的仲裁规则规定进行判断。根据不同仲裁规则的规定,在此情形下,上述约定内容有可能属于无效约定(即仲裁规则中对此并未进行规定),也有可能属于有效约定。此外,随着仲裁的不断发展,一些仲裁机构也在积极探索如何进一步扩大当事人的意思自治空间,如厦门仲裁委委员会、深圳国际仲裁院等机构仲裁规则中均规定了双方当事人可以约定适用其他仲裁机构的仲裁规则进行仲裁。

若约定适用的仲裁规则中规定了此种情形的,则可以按照该仲裁规则的规定进行仲裁。如厦门仲裁委员会在2020年7月1日施行的新版《仲裁规则》第2条第2款规定,“凡当事人约定按照本规则或者仲裁委制定的特别仲裁规则进行仲裁但未约定仲裁机构的,视为同意将争议提交仲裁委进行仲裁”。值得注意的是,若约定适用机构制定的特别仲裁规则时,是否能够同时适用机构制定的仲裁规则?部分机

构在仲裁规则中没有提及机构制定的"大规则"和"小规则"之间的关系,有可能会导致仅能够适用"小规则"进行仲裁,因"小规则"往往仅规定一些特殊的程序安排,仅适用"小规则"容易造成仲裁程序的推进障碍。就此,部分仲裁机构已在其仲裁规则中对于该问题进行了精细化的规定,如厦门仲裁委员会在2020年7月1日施行的新版《仲裁规则》第2条第3款规定,"仲裁委制定的特别仲裁规则与本规则不一致的,以特别仲裁规则为准。特别仲裁规则未规定的,适用本规则"。

若约定适用的仲裁规则中并未规定此种情形的,根据《最高人民法院关于适用〈中华人民共和国仲裁法〉若干问题的解释》第4条的规定,该仲裁协议无效。

(三)情形三:仲裁机构约定不明确

1. 如"双方因本合同引起的争议,提交北京市仲裁委员会仲裁",对于该类条款,其约定的"北京市仲裁委员会"与上文中的"北京市的仲裁委员会"尽管仅有一字之差,但是就其文意,两者的概念和外延均不相同,"北京市仲裁委员会"仅是表述不准确,没有强调地域性,并不会产生对选定贸仲、海仲作为仲裁机构的必然理解,故应认为该约定的意思是对"北京仲裁委员会"这一机构的选定。此类仲裁协议中,尽管约定的仲裁机构名称不准确,但能够确定具体的仲裁机构,仲裁协议依法有效。在北京第四中级人民法院(2016)京04民特12号北京新中和信业医药投资有限公司与LIJINGLI申请确认仲裁协议效力案民事裁定书中,亦是同样观点。

2. 又如"双方因本合同引起的争议,提交某地仲裁机关仲裁",对于该条款,应当具体判定约定地点是否具有仲裁机构,如约定"提交厦门仲裁机关"进行仲裁,因厦门仅有一家仲裁机构,因此可以认定双方的意愿系提交厦门仲裁委员会进行仲裁;若约定"提交福建省仲裁机关"进行仲裁,则由于福建省存在多家仲裁机构,导致无法明确双方选定的唯一仲裁机构,故该条款应认定为无效仲裁协议。

(四)情形四:仅约定仲裁地点或仲裁地

如"双方因本合同引起的争议,在厦门进行仲裁"或者"双方因本合同引起的争议,法律最终仲裁地为厦门",对于此类型条款,根据《仲裁法》的规定,明确的仲裁机构是确定仲裁协议是否有效的因素之一。

由于仲裁没有地域性,不能参照《民事诉讼法》中的地域管辖来判断当事人选择的仲裁机构,但如上述约定的仲裁协议,效力如何判断呢?

最高人民法院关于仅选择仲裁地点而对仲裁机构没有约定的仲裁协议效力问题的函(法函〔1997〕36 号)中对此问题答复为:

"本案合同仲裁协议中双方当事人仅约定仲裁地点,而对仲裁机构没有约定。发生纠纷后,双方当事人就仲裁机构达不成补充协议,应依据《仲裁法》第十八条之规定,认定本案所涉仲裁协议无效,浙江省金华市中级人民法院可以依法受理本案。"

从该答复中可以看出对于此类条款与情形三"仲裁机构约定不明确的"的处理思路并不一致,"仲裁机构约定不明确的"情形中,是有可能推导出具体的仲裁机构的。但是若仅约定了仲裁地点或仲裁地,在无其他进一步认定因素的情况下,因无法直接推导出具体的仲裁机构,属于仲裁机构约定不明确,此类仲裁协议无效。

三、附条件的仲裁协议

(一)情形一:或裁或审的仲裁协议

如"双方因本合同引起的纠纷,有权提交某仲裁委员会仲裁或向某法院起诉",此类型条款即属于典型的"或裁或审"的仲裁协议,根据《最高人民法院关于适用〈中华人民共和国仲裁法〉若干问题的解释》第 7 条关于"当事人约定争议可以向仲裁机构申请仲裁也可以向人民法院起诉的,仲裁协议无效"的规定,该类型仲裁协议为无效仲裁协议。

除了此种情形外,笔者还碰到当事人在合同中分两个条款约定仲裁和诉讼的条款,对于此种情形,应当持有审慎的态度进行认定,不应一概认定为属于无效条款。具体而言,应当分析两个矛盾的条款是否存在逻辑关系,若存在逻辑关系,是先后逻辑还是后条款构成对前条款的变更等。

1. 若仅在纠纷解决条款中分别约定了提交仲裁和提交诉讼,该条款通常被认定为属于或裁或审的仲裁协议,仲裁协议无效。

2. 若在合同中分别出现了两处不同的约定,在无其他考虑因素的情况下,难以认定签订双方的真实意愿系提交仲裁还是法院起诉,亦无法直接推导出后条款构成对前条款的变更,故此种情况下,宜认定为属于或裁或审的仲裁协议,仲裁协议无效。

3. 在前述情况下,若存在其他考量因素时,如提交诉讼的条款为前条款,仅约定在违约责任条款中,提交仲裁的条款为后条款,约定在纠纷解决条款中;或者提交诉讼的条款系打印体的前条款,而提交仲裁的条款为手写条款,为后条款等。在上述情形下,实践中存在争议,笔者认为,提交仲裁的条款属于后条款,且出现在纠纷解决条款中或双方进行手写约定,均应当视为双方当事人一致的意思表示是提交仲裁,此时后条款对前条款进行了变更,故仲裁协议有效。

(二)情形二:约定仲裁不成去法院诉讼的仲裁协议

如“双方因本合同引发的纠纷,均提交某仲裁委员会仲裁。若双方不服仲裁裁决,均可向人民法院提起诉讼”的约定,对于该类型条款约定,实践中也有不同的观点,有观点认为该条款属于或裁或审的仲裁协议或者违反了仲裁一裁终局的原则,仲裁协议无效;也有观点认为该条款为有效的仲裁协议,向法院起诉并非对双方提交仲裁意思表示的否定。

笔者赞同第二种观点,该仲裁协议中系存在一个递进的关系,是先仲裁,后诉讼,并非或裁或审中的并列关系,不应当认定为属于或裁或审的仲裁协议。且该协议主要是后半句表述“若双方不服仲裁裁决,均可向人民法院提起诉讼”存在争议,退一步看,即便为无效条款,也应为部分无效,对于前半句约定仲裁的条款属于有效仲裁协议。

在北京第四中级人民法院(2019)京04民特382号北京新华多媒体数据有限公司与乌鲁木齐盛世维媒信息科技有限公司申请确认仲裁协议效力案民事裁定书中,法院认为:

“双方约定了明确的‘请求仲裁的意思表示’、‘仲裁事项’和‘选定的仲裁委员会’,符合《仲裁法》第十六条的规定,该仲裁协议应为有效。虽然协议双方在第九条明确约定以仲裁方式解决争议,又于同一条款约定仲裁无法解决时可向人民法院起诉,但表述内容、顺序看,双方并未否认、变更以仲裁方式优先解决争议的意思表示,不能理解为属于《最高人民法院关于适用〈中华人民共和国仲裁法〉若干问题的解释》第七条规定的‘可以向仲裁机构申请仲裁也可以向人民法院起诉’

的仲裁协议无效的情形,也未违反‘一裁终局’的仲裁法基本原则。”

(三)情形三:约定先协商,后仲裁

如“双方因本合同引起的纠纷,双方应当在30天内进行协商,协商不成的,提交某仲裁委员会仲裁”,对于该条款,有观点认为,合同履行中出现的问题,应先协商解决,若申请方未经协商便申请仲裁,仲裁协议则属于无效的协议。笔者认为,签订仲裁协议的双方均有权在其认为协商不成时将争议提请仲裁解决,一方申请仲裁时,即以其申请仲裁的行为表明已无法和对方协商。故对于此类仲裁协议,约定有效,且并不以约定的协商程序作为必要的前置条件。

四、不对称仲裁协议

(一)情形一:单方仲裁协议

如“双方因本合同引起的纠纷,甲方可向某仲裁机构申请仲裁、乙方可向法院提起诉讼”,对于该类条款,实践中争议较大,不同法院的观点也不一致。

笔者认为,第一,有观点认为该条款可能会产生诉讼和仲裁两个平行程序。对于平行程序的问题,尽管有可能存在仲裁与法院同时具有管辖权的情况,但在此情况下,并不违反法律的禁止性规定,可以采用技术处理的方式,如采用中止程序的方式,由先受理的机构或者先由法院进行审理,后一案件后根据前一案件的审理情况进行认定。第二,有观点认为该约定可能会造成显失公平的问题。单方选择仲裁协议并不存在剥夺另一方获得救济的情况,另一方仍然可以通过诉讼程序获得救济。第三,对于仲裁协议的约定,属于当事人对自己私权的处分,应当予以尊重,除非存在违反法律、法规的强制性规定或者违反社会公共利益的情况,不应当轻易否定当事人之间的约定。因此,在《仲裁法》对于上述约定并未禁止的情况下,笔者认为单方选择仲裁协议应当为有效的仲裁协议。

如最高人民法院在对《关于福建泉州老船长鞋业有限公司与地波里国际开发有限公司确认仲裁协议效力纠纷一案的请示》的答复(2016)最高法民他78号中也持有同类的观点,认定该类仲裁协议为有效仲裁协议。

（二）情形二：部分合同当事人约定仲裁协议

如在甲乙丙三方签订的合同中约定“因本合同引起的争议，甲乙双方应协商解决，协商不成的，提交某仲裁委员会仲裁”，对于此类仲裁协议，尽管仅约定了部分当事人有纠纷提交仲裁解决，但仍体现了当事人提交仲裁的合意，故此类仲裁协议亦属于有效的仲裁协议，甲乙双方之间的纠纷可以提交仲裁进行解决。若涉及与丙的纠纷，应当在法院进行解决。尽管此类仲裁协议属于有效的仲裁协议，但由于仅约定了部分仲裁，导致同一协议产生的纠纷无法通过一个法律程序予以解决，从助于纠纷有效解决的角度，建议避免约定此类型条款。

（三）情形三：单方出具的仲裁协议

单方出具的仲裁协议的常见情形如单方出具的担保函中载明了仲裁协议以及向对方发出的函件中载明了仲裁协议等，对于此类仲裁协议，应当区分是作为的默示还是不作为的默示，具体判断标准详见前文“仲裁协议的默示签订”。

五、其他特殊仲裁协议

（一）情形一：由非违约方所在地仲裁机构仲裁

如“双方因本合同引起的纠纷，由非违约方所在地仲裁机构进行仲裁”，对于该约定，双方均有将争议问题提交仲裁委仲裁的意愿，至于仲裁机构的确定，则涉及对于违约责任的认定，而违约责任属于实体审理的范畴，故对于此类仲裁协议，实践中存在争议，部分法院认为违约责任的认定属于不确定情形，该仲裁协议属于仲裁机构约定不明确。

笔者认为，在双方对于违约责任不存在争议的情况下，约定由非违约方所在地仲裁机构进行仲裁的约定有效，非违约方及违约方均可按照前述“约定某地仲裁机构进行仲裁”的判断思路对效力进行判断。倘若双方均存在违约情形的，则该条款约定无效；在双方对于违约责任存在争议的情况下，由于违约责任属于实体审理的范畴，可由先受理的仲裁机构进行实体审理后，进行判断。若最终认定提出仲裁申请一方为违约方，则仲裁庭应当作出无管辖权或者撤销案件的决定。在郑州市中级人民法院（2018）豫01民特126号成都好声音广告有限公司、河南消时乐饮品有限公司申请撤销仲裁裁决案民事裁定书中，亦是同样观点。

(二)情形二：格式合同中的仲裁协议

对于格式合同中的仲裁协议效力问题，目前实务中争议较大，不同法院对此问题观点不一。笔者认为，对于《民法典》第496条、第497条关于格式条款的内涵是否包括了仲裁协议，笔者认为值得商榷。在认为格式条款的内涵包括了仲裁协议的情况下，在对于格式合同中的仲裁协议效力，可按照如下途径进行判断：

第一，并不是格式合同中的所有条款都是格式条款，应当先判断仲裁协议是否属于格式条款，如在选择争议解决方式中给予双方选择的权利，应当认定为仲裁协议是经双方协商后签订的。

如厦门市中级人民法院(2016)闽02民特113号天晖控股集团有限公司与厦门银行股份有限公司福州分行申请确认仲裁协议效力案民事裁定书中，法院认为：

“讼争协议是双方真实意思表示，双方签字盖章后合法有效，其中的争议解决条款提供了多种方式供选择，属于订立合同时需双方协商选择的条款，双方在签订合同时，已经手动选择通过厦门仲裁委员会仲裁的方式解决争议，该仲裁条款内容符合《仲裁法》第十六条的规定，依法应确认为有效。即使该条款是由厦门银行福州分行事先填好，争议解决方式对双方均平等适用，不存在《合同法》第四十条[1]规定的‘免除其责任、加重对方责任、排除对方主要权利’情形，不属于无效的格式条款。天晖控股公司关于该仲裁条款系无效格式条款的主张，缺乏事实和法律依据，不能成立，应予驳回。”

第二，若当事人未就仲裁协议协商一致或其他情形导致仲裁协议为格式条款的情况下，还需进一步探寻该仲裁协议是否存在无效的情形。笔者逐一将当事人常见的抗辩事项分析如下：

1. 对于仲裁协议是否属于“免除其责任、加重对方责任、排除对方主要权利”的条款。对于该问题，法院观点并不一致，笔者认为，仲裁与诉讼均属于我国法律规定的纠纷解决方式，均可以有效地保障当

[1] 《合同法》第四十条现修改为《民法典》第497条。

事人的诉权以及合法权利，并不能认为属于“免除其责任、加重对方责任、排除对方主要权利”的情形。

如北京二中院在（2015）二中民特字第05856号董某娟、柏某进请求确认仲裁协议效力案民事判决书中，法院认为：

“《投资协议书》中约定的仲裁条款，双方争议解决方式为仲裁的意思表示明确，有明确的仲裁事项和选定的仲裁机构，且该仲裁协议并不存在《仲裁法》第十七条规定的无效的情形。董某娟、柏某进提出《投资协议书》系由知灼公司提供的格式条款，但仲裁条款内容并无免除一方当事人责任、加重对方当事人责任、排除对方当事人主要权利之处……现董某娟、柏某进提出作为知灼公司提出仲裁依据的《投资协议书》中的仲裁条款无效，缺乏事实依据和法律依据。”

2. 对于仲裁协议是否违反《最高人民法院关于适用〈中华人民共和国民事诉讼法〉的解释》（以下简称《民事诉讼法解释》）第31条规定导致无效的问题。《民事诉讼法解释》第31条规定，经营者使用格式条款与消费者订立管辖协议，未采取合理方式提请消费者注意，消费者主张管辖协议无效的，人民法院应予支持。笔者认为，此上述规定的“管辖协议”应属于《民事诉讼法》语境的管辖协议，《仲裁法》语境下的仲裁协议不应当类推适用《民事诉讼法解释》第31条的规定。

（三）情形三：约定仲裁期限的仲裁协议

如“双方因本合同引起的争议，双方同意提交某仲裁委员会仲裁，该仲裁委员会应当在一个月内作出裁决”，对于该类仲裁协议，条款约定的内容符合《仲裁法》第16条约定的仲裁协议的要素，属于有效的仲裁协议。对于一个月内作出裁决的约定，是否有效呢？笔者认为，对于仲裁时间的规定，应当按照如下方式进行判断：

当事人的意思自治是仲裁的基石，理论上双方当事人对于仲裁程序的安排均应当予以尊重。鉴此，先看该机构的仲裁规则对此情形是否进行规定，若没有进行规定的，当认定为是合法有效的规定，在此情形下，仲裁庭应当按照双方约定的时间审结案件。当然，若仲裁协议约定的时间过短或者仲裁庭无法按期审结的，可以通过与双方协商或者报经仲裁机构批准的方式延长审理期限。若仲裁规则对于该情形有相应的规定的，如厦门仲裁委员会于2020年7月1日施行的新版

《仲裁规则》第 2 条第 4 款规定，“当事人约定适用仲裁委制定的仲裁规则或者其他仲裁规则进行仲裁的，允许当事人就仲裁规则有关内容的变更事项达成一致意见，经仲裁委或者仲裁庭同意的，从其约定，但其约定无法实施或者与仲裁程序所适用法律的强制性规定相抵触的除外”。

对于当事人约定过短的时间的，可以依据该条款规定予以否定。此外，厦门仲裁委员会新版《仲裁规则》还则区分了管理性质的期限以及非管理性质的期限，在附件五“仲裁程序参考时间表”中规定了“当事人可以根据案件实际情况对上述各表中非仲裁委管理性质的期限进行约定以缩短仲裁过程”；在第 68 条第 6 款规定了“本规则规定的属于仲裁委管理性质的期限，经仲裁委秘书长批准后，可以根据实际情况予以延长”。仲裁的审理期限亦包括了仲裁委管理性质的期限，若约定的期限与管理性质的期限相冲突时，可以根据上述规定认定属于无法实施的约定。

对于此类型条款，笔者认为，在仲裁协议中约定仲裁期限，尽管从性质上属于当事人意思自治范围，但在仲裁实践中的操作却有着不小的挑战。效率和公正同样是仲裁的价值追求，如果当事人对于裁决作出期限进行限制，很可能会以损害公正为代价。

六、结语

仲裁协议系仲裁程序必备的前置性条件，当事人对仲裁协议进行详细约定的目的很大程度上是增加仲裁协议的可操作性，避免纠纷发生时双方对仲裁协议产生争议。因此，起草好一个有效的仲裁协议尤为重要。围绕《仲裁法》第 16 条关于“仲裁协议应当具有下列内容：（一）请求仲裁的意思表示；（二）仲裁事项；（三）选定的仲裁委员会”之规定，起草一个有效的仲裁协议应当明确体现上述三个方面的内容，在满足上述三方面内容之外，当事人则可以根据合同的具体情况，在法律及仲裁规则允许的范围内对仲裁程序进行相应的约定，来签订一份符合双方期待值的需求的仲裁协议。

如厦门仲裁委员会在 2020 年 7 月 1 日施行的新版《仲裁规则》中对于推荐仲裁协议的表述为，“凡因本合同引起的或与本合同有关的任何争议，应提交厦门仲裁委员会按照该会仲裁规则进行仲裁。送达人将相关法律文书（含仲裁法律文书）投递给本合同记载的当事人住所地（如有变更，应书面通知对方及厦门仲裁委员会）即视为送达。当事人可以根据《仲裁规则》的规定，在上述仲裁协议中约定适用简易程序进行仲裁。当事人亦可以根据该仲裁规则和相关法律的规定，在仲裁协议中就适用的法律、仲裁地、仲裁庭组成方式、开庭地点、仲裁语言等事项进行约定”。

担保人是否受债权人与债务人仲裁协议约束

葛黄斌*

一、问题的提出

仲裁协议是指当事人之间达成的将已经发生或可能发生的争议提交仲裁的意思表示。一般情况下,只有当当事人存在共同的意思表示,表明将他们之间的争议提交仲裁进行裁决的情况下,仲裁协议才具有约束力。在仲裁协议的问题上贯彻当事人意思自治,其理念乃是基于仲裁员裁决权限不像法官那样来自国家强制力,而是完全来自当事人的授权,若缺少当事人自愿将争议提交仲裁之合意,仲裁员则无权对争议问题进行裁断。由此可见,仲裁协议对于当事人的约束力建立在当事人合意的基础之上,仲裁协议效力实质上是指当事人合意下仲裁庭的管辖权。对于当事人仲裁意思自治的要求也是基于《承认及执行外国仲裁裁决公约》(又称《纽约公约》)的规定,如果欠缺了当事人将争议提交仲裁的合意,就会因为不符合《纽约公约》第 2 条及第 5 条第 1 款对于仲裁协议的要求,从而导致仲裁裁决无法获得承认和执行。

但是这种对于意思自治的要求却会造成担保法律关系中仲裁条款约束力的不确定性,因为在担保法律关系中,实际上存在主从两个合同关系,至少三个不同的合同主体,因而就会产生仲裁条款效力扩张与否的问题。债务人与债权人主合同中的仲裁条款能否扩张适用于担保人?囿于上述仲裁当事人意思自治原则,主合同中的仲裁条款是债务人与债权人之间意思自治的产物,时常并不涉及担保人同意仲

* 中国、新加坡两地国际仲裁员和国际调解员,律明(新加坡)律师事务所董事合伙人,微信 gehuangbin91003578,邮箱 gehuangbin@ lvmlawchambers. com。

裁的意思表示。除非担保人在主合同上签署确认或者明确表明接受适用主合同中的仲裁条款,否则按照仲裁条款意思自治的原则,主合同中的仲裁条款无法约束担保人。但是如果主合同中的仲裁条款因为不具有担保人对于仲裁的认同而无法约束担保人的话,带来的后果可能就是明明是一个债务,但是债权人对于债务人和担保人却要分别通过不同程序要求清偿,这无疑会增加不必要的解纷成本。因此,本文将要讨论的就是被担保人与债权人主合同中的仲裁条款能否扩张适用于担保人的问题,亦即仲裁协议效力扩张理论能否被用来解决担保人是否受主合同仲裁条款约束的问题。

二、现行法律对于主合同仲裁协议约束担保人规定的缺失

对于担保人是否受被担保人与他人仲裁协议约束的问题,现行法律制度并无明确规定。

第一,在仲裁法领域,《仲裁法》第 4 条规定,“当事人采用仲裁方式解决纠纷,应当双方自愿,达成仲裁协议。没有仲裁协议,一方申请仲裁的,仲裁委员会不予受理”。同时《仲裁法》规定要求仲裁协议必须采用书面形式。所以在存在担保合同情况下,如果主合同中有仲裁条款,担保合同中没有仲裁条款,从仲裁协议书面形式要求的严格解释来看,虽然担保合同为债务主合同的从合同,但是由于合同主体的不同,如果担保人没有在主合同上签署确认,在担保合同中也没有明确接受适用主合同中的仲裁条款,则主合同中的仲裁条款不能约束担保人。由此可见,根据《仲裁法》对于仲裁协议及其书面形式的要求,很难将被担保人与债权人主合同中的仲裁条款直接扩张适用于担保人。

第二,在司法解释领域,《最高人民法院关于适用〈中华人民共和国仲裁法〉若干问题的解释》第一稿中第 1 条第 3 款规定,“第三人行使订立仲裁协议的一方在仲裁事项中的权利的,仲裁协议对第三人有效”。2004 年 2 月的修改稿中第 1 条第 3 款改为,“仲裁协议当事人之外的第三人行使订立仲裁协议的一方在仲裁事项中的权利或者承担仲裁事项中的义务的,仲裁协议对第三人有效”。根据这一修改,显然承担债务担保义务的担保人可以被视为是承担仲裁事项中的义务的第三人,因此根据该条款规定担保人受到主合同仲裁协议的约束。笔

者理解此处仲裁协议的第三人，指仲裁协议非签署一方当事人，而不是在仲裁程序中追加同一仲裁协议当事人的第三人。在 2004 年 7 月的征求意见稿中，最高人民法院又对仲裁协议的效力是否可以向连带保证责任人扩张的问题进行了尝试和探讨。其中第 7 条第 2 款规定，“人民法院或者仲裁委员会受理主合同纠纷，当事人同时向连带责任保证人主张权利的，人民法院或者仲裁委员会可以一并审理。主合同和连带责任保证约定有不同的仲裁委员会的，债权人向债务人和保证人主张权利的，先受理的仲裁委员会依当事人申请可以一并仲裁”。第 15 条第 3 款规定，“与仲裁事项有密切联系，且另行诉讼会给法院管辖与审理以及当事人诉讼造成严重不方便的，仲裁机关可以一并仲裁”。这样的规定实际上体现了在连带责任担保中扩张主合同仲裁条款效力的倾向。但是后来《最高人民法院关于适用〈中华人民共和国仲裁法〉若干问题的解释（征求意见稿）》却删除了这一内容，规定，“行使订立仲裁协议的一方在仲裁事项中的权利的，仲裁协议对第三人有效”。2006 年最后出台的《最高人民法院关于适用〈中华人民共和国仲裁法〉若干问题的解释》（法释〔2006〕7 号）第 8 条规定，“当事人订立仲裁协议后合并、分立的，仲裁协议对其权利义务的继受人有效。当事人订立仲裁协议后死亡的，仲裁协议对承继其仲裁事项中的权利义务的继承人有效”，并且，第 9 条规定，“债权债务全部或者部分转让的，仲裁协议对受让人有效，但当事人另有约定、在受让债权债务时受让人明确反对或者不知有单独仲裁协议的除外”。但是现行有效的司法解释却并未提及将被担保人与债权人主合同中的仲裁条款能否扩张适用于担保人的问题。

第三，在担保法解释中，《最高人民法院关于适用〈中华人民共和国担保法〉若干问题的解释》（法释〔2000〕44 号）第 129 条第 1 款规定，“主合同和担保合同发生纠纷提起诉讼的，应当根据主合同确定案件管辖”。第 2 款规定，“主合同和担保合同选择管辖的法院不一致的，应当根据主合同确定案件管辖”。这实际上是在担保合同纠纷诉讼管辖问题上将主从合同统一起来。但是鉴于诉讼和仲裁的不同性质，能否将这一有关诉讼的规定扩大化地类推于仲裁领域，乃是值得商榷的。因为仲裁是争议双方在争议发生前或争议发生后达成协议，自愿将争议交给第三者作出裁决，双方有义务执行该裁决的一种解决争议的方法。如前所述,仲裁庭对争议作出裁断的权利来自当事人授权。而诉讼中法院之所以可以对争议问题作出裁断,而且当事人必须遵守,实际上来自国家强制力的保障、法律授权或者当事人对于法院管辖的选择。因此,从本质上来看,仲裁和诉讼在解决争议的理念上有着根本的不同,因此不宜将由强制力保障的诉讼之规定直接类推适用于仲裁中的问题。

值得注意的是,《最高人民法院关于适用〈中华人民共和国民法典〉有关担保制度的解释》(法释〔2020〕28号)第21条明确了担保纠纷的诉讼管辖规则,"主合同或者担保合同约定了仲裁条款的,人民法院对约定仲裁条款的合同当事人之间的纠纷无管辖权。债权人一并起诉债务人和担保人的,应当根据主合同确定管辖法院。债权人依法可以单独起诉担保人且仅起诉担保人的,应当根据担保合同确定管辖法院"。该规定维持了当事人通过仲裁条款选择的仲裁管辖权,但对于仅主合同约定了仲裁条款,担保合同未约定任何争议解决方式时,如果债权人并无意愿且不选择起诉,而请求仲裁担保合同纠纷,担保人是否可能或可以受主合同仲裁条款约束,该条规定没有述及此等情形。

三、主合同仲裁协议约束担保人问题的学理争论与司法实践

(一)主合同仲裁协议约束担保人问题的学理争论

囿于法律规定中规则的缺失,对于主合同仲裁协议能否约束担保人的问题,法学理论界争议颇多,反对将主合同仲裁协议扩张适用于担保人的观点和赞成将主合同仲裁协议扩张适用于担保人的观点各有支持者及其理论依据。

1. 观点一:除非担保人明确表示同意,主合同仲裁条款不能约束担保人

认为除非担保人明确表示同意,否则主合同仲裁条款不能约束担保人的观点首先建立在仲裁当事人意思自治理念的基础之上。意思自治原则是仲裁制度的基本理论根基,如果从当事人意思自治的视角来分析仲裁条款能否约束担保人的问题,则如前所述,主合同中的仲裁条款是被担保人与债权人之间意思自治的产物,但是却并不涉及担

保人同意仲裁的意思表示。除非担保人在主合同上签署确认或者明确表明接受适用主合同中的仲裁条款,否则按照仲裁条款意思自治的原则,主合同中的仲裁条款无法约束担保人。如果将主合同仲裁条款扩大适用于担保人,则等同于剥夺了担保人自由选择争议解决方式的权利;如果仲裁已经开始,担保人也被剥夺了自由选择仲裁员的权利,这对于担保人来说显失公平。并且根据《纽约公约》第5条第1款第2项之规定精神,如果存在担保人没有接到组庭通知,被剥夺了提名仲裁员的权利等程序问题,则最终可能导致仲裁裁决成为一纸空文而无法获得承认和执行。

反对主合同仲裁条款在没有担保人明示同意的情况下约束担保人的第二个法理基础在于合同相对性原则(Privity of Contract)。按照合同相对性理论,只有合同原始当事方可以获得合同权利与承担合同义务,也只有合同当事方才拥有诉权或者能够被起诉。〔1〕 合同相对效力原则承袭自罗马法"任何人不得为他人缔约"(Alteri stipulari nemo potest)之传统,〔2〕认为合同所设定的权利义务,只能对订立合同的双方产生约束力。基于契约特别关系之性质,仅债权人得向债务人请求履行给付义务或附随义务,其他第三人在契约上既不享有权利,亦不负担义务。〔3〕 合同相对性的原因不难理解。首先,合同相对效力原则是意思自治原则的当然结果:只有在合同中表达自己意志的人,才能受该合同的约束。〔4〕 其次,如果第三人可以为自己的利益强制合同的执行,那么合同当事方根据自己的意思随时废除或者修改合同的权利将受到不适当的限制。〔5〕 因为仲裁条款是主合同当事人,

〔1〕 See Christopher Hill, *Maritime Law*, 6th ed., London: LLP, 2003, p. 260.

〔2〕 [意]彼德罗·彭梵得:《罗马法教科书》,黄风译,中国政法大学出版社1992年版,第313页。

〔3〕 王泽鉴:《契约关系对第三人之保护效力》(第2册),载《民法学说与判例研究》,中国政法大学出版社2005年版,第29页。

〔4〕 J. Flour et J. Aubert, Droit civil, Les obligations, t. I, 5eédition par A. C. E. Paris, 1991, p. 73. 转引自尹田:《论涉他契约——兼评合同法第64条、第65条之规定》,载《法学研究》2001年第1期。

〔5〕 G. H. Treitel, *The Law of Contract*, 7th ed., London: Sweet & Maxwell, 1987, p. 458.

即债权人与被担保人之间的约定，根据合同相对性的理论，债权人与被担保人之间有关仲裁条款的约定显然不应当被扩张适用于担保人这个非主合同缔约方。

2. 观点二：主合同仲裁条款的效力可以扩张适用于担保人

认为主合同仲裁条款的效力可以扩张适用于担保人的观点建立在仲裁协议效力扩张理论的基础之上。根据仲裁协议效力扩张理论，仲裁协议不仅对仲裁协议的签字方有约束力，在某些特殊情况下，还需要或应该使仲裁协议对非签约的第三人产生约束力，也就是说仲裁程序可以由第三人或向第三人提起。〔1〕 仲裁协议对未签约人的这种不断扩张的法律约束力也被某些学者形象地称为仲裁协议的“长臂效力”。〔2〕 实际上仲裁协议效力扩张理论突破了合同相对性理论，主要在下述七个方面为合同相对性对于仲裁条款当事人的限制提供了例外〔3〕：(1)并入条款(Incorporation by Reference)；(2)代理(Agency)；(3)债务承担(Assumption)；(4)允诺禁反言(Estoppel)；(5)第三方为合同受益人(Third Party Beneficiary)；(6)法人人格否认与刺破公司面纱(Veil - Piercing/Alter - Ego)；(7)权利继受(Successors in Title)。联合国国际贸易法委员会在其工作报告中提出了各种涉及仲裁协议是否可以延伸适用于第三方未签署人(non - signatory third party)问题的特殊情形，〔4〕分别涉及第三方利益合同、合同转让、代位、公司合并与

〔1〕 杨秀清、韦选拾：《仲裁协议效力扩张若干问题研究》，载广州仲裁委员会主办：《仲裁研究》(第11辑)，法律出版社2007年版，第8~9页。

〔2〕 赵健：《长臂的仲裁协议：论仲裁协议对未签字人的效力》，载中国国际经济贸易仲裁委员会、中国海事仲裁委员会、中国国际商会仲裁研究所主办：《仲裁与法律》，法律出版社2000年版，第25~32页。

〔3〕 对于仲裁协议效力扩张的详细理论分析，See Carolyn B Lamm, Jocelyn A Aqua, *Defining the Party - Who is a Proper Party in an International Arbitration before the Amercian Arbitration Association*, International Arbitration Law Review, 2002, 5(3), pp. 84 - 92; Lawrence Boo, *Who are Parties to an Arbitration Agreement*? SIARB Seminar, 8 December 2009; 刘晓红：《国际商事仲裁协议的法理与实证》，商务印书馆2004年版，第180~212页。

〔4〕 UNCITRAL, Working Group on Arbitration Thirty - second session Vienna (20 - 31 March 2000) Report of the Secretary General Addendum: “*Possible uniform rules on certain issues concerning settlement of commercial disputes: conciliation, interim measures of protection, written form for arbitration agreement*”.

分立、母公司等情形下,原当事人已经达成有效的仲裁协议,可以约束后来成为合同一方或继承了合同中某些权利义务的第三方,因此支持了仲裁协议效力扩张以突破合同相对性的观点。在有些学者看来,仲裁协议效力的扩张甚至可以完全无视当事人意思表示,即仲裁协议效力扩张机制无须当事人明示而自动完成。只要当事人之间进行了足以引发仲裁协议效力扩张的一定的民事法律行为,同意进行仲裁的意思表示可以推定出来,就可以引起仲裁协议效力扩张的法律后果,而无须当事人在这一过程中为明确的进行仲裁的意思表示,亦无须签订狭义的书面仲裁协议。〔1〕 此种将仲裁协议效力扩张于第三人的理论为将主合同仲裁协议扩张适用于担保人的观点提供了理论背景。

综上所述,当事人意思自治以及合同相对性理论支撑了仲裁条款仅能约束条款缔结方,因而无法对担保人产生约束力的观点;与之相反,仲裁条款扩张理论则为突破意思自治以及合同相对性,而将债权人与债务人之间的担保合同中的仲裁条款适用于担保人的观点提供了法理基础。两种观点针锋相对,从而衍生出了学术界以及仲裁司法实务中对于主合同仲裁条款能否约束担保人问题相异的看法。

(二)主合同仲裁协议约束担保人问题的国内外有关司法实践

在国外的司法实践中,对于担保人是否要受主合同仲裁条款约束的问题,司法或者仲裁实践结果不尽相同。

比如在美国,法院虽然在很多方面都同意仲裁条款的扩张适用,但是对于担保问题上,还是持较为保守的态度,倾向于认为除非存在担保人明确的同意或者可以证明担保人默示同意接受主合同仲裁条款,则担保人不受主合同仲裁条款的约束,这样的结论可以在 *Grundstad v. Ritt* 一案的裁定中看出,〔2〕对于缺乏担保人本人明确同意仲裁意思表示的仲裁条款,担保人不受约束。同样的结论也可以在 *Asplundh Tree Expert Co. v. Bates* 案中可以找到。〔3〕

瑞士联邦最高法院也在一起判决中否定了主合同仲裁条款对于

〔1〕 杨秀清、韦选拾:《仲裁协议效力扩张若干问题研究》,载广州仲裁委员会主办:《仲裁研究》(第 11 辑),法律出版社 2007 年版,第 10 ~ 11 页。

〔2〕 Grundstad vs. Ritt, 106 F. 3d 201 (7th Cir. 1997).

〔3〕 Asplundh Tree Expert Co. v. Bates, 71 F. 3d 592 (6th Cir. 1995).

担保人的约束力。[1] 法院支持国际商会仲裁庭观点:如果被担保人的母公司没有显示其已经明示,或者通过行为表示接受主合同仲裁条款约束的意愿,仅凭母公司为子公司出具的履约保函,并不足以使主合同中的仲裁条款之效力及于母公司。

但是在国际商会国际仲裁院的 *Universal Pictures v. Inex Film and Inter - Export* 案中,[2] 仲裁庭认为,由于当时的南斯拉夫政府某实体通过协议形式,担保了一家南斯拉夫商业实体对一美国公司的合同义务,进而认为该政府实体接受了仲裁条款,因此作为担保人的政府实体要受到主合同仲裁条款的约束。

在英国 *Stellar Shipping Co. LLC v. Hudson Shipping Lines* 一案中,[3] 法院认为担保人与船东签订担保合同时,对承租人与船东之间包运合同项下各项条款作了承租人履约的保证,其中包括与担保人本人保证义务的仲裁条款,因此法院认定保证合同的担保人得受主合同仲裁条款的约束。

可见,目前国际上对于担保人是否受主合同仲裁条款约束的问题并没有完全一致的看法,法院裁定和仲裁裁决的得出仍然依赖于个案中的具体事实。

中国有关的案例,其中最有代表性的便是"惠州纬通房产有限公司(以下简称纬通公司)与惠州市人民政府(以下简称惠州市政府)履约担保纠纷案"。[4] 本案主要争议点之一就在于,纬通公司与嘉城公

---

〔1〕 See Swiss Federal Supreme Court, 4A_128/2008; See also Georg von Segesser, Patrick Rohn, *No Extension of Arbitration Agreement to Non - signatory Parent Company Based on Letter of Guarantee*, Kluwer Arbitration Blog, 14 May 2009; See also Herbert Smith's Arbitration e - bulletin, *Switzerland - Federal Supreme Court hands down important decision regarding the extension of arbitration agreements to non - signatories.*

〔2〕 See ICCCase No. 3879 of 1984; See also Albert Jan, Van Den Berg, *Yearbook Commercial Arbitration* (1986, Vol. XI), (Kluwer Law and Taxation Publisher, 1986), pp. 128 - 133.

〔3〕 See[2010] EWHC 2985 (Comm).

〔4〕《惠州纬通房产有限公司与惠州市人民政府履约担保纠纷案》,载《人民法院案例与评注(借款·担保)》(民事三卷),中国法制出版社 2006 年版,第 52 页及以下;也可以参见最高人民法院民事审判第二庭编:《民商审判指导与参考》(2000 年第 1 辑),人民法院出版社 2002 年版,第 250 页。

司之间承包工程合同中约定的仲裁条款,能否扩张适用于惠州市政府与纬通公司之间履约确认书下的纠纷。一审广东省高院合议庭根据《担保法司法解释》“主合同和一般担保合同发生纠纷提起诉讼的,应当根据主合同确定案件管辖”的规定,认为由于在纬通公司与嘉城公司的主合同之间已经存在明确的仲裁条款,因此该仲裁协议排除了法院对本案的管辖权。但是在最高人民法院的二审中,最高人民法院则完全坚持了合同相对性,认为纬通公司与惠州市政府的履约担保纠纷完全不同于纬通公司和嘉城公司之间的承包工程合同纠纷,这是两个不同的民事法律关系。因为债权人纬通公司与担保人惠州市政府签订的《履约确认书》之中并未约定仲裁条款,所以认为纬通公司的起诉应当被受理。通过此案可见,在中国的司法实践中,最高人民法院还是坚持了仲裁当事人意思自治与合同相对效力原则,采纳了除非担保人明示或默示接受主合同仲裁条款,否则不轻易扩张主合同仲裁条款于担保人的处理方式,避免将仲裁协议之外且无意加入仲裁协议的第三人带入仲裁程序。

四、对于主合同仲裁协议能否约束担保人问题的分析

在涉及担保问题的法律关系中,存在着三方当事人,这三方当事人之间有两种可能的合同关系:

第一种可能的合同关系是债权人、债务人与担保人三方之间仅仅缔结了一份合同,合同中不但约定了债务清偿的问题,而且约定了担保人的保证方式和保证责任等内容。由于三方当事人之间仅仅存在一份合同,一个仲裁条款,同时由于担保人签署了合同,签署的行为意味着担保人受到合同条款,包括合同中仲裁条款的约束。因此在这种债权人、债务人和担保人共同缔结一份合同的情况下,合同中仲裁条款当然也可以约束担保人,并无争议。

第二种可能的合同关系在担保关系中更为常见。在同时存在债权债务合同与担保合同两个合同关系时,主合同仲裁条款能否约束担保人的问题产生在两种情况下:一是主合同与担保合同同时存在仲裁条款,且两个仲裁条款不一致,此时主合同的仲裁条款能否取代担保合同的仲裁条款? 二是担保合同中并未订有仲裁条款时,能否将主合同的仲裁条款扩张适用于担保人? 分述如下:

(一)主从合同中各有不同仲裁条款时,主合同中的仲裁条款能否约束担保人

在主从合同两个仲裁条款的内容并不完全一致的情况下,既然担保人与债权人在担保合同中已经缔结了仲裁条款,签署担保合同就意味着担保人接受了担保合同中的条款,也包括担保合同中的仲裁条款,因此不宜也不应当将主合同中的仲裁条款强加于担保人身上,更不宜用主合同中的仲裁条款替换担保合同中的仲裁条款,否则就等同于用债权人与债务人之间的意思表示替代了担保人本身的意思表示,除非有证据证明担保人已经明示放弃或者担保人有关行为表示了其放弃担保合同原仲裁条款。

(二)仅在主合同中有仲裁条款时,能否将主合同中的仲裁条款扩张适用于担保人

当债权人与债务人之间的主合同中存在仲裁条款,但是担保合同中却并不存在仲裁条款时,在主合同中的仲裁条款能否适用于担保人的问题上直接适用仲裁条款效力扩张理论可能不合适,这是因为担保合同关系恐怕并不能够完全等同于债权债务让与。[1] 在债权债务让与中,接受了让与的债权债务关系实际上等同于对于原来债权债务合同的认可,但是在担保法律关系中,担保合同可能与原来的债权债务合同并没有承继关系,担保合同的作用只是在原来的合同不能履行时为主合同债权人提供了来自担保合同的另外一种辅助性保障。因此,要想使主合同中的仲裁条款适用于担保人,则担保合同中必须明确表示接受主合同中的仲裁条款,或者至少包括一个包含并入主合同仲裁条款的条款。如果担保合同中不存在有关仲裁条款的上述合同条款设计,除非担保人明示或通过行为默示接受主合同仲裁条款,否则主合同仲裁条款不应当被直接扩张适用于担保人,此乃出自于对担保人意思自由的尊重。因为担保人接受了担保合同,他仅仅希望对债务人的债务提供保证责任,而不是像债务转让那样接受了整个债务的承担,在这个意义上,担保合同在独立性上要强于债务让与合同,因此仲

---

〔1〕 See Georg von Segesser, Patrick Rohn, *No Extension of Arbitration Agreement to Non - signatory Parent Company Based on Letter of Guarantee*, Kluwer Arbitration Blog, 14 May 2009.

裁条款效力扩张理论在担保人问题上的适用也应当弱于在债权债务让与中的可扩张性。

扩张主合同仲裁条款于担保人的问题又可以从两方面考虑：一方面问题是担保人在其与债权人之间没有仲裁条款的约定时，能否适用主合同中的仲裁条款而主张他与债权人之间的纠纷通过仲裁途径解决；另一方面问题是在担保合同不存在仲裁条款时，债权人能否依赖主合同中的仲裁条款对担保人提起仲裁申请。

1. 担保人能否依赖主合同仲裁条款

在担保合同不存在仲裁条款时，如果担保人希望采用仲裁方式解决争议，担保人至少在三种语境下可以援引债权人与债务人主合同仲裁条款。

(1)担保合同中存在仲裁条款适用于担保人的明确约定或明确并入主合同仲裁条款

即使担保合同本身并不存在仲裁条款的特殊规定，但是担保合同中如果存在主合同仲裁条款适用于担保人的明确约定，则等同于担保人接受了主合同中的仲裁条款，这一条款扩张适用于担保人当无疑异。问题主要存在于并入条款，[1]即如果担保合同中约定并入主合同条款，且主合同含有仲裁条款，这能否使主合同中的仲裁条款也适用于担保人？源于对仲裁条款性质以及由此衍生出的仲裁条款独立性的不同看法，仲裁条款之所以具有独立性，是由仲裁协议的性质决定的。总的说来，并入条款问题上争论的焦点往往集中在认定当事人是否明确知道并入的事实，并有充分的机会了解其内容。因此笔者认为，在并入条款的问题上仍然要尊重当事人意思自治，如果担保人有机会充分了解担保合同已经并入了主合同仲裁条款，比如并入条款采用了很明确的表述特别指出所有主合同条款包括主合同中的仲裁条款全部并入保证合同，则应当承认主合同仲裁条款对于担保人的约束力；否则主合同仲裁条款不宜扩张至担保人。正如已经并入《新加坡

〔1〕 See Bonn, *International Commercial Arbitration Law*, Texts and Materials, Foundation Press, New York, 2001, p. 341 – 345.

国际仲裁法》[1]的联合国国际贸易法委员会《国际商事仲裁示范法》第7条第2款规定，“在合同中提出参照载有仲裁条款的一项文件即构成仲裁协议，如果该合同是书面的而且这种参照足以使该仲裁条款构成该合同的一部分的话”。

(2)担保人明示或默示接受主合同仲裁条款

担保人明示或默示接受主合同仲裁条款，无论这种接受是在担保人与债权人订立担保合同之时达成，还是在争议产生之后达成，都应当认为主合同仲裁条款基于担保人意思自治而对担保人产生约束力。担保人在明示或默示接受了主合同仲裁条款之后，也可以援引该条款对保证人提起仲裁，从而绕过诉讼的纠纷解决方式。其实担保人明示或默示接受主合同仲裁条款的情况是有利于仲裁进行的，因为这不会导致担保人要求就担保合同另案诉讼，有利于争议的最终解决和防止矛盾判决和裁决的发生。担保人援引主合同仲裁条款提起仲裁申请的行为，表明其明确同意了主合同中的仲裁条款对其具有约束力。

(3)依赖债权人禁止反言

在担保人能否援引主合同仲裁条款以对债权人提起仲裁的问题上，英美法上的“禁止反言”理论(Estoppel)亦可以作为较好的理论支撑。在仲裁条款中已经签字的一方当事人如果利用合同中的实体条款向非签字的第三人主张权利时，他的主张行为在事实上确认了双方当事人之间合同关系的存在。若此时第三人欲通过仲裁的方式解决他们之间的争议，则签字的一方不得否认仲裁条款对其与第三人的约束力。因此，根据“禁止反言”原则，如果债权人已经主张了对担保人其在主合同中的实体权利，则在担保人主张以主合同仲裁条款解决争议时，债权人不得反言。即当债权人已经主张了对担保人在主合同中的实体权利，则在担保人主张以主合同仲裁条款解决争议时，主合同仲裁条款约束担保人，担保人得以援引。

反之亦然，担保人援引主合同仲裁条款提起仲裁申请的行为，表明已经明确同意了主合同中的仲裁条款对其具有约束力，构成了主合同仲裁条款对担保合同中担保人因履行债务与债权人发生纠纷的管

---

〔1〕 葛黄斌译订:《新加坡国际仲裁法》，载《新加坡国际仲裁中心仲裁手册》2008年，第58页。

辖,也构成了对担保人因承担相关责任与债权人之间出现争议的管辖,使得主合同仲裁条款成为担保合同的一部分,从而构成担保人与债权人之间的书面仲裁协议。

2. 债权人能否依赖主合同仲裁条款

当担保合同中存在仲裁条款适用于担保人的明确约定或明确并入主合同仲裁条款,或者,债权人有证据足以证明担保人明示或默示接受主合同仲裁条款,则主合同仲裁条款可以约束担保人,债权人可以援引主合同仲裁条款而对担保人提起仲裁。此种情况下对于主合同仲裁条款效力的扩张,其实仍建立在担保人意思自治的基础上。

对于主合同仲裁协议的效力能否扩张至担保人的问题,有学者从连带责任保证与一般保证之划分的角度进行分析,认为在连带保证合同中,主合同有仲裁条款,保证合同没有仲裁条款,该仲裁条款对保证合同的当事人应该有约束力。因为保证人愿意承担连带的保证责任,应视为知道或者理应知道主合同中的仲裁条款,并且愿意受仲裁条款的约束。而在非连带保证责任中,则应严格遵照合同当事各方的原意,在主合同纠纷未经仲裁,并就主债务人财产依法强制执行仍不能履行债务前,担保人对债权人可以拒绝承担担保责任,也不能强行被拉入仲裁。[1] 对此,笔者仍坚持仲裁协议当事人意思自治的观点,如果缺少当事人对于仲裁协议明示或默示的接受,在担保关系中不宜将主合同仲裁条款的效力直接扩张至担保人。这是因为,我们不能从事情的结果去反推其前提,不应从结果的正当与合理去反推之前的程序。任何为了最后裁决的一致,为了司法和仲裁效率之考虑的争议解决结果都不宜反推适用于仲裁开始前对于仲裁协议约束力的判断。反之,如果在仲裁协议上尊重了担保人的意思自由,才是从一开始就真正地实现并保障了程序的公正和合理。

五、结论

综上所述,对于主合同仲裁协议能否约束担保人问题,各国现行法律与司法解释并无明确规定,因此导致了仲裁司法实践中的无所适

〔1〕 参见刘顺章:《主合同的仲裁条款能否约束担保人》,载《人民法院报》2005 年 7 月 11 日,第 B03 版。

从。在法学理论上，支持限缩主合同仲裁协议效力的合同相对性理论与当事人意思自治理论，与主张扩张主合同仲裁协议于担保人的仲裁协议效力扩张理论并存，从而在学理上形成了两种相异的看法。笔者认为在主合同仲裁条款能否约束担保人问题上，应当区分不同的层次和不同的情况分别予以分析。首先，必须明确区分合同关系：如果债权人、债务人和担保人三者之间仅仅缔结了一份合同，则该合同仲裁条款可以约束已经签字的担保人，并无异议；但是如果债权人和债务人之间存在一个主合同，主合同中约定仲裁条款，债权人与担保人之间又订立了一个从担保合同，则又需要解构成为不同的情况。第一种情况是，当主从两个合同中各有仲裁条款时，无论担保的情况是连带责任保证还是一般保证，都应当尊重当事人在合同中所做的有关仲裁条款的约定，而不能直接用主合同仲裁条款替代担保合同中的仲裁条款，当然这不排除担保合同当事人事后放弃原仲裁条款、以实际行为构成接受主合同仲裁条款的情形。第二种情况是，仅仅在主合同中存在仲裁条款，而担保合同中并无关于仲裁条款的安排。此时在担保合同中明确约定适用主合同仲裁条款，担保合同明确并入主合同仲裁条款，担保人明示或默示接受主合同仲裁条款以及债权人事先允诺的情况下，担保人可以援引主合同仲裁条款而要求将自己与债权人之间的争议提交仲裁；同样，在债权人能够证明担保人明示或默示接受主合同仲裁条款，或者担保合同中明确并入主合同仲裁条款的情况下，债权人也可以依赖主合同中的仲裁条款对担保人提起仲裁。但是笔者认为，在主合同仲裁条款能否扩张至担保人的问题上，必须严格尊重当事人的意思自治，如果缺少上述明确或可推知的仲裁合意或者其他一些可能存在的情况，则不宜将主合同仲裁条款直接扩张至担保人。

商事仲裁中的证据指引

——律师在商事仲裁案件中的证据准备要点

袁培皓*

对于争议解决律师，证据的收集整理、确定组织举证的时间以及质证的方式都是非常重要的业务能力。证据材料准备的好坏，是决定一个案件胜诉与否的关键，人们常说的"打官司就是打证据"就是这个道理。

长期以来，仲裁这种在国际经贸领域被广泛应用的争议解决方式，因其高效、专业、保密、灵活的特点，受到越来越多的上市公司、高科技企业以及互联网企业的青睐。以笔者曾就职的深圳国际仲裁院（以下简称 SCIA）受案情况为例，2008 年 1 月到 2011 年 12 月，货物买卖合同纠纷占总受案量的 36.95%，公司、企业和资本市场纠纷的百分比仅为 9.88%。而参考 2012 年 1 月到 2015 年 4 月的数据，传统的货物买卖纠纷百分比下降到了 20.33%，公司、企业和资本市场纠纷的受案百分比则上升到了 28.70%。从上述比例的变化中不难发现，以创投、互联网企业和高科技企业为主要代表的新兴行业，越来越愿意选择仲裁作为其争议解决的主要方式。

由于这些新兴行业广泛应用了新技术和新手段，尤其是无纸化的办公模式，给办理这些新类型案件的律师提出了很多新的要求。《仲裁法》仅对仲裁中的举证责任、鉴定、仲裁机构收集证据的权利和证据保全作出了一般性的规定，同时又规定仲裁规则可以参照《民事诉讼法》的有关规定制定。因此，国内仲裁机构在实践中采用的证据规则大多是民事诉讼证据规则或习惯做法。这样的类诉讼仲裁程序无法

* 北京市中伦（深圳）律师事务所律师，香港中文大学国际投资与争端解决 2019 级法学博士生，曾就职于深圳国际仲裁院，微信 Patrickatshd。

充分发挥仲裁的优势，且和业界的实际需求相脱离，不能满足新兴行业对于仲裁的期待和要求。为此，一些领先仲裁机构的仲裁程序通过仲裁规则以及案件程序管理中的不断创新，已经在实践中作出了大量有益的探索。故本文将重点以高科技、互联网企业的仲裁案件证据整理为要点，论述商事仲裁中的证据指引。

一、证据形式

在国际商事仲裁中，可能经常需要适用外国法律来审理案件的实体事项或程序事项，但是这一适用又必然会受到一国现行法律和政策的制约。于是，有些仲裁机构不在其仲裁规则中对证据形式作出统一规定，从而避免仲裁程序诉讼化，最大限度地保证当事人自我管理仲裁程序的权利。尽管如此，我们还是可以大致按照以下的分类，考察商事仲裁中主要证据形式的特点。

1. 书证

为适应“互联网＋”时代商事主体快速、公正地解决争议的需求，商事仲裁案件的书证与传统诉讼程序的书证相比，至少有以下三大优势：

第一，书证不仅包括传统书面文件，还包括数据电文，如电子邮件、QQ聊天记录、微信留言和手机短信等电子证据。近年来，随着互联网科技的迅速发展，数据电文已经逐步替代了传统通信方式，成为商事主体间信息交流的主要方式。一个案件的主要证据常常以数据电文的形式呈现，如果要求对这些数据电文全部进行公证认证，必然会加重当事人的争议解决成本，并且极大拖延仲裁程序，与互联网公司快速解决争议的现实需求不相适应。与传统诉讼程序不同，在仲裁程序中，只要仲裁庭根据内心确认，按照商事审判中的优势证据原则，就可以对数据电文证据作出认定，并据此作出裁决。

第二，在涉外仲裁案件中，出于对当事人意思自治的尊重，领先的仲裁机构有时并不要求域外证据必须经过公证和认证。

第三，在涉外仲裁案件中，并非所有的书证都需要翻译成仲裁语言。在当今的全球性知识产权争议中，很多争议解决活动和争议当事人之间的博弈并不是仅仅局限在某一个国家或地区的一个仲裁案件中。所以，优秀的律师常常会在一个仲裁案件程序中，根据己方当事人和对方当事人在全球专利的分布情况，在对己方当事人有利的另一个国家或地区同时申请法庭禁令。这样不仅可以让对方当事人的产品在第三国或地区受到影响，还可以充分利用在别国的诉讼程序中获取的证据去为初始的仲裁案件提供强有力的证明。如果要求当事人必须对这些第三国或地区的证据进行翻译或者公证认证的话，无疑将使整个仲裁程序冗长而低效。

在没有约定仲裁语言的情况下，领先的仲裁机构的仲裁规则都赋予仲裁庭自由决定仲裁程序语言的权利，如SCIA2019年版的《仲裁规则》第5条第2款就允许仲裁院或仲裁庭在缺乏当事人合意的情况下，根据案件情况决定仲裁语言。SCIA2019年版的《仲裁规则》第5条第5款还规定，对于当事人提交的各种文书和证明材料，仲裁庭或仲裁院认为必要时，可以要求翻译。也就是说，在不影响公正审理案件的情况下，是无须将证据翻译成仲裁语言的。

2. 其他证据形式

除了书证以外，相较于诉讼程序而言，仲裁程序中的证人证言、专家证人意见和专家报告制度也能体现互联网商业时代仲裁的优越性。

首先，向仲裁庭申请证人出庭作证，当事人可以自行提供或请求仲裁庭提供译员，律师只需在庭前向仲裁庭书面申请并列明证人证言和所用的语言。其次，当事人可以自由协商选择他们认为有资格的专家证人以及鉴定、审计、评估或检测机构作出专家报告，而无须限定于某些资质或范围内的机构。

需要指出的是，虽然证人证言一般均由律师起草，但是不应过多采用书面语或法律用语，而应多采用生活用语，以更好地让仲裁庭融入事实情景而不是给仲裁庭该证人被律师操控的印象，从而增强证人出庭作证的真实感和可信度。

另外，对于专家证人和专家报告来说，在开庭审理的时候，不应提请过多的专家证人出席庭审，以避免因数名专家证人意见不统一，观点多样化，而使得仲裁变成了专业研讨会。律师在遴选专家证人的时候，应当分清主次，既要寻找一个可以宏观地将争议点简要叙述清楚的专家，也要有一个可以就本案的专业技术细节重点发表意见的专家，从而层次分明地向仲裁庭说明情况。对于疑难复杂的案件，可以适当多考虑外国专家。由于文化环境的不同，实践中，我国的专家证人往往囿于公务的繁忙并不能就一些专业性的细节问题花费大量整块的时间进行研究，最后也只能较为宏观、大概地说明技术发展概况。而外国专家因为体制的不同，在接受委托后，往往会专职研究案情，解决重点疑难争议，能够更快速、高效地向仲裁庭提供细致化的专业意见。

二、举证规范

仲裁程序中的“证明”，包括证明责任和证明标准。在仲裁案件的证据准备中，律师应当首先判断的是待证案件事实的举证责任究竟在哪一方，对于属于己方举证责任的证据，才需要进一步判断拟提交的证据是否可以满足法定的证明标准这个第二层次的问题。

1. 举证期限

原则上，举证和质证应当在庭审结束前完成。区别于诉讼，仲裁总是在效率和公正之间寻求一个适当的契合点，所以大部分的仲裁规则并没有限定举证期限。不过，实践中仲裁庭往往会根据案情酌定证据关门的期限。

根据笔者办理仲裁案件的经验，为充分保障当事人发表意见的权利，更好地查明事实，仲裁庭往往会在开庭后，根据庭审调查的情况，结合案情确定一个证据关门时间，以保证仲裁程序的有序进行。如果一方当事人在仲裁庭规定的证据关门期限后才提交证据，将承担因不能及时举证而产生的不利后果。

另外值得一提的是，对于选择境外仲裁机构，尤其是选择在普通法法系国家或地区进行仲裁的当事人来说，律师一定要帮助当事人在起草仲裁条款的时候就约定好向仲裁庭提交证据和其他证明文件的次数或者互相提交材料的轮数。不然，在证据交换模式下，很容易陷入无休止的证据提交程序旋涡之中。

2. 举证责任

诚实信用原则是仲裁庭分配举证责任的重要理论基础之一。领先仲裁机构的《仲裁规则》均规定了负有举证责任的当事人未能在合理期限内提交证据的，将承担因此可能带来的不利后果。所以，办案律师应当在明确己方需要承担的举证责任后，配合仲裁庭进行举证。

仲裁是一种当事人因不愿意对簿公堂，而选择处分私权利，“私下”而“友好”地解决争议的机制。因此,与诉讼不同,仲裁会较好地缓和双方当事人之间的对抗性,强调双方在程序上的合作。仲裁程序能否有序推进,很大程度上取决于当事人是否能够很好地配合仲裁庭,共同推进程序。在知识产权案件或金融案件中,为了保护自己的商业秘密不被披露,很多当事人不愿意向仲裁庭提交那些具有商业秘密价值的证据。但是,如果在仲裁程序中选择无正当理由的不合作,不仅很难证明自己的仲裁主张,还可能激怒仲裁庭,使仲裁庭怀疑己方的诚信问题。这时,就需要律师帮助当事人有效利用仲裁规则,厘清举证责任,合理拒绝披露证据的要求,或限缩证据披露范围,避免仲裁庭的意向完全受对方牵引。

对于中国的高科技企业来说,笔者建议在仲裁程序中,如果面临需要选择书面证据披露的指导规则时,最好避免选择适用英美法的民事诉讼规则,而应选择《国际律师协会国际商事仲裁取证规则》,从而避免不必要地加重己方的举证披露义务,更好地保护自己的商业秘密。

三、质证

为方便当事人,领先的仲裁机构配备了先进的办公设备,可以为因客观原因不能到庭的证人和专家提供远程视频参加庭审服务,更好地帮助当事人发表意见和协助仲裁庭查明事实。

有经验的仲裁庭,还会在开庭后要求当事人对庭审调查中有争议的证据再次发表意见。

办理知识产权仲裁案的律师一定要重视质证意见的准备,应当对每一份证据从“三性”上作出质证。在庭后的质证意见中最好附上一段总结性的陈词,因为这是代理人最后一次可以向仲裁庭发表意见的宝贵机会。一份好的庭后质证意见,不仅要将全案所有的质证意见进行简单明了的归纳,还应当结合当事人的主张,协助仲裁庭厘清裁决思路,帮助仲裁庭认定事实和适用法律。

代理律师在庭审结束时,还应当考虑出具一份完整的证据目录。这份目录,首先需要对立案时提交的证据进行重新梳理,其次是将后续审理阶段补充提交的证据再进行一次完整有序的编号,附上最终的证明内容和证明目的,从而使仲裁庭在起草裁决书时能够更方便地使用己方的证据材料。

四、结语

最后应当指出的是,仲裁规则仅仅是在证据收集、使用和认定上给予仲裁当事人以及仲裁庭一定的灵活空间,并不会也不应该作出如民事诉讼证据规则那般细致的规定。

作为一项法律制度,国际商事仲裁制度最大的特点在于它的高度自治性,仲裁当事人和仲裁庭对于仲裁的程序性事项享有广泛的自治权。具体到与证据相关的程序事项,仲裁当事人和仲裁庭对于仲裁程序中包括举证期限、证据形式、质证方式、证人证言以及专家证人等证据证明环节均享有高度灵活的自治权利。我国当事人是国际商事仲裁中的常客,有数据显示,我们许多案件都是输在程序上面,或是被程序拖垮,这与我们不重视、不了解国际商事仲裁证据规则有很大的关系。

在国际商事仲裁中,代理律师和当事人需要了解域外的民事诉讼证据规则。同时,在仲裁庭明确适用某些证据规则前,与仲裁庭据理力争,限缩仲裁庭适用我们并不熟悉的证据规则的空间,以最大限度地维护当事人的权利。

律师办理商事仲裁案件的四大技巧

袁培皓*

经过四十多年的改革开放,中国的商事仲裁已经取得了长足的进步。从数字上看,我国的仲裁机构数量由 1994 年《仲裁法》施行前的中国国际经济贸易仲裁委员会、原中国国际经济贸易仲裁委员会华南分会和原中国国际经济贸易仲裁委员会上海分会[后两个仲裁机构已经分别于 2012 年 10 月 22 日和 2013 年 4 月 17 日相继更名为深圳国际仲裁院(深圳仲裁委员会)和上海国际经济贸易仲裁委员会]3 家发展到今天的 200 多家。全国的仲裁受案数量稳步提升,争议标的额自 2011 年起连续超过千亿元。从仲裁的质量上来看,根据自《仲裁法》实施以来的不完全统计,人民法院对全国仲裁机构的国内裁决书的司法监督纠正率从未超过 1%,而我国作出的涉外仲裁裁决绝大多数也得到了境外法院的支持。

尽管仲裁业务已经有了长足的发展,但笔者在办案实践中发现,部分律师对于仲裁程序和仲裁原则的特点缺乏深入理解,简单地把法院诉讼的办案经验拿到仲裁程序中来。这样不但不能够发挥仲裁的优势,反而给当事人和自己在仲裁程序中制造了困难。

有鉴于此,本文将主要对仲裁的几个关键问题进行简单梳理和介绍,希望能对更多的法律工作者和专业人士在处理仲裁案件时有所助益。

一、起草仲裁条款

《仲裁法》第 4 条规定,“当事人采用仲裁方式解决纠纷,应当双方

* 北京市中伦(深圳)律师事务所律师,香港中文大学国际投资与争端解决 2019 级法学博士生,曾就职于深圳国际仲裁院,微信 Patrickatshd。

自愿,达成仲裁协议。没有仲裁协议,一方申请仲裁的,仲裁委员会不予受理”。由此可见,没有仲裁条款,就不能提起仲裁。律师开展仲裁业务的第一个环节就是起草仲裁条款。

一个仲裁条款的起草应当首先保证没有管辖权争议问题,理想的仲裁条款起草顺序如下:

1. 确定唯一的争议解决方式为仲裁。或裁或审的争议解决条款在我国的司法实践中往往是属于无效仲裁条款。

2. 选定有且只有一家仲裁机构为争议解决的仲裁机构。如果选择了多家仲裁机构也属于《仲裁法》规定的因约定不明而无效的仲裁条款。

3. 登录该机构的官网,参照其示范仲裁条款。目前大部分的仲裁机构官网都会有示范仲裁条款,最简单的办法就是登录拟选择的仲裁机构的官网,把示范仲裁条款一字不落地抄写到合同中。以深圳国际仲裁院的示范仲裁条款为例,“凡因本合同引起的或与本合同有关的任何争议,均应提交深圳国际仲裁院仲裁”。这样的仲裁条款虽然看上去简单,但是在实践中却是最高效和便捷的。

4. 根据交易的特殊需要,在现行法律和选定的仲裁机构仲裁规则的语境下,自由设计特殊的程序约定。一些律师在起草仲裁条款的时候,往往喜欢把包括仲裁程序、仲裁事项、仲裁适用的法律、仲裁员的产生方式在内的很多程序细节进行约定,最大限度地利用仲裁的意思自治设计自己的仲裁条款。但是,如果对于仲裁条款所覆盖的交易没有细致的考虑,新律师在起草仲裁条款时,往往会因为在具体的事项上约定过细,而导致在实际的仲裁程序中作茧自缚。

下面以一份建筑工程施工合同补充协议为例来说明前述四项仲裁条款起草思路中的常见问题。在这份建筑工程施工合同补充协议中,双方当事人已经就欠款的数额和还款的时间达成一致,某律师就直接将该施工合同补充协议中的仲裁条款起草为,“本协议的结算款、预付款等付清欠款事宜均应提交位于北京市的仲裁委员会仲裁,仲裁庭由 A 仲裁员组成并独任进行审理”。等到这份补充协议真的出现争议的时候,就会发现以下难题:

第一,因为北京市有两个仲裁委员会(分别是中国国际经济贸易仲裁委员会和北京仲裁委员会),使得该仲裁条款因约定不明而产生争议,带来管辖权上的疑难。

第二,假设该争议解决条款约定了明确且唯一的仲裁机构,在提起仲裁的时候,也会因为条款中只将结算款、预付款等付清欠款事宜列为仲裁事项,而使合同的成立与否、有效与否、是否可以就该合同取得在建工程款的优先受偿权等事宜被排除到可以仲裁的范围之外。在建筑工程领域,工程建设款常常是一笔很大的金额,一旦债务人失去了偿债能力,就算债权人取得了胜诉的仲裁裁决书,如果债务人无财产可供实际执行、债权人没有优先受偿权,则裁决书将变成一纸空文。如果律师在一开始起草仲裁条款的时候,不过于限制仲裁事项的范围,在争议发生后,完全可以就建筑工程优先受偿权提出请求,仲裁庭也可以不用冒着超裁而最终导致裁决书被撤销的风险而支持该请求,从而最终能够完整地保护债权人的合法权益。

第三,从仲裁庭的组成方式,不难看出双方当事人,尤其是这位律师一定十分信赖 A 仲裁员,所以特别限定了仲裁庭的组成就是由这位 A 仲裁员一人成立的独任仲裁庭。但是,实践中不排除 A 仲裁员因为各种原因不再担任仲裁员职务,或者长期卧病在床根本就无法履行仲裁员的职责,从而客观上导致无法按照当事人的约定组成仲裁庭,最终在仲裁程序中因为双方的对立而无法重新达成一致,仲裁程序被迫拖延。

二、哪些争议适合仲裁

因为仲裁的特性,资本市场纠纷、建筑工程施工合同纠纷、货物买卖合同纠纷都十分适合仲裁,但是囿于我国《仲裁法》的规定,也不是所有的合同纠纷都适合仲裁。律师在选择仲裁作为争议解决方式的时候应当重点考虑以下两点:(1)能否在一个复杂的交易中保持多份关联合同之间仲裁协议的连贯性和一致性;(2)合同的争议是否会涉及第三人。下面简要阐述这两点的重要性。

现在国内领先的仲裁机构,如深圳国际仲裁院(深圳仲裁委员会)、上海国际仲裁中心、中国国际经济贸易仲裁委员会和北京仲裁委员会,在其现行仲裁规则中均允许当事人就多份合同引起的争议在单次仲裁中提起仲裁申请,从而便利当事人,节约当事人的仲裁时间和费用。但是,多份合同合并审理的前提条件依然是多份关联合同之间仲裁协议的连贯性和一致性。具体来说，要求这些合同的仲裁协议均指向了同一家仲裁机构，且这些合同的法律关系基本上是同一的，并且当事人也愿意合并审理。如果律师在办理具体业务时发现某一个交易无法做到前述的基本要求，就会给仲裁程序带来困难。

例如，对于一个较为复杂的收购并购项目，从最初的谈判到最终的产权交割往往需要大量的法律文件做支撑。仔细梳理一下，可以发现大致有如下法律文书：最初的备忘录、会议纪要、尽职调查报告、中期的收购意向书、保证书、后期的资产或股权转让合同。如果在转让过程中出现了意料之外的新问题，又有可能签订后续的补充协议。假设这些相互关联的法律文书的当事人并不完全一致，且其争议解决方式有的选择了诉讼，有的选择了仲裁，就会给仲裁程序制造难以克服的困难：(1)比如，该并购项目的股权转让协议选择了仲裁方式，而和股权转让关联的增资扩股协议却选择了诉讼方式，对于股权转让协议纠纷的仲裁程序而言，往往就不得不中止程序等待增资扩股协议的诉讼结果，从而作出与法院判决认定的事实不相矛盾的裁决结果。(2)再如，在资产转让还未实际完成时，遇到了转让方破产的情况。受让方虽然可以通过仲裁取得破产债权，但是如果遇到转让方还与多个其他第三人就同一资产签订了转让协议，并选择法院诉讼的情况，如何在破产清算环节，和其他债权人一起获得清算债权也是一个执行难题。

仲裁协议是平等民事主体之间自愿将争议提交仲裁机构仲裁的协议，具有合同相对性的特点。也就是说，合同中的仲裁条款或者单独的仲裁协议均只能对在该合同或协议上签字的当事人产生效力，不能及于第三人。在实践中，没有在仲裁条款上签字的主体是不能够作为仲裁当事人参与到仲裁程序中的。所以，仲裁中没有诉讼语境下的第三人概念。律师在审查类似租赁合同、保险合同或担保合同这样有可能发生合同签订人和实体权利义务人相脱节的合同时，一定要注意及时和第三人补充签订新的仲裁条款，防止发生纠纷时，第三人对仲裁条款效力的相对性提出抗辩或提出管辖权异议，使得争议无法及时有效地得到解决。例如，保险合同的受益人如果不是保险合同签订的投保人，那么依据《保险法》的规定，受益人主张保险权益的时候能否援引保险合同的仲裁条款就会成为仲裁机构受案的难题，从而引起因主张程序权利的不能导致实体权利受到损害的不利后果。

三、仲裁员的选定

正如西方法谚所云,"Arbitration is only as good as the arbitrator"(仲裁员是仲裁制度的生命力之所在)。一个好的仲裁律师必然对于其选定的仲裁机构的仲裁员有相当的了解和把握,错误地选择了不适当的仲裁员,会直接影响到案件审理的效率、开销和最终的裁决结果。尽管目前中国的仲裁均是机构仲裁,但是部分领先的中国仲裁机构已经在国际公信力的建设上下功夫,完全施行仲裁庭负责制。一旦选定了这样的仲裁机构仲裁,仲裁员在整个仲裁程序中的重要性就更为凸显。更何况,最高人民法院在中国自贸区推进临时仲裁的决心已经彰显。2016 年 12 月 30 日发布的《最高人民法院关于为自由贸易试验区建设提供司法保障的意见》明确打开了临时仲裁在中国实施的大门。这也意味着,仲裁员的选择将在商事仲裁中起到越来越重要的作用。

律师选定仲裁员的顺序可以是:(1)在仲裁员名册中划定相关案涉争议领域的仲裁员候选列表;(2)参考选定的仲裁机构网站,查询该机构在册仲裁员的详细简历;(3)判断该仲裁员是否会在本案的裁决中采取你最能接受的裁判方式和尺度,从而最终确定本案的仲裁员。

尽管仲裁员都是法律专家,会在相同的法律规定和原则下进行裁判,但是不同的仲裁员对于一些法律问题的细节要求不同,支持的力度也不同。比如,对于电子证据是否一定要公证认证的问题,一方当事人提出异议的合同原件是否需要进行笔迹鉴定的问题,涉外案件的外方当事人代理人的授权委托书是否需要公证认证的问题,律师费支持比例的问题,由于不同仲裁员不同的工作背景、性格特点和法律观点,他们会有不同的裁判尺度。如果担心某些仲裁员对你代理的这一类型的案件的裁判产生不利影响,可以在仲裁程序中采取负面清单的方式,排除掉这些仲裁员审理案件的可能,或者增加一些对首席仲裁员产生条件的限制,来保证案件裁决基本面的实现。比如,限制首席仲裁员的国籍、专业背景、语言能力,等等。

四、仲裁文书和程序技巧

很多刚刚接触仲裁的律师,喜欢将他们的仲裁申请书、证据材料清单、授权委托书套用他们所属的律师事务所的诉讼文书模板。在实践工作中，笔者遇到了大量的代理人提交的仲裁文书上还有诸如“诉讼代理人”或者“诉讼请求”这样明显错误的情况。这些文字上的错误，也反映了大部分的新进仲裁律师并没有真正理解仲裁和诉讼的区别，没有充分将仲裁程序的优势发挥出来。相比诉讼来说，仲裁有以下几个明显的优势：(1)一裁终局，高效便捷；(2)保密；(3)当事人意思自治；(4)裁决可以方便地通过《纽约公约》在国际上得到承认与执行。

按照仲裁程序推进的时间顺序，以及仲裁和诉讼的区别为逻辑出发点，律师在仲裁实务中有以下一些技巧可以考虑。

1. 不需要本人亲自去仲裁委员会立案，大部分的仲裁委员会都接受邮寄立案的方式。实际上，由于仲裁是双方当事人意思自治的结果，在选定仲裁机构的时候往往是双方妥协的产物，大量的仲裁条款是选择双方当事人所在地之外的第三方仲裁机构来管辖。以深圳国际仲裁院为例，每年受理的全部案件中，当事人来自广东省以外省份的案件至少占到三分之二，当事人来自其他国家或地区的案件占比也不低于所受理的全部案件的二分之一。也就是说，对仲裁代理人的律师来说，代理的仲裁案件往往是需要去到别的城市的仲裁机构仲裁的。如果每一次递交材料都需要亲自出差，成本太大。而仲裁机构为了方便当事人，节约成本，都接受以快递方式提交立案材料。如果在仲裁条款中约定了书面审理的方式，还可以由仲裁机构全程根据邮递收取的材料，在不需要当事人出庭的情况下，根据书面的证据和质证、答辩的意见，作出裁决。

2. 仲裁程序的代理人没有人数和律师资质的限制。区别于法院诉讼，仲裁代理人不限制人数，不一定得是律师，不限制代理人的国籍。实务中，在一个复杂的跨境争议解决仲裁案中，当事人往往会聘请一个中国律师代表团，一个外国律师代表团，还有本公司的法务作为该案的代理人。当事人可以在仲裁案件中，根据案件需求，自由灵活地安排代理人。

3. 送达地址可以有多个。仲裁相较于诉讼来说的另一个优势就是送达的便利。只要信函被送到对方当事人的法定注册地址，就可以视为有效送达。律师代理人在送达地址不明确的情况下，应当对被申请人的公司做工商查档，或者对自然人去公安局调取身份信息，然后向仲裁机构提交这些信息。这在跨境的纠纷解决中显得尤其便利。如果走诉讼程序，一个国内当事人向境外当事人的法定送达，按照《海牙送达公约》的规定，应先通过外交途径将诉讼文书送至国外大使馆，再由大使馆转递国外的法院，最后由国外法院转送境外当事人的注册地址。整个送达流程走完差不多就是好几年的时间。而仲裁程序的送达，通过特快专递直接发往其法定注册地址即可，大约只需要几天的时间。如果律师办理仲裁案件时发现，被申请人已经不在其法定注册地址办公，而是在其他地址办公，还可以要求仲裁机构向多个地址同时发送仲裁文书，保证对方当事人及时收到仲裁文书，完成送达程序。

4. 2012 年〔1〕修正的《民事诉讼法》对仲裁程序的支持。修正后的《民事诉讼法》，允许仲裁机构在仲裁程序前进行证据保全以及财产保全。如果申请人担心被申请人知道仲裁的存在而转移资产，律师朋友可以考虑在立案的时候，告诉仲裁机构暂时不发出仲裁通知，先进行财产或者证据保全，等保全成功后，再向被申请人发出仲裁通知。这样做还有一个好处是可以逼迫本想逃避仲裁、打算缺席的被申请人因财产被保全更积极主动地参与到仲裁程序中来，便于仲裁庭查明案件事实，更准确地作出裁决。

5. 证据的提交时间、认定方式比诉讼灵活。目前国际上领先的仲裁机构在其仲裁规则中均不会对证据的提交时间和认定方式作出过于细致的规定，以更充分地发挥仲裁的灵活性优势。不同于法院诉讼，基本上仲裁庭都倾向于在首次开庭中，了解案件的基本情况和双方当事人的情况后，才决定是否给当事人一个明确的证据关门时间。这样做的好处是，可以便于当事人更充分地就仲裁庭关心的法律事实和法律问题进行举证和说明，便于仲裁庭查明案件事实。律师代理人可以充分利用仲裁程序对于证据问题的灵活态度，在仲裁庭没有明确证据关门时间之前，随时就新发现的问题组织提交新的证据。

6. 对仲裁员提出回避申请。如果律师朋友发现仲裁庭的组成中

〔1〕 2017 年 6 月 27 日第十二届全国人民代表大会常务委员会第二十八次会议对《民事诉讼法》作出修改，并未涉及仲裁程序。

有仲裁员和另一方当事人存在利害关系，或者存在不符合法律规定的仲裁员从业资格情形，有权对该仲裁员提出回避申请。在实践中，这往往是决定一些敏感案件裁决方向的有力武器。一个有经验且注重自身公信力的仲裁机构，在这样的案件中，会考虑当事人的诉求，主动在首席仲裁员的人选中代为指定一些外地甚至境外的仲裁员，从而排除这些案件之外的利害关系。

7. 充分利用商事仲裁机构“高大上”的多媒体设备，增强庭审说服力。有别于法院的庭审条件，领先的仲裁机构均配备有现代化的多媒体设备，如果律师朋友们在仲裁庭审中运用好多媒体展示设备，将更有利于仲裁庭理解复杂案件的事实经过和法律争议点。在笔者的工作实践中，一些国内领先的律所和知名外国律师事务所的代理人已经在仲裁案件的庭审中注意到这一点。他们会在开庭前将准备好的 PPT 材料事先发送给办案秘书，并在开庭的时候，当庭向仲裁庭以 PPT 讲解的形式，进行事实陈述和说理。这样做可以极大地提高仲裁员理解案情的效率，丰富庭审说理的手段，加深仲裁员对您所代理的当事人的诉求以及事实和理由的理解。

最后，希望广大的律师朋友和法律圈其他专业人士更多地利用好仲裁这种特别的法律武器，更高效快捷地为当事人提供优质的法律服务。

民间借贷仲裁实务要点与思考

——从仲裁员视角出发

李立坤*

随着我国社会市场经济的发展，民间资本规模逐步扩大，而传统金融受限于国家政策以及银行内控制度的制约，在资金规模和效率上，已经难以满足市场主体日益增长的融资需求，在此情况下，民间借贷逐渐成为传统金融的有效补充。然而，因民间借贷大多发生于亲朋好友、商业伙伴之间，借贷双方存在一定的信任基础，借贷手续往往缺乏规范，带有交易隐蔽、缺乏监管、利率灵活等特点，特别是近年来借贷领域又出现主体多元化、借贷模式多样化等新情况，民间借贷的涉众性和复杂性增强，由此产生的纠纷也日益增多。目前各地法院受理民间借贷诉讼案件量较大，案多人少，导致诉讼周期大大延长，特别是出现债务人下落不明的情况，按照诉讼程序需要刊登多次公告，使诉讼过程极其漫长。而仲裁作为多元化纠纷解决的重要手段，因送达程序简便、保密性强、意思自治程度高、裁决后可跨境执行、裁决效率高等优势，在近年的民间借贷纠纷中越来越多地被当事人所选择。笔者以民间借贷仲裁实务现状，结合担任仲裁员办理民间借贷案件的经验和律师实务，对目前民间借贷实务若干问题进行思考，期待抛砖引玉。

一、民间借贷仲裁裁决的主要法律依据

仲裁庭作出裁决的依据为法律事实、合同条款和法律依据，同时参考商业惯例与其他规范。在涉外商事仲裁中，如当事人对仲裁适用的实体法律有合意约定，则仲裁庭需要遵从当事人约定；如当事人未

* 上海市锦天城（深圳）律师事务所高级合伙人、多家仲裁机构仲裁员，微信lawman，邮箱 lilikun@ allbrightlaw. com。

约定或所约定的实体法与仲裁地强制性法律相抵触，则由仲裁庭决定作出裁决所适用的实体法。《仲裁法》对是否允许当事人选择仲裁程序法和仲裁规则并无强制性规定，充分尊重当事人选择。

考虑到追溯力的问题，目前在实体法方面，《民法典》《民法总则》《民法通则》《合同法》《担保法》《物权法》等法律法规，在民间借贷仲裁案件中通常作为仲裁裁决的主要裁判依据。

最高人民法院在2021年施行了《关于审理民间借贷案件适用法律若干问题的规定》（以下简称新《民间借贷司法解释》），该解释详细规定了民间借贷的事实认定、合同效力、借贷利率利息等处理方法，为各级法院民间借贷案件审理提供了富有操作性的指引，也有利于形成统一的裁判标准。然而，司法解释能否被仲裁裁决直接援引为裁决法律依据，在实践中仍存在较大争议。

笔者理解，司法解释是最高人民法院根据法律赋予的职权，对审判工作中具体应用法律所作的具有普遍司法效力的解释，供各级法院遵照执行和适用。而仲裁一般是当事人根据他们之间订立的仲裁协议，自愿将其争议提交由非司法机构的仲裁员组成的仲裁庭进行裁判，并受该裁判约束的一种制度。仲裁作为独立于司法行政体系的多元化争议解决机制之一，其机构仲裁庭并不直接接受法院的管理、领导和规范。此外，当事人之所以选择仲裁，也是因为仲裁的审理程序、法律依据、裁决结果、费用承担等方面与法院裁判不完全相同，当事人对此存在一定的合理期待。仲裁机构如直接在裁决中援引最高人民法院的司法解释，不仅在司法解释的适用主体上缺乏依据，而且无法体现仲裁的灵活性与优点。故笔者认为，司法解释条文对仲裁裁决具有重要参考意义，仲裁机构可以将司法解释作为裁决合法性、合理性评价的权威参考，并结合仲裁案件个案的特殊性，行使自由裁量权，以作出公平、公正的裁决，但因仲裁与诉讼在机制及程序上并不相同，裁决书不宜直接援引最高人民法院的司法解释作为仲裁裁决的法律依据。

二、借贷双方对借款条件进行了约定，包括利率、期限、费用承担等，如未出现违法或明显加重债务人负担的情况，仲裁庭应尽可能尊重当事人意思自治

（一）借款利率的处理

利率问题是民间借贷的核心问题，新《民间借贷司法解释》取代了原解释中“以24%和36%为基准的两线三区”的规定，大幅度降低民间借贷利率的司法保护上限，主要处理原则包括：(1)出借人请求借款人按照合同约定利率支付利息的，人民法院应予支持，但是双方约定的利率超过合同成立时一年期贷款市场报价利率四倍的除外。(2)出借人与借款人既约定了逾期利率，又约定了违约金或者其他费用，出借人可以选择主张逾期利息、违约金或者其他费用，也可以一并主张，但是总计超过合同成立时一年期贷款市场报价利率四倍的部分，人民法院不予支持。(3)本规定施行后，人民法院新受理的一审民间借贷纠纷案件，适用本规定。2020年8月20日之后新受理的一审民间借贷案件，借贷合同成立于2020年8月20日之前，当事人请求适用当时的司法解释计算自合同成立到2020年8月19日的利息部分的，人民法院应予支持；对于自2020年8月20日到借款返还之日的利息部分，适用起诉时本规定的利率保护标准计算。新《民间借贷司法解释》对民间借贷诉讼案件的利息标准重新进行了规范，为避免出现法院判决与仲裁裁决的重大差异，对于一般民间借贷仲裁案件，仲裁庭可参照上述原则进行裁决。

但对于特殊的民间借贷案件，仲裁庭有权根据案件的不同情况采取具有一定灵活性的裁决。例如，一宗由投资对赌转化为借款的仲裁纠纷中，因投资人和目标公司大股东达成了业绩对赌协议，且后公司业绩远不及约定目标，投资人要求大股东返还投资款。投资人和大股东就上述投资款签订了结算协议，将返还的投资款转换为借款，并按双方对赌协议中约定的对赌条件，约定利息和违约金的合计年利率为30%。考虑到双方的投资预期以及股权投资的市场惯例，该利率最终获得了仲裁庭的支持。再如，在笔者经办的一宗民间借贷案件中，借贷双方约定的年利率为24%，属于当时司法保护的上限标准，并约定了逾期违约金标准。在借款人违约的情况下，如果照搬原《民间借贷

司法解释》的规定"出借人与借款人既约定了逾期利率,又约定了违约金或者其他费用,出借人可以选择主张逾期利息、违约金或者其他费用,也可以一并主张,但总计超过年利率24%的部分,人民法院不予支持",仅仅支持按照年利率24%计算逾期利息,但对于双方协议中明确约定的违约金不予支持,则显然违反了双方订立合同的预期,意味着借款人即便违约,也不需要付出任何代价,这对出借人而言显然也是不公平的。因此,仲裁庭有权在个案中对利息、违约金的计算自行决定,在违约金没有明显过高的情况下,可以考虑予以适当支持。

笔者认为,仲裁本身的权利来源于当事人的选择与约定,仲裁应当在不违反法律强制性规范的框架内最大限度地尊重当事人的意思自治,这也是仲裁制度的首要原则。仲裁应当在法律规定的范围内,最大限度地允许当事人根据约定安排和处分自身权利。除非当事人的约定存在明显违法、失当,否则,应当对当事人的约定予以尊重。

作为利率市场化的体现,民间借贷中当事人对利率、期限、各项借贷费用的约定较为自由,这不仅实现了资本的合理配置,也是民间借贷在金融领域发展迅速的根本原因。在民间借贷仲裁中,当事人意思自治主要体现为仲裁员在不违反法律规定上限的情况下,对当事人自由约定的利率、违约金、复利、罚息的计算方式和数额,以及还款顺序、时间等还款方式的认可。当然,如果当事人的请求出现违法、显失公平或明显失当的情况,仲裁庭可以行使自由裁量权,依法进行调整。

(二)争议解决费用的处理

争议解决的费用承担也是仲裁与诉讼的显著区别之一。一般民间借贷诉讼案件中,由于法律依据缺乏,法院鲜有判决债务人承担债权人因主张权利所产生的诉讼费。但大多数仲裁机构的仲裁规则中都会规定,败诉方应承担胜诉方因维权所支出的合理费用。因此,在民间借贷仲裁中,争议各方有权要求仲裁庭确认各方根据各自责任大小承担相应的仲裁费用、律师费之比例。如果仲裁庭查明借款事实确已发生,并裁决债务人还款的,对于债权人因聘请律师已实际发生的、合理的律师代理费原则上予以支持。但应特别注意的是,要避免出现申请人利用仲裁加重被申请人负担的情况。例如,在笔者经办的一宗民间借贷案件中,申请人主张被申请人偿还借款1000万元,并同时主张被申请人承担主张债权所产生的律师费400万元。经仲裁庭审查,申请人主张律师费具有合同依据,但委托代理合同约定的方式为风险代理,在签订委托代理合同时已支付律师费80万元,剩余律师费320万元在案件执行完毕后支付。仲裁庭认为,虽然申请人主张的律师费具有合同依据,但收费金额已远超当地司法行政部门核定的行业指导价格,根据仲裁规则及公平合理的原则,如全额支持律师费对被申请人而言是不公平的,且裁决时剩余律师费并未实际发生,是否存在法院强制执行阶段、申请人是否会自始至终委托同一代理人代理本案、律师费日后是否会发生以及发生多少金额存在不确定性。故仲裁庭只对已实际支付的、不超过行业收费标准上限的律师费予以支持,对于裁决时未实际发生的律师费则不予处理,待申请人实际发生后另案解决。

三、民间借贷仲裁应注意查清借贷事实是否确实存在,注意防范虚假仲裁

仲裁具有高度意思自治、一裁终局、保密等特性,并以当事人达成合意的仲裁条款作为受理依据,案外第三人往往因为缺乏加入仲裁的合同依据而无法进入仲裁程序中来,加上仲裁庭相较于人民法院,在依职权调查取证方面受到一定的制约,如当事人恶意串通进行虚假仲裁的,除非证据上出现明显瑕疵或明显违反常理否则比较难以发现。

民间借贷案件是虚假诉讼与仲裁的高发领域,民间借贷虚假仲裁不仅会损害其他债权人与第三人的合法权利,同时有损仲裁的公正性与权威性,需要引起仲裁机构和仲裁员的高度关注。

当事人之所以进行虚假诉讼或仲裁,原因大致有以下几类:(1)债务人因为债务繁多,在资不抵债的情况下,通过虚假的诉讼或仲裁,将资产转移给自己控制的第三方,达到逃避债务的目的;(2)离婚案件中的当事人,借助第三人引发虚假的民间借贷案件,使自己负担债务,进而在执行程序中追加配偶为被执行人,将夫妻共同财产转移到自己控制的第三人名下,达到自己多分夫妻共同财产的目的;(3)债权人将不合法的债务比如赌债等,通过诉讼或仲裁形成具有法律效力的文书使债权合法化;(4)因房地产限购政策,购买人不具备购房资格,通过诉讼或仲裁确认虚构的民间借贷债权债务关系,并请求法院或仲裁机构以物抵债,通过强制执行将房产进行过户以达到规避房产限购政策购

买房产的目的;(5)部分民间借贷中,债权人为了避免债务人出现还款不能再提起诉讼或仲裁而导致债权实现周期延迟,在放款前与债务人共同提前确认债务,并提交仲裁,在裁决书作出后再予以实际放款等。

为防范虚假诉讼,最高人民法院出台了《关于防范和制裁虚假诉讼的指导意见》(以下简称《虚假诉讼指导意见》)。新《民间借贷司法解释》第18条比照原解释对虚假诉讼的甄别进行了原则性规定。仲裁机构审理民间借贷案件时,可以参照上述规定的认定要素,对案件进行重点甄别。

为防止当事人利用民间借贷纠纷制造虚假仲裁,在仲裁庭审环节需要对债权关系进行着重考察,考察重点依次是交易是否违反强制性法律规定、有无实际发生的交易、交易是否违反常理,以及金额、期限或当事人身份是否在债权关系中具备合理性等。其中,就甄别是否属于"虚构事实"而言,应注重查清以下法律事实:

1. 厘清当事人各方的关系,询问出借人提供借款的款项来源及用途,以判断是否存在民间借贷关系,防范不法债务被确认,若存在集资转贷或信贷资金转贷的情形,将涉及合同效力的问题。

2. 注重考察出借人是否进行过催收,债务人是否归还过借款等事实,如借款支付、还款等结算记录,检验数额之间是否相互印证,以及在当事人提交的证据中是否有相应的书面证据,包括但不限于借贷合同、借款凭证、交付记录等。

3. 大额借款须查清出借人是否具备提供借款的经济实力以及是否存在转账支付记录,以明确借款是否已经实际发生。大额借款的金额按照交易地的经济发展情况和交易习惯进行确定,由仲裁员自行掌握。以笔者经办的案件为例,在经济发达的深圳特区,一般案件如果借款金额超过人民币100万元,则倾向于认定为"大额借款"。当然,是否界定为"大额借款",归根结底与借款人的身份地位、经济实力、交易习惯有重大关系。对于大额借款,一般应要求出借人提供具体的银行转账支付记录,如果出借人无法提供,又不能对大额现金的提款记录、交易惯例有合理的解释,则倾向于对不能提供证明或解释部分的借款事实不予确认。

4. 如债务人明显无偿债能力或不存在合理的大额资金需求,却仍承担高额负债且债权人未要求其提供相应担保的,则难以证明该债务关系的发生具有合理性;又因当事人之间往往存在其他商业交易行为,故即便存在转账交易流水,亦应查清转账交易流水是否是借款,而不是其他往来款。

除虚构债权债务事实外,当事人还可能利用仲裁规避程序审查。例如,在借贷关系仲裁中如债务人缺席,按照一般仲裁程序,一方缺席者视为放弃抗辩的权利,胜诉利益往往归于仲裁申请人,即债权人。比较典型的是,部分债权转让案件中,出借人将对债务人的债权转让给第三方并书面通知了债务人。根据《最高人民法院关于适用〈中华人民共和国仲裁法〉若干问题的解释》第 9 条的规定,"债权债务全部或者部分转让的,仲裁协议对受让人有效,但当事人另有约定、在受让债权债务时受让人明确反对或者不知有单独仲裁协议的除外"。一般情况下,债权人转让债权的其合同权利一并转让,仲裁协议对受让人有效,新的债权人取代出借人成为仲裁的申请人,债务人为被申请人。但由于仲裁程序无法追加出借人为第三人,若出现出借人无法参与仲裁程序、债务人又下落不明的情形时,对仲裁庭查清案件基本事实将带来很大的障碍。除非申请人提供的证据明显违法或不符合常理,否则仲裁庭只能根据仲裁规则对案件作出裁决,将胜诉利益归于申请人。

因此,为尽可能避免虚假仲裁的发生,仲裁庭在进行案件事实审理时,对于相应证据和理由应该着重审查。如无法查明借贷事实是否存在,或者仲裁庭有合理的理由怀疑借贷事实的真实性,则应当以证据不足为由,驳回申请人的申请。

四、民间借贷仲裁涉及刑事案件的处理方式

民间借贷因其行业特点,往往与吸收存款、追讨债务等行为相关联,一旦处理不当则可能触犯非法吸收公众存款、集资诈骗、洗钱等经济犯罪或暴力催收、敲诈勒索等其他犯罪,从而引发民刑审判程序交叉的问题。

新《民间借贷司法解释》第 5 条至第 8 条对民间借贷案件立案后与刑事案件交叉的几种情况比照原解释进行了重述。根据该规定,民间借贷案件中民事与刑事交织的方式和程度决定了在法院审判程序中应该采取何种处理方式。就此,《全国法院民商事审判工作会议纪要》(法〔2019〕254 号)结合《最高人民法院、最高人民检察院、公安部

关于办理非法集资刑事案件适用法律若干问题的意见》《最高人民法院、最高人民检察院、公安部关于办理非法集资刑事案件若干问题的意见》对民刑交叉案件之间的程序关系进行规范，其中的第128、129、130条指出，同一当事人因不同事实分别发生民商事纠纷和涉嫌刑事犯罪，民商事案件与刑事案件应当分别审理，如果民商事案件必须以相关刑事案件的审理结果为依据，而刑事案件尚未审结的，应根据《民事诉讼法》相关规定裁定中止诉讼，除民商事案件与涉众型经济犯罪（非法吸收公众存款罪、集资诈骗罪）所涉同一事实应不予受理外，要防止通过刑事手段干预民商事审判，搞地方保护，影响营商环境。

但在民间借贷仲裁过程中，如发生民刑交叉的情况，仲裁庭该按照何种原则处理？目前法律并没有作出任何规定。由于仲裁是独立于法院审判程序之外的争议解决机制，其程序并不直接受最高人民法院审判规则约束，仲裁庭应根据仲裁规则中的中止审理情形、当事人意思自治原则以及对案件证据的认定等因素，决定是否中止仲裁程序。若刑事问题对合同的效力不产生影响，一般情况下，仲裁庭不应对涉刑与否纳入审理范围。尤其是基本事实比较清楚，民事案件并不需要根据刑事审判结果才能查清案情，民事纠纷应当与刑事责任分开，仲裁庭有权单独审理仲裁案件，仲裁程序应当继续进行。例如，在一宗民事借贷案件审理过程中，一方当事人因酒驾被判处拘役，另一方当事人因此主张中止审理，这种中止理由显然站不住脚。而对于案件审理的核心事实，仲裁庭如发现与刑事案件可能存在明显的关联，则应该非常慎重。2019年10月施行的《关于办理非法放贷刑事案件若干问题的意见》对超越经营范围，以营利为目的，经常性地向社会不特定对象发放贷款涉嫌构成非法经营罪的入罪标准作出细化。在仲裁员审理的不同案件中，如同一当事人未经批准经常性地向不特定对象发放贷款并启动仲裁程序且出借行为明显具有反复性和营业性的，仲裁员需主动询问当事人意见结合法律规定及本地区实际情况自行对合同效力予以考察。如果仲裁庭有充足的证据并结合本地区的实际情况，可以自行判断职业放贷人的标准，仲裁员经询问可以直接作出效力的认定。一般而言，对于仲裁案件涉及刑事犯罪的，是否移送或中止审理属于仲裁机构或仲裁庭自由裁量范围，当仲裁员在审理过程中发现当事人约定的实际年利率、放贷数额存在明显异常涉嫌犯罪迹象的案件，如涉及案涉合同效力、过错分配等认定的，仲裁庭宜中止审理案件。实务中，还有一个常见的问题，仲裁程序进行的过程中，一方当事人以对方涉嫌刑事犯罪为由向仲裁机构申请中止审理，但另一方当事人不同意中止审理，仲裁庭认为刑事犯罪是否成立对案件结果无实质性影响，如果仲裁庭决定继续仲裁程序，会不会成为撤裁的理由？北京市第三中级人民法院（2014）三中民（商）特字第11582号案件对此原则进行了认定，该案仲裁被申请人焦某以案件事实涉及刑事犯罪，而北京仲裁委却未支持焦某中止仲裁程序的申请等行为属于程序违法为由，要求法院撤销由北京仲裁委作出的仲裁裁决，法院审理后认为，《北京仲裁委员会仲裁规则（2008版）》第41条第1项规定，“双方当事人共同要求或者案件审理过程中出现特殊情况需要中止审理的，可以中止仲裁程序”。是否支持当事人提出的中止审理的请求，属于仲裁庭根据案件情况自行决定的范畴，不属于《仲裁法》第58条规定的裁决可撤销情形。故对其此项撤销理由，法院不予采信，驳回了焦某撤销裁决的申请。

五、民间借贷仲裁案件的司法监督

（一）法院对仲裁裁决的监督方式

《虚假诉讼指导意见》第8条规定，“在执行公证债权文书和仲裁裁决书、调解书等法律文书过程中，对可能存在双方恶意串通、虚构事实的，要加大实质审查力度，注重审查相关法律文书是否损害国家利益、社会公共利益或者案外人的合法权益。如果存在上述情形，应当裁定不予执行……”

法院对仲裁机构所作出的仲裁裁决书具有司法监督权，但法院在执行仲裁裁决时，其司法监督的启动条件具有被动性。司法监督权的行使在立法上又限制为有限的实施条件及明确的施行方式。《民事诉讼法》第237条规定，“对依法设立的仲裁机构的裁决，一方当事人不履行的，对方当事人可以向有管辖权的人民法院申请执行。受申请的人民法院应当执行。被申请人提出证据证明仲裁裁决有下列情形之一的，经人民法院组成合议庭审查核实，裁定不予执行……人民法院认定执行该裁决违背社会公共利益的，裁定不予执行……”《仲裁法》

第58条规定,"当事人提出证据证明裁决有下列情形之一的,可以向仲裁委员会所在地的中级人民法院申请撤销裁决……人民法院认定该裁决违背社会公共利益的,应当裁定撤销"。

由上述法条可知,我国《民事诉讼法》和《仲裁法》对于已经生效仲裁裁决的规定中,法院仅在被申请人主动提出申请撤销裁决或不予执行时,才能对裁决的效力进行评价。一般认为,如法院对裁决内容进行评价,则否认了仲裁一裁终局的制度,削弱了仲裁程序本身的既判力与仲裁制度的独立性。同时,法院如对仲裁裁决的相同当事人、相同法律关系和相同请求再次进行审查,则有违民事诉讼法中的"一事不再理"原则。另外,当事人将生效仲裁裁决交由法院执行而被执行人未提出异议时,代表双方当事人就争议事项已达成合意并认可仲裁裁决,故当事人已对当前的裁决结果具有实现的合理期待。如法院在执行时有权对当事人已确认的仲裁合意作出调整,则当事人申请法院执行就需要承担已确认的结果再次陷入不确定的风险,这与通过申请法院强制执行实现自身利益的初衷是相悖的。因此,笔者认为,对已生效的裁决内容,法院无权单方进行调整或变更,应严格按照裁决书的裁决项予以全面执行。

(二)对当事人约定利率的监督

在司法实践中,仲裁凭借充分尊重当事人意思自治的特点得到民间借贷的青睐。从裁决结果的总体上看,仲裁裁决往往能够比法院判决在更大的程度上支持当事人所约定的违约金和逾期利息。

然而,对已生效的仲裁裁决书,若裁决项的利率、罚息及违约金合计超过新《民间借贷司法解释》规定的上限,在申请法院执行阶段,执行法院是否能够以利率过高为由拒绝执行?司法实践中不同的法院有不同的做法,缺乏统一规范。以笔者曾经办的一宗民间借贷执行案件为例,仲裁机构已裁决被申请人按照年利率36%向申请人支付逾期利息,申请人随后在法院申请强制执行,法院受理后却向申请人发函,只同意逾期利息按照当时《民间借贷司法解释》规定上限的年利率24%强制执行,超过年利率24%的部分则不同意强制执行,最终致使仲裁裁决书被部分执行,引起争议。

笔者对法院的上述做法持不同意见,理由是:首先,如何处理逾期利息属于仲裁庭对案件的实体处理，不属于法院司法审查范畴，亦不属于法院不予强制执行的法定事由。法院不能援引《民间借贷司法解释》的规定而否定仲裁裁决的效力。其次，如执行法院以违背社会公共利益为由主动审查，亦不构成拒绝执行的理由。仲裁裁决处理的是特定合同当事人之间的纠纷，不具有违背社会公共利益的情形。当事人主张认定过高利率的裁决将违背社会公共利益的情形，面临难以举证说明，且缺乏事实依据的困难。而法院若以社会公共利益作为不予执行裁决的理由，需要裁决的生效对宏观利益实际产生了负面影响，对此不能作狭隘的理解。故司法实践中，认定执行仲裁裁决违背社会公共利益的情形通常会受到严格限制。在民间借贷纠纷案件中，当事人对于借款利率及违约金的约定都处于根据意思自治处分自身权利的框架之内，仅对案件当事双方的个体权益作出调整和变动，远未达到在宏观利益层面产生不利影响的程度。执行法院对已生效的仲裁裁决再次自行判断执行标准，不仅无益于纠纷解决，更无法尊重和保障当事人的利益实现，这种做法无疑是欠妥的，应当予以制止。

为了促进仲裁作为非诉纠纷解决机制的发展，《最高人民法院关于建立健全诉讼与非诉讼相衔接的矛盾纠纷解决机制的若干意见》（法发〔2009〕45 号）指出，在仲裁协议效力、证据规则、仲裁程序、裁决依据、撤销裁决审查标准、不予执行裁决审查标准等方面，尊重和体现仲裁制度的特有规律，最大限度地发挥仲裁制度在纠纷解决方面的作用。如仲裁裁决的作出无程序上的瑕疵，裁决结果合法、公平、合理，且充分尊重了当事人的意思自治，法院应当在执行程序中予以充分的肯定与支持。这不仅体现了仲裁一裁终局、程序高效的优势，避免债务人恶意利用申请撤销或不予执行程序拖延履行，也有助于尽可能减少仲裁裁决被撤销或不予执行的风险，弥补仲裁程序自身执行力度薄弱的缺陷。

综上，仲裁程序作为多元化争议解决机制的重要组成部分，在解决日益频发的民间借贷纠纷中扮演着越来越重要的角色。尤其在以网络 P2P 融资为代表的迅速扩张的互联网金融领域，仲裁程序的特性也更符合互联网金融纠纷争议解决的要求。作为仲裁机构和仲裁员，对于实务中形成的经验也应不断积极总结，与时俱进，慎重地处理每一个民间借贷纠纷，以维持民间金融的健康良好秩序。

起草涉外仲裁协议的注意事项

——以中国大陆地区司法审查标准为例

翟雪明[*]

所谓涉外仲裁协议，即针对存在“涉外”因素的民商事法律关系而订立的仲裁协议。那么当我们确定法律关系具有“涉外”因素之后，是否就可以随心所欲地起草涉外仲裁协议了呢？本文就将对此问题作出分析和解答。

需要说明的是，对于涉外仲裁的司法审查程序，有可能发生在不同的国家或地区，但本文谨对有可能发生在中国大陆地区的涉仲司法审查程序展开讨论。

一、起草涉外仲裁协议时需要考量的主要因素

概括而言，对于涉外仲裁协议的起草，应当从仲裁协议的效力和功用两个方面加以重点考量。

首先，在准备起草涉外仲裁协议时，应当关注仲裁协议的效力。在当事人预测仲裁协议是否有效时，则应当首先关注由哪个法域的法院管辖，也就是涉仲司法审查程序将会发生在哪里。而后应当关注判断仲裁协议效力的准据法，即推论仲裁协议效力的大前提。而最后需要关注仲裁协议的具体内容，也就是推论仲裁协议效力的小前提。只有在明确了大前提的基础上，对小前提的审查才有意义。而对于小前提即仲裁协议具体内容的审查，则更多地体现出不同法域的特点，只有深入具体的法律规范和判例，才能从中窥出端倪。

其次，在仲裁协议的效力得以确认后，当事人可以通过对仲裁协议内容的设计，力争通过对程序事项的约定，实现更多的程序利益。

* 北京市安理律师事务所合伙人，微信 M18910023217。

二、如何确保仲裁协议有效

对于国际仲裁而言，确保仲裁协议有效，是仲裁裁决能够得到承认与执行即最终实现仲裁目的的重要前提。

（一）判断涉仲司法审查程序的发生地

一项仲裁协议是否有效，具有实效性的结论是要通过司法审查程序作出的。这就意味着，司法审查程序在哪里进行，是当事人预判仲裁协议是否有效时面临的第一个问题，因为司法审查程序中所适用的是法院地的冲突规范。[1]

《最高人民法院关于审理仲裁司法审查案件若干问题的规定》（法释〔2017〕22 号，以下简称《涉仲司法审查规定》）第 1 条中，对仲裁司法审查案件的范围作出了规定，其中有关涉外仲裁协议的司法审查程序可以概括为以下几类。

1. 确认涉外仲裁协议效力之诉

依据《最高人民法院关于适用〈中华人民共和国仲裁法〉若干问题的解释》（法释〔2006〕7 号，以下简称《仲裁法解释》）第 12 条第 2 款的规定，“申请确认涉外仲裁协议效力的案件，由仲裁协议约定的仲裁机构所在地、仲裁协议签订地、申请人或者被申请人住所地的中级人民法院管辖”。由此可见，如果仲裁协议约定的仲裁机构在中国大陆地区，或者仲裁协议的签订地在中国大陆地区，抑或仲裁协议的任一方当事人为中华人民共和国公民或在中国大陆地区注册的法人或其他组织，则针对该仲裁协议，有可能在中国大陆地区发生确认仲裁协议效力的司法审查程序。

2. 撤销涉外仲裁裁决之诉

依据《承认及执行外国仲裁裁决公约》（以下简称《纽约公约》）的规定，申请撤销仲裁裁决的管辖法院为仲裁地法院或所适用的实体法

---

〔1〕 在我国涉外涉仲司法审查中，主要适用来源于《仲裁法》及其司法解释（如司法解释第 16 条）、《民事诉讼法》及其司法解释（如该法第 260 条）、《涉外民事关系法律适用法》及其司法解释（如该法第 18 条及司法解释第 12 条）等法律规范中的冲突规范条款。

所属地法院。[1] 因此理论上，如果该项仲裁的仲裁地为中国大陆地区（仲裁协议中约定的仲裁地在中国大陆地区，或者依据适用的仲裁规则可以确认仲裁地在中国大陆地区），或者仲裁所适用的法律为中国大陆地区的实体法，那么撤销仲裁裁决的司法审查程序将有可能在中国大陆地区发生。

但实践中，由于中国大陆地区《仲裁法》所规定的撤销仲裁裁决的管辖法院为仲裁机构所在地的中级人民法院，[2] 因此，结合上述《涉仲司法审查规定》的内容，通常情况下只有在仲裁机构为中国大陆地区的国际仲裁机构时，当事人才可以申请在中国大陆地区撤销该涉外仲裁裁决。

3. 承认与执行外国仲裁裁决

如果案件的被申请人为中华人民共和国公民或在中国大陆地区注册的法人或其他组织，或者被申请人有可供执行的财产在中国大陆地区，那么申请人有必要考虑在中国大陆地区发起承认与执行国际仲裁裁决的程序。

按照《纽约公约》的规定，在承认与执行国际仲裁裁决的程序中，如果法院认为作出仲裁裁决所依据的仲裁协议系无效的仲裁协议，则

---

〔1〕《纽约公约》第 5 条第 1 款 e 项原文为：

Article V

1. Recognition and enforcement of the award may be refused, at the request of the party against whom it is invoked, only if that party furnishes to the competent authority where the recognition and enforcement is sought, proof that:

(e) The award has not yet become binding on theparties, or has been set aside or suspended by a competent authority of the country in which, or under the law of which, that award was made.

译文为：

第 5 条

一、裁决仅在受裁决援用的一方当事人向申请承认及执行地的主管机关提出证据证明有下列情形之一时，才可以根据该当事人的请求拒绝承认和执行：

（戊）裁决对当事人尚无拘束力，或裁决已经由作出裁决的国家或据其法律作出裁决的国家的有权机关撤销或者停止执行。

〔2〕《仲裁法》第 58 条规定："当事人提出证据证明裁决有下列情形之一的，可以向仲裁委员会所在地的中级人民法院申请撤销裁决：……"

可以拒绝承认和执行该仲裁裁决。[1] 因此,对仲裁协议效力的审查,是极有可能发生在承认与执行国际仲裁裁决的司法审查程序中的。

如以上分析,如果当事人认为其起草的仲裁协议将有可能在中国大陆地区面临司法审查,那么就有必要进一步思考在中国大陆地区的司法审查程序中以何标准确认仲裁协议的效力。

(二)判断确认仲裁协议效力的准据法(以下简称仲裁协议准据法)

对准据法的确定是判断涉外仲裁协议效力的大前提,当法官需要判断涉外仲裁协议效力时,首先要做的就是确定其准据法。而对于仲裁协议准据法的确定,则需要法官依据法院地的相关冲突规范加以甄别。

在中国大陆地区,有关仲裁协议准据法的冲突规范集中体现在以下四段法律条文中(按生效时间顺序排列):

一是《仲裁法解释》第 16 条规定,“对涉外仲裁协议的效力审查,适用当事人约定的法律;当事人没有约定适用的法律但约定了仲裁地的,适用仲裁地法律;没有约定适用的法律也没有约定仲裁地或者仲裁地约定不明的,适用法院地法律”。

二是《涉外民事关系法律适用法》第 18 条规定,“当事人可以协议

---

〔1〕《纽约公约》第 5 条第 1 款 a 项原文为:

Article V

1. Recognition and enforcement of the award may be refused, at the request of the party against whom it is invoked, only if that party furnishes to the competent authority where the recognition and enforcement is sought, proof that:

(a) The parties to the agreement referred to in article II were, under the law applicable to them, under some incapacity, or the said agreement is not valid under the law to which the parties have subjected it or, failing any indication thereon, under the law of the country where the award was made; or…

译文为:

第 5 条

一、裁决仅在受裁决援用的一方当事人向申请承认及执行地的主管机关提出证据证明有下列情形之一时,才可以根据该当事人的请求拒绝承认和执行:

(甲)第二条所提到的协议的当事人根据对其适用的法律处于某种无行为能力情形,或根据当事人约定的准据法协议无效,或未约定准据法时,依裁决地所在国法律协议无效;或……

选择仲裁协议适用的法律。当事人没有选择的,适用仲裁机构所在地法律或者仲裁地法律”。

三是《最高人民法院关于适用〈中华人民共和国涉外民事关系法律适用法〉若干问题的解释(一)》(法释〔2012〕24 号,经法释〔2020〕18 号修正)第 12 条规定,“当事人没有选择涉外仲裁协议适用的法律,也没有约定仲裁机构或者仲裁地,或者约定不明的,人民法院可以适用中华人民共和国法律认定该仲裁协议的效力”。

四是《涉仲司法审查规定》(法释〔2017〕22 号)第 16 条规定,“人民法院适用《承认及执行外国仲裁裁决公约》审查当事人申请承认和执行外国仲裁裁决案件时,被申请人以仲裁协议无效为由提出抗辩的,人民法院应当依照该公约第五条第一款(甲)项的规定,确定确认仲裁协议效力应当适用的法律”。

从以上冲突规范中,我们可以归结出在中国大陆地区的涉仲司法审查中确定仲裁协议准据法的基本规则,即:

第一,当事人可以约定确认仲裁协议准据法,如果约定了该准据法,法院应当直接适用;

第二,如果当事人没有约定仲裁协议准据法,对于在 2010 年《涉外民事关系法律适用法》生效之前签订的仲裁协议,若约定了仲裁地,则应当适用仲裁地法为准据法;

第三,如果当事人没有约定仲裁协议准据法,对于在 2010 年《涉外民事关系法律适用法》生效之后签订的仲裁协议,应当适用仲裁机构所在地或仲裁地法作为准据法;

第四,当事人既没有约定仲裁协议准据法,也没有约定仲裁机构或仲裁地,或者约定不明的,适用法院地法即中国大陆地区法律作为仲裁协议准据法。

经过以上归纳,确定准据法的过程看似明确,但在实践中仍然存在以下两个颇有争议的问题,这两个问题使得法院在决定仲裁协议准据法时仍然存在不确定性。

1. 合同约定的准据法究竟仅仅是解决实体问题的准据法还是包含确认仲裁协议效力的准据法?

商事合同条款中一般会包含“法律适用”条款,该种条款在文字表述上通常是概括性的,并没有直接表明双方选择的适用法律究竟是仅指解决合同实体争议所适用的法律,还是也包含仲裁协议准据法。

对于当事人在订立"法律适用"条款时的真实意思表示,通常有两种不同的理解,而这两种理解也直接导致司法实践中两种不同的裁判思路。如果将有关"适用法律"的概括性规定理解为仅针对实体争议所适用的法律,则结论是当事人没有在协议中约定仲裁协议准据法;而如果结合合同上下文的内容,并对条款的文字进行适当解释,从而推论出该条款的约定包含对于仲裁协议准据法的约定,则结论是法院应当直接适用该条款约定的法律来判断案涉仲裁协议是否有效。

2007 年,最高人民法院作出(2006)民四终字第 28 号中国恒基伟业集团有限公司、北京北大青鸟有限责任公司与广晟投资发展有限公司、香港青鸟科技发展有限公司借款担保合同纠纷案裁定书。

争议合同中约定的仲裁协议及法律适用条款为,"四方应妥善解决履行中发生的争议,协商解决不成的,提交仲裁解决。本协议适用中华人民共和国香港特别行政区法律"。

最高人民法院认为,"当事人对确定仲裁条款效力的准据法是可以在合同中约定的,但这种约定必须是明确约定,合同中约定的适用于解决合同争议的准据法,不能用来判定涉外仲裁条款的效力"。

此后《涉仲司法审查规定》第 13 条即对该问题作出了概括性的规定,"当事人协议选择确认涉外仲裁协议效力适用的法律,应当作出明确的意思表示,仅约定合同适用的法律,不能作为确认合同中仲裁条款效力适用的法律"。

2017 年,无锡市中级人民法院作出(2015)锡商外仲审字第 2 号中以欧国际投资集团有限公司申请无锡市新区旺庄科技发展有限公司、无锡法兰克盖姆普能源控制有限公司认可和执行香港特别行政区仲裁裁决民事裁定书。

对于合同中相邻的"法律适用"条款与"争议解决"条款的关系,无锡中院认为,"第十六章为法律适用,第四十三条约定'本合同的订立、效力、解释、履行和争议的解决均受中华人民共和国法律的管辖'。第十七章为争议的解决,第四十四条约定'凡因执行本协议所发生的或与本协议有关的一切争执,双方应协商解决。如果协商不能得到解决,应提交香港国际仲裁中心由单个仲裁员根据仲裁中心规则进行仲裁……'第四十四条仲裁条款即属于'争议的解决'条款,根据上下文文字的逻辑关系，以及从合同文本的整体性来理解，可以认定三方对于仲裁条款适用的准据法有了明确的约定，即适用中华人民共和国内地法律”。

基于以上判例不难发现，法院的态度经历了一个变化的过程，从完全否认概括性“法律适用”条款对于仲裁协议准据法的影响，到一定程度上将概括性条款解释为包含对于仲裁协议准据法的约定。在中国大陆地区近些年的司法实践中，多数法院似乎更倾向于综合合同签订的情况以及合同上下文的约定进行综合考量，从而将未加说明的概括性的“法律适用”条款解释为包含对仲裁协议准据法的约定。

因此，对于签订涉外仲裁协议的当事人而言，如果希望以某一特定法域的法律作为协议效力准据法，就不要完全寄希望于通过对仲裁地或仲裁机构的约定进行间接选择，而应在协议中直接作出明确具体的关于仲裁协议准据法的约定，以避免司法审查中法院对“法律适用”条款进行解释所带来的不确定性。

2. 当事人没有直接约定仲裁协议准据法，却同时约定了仲裁机构和仲裁地，且仲裁机构所在地与仲裁地不一致，如何确定仲裁协议准据法？

按照《仲裁法解释》的规定，如果当事人没有约定仲裁协议准据法，应当适用仲裁地法，法律连接点只有一个，即仲裁地；而按照《涉外民事关系法律适用法》的规定，如果当事人没有约定仲裁协议准据法，则应当适用仲裁地法或仲裁机构所在地的法律，同时存在两个或然的法律连接点，即仲裁地或仲裁机构所在地。

为了更清楚地说明由两个法律连接点引申的更多变化，可将连接点的选择归纳为以下四种情况加以讨论：

（1）当事人仅约定了仲裁地，但没有约定仲裁机构。这种情况比较简单，以仲裁地法作为确认仲裁协议效力的准据法即可。

（2）当事人仅约定了仲裁机构，但没有约定仲裁地。这种情况比较常见，以仲裁机构所在地的法律作为确认仲裁协议效力的准据法即可。事实上，如果约定了仲裁机构，按照各国际仲裁机构的仲裁规则，一般情况下，在当事人没有约定仲裁地的情况下，仲裁机构所在地即为仲裁地。

（3）当事人约定仲裁地的同时约定了仲裁机构，且仲裁地与仲裁机构所在地相同。在这种情况下，无论选择哪一个连接点，适用的准据法都是一样的。

(4)当事人约定仲裁地的同时约定了仲裁机构，但仲裁地与仲裁机构所在地不同。这种情况引起的争议较大，原因在于依据《涉外民事关系法律适用法》的规定，两个连接点都可以确定仲裁协议准据法，而依据两个连接点所得出的结论并不相同。

《涉仲司法审查规定》第14条对于这个问题提出了解决办法，即，“人民法院根据《中华人民共和国涉外民事关系法律适用法》第十八条的规定，确定确认涉外仲裁协议效力适用的法律时，当事人没有选择适用的法律，适用仲裁机构所在地的法律与适用仲裁地的法律将对仲裁协议的效力作出不同认定的，人民法院应当适用确认仲裁协议有效的法律”。

尽管上述规定能够指导审判实践工作，但并没有明确提出或暗示出法理层面的依据。而笔者认为，当出现两种连接点得出不同结论的情况时，仲裁地的法律应当优先于仲裁机构所在地的法律作为确认仲裁协议效力的准据法。

原因在于：首先，《纽约公约》中规定的确认仲裁协议效力的连接点仅有仲裁地，而公约并未强调仲裁机构所在地的概念，因此按照国际仲裁的惯例，以仲裁地为优先的连接点更易于为各法域的法律人士所接受。其次，仲裁地的概念不仅对于临时仲裁适用，对于机构仲裁同样适用，而仲裁机构所在地在临时仲裁中则没有意义。因此在逻辑上，确认临时仲裁协议的效力，只能适用仲裁地法律。

以上我们以中国大陆地区的法律规范为例，探讨了确认涉外仲裁协议效力的大前提即准据法的问题，接下来我们将结合若干典型判例，对于确认仲裁协议的小前提进行说明。

(三)中国大陆地区法院认定涉外仲裁协议效力的实践标准

围绕《仲裁法》中对于仲裁协议效力的规定，中国大陆地区在涉仲司法审查实践中已经出现了诸多典型判例，我们从中归纳出以下内容，以期能够为起草涉外仲裁协议的当事人提供借鉴。

1. 以中国大陆地区法律作为仲裁协议准据法时，仲裁协议中务必约定明确的仲裁机构(存在例外情形)

按照《仲裁法》第16条的规定，约定的仲裁协议中必须包含选定的仲裁机构，这意味着中国大陆地区原则上不认可临时仲裁协议的效力。因此，在能够预测准据法为中国大陆地区法律后，当事人应当明确约定仲裁机构，以确保仲裁协议有效。

同时，鉴于《仲裁法解释》第3条至第6条的规定，在约定仲裁机构时，还应当注意以下细节：

(1)《仲裁法解释》第3条规定，“仲裁协议约定的仲裁机构名称不准确，但能够确定具体的仲裁机构的，应当认定选定了仲裁机构”。

这一规定要求当事人约定的仲裁机构名称应当是准确的，或者能够通过约定的称谓确定唯一的仲裁机构。因此当事人在订立仲裁协议时，可以通过相应仲裁机构的官方网站，查证仲裁机构的准确名称。

(2)《仲裁法解释》第4条规定，“仲裁协议仅约定纠纷适用的仲裁规则的，视为未约定仲裁机构，但当事人达成补充协议或者按照约定的仲裁规则能够确定仲裁机构的除外”。

同时《涉仲司法审查规定》第15条规定，“仲裁协议未约定仲裁机构和仲裁地，但根据仲裁协议约定适用的仲裁规则可以确定仲裁机构或者仲裁地的，应当认定其为《中华人民共和国涉外民事关系法律适用法》第十八条中规定的仲裁机构或者仲裁地”。

上述规定要求当事人如果仅约定适用的仲裁规则，则需要确保该仲裁规则中明确规定了“选择规则即视为选择仲裁机构”，如ICC〔1〕2012年生效的现行仲裁规则。

在最高人民法院对浙江省高级人民法院关于宁波市北仑利成润滑油有限公司与法莫万驰公司买卖合同纠纷一案仲裁条款效力问题的请示作出的(2013)民四他字第74号复函中，当事人签订的仲裁条款显示，“任何各方之间所产生的或有关的建设、意义和操作或违反本合同效力的所有争议或分歧应通过仲裁在北京解决，国际商会的仲裁规则(ICC)和依据其所作的裁决对双方当事人具有约束力。仲裁庭应依据中华人民共和国法律，并应以华语进行”。

对此最高人民法院认为，“双方当事人在合同中约定了适用国际商会仲裁规则进行仲裁，因此应当按照订立合同时有效的国际商会仲

---

〔1〕 ICC指国际商会仲裁院，即对于“The International Court of Arbitration of the International Chamber of Commerce”的简称。

裁规则来确定本案仲裁条款是否约定了仲裁机构。2012 年 1 月 1 日生效的国际商会仲裁规则第六条第二款[1]规定，'当事人同意按照仲裁规则进行仲裁，即接受由仲裁院对该仲裁进行管理'，故国际商会仲裁院对仅约定适用其规则但未同时约定其他仲裁机构仲裁的合同争议具有管辖权。本案当事人约定适用国际商会仲裁规则但未同时约定其他仲裁机构进行仲裁，应当认为当事人的约定属于'按照约定的仲裁规则能够确定仲裁机构'的情形"。

(3)《仲裁法解释》第 5 条规定，"仲裁协议约定两个以上仲裁机构的，当事人可以协议选择其中的一个仲裁机构申请仲裁；当事人不能就仲裁机构选择达成一致的，仲裁协议无效"。

这一规定要求当事人需要最终选定一个仲裁机构，由于产生争议后的双方当事人很难再达成一致，因此如果在订立仲裁协议时选择了多家仲裁机构，则很有可能最终导致仲裁协议无效。

(4)《仲裁法解释》第 6 条规定，"仲裁协议约定由某地的仲裁机构仲裁且该地仅有一个仲裁机构的，该仲裁机构视为约定的仲裁机构。该地有两个以上仲裁机构的，当事人可以协议选择其中的一个仲裁机构申请仲裁；当事人不能就仲裁机构选择达成一致的，仲裁协议无效"。

根据这一规定，当事人在选择仲裁机构时应当尽量避免以约定仲裁机构所在地的形式约定仲裁机构。在中国大陆地区的发达城市中，往往一个城市会容纳两家以上的国际仲裁机构，特别是北京、上海、深圳等地，在这种情况下，如果仅约定仲裁机构所在地，极有可能造成仲裁协议无效。

当然，尽管原则上中国大陆地区不认可临时仲裁条款的效力，但也并非没有例外。2016 年 12 月 30 日，最高人民法院印发了《关于为自由贸易试验区建设提供司法保障的意见》，其中第 9 条第 3 段规定，"在自贸试验区内注册的企业相互之间约定在内地特定地点、按照特

---

〔1〕 ICC 2012 年仲裁规则第 6 条第 2 款原文为：

Article 6: Effect of the Arbitration Agreement

2) By agreeing to arbitration under the Rules, the parties have accepted that the arbitration shall be administered by the Court.

定仲裁规则、由特定人员对有关争议进行仲裁的,可以认定该仲裁协议有效……”由此确立了自贸区项下临时仲裁制度,也是中国大陆地区法律中关于仲裁协议必须明确选定仲裁机构这一规则的例外。

2. 以中国大陆地区法律作为仲裁协议准据法时,对于约定外国仲裁机构在中国大陆地区仲裁的协议效力问题

这种仲裁协议的典型情形是:当事人约定由外国仲裁机构进行仲裁,同时约定仲裁地在中国大陆地区。这类仲裁协议的执行,涉及外国仲裁机构是否能够获得进入中国仲裁市场的管理性问题,同时也涉及基于此类仲裁协议作出的仲裁裁决能否基于《纽约公约》在中国大陆地区得到承认和执行的法律技术性问题。因此,对于此类仲裁协议效力的判断,一度存在较大争议。

支持此类仲裁协议有效的观点认为:此类仲裁协议亦属于双方当事人真实意思表示。仲裁条款中具有请求仲裁的意思表示和约定的仲裁事项,并选定了明确具体的仲裁机构,符合《仲裁法》第 16 条中对于有效仲裁协议的要求,系有效的仲裁协议。

支持此类仲裁协议无效的观点认为:《仲裁法》第 10 条规定,设立仲裁委员会,应当经省、自治区、直辖市的司法行政部门登记。仲裁在中国大陆地区是需要经过行政机关特许才能提供的专业服务,中国政府并未向国外开放仲裁市场,故国外仲裁机构依法不能在中国大陆地区进行仲裁。

而随着我国仲裁制度的逐步国际化,在司法实践中逐步形成了确认上述仲裁协议有效的裁判规则。

2013 年,最高人民法院对于申请人安徽省龙利得包装印刷有限公司与被申请人 BP Agnati S. R. L 申请确认仲裁协议效力一案作出了(2013)民四他字第 13 号复函,对类似仲裁协议的效力问题给出了较为明确的答复。

案涉仲裁条款约定,“因合同而发生的纠纷由国际商会仲裁院进行仲裁,同时还约定‘管辖地应为中国上海’(PLACE OF JURISDICTION SHALL BE SHANGHAI,CHINA)”。

最高人民法院的复函对约定外国仲裁机构在中国大陆地区仲裁的仲裁协议效力作出了简单明确的判断,即,“涉案仲裁协议有请求仲裁的意思表示,约定了仲裁事项,并选定了明确具体的仲裁机构,应认

定有效”。

据此，在以中国大陆地区法律作为仲裁协议准据法的情况下，约定由外国仲裁机构在中国大陆地区仲裁（仲裁地在中国）是可行的，由此作出的裁决能够在中国大陆地区得到承认与执行。

3. 以中国大陆地区法律作为仲裁协议准据法时，对于混合仲裁条款效力的认定情况

“混合仲裁条款”是指约定由某一仲裁机构根据非该仲裁机构的规则进行仲裁的条款。在以中国大陆地区法律作为仲裁协议准据法的情况下，“混合仲裁条款”中体现了仲裁的意思表示、约定了仲裁事项、选定了仲裁机构，在原则上符合准据法对于有效仲裁协议的要求。

结合中国大陆地区法院在2013－2016年相继作出的生效判例来看，尽管原则上“混合仲裁条款”为中国大陆地区法律所接受，但当事人在起草“混合仲裁条款”时，仍然需要考量以下几个方面的问题，以避免风险：

（1）约定适用的仲裁规则是否在约定的仲裁机构具有可执行性。

2013年，杭州市中级人民法院作出了（2011）浙杭仲确字第7号申请人ALSTOM Technology Ltd. 与被申请人浙大网新科技股份有限公司申请承认和执行外国仲裁裁决案裁定书（浙大网新案）。

案涉仲裁条款约定，“任何争议由新加坡国际仲裁中心（SIAC[1]）按照届时有效的国际商会国际仲裁院（ICC）仲裁规则在新加坡仲裁解决，仲裁庭由本条款规定的规则指定的三名仲裁员组成”。

杭州中院在裁定中认为：案涉仲裁庭的组成不符合双方当事人在仲裁协议中的约定，因为根据《国际商会仲裁规则》第8.4条规定，首席仲裁员只能由国际商会仲裁院任命，但案件仲裁过程中SIAC按照《新仲仲裁规则》第8.1“由两位边裁选定首席仲裁员”的规定选定了首席仲裁员。由此，法院对于由SIAC作出的仲裁裁决不予承认与执行。

该判例告诉我们：约定适用的仲裁规则与约定的仲裁机构组织结构的契合程度越高，该规则在约定的仲裁机构得到有效执行的难度就

〔1〕 SIAC指新加坡国际仲裁中心，即对于“Singapore International Arbitration Centre”的简称。

越低，也就越能保证仲裁程序的顺利进行和仲裁裁决最终得到承认和执行。

因此，当事人在起草“混合仲裁条款”时，需要审查约定的仲裁规则与约定的仲裁机构之间的契合度，以免给仲裁机构管理仲裁程序造成困难，以及给仲裁裁决留下不被承认与执行的风险。

（2）可以选择适用临时仲裁规则，如 UNCITRAL[1] 仲裁规则。

2014 年，宁波市中级人民法院作出了（2012）浙甬仲确字第 4 号浙江逸盛石化有限公司、英威达技术有限公司等申请确认仲裁协议效力民事裁定书（逸盛石化案）。

案涉仲裁条款约定，“仲裁应当在中国北京中国国际经济贸易仲裁中心进行，并适用现行有效的《联合国国际贸易法委员会仲裁规则》”。

最高人民法院在给浙江高院的复函中认为，“本案所涉的仲裁条款并不违反《中华人民共和国仲裁法》的规定，应当认定为有效”。

在这个判例中，宁波中院与浙江高院在上报最高人民法院的报告中，都重点关注了 UNCITRAL 仲裁规则的性质问题。但最高人民法院复函的内容已经表明，约定适用的仲裁规则并不是影响仲裁协议效力的因素。最终宁波中院在裁定书中也予以说明，尽管 UNCITRAL 仲裁规则的制定初衷是为了适用于临时仲裁，但并不排斥常设仲裁机构适用该规则。

（3）应注意如何应对 ICC 2012 年规则项下排除其他仲裁机构适用其规则的条款。

2016 年，北京市第二中级人民法院作出（2015）二中民特字第 13516 号北京首信股份有限公司与微软移动（中国）投资有限公司申请撤销仲裁裁决一审民事裁定书，驳回了当事人撤销仲裁裁决的申请。

案涉仲裁条款约定，“……如在该等有关争议的通知之日后六十日内双方未通过友好协商达成和解，任何一方可将争议事件提交中国国际经济贸易仲裁委员会（‘仲裁委’），由三名仲裁员（不包括芬兰或中国公民）组成仲裁庭，根据国际商会的调解仲裁规则（‘仲裁规则’）

---

〔1〕 UNCITRAL 指联合国国际贸易法委员会，即对于“The United Nations Commission on International Trade Law”的简称。

及本协议第10.2条的规定在北京进行终局仲裁”。

北京二中院在裁定中认为,“‘选择仲裁规则等于选择仲裁机构’的原则一般适用于当事人仅对仲裁规则作出约定而未约定仲裁机构的情形,而本案双方当事人明确约定贸仲为解决双方争议的仲裁机构。贸仲决定适用1998年《ICC规则》审理案件,不影响贸仲作为该仲裁案件唯一的仲裁机构行使对案件的管理权。贸仲履行收取仲裁费、核阅裁决书等管理职能未违反法定程序,并无不当”。

在该判例中,仲裁程序适用的是ICC 1998年仲裁规则,而ICC在2012年推出了新规则,2012年规则第1条第2款规定,“仲裁院是唯一经授权对仲裁规则项下仲裁活动实施管理的机构”。[1] 该规则第6条第2款亦规定,“当事人同意按照本仲裁规则进行仲裁,即接受由仲裁院对该仲裁实施管理”。

尽管上述判例中的仲裁程序发生在ICC推出2012年新规则之前,但从北京二中院的裁判思路来看,当事人约定的仲裁机构可以履行选定的规则中关于机构管理的职能,不应受到除当事人约定内容以外的其他约束,且对于适用规则的选择应当充分尊重当事人的约定。

据此,如沿用上述裁判逻辑,即使适用ICC 2012年新规则也不应影响该种“混合仲裁协议”的效力。但为保险起见,我们建议起草涉及ICC 2012规则的仲裁协议时,当事人能够在仲裁协议中作出特别约定,即约定,“由×××仲裁机构适用ICC 2012年规则管理仲裁,但排除ICC 2012年规则第1条第2款和第6条第2款的适用”。如此则可以确保该“混合仲裁条款”的效力不至于因为上述两条规则而受到影响。

---

〔1〕 ICC 2012年仲裁规则第1条第2款原文为:

Article 1: International Court of Arbitration

2) The Court does not itself resolve disputes. It administers the resolution of disputes by arbitral tribunals, in accordance with the Rules of Arbitration of the ICC (the “Rules”). The Court is the only body authorized to administer arbitrations under the Rules, including the scrutiny and approval of awards rendered in accordance with the Rules. It draws up its own internal rules, which are set forth in Appendix II (the “Internal Rules”)

三、如何发挥仲裁协议的效用

在确认仲裁协议有效的基础上，当事人可以考虑如何通过在仲裁协议中对特定程序事项的约定，最大限度地维护自身的程序权利，甚至通过合理的方式在仲裁程序中占据优势。

在涉外仲裁协议中，由于涉及跨地域仲裁的问题，有以下一些事项当事人可以给予特别关注，这些事项通常是可以在仲裁协议中或伴随着仲裁协议一并作出约定的。对于这些事项的确定，都会直接关系仲裁程序对当事人的"友好程度"，甚至直接或间接地影响仲裁结果。

（一）仲裁地的选择

除了前文已经述及的对于仲裁协议准据法的影响外，在约定仲裁地时，当事人对于以下两个因素应当予以关注：

1. 仲裁地作为撤销仲裁裁决申请的管辖地

尽管按照《纽约公约》的字面表述，被仲裁地法院撤销的仲裁裁决，仍然可以得到执行地法院的承认与执行。但是实践中如果一份仲裁裁决已经被仲裁地法院撤销，那么在执行地也存在较大可能被不予承认与执行。因此，对于很可能成为仲裁申请方的当事人，在选择仲裁地时，应当尽量选择对仲裁制度持友好和开放态度的国家或地区，以减少裁决被撤销的风险。

2. 仲裁地所决定的裁决国籍对于执行地法院的影响

尽管《纽约公约》的缔约国已经达到 157 个，但与此同时，不少国家相互之间还签订了双边司法协助协定，并将双边条约作为相互承认与执行仲裁裁决的基础依据。因此，作为很可能成为仲裁申请方的当事人，在选择仲裁地时，应当考虑该仲裁地与执行地国家之间是否存在有关互相执行仲裁裁决的互惠协定，如果存在，则可以大大提高仲裁裁决获得承认与执行的效率。

（二）仲裁语言的选择

对于仲裁语言的约定已经越来越成为国际仲裁当事人力求在仲裁活动中体现其话语权的重要领域。

显然，如果约定的仲裁语言为一方当事人的母语，那么对于该方当事人而言，其与仲裁庭的沟通会更为顺畅，表达观点会更为充分。

此外不容忽视的是，对仲裁语言的熟悉程度与仲裁成本呈现反比关系，对仲裁语言越熟悉，仲裁成本越小。这些成本包括文件的翻译成本、与专业律师的沟通成本、与专家证人的沟通成本等。

(三)对于仲裁庭组成的特别约定

按照《纽约公约》的规定，"仲裁庭的组成或仲裁程序与当事人间协议不符，或当事人间没有协议时同仲裁地所在国法律不符者"，仲裁裁决不应得到承认与执行。从此规定可以看出，对于仲裁庭的组成方式和仲裁程序，当事人之间的约定是第一位应予考虑的。

而对于仲裁庭组成方式和仲裁程序的具体约定，当事人可以在订立仲裁条款时考虑以下几方面事项：

1. 仲裁员的产生方式

按照各个国际仲裁机构的仲裁规则，仲裁员的产生方式多种多样，可以由当事人自行选定，可以由仲裁机构指定，也可以由选定的仲裁员指定第三位仲裁员，或者采取推荐名单等更为复杂的方式。当事人完全可以依据自己的偏好以及对公平程序的理解在仲裁协议中对仲裁员的产生方式作出事前约定。

2. 仲裁员的国籍与资质

在国际仲裁中，双方当事人的国籍往往不同，因此，仲裁员的国籍不出意料地成为敏感问题之一。对此，不妨在订立仲裁协议时即作出约定，例如约定仲裁员只能来自第三国，或者排除具有某一利益相关方国籍的仲裁员进入仲裁程序。

另一个当事人经常约定的事项是仲裁员具备的资质。例如，当事人考虑到案涉合同是基于香港地区法律订立，应当对香港地区法律进行解释与适用，因此仲裁员应当具有香港地区律师资格。再例如，案涉交易具有某一领域的专业性，比如在建设工程案件中，当事人可以约定由具有英国皇家特许建造学会[1]颁发的皇家特许建造师资格的

---

〔1〕 英国皇家特许建造学会(The Chartered Institute of Building,CIOB)是一个主要由从事建筑管理的专业人员组织起来的社会团体，是一个涉及建设全过程管理的专业学会。该学会成立于1834年，至今已有180多年的历史，在1980年获得皇家的认可。在过去的多年中，CIOB会员具有不同的层次，其中层次最高的两类会员，即资深会员(FCIOB)和正式会员(MCIOB)，被称为"皇家特许建造师"(Chartered Builder)。

专业人士作为仲裁员。

3. 个别程序事项的特别安排

通常情况下,当事人选择适用某一仲裁规则,意味着适用该规则中的所有条款。而如果当事人对于某些程序事项存在特殊需求,也是可以在仲裁协议中作出特别约定的。例如为提高仲裁效率,协议放弃特定的期限权利,再例如对于证据的提交方式、交换方式、质证方式等,都可以进行事前约定,以节约仲裁资源和时间成本。

(四)开庭地的选择

国际仲裁的庭审通常要持续较长的时间,跨度达到几天甚至一周的时间。参与开庭不仅涉及当事人及代理人自身的食宿和交通问题,也需要由当事人安排相应的事实证人和专家证人赶赴开庭地点。因此,如果开庭地约定在对一方当事人相对便利的地方,该方当事人的仲裁成本会相对降低,对庭审的准备也会相对从容。

以上事项都是当事人在订立仲裁协议的过程中可以特别考量并作出具体约定的,特别是对于处在谈判优势地位的一方当事人而言,订立仲裁协议的过程也是充分利用其谈判优势地位的过程。

四、小结

对于起草涉外仲裁协议的当事人而言,所希望实现的核心目的必然是使该仲裁协议发生相应的效用,而实现这一目的所面临的阻力主要来源于涉仲司法审查程序。因此,当事人可以按照以下步骤展开评估和规划:

第一步,评估涉仲司法审查程序会发生在哪个国家或地区,因为法院首先会适用法院地法中的冲突规则。第二步,法院地法中的冲突规则决定了仲裁协议准据法,而准据法正是判断仲裁协议效力的大前提。第三步,关注确认仲裁协议效力的小前提,也就是关注法院如何认定仲裁协议中的具体约定内容,进而判断该内容是否与准据法相容。第四步,在能够基本确认仲裁协议有效的前提下,作为具有谈判优势的一方当事人,还可以考虑如何通过对仲裁程序事项的事先约定,使己方以合理合约的方式在仲裁程序中占据优势。

法务指引

法务邮件文书写作指要

周政宇*

本文所述关于法务邮件文书写作的各个要点，均系参考性规范，具体业务上，请根据所在公司的管理需要作出调整，并优先遵从本单位的文书要求。

一、格式

1. 作用：

格式美观是第一位的，文书第一眼看上去一定要整齐好看，不能乱，不仅仅是因为胡乱格式降低信息传递效率，更重要的是，文书样式就是法务形象，特别是大型机构里，法务很难与高管有直接交流的机会，印象大多来自传递的邮件文书，这几乎是管理层判断法务能力的基础。

2. 格式指引：

(1)字体：使用一个字体，并与管理层喜好保持一致，不知道的，选宋体/微软雅黑最安全。

(2)字号：使用一个字号五号、行距固定值22磅，不使用斜体、下划线、底纹和彩色字体。除标题可以加粗外，其他不要。

(3)序号：使用数字编号，不超过三级，两级编号使用1、1)，三级使用一、1、1)，不要使用项目符号，例如"□""●"等。

(4)标点：不用"?""!"。

二、简称

1. 公司名称简写：应与管理层习惯保持一致，不清楚的可以与公司官网中公司介绍的简称保持一致。推荐使用公司商号。示例：金×

* 众安在线财产保险股份有限公司法律合规部总监。

门食品(中国)有限公司,简写金×门。

2. 部门不简写。

3. 不要使用“该”“其”“对方”“甲方”“他方”之类的代词,容易造成信息获取障碍,浪费时间。若集团公司有较多公司,治理体系复杂的,直接使用商号做简写,不要使用“我司”之类,以免误解,导致不清楚是哪个法人实体。

4. 政府及监管机构简称:与业界习惯保持一致,可以从官方媒体上获取标准简写。

5. 高管简称:与公司同事惯用称呼保持一致,若姓氏相同的,以名+总的方式称呼。例如:蒋梅梅和蒋建丰同时出现,称呼为:梅梅总、建丰总。

三、邮件标题

1. 提供给管理层的邮件,在前方应明示:【请示/报告】,并根据需要添加【紧急】,请示用于请管理层决策的事项,汇报用于请管理层知悉的事项,例如分析意见、某事的报告等。示例:

(1)请领导决策是否购系统,【请示】购买法律数据库支持业务事宜;

(2)请领导知悉事项,【汇报】就张三投诉事项处理进展。

2. 业务沟通邮件,可以加上【商请/反馈】。

3. 邮件标题应概括邮件要点,便于收件人判断紧急重要程度,也便于归档,方便后续检索复盘。

4. 项目沟通邮件标题,应注意:

(1)要有明确的项目名称,使用项目简称的,应确保各次邮件简称一致。示例:山海经操作系统商标注册项目法律评审意见,或山海经项目法律评审意见。

(2)还应注明项目进行的阶段,格式为项目名称 - 阶段。示例:山海经项目 - 启动;山海经项目 - 冲刺。

(3)有外部合作单位的,应采用通用的外部合作单位简写,并各次邮件中保持一致。示例:宇宙银行智慧账户系统建设项目的启动阶段,邮件标题为:宇宙银行 - 智慧账户 - 启动。

5. 合同文本沟通邮件标题,应有对手方名称及合同名称,基本要求同项目沟通邮件。示例:宇宙银行－智慧账户合同－终审意见。

四、邮件正文

1. 正文造句应简单,易读,易懂,不要用长句子或者复句,不要用形容词、副词,不用反问句。

2. 使用数字进行分段,应采用一、1、1)格式,不要使用“第一、第二、第三……”,或“首先、其次、再次……”。

3. 就事说事,除正常客套之外,不要有太多情绪化的表达,以免造成收件人误解,因为每个人对情绪用词的理解不同。

4. 正文结论先行,分析意见在后。示例:“就山海经项目,经评估可行,详细如下:……”。因为管理层或业务,首要关注的法务结论,不关心分析过程,笔者碰到多次法务洋洋洒洒写了好长,可能需要3分钟以上才能阅读完毕,管理层直接回复是“写了这么长,结论是什么?”或者直接回信问“结论是什么?”,法务很尴尬地再把结论说一遍。双方感觉都不好。

5. 复杂的邮件,要做好总结和提炼,概括要点,整体分析论证不要超过3层,且每层尽量在一段完成,每段最前面要有要点的提炼。示例:

就山海经项目经评估不可行,详细意见如下,请审阅:

(1)不符资格要求:……;

(2)不符合风险管控基线:……;

(3)过分放大宇宙行责任:……。

6. 分析意见要经得起考验和复核:项目出了漏子,后续发生监管、诉讼风险的时候,回溯性地看,邮件都是履职的证据,内容就成了活下去的关键。邮件上该留的痕迹要留,该说的话要说,特别是风险点,不能捂盖子,因为出现问题的时候,经常有一口锅甩过来,“我们这是根据法务的意见做的”。因此,特别要注意:

(1)话说全:事项表达要完整,关键要素要齐全,特别是在协同工作的邮件里,讲清楚要点、来龙去脉是项目顺利推进的基础。具体可以参见小学记叙文要求揣摩体会。但是话说全,不是说要搞的长,大家都很忙,要提升效率。

(2)话说透:这个其实是法务邮件的核心。我们大部分都是在做法律风险的评估,有风险还是没风险?风险是如何造成?有风险那是高、中、低？该怎么应对处理？有没有办法降低、消除、转移？内容要直接、清楚，不能绕来绕去回避、掩盖问题，该升级汇报的要快速升级，要提报审批的迅速报审。有风险仍然要推进的，要有决策留痕，要有应对预案。

（3）否定性意见：要经得起业务的反驳，逻辑要严密，要进行充分的论证，尽可能罗列充足的理由，即便是一项不成立，其他理由仍然能够支持结论。

（4）肯定性意见：要经得起后续检查和检验，特别是后续出现监管检查，或者争议，不能被人挑出错误。

7. 管理层汇报邮件：全部意见应在正文中体现，便于直接回复意见。尽量避免“请见附件”的描述，附件应作为参考资料随附。原因是管理层很忙，应尽量减少他们的阅读障碍，特别是现在移动办公盛行的时候，从邮件正文切换到附件，再切换回正文，信息会断掉，不流畅，增加对邮件事项的理解难度和阅读时间。

8. 管理层请示邮件：两句话概括需求后直接说明请示事项，有多个请示事项的，应用编号分别注明，便于快速直接反馈批示意见。具体理由可以在下方正文论述。示例：

为满足监管要求，拟 4 月 11 日完成山海经项目签约，详细分析如下，是否可行请示您的意见？

（1）……；

（2）……。

五、附件

1. 附件有多个的，附件名应采用格式为：“附件编号 - 文件名”，便于收信人将附件与正文中的详见附件对应，减少沟通中的误解和时间成本。示例：附件 1 - 山海经系统建设合同、附件 2 - 山海经项目工作说明书。

2. 需要对方审阅文件的，应提供可修改编辑的 Word 版本。

3. 文档多次修改的，应在文件名上予以区别，可以通过文件名 + 日期 + 时间的方式，明确沟通的版本，减少误解。示例：山海经系统建设合同 20200412 1400；15：36 又修改一版的，则为：山海经系统建设合同 20200412 1536。

4. 推荐使用文本协同工具减少文件多次修改带来的障碍。

企业印章管理指引

陈晓峰 *

企业经营过程中，印章管理是重要环节，用印不规范带来的损失始终是企业需要重点关注和预防的，尤其在施工企业，面对“印章多杂、项目分布全国”等特点，如果没有完善可靠的印章管理制度，日常经营和风险控制往往如履薄冰。本文从印章使用、停用、回收、销毁等环节，提供印章管理的意见与方案，希望对企业印章管理工作有些许帮助，也希望能与同行多多交流。

一、法律规定

印章管理不合规、使用不规范造成的法律纠纷主要表现在表见代理方面，涉及的主要法律条款为：

《民法典》第 490 条规定，“当事人采用合同书形式订立合同的，自当事人均签名、盖章或者按指印时合同成立”。

《民法典》第 172 条规定，“行为人没有代理权、超越代理权或者代理权终止后，仍然实施代理行为，相对人有理由相信行为人有代理权的，代理行为有效”。

二、印章分类

印章分类是用印风险控制的起点，合理的分类可以区分印章使用范围和要求，限制印章用印范围及权限，防止用印失控。通常，企业印章分为五类：行政公章、印鉴章、部门章、业务章以及其他印章等。

行政公章：指以公司、分支机构等名义行使相应职权的印章，如企业公章、分公司公章等。

---

* 上海市联合律师事务所律师，微信 brianchen0323。

印鉴章:指以企业、分支机构以及部门等领导人员、负责人名义实施职务行为的印章,如法定代表人印鉴章、财务负责人印鉴章等。

部门章:指企业各职能部门行使相应部门职责的印章,如法务部章、人力资源部章等。

业务章:指冠以企业单位名称,用于业务管理活动并明确专门用途的印章,如合同专用章、资料专用章等。

其他印章:通常情况下,列入“其他”是指使用频率较低、数量较少的分类项目,但是在某些领域,公司对于其他印章的关注反而更加重视。例如,建设施工领域,项目部印章是公司印章管理的大头,而且项目部印章是跟着项目跑,分布全国各地,脱离公司总部管理,用印风险控制任务艰巨。

三、印章的保管

(一)领取印章

印章管理部门统一负责印章的刻制以及必要的备案,刻制完成后,申请印章的部门应当落实印章保管人,印章保管人应当完整填写《印章保管人登记表》、签署《印章使用、保管责任书》,领取印章,妥善保管,印章管理部门将《印章保管人登记表》以及《印章使用、保管责任书》整理存档。

《印章保管人登记表》中须填写的内容主要为:(1)保管人姓名;(2)所在部门;(3)用印用途;(4)领用时间等。最后需要加盖领取印章。

《印章使用、保管责任书》须明确印章保管人的权利与义务,列明更为具体的操作规范或者行为准则,但不应该与公司颁布的印章管理办法相冲突。《印章使用、保管责任书》的主要内容为:(1)明确印章使用范围;(2)所保管印章使用流程;(3)保管和使用规范;(4)违规使用之责任承担等。

(二)保管措施

公司各类印章应当实行专人保管,严格执行“随用随盖、人在章在、人离章收”的操作要求。保管印章的地方,要装配牢固的锁,最好放入保险柜存管,并时刻处于监控范围内。

印章保管人必须严格按照印章管理办法以及《印章使用、保管责任书》保管和使用印章，每次用印后均应当填写《用印台账》。

《用印台账》主要登记事项为：(1)用印日期；(2)用印部门；(3)用印经办人；(4)所用印章；(5)用印事由等。

(三)保管交接

印章不得随意交给他人代管，如需要交由他人保管，无论是临时短期的，还是长期的，都应填写《印章交接/回收登记表》，将印章交由按照公司流程重新指定的人员，最后需要将《印章交接/回收登记表》交印章管理部门存档。

《印章交接/回收登记表》主要填写的信息是：(1)原使用部门、原保管人；(2)现使用部门、现保管人；(3)交接原因。最后应当加盖交接印章以确认交接时印章的状态、磨损情况以及是否为替换印章。

(四)定期排查与飞行检查

公司印章较多且分布各地时，公司应当定期安排两名以上人员前往保管现场排查用印风险，排查内容包括但不限于：(1)印章是否保管妥当，保存环境是否符合"安全、固定、带锁"等要求；(2)《用印申请单》《用印台账》《印章交接/回收登记表》填写是否合规、完整，是否存在后补迹象(例如，《用印登记表》中多项不相关记录字迹相似、笔迹颜色相同)；(3)应当存留的用印文件是否保存完好；(4)是否存在未经许可私自刻制的印章；(5)是否存在应当停用甚至应当销毁的印章等。

对于没有设立独立的印章管理部门或者印章数量较多、分布区域较广，定期排查是预防风险的重要保障，条件允许时，安排飞行检查，更能真实反映用印常态。

(五)印章遗失

印章发生遗失或者被盗情形时，印章保管人应当及时上报公司相关负责人，由法务部门制订应对和补救方案，采取包括但不限于追查印章下落、报告公安机关、公告印章作废等措施。当发生被盗情形时，在上报公司总部前，印章保管人还应当及时保护现场，防止人员随意进入，带来不必要的干扰。

四、印章的使用

（一）用印范围

用印混乱体现在：没有明确的用印范围，没有清晰界定印章的权限等。不当用印现象频现，企业可能面临承担巨大损失的风险。

例如，对于高风险印章之合同专用章，应当限制合同专用章的使用范围，尤其在各部门均设置有不同合同专用章时，应当根据企业各部门的不同权责，区分授权，授权范围原则上不得有重叠。如此，一方面可以清楚划分印章使用界限；另一方面可以在各部门职责范围内更高效地处理用印事宜，提高工作效率。

另外，对于公司规章制度的颁布或废止、重要文件、资金运作事项、涉及公司重大权益的法律文件（包括但不限于：备忘录、担保函、抵押文件）、法定代表人授权书委托事项、公司公函、向政府部门报告事项等重大用印事项原则上应当在用印管理办法或用印制度中清楚列为只可适用公司公章以及法定代表人印鉴章。

（二）用印申请

1. 用印申请表

申请用印应当填写《用印申请单》，用印申请提出人应当是职能部门、分公司等，不得是个人，经办人为该职能部门或分公司等员工，不得是企业外部人员。

所需用印申请应当经过有权限的主管人员签字同意后，经办人方可持《用印申请单》与相对应的用印材料向用印保管人申请用印。《用印申请单》应当清楚记载：(1)申请部门或单位用印印章名称；(2)用印文件名称及份数；(3)经办人姓名；(4)审批人姓名；(5)批准人审批意见；(6)申请用印日期。

经办人、批准人须在登记栏或审批意见栏内亲笔签名。

2. 申请文件核对

印章保管人应当仔细核对申请用印文件与《用印申请单》所列清单在名称、数量上是否保持一致，文件的内容与文件名称是否存在明显不对应的情况，并避免盖印文件中夹带其他材料或空白纸张。

3.《快速用印清单》

根据业务需求,在平衡业务效率和法律风险的基础上,企业可以将某些用印申请列入《快速用印清单》。例如,业务部门申请营业执照复印件加盖公司公章、法务部门申请诉讼材料加盖公司公章等。

因为使用公司公章通常需要公司董事长或总经理签字批准,对于那些对企业经营风险影响较小但对时效要求较高的用印行为,可以将其列为快速用印,即不需要通过审批而直接盖印。

出于事后核实与责任追究考虑,用印时需要填写《用印登记表》。《用印登记表》应当清楚记载:(1)申请用印部门;(2)经办人姓名;(3)用印印章名称;(4)用印材料名称;(5)用印数量;(6)经办人签字等。印章保管人应核实该用印事项是否符合快速用印条件和要求,《用印登记表》是否真实、完整、清晰填写,并仔细核对《用印登记表》内容与实际用印情况是否一致。

4. 用印盖章

印章保管人盖章时,应当确认所盖印章与所申请印章是否一致(尤其是印章保管人同时保管多枚印章时)。盖章时,印章保管人须加盖印章在用印文件之企业名称上,覆盖企业名称,不得在空白处盖章。印章保管人在面对多页文件盖章时,须加盖骑缝章,且确保每一页都盖有印痕。

印章保管人应当明确了解印章使用范围和要求,并拒绝超越用印范围和权限的用印要求。出现下列情形的,不得用印:

(1)未经审批、审批手续不全或超越审批权限的;

(2)《用印申请单》填写错误或填写信息不全的;

(3)用印材料和《用印申请单》内容不符的;

(4)用印材料存在多处或关键字涂改及字迹不清的;

(5)用印材料落款名称与印章名称不符的;

(6)用印材料的内容与实际情况不符或需要进行核实的;

(7)涂改、复印《用印申请单》或批准人签名的;

(8)用铅笔书写用印材料或填写《用印申请单》的;

(9)在空白介绍信、空白证件、空白授权书或其他空白材料上盖章的;

(10)在未注明用途的单位或企业负责人证照、证件复印件上盖章的；

(11)在非本企业员工的劳动关系证明、社保关系证明、工资支付证明、工伤鉴定申请等材料上盖章的；

(12)未经特别授权，用于订立经济合同、担保、承诺或确认结算单、对账单等其他与经济有关的事项。

(三)用印不合规之风险

1. 印章使用范围模糊

在印章使用范围模糊的情况下，如发生纠纷，印章单位主张该印章无权用于所盖合同的难度增加。例如，在安徽省六安市中级人民法院(2016)皖15民终1575号“安徽华力建设集团有限公司、金寨县鑫泰钢管服务中心债务转移合同纠纷二审民事判决书”中载明，涉案“项目技术专用章”同时在《授权委托书》《内外脚手架分包合同》等多类型文件上盖章，批准人员也是同一人，再结合相关事实，法院认为，即使印章上明确写明了签订合同、出具欠条均无效，但由该枚印章盖章的《同意付款确认书》仍然有效。最终法院认为，“尽管印章中备注无效，即使无代理权，但其行为足以令相对方有理由相信系华力公司授权委托，构成表见代理。华力公司辩称债权、债务未发生转移，依法不予采信”。

2. 文件用印夹杂其他资料

印章保管人未仔细核对所需盖章的文件，容易给经办人夹杂其他文件进而浑水摸鱼提供机会。这类文件可能是经办人出境、贷款等所需工作证明，也有可能是与项目有关的担保协议、还款协议、承诺书，甚至是空白文件等。此处空白文件不仅是完全空白的文件，还包括模板文件(例如，未写明被委托人及委托事项的委托书)。在后者上盖章，会被利用形成不利于印章单位的文件或证据。

如在河南省新乡市中级人民法院(2021)豫07民终657号“杨某红、河南延津农村商业银行股份有限公司金融借款合同纠纷二审民事判决书”中，法院依据新乡市中级人民法院(2016)豫07刑终387号刑事裁定书认定的事实印证了段某某偷盖某某信用社印章。但是现实情况下，在民事纠纷中，除非一份文件的文字是打印在印章上的，通常很难查明和认定是否存在偷盖印章的情形，而这类现象时有发生。以新疆维吾尔自治区高级人民法院(2017)新民再81号“刘某斌与赵某军、江苏苏南建设集团有限公司等民间借贷纠纷再审民事判决书”为例:证人陈述“……赵某军要求我将一份没有盖章的还款协议夹在工程资料里一并盖章……”。一审对该证人证言不予采信,二审又予以认可,但是在再审中又不予采信。

3.“不得用于经济合同”之效力

在施工企业中,为避免或降低乱用印带来的企业经营风险,部分施工企业会在项目部印章等风险高发的印章上刻上“不得用于经济合同”等字样。这种做法确实在一定程度上降低了风险,但是司法实践中,只是简单地刻上这类文字并不能完全避免风险发生。

在湖北省随州市中级人民法院(2017)鄂13民终252号“浙江萧云建设有限公司、广水市鸿盛加气有限公司买卖合同纠纷二审民事判决书”中,法院认为,“至于佳辰实业有限公司向杨某庆转交的欠条中加盖的印章含‘此章涉及经济活动一律无效’字样仅能表明该印章系技术资料专用章,不能否定周某勇具有代理浙江萧云公司的表象。其次,广水鸿盛公司善意且无过失地相信行为人具有代理权。……故周某勇在本案中构成了表见代理,上诉人浙江萧云公司应对周某勇尚欠的上述加气砖款、钢材款承担清偿责任”。

五、印章停用与回收

1. 发生以下情形时,印章应当停用:

(1)有关单位、部门、项目部或机构被撤销;

(2)有关单位、部门、项目部或机构名称发生变更;

(3)印章发生损坏;

(4)印章遗失或失窃,声明作废。

2. 发生以下情形时,印章应当回收交至公司总部:

(1)应当停用且未遗失或失窃的;

(2)工程竣工结算完毕的项目印章。(项目竣工之后可能仍有未完成结算的工作,项目部印章仍有使用需要,但是由于项目部人员撤离,项目经理另有项目安排,仍由原保管人员保管或由原项目经理负责明显不妥。为保证印章安全,在项目竣工到结算完毕期间,项目印章应当交由与工程相关的分公司或者总公司保管和盖印。)

3. 回收后的印章处置

回收的印章应当由公司总部专门人员进行保管。印章可由公司自行销毁的，该印章被保管两年之后，经确认不再使用，根据印章的性质和用途，保管人员报请负责人员同意后，予以销毁。销毁须制作《销毁报告》，《销毁报告》上应记载：(1)印章名称；(2)销毁人；(3)见证人；(4)批准人；(5)销毁时间等。销毁完毕后编制《印章销毁清单》，与《销毁报告》一同备存于公司档案室。

六、印章被冒用或盗用的预示

印章被冒用或盗用，企业往往是后知后觉，当征兆发生时，印章企业及早留意并迅速采取措施，可以最大限度地控制风险或防止损失进一步扩大。以施工企业为例，笔者认为施工企业如遇到如下情形时应当有所警惕，并尽快核实是否存在印章被冒用或盗用的情况，以作出快速应对方案。

(一)有人员前来核实项目承接情况

冒用或盗用印章的公司或个人可能会以被冒用或盗用公司的名义(尤其这类公司是总承包单位)对外向其他施工单位或材料供应商虚假招标，承诺交付所谓履约保证金后安排进场施工或供货。有经验的施工单位或供应商会在签订协议或交付保证金前，前往所盖印章对应的公司核实。

(二)公安(经侦)前来核实印章

交付保证金却没有按约被通知进场时，施工单位或供应商才发觉被骗，向公安机关报案的依据主要是那份虚假承诺书或者分包协议书。公安机关为查清事实，会安排人员前来核实合同真假，其中最关键的即分辨该印章是否真实。这种情况发生时，施工企业应当积极配合公安机关工作，法务部门应当安排人员一同接待。

(三)项目附近空地出现建筑施工

当项目所在地为郊区时，如项目附近出现一定规模的建筑施工，施工企业应当有所警惕。这有可能是不法人员利用信息不对称，以项目施工方为建造项目所需仓储的名义对外招标，收取履约保证金或者所谓的进场费等。该种情形具有一定的迷惑性，如不及时发现并制止此类违建,最终纠纷可能会发展成为较大的维稳事件。

七、小结

企业印章管理是一项复杂、系统、意义重大的工作。由于篇幅有限,本文只能挑选企业印章管理部分重点作简单展开。为避免发生用印不规范,企业要结合运营现状,从管理制度、管理工具、措施落实等方面完善用印制度。企业法务部门或者顾问律师应当一定程度地介入印章全过程的风险管理,及时预防、跟踪与处理用章风险问题。

合同订立过程中的风控要点

——签名、盖章各环节的分析

陈来喜*

一、签名、盖章行为的法律意义

在合同订立的过程中，重要合同基本上都是采用书面形式来订立的，书面形式的合同一般以签名、盖章为其成立要件。合同采用书面形式订立，具有实体法和程序法上的双重意义，且以程序法上的意义在实务上更为重要。因为根据鼓励交易、交易自由的合同法原则，实体上对于合同订立的形式是很少限制的。[1]

对于多数合同来说，合同订立后，在合同履行的过程中，大多会在各个履行环节产生一些相关的证据材料，这些材料也可以作为印证合同成立或合同关系存在的证据。但是，对于没有涉及实物的合同履行、或仅涉及责任承担的合同（如保证合同、抵押合同），只有以书面形式有效订立，才能在日后发生纠纷时，提供充分的证据来证明担保合同关系的成立。

另外，以推定形式订立的合同，虽然能在合同关系的存在上得以证明，但是仍然存在合同内容中的权利义务不明确等缺陷。因此，订立书面合同，做好签名、盖章环节的风险防范，对各种类型的合同都具有重大的意义。

孙子曰："昔之善战者，先为不可胜，以待敌之可胜。"要想在未来的合同诉讼中取胜，首先要确保自己立于不败之地。这就需要通过借鉴数学上逆推法的解题思路，以所要达到的预期胜诉结果，作为风险控制的起点目标，采用要件诉讼方法论，基于请求权基础，运用实体法

* 金融机构法务经理，微信 pensulo。

〔1〕 韩世远：《合同法总论（第三版）》，法律出版社 2011 年版，第 112 ~ 114 页。

与程序法相结合的要件事实、证明责任、攻击防御方法来分析，往回倒溯相应的证明责任分配，[1]进而确定合同签订过程中证据收集与固定的关键点，以此来实现合同订立过程中风险控制的目的。

从这一思路出发，以合同形式与合同成立的关系这一角度来考虑风险及其防范，主要就是为了固定相关证据，确定合同各方意思表示一致的事实，以便于在将来发生纠纷时，守约方可以将书面形式的合同作为书证予以举证，来证明合同关系的要件事实，以更好地行使证据主张责任，避免因要件事实真伪不明而导致对己方不利的证明责任。

为此，本文将对合同订立过程中涉及签名、盖章、签章行为人等各种情况逐一进行局部环节的分析，为合同订立的法律实务提供可行的风险防范方案。

二、签名、盖章本身的规范性

（一）签名的规范性要求

签名的规范性经常会被忽略。通常只要是合同当事人亲笔签署，对方当事人就不会提出什么异议。由于现在的企业高管或老板大多注重社会形象，在签名时刻意追求个性表现与形象塑造，大多数人热衷于使用艺术签名的形式来进行签署。因此，在合同签订过程中，经常会出现潦草随意、龙蛇飞舞的各式签名。这就造成了大多数签名存在不规范、难鉴定的情况，为以后的纠纷处理留下了隐患。

1. 艺术签名现象的特点

艺术签名又称设计签名，属于民间艺术，缺乏统一标准，主观性、随意性非常强。其设计者推崇签名是抽象主义的艺术，而不是规矩写字的表达，这种设计签名为了突出所谓的个性和艺术，基本舍弃了规范文字的识别与表达功能，变成一串杂乱的一笔写成的连贯体符号（如下图）。[2]

[1] 许可：《民事审判方法：要件事实引论》，法律出版社2009年版，第153～154页。

[2] 李文：《笔迹鉴定学》，中国人民公安大学出版社2008年版，第360页。

设计签名			
姓名	严建龙	李俊华	章心芳
设计签名			
姓名	?	?	?

图 1 签名示例图

2. 艺术签名的不规范性

《国家通用语言文字法》第 2 条规定,“本法所称的国家通用语言文字是普通话和规范汉字”。第 3 条规定,“国家推广普通话,推行规范汉字”。

语言文字的基本功能在于交流思想,如果没有统一的文字,交流就无法顺利进行。而艺术签名存在的弊端,导致其违反了《国家通用语言文字法》的规定,无法为社会相关各方所识别,从而无法发挥语言文字的基本功能。

3. 艺术签名的鉴定难度大

笔迹鉴定是以可识别的两个相同文字或者偏旁之间相互比较作为科学基础的,其依据的笔迹特征产生于书写规范,具有一定的约束性,是书写者书写习惯的个性与书写规范的共性并存的共同体。

艺术签名由于其随意性、个别性极强,脱离了规范文字的共性要求,其本身已经不具备使用笔迹鉴定的条件。

艺术签名笔迹作为检材,存在如下特征:(参见下图)[1]

〔1〕 李文:《笔迹鉴定学》,中国人民公安大学出版社 2008 年版,第 363 页。

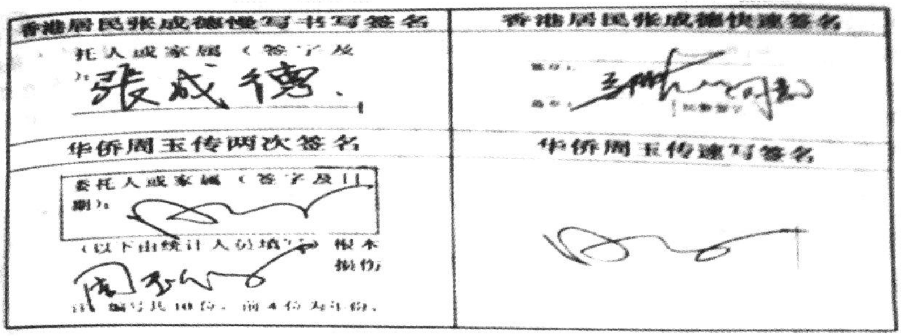

图 2 作为检材的艺术签名笔迹示例图

(1)艺术签名属于模仿笔迹,经常出现断笔、重描、生涩等练习模仿的特征。

(2)笔迹特征量少且不稳定。正常书写具有稳定性与连续性,但艺术签名因使用率不高,使用间隔时间长,经常会出现从熟练到陌生、陌生到熟练的反复双向波动。

(3)艺术签名因运笔速度快导致字体外形变化很大。

(4)艺术签名的稳定性差导致相同样本寻找难度很大。

笔迹鉴定要求在相同形状的签名之间进行比较。由于艺术签名的稳定性差,导致了相同形状的签名难以找到,无法满足笔迹鉴定的要求。[1]

4. 签名不规范的应对方法

在合同管理的过程中,应当要求负责合同签订工作的经办人员,规劝合同对方签署人,按照我国语言文字规范的要求,采用楷书或行楷等规范字体,以日常的书写习惯来进行签署。

另外,还可以建立交易相对人签字式样、笔迹的业务档案,要求交易相对人在签字式样表上按指印予以确认,请交易相对人按要求亲笔以常速书写一段文章作为笔迹档案。笔迹档案主要是包含客户姓名全部文字的一段文章,姓名中的文字在其中应分散地、重复地出现,使之符合笔迹鉴定的条件要求(具体可请鉴定专家设计)。这些业务档

〔1〕 李文:《笔迹鉴定学》,中国人民公安大学出版社 2008 年版,第 363 页。

案既可供日常合同管理核查时使用,也可在发生诉讼纠纷时作为有力的证据提交法院。

5. 按指印代替签名的优缺点及相关应对策略

自古以来,在中国的民间习惯中,就有以按指印作为签名代替方式的做法。直至现在,在民间活动中,这种按指印代替签名的做法仍然为民众所认可。《民法典》第490条的规定,也正式承认了以按指印订立合同的方式。

以按指印作为合同签名的替代方式,具有如下的优缺点:

(1)按指印的最大优点,在于手指指纹具有生物特征的唯一性,所以按压后显示的指印也具有唯一性。指印与签约行为人可以形成固定的、唯一的对应关系,足以证明特定当事人之间合同关系的成立。

(2)按指印简便易行,环境条件限制较少。

(3)按指印的缺点之一:没有行为人签名的情况下,难以在起诉时确认按指印的人与合同记载姓名的当事人之间的同一性,会对合同相对方行使权利造成较大的困难。

(4)按指印的缺点之二:无法证明指印是合同当事人在有意识的情况下、自愿的情况下所按,如一方提出有可能是睡觉时被偷按、或被外部强力牵引按下。签名一般则不存在无意识或完全被动的情形,故而仅仅是按指印的文书在证明力上仍然较低。

(5)按指印的缺点之三:在民众的日常观念中,经常会把按指印与吃官司和被拘捕联系在一起,把按指印视为不吉利或具有被看低成囚徒的意味,不少人会对按指印产生抵触情绪。

(6)关于按指印与签名结合的讨论。有文章认为,按指印与签名结合使用,是签署的最佳形式。本文认为这一观点并不妥当。因为,在签名难以识别的情况下,按指印与合同当事人之间难以确立一一对应关系,在民事诉讼中,举证采取当事人主义模式,事后调查合同上指印与合同当事人的关系,对于民事诉讼代理人是非常难以完成的任务。而在亲笔签名书写规范足以识别的情况下,再按指印也只是起到有限的补充、增强作用。在实际执行存在较大阻力的情况下,采取签名与按指印相结合的方式,其可行性并不是很高。

(7)相关应对策略。为了明确签名与行为人的对应关系,可要求对方签署人手持身份证、签署后的合同书文本,由己方签约经办人员对其进行拍照并合影，并由手机或相机标记 GPS 位置信息及日期在照片上，以确定签约的时间、地点、行为人等信息。如合同纠纷管辖法院以往判决中认可时间戳认证、区块链认证的，还可以运用时间戳、区块链认证网络服务对相关照片进行认证，以提高其证明力。为了消除对方的抵触情绪，可以设法增强签约过程的仪式感，赋予合影拍照的正面纪念意义。

虽然照片属于视听资料，在民事诉讼法上的证明力相对较低，但是，将相关照片与合同文本相互印证，可以大大提高合同成立这一待证事实的盖然性，为将来的诉讼增加了不少胜算。

另外，在条件许可时，也可考虑制作签约笔录并录音录像，由无利害关系的第三人或签署人的同住成年亲属签名见证。

6. 个人私章代替签名的弊端

对于经常签署合同的商务人士来说，手写签署是一项不小的负担，而且经常因公务旅行无法及时签署合同文本，因此不少人会采用刻制个人私章的办法来代替亲笔签名。

但是，这对于合同的相对方来说，存在着较大的风险。因为，依法成立的法人或其他组织在对外签订合同时，一般使用的公章都是经过备案登记的，如以私刻公章进行欺诈，经与备案公章式样对比，非常容易确定伪造公章的违法事实。所以，经过备案的公章尽管没有公示的效力，也会因其与行政、刑事制裁的关联而具有较大的事实可信度。而私人印章则会因为没有备案登记，无法事后与参照物（假设的备案私章）对比来判定真假，从而导致加盖私人印章的文书缺乏必要的证明力，签约之后难以确定加盖私章行为人的身份与合同名义当事人是否一致。

相关权威案例司法观点：

最高人民法院（2012）民抗字第 55 号申诉人唐某与被申诉人程某某房屋买卖合同纠纷再审民事判决书

裁判要旨，“主张合同关系成立的一方应当举证证明该枚私章为对方所有以及盖章的行为为对方所为或对方委托他人所为”。

裁判理由，“依法成立的法人或其他组织均有登记备案的公章，经登记备案的公章对外具有公示效力，所以，通常情况下，法人或者其他组织在对外签订合同时，采用盖章的形式。而自然人的私章没有登记备案的要求，对外不具有公示效力，在私章所代表的一方否认该私章为其所有时，主张合同关系成立的一方应当举证证明该枚私章为对方所有以及盖章的行为为对方所为或对方委托他人所为”。

参考上述权威裁判理由，合同签订过程中，接受对方使用个人私章的一方，将面临沉重的举证负担。如缺乏充分证据证明合同成立，进而无法通过合同签名确定对方当事人身份时，就会陷入担保落空、无法追究交易对方法律责任的困境，最终造成巨大的损失。

（二）合同用印盖章的规范性要求

1. 印章的种类与正确使用

（1）印章的种类非常多，公章、合同专用章、财务专用章等都是具有法律效力的常见印章。

①合同专用章，一般限于在企业主营业务、兼营业务的合同签订中使用，但不得用于担保合同（专营担保的企业除外）。

②财务专用章、发票专用章，一般限于在收付款、财务对账、办理涉税事宜时使用。

③正式公章可以用于代表企业的所有表示行为，但法律另有规定的除外（如关联担保等法律规定需要股东会决议的事项）。

（2）印章的使用规则。《国务院关于国家行政机关和企业事业单位社会团体印章管理的规定》（国发〔1999〕25 号）对印章的类型、规格、式样作出了概括性的规定。该文件第 22 条规定，“国家行政机关和企业事业单位、社会团体的其他专用印章（包括经济合同章、财务专用章等），在名称、式样上应与单位正式印章有所区别，经本单位领导批准后可以刻制”。由此可见，业务专用章与正式公章是被区别对待的。

相关权威案例司法观点：

最高人民法院（2014）民申字第 1 号陈某某与国本建设有限公司、中太建设集团股份有限公司民间借贷纠纷民事裁定书

裁判要旨，“印章的种类应与用印文件的种类要相互匹配”。

裁判理由，“诉争《借款协议》是由出借人陈某某与借款人畦某某、徐某签订，协议落款处借款人栏由畦某某、徐某签字并加盖中太公司项目部资料专用章。中太公司项目部资料专用章具有特定用途，仅用

于开工报告、设计图纸会审记录等有关工程项目的资料上。尽管诉争借款用于涉案工程，但借款合同与建设工程施工合同是两个不同的合同关系，实际施工人对外借款不是对涉案项目建设工程施工合同的履行，《借款协议》也不属于工程项目资料，故在《借款协议》上加盖中太公司项目部资料专用章超越了该公章的使用范围，在未经中太公司追认的情况下，不能认定《借款协议》是中太公司的意思表示”。

从上述裁判理由中可以看出，最高人民法院审理法官认为：“在《借款协议》上加盖中太公司项目部资料专用章超越了该公章的使用范围”。

这一理由确认了印章的性质与用途应当相互匹配的基本原理，要求印章的种类应与用印文件的种类相互匹配。否则签章的文本属于未成立生效的行为。

因为一般工商企业的经营范围都不包括担保，其法定代表人的权限自然也是从事经营而非对外担保。在合同实务中必须注意，不能接受担保人（金融机构、担保机构等经营担保业务的组织除外）使用合同专用章在担保合同上盖章，不能接受债务人、保证人使用财务专用章在债权催收通知书上盖章。否则，依据《民法典》第504条的规定，将出现合同未成立、催收意思无法到达的风险。

2. 印章加盖位置的规范要求

为了防止空白纸张用印后，被人套印上其他内容或篡改日期，可以参照《党政机关公文格式国家标准》（GB/T 9704－2012）的规定检查用印是否规范。按照该规定：

“4.3.5.1　加盖印章的公文成文日期一般右空四字编排，印章用红色，不得出现空白印章。单一机关行文时，一般在成文日期之上、以成文日期为准居中编排发文机关署名，印章端正、居中下压发文机关署名和成文日期，使发文机关署名和成文日期居印章中心偏下位置，印章顶端应当上距正文（或附件说明）一行之内。”

这种盖章的规范要求，俗语上称为“骑年盖月”，采取“骑年盖月”的盖章方法，可以有效地降低文本被变造或套印的风险。

3. 签名、盖章顺序的要求

按照上述公文格式的国家标准，正式的文书需加盖印章（包括公章或名章）后方可使用。因印文是对文件物证上以文字所表明的意思表示认可,其形成的正常顺序是,先写好有关文字内容,在经过审核认可后才能用印,即先墨后朱。

在文书证据鉴定中,印章印文的墨迹分布特征和墨迹材料特性有着很好的应用价值。其中朱墨时序(文件上的印文和字迹的形成顺序)鉴定往往能为查明盖印时间提供一些很有价值的信息。

因此,正确判定文件物证中朱墨交叉时序就成为鉴别文件的真实性、确定有无伪造的一种重要手段。

为此,在合同签订过程中,经办人员应注意要求相关签署人,按照顺序,先签署姓名,再在其姓名上加盖印章。这样可以最大限度地防止利用空白签名、盖章文本或纸张来套印合同实施欺诈的情况。也可以防止朱墨时序被有意颠倒造成证据瑕疵,避免由此引起证据审查者误解的风险。

三、签名、盖章行为人的适格性

签名、盖章是代表法人的行为,但却是由具体的自然人来实施的。那么,签章行为的实施者是否具备必要的权限来实施签章,是关系签章所关联的合同是否成立的基本因素。

《最高人民法院民二庭第 18 次法官会议纪要》司法观点,"章有真假之分,人也有有权无权之别,不可简单根据加盖公章这一事实就认定公章显示的公司就是合同当事人,关键要看盖章之人有无代表权或代理权。盖章之人为法定代表人或有权代理人的,即便其未在合同上盖章甚至盖的是假章,只要其在合同书上的签字是真实的,或能够证明该假章是其自己加盖或同意他人加盖的,仍应作为公司行为,由公司承担法律后果。反之,盖章之人如无代表权或超越代理权的,则即便加盖的是真公章,该合同仍然可能会因为无权代表或无权代理而最终归于无效"。[1]

这一司法观点,后来也在更为正式的司法文件《全国法院民商事

〔1〕 上海高院研究室:《第 47 期|最高法院民二庭法官会议纪要二十条》,微信公众号"中国上海司法智库"(微信号:JudicialThinkTank)2019 年 4 月 12 日发布。原载贺小荣主编:《最高人民法院民事审判第二庭法官会议纪要——追寻裁判背后的法理》,人民法院出版社 2018 年版,第 310 页。

审判工作会议纪要》(法〔2019〕254号,以下简称《九民纪要》)中得到了继承和发展。

《九民纪要》第41条认为,“【盖章行为的法律效力】……人民法院在审理案件时,应当主要审查签约人于盖章之时有无代表权或者代理权,从而根据代表或者代理的相关规则来确定合同的效力。

法定代表人或者其授权之人在合同上加盖法人公章的行为,表明其是以法人名义签订合同,除《公司法》第16条等法律对其职权有特别规定的情形外,应当由法人承担相应的法律后果。法人以法定代表人事后已无代表权、加盖的是假章、所盖之章与备案公章不一致等为由否定合同效力的,人民法院不予支持”。

由此可见,“仅仅根据持有盖章的空白合同这一事实,尚不足以认定其具有代理权,应按无权代理规则处理”。[1] 在合同签订的过程中,务必高度重视签名、盖章行为人是否有权实施该项行为。具体来说,应当遵循下面要求:

(一)由法定代表人签名并实施盖章

1. 由营业执照记载的法定代表人实施签名并盖章的,除了法律规定必须经股东会、董事会决议的事项之外,该行为有效

对于法定代表人变动,造成变更手续过渡期间名义法定代表人与实际法定代表人不一致的情况,相关司法观点认为按照商事外观主义的原则,一般以执照记载的法定代表人为准,如有确切证据证明法人的权力机关决议变更法定代表人的,则以该法人权力机关的意志为准。

2. 高度重视法定代表人签名环节的真实性

现代科技的高速发展,使伪造印章变得十分容易、伪造印章的仿真度也越来越高,这已经使印章的防伪性、身份识别性大大下降。在目前缺乏方便、快捷的印章识别手段的情况下,除了极其重要的大额交易,才有可能使用专门的鉴别仪器来防范对方伪造印章的风险,一般情况下,合同在特定主体之间的成立,主要还是依靠有权代表、代理

〔1〕 最高人民法院民事审判第二庭编著:《〈全国法院民商事审判工作会议纪要〉理解与适用》人民法院出版社2019年版,第291~292页。

人的当面亲笔签名。

3. 在必要时查询工商登记档案中法定代表人的签字式样

《企业法人法定代表人登记管理规定》第10条规定，“法定代表人的签字应当向企业登记机关备案”。

在重大合同签约前，可以要求对方授权我方查询其工商登记档案，我方可以持授权书查询、复制相关签字、印章式样，作为签约过程中验证对方签字、盖章真实性的基础材料。

虽然笔迹鉴定是一门专业技术，一般人难以精通。笔迹鉴定也不是简单的样本字迹直观对比那么简单。但是，查询相关签字式样并用于印证、验证签署行为人的身份，仍然有利于及时发现可疑之处，也可以在一定程度上震慑潜在的不法分子，使之有所忌惮不敢大肆造假，从而在一定程度上降低风险。

(二)由委托代理人签名并实施盖章

由法定代表人当面亲笔签署授权委托书，或持有经公证机构公证的授权委托书的代理人，可以在委托书记载的权限范围内实施签名、盖章事项。

(三)上述主体签名，企业印章管理员盖章

一般稍具规模的企业，印章都是由印章管理员保管、使用的，由于印章管理员一般不对外表明身份，在具备上述有效签名的情况下，在企业注册办公场所内由企业印章管理员加盖的印章也是有效的。

《民法典》第170条规定，“执行法人或者非法人组织工作任务的人员，就其职权范围内的事项，以法人或者非法人组织的名义实施的民事法律行为，对法人或者非法人组织发生效力。法人或者非法人组织对执行其工作任务的人员职权范围的限制，不得对抗善意相对人”。参照这一规定，判断印章管理员的行为是否属于职务行为可从以下几方面分析：(1)盖章者是否为企业执行工作任务的人员；(2)盖章者是否以企业的名义进行职务行为；(3)盖章者实施的盖章行为是否在职权范围内。

应当注意的是，印章管理员办理用印的行为，属于法定代表人实施代表行为(或有权代理行为)的辅助行为，并非民事法律行为本身。形象地说，如果法定代表人是法人的大脑和嘴巴，代理人是法定代表人的化身，那么印章管理员只是一只受控的手臂而已，无法独立自主地实施民事法律行为。对于实施纯粹事实行为性质的职务行为，在法理上部分可参照《民法典》第 170 条规定来处理，这一点不属于本文重点，故不作详细论述。

(四)签名行为人身份的核查

从前面的论述来看，正确的签名行为人签名，其重要性远远高于公章的加盖，因此，签约过程中，查明签名行为人的身份，防止冒名顶替是极其重要的风控环节。具体风控措施如下：

必须做好行为人身份证件与现场行为人同一性的核查，确保“人证同一”。

1. 联网核查身份证件的真实性

全国公民身份证号码查询服务中心的网址为：http://www.nciic.com.cn，具体业务办理可按网页上提供的联系方式进一步了解。此外，网易公司开办的网易易盾(dun.163.com)提供了非常方便的“实人信息认证”产品，也具有身份证人证合一核查的功能。

这一步骤可以核查被核查人的姓名和身份证号是否一致，如一致则显示被核查人照片，用户可进一步根据照片比对；如不一致则说明身份证信息在“全国公民身份信息系统”存在异常，被核查人可就此自行向其户籍所在地公安机关进一步核实相关情况。

2. 现场拍照与身份证照的对比核查

确定被核查人的姓名和身份证号一致之后，应对其真人现场照片与身份证照进行对比。

但是，采用肉眼对签名行为人与身份证照进行对比，往往会不太准确、可靠。

建议还可以选择下列技术手段进行识别：

(1)手机用户可以使用微信小程序进行识别。

腾讯优图 AI 微信小程序提供人脸识别功能、百度 AI 体验中心微信小程序提供人脸与人体识别等功能体验，这两个人脸识别验证小程序都提供 1:1 的人脸比对功能。

PC 用户可以使用下列网址登录网络平台，上传身份证图片及现场拍照图片进行对比。

图 3　腾讯优图　　　　图 4　百度 AI

腾讯优图 AI 开放平台网址链接：http://open. youtu. qq. com/#/face - verification。

百度 AI 体验中心网址链接：http://ai. baidu. comtechface/compare

（2）采用腾讯云提供的人脸核身解决方案。具体网址为：https://cloud. tencent. com/solution/face - recognition。

根据签名行为人的照片或视频，结合身份证照片及腾讯的 OCR、活体检测和人脸识别技术，核实用户的真实有效身份。

在获取了联网核查结果后，再用人证识别小程序、网络应用进行比对，就可以大大地降低签名行为人冒名顶替的风险。

3. 现场当面签署的重要性

在实际签约过程中，企业法定代表人、负责人由于工作繁忙、经常外出或位高权重等各种原因，经常无法接待或不愿接待签约经办人，这就使合同签订环节存在大量代为转递签名文本的情况，在转递的过程中，很容易被别有用心的人采用手工仿冒签名、调换文本等方式进行欺诈。

而且，现在科学技术发达，只要花上几百块钱，随便在淘宝上就能买到能够模仿真人笔迹的“写字机器人”，如不严格执行当面签署合同的要求，重大风险非常容易就找上门来，别有用心者就会有机可乘，利用“写字机器人”来仿冒笔迹签署合同，进而以合同存在伪造签名为由来进行欺诈。

综上所述，对签名、盖章、签章行为人等各个环节，企业在合同订立过程中都必须采取相应的风控措施，使之符合相关的规范要求，才能确保自身的合法权益不受损害，在发生法律纠纷时立于不败之地。对于签名、盖章不齐全，签名、盖章存在伪造，以及对签名、盖章进行约定的条款未能落实的问题，将另行撰文论述。

职业“打假”的法律应对

熊定中*

在2016年年初之前，笔者主要从事的都是商事法律服务，从来没有预料到会跟职业“打假”人这个传说中的群体发生任何联系。事实上，因为这类案件案值极低，又集中在《消费者权益保护法》等绝大多数律师通常不会涉及的领域，导致主流律师行业缺乏对此类诉讼的细微操作经验——也许专业的维权律师有此类经验，但似乎未见有公开的研究成果。

笔者基于一定的研究兴趣和其他因素接办了一起此类案件，不仅在此单一案件的出庭一线和诉讼周边事务处理中耗费了大半年的时间，而且在随后两年内因此接触了多家商家的近百起案件，深觉此类案件有大量迥异于普通案件的特别之处，非常值得归纳和总结，故在屏蔽案件本身的相关细节信息后，形成本文，供律师同行或法务朋友办理同类案件时参考。

一、职业索赔案件特点

在电商行业越发红火的现状下，特别是新《广告法》实施后，出现了大量的“因广告宣传瑕疵”而引起的职业索赔人的集中行动。之所以用“职业索赔人”而非“打假人”来作为称谓，是因为在广告法的意义上，许多案件已经不再是通俗意义上对于商品质量问题的“打假”，而是因为商品的宣传语或者营销方式中出现争议而引发的纠纷。在此类纠纷中，对于有组织的团体或者个别核心人员单独“组织”人手来进行索赔牟利的集体行为，笔者无意进行任何道德上的评估，仅仅用

* 清律律师事务所首席合伙人，清华大学互联网法律与政策研究中心秘书长，邮箱：xiongdingzhong@ tsinglaw. com。

中性的“索赔”来代替带有褒扬之意的“打假”。

此类案件的发展过程大都相似：具备丰富经验、圈内知名的职业索赔人以行政投诉的方式启动，既通过这种方式试探企业的底线，也是在了解市场监管机关对于此类事件的基本态度——此时如果企业由市场部门而非法务部门经办，在未经审慎了解法律后果之前，过于草率进行和解的话，有可能就会冒出来大量的索赔需求，并且之前企业在市场监管机关的一切不利自认将成为非常棘手的证据。

在行政投诉处理过程中，如果市场监管机关认为企业行为并不违法，职业索赔人的要求未得到满足的话，则事件可能走向行政复议以及行政诉讼程序。需要注意的是，在此类程序中，企业尽量应该作为第三人承担起实质的自我辩护义务，尤其是投诉的问题涉及技术细节时。因为市场监管机关很多时候并不掌握技术信息，在后续复议甚至是诉讼流程中，更多的是从程序上论证自己处理行为的合法性，但后续流程尤其是行政诉讼中，法官也会去关注实体问题，而不仅仅是考虑程序本身的合法与否。因此，企业如果忽视该环节，很有可能让受案市场监管机关面临难以解释技术细节的境地，但最终的不利结果，却又是由企业来承担的。

无论行政投诉处理结果如何，职业索赔人都可能发起消费者诉讼，这才是本文重点将要讲的内容。目前职业索赔人的诉讼策略，已经发展到了高度组织化、流程化、标准化的阶段：他们会利用即时通讯工具（如QQ、微信等），使用几乎同样的诉状、证据及编排方式以及诉讼思路，针对涉诉企业在全国各地短时间内集中发起大量诉讼，案件通常会分布在全国多个省份。而且由于起诉时间接近，又大多数是走的简易程序甚至是专门的小额速裁程序，因此企业首次收到各地法院传票并被通知开庭的时间也非常接近。由于各公司响应速度可能有所差别，各部门之间的协作和信息沟通会是一个很现实的困难：对于任何一个企业的法务或者受聘律师来说，毫无准备的情况下突然之间收到一大堆短期内要开庭的传票，这都是极大的挑战。

二、职业索赔案件难点

（一）产品或宣传本身

此类案件的共性均是厂商自己的产品或者宣传文案本身存在一

定模糊之处，引起部分消费者投诉后，被职业索赔人关注和利用，以“案件指导 + 利益分成”等方式吸引大量本来没有维权意愿的用户，使之能较为轻易地主动参与到发起纠纷的过程中来。

典型例如下图：

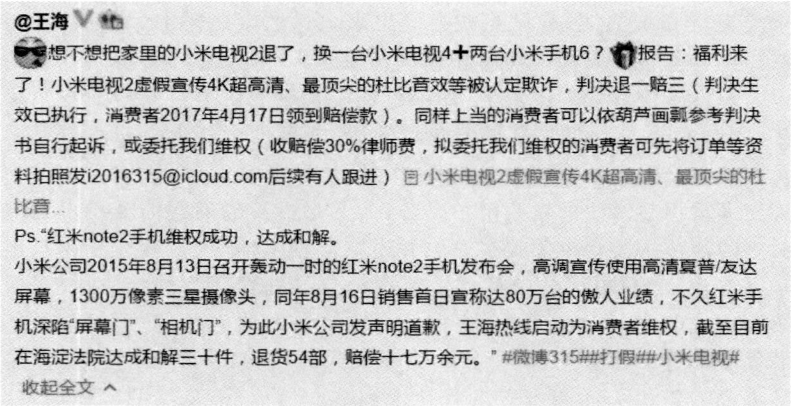
@王海
想不想把家里的小米电视2退了，换一台小米电视4+两台小米手机6？报告：福利来了！小米电视2虚假宣传4K超高清、最顶尖的杜比音效等被认定欺诈，判决退一赔三（判决生效已执行，消费者2017年4月17日领到赔偿款）。同样上当的消费者可以依葫芦画瓢参考判决书自行起诉，或委托我们维权（收赔偿30%律师费，拟委托我们维权的消费者可先将订单等资料拍照发i2016315@icloud.com后续有人跟进） 小米电视2虚假宣传4K超高清、最顶尖的杜比音...
Ps."红米note2手机维权成功，达成和解。
小米公司2015年8月13日召开轰动一时的红米note2手机发布会，高调宣传使用高清夏普/友达屏幕，1300万像素三星摄像头，同年8月16日销售首日宣称达80万台的傲人业绩，不久红米手机深陷“屏幕门”、“相机门”，为此小米公司发声明道歉，王海热线启动为消费者维权，截至目前在海淀法院达成和解三十件，退货54部，赔偿十七万余元。”#微博315##打假##小米电视#
收起全文 ^

由于互联网的蓬勃发展，原来各自为政的职业索赔人群体现在只需要通过网络平台发起“维权”倡议，就可以聚集到足够多的参与人，用足够丰富的资源（因为有30%的预期收益），投入更充沛的人力物力去打赢和企业之间的这场“战争”。而这种做法，在个案中完全不受“不支持以盈利为目的的打假”的约束，更何况该约束还在立法过程中屡屡受阻，已经远远落后于职业索赔界的发展趋势。

（二）审理者

1. 多为传统民事审判庭审理，与技术或者法律的精细度相比，更注重效率和实质公平

由于此类案件是消费者纠纷，除了在部分法院有专门的消费者纠纷庭（也是民事审判庭）之外，绝大多数是在法院的传统民事审判庭处理。最高人民法院以降的全国法院系统中，不同于商事审判庭更多考虑意思自治和对自己事务的谨慎注意义务，传统民事审判庭一贯更倾向于案件的结果符合“朴素的公平正义”的理念，需要更加注重“对弱者的保护”，这直接导致在单个案件中，企业与作为消费者的原告对庭

时会天然处于不利的地位。

此外，也正因为民事审判庭法官平时审理民事纠纷较多，容易对于涉及科学技术以及法律规定较为模糊（这是经济法领域的通病）、需要运用法义解释学的案件不甚擅长。如果企业方为了解释自己宣传文案或者参数的合理性，在答辩状上不得不充满了专业术语和英文国际标准的话，可能会降低与部分基层民庭法官的沟通效果。从笔者实际经验来看，是否能让法官的注意力从朴素的公平正义转为对技术的关注，这是此类案件中最为核心的胜负手之一。

2. 法官穿上法袍是审理者，脱下法袍是潜在的原告（拥趸）

在其他类型的案件中，法官较容易保持中立的“裁判员”心态，因为大多数纠纷案件不见得会发生在法官身上。但由于国内整体消费环境恶劣，连五星级酒店都能频繁曝出类似于用浴巾洗口杯的丑闻，完全有理由相信法官在自己的日常生活中，也有很大概率遭受过无良商家的对待，甚至还可能产生过投诉无门的愤懑。笔者自己就遇到过身为法官的微博好友发文控诉去某三线城市旅游遭受某商家欺诈，而他自己去投诉时又发现各处推诿的情况。因此，当法官们接到此类案件后，自然容易产生对原告一方的“同理心”。如何不卑不亢有礼有节地在法庭上区分开普遍环境和个案差异，这也是此类案件中，并未规定于法律，但对判决结果事实上有重大影响的重要因素。

3. 法官对双方熟悉程度不同

职业索赔人发起的案件，往往从个案来说标的较小，又发生在全国各地法院，在一些三、四线城市，法官和原告处于同一熟人社会的情况非常正常，而被告一方却可能是法官一辈子就打一次交道的“跨国大企业”。这种熟悉程度的差异，虽然并不意味着判决结果一定与此有关，但这依然是代理人应当予以考量的重要因素。而且尤其需要注意的是，在已经取得法律上优势的情况下，不要以咄咄逼人的方式对待原告而引起审理人员的恶感。毕竟，除了上述原因之外，法庭对面也不仅仅是一个普通的案件“原告”，他/她同样也是代理人的客户的“客户”。

4. 单个案件标的小，基层结案压力大，法官迅速结案冲动强烈

在全国案件量猛增、基层法院的一线法官工作量极大的情况下，又加上“调解率”这个指标属于法官的“KPI”考核的重要因素，由于单

个案件案值极低,诉讼中法官极易产生“这么小标的的案子,大企业还不愿意和解太不给面子”的心态。如何平息法官的情绪,成为此类案件非常棘手的地方。

(三)诉讼对手

1. 有着严密的组织性

在笔者经历的一起规模性的职业索赔纠纷中,背后有明确的核心团体并进行组织布局。典型的特点就是提起诉讼的时间集中,导致短时间内商家会接到大量传票,而且分布于全国各省市地区。由于起诉事件集中,导致开庭时间非常接近。一旦未能妥善应对,就会导致商家根本没有充分准备的机会,而且在人员调配上也会出现顾此失彼的问题。从目前笔者了解的情况和公开新闻来看,几乎没有企业可以承担长期大量雇佣真正有出庭经验的一线法务人员的成本,大多数应对消费者诉讼的企业法务人员年资偏轻,并不具备在法庭上打一场精细的硬仗的能力。

2. 经验丰富,前期准备的技术细节充分

此类案件通常对手因为其严密的组织性以及核心团队长期斗争在“职业索赔”一线,有着非常丰富的此类诉讼经验。从笔者经历过的诉讼来看,展现在庭审上的诉讼文件和证据材料相对专业,完全是出自一个经验极其丰富的小团体之手。诉状、代理词和证据目录的结构非常接近,庭上准备的诉讼要点相对准确。而有关电子证据的录屏、公证等手续,办理得非常专业,至少在形式上基本已经不存在漏洞可抓,尤其是案件如果本身涉及法律人很少涉猎的各类国家标准时,往往比出庭的法务或者律师更加熟悉此类规范性文件。

此外,由于职业索赔人一般有充足的时间,往往会在前期做非常详尽的前期调研工作,甚至还会提前通过套话、录音等方式,伪装成正常的投诉,从没有斗争经验的售后(客服)人员或者公关部门那里获取一些对于公司不利的言论,并将其作为出庭时提供给法院的证据。从客观效果上来说,这种从售后(客服)人员或者公关部门那里套出来对商家不利的言论,在法庭上往往成为商家非常难以应对的证据,会导致庭审场面极为被动。

3. 诉讼中随时升级和调整策略

我们认为,这是集体诉讼案件中最难以应对的一点,也是此类案件与其他正常的民商事纠纷最大的区别。例如,笔者参与的某个个案中,先开庭的原告会采用偷录偷拍的方式记录并传播当次庭审信息,更有甚者会直接拍代表企业出庭的出庭律师的照片来对该律师进行背景调查。同时,幕后团队在开庭后会逐句分析律师在上一个法院的庭审表述,并在下一个法院的庭审中进行针对性举证和反驳。这将给办案律师造成极大的被动(此处略去庭审细节)。

不仅如此,虽然每个案件在立案时证据目录都一致,但笔者发现,每次开完一个地方的庭,对于一些我方的主要抗辩理由,下一个法院开庭时,这个新的原告一定会出现新的证据来反驳。对手这种精准指向逻辑漏洞且具备升级能力的诉讼策略,以及我方不能采用正常办案中将所有证据全部举出(all in)而毕全功于一役的方式,都将给此类案件的办案律师带来非常大的困扰和压力。

三、部分诉中应对策略

(一)前提:决心

事实上,这意味着单纯从争议案件本身来看,必然导致成本远远高于案值,需要企业有“不惜成本”的决心。当然,如果能取得胜诉的结果,那么由此获得的潜在收益,诸如防止问题产品线出现全面纠纷、打击职业索赔人针对本企业发起新的攻击的信心等,就是难以估量的隐形价值了。而从各企业例如京东、亚马逊等在面对职业索赔人的起诉浪潮中的表现来看,目前可能还不存在行之有效的性价比高的应对方式。而且一着不慎,还可能造成巨大的负面舆论压力(例如最近某消费者诉讼中引起广大网民对京东自营商业模式的质疑即是一例),反倒引起严重的商誉损失。

(二)诉中的应诉要点

此部分涉及较多案件细节,仅提供段落标题:

(1)技术细节;

(2)注意裁判顺序;

(3)不细抠原告证据形式瑕疵;

(4)区分不同地域文化；

(5)办案策略应当与市场部门一定级别人员共同制定。

四、诉后的风险控制

(一)建立全面的风险防范流程

基于从事多个公司的法律顾问服务的经验,并结合本办理案件中所发现的企业暴露的问题,笔者认为唯一能大幅度下降此类纠纷败诉风险的办法就是建立起全面的风险防范体系。当然,这必然带来企业法务支出的上升,但从降低的企业败诉风险来看,应当说是完全值得的。

(二)平衡营销效果和法律风险

即便解决了风险防范流程的问题,保证了法务部门在企业运营中的地位和参与度,但在企业的 to C 业务端,市场营销的重要性不言而喻,而在营销人员眼中的优秀文案或者营销手法,往往游走在合法和非法的边缘。因此,在不影响那些优秀的、有市场影响力的营销行为发挥推广作用的前提下,保证企业的营销行为合规,这也是从源头防范职业索赔人恶意索赔浪潮的有效方法。

(三)准确理解高危文案的成本收益

在合规过程中,对于一些高危文案,如果企业判断其市场效果非常优秀的话,那实际上变成了成本收益核算的过程,即违法成本和违法收益之间的差距是否足以支持"即便大概率违法也要做"的判断,并准备相应的预算用于可能出现的纠纷的善后处理。当然,这已经属于公司内部权力和责任划分的问题。

五、暂时难以解决的问题

总的来说,职业索赔的应对问题,这是一个不太可能纯粹在法庭上解决的事情。它永远是被动地在"善后",善后那些在企业日常宣传、推广和销售中出现的一些存在争议甚至是明显错误的地方。当然,笔者无意替恶意欺瞒消费者的行为做任何辩解,只是在揭示一个事实,一个没有深度服务于企业、没有深刻理解企业运营逻辑就容易忽视的事实:企业并不是一个完整的、独自决策的个体,尤其是现代化的企业，它更像是由多个分工不同的人或者说多个分工不同的部门共同进行生产和经营的平台。法务部门的意志并不能代表企业的意志，也很难体现在企业的日常销售和经营中去。我们很难要求市场部门、销售部门甚至生产部门的人员有着丰富的法律知识来知道哪些是不可触碰的红线，因为立法的模糊导致实际上法律人往往也不知道这根红线在哪里，或者甚至说到底有没有（例如新《广告法》中存在的诸多疑点）。这就意味着，消费者看到的企业的疏忽甚至是错误，其实并不一定是故意而为之——当然也不一定不是——也存在大量的无心之“失”。

作为法律人，笔者当然希望能用制度规范一切企业行为，但实际上，先不论法律人是不是能做到这一点，且往往有可能容易忽视，但它确实是决定性的因素：没有任何一个企业是为了合规而组建的，企业的目的就是为了营利。

六、后记

本文第一次成稿其实是在2016年，但当时笔者恰逢另一批大规模诉讼案件，因此本文不便公开发表。截至目前，此类案件已经告一段落，而且随着《电子商务法》的实施，北京、广州互联网法院的建成，此类案件的形态应该会发生一定的变化，例如在大型电商平台的案件类型管辖上，可能北杭广三地互联网法院拥有了较多受理可能。基于多年的互联网企业法律服务经验，以及笔者自身所在律所多年推行的远程化办公体验，笔者有充分理由确信：在线庭审绝对不仅仅是庭审的在线。脱离了密闭空间的现场沟通场景，远程电子传输视频对于庭审参与人的表现力、说服力，法官是否能够沉浸入当事人所描述的事实场景或者技术架构，都是非常值得重新审视和认知的要点。庭审形式的改变，可能并不是如同未长期在诉讼一线的专家们所假想的那样，仅仅只是个“形式问题”。

法务工作经验谈

张吉淑 *

4 年法学专业学习，2 年律师所律师助理，12 年大型外资制造业企业法务，3 年互联网平台公司法务，回望近 20 年与法结缘的过往，从不知道有“法务”这种职业的 18 岁，到今天已经在这个行业浸淫 15 年，之所以能在这个行业的不同赛道坚守至今，源于身为法务，在职业的道路上所收获的团队和个人的成长以及越来越具规模和前景的法务这个行业。本文写作于 3 年前自前一家公司离职入职现公司的间隙，略作修正再次分享给有志于从事法务工作的朋友。

一、法务的身份与定位

法务大都是在企业或机构（以下简单合称为“企业”）工作的法律工作者。企业需要的不仅仅是法律服务，还需要从所属企业的立场出发，从本企业经营管理的角度出发，结合实际情况，考虑企业面临的法律问题以及与此相关的管理问题，提供专业的法律支持和恰当的管理、决策建议。

举一个简单的例子。业内一直流传着各种国内的避税天堂，如西藏林芝、新疆霍尔果斯等。如遇到有高层咨询西藏地区有哪些税收优惠政策，则法务的整个工作过程如下：

首先，请求财务人员协助提供本企业所在地与西藏地区的税率及税收优惠政策比较以及税费返还方法。

其次，与财务人员会同分析主要的受惠企业类型。

再次，结合本企业所属制造业的产业特点，得出结论：西藏虽然是避税天堂，但并不适合本企业，而且因为一系列的原因有可能会带来

---

* 贝壳找房粤西省区法务负责人，微信 honghuanglanzjs。

税务稽查风险。

最后,制作 PPT 汇报给高层。

在这个简单的法律咨询中,法务收到指示后发起跨部门协作请求,在法规政策研究和解读的同时,结合本行业特性和本企业的实际情况得出评估结论后通过邮件和 PPT 与管理层沟通。而这一系列动作背后其实隐藏着法务对于本企业及所属行业的熟稔,对于高层意图的洞悉,那就是管理层关注的问题并非仅限于优惠政策有哪些,还包括了应如何决策的问题。

以上案例,充分体现了大多数行业和公司法务工作的典型形态,也是3年前第一份法务工作带给笔者的关于这个岗位的认知。但是事实上,法务工作的更高境界,在3年后的今天看来,笔者认为应不仅仅满足于偏重“支持”和“建议”的带有幕僚性质的管理和决策辅助角色,而更应该在组织内直接扛起有关企业经营的相关管理指标与责任,比如合规、比如风控、比如部分与法务的日常工作高度关联的业务目标的达成等,通过自己的专业能力、行业理解能力、资源调度能力,去驱动团队和组织达成目标。

二、管理层的信任是法务最珍贵的资产

西方管理学理论认为,一方对另一方的信任之所以会产生,是由多个因子所决定的,譬如能力、可靠性、坦诚等是最常被管理学者们提及的因子,而信任与关系维护显著正相关。法务的身份决定了其价值在于其所提供的意见与决策建议能被管理层采纳并积极预防或控制,从而降低企业经营的风险水平或将风险控制在一定的可控范围内。管理层对法务信任与否,决定了法务在组织内能发挥的效用程度和价值。因此,法务应高度重视与管理层建立信任关系并维护好信任关系。如果法务在入职一家企业后,发现无论如何努力或调试都无法认同管理层的价值取向,无法适应管理层的行事风格,笔者的建议是可以考虑另择良木而栖。最近刚好看到一篇猎头行业的文章,里面提到法务对于跳槽普遍谨慎,而且主动跳槽的不多,通常都是通过猎头的渠道,管理层的因素也是一个重要的原因。

无论是作为法律职业群体的一员,还是作为企业的员工,走上法务的道路,都应该珍视职业身份,洁身自好,不能基于功利心驱动作出

一些短视的、影响自身职业形象的行为，这既是对自身职业生涯的保护，也是法务职业伦理的基本要求。

三、法务的能力要求

（一）法律专业能力

法律专业能力包括法律知识储备、法律研究能力、法律逻辑思维能力、法律人文素养等。在此，不多做赘述，仅提供案例一份：

笔者大学毕业时，通过笔试、面试的竞争后入职一家老牌律师所担任合伙人律师助理。当初应聘的经历，特别是笔试的方案，也被笔者在后续的职业履历中用于招聘团队成员，具体如下：

1. 应届毕业生提供毕业论文，并且在面试时进行论文陈述及简单答辩；

2. 笔试一：逻辑单选或不定项选择题（限定时间内完成）；

3. 笔试二：合同修改；

4. 笔试三：案例文书写作；

5. 面试。

经验证明，但凡通过这种方法优选招聘的团队成员都符合预期。

（二）商业思维

法务作为法律职业群体的一员，法律专业知识、法律逻辑等都是其核心竞争力，是其安身立命之本，这个是大家普遍都有的共识。但是，作为一个法律职场人士，还须具备一项不容忽视的能力，那就是商业思维及敏锐的商业洞察力。为什么这么说，至少有以下理由：

1. 法务要协助公司业务团队解决管理或者商业实践问题。

2. 法务必须就前述管理或商业实践问题进行360度沟通。为什么是360度？因为，这种沟通上至公司高层，下至业务一线经办人员或负责人，还包括各个相关的平行单位或者其他的支持团队（如HR、财务、IT等），而且这种沟通很可能是从产品开发或者项目筹建阶段开始直至项目谈判、合同签署、项目落地、后期结算等，涉及商业实践的全流程。

3. 法务不仅要协助评估可能的方案，对不同方案进行风险提示，而且还需要根据自己的专业知识对方案选择提供建议，辅助管理层进行决策。

商业思维、商业洞察力从何而来？除了与生俱来的天赋外，更多的是靠个人的后天努力。譬如，在公司涉入新的领域或者开发新型的客户时，自知晓相关规划时，或者最迟从被邀请参加会议开始，法务应搜集相关产品、行业及客户资料，并基于这些资料进行必要的法规研究，如有条件，还应向一线业务人员调研了解实际的行业、市场或客户情况。这些准备工作一方面可以让法务在与业务团队的沟通中不至于陷入不懂得专业词汇或者行业用语的窘境，更为重要的是，可以基于对产品、行业、客户的研究，了解产业现状、行业规模、客户的盈利模式、行业的商业逻辑等，再结合法律知识、法律思维和实务经验为业务团队提供法务支持。法务作为法律专业人士但凡在参与商业项目时能适当展现对项目相关的商业逻辑的把握，不仅容易取得本企业业务团队的信任，也能赢得外部第三方（如客户、供应商或者其他外聘专业人士）的尊重，利于法务工作的开展。

（三）沟通能力

1. 简洁平实，使用沟通对象可以听懂的语言。

2. 善用同理心，从沟通对象可以接受、理解或容易共鸣的点切入。在一次并购案中，我方与对方外聘的律师团队就过渡期处置方案的选择发生分歧，谈判陷入僵局，鉴于当时已至深夜，各方决定休会并约定第二天继续。我方法务在会议结束后，考量到如果按照对方律师的观点和强势的沟通风格，恐怕第二天的谈判仍然不会乐观，遂主动撰写了一份拟发给被并购方项目负责人的邮件，该项目负责人同时也是被并购方的运营负责人，这份邮件在充分展现诚意和尊重的同时，从实际运营管理的角度出发，善意提示对方按照目前对方律师建议的方案在管理中可能会出现一些实际问题，这些问题是否有法可解以及若不能得到很好的解决可能对项目推进及双方互信造成何种不利影响。这份邮件撰写完成，经我方业务及项目负责人审阅后，以我方法务的名义发给对方项目负责人及法务负责人。第二天，对方外聘律师团队从双方的谈判中出局，被并购方同意了我方的方案和意见。最终，该并购案顺利达成协议，项目顺利推进，工厂有序完成交接，且通过本次合作，法务与该项目业务团队建立了良好的工作协作关系。

3. 与人为善,留有余地。在一次与客户的商业谈判中,虽然双方法务经常性对抗,但是当对方法务负责人提供的文件出现重大错误,我方法务收到后特意在第一时间私信对方,善意提醒,使其及时改正,避免了不良后果的产生。后续,在所有的项目实施中,虽然双方法务各自立场和利益不同,但始终保持了良好的沟通,且这种良好的互动还有力地推进了双方的合作。在双方业务团队出现分歧时,能利用各自的专业知识和法务身份适时有效地提供协助解决纠纷。

4. 谨慎甄别。每一次沟通所获得的资讯必须根据信息媒介、信息来源、沟通对象的身份等予以甄别,若不加甄别,很有可能落入陷阱。特别是在商业谈判的背景下,一方通过沟通,特别是非正式沟通所获得的资讯或许是对方不谨慎泄露,但也很有可能是对方有意识传递,是否存在故意误导需要慎重甄别。与此同时,也可以加以利用进行反向沟通,以传达己方信息。

5. 重视事前沟通。在重大复杂事项的讨论会议或者决策会议前,进行必要的事前沟通,可以让相关各方充分了解法务的意见,减少信息不对称导致的误解;可以调研各方的顾虑或者想法,帮助进一步完善法务的评估意见和决策建议;可以通过事前沟通,找到法务的同盟者;可以帮助提高会议效率。

(四)举重若轻的承压能力

法务部门在企业内部是一个相对比较特别的部门,这是因为:法务部门不直接创造效益。

法务部门与业务部门的价值取向天然相佐,业务部门是效率和效益优先冲冲冲,而法务的天然职能属性是风险预防。业务嫌法务碍事,法务嫌业务莽撞冒进。

法务因其工作属性需要经常性进行管理层沟通,我们常常看到刚刚入职的小菜鸟也经常需要与各业务部门主管,甚至公司高层直接沟通。

因此,法务团队的每一个成员都会直接面对各种源自业务部门、其他部门主管、公司高级管理层的压力。如何面对压力、顶住压力、与压力共处、化解压力等就非常重要。笔者认为,作为一名合格的法务一定要做到以下几点:原则要坚守,不论对方是谁该说都得说,该提示还得提示；姿态要柔软，硬邦邦没人会喜欢；头脑要灵活有创意，通往罗马的路有多条；话不要说太满，每个人都或多或少有知识、思维、经验或者阅历的局限，过于绝对容易打脸。

四、法务的职场互动

法务在企业会与管理层、各具体业务部门等频繁互动，就此有以下几点建议提供：

1. 超越客户期望。管理层、具体业务部门等都是法务的内部客户，法务若能做到超越客户期望，有利于在企业内部树立法务团队的专业形象，有助于提高法务在公司治理中的影响力和话语权。

2. 忠于职业本分。法务的工作特性决定了其不可避免地会获得一些一般员工难以知悉的信息或者直面各种利害冲突，这些都需要法务在工作中能保守秘密，忠于职业本分，不偏不倚，以平常心对待公司各种力量的角逐。

五、成为一个有趣的人

人们常说，“好看的皮囊千千万，有趣的灵魂万里挑一”。在笔者看来，好奇心是非常可贵的品质，有趣的灵魂一定是对世界一直保持好奇心的人。明朝文学家张岱还说过，“人无癖不可与之交，以其无深情也；人无疵不可与之交，以其无真气也”。法务特别是女性法务，容易给人刻板的印象，譬如保守、严肃、过于正经、一板一眼、不好玩等。我们不妨泰然处之，适度放飞自我，持续学习，做一个有趣的人。

事实上，法务只要有对陌生领域的好奇心，就有非常多的机会可以学习和探索。因为法务经常性参与具体业务部门相关的项目，经办相关业务合同，其间，有心人可以不断吸收和探索各种知识和领域，既可以包括金融衍生产品业务、税务筹划、供应链管理、质量体系、生产制程、进出口贸易、外汇管理、媒体运营与内容生产、市场推广，也可以是园艺、花艺、餐厨管理等。若法务对于某些领域感兴趣，更可以进行系统学习或专门深造，建构知识，完善自我。当我们以好奇心探索世界，也必被回馈以有趣的面貌和生活。

六、结语

犹记得 15 年前作为法务菜鸟刚刚入行，入职第二天获邀参与设备供应商合同谈判，工程部门负责人在介绍法务的时候突然卡壳，说“这是我们新来的张法师”，成为多年笑谈。彼时，法务岗位仅少量见之于大型外企或国企（谓之法律顾问）的招聘广告。反观今日，企业法务已经成为很多法学毕业生会重点关注并尝试的就业方向，法务也已经成为市场热门招聘岗位，特别是具备深厚行业背景和法务履历的资深法务，更是供不应求。能在法务领域长期深耕并持续突破舒适圈自我迭代的法务将大有所为。

法务职业的优缺点及从业之道

柏钦涛*

近年来，法务已经成为法律职业群体的重要成员。法务职业也已成为许多法律人从事或者考虑从事的职业。总体而言，法务群体不像律师群体那样更加乐于在公开渠道发出声音，但法务群体内的专业探讨和私下交流其实非常频繁。本文旨在探讨法务职业的价值和从业之道，但也从讨论法务职业的局限开始。法务这个职业，能坚持住的人，多数是恨得深，爱得也真。恨得深的人不一定爱得真，但爱得真的人往往恨得够深。

一、法务职业的局限

相比律师、法官等更为典型的法律职业，法务是个略显边缘、略显鸡肋的职业。相对于律师等自由职业，法务的稳定性自然是相对高的，但相对于公司内部其他职能部门，法务部门的流动性总体上是比较大的。许多优秀法务陆续离开法务岗，尤其是很多男性法务将法务岗视为鸡肋弃之而去。法务何以鸡肋呢？如果非要总结成一句话，法务的根本局限在于它永远是个服务业，是个辅(da)助(za)者(de)，是个有过无功的职业。

1. 法务不创造价值

任何企业的存在、发展都得靠效益。可是法务的效益在哪里呢？要说避免了多少风险，试问怎么证明？能通过假设来证明一下，如果没按照法务的意见处理某项交易，没有按照法务的要求撰写某个条款甚至没签合同，某项业务就会出风险吗？当然，大可以说法务是通过减少可能的风险来间接创造价值的。可如果这么论，法务跟其他中后

---

* 通力律师事务所高级顾问、法学博士，曾长期在金融机构从事法务工作。

台部门的差别何在？哪个部门不间接创造效益？法务部门凭什么要求比其他中后台部门相对更高的薪资？不创造价值的岗位，把自己说得再好，也难以得到自己最想要的称（jia）赞（xin）。

2. 法务的贡献不可见

有人说，法律职业就是桥上的栏杆，法务职业特别适合于这个比喻。可怎么论证栏杆的价值是多大？怎么给铁的栏杆、铜的栏杆、不同施工工艺建起来的栏杆定价？怎么证明自己是铁的、铜的，而不是塑料的？怎么论证对于不同的车主，自己的价值是多大？怎么证明他们出现事故的概率是多大？如何证明自己曾避免了潜在事故以及避免了多少损失？具体地说，就是如何论证公司给法务岗位上的特定个人的定价是合理或者不合理？换句话，法务的贡献到底在哪里？

很多时候，责任心强的法务在处理法律事务时，竭尽所能地运用自身所学识别其中的风险并给予防范，甚至会利用私人时间、调动私人资源处理相关工作。但是，有多少人会注意到法务的贡献？经营活动所产生的效益和成果，大家依然全部归于带来这个业务机会以及实施这个业务的业务人员。谁会认真去想，如果没有法务的参与和努力，事情会是怎样呢。实际上，多数情况都是相反的，法务自认为尽职尽责、费尽心力地参与业务活动，但还是常常被人诟病效率不足、价值有限。若出现漏洞，会有人追究法务的责任，效率不高，更会受人指责。当法务通过种种努力把事情做到很高水准的时候，别人却视而不见了，或者根本意识不到。有过无功，对一个职业而言，是可悲的。

3. 法务创造“麻烦”

所谓法务创造“麻烦”，可以分为两种情形。第一种是必要的麻烦。无论业务人员如何着急，法务都需要花费一定的时间来处理法律事务，都得提出该提的意见。法务人员当然觉得这是必须的时间，可是对心急火燎的业务人员来说，合作意向达成之后的任何时间仿佛都是额外的付出，都是业务机会可能被抢走的隐患。业务人员有这种感觉其实不足为怪，这是再优秀的法务也无法逃脱的困局。第二种是不必要的麻烦。其实每个人都有自己的认知局限，虽然法务有“权力”提意见，但是有时候，会提出意义有限的意见，提出偏执甚至错误的意见。第一种情形下，可以说法务工作是作为一个必要的麻烦而存在。第二种情形下，法务就是一个额外的麻烦，会给业务部门带来许多不悦。具体到实际工作中，哪些是必要的、哪些是额外的，其实很难分清。在法务工作的初期，经常会造成额外的麻烦，即便工作多年的法务，恐也难免。而在具体经办业务人员心中，法务造成的额外麻烦比实际情况还要再多些。法务跟业务人员之间的矛盾很大程度上就从这里产生了。而即便是作为一个会带来必要麻烦的岗位，想受人欢迎、认可、被给予好评，都不容易。更别说，法务因为自己的固执、失误或者专业观点偏差造成的额外麻烦，很容易就把自己所有的苦劳功劳都给抵销了。

4. 非法律人士给法务定价

闲聊天的时候，别人通常都会对能通过据说特别困难的司法考试的法务们一份赞许。可是实际工作关系中，完全是另一番景象。其实，在关系自己利益的地方，每个人都很“专业”。法律文字谁都看得懂，法律问题谁都可以讨论一番，更别说还有百度相助。尤其金融行业，很多管理人员、业务人员甚至行政人员都是法律出身（甚至就是律师出身）。结果便是，法务很难评价别人，但谁都可以评价法务。业务部门对法务部的评价，在法务的考核指标中常常占据重要地位，而他们恰恰是法务或多或少与之产生摩擦的人，要获得他们的好评必然不会容易。别说好评，现实看，不少法务在很长的职业生涯中都难以获得自己期望的所谓的“基本尊重”。

5. 法务工作注定琐碎

法律工作是个体力活。这也许跟业外人士的直觉相异，但业内人会心有戚戚。法务工作其实是体力活中的体力活。单就法律文件起草、审查来说，错别字、左右对齐、标点符号、加粗加黑、全称简称，这些理论上本应由业务经办人员完成的工作其实常常占据初级法务的很多工作时间。除了典型的法律事务，合规管理、制度修订、流程审批、招投标，甚至一些公司报告，很多不典型但是也跟法律有一定关联的工作也会让法务参与。其实任何工作的内容都可分为琐碎的辅助性事务和专业含量更高的核心事务。但是对于法务而言，在实际参与业务或者管理活动过程前，往往无从知道其中是否涉及实质性的法律风险判断以及其中的关键风险点。这就注定，难以通过简单的切割把不同资历的法务的工作内容区分开来。也就注定了，即便从业多年的法务的很多工作时间都是在处理这些琐碎工作。

6. 法务的薪资受制于行业薪资

法务工作虽是体力活，但终归是专业属性很强的体力活。专业性越强的领域，从业人员实际专业水平和工作成果的差异会越大。理论上说，收入和专业水平及付出应当匹配。但是在公司内部，法务部作为中台部门，薪资受制于公司中后台的整体水平。而在行业内，一般对同等资历的法务会有一个大致的薪资定价。即便待遇相对丰厚的公司能比中等分位公司高出个百分之三四十就不错了，这个差距并不能匹配专业水平的差异。当然公司的所有职位都有薪资限制，但相比前台人员的薪酬跨度和律师行业的薪资跨度，薪资的瓶颈对法务而言更加明显。

7. 法务很难成为“重要的人”

法务工作很重要，尤其是在金融、投资这些领域之中，很少有人会否定这一点。可于具体的事务而言，这些说法到底是无力的。任何人都希望变得重要，这个愿望的本质在于通过别人的重视得到更好的回报，包括精神和物质两方面的。那么就得清醒地意识到，关键点不在于自己觉得自己重要与否，也不在于“法律重不重要”（没人能代表法律，这跟学没学过了法律没有关系），而在于别人怎么看法务岗，别人怎么看具体的某位法务。现实来看，想让人觉得法务很重要并不容易。法务每天处理很多琐碎的事情，被埋怨的机会处处都是，贡献不能量化，不能带来业务机会反倒可能会错过一些业务机会或者延误业务时机，拿着跟普通行政岗位没有本质差异的薪酬，怎么让别人觉得法务很重要呢。当然，法务不容易让人觉得重要，并不意味着法务真的不重要。

二、法务职业的优势

法务职业有它的琐碎、繁忙和局限，但也有许多可取之处。跟其他法律职业比较，法务还是有不少相对优势。

1. 性价比较高

具体点说，就是相对专业、相对稳定、收入相对较好。“相对专业”是跟从事非法律岗位的人来说（法律出身的人转行的很多），“相对稳定”是相对于律师而言，“相对高收入”主要是相对于司法部门而言。

2. 有利于综合能力的提升

人在职场，综合能力很重要。协调各种事务、与不同职业角色的人沟通，对于任何一种职业来说都十分重要。进入经营规范、管理成熟的大公司，可以比较好地训练职业能力。公司法务部门是承上启下，跟不同部门、内外部机构打交道的地方，这有助于个人职业素养的提升。在经营规范、管理成熟的大机构工作过的人，如能受到适当的职业训练或者引导，言行举止、待人接物、撰写公文都会更加规范。团队制或者师徒制过于鲜明的地方，都更难培养人的综合职业素养，除非有幸遇到特别好又愿意教人的师傅，这是可遇不可求的。

3. 有助于专业能力的综合提升

这是法务职业最大的优点之一。市场经济中，对多数法律人而言，专业能力才是最硬的饭碗。现在法律院校毕业生最青睐的就业方向主要是头部律所、大型企业尤其是金融机构，还有法院。大律所目前的专业细分非常严重，一旦进入某个团队，很可能几年之内不分昼夜地帮助合伙人重复做某一类业务。北上广深法院的分工之细比律所有过之而无不及。专业分工理论上来说是好事，各有专长，充分为市场提供专业领域内更加精深的服务，但是对于新人而言，这种分工却有很大的弊害。

法律专业能力，可按照横的、纵的两个方向来做个虚拟拆分。

横向看，有不同的专业领域，比如普通民事领域、商事领域、公司合规内控领域、金融投资领域、务实业领域，以及企业经营中常碰到的刑事问题领域，等等。这些看似宽泛的领域实际是法律人多少都要有所了解的。虽然课本上多少都学过，但是要在脑子里形成真正的概念，没有几年的切身实践绝不能做到。可是现在能提供这种环境的岗位并不多。小律所事情杂，什么都能接触到，但是从小律所起步，履历不好看，再想提高一个层次不容易。大律所分工很细，而且多数待遇相对较高的非诉业务团队，新人的实际工作内容常常是高强度地依葫芦画瓢，看起来高大上，实际上领域过于狭窄，未必有利于法律思维和职业能力的训练。司法机构内部的业务细分也是如此。而市场化程度比较高的行业和企业的法务，实际能接触到的法律事务类型反倒更全面一点。

纵向看，可把法律工作分为四个层次：第一层，初级的辅助性工作，实质是在外围打杂；第二层，基础性法律事务，比如撰写简单合同、信函等法律文件；第三层，比较复杂的法律事务，起草或修改复杂合同、参与常规谈判、就比较专业的问题发表法律意见等；第四层，处理疑难法律事务，比如就某领域重大疑难法律问题出具意见或者就复杂法律事务提出解决方案。其实真正疑难的专业问题确实存在，但是多数人的多数工作都不需要为了这些问题而费心，也注定费不了那个心。大多数法律人的多数时间都忙于从第一到第三层次的事务。正常的法律训练也应当是由易而难。但实际上眼下大所的非诉业务，本质上都是复杂事务，一份合同动辄几万字，一份尽调动辄几百页。新人乍一看，觉得是座大山，心有惶恐，略有参与后又觉得不过是个模板，复制粘贴、抄抄改改而已。实际上，这些法律文件中许多内容都是行业前辈在多年的实践中总结出来的经验教训（当然，那也不一定就完美无瑕）。直接接触所谓高端业务的新人，常常根本没有机会了解背后的东西。但是要真正理解一份合同、一个交易安排、一类业务，最重要的就是要了解这些条款背后的一切。这种直接一步到位参与"高端业务"的弊端是，有些看似经验丰富的律师一旦碰到非常规的事务，就无所措其手足，有些在非诉领域工作数年的律师可能并不具备起草简单法律文件的能力（如果不让他百度模板的话）。之所以如此，就是因为他们没有经历过最基础的训练。那些简单的租赁合同、买卖协议、施工合同、承揽合同、往来函件，等等，便是一个法律人训练法律思维、培养职业技能、在实践中运用各类基本法律法规最好的素材。这是法律人的马步，可是现在很多人马步没扎过，就去练少林龙爪手去了。专业化分工如此细致的今天，能提供综合性锻炼机会的法律职业不是很多了。市场化机构的法务是一个相对友好的职业起点，公司多少会把新人当新人用，让新人逐步地干他能干的活，这个过程其实是公司在为法务的成长提供环境和平台。

4. 是切入一个行业的好机会

在同类事务数量足够多的时候，专门的人提供专门的服务效率自然更高。这为深耕某一领域的专才的发展提供了空间，也迫使所有法律人向专业化发展以便能为市场提供更为专业高效的服务。律所和司法机构内部专业分工的细化实际上是适应于社会发展需求的。律所新人在这一发展趋势中实际上处于比较尴尬的境地。他们一入行就被带入一个很细的领域,但并没有太多机会了解这个行业。从事法务职业却是一个极好地切入某个专业领域的好机会。基于经验的自信,无非就是见过、做过,知道什么地方会有什么问题、怎么解决。没见过,没做过,只是看到模板里写过,这么积累的经验太过虚无。法律文件模板本是行业运作和法律人与行业互动而不断积累的结果,但竟然要通过这个结果去了解事物本身。效果当然不如打入“敌人”内部的好。法务是法律人了解一个行业最好的切入点,靠百度、教科书和随处可见的合同文本库都不行。

5. 职业自由度相对较高

这里也仅仅是相对而言。最自由的自然是成功的律师(定语不能少)。法务朝九晚五(也许这个描述也是过于理想化)的日子,跟其他职业并没有太大差别。但是相对于法官、检察官等职业,法务的市场转换空间更大一些。专业过硬的法务在企业之间、行业之间、地域之间可相对平稳地切换,不用过度束缚于某一个“单位”,这是市场经济之下很重要的一种自由。

总体而言,法务是法律职业中相对比较折中的一种职业选择,进可攻、退可守,有职业提升的空间和机会,职业转换自由度较高,同时也有相对较稳定的保障。如果能到比较好的行业或者比较好的公司从事法务工作,这些优势自然还会有更明显的体现。所以,对于法律人,法务还是一个不错的选择。对于喜欢这种生活模式,或者处于职业初阶的人来说,也许是相当不错的选择。但是做法务并不容易,在市场化程度高、专业性强的行业做法务更不容易,做好本职工作还能获得别人实实在在的认可更是难上加难。

三、如何做好一名法务

要做好自己的本职工作,必须先敬畏自己的“饭碗”,对自己的工作岗位负责,对自己的职业生涯负责,对所在的单位负责。当然,归根结底,也是对自己的生活负责。要端好法务这个饭碗,并不容易。

(一)不断学习

1. 学习的必要性

首先,不学则废。不进则退这话,对法务(以及通过市场化手段谋生的所有法律人)特别适用。法律人只能持续处于一定数量和一定深度的业务实操和专业探讨中,才能保持最基本的敏感度、最基本的法律思维能力,法律知识只有在不断运用中才不会被遗忘。哪怕学过六七年法律,通过司考,要是不从事法律职业,三年足够忘得干干净净。即便从事法律职业,那些工作中很少用到的科目,很快也就遗忘了。学起来慢,忘起来可是很快。其次,法律制度更新迫使法务更新知识。法律法规持续修订,近年来尤甚,司法解释、会议纪要、行业规章、典型案例,不断推陈出新。法律法规以下,行业规章也越来越多、越来越复杂,金融、互联网等行业尤其如此。再次,业务需求迫使法务更新知识。法务的工作涉及面比较宽,很多问题分属于不同的法律领域,金融投资行业的每个项目可能都涉及不同行业、不同地域的法律法规、监管规则,每个问题都需要重新研究和学习,再高水平的法务也不可能一劳永逸。不少非法律出身的人会误以为,从事法律职业的人会对各类法律知识都有相当的了解。大家潜意识中仿佛认为学法律的就该懂得所有的法律,至少是很多重要的法律。但每个细分领域的法律法规和司法实践都如此复杂的时代,仅仅是因为学了法律就会懂得一切法律简直是天方夜谭,纵使是对所谓常用法律熟稔于心也绝非易事。不持续地学习,根本做不好法务工作,尤其是在市场化程度高的企业之中。

2. 工作即学习

对资深人士而言,实际的工作本身更是一个连续不断的学习过程。法律人学习法律,实际上是通过专门训练,培养法律思维,熟悉基本法律法规,进而掌握一种在实际工作中迅速了解问题并以法律人的视角解决问题的能力。法律人的专业其实不体现(至少不主要体现)在对法律法规的记诵上,而是能够迅速地用法律人的思维方式不断学习、研究和解决具体问题。专业能力虽然通过解决具体问题、发表专业观点表现出来,但最核心的仍然是学习能力。资深人士的资深往往体现在拥有更为优秀的学习能力(外人看起来的往往是别的)。对既有的东西越熟悉,越能抓到新问题的本质,越少走弯路;法律思维能力越强,越能全面客观地分析问题;越有经验,越能在新问题中反思自己过去知识结构的不足,越能从新问题中收获更多的营养。法律人经验的积累过程,也是学习能力加速度提升的一个过程。也正因此,法律人越老越值钱，不仅是因为经验与年限成正比例关系，更是因为经验的积累本身也是加速度的。当然，工作时间不等于经验，经验的本质在于通过实际工作反思、提升自己进而施展于未来，不反思、不学习，从业再久也是原地踏步甚至退步。

3. 博而后能专

学习要有持续性、深入性、广泛性。持续性是前提，深入性和广泛性相辅相成、互为前提。前两点无须赘言，广泛性最不起眼，可笔者觉得尤为重要。看似分工精细的法律都是基本的法律原理之根在法律之树顶端的枝杈罢了。法律这棵大树成长两千多年，每个法律人经年的学习和实践不过是逐渐看清它的枝干和脉络的过程。只在一枝一叉游走，看似专精，不过是一叶障目。所有的领域划界都不过是为了应用和研究的方便而进行分类的结果。刑民的区分够清晰吧？可仔细想想，所有部门法的法益被侵害到一定程度，都会变成刑事问题。那到底什么是刑事法律关系，什么是民事法律关系？合同法和公司法看似关联度不大，可真正思考过公司法疑难问题的人将不断地回溯公司与合同之间的关系，并在这一过程中不断加深对两部法律的认识。实际上，不对照理解合同和公司，就不可能真正理解公司法的本质，不理解公司的本质、刑罚的本质，也就无从知道合同的边界。过度地把法律当作条分缕析的知识，就会忘却法律本是人类用来处理问题的一种手段。最能联结法律的不是学科归属，而是他们所要解决的问题或者功能所在。归根结底，笔者认为无论从事哪个领域，保持对较广泛的社会领域的法律问题的持续关注，是能够不断提升专业能力并在某一领域达到突出水平的必备前提。能够在常见的法律领域有较好的知识积累，也是能够在工作之余帮助同事、亲友纾难解困的前提。在那些貌似不属于自身专业领域的领域惊艳他人，给出一些有价值的法律意见（当然得慎重），更是赢得同事、同行信赖的有效方法。

笔者认为，能够带领法律人迅速进入不同专业领域的法律思维能力才是法律人的硬通货，而不是所谓专业领域的那些难者不会、会者不难的东西。当下的教育体系和法律职业状况下，博其实比专难，只要能静下心来，凭借互联网和虚心请教，不难在短时间内达到让不专业的人觉得很专业的程度。但能不能做到“博”，能不能真的专，多半得靠在校期间的大量阅读思考和工作之余的持续学习、反思。现在法律学生一入校就忙着实习，一毕业就忙着搬砖，砖没摸热乎就惦记着跳槽，这其中确实有不得已之处，但其中得失很难评断（且不论法学教育水准、各路砖厂氛围如何）。

（二）有效沟通

法务必须持续地处于各种沟通之中，需要跟部门内部上下级、业务人员、相关支持部门、外部律师沟通，金融机构还要跟监管机构沟通。各种沟通中最常见、最难的是跟业务人员沟通。法务常说某位业务人员不好沟通，是说他沟通没有技巧，做事情不懂得合理安排，增加了法务负担。业务人员也常抱怨法务不好沟通，多半是说法务比较固执，处理问题简单粗暴。但这些问题都是在沟通技巧和方法层面的。此处探讨的“有效沟通”并不是就一般所谓的沟通技巧层面的。

首先，法务的沟通是把事情搞明白的一个过程。法务是帮助业务人员解决问题的，就需要向业务人员了解事情到底是个什么事、存在哪些问题、需要考虑哪些因素、怎么解决、方案是否可行。法务多数不直接接触业务，而且时常要针对自己不了解的事务发表意见，没有这个沟通的过程怎么能把工作做好呢。事情问清楚了，很多问题可能就不是问题了，很多原先没有考虑到的地方可能反倒需要重点关注。沟通首先是一种意识和责任，其次才能谈技巧。身为法务，服务于特定的项目或者事务，主动地了解事情是必要的程序和职责。向法务提供准确、有效的信息自然也是业务人员的责任，但是业务人员必然有他的局限性。即便是对做事十分周到的业务人员，法务一般也是需要主动沟通的，毕竟构建法律事实所需要的要素，法务本就应该比业务人员更加了解。试想如果业务人员对法律问题考虑得比法务还周到，法务的存在价值还有几分？

其次，沟通是指专业层面的沟通。真正的专业不在于用所谓专业词汇说出一堆别人不明觉厉的东西，而是能用别人能听懂的语言让别人明白他曾经不知道的东西。用通俗的语言出入于专业壁垒之间是真本事。法务要以业务人员能够理解的语言把意见传达给他，只有他能理解，才能真正意识到法律意见的重要性。在这个环节与业务人员的沟通，其实也是法务进一步了解业务需求，进一步反思自己意见的正确性、严谨性的一个过程。这其中会有一些经验技巧，但最核心的还在于法务自身的专业能力。对法务而言,最好的沟通,是能够通过过往的工作能力证明自己的意见值得业务人员慎重考虑,这本身会减少很多沟通成本。

让别人理解自己之前,得主动去理解别人(理解是指一系列的动作,而不是"接受"或者"妥协"这个结果)。主动沟通、了解、询问的过程就是法务望闻问切,寻找法律事实和确认需要解决的问题进而提出解决方案的过程。但是知道自己要问什么、怎么问,这本身绝非技巧和意识的问题,这需要真正的专业素养和实战经验作支撑。

(三)放平心态

1. 对待职业

法务这个工作不容易有成就感,一线法务工作压力大,加班加点很常见,还常常遭受误解,薪资待遇相比其他中后台部门也无明显溢价。不少法务朋友职业满意度不高。不过,世间哪有一种工作不辛苦。干了这个差事,就得把活干好,活不仅是给公司干的,也是给自己干的,至少职业技能的提升是属于自己的。

2. 对待业务

归根结底,法务是个服务者,不是个裁断者。公司总是要把事情做成才能有效益,法务多数情况下的工作是帮别人把事情做成、做好。以否定别人为职责的法律职业很多,公检法多少都有这种属性。但法务不是。法务不能只知道对错,还得知道怎么把事情处理得更好,如何用更优的法律方案更加充分地实现既定的商业目的,高级法务甚至得比一般的业务人员更知道什么样的结构和方法能比他自己想到的还要好。

3. 对待合同

所谓"审合同",到底是在"审"什么?"审"谁?再复杂的合同也能归结为几句话,要做什么事、怎么做这件事、利益怎么分、风险怎么担?写合同不过是把这些安排落实到纸面的过程。那么,什么是合同的对错?文字语法有对错,标点符号有对错,合同的对错是什么?实际上,是我们在心目中预设了一个合同的标准范本,才会认为合同有对错,才会以上凌下去"审"合同。审查合同,只是理解合同,了解合同所要达到的目的及其路径,进而寻找其中的纰漏予以弥补或者改进的过程。合同是要把一件特定的事情写清楚,范本仅仅是提炼了前人经验,为条款撰写提供一些现成参考而已。合同没有对错,只有不好、好与更好,只有简单与复杂、缺陷与完善之分。法务人员的职责是帮助业务部门尽可能快地把事情做得更好更完善,而不是简单按照既有的模板和有限的经验所形成的思维框架来比对合同。这看似简单,但真正意识到并做到,需要挺长的时间(法务职业初期的机械、固执以及因此而犯的错误、耽误的时间,是无法免除的,是公司为法务的成长所付出的代价)。学习范本是形成自己套路章法的过程,但消化范本、运用其于无形才是功夫所在。

4. 对待业务人员

总体而言,业务永远是公司的核心。任何公司的主业都不是法律,这注定法务不会成为最重要的人,法务注定是辅助者。鸡肋确实鸡肋,但是鸡肋要努力变成鸡翅,鸡飞起来了,才能成就所有的职业角色。助人,才能成己。

5. 对待自己

我们的认知存在诸多局限。在长期的职业生涯中,面对动辄数万字的法律文件以及有限的工作时间,错误、疏失、无知都无法避免。所以对于自己的固执和自信,要随时保持一份警醒,记得问问自己坚持某个主张的底气到底何来?如果有错误,不用担心,也不用纠结,当改则改。法律法规如此纷繁复杂,业务情况更是千变万化,谁能说自己不会出错,谁又会期待谁不会出错?但坚持错误就真是错了。追求完美那样的豪言壮语,不必太过当真。不用刻意追求完美,只要力争做好自己该做的事情,并利用有限的时间和能力尽可能地把事情做得更好,就是很优秀的职业态度。

让别人信服的最好手段,就是让自己变得值得信服。如果法务能通过具体的工作,让人感到自己总是或者常常是对的、善意、尽责又“有用”的,别人就不会轻易质疑或者刻意吹毛求疵。相对于律师,法务更难于让人满意;因为法务是在没有任何外部光环让别人信赖的情况下工作,而且经常要处理自己并不熟悉的领域,律师的工作时间一般会被认为是专业工作必经的流程所需,但法务耽误的任何时间都会被投来分秒难耐的目光。可是法务所能获得的信赖又是更加持久和稳定的,因为有机会在更稳定的合作关系中证明自己。

6. 对待“折中”

法务工作必然需要做许多权衡和折中。无须从过于负面的意义上理解“折中”二字，这里的折中并不是为了公司利润而放弃专业底线。折中是在特定事务有限的现实条件下寻找尽可能好的解决方案的一种意识。商业活动就是不断地做交易，任何交易的达成都是交易各方寻找折中点的过程，法律服务于这个过程，必然需要折中。法务的使命不是代表国家法律裁断商业行为，而是运用所学专业服务于商业活动。多数的商业合作，能够进入深入沟通的阶段，基本的共识和利益平衡是前提，不是你死我活的关系。多数商业行为中需要法务参与进来，是需要法律人帮着把事情做得更好、更加周到、更加严谨、更加高效，法务当然是需要坚守底线的，但坚守底线远远不是法务的全部职责。

(四)重视交流

法律人的水准主要体现在三个要素上：法律思维的水平、法律知识的丰富度、实战经验的丰富度。三者相辅相成、互为前提，但核心一定是法律思维。没有好的法律思维，背诵再多法律法规也未必能解读到位。当然思维不是个空的东西，仅仅是靠书本、论文、课堂上的逻辑思辨，远远不够。不经过实战，真正能理解复杂法律规定并可予以运用的，恐怕没有。过目不忘的天分在这个职业中也没有太大意义。功底不实，所谓伶牙俐齿的辩才也无助于大局。

对法律人而言，法律思维是内功，法律知识是招数，实战经验是将一身所学在实务中糅合、运用、发挥、提炼的过程。招数最唬人，但招数最不重要。高手一出手，便知有没有，说的不是招式，而是内功。法务最能胜人的其实就在第二项，多数专业领域的大律师也未必能比从业三年的勤奋法务更能了解本行业的法律法规。法务的最大短板在于诉讼实战经验匮乏和法律思维锻炼机会不足。只有辩论和基于辩论的反思才能不断提升自己的法律思维，让自己重新审视自己过去对法律法规的理解。与高于自己水准的人讨论专业问题，是让法律思维水平加速提升的好方法。法务职业的缺憾在于，公司内部人多数是非专业人士，业务人员有求于己，公司外部律师往往给予法务格外的客套。在法务岗位上待久了，容易过高判断自己的真实专业水平。所以积极学习,与同行交流、讨论显得尤为可贵。直接经验和间接经验都是经验,自己干的活终究有限,只有不断地跟人学习、交流、探讨、请教,才能适当超越特定岗位、行业、履历给我们的视野带来的局限。任职的机构会有助于视野的提升,但完全不能代表自己的高度。能够利用良好的平台,通过与高水平的人不断交流,在更好的视野中加速成长才是正途。

相对于热衷于四处寻找业务机会的前台人员,法务更像是久居深闺。其实法务也要走出去,业务人员要找业务人员,法务人员也要探讨专业。每个行业都有每个行业的所谓壁垒,但对法律人而言,那到底不是根本。法律语言、法律思维、法律意识、法律问题、疑难案例便是法律人最好的沟通语言。

(五)用心、用心、用心

用心,洒扫庭除、洗衣担水也是少林武僧的修炼。不用心,再高的平台也不代表自己身高几何。分工如此细致的时代,其实到哪里都不能获得所谓完美的职业训练(甚至说专业细分已经导致每种法律职业对新人而言都有重大的缺陷),这些缺憾只能用心来补。何为用心?无可名状,用久方知,不用不知。不用心,一切所谓方法、知识都是废话。百度能百度到各种招数手法,但百度不到心。心是什么,于法律职业的最核心而言,它是法律人判断法律上的对错好坏、公平与否的那种直感(原谅笔者只能用西方法律译著中很别扭但相对贴切的一个词语),它是帮助我们快速看清问题的本质,寻找到解决问题的思路,甚至在看到争议问题之时便能迅速形成一个事后用理性论证证明为对的判断的那盏灯。于法律人的学习而言,它是那种不断去学习新的事物完善自己的知识体系、愿意倾注自己的努力帮助别人把问题解决,并根据新问题、新规定、新趋势以及各方主体关于何谓公平的理解,不断反思自己既有观点的意识。

大家常常自嘲为搬砖的法律民工,但真到工地看看,砖工取砖、抛砖、接砖的过程,都有许多技巧。任何工作,用不用心都大不一样。但幸亏心是有用的,因它有用,法律职业才有存在的价值,我们纵使无所依凭,只靠一双手,依然可以衣食安稳。因为人心有用,所以法律职业人不会被百度取代。法律职业会越走越宽,对此笔者坚信不疑。对于那种认为法务的重要性将被律师、网络平台以及谙熟相关规则的业务岗位取代的观点，我不敢苟同。

四、法务与律师

企业法律事务日益复杂，而律所的服务越来越专业和高效。有人认为，法律专业的复杂化，会导致法务的工作逐渐被律师取代。笔者认为恰恰相反，法务不但不会被取代，而且会越来越重要。法律问题越复杂，法律知识在企业经营中的作用越突出，企业越需要内部有可信的专业人士给予法律方面的支持。越需要法律服务的企业，越需要内部法律人士。

律师永远是外人，外人的沟通成本、信任成本、时间成本、金钱成本都太高了。对于市场化的能够赚钱的经营主体而言，时间就是最大的成本，而很多应急性的事务需要即时反馈。对很多新兴行业而言，内部专家比外部专业机构更能提供有效的服务，外部法律服务注定是整体滞后的。这些企业、行业，也更有意识、更有能力为内部专家提供足够高的薪资。对这样的企业而言，用高于市场水平的薪资雇佣优秀的专家为自己服务，是划算的。

实际上，在一个足够复杂的法律市场中，哪怕是要借用外部专业力量为自己服务，内部也需要一个能够对法律问题有可信判断并据以遴选、考核外部机构的角色，这个角色当然是法务。那种认为法律业务越复杂，法务就越不重要的说法，主要是基于"律师比法务更专业"这种过去颇为流行而今已毫无实际意义的判断。

厉害的律师厉害，厉害的法务也厉害。法务太多了，律师也太多了。无论是在什么职业岗位上，法律人的水平永远是因人而异的。总体而言，律师更容易、也更有动力让社会公众知道自己。但专业功底扎实、工作能力优异的法务也非常多。只是法务不太为社会公众知悉罢了。

实际上，大企业法务部的门槛并不比最优秀的律所低。更何况，法律业务复杂化的本质不是法律规则本身的复杂化，而是社会生活和商业安排的复杂化。要在这些法律事务中更好地提供服务，除了法律功底之外，更重要的其实是对这些日益复杂的事务本身的了解。法务作为内部人，将有更多的机会体会商业运作、行业规则以及企业内部运行逻辑。在一个日益复杂的社会中，法务永远都有律师不能比拟的优势和不可替代的作用。这是法务职业会持续存在并有可能成为一种收入不菲、专业性很强的职业的原因。

很多律师爱笑话法务,说某某公司法务不专业。其实法务有时也笑话律师,说某大所律师甚至某大牌律师其实很水,做的法律文件漏洞百出,出的法律意见水平了了,讲起课来满是车轱辘话。律师和法务有时会互虐一下,或者自以为虐了对方一下。这些其实一点不稀奇,大家在具体事务中合作,难免会发现彼此的短处。公司请律师解决专业问题,往往是找在某些领域比较专业的律师,而法务可能刚好对这些领域比较生疏。但律师对特定公司、特定行业的理解未必比法务更深刻,在具体问题上,法务则常常是在掌握比律师更充分的信息基础上判断问题,并且法务天然处于检查律师"作业"的位置,写出一个完美的东西很难,但是挑别人的漏洞再容易不过了。所以这两个职业相轻,很正常。

现实中,往往是资历很深的律师才能接到大公司的项目,但是大律师往往又不会亲力亲为,许多非诉项目实际是三五年经验甚至经验更短的律师操刀主办的。法务从中挑刺自然是很容易的事。而由于专业细分以及很多大企业集团总部法律岗位的半行政化,法务部、合规部人员可能只对自己负责的一小块事情比较了解,对其他领域的法律问题则可能一知半解,跟真正专业的律师根本不在一个段位,被讥讽也怪不得旁人。

说到底,大家都是从法律技工学院毕业去了不同的厂房罢了,又在不同的职业角色上服务于社会。律师的专业提升空间自然大,大律所团队协作的成果,自然非普通法务部可以超越。但如前文所言,法务岗位也有它的价值和优势,律所对于新人培养而言也有它严重的缺陷。

实际上,越是同行相轻,同行好评越是贵如金。看一个律师专不专业,得问问法务。大家常说要问法官,实际上,专业水平和尽责度,服务对象更清楚。法官看到的案件本身就是律师加工过的了,这个加工的过程很大程度上已经注定了案件的结果。一个法务专不专业,也得问问跟他合作过的律师。律师和法务,主要还是一种相互合作、相互学习的关系,未来将是更加频繁的相互流动。

五、法务职业的前景

还有一种杞人忧天的观点是,整个法律服务行业会随着制式文本的普及以及搜索引擎的日益发达而消失。

这样的结论，笔者认为是荒谬不堪的。法律规则日益复杂就会减少纠纷？人类自有法律以来，规则都是日益复杂的，纠纷数量呢？再复杂的规则都不能穷尽多变的现实，基于利益的争执和基于对法律理解的争议永远存在。服务于争议解决以及预防争议的行业也就永远存在。公司法的规定看似清晰，可万科跟华润的争执就恰好起于一个看似很清楚的规则。有了制式文本就一劳永逸，不用根据具体业务实际变通处理了？荒谬！指望搜索引擎能替代法律服务的，就更不值得讨论了。搜了公司法，就能把章程写得严密无缺了么，万科的法务和律师水平应该不差吧？实际上，一切的算法都是从过去的经验中抽象出来的机械规则，但是法律问题的尺度本身就是随着时代、地域、具体事项以及人们的道德观念和社会结构的演进而不断变化调整的，经验是对未来的借鉴，有时候可以套用，有时候需要变通，有时候需要彻底抛弃，而有时根本没有现成的规则可适用。

法律职业会一直存在，并越来越重要。社会的复杂化本就必然会增大各种不确定性，就只能通过更为复杂的商业设计来防范这些风险。商业交往的频繁和密切，对降低内部和外部交易成本的需要愈加强烈。在这个过程中，法律人不可或缺，律师和法务都将按照各自的角色参与其中。日益庞大的律师事务所和法务部，以及企业和社会为之付出的高昂成本，也许有做无用功的部分，但总体而言，依然是整个社会为降低潜在成本而作出的一种必要努力。

当然，法务职业的前景是一回事，个人的前景又是另一回事了。在公司内部而言，行政管理岗位终究稀缺，未来，更多的公司会将资深法务作为一个重要的专业技术岗位设置，并予以提供更为优厚的薪资福利待遇和更有弹性的工作模式，以便挽留专业优异的法律人。

将来，法务向外部流动会更加频繁。最优秀的法务，多数终将成为律师，这是市场规律决定的。毕竟，任何公司的主业都不是法律，但是律所的主业是。只有在自己的专业是主业的地方，专业人才能获得最大限度的回报。在某些领域特别专业的人永远稀缺，而只有这些人以他们的能力服务于大市场中的不特定主体时，他们才有可能获得最高的回报。本质上，最优秀的律师是由法律市场中的多个需求方共同“雇佣”的，这对于市场来说也是更经济的。市场将永远维持律师收入相对于法务收入的一种溢价，以确保最优秀的人有动力放弃所谓的稳定以服务于大市场中的更多需求方。这是市场自身的智慧。

此外，未来，普通律师与法务之间的双向流动也会更加频繁。法务工作有助于功底良好并善于学习的人快速成为本领域的专业人士。而优秀律所将这些法务招入麾下，对他们而言将是减少团队培养成本并能快速切入某些行业的一个有效方法。当然，已经有一定实务功底的律师也可能基于多种考虑而进入公司，这在目前已经非常常见了。

资深法务的薪资会越来越高。随着职业转换成本越来越低，法务人员会在同行业以及其他法律职业之间更加自由地转换。这种自由会导致，法务的价格将同时由行业价格和整个法律市场价格决定。这个价格大概率会达到这样的水平：优秀的法务能够拿到与同等资历优秀律师相差不太多的收入，但跟顶级的律师收入远远不具备可比性，而且对越资深的人，两种职业的收入差距幅度越大。过去多年，大家已经能够感受到法务薪资在持续的提升，无论是实体还是金融企业。这期间也是法务人员快速流动的过程。法务人员流动速度快，在相当程度上也是用人单位不能及时对市场薪资作出有效反馈造成的。企业不主动调整薪资，法务就只能用脚投票。这个过程于各方都是成本高昂的。不过总体而言，法务依然不太会拿到特别高的收入。当然，大型企业、行业领先企业会越来越有动力以额外的溢价延揽自己需要的人。

法务与律师职业的双向流动将会继续促进整个法律服务市场的专业化，并实现法务职业的出清。法务将从公司内部的螺丝钉，逐步变成整个法律市场中的一员。法务的身份认同感会从“某个单位的员工”到“单位员工”与“法律职业群体一分子”兼而有之。这对企业、律师和法务自身都会是一个意义非凡的变化。过去不少企业将法务部视为比普通行政部门稍微专业一点的“累赘”部门，许多法务岗位也几近行政化。人员流动少，导致法务提升专业水准动力不足。法律职业的流动，将让公司管理层、人力部门、业务部门重新审视法务部门的工作成果对公司的重要性。并且，人们将更加清晰地认识到高水平法务对于公司的重要性，尤其在金融、投资、资产管理等领域。

对法务这个职业而言，三个臭皮匠顶个诸葛亮的说法是不太成立的。一项法律事务处理的总体处理水平，仅仅取决于参与者中水平最高的那一位。为高水准的人付出更高的薪资，比用同样的成本雇佣更多的人,其实要划算得多。

六、对新法务的几点建议

第一,坦然接受最初两到三年甚至更长时间的职业训练期的各种辛苦和郁闷。实际上任何法律职业,应届生在独当一面之前都要经历这个过程。无论师出何门,都是如此。这与法律职业的特性有关,也与当下法律教育在职业技能培养方面严重匮乏有关。法律人的前两到三年甚至更长时间就是作为“劳务”而存在,而不是作为法务而存在的。这个劳工阶段是扎马步的阶段,这一阶段过去,才能(仅仅是可能)变成真正的法律人。

第二,最不值得做的工作不是收入低的,而是那些过于清闲以至于无从历练,以及忙碌到根本没有时间反刍和学习的工作。法律人必须不断学习,机械的重复性劳动并不能提升人的经验值,因为没有任何反刍的过程。当然,闲到连职业训练素材都没有的工作也是同理。这种工作,就专业而言,干上几年也基本还是个新人。

第三,分工太细的法务岗位,要谨慎接受,接受了要想办法弥补其缺陷。部分大机构的法务岗,实际工作内容更接近于一个与法律有关的行政岗位。这种工作可能收入不菲,平台也很好。但对新人而言,不是很好的选择。法律工作跟裁缝工作很相似。好的裁缝可以做西装、旗袍,也能做衬衫、短裤,也可修修补补。做不了衣服,只是在大商场里缩个裤脚,也许也能获得良好的经济回报,但是缺乏在大市场中谋生的职业能力,一旦离开那个商场,生计堪忧。

第四,法务职业立基于专业,但专业只是实际工作的前提之一。专业技能需要通过许多沟通、协调、折中、判断才能落实为具体工作成果。从专业能力到实际贡献,再到他人真心认可,需要一个转化过程,这个过程可能需要比较长的时间。每个人都要做好这种准备。

也许,对法律人而言,法律职业本身就是一个漫长的拣选过程,入学考试、司法考试仅仅是这个征程的开始,一个人到底适不适合从事这个行当,只有经过足够量的实践检验才能知晓。这是法律人最大的风险。但这个风险,大概也是能长期坚持下去并不懈提升自己专业水平的人可获得超额回报的基础。这个职业的回报必须是加速递增的,唯其如此,才能匹配继续坚持本身所意味着的巨大风险。

图书在版编目(CIP)数据

民商法实务技能手册/高杉峻主编. —2 版. —北京:中国民主法制出版社,2021. 7

ISBN 978 - 7 - 5162 - 2678 - 0

Ⅰ. ①民… Ⅱ. ①高… Ⅲ. ①民商法 - 研究 - 中国 Ⅳ. ①D923. 04

中国版本图书馆 CIP 数据核字(2021)第 150004 号

图书出品人:刘海涛
出版统筹:乔先彪
图书策划:曾 健
责任编辑:陈 曦 孙振宇 谢瑾勋 李云琦

书名/民商法实务技能手册(第二版)
作者/高杉峻 主编

出版·发行/中国民主法制出版社
地址/北京市丰台区右安门外玉林里 7 号(100069)
电话/(010)63055259(总编室) 63058068 63057714(营销中心)
传真/(010)63055259
http://www.npcpub.com
E-mail:mzfz@npcpub.com
经销/新华书店
开本/32 开 850 毫米×1168 毫米
印张/23.5 **字数**/754 千字
版本/2021 年 9 月第 1 版 2024 年 3 月第 6 次印刷
印刷/北京天宇万达印刷有限公司

书号/ISBN 978 - 7 - 5162 - 2678 - 0
定价/116.00 元